困學紀聞

四部備要

子部

中華書局據通行本校刊

桐鄉 陸費逵總勘
杭縣 高時顯 吳汝霖 輯校
杭縣 丁輔之監造

三皇之書
易以卜筮存
本草素問以
方伎存
秦燒詩書百
家
神農問太乙
小子
本草上中下
三品
藥分君臣佐
使
唐慎微證類
本草
帝王皇霸象
四時
莽時霸橋災
霸者繼空續
乏
七國冬之餘
冽

困學紀聞注卷十二

餘姚翁元圻載青輯

考史

三皇之書。伏羲有易。神農有本草。黃帝有素問。易以卜筮存。本草素問以方伎存。其天乎。新安王晦叔名炎云。〔原註〕程子曰素問必出於戰國之末○〔元圻案〕〔史記秦始皇本紀〕天下敢有藏詩書百家語者悉詣守尉雜燒之所不去者醫藥卜筮種樹之書　神農本草不見於漢志隋志始與黃帝素問俱著錄於醫方家云梁有蔡邕本草七卷則此書出於東漢也〔本草經曰〕神農問於太乙小子乃從其嘗藥以救人命上藥一百二十種爲君主養命以應天本上經中藥一百二十種爲臣主養性以應人本中經下藥一百二十五種爲佐使主治病以應地本下經三品合三百六十五種法三百六十五度今單行之本不傳惟見於宋唐慎微證類本草中其刊本以陰文書者皆本草原文也素問註已見卷九〔王晦叔雙溪集卷三本草正經序〕世莫古於上古人莫聖於三皇伏羲有易神農有本草黃帝有素問醫卜在後世爲方技古則聖人濟天下之仁術也古書竹簡火於秦易以卜筮存本草以方技存其天乎

三皇象春。五帝象夏。三王象秋。五伯象冬。見於王莽傳。蓋古之遺言也。與邵子觀物同。〔元圻案〕〔漢書王莽傳下〕地皇三年二月霸橋災莽惡之下書曰夫三皇象春五帝象夏三王象秋五伯象冬皇王德運也伯者繼空續乏以成歷數故其道駁〔邵子觀物內篇十三〕三皇春也五帝夏也三王秋也五伯冬也七國冬之餘冽也

温公文潛詠舜詩

舜崩蒼梧葬九疑

湘夫人以涕揮竹

虞舜不南巡

巡狩當總於禹

二妃不以期頤從狩

熟五斗米頃炊五斗黍許時

天官書占歲旦風日

緋衣人召長吉

司馬公虞帝篇詩曰。虞舜在倦勤。薦禹爲天子。豈有復南巡。迢迢度湘水。張文潛詩曰。重瞳陟方時。二妃蓋老人。安肯泣路傍。洒淚留叢筠。今本柯山集五十卷不載此詩 二詩可以祛千載之惑。〔元圻案〕〔史記五帝本紀〕舜南巡守崩于蒼梧之野葬于江南九疑是爲零陵〔楚辭九歌〕有湘夫人〔王逸註〕舜二妃娥皇女英隨帝不及墮於湘水之渚因爲湘夫人〔晉張華博物志史補云〕堯之二女舜之二妃曰湘夫人舜崩二妃啼以涕揮竹竹盡斑〔司馬温公史剡曰〕天子之職莫勤於巡守而舜猶親之卒死于外而葬焉惡用使禹攝哉〔沈存中夢溪筆談辨證曰〕帝舜陟方之時二妃之齒已百歲矣後人詩騷所賦皆以女子待之語多瀆慢皆禮義之罪人也〔林氏尚書全解曰〕堯老而舜攝則不復以庶政自關而舜實行巡狩之事舜既使禹攝矣則巡守之事禹實行之蒼梧在舜之時地在要荒之外豈復巡狩而死以是禹率天下諸侯以會葬於要荒無人之境此理之必不然者司馬公詩云云此說爲得之〔路史餘論曰〕虞舜晚年亦既退聽而禪禹矣南巡之舉總之伯禹而二妃俱過期頤孰自從狩之事哉

天官書云。熟五斗米頃。李商隱李賀小傳。如炊五斗黍許時。本於此。〔元圻案〕〔史記天官書〕欲終日有雨有雲有風有日當其時者深而多實無雲有風日當其時淺而多實有雲風無日當其時深而少實有日無雲不風當其時者稼有敗食頃小敗熟五斗米頃大敗〔正義〕正月旦欲其終一日有風有日則一歲之中五穀豐熟無災害也〔李商隱李賀小傳曰〕長吉將死忽晝見一緋衣人駕赤虬持一版書若太古篆或霹靂石文者云當召長吉長吉了不能讀歘下榻叩頭言阿㜷老且病賀不願去緋衣人笑曰帝成白玉樓立召君爲記天上差樂

廉頗攻樂乘奔魏
秦行金間李牧
郭汾陽解兵柄

周陽由儗汲黯不類
鄭莊與黯同傳之非
梟鸞不接翼

不苦也少之長吉氣絕常所居牕中歘歘有煙氣聞行車嘒管之聲太夫人急止人哭待之如炊五斗黍許時長吉竟死

趙使樂乘代廉頗頗怒攻樂乘使趙葱顏聚代李牧牧不受命見史記本傳此非爲將之法頗牧特戰國之將爾易之師曰行險而順〔閻按〕樂毅便有賢將之風〔全云〕李牧受誣而死與廉頗微不同○〔元圻案〕〔史記廉頗藺相如列傳〕趙孝成王卒子悼襄王立使樂乘代廉頗廉頗怒攻樂乘樂乘走廉頗遂奔魏之大梁其明年趙乃以李牧爲將攻燕趙王遷七年秦使王翦攻趙趙王使李牧司馬尚禦之秦多與趙王寵臣郭開金爲反間言李牧司馬尚欲反趙王乃使趙葱及齊將顏聚代李牧李牧不受命趙使人微捕得李牧斬之〔唐書郭子儀傳贊曰〕子儀再造王室及大難略平遭讒甚詭奪兵柄然朝聞命夕引道無纖介自嫌信非頗牧所能及頗牧意在功名汾陽志安社稷也所謂行險而順者庶幾近之

太史公傳周陽由云與汲黯俱爲忮黯之正直所謂仁者有勇剛毅近仁者也謂之忮可乎周陽由蝮鷙之靡爾其可以與黯並言乎汲鄭同傳猶不可而以由與黯俱是鸞梟接翼也〔全云〕太史公謂汲黯好黃老而惡儒好黃老乃當時習氣賢者不免至風節挺然乃真儒也所惡者公孫宏輩之僞儒耳〔又云〕此條亦復其謂汲鄭不宜同傳則前未之及○〔元圻案〕〔劉孝標辨命論〕薰猶不同器梟鸞不接翼〔史記汲鄭列傳曰〕鄭莊汲黯始列爲九卿廉內行脩絜此兩人中廢家貧賓客益落及居郡卒後家無餘貲財云云其同傳之故子長已自言之

賈生弔屈原
跖爲秦大盜
莊蹻暴郢
楚不能禁大
盜
楚莊蹻有二
莊濠伐夜郎
王滇
唐蔑唐昧

秦利珠翠擊
越
尉屠睢將監
祿轉餉

賈生弔屈原曰。謂跖蹻廉。注楚之大盜曰莊蹻韓非子。〔喻老篇〕楚莊王欲伐越杜子諫曰莊蹻爲盜於境內。而吏不能禁。此政之亂也。蹻蓋在莊王時。

漢西南夷傳。莊蹻者楚莊王苗裔也。以其衆王滇。此又一莊蹻也。名氏與盜同。何哉。〔元圻案〕〔漢書賈誼傳〕誼旣以適去意不自得及渡湘水爲賦以弔屈原其辭曰闒茸尊顯兮讒諛得志賢聖逆曳兮方正倒植謂隨夷溷兮謂跖蹻廉〔注〕李奇曰跖秦大盜也楚之大盜爲莊蹻〔呂氏春秋季冬紀介立篇〕莊蹻之暴郢也〔高誘注〕莊蹻楚成王之大盜〔畢氏校本載梁伯子云商子弱民篇荀子議兵篇韓詩外傳四補史記禮書並有莊蹻起而楚分之語皆不言在楚何時韓非以爲在莊王時而高氏以爲成王時則又在前史漢則以蹻爲莊王苗裔在楚威王之世而通典邊防三通考南蠻二辨其誤以范史謂在頃襄王時爲定獨困學紀聞據韓非漢書以爲二人此未敢信〔盧云〕〔案後漢西南夷傳〕楚頃襄王時遣將軍莊豪伐夜郎因留王滇池杜氏言卽莊蹻〔華陽國志南中志云〕楚威王遣將軍莊蹻伐夜郎剋之會秦奪楚黔中地無路得反遂留王滇池此本非楚之境內地今此言暴郢韓非言爲盜於境內荀子言莊蹻起楚分爲三四皆與言將軍事不合荀子以唐蔑之死與蹻並言〔案〕秦殺唐昧昧卽蔑在楚懷王二十八年則蹻當威懷時亦可見此註或本作威因形近而誤成亦未可知也

淮南人閒訓曰。秦王利越之犀角象齒翡翠珠璣。乃使尉屠睢發卒五十萬爲五軍。一軍塞鐔城

殺西嘔君譯
吁宋
桀駿大破秦
軍
發謫戍備越
尉佗求女為
衣補
蒙恬將兵北
伐
亡人贅壻略
南越
淮南王諫伐
閩越

之嶺。〔高誘注〕鐔城在武陵西南接鬱林一軍守九嶷之塞。〔註〕九嶷在零陵一軍處番禺之都。〔註〕番禺南海一軍守南野之界。〔註〕南野在豫章一軍結餘干之水。〔註〕餘干在豫章三年不解甲弛弩使監祿轉餉。又以〔以何本作一誤〕卒鑿渠而通糧道。以與越人戰。殺西嘔君譯吁宋。〔註〕鑿通湘水離水之渠西嘔越人譯吁宋西嘔音嘔君名也而越人皆入叢薄中。與禽獸處。莫肯為秦虜。置桀駿以為將。而夜攻秦人。大破之。殺尉屠睢。伏尸流血數十萬。乃發適戍以備之。於是陳勝起於大澤。秦擊越之事。詳見於此。〔全云〕〔史記淮南王傳〕伍被曰尉佗知中國勞極使人上書求女無夫家者三萬人以為士卒衣補秦皇帝可其請發萬五千人百姓瓦解不一年陳勝起此當在屠睢既死發謫戍備越之時〔又云〕監祿者史祿也渠乃零渠西嘔君乃西甌君以史記南粵傳證之知嘔即甌〔繼序按〕古以交趾為西甌大事記在始皇三十三年。解題不引鴻烈書錄此以補遺。〔原註〕淮南王諫伐閩越其言略同〔全云〕嚴安上書武帝亦云秦皇帝使蒙恬將兵以北攻彊胡使尉屠睢將樓船之士以南攻越是時秦禍北構於胡南掛於越○〔元圻案〕〔呂成公大事記七〕秦始皇帝三十三年發諸嘗逋亡人贅壻賈人擊匈奴取其地置桂林南海象郡〔通鑑秦紀〕〔始皇三十三年〕發諸嘗逋亡人贅壻賈人為

美人和項羽歌 楚漢春秋項羽飲帳中作歌

丹書鐵券辭漢封功臣多不終

呂后欲爲高墳

兵略取南越陸梁地置桂林南海象郡以謫徙民五十萬人戍五嶺與越雜處〔淮南王諫伐閩越書〕見漢書嚴助傳〔嚴安書〕見本傳

太史公述楚漢春秋。其不載於書者。正義云。項羽歌美人和之。楚漢春秋云。歌曰漢兵已略地。四面〔何云〕正義作方楚歌聲。大王意氣盡。賤妾何聊生。是時已爲五言矣。五言始於五子之歌行露〔元圻案〕〔漢書司馬遷傳〕漢興伐秦定天下有楚漢春秋故司馬遷據左氏國語采世本戰國策述楚漢春秋接其後事訖於天漢〔漢書藝文志〕楚漢春秋九篇班固自註曰陸賈所記〔史記項羽本紀〕項王軍壁垓下兵少食盡漢軍及諸侯兵圍之數重夜聞漢軍四面皆楚歌項王乃大驚曰漢皆已得楚乎是何楚人之多也項王則夜起飲帳中有美人名虞常幸從駿馬名騅常騎之於是項王乃悲歌忼慨自爲詩曰力拔山兮氣蓋世時不利兮騅不逝騅不逝兮可奈何虞兮虞兮奈若何歌數闋美人和之〔正義〕楚漢春秋云歌曰漢兵已略地四方楚歌聲云云

楚漢春秋曰。高帝初封侯者。皆賜丹書鐵券曰使黃河如帶。太山如礪。漢有宗廟。爾無絕世。〔原註〕下二句不同〔何云〕下二句尤質厚〇〔元圻案〕〔太史公曰〕漢興功臣受封者百有餘人至太初百年之間見侯五餘皆坐法隕命亡國耗矣罔亦少密焉然則漢有宗廟而功臣絕世者多矣〔高祖功臣年表序〕 封爵之誓曰使河如帶太山如礪國以永寧爰及苗裔豈有所諱而易之與楚漢春秋語見太平御覽五百九十八

又曰。惠帝崩。呂太后欲爲高墳。使從未央宮而見

東陽侯張相如
下蔡亭長詈淮南反

漢啓九國皆同姓
長沙以異姓王
班表削書之非

之諸將諫不許東陽侯垂泣曰陛下見惠帝冢悲哀流涕無已是傷生也臣竊哀之太后乃止東陽侯張相如也見太平御覽四百五十七又曰下蔡亭長詈淮南王曰封汝爵爲千乘東南盡日所出尚未足黔徒羣盜所耶而反何也〔原註〕謂英布史漢不載〔全云〕張相如見用於文帝時太史公不立傳然文帝稱其長者蓋亦申屠嘉張蒼之流此條可以補史闕○〔元圻案〕〔史記高祖功臣侯表〕東陽侯張相如高祖六年爲中大夫以河間守擊陳豨力戰功侯千三百戶〔張釋之傳〕問文帝曰東陽侯張相如何如人也帝曰長者下蔡亭長條文選陸機五等論注引之

漢大啓九國燕高祖子建都薊代高祖子恒都中都齊高祖子肥都臨菑趙高祖子如意都邯鄲梁高祖子恢都淮陽楚高祖弟交都彭城荊吳高祖兄仲子濞都吳更爲吳國淮南高祖子長都壽春淮陽高祖子友都趙皆同姓也長沙異姓吳芮不與焉漢表削淮陽而列長沙當從史記〔集證〕〔玉海百三十四〕班氏析異姓同姓爲二表則太史公之封二等之敘與文意不屬蓋太史公爲異姓言也二等爲異姓同姓合而言之也若二等之爵不可不載則唯獨長沙異姓六字不當削還雖於表敘總說而表列淮陽固敘既明言荊吳淮南長沙而不言淮陽表又不列梁與淮陽又削長沙異姓一句何以知淮陽爲九國之數而長沙在外也〔全云〕漢表最無義皆妄改史記者也○〔元圻案〕〔史記漢興以來諸侯年表序曰〕漢興序二等高祖末年非劉氏而王者若無功上所

鬼神避斷行水搖物作趙高能誦名言

樂書十九章房中歌郊祀歌李延年拜協律都尉

淳于髡十酒說羅襦翠笄滑稽傳言飲量

不置而侯者天下共誅之高祖子弟同姓爲王者九國唯獨長沙異姓

斷而敢行鬼神避之見末而知本觀指而覩歸秋霜降者草花落水搖動者萬物作見史記李斯傳此戰國諸子之言而趙高誦之爾高非能爲此言也〔方樸山云〕趙高能爲爰歷篇安知不能爲此言〇〔元圻案〕爰歷恐亦如呂氏春秋集儒者爲之

樂書作十九章索隱云安世房中樂今攷之漢志安世房中歌十七章郊祀歌十九章索隱誤〔元圻案〕〔史記樂書曰〕高祖過沛詩三侯之章令小兒歌之高祖崩令沛得以四時歌儛宗廟孝惠孝文孝景無所增更於樂府習常肄舊而已至今上卽位作十九章令侍中李延年次序其聲拜爲協律都尉〔漢書禮樂志曰〕武帝定郊祀之禮乃立樂府以李延年爲協律都尉多舉司馬相如等數十人造爲詩賦略論律呂以合八音之調作十九章之歌〔又曰〕房中祠樂高祖唐山夫人所作也周有房中樂至秦名曰壽人孝惠二年更名曰安世房中歌十九章

御覽七百十八載淳于髡十酒說曰羅襦排門翠笄窺牖蓋好事者因滑稽傳而廣之非戰國時語也〔元圻案〕〔史記滑稽傳〕淳于髡曰若乃州閭之會男女雜坐行酒稽留六博投壺相引爲曹握手無罰目眙不禁前有墮珥後有遺簪髡竊樂此飲可八斗而醉二參日暮酒闌合尊促坐男女同

齊用越人蒙鄒陽獄中上書

辯士匿名書二世爲十八子

杜預撰善文摯虞作文章流別

獻鵠獻鴻說互異

席履舄交錯杯盤狼籍堂上滅燭主人留髡而送客羅襦襟解微聞薌澤當此之時髡心最歡能飲一石

鄒陽書齊用越人蒙。漢書鄒陽傳云越人子臧。其事未詳。[元圻案][史記鄒陽傳]鄒陽者齊人也游於梁與故人莊忌夫子淮陰枚生之徒交上書而介於羊勝公孫詭之間勝等疾鄒陽惡之梁孝王孝王怒下之吏將殺之乃從獄中上書曰秦用戎人由余而霸中國齊用越人蒙而彊威宣[索隱曰]越人蒙未見所出漢書作子臧[又張晏云]子臧或是越人蒙字也

李斯傳注。辯士隱姓名遺秦將章邯書云云。[集解]駰案辯士隱姓名遺秦將章邯書曰李斯爲秦王死廢十七兄而立今王也然則二世是秦始皇十八子此書在善文中此書在善文中。隋志總集善文五十卷。杜預撰。[全云][晁公武讀書志]謂晉摯虞始作文章流別後世祖述之而爲總集如蕭統所選是也據杜預撰善文五十卷則薈萃文章自預始

滑稽傳。齊使淳于髡獻鵠於楚。[案]此文褚先生所補說苑奉使篇云魏文侯使舍人毋擇獻鵠於齊。魯連子云展無所爲魯君使遺齊君鴻。韓詩外傳十云齊使使獻鴻於楚。其事皆同。而四書所載異。[元圻案]索隱已言之唯不及魯連子[徐堅初學記奉使類]魯連子展無所爲魯君使遺齊襄君鴻至澠而浴鴻鴻失其裘在御者曰鴻之毛物可使若一能買鴻耳無所曰吾非不能買鴻也是上隱君下易幣無所不敢其餘

楚人沐猴而冠蔡生舍木侯謂人韓生說羽都關中

高祖赦令無自矜石鼓文不矜伐

漢詔周文齊桓並言

諸書與魯連子所載略同不備錄

項羽紀說者曰。人言楚人沐猴而冠耳。法言以為蔡生。漢書以為韓生。〔元圻案〕〔法言重黎篇〕蔡生欲安項咸陽不能移又亨之或者未辯與曰生舍其木侯而謂人木侯亨不亦宜乎〔漢書項羽傳〕韓生說羽曰關中阻山帶河四塞之地肥饒可都以伯羽見秦宮室皆已燒殘又懷思東歸曰富貴不歸故鄉如衣錦夜行韓生曰人謂楚人沐猴而冠果然羽聞之斬韓王〔晉段灼表〕亦言項羽既得而失之其咎在烹韓生而范增之謀不用〔宋王益之西漢年紀高祖紀攷異曰〕楚漢春秋揚雄法言以為蔡生班史通鑑以為韓生未知孰是唯史記以為說者今從史記

漢高祖起布衣。滅秦楚。自後世處之。必夸大功業。以為軼堯舜。駕湯武矣。其赦令曰。兵不得休八年。萬民與苦甚。今天下事畢。其赦天下殊死以下。〔案〕此令史記不載漢書載於高帝紀五年言甚簡而無自矜之意。此所以詒厥子孫。何本作孫子享四百年之祚歟。〔何云〕論本子瞻石鼓歌〔元圻案〕〔東坡石鼓詩曰〕何人作頌比嵩高萬古斯文齊岣嶁勳勞至大不矜伐文武未遠猶忠厚

王者莫高於周文。伯者莫高於齊桓。皆待賢人而

漢制度霸王道雜　董子尊王絀霸　王任德霸任刑　魏晉王霸兩失

班史敘漢臣無倫　漢求才羣士嚮應

成名。此高帝之詔也。〔案〕見漢書高帝紀十一年宣帝曰。漢家自有制度。本以霸王道雜之。蓋已見於此詔矣。劉向稱賈誼雖古之伊管。未能遠過。伊管豈可並言哉。林少穎論之曰。王霸之無辯。漢世爲尤甚。儗人之非倫。漢儒爲尤甚。尊王絀霸。言道義不言功利。一董仲舒而已。〔元圻案〕〔漢書元帝紀〕孝元皇帝宣帝太子也嘗侍燕從容言陛下持刑太深宜用儒生宣帝作色曰漢家自有制度本以伯王道雜之奈何純任德教用周政乎〔漢書賈誼傳贊曰〕劉向稱賈誼言三代與秦治亂之意其論甚美雖古之伊管未能遠過也〔唐令狐德棻曰〕王任德霸任刑夏殷周純用德而王秦專用刑而伯至漢雜用之魏晉以降王霸兩失

班固敘武帝名臣。李延年。桑宏羊。亦與焉。若儒雅。則列董仲舒於公孫宏兒寬之間。汲黯之直。豈卜式之儔哉。史筆之褒貶。萬世之榮辱。而薰蕕渾殽如此。謂之比良遷董可乎。〔何云〕此紀一時所生人材各取長者言之張湯趙禹又非酷吏乎宋人讀書不細好大言以籠罩只是粗俗○〔元圻案〕〔漢書公孫宏兒寬傳贊曰〕漢興六十餘載上方欲用文武求之如弗及始以蒲輪迎枚生見主父而嘆息羣士慕嚮異人並出

軍中皆左袒
受刑右肉袒
王孫賈陳涉
軍袒右

約法三章異
讀

儒雅則公孫宏董仲舒兒寬篤行則石建石慶質直則汲黯卜式推賢則韓安國鄭當時定令則趙禹張湯文章則司馬遷相如滑稽則東方朔枚皋應對則嚴助朱買臣歷數則唐都洛下閎協律則李延年運籌則桑宏羊奉使則張騫蘇武將率則衛青霍去病受遺則霍光金日磾其餘不可勝紀是以興造功業制度遺文後世莫及

爲呂氏右袒。爲劉氏左袒。軍中皆左袒。呂后紀 按儀禮鄉射疏云。凡事無問吉凶。皆袒左。是以士喪禮及大射。皆袒左。唯有受刑袒右。故覲禮乃云。右肉袒。注云。刑宜施於右是也。以此攷之。周勃誅呂氏之計已定。爲呂氏者有刑。故以右袒令之。非以覘人心之從違也。〔何云〕木强老革倉猝時未必便學叔孫太傅也〔閻按〕盧六以曰國策稱王孫賈入市曰淖齒亂齊國殺王欲與我誅者袒右市人從者四百人豈戰國時又讀以袒左爲刑乎故知左右不必區分但見衆心之從違蓋自戰國迄漢人習爲之故少文者亦復能爾也〔全云〕陳涉之起亦袒右厚齋之說未足信〔盧月船云〕左右袒明于文定說得最好言所以安其反側之心使以爲劉之迹自解激其忠憤之志使以爲呂之言爲辱也詳見讀史漫錄○〔元圻案〕〔呂后紀師古注〕袒脫衣袖而肉袒左右者偏脫其一耳〔猗覺寮雜記〕謂周勃蓋用王孫賈之策

與父老約爲句。下云法三章耳。〔原註〕唐高祖入京師約法十二條蓋倣此語而失之〔何云〕厚齋亦因紀末有初順民心作三章之約故改舊讀〔又云〕刑法志中稱約法者非一不必好新反爲唐人笑後漢楊終上疏亦有約法三章之語終與班固同時人〔閻按〕何屺瞻曰刑法志

淮陰羞與噲伍

沛公欲留秦宮

鴻門譙項羽

排闥入見

狗屠非漢臣可及

未易可輕句法

漢書刊誤補遺

朱子書論刊誤得失

言約法三章者二似當仍以八字爲句余謂此上文吾與諸侯約約句絕先入關者王之吾當王關中則與父老約亦當句絕至約法三章乃班氏組織成文於沛公語氣不相蒙〇〔元圻案〕〔宋劉昌詩蘆浦筆記曰〕與父老約法三章耳合於約字斷句則先與諸侯約今與老父約不惟上下貫串而法三章耳方成句語

淮陰侯羞與樊噲伍。然噲亦未易可輕。〔何云〕可字以意增諫留居秦宮。鴻門譙項羽。排闥入見。狗屠能之。漢廷諸公不及也。〔元圻案〕〔漢書韓信傳〕嘗過樊將軍噲噲趨拜送迎言稱臣曰大王乃肯臨臣信出門笑曰生乃與噲等爲伍〔張良傳〕沛公入秦宮室帷帳狗馬重寶婦女以千數意欲留居之樊噲諫不聽〔樊噲傳〕噲沛人也以屠狗爲事〔又曰〕項羽在戲下欲攻沛公沛公從百餘騎見項羽亞父謀欲殺沛公噲聞事急迺持盾入曰沛公先入定咸陽暴師霸上以待大王大王今日至聽小人之言與沛公有隙臣恐天下解心疑大王也項羽默然是日微樊噲犇入營譙讓項羽沛公幾殆〔又曰〕高帝嘗病惡見人臥禁中詔戶者毋得入羣臣絳灌等莫敢入十餘日噲乃排闥直入大臣隨之上獨枕一宦者臥噲等見上流涕曰始陛下與臣等起豐沛定天下何其壯也今天下已定何其憊也且陛下病甚大臣震恐不見臣等計事顧獨與一宦者絕乎且陛下獨不見趙高之事乎高帝笑而起〔何義門〕增可字蓋取漢書韋賢傳論禮文缺微古今異制各爲一家未易可偏定也〔蜀志諸葛傳注〕引吳張儼默記曰司馬懿才用兵衆未易可輕也句法〔案〕〔史記侯嬴曰〕人固未易知知人亦未易〔後漢鄭太曰〕何公未易輔也〔蘇老泉權書〕勝負之數存亡之理當與秦相較或未易量似不須增可字

吳斗南爲漢書刊誤補遺。朱文公答書曰。劉氏所斷句。如項羽傳。由是始爲諸侯上將軍。儒林傳。

三劉漢書標注
吳斗南為五總龜

通鑑不書符瑞
漢高宋高射蛇事
惠帝立四皓碑
文章緣起高士傳
楚山丹水

出入不悖。所聞皆與史記合。為原廟渭北叔孫通傳見一書。廟渭之間有於字。劉氏所疑亦有誤。如溝洫志於楚字本文屬下句。下文有於齊於蜀字。皆是句首。而劉誤讀屬之上句。〔元圻案〕見朱子文集卷五十九〔書錄解題正史類〕三劉漢書標注六卷侍讀學士清江劉敞原父中書舍人劉攽貢父端明殿學士奉世仲馮撰奉世敞之子也又本題公非先生刊誤其實一書公非貢父自號也〔又兩漢刊誤補遺十七卷〕國子博士吳仁傑斗南撰補三劉之遺也〔宋會絳序曰〕兩漢刊誤補遺虞隱居士吳南英之所作也公是公非先生與其子西樞公所著刊誤若無遺恨矣今迺据古引誼旁搜曲取畢釐而正之多前聞人所未到周益公曰吳斗南博物洽聞今之五總龜也

通鑑不書符瑞。高帝赤帝子之事。失於刪削。綱目因之。〔原注〕〔文公語錄〕以此事為虛亦不可盡以為虛若此事則誠誕耳〔全云〕通鑑不載符瑞是聖人不語怪之義也〔元圻案〕劉羲叟通鑑問疑曰宋高祖射蛇於新州明日見青衣童子杵藥曰我王為劉寄奴所傷然寄奴王者不可殺高祖叱之皆散通鑑凡此類符讖事皆不書而秦二世元年書高祖射蛇事非符讖乎通鑑何以書此羲仲所疑

文章緣起。有漢惠帝四皓碑。今攷高士傳高車山上有四皓碑及祠。漢惠帝所立。〔集證〕今本高士傳無之引見御覽四十三〔閻按〕〔金石錄〕有四皓神位神祚几刻石四在惠帝陵旁驗其字畫蓋東漢時書〔全云〕文章緣起任昉作高士傳皇甫謐作〔集證〕〔水經丹水注〕水源出上洛縣西南楚山昔四皓隱於楚山即

武帝決防年獄
明帝辨墾田牘
昭帝知燕王旦之詐
內長文字誤

此山也其水兩源合舍於四皓廟東又東逕南車嶺南冀帶衆流北轉入丹水嶺上有四皓廟〔按〕上洛縣今陝西商州〔雍勝略云〕四皓墓在州西四里金雞原〔元圻案〕〔書錄解題文史類〕文章緣起一卷梁太常卿樂安任昉彥昇撰但取秦漢以來不及六經〔又傳記類〕高士傳十卷晉徵士安定皇甫謐士安撰序稱自堯至魏咸熙二千四百餘載得九十餘人今自被衣至管寧惟八十七人〔宋黃長睿東觀餘論跋四皓碑云〕三輔舊事云漢惠帝爲四皓碑於其所隱處此神坐及祚几豈亦當時所立耶

武帝年十二。而決廷尉獄防年之疑。明帝年十二。而辨陳留吏墾田之牘。其英明略同。而武帝之事。史策不著。僅見於通典刑法雜議。〔元圻案〕〔通典刑法雜議上〕漢景帝時廷尉上因防年繼母陳論殺防年父防年殺陳依律殺母以大逆論帝疑之武帝時年十二爲太子在旁帝問之太子答曰夫繼母如母明不及母緣父之故比之於母今繼母無狀手殺其父則下手之日母恩絕矣宜與殺人同不宜與大逆論從之〔太平御覽八十八〕引漢武故事其文同而云時太子年十四　〔東觀漢記二〕顯宗孝明皇帝諱陽一名莊世祖之中子也年十二以皇子立爲東海公時天下墾田皆不實詔下州郡檢覆百姓嗟怨州郡各遣使奏其事世祖見陳留吏牘上有書曰潁川宏農可問河南南陽不可問因詰吏吏抵言于長壽街得之世祖怒時帝在幄後曰吏受郡敕當欲以墾田相方耳世祖曰卽如此何故言河南南陽不可問對曰河南帝城多近臣南陽帝鄉多近親田宅踰制不可爲準世祖令虎賁詰問乃首服如帝言世祖異焉以爲宜承先序〔通鑑光武紀〕建武十五年亦載其事　昭帝年十四而知燕王旦上書之詐見霍光傳

武帝紀。元朔三年。詔曰。夫刑罰所以防姦也。內長文所以見愛也。或云古寫本無註。漢書作而肆

周成漢昭喻苗

李悝盡地力之教

李克七篇

赦。所以見愛也。〔元圻案〕〔劉昌詩蘆浦筆記〕魯氏自備載章子厚家藏古本漢書內長文乃是而肆赦字蓋而誤爲內肆赦皆缺偏旁而爲長文詔云其赦天下意甚明白自注云魯氏字子明自號笑塢老人臨江鄉先生也著書名自備云〔宋無名氏南窗紀談〕內長文之語了不可解張晏曰長文長文德也師古曰詔言有文德者即親內而崇長之所以見仁愛之道見謂顯示也顏氏之說雖比張晏爲詳然終不能服人意許少伊右丞言往年舊本乃以內爲而文爲吏傳寫之誤容或有此而其義通矣近見一士人言前輩校正本乃以內爲而長爲肆文爲赦而肆赦所以見愛其於下文尤爲貫穿但改字太多不知果有此據否歐公云讀書有不通因改易本文而傅會之最爲改經者之敝此言蓋譏鄭氏也近世學者或不免如此

魏丁儀周成漢昭論云。成王秀而獲實。其美在終。昭帝苗而未秀。其得在始。必不得已。與夫始者。〔何云〕此就一事而論亦復引經未當○〔元圻案〕〔藝文類聚十二〕載丁儀周成漢昭論曰成王昭帝俱以襁褓之幼託於冢宰流言讒興此其險難相似者也夫以發金縢然後垂泣計日力便覺詐書明之遲速既有差矣且叔父兄子非相嫌之處異姓君臣非相信之地霍光罹人謗而不絀周公賴天變而得知推此數者齊本而論末計重而況輕漢昭之優周成其明者也成王秀而獲實云云〔孫氏星衍曰〕魏文陳思皆此論魏文與漢昭而陳思不然正禮此篇蓋應教之作

食貨志。李悝爲魏文侯作盡地力之教。貨殖傳云。當魏文侯時。李克務盡地力。以藝文攷之。李克七篇在儒家。〔原注〕子夏弟子爲魏文侯相。李悝三十二篇在法家。〔原注〕

見細德之險微

漢書命世奇作中興記傳不足觀班固與諸人撰漢記

陸澄引史記注班書

相魏文侯富國强兵盡地力者悝也。非克也。貨殖傳誤。〔原注史記正義云〕劉向別錄亦云李悝〔集證〕〔史記孟荀列傳〕魏有李悝盡地力之教〔又貨殖傳〕魏文侯時李克務盡地力〔索隱曰〕按漢書食貨志李悝爲魏文侯作盡地力之教今此及漢書貨殖傳言克皆誤也

賈誼弔屈原賦。見細德之險微。顏注云。見苛細之人。險阨之證。則微當作徵。〔何云〕文選作徵宜據以刊正漢書見險證而去。色斯舉矣。見幾而作。〔元圻案〕〔文選六十〕賈誼弔屈原文鳳凰翔于千仞兮覽德輝而下之見細德之險徵兮遙曾擊而去之注遙遠也曾益也〔史記〕擊字作翮險徵謂輕爲徵祥也

史通。〔覈才篇〕述傅元之言曰。孟堅漢書。實命世奇作。及與陳宗尹敏杜撫馬嚴撰中興紀傳。〔案〕此卽東觀漢記之創始也其文曾不足觀。豈拘於時乎。不然。何不類之甚也。〔元圻案〕〔後漢書班固傳〕固除蘭臺令史與前睢陽令陳宗長陵令尹敏司隸從事孟異共成世祖本紀〔儒林傳〕尹敏字幼季南陽堵陽人與班彪親善累遷諫議大夫杜撫字叔和犍爲武陽人建中初爲公車令〔馬援傳〕嚴字威卿援兄子也顯宗召見嚴進對閑雅詔留仁壽闥與杜撫班固等雜定建武注記

陸澄注班史。多引史記。此缺一言。彼摘半句。〔案〕摘當從史通作擿

班馬詳略文異
垓下戰先驕楚兵
齊陸澄博覽

古本漢書篇第
嗣王範得漢書真本
劉之遴等校漢書
之遴言古本之謬

增皆采摘成句。標爲異說。此史通補注篇云今其書不傳。前輩謂班之於馬。時有遺失。如樊噲傳彘肩之不言生。田儋傳有以起自布衣而去也。夫一二字。垓下之戰。史載甚詳。而孟堅略不及。〔閻按〕〔高祖本紀〕五年高祖與項羽決勝垓下至大敗垓下此韓信用兵全副伎倆也通鑑本漢遂忘卻史 〔何云〕史記高祖與項羽決勝垓下淮陰侯將三十萬自當之孔將軍居左費將軍居右皇帝在後絳侯柴將軍在皇帝後淮陰侯先合不利卻孔將軍費將軍縱楚兵不利淮陰復乘之大敗垓下〔按〕項王大敵雖兵少食盡致死於我勝負未可知先合不利者驕之使惰也卻者遷延徐退誘之使疲也縱則夾擊之使不能前後相救楚兵橫斷故不利也然後因其弊而悉衆以乘之項王雖勇豈能支乎絳侯柴將軍之兵則遊軍也當楚人既鬬必繞出其後矣 〔全云〕縱是左右夾擊使之應接不暇非橫斷也絳柴之軍最後是備不虞亦非乘間繞出者 〔元圻案〕〔齊書陸澄傳〕澄字彥淵吳郡吳人也少好學博覽無所不知歷官散騎常侍祕書監領國子祭酒 〔隋書經籍志正史類〕漢書注一卷齊金紫光祿大夫陸澄撰 前輩以下云云乃樓攻媿所作婁機班馬字類序文語

梁書。劉之遴傳云。古本漢書。外戚次帝紀下。諸王悉次外戚下。在陳項傳前。新唐書列傳蓋倣此。〔何云〕之遴妄語不足信元后與外戚相接王莽與元后相因豈得次帝紀下也幸得班氏敘傳固在耳○〔元圻案〕〔全氏經史問答曰〕外戚傳以元后傳與莽接有深意焉則必無升在列傳首卷之理外戚傳不列於陳項之上則諸王傳亦不次外戚也蓋陳項是羣雄其不爲諸王屈也是史法也之遴妄信而傳之 〔梁書劉之遴傳〕之遴字思貞南陽涅陽人也鄱陽嗣

梁人僞撰漢書本古以後代史例說班史范史皇后次帝紀南北史諸王后妃次

王範得班固所上漢書眞本獻之東宮皇太子令之遴與張纘到溉陸襄等參校異同之遴具異狀十事云云〔四庫全書總目正史類〕漢書一百二十卷漢班固傳其妹班昭續成之始末具後漢書本傳是書歷代寶傳咸無異論惟南史劉之遴傳云古本漢書稱永平十年五月二十一日郎班固上而今本無上書年月日子〔案〕固自永平受詔脩漢書至建初中乃成又班昭傳云八表并天文志未竟而卒和帝詔昭就東觀藏書踵成之是此書之次第續成事隔兩朝撰非一手之遴所見古本既有紀表志傳乃云總於永平中表上殆不考成書之年月也之遴又云古本敍傳號爲中篇今本爲敍傳又今本敍傳載班彪事行而古本云彪自有傳夫古書敍皆載於卷末固自述作書之意故謂之敍追溯祖父之事迹故謂之傳後代史家皆沿其例之遴謂原作中篇文繫篇末中字竟何義也至云彪自有傳語尤荒誕彪在光武之世舉茂才實爲東漢之人惟附於敍傳故可於況伯游穉之後詳其生平若自爲一傳列於西漢則斷限之謂何之遴又云今本紀及表志列傳不相合爲次而古本相合爲次總成三十八卷〔案〕固自言紀表志傳凡百篇篇即卷也是不爲三十八卷之明證又言述記十二述表八述志十述列傳七十是各爲次第之明證之遴又云今本外戚在西域後古本次帝紀下又今本高五子文三王景十三王孝武六子宣元六王雜在諸傳中古本諸王悉次外戚下在陳項傳上夫紀表志傳之序固自言之如之遴所述則傳次於紀而表志反在傳後且諸王既以代相承宜總題諸王傳何以敍傳作高五王傳第八文三王傳第十七景十三王傳第二十三武五子傳第三十三宣元六王傳第五十耶且漢書始改史記之項羽本紀陳勝世史爲列傳自應居列傳之首豈得移在諸王之後其述外戚傳第六十七元后傳第六十八莽王傳第六十九明以王莽之勢成於元后史家微意寓焉若移外戚傳次於本紀是惡知家法哉又引古本述云淮陰毅毅仗劍周章邦之傑子實惟英彭化爲侯王雲起龍驤然今芮尹江湖句有張晏注是晏所見者即是今本況之遴傳所云獻太子者謂昭明太子也〔文選載漢書述贊云〕信惟餓隸布實黥徒越亦狗盜芮尹江湖雲起龍驤化爲侯王與今本同是昭明亦知之遴所謂古本不足信矣自漢張霸始撰僞經至梁人於漢書復有僞撰古本然一經考證紕繆顯然顏師古注本冠以指例六條歷述諸家不及之遴所說當時已灼知其僞李延壽不諳端末遽載於史亦可云愛奇嗜博茫無裁斷矣〔錢氏大昕曰〕古本漢書亦猶姚方興之舜典也當時無識古者故以爲眞本之遴雖錄其異狀數十事細考之皆是後代史例適形其妄而已皇后

西京雜記作者庾信不用吳均語吳均齊春秋通史蕭賁善山水能書

漢書言號言聲字法

次帝紀本於范蔚宗范又本之華嶠諸王次后妃則李延壽南北史已然此歐宋所本也

匡衡傳注。今有西京雜記。其書淺俗。出於里巷。多妄說。段成式酉陽雜俎語資篇云。庾信作詩用西京雜記事。自追改曰。此吳均語。恐不足用。今按南史蕭賁著西京雜記六十卷。然則依託爲書。不止吳均也。〔何云〕今人作詩喜捜小說所載詭誕不根語用之是何不知奉教於義城也○〔元圻案〕〔書錄解題傳記類〕西京雜記六卷晉勾漏令丹陽葛洪稚川撰其卷末言洪家有劉子駿書百卷先父傳之歆欲撰漢書雜錄漢事未及而亡試以此記攷校班固所作殆是全取劉書少有異同耳固所不取不過二萬餘言今鈔出爲二卷以裨漢書之闕所謂先父者歆之於向也而館閣書目以其洪父傳之非是唐藝文志亦只二卷今六卷者後人分之也按洪博聞深學江左絕倫所著書幾五百卷本傳具載其目不聞有此書而向歆父子亦不聞其嘗作史傳於世使班固有所因述亦不應全沒不著也殆有可疑者豈惟非向歆所傳亦未必洪作也〔晁氏讀書志云〕江左人皆以爲吳均依託〔北史文苑傳〕庾信字子山南陽新野人梁時聘於西魏遂留長安周孝閔帝踐祚封義成縣侯〔梁書文學傳〕吳均字叔庠吳興故鄣人也均表求撰齊春秋書成高祖以其書不實焚之尋使撰通史起三皇訖齊代均草本紀世家功已畢唯列傳未就卒〔南史齊竟陵王子良傳〕子昭冑昭冑子賁字文奐好學能書善畫於扇上圖山水咫尺之內便覺萬里爲遙嘗著西京雜記六十卷卷數多寡懸殊當另是一書吳均有續齊諧記

刑法志。獄刑號爲平矣。酷吏傳序。號爲罔漏吞舟

網漏吞舟之魚
王霸等爲廷平
王温舒使吏督盜

韋平父子宰相
周勃亞夫父子相
平當父子

于長忠臣九篇
忠臣傳列陰陽家

之魚。王温舒傳。廣平聲爲道不拾遺。曰號曰聲。謂名然而實否也。書法婉而直。〔何云〕網漏吞舟之魚乃言文法之寬不當並舉〔閻按〕罔漏吞舟之魚實言文法疏非刺時也不當與上下並舉○〔元圻案〕〔真西山大學衍義曰〕刑獄號爲平矣號之一辭名然而實否之謂也〔漢書刑法志〕宣帝選于定國爲廷尉求明察寬恕黃霸等以爲廷平季秋後請讞時上常幸宣室齋居而決事刑獄號爲平矣〔又曰〕漢興之初雖有約法三章網漏吞舟之魚然其大辟尚有夷三族之令〔酷吏傳序〕漢興破觚而爲圜琢雕而爲樸號爲罔漏吞舟之魚〔王温舒傳〕稍遷至廣平太守擇郡中豪敢往吏十餘人爲爪牙縱使督盜賊盜不敢近廣平聲爲道不拾遺　顏師古於刑法志序吞舟句下注曰言疏闊於酷吏傳序吞舟句注曰言其疏也

平當傳云。漢興唯韋平父子至宰相。愚謂周勃亞夫父子爲相。事業過韋平遠甚。班孟堅其忘諸乎。〔全云〕昭宣以後大司馬是輔政者乃真宰相所謂丞相則具官耳○〔元圻案〕〔漢書平當傳〕平當字子思哀帝即位徵當爲御史大夫至丞相子晏以明經歷位大司徒封防鄉侯漢興唯韋平父子至宰相〔又韋賢傳〕韋賢字長孺宣帝本始三年代蔡義爲丞相封扶陽侯少子元成復以明經歷位至丞相元成字少翁永光中代于定國爲丞相　周勃于呂后時誅諸呂亞夫于景帝時平吳楚

藝文志。于長天下忠臣九篇。劉向別錄云。傳天下忠臣。愚謂忠臣傳當在史記之錄。而列於陰陽家。

董公魯兩生名逸
董公如時雨不著功
兩生如鳳不可羅
轅生脫屣圭組

陳萬年以詔教子
范滂姜敘母勵子
楊阜爲韋康復仇

家何也七略劉歆所爲班固因之歆漢之賊臣其抑忠臣也則宜〔何云〕于長之書不傳其列陰陽家也必有故無取橫加詆斥〔全云〕何氏過於左袒古人〔集證〕〔隋志〕〔簿錄篇〕七略別錄二十卷劉向撰七略七卷劉歆撰

董公之名不聞魯兩生之氏不著仁義之說如山川出雲時雨既降而不有其功禮樂之言如鳳翔千仞非燕雀之網所能羅古之逸民也〔元圻案〕董公注已見〔漢書叔孫通傳〕使徵魯諸生三十餘人魯有兩生不肯行曰公所事者且十主皆面諛親貴今天下初定死者未葬傷者未起又欲起禮樂禮樂所由起百年積德而後可興也〔張南軒史論曰〕三老董公之說以爲順德者昌逆德者亡兵出無名事故不成名其爲賊敵乃可復三軍之衆爲義帝縞素五十六萬之師不約而來從義之所感也使高帝不入彭城置酒高會率諸侯窮羽所至而誅之天下卽定矣惜其不篤不能遂收湯武之功然漢卒勝楚卒亡者良由於此名正義立故也董公蓋深知其理故其言又曰仁不以勇義不以力自留侯而下陳謀雖多而皆未之及嗚呼董公其一時之逸民與〔王氏通鑑問答〕出宛葉掩不備以分其力其謀發於轅生說行而身隱鴻飛魚潛脫屣圭組遠希魯連近慕董公亦古之逸民歟

陳萬年爲三公而教其子以諂范滂姜敘之母一婦人而勵其子以義二漢風俗以是觀之〔全云〕西京風俗不可以此一事而盡貶之也翟義之母知其子之有禍而不肯去則亦賢矣〇〔元圻案〕〔漢書陳萬年傳〕萬年字幼公沛郡相人也萬年廉平內行脩然善事人賂遺外戚許史傾家自盡

翟義母不爲禍去

梁以韓安國距七國荀藩等推瑯琊主監典午司馬氏隱謎王蠋不受燕封田單封安平君封建郡縣之異翟義與南陽武臣勝儒者

竟代定國爲御史大夫子咸字子康萬年病召咸教戒於牀下語至夜半咸睡頭觸屏風萬年大怒欲杖之曰乃公教汝反睡不聽吾言何也咸叩頭謝曰具曉所言大要教咸諂也萬年乃不復言〔後漢書黨錮傳〕范滂字孟博汝南征羌人也少厲清節建寧二年大誅黨人詔下捕滂其母就與之訣曰汝今得與李杜齊名死亦何恨既有令名復求壽考可兼得乎〔三國志魏楊阜傳注〕皇甫謐列女傳曰姜敘母者天水姜伯奕之母也建安中馬超攻冀害涼州刺史韋康敘爲撫夷將軍擁兵屯歷敘姑子楊阜故爲康從事陰結爲康報仇未有閒阜至歷候敘母說康被害敘母曰咄伯奕韋使君遇難豈一州之恥亦汝之負豈獨義山哉汝無顧我事淹變生人誰不死死國忠義之大者但當速發我自爲汝當之不以餘年累汝也因敕敘與阜參議〔漢書翟方進傳〕少子義字文仲爲東郡太守王莽居攝義舉兵義兄宣居長安謂後母曰東郡太守文仲素俶儻今數有惡怪恐有妄爲而大禍至也太夫人可歸爲弃去宣家者以避害母不肯去後數月敗亦賢婦人也

一梁以折七國之鋒。一琅邪以續典午之緒。封建可以支變故。〔何云〕七國獨非封建乎安平之功。以畫邑之王蠋。南陽之興。以東郡之翟義。翟義注見上節行可以回人心。〔元圻案〕〔漢書梁孝王傳〕吳楚七國反先擊梁棘壁殺數萬人梁王城守睢陽使韓安國張羽等爲將軍以距吳楚吳楚以梁爲限不敢過而西　〔晉書元帝紀〕帝諱睿宣帝曾孫琅邪恭王覲之子也年十五嗣位琅邪王及懷帝蒙塵于平陽司空荀藩等推帝爲盟主太興元年三月愍帝崩問至卽皇帝位　〔三國志蜀譙周傳〕典午忽兮月酉沒兮典午司馬氏隱謎也　〔史記田單傳贊〕燕之初入齊聞畫邑人王蠋賢使人謂蠋曰吾以子爲將封子萬家不聽吾引三軍而屠畫邑王蠋曰忠臣不事二君貞女不更二夫與其生而無義固不如烹齊亡大夫聞之曰王蠋布衣也義不北面於燕況在位食祿者乎乃相聚如莒求諸子立爲襄王　田單破燕復齊七十餘城齊襄王封單號曰安平君　晁无咎嘗非太史公不爲王蠋

辛慶忌救劉輔朱雲
張萬福拜陽城
成帝后趙飛燕
裴延齡傾陸宣公
韓說之救倪寬

靡有子遺耗矣
飢者毛食

衛綰以戲車爲郎

立傳　胡子知言郡縣天下可以支承平而不可以支變故封建諸侯可以支承平可以支變故

辛慶忌之救朱雲。張萬福之拜陽城。服儒衣冠者。亦可媿矣。〔全云〕慶忌先嘗救劉輔○〔元圻案〕〔容齋隨筆九〕漢成帝將立趙飛燕爲皇后怒劉輔直諫囚之掖廷獄左將軍辛慶忌等上書救輔遂得減死朱雲請斬張禹上怒將殺之慶忌免冠解印綬叩頭殿下曰此臣素著狂直臣敢以死爭叩頭流血上意解然後得已慶忌此兩事可與汲黯王章同科班史不書於本傳但言其爲國虎臣匈奴西域敬其威信而已方爭朱雲時公卿在前曾無一人助之以請爲可羞也〔唐書張萬福傳〕萬福魏州元城人三世明經止縣令州佐萬福以儒業不顯乃學騎射以別校征遼東有功累遷泗州刺史召拜右金吾將軍陽城等詣延英門論裴延齡事伏閤不去帝震怒左右懼不測萬福大言曰國有直臣天下無慮矣吾年八十與見盛事徧揖城等勞之天下益重其名〔權德輿陸宣公翰苑集序曰〕夏旱芻糧不給軍校訴於上延齡奏曰此皆陸贄輩怨望鼓扇軍人也貶公忠州別駕上怒不可測賴陽城張萬福救之獲免　武帝時按道侯韓說之救倪寬事見劉向傳亦辛張之比

功臣表靡有子遺。耗矣。孟康曰。耗音毛。顏師古曰。今俗語猶謂無爲耗。馮衍傳飢者毛食。注案衍集毛字作无。今俗語猶然。或古亦通乎。〔繼序按〕〔文選注〕引蒼頡篇云耗消也越人多謂無曰耗　〔集證〕〔隋書經籍志〕梁有漢書孟康音九卷

衛綰以戲車爲郎。〔師古注〕戲車若今弄車之役鹽鐵論。除狹篇賢良曰。戲車

鼎躍鼎官
武力鼎士

五屬國處匈奴
北地屬國後置
西河美稷
胡三省地理注稱佳
郭忠以張掖擊匈奴

鼎躍。咸出補史。累功積日。或至鄉相。鼎躍。東方朔所謂鼎官。鄒陽所謂鼎士也。〔全云〕鼎躍或云承上文言之猶云治躍○〔元圻案〕〔衞綰傳〕綰代大陵人也以戲車爲郎事文帝醇謹無它景帝立膠東王爲太子召綰爲太子太傅代桃侯舍爲丞相〔東方朔傳〕夏育爲鼎官注今殿前舉鼎者也〔鄒陽傳〕夫全趙之時武力鼎士袨服叢台之下者一旦成市而不能止幽王之湛患注鼎士舉鼎之士也

武紀元狩二年。秋匈奴昆邪王降。置五屬國以處之。注不載五屬國之名。〔原注〕表云三年攷之地理志。屬國都尉安定治三水。上郡治龜茲。〔注〕應劭曰音邱慈天水治勇士。五原治蒲澤。張掖治日勒。〔案地理志〕三水龜茲勇士蒲澤皆曰屬國都尉治唯日勒祗曰都尉治無屬國字此武帝初置也。若金城。西河。北地屬國。置於宣帝時。不在五屬國之數。〔閻按〕日勒止注都尉治不云屬國其西河之美稷乎注可見〔胡三省註通鑑地理〕歸太僕稱曰佳然於五屬國此等亦不暇細析似遜王氏此余每悼惜其通鑑地理攷一百卷之失傳也〔全云〕胡氏注通鑑實成於吾寧之甬上見袁清容集不知何以不見深寧權史之書是時宋室初亡深寧蓋杜門不接後進也〔繼序按〕胡身之寶祐四年進士出深寧之門〔集證〕〔宋錢文子補漢兵制〕武帝征伐之餘夷狄衰耗於是即其歸義者處之塞外爲屬國置屬國都尉領之〔陳元粹注〕引地理志天水勇士安定三水上郡龜茲西河美稷五原蒲澤皆屬國都尉治按與閻說合考宣紀五鳳三年始

張良爲張仲張老後
張湯張皓留侯後
張氏譜

相如爲自敘傳
馬班傳相如自敘
古人皆自敘風徽

置西河北地屬國以處匈奴降者故王氏不數西河之美稷〔又按匈奴傳〕元鳳三年張掖屬國都尉郭忠發兵擊匈奴屬國于長義渠王騎士射殺黎汗王忠封成安侯自是匈奴不敢入張掖是張掖已置屬國都尉矣書此俟詳攷　〔元圻案〕〔景武昭宣元成哀功臣表〕成安嚴侯郭忠以張掖屬國都尉匈奴入寇與戰斬黎汗王侯昭帝元鳳三年二月癸丑封與匈奴傳合

張良張仲三十代孫張老十七代孫〔原注〕〔張氏譜云〕仲見詩老見春秋禮記　〔閻按〕〔索隱云〕王符皇甫謐並以良爲韓之公族姬姓也余謂以大父開地父平相韓凡五世則公族之說當信　〔又云〕〔張氏譜〕亦從唐宰相世系表來但代數則其所撰出者　〔何云〕按張氏譜必唐以前相傳舊譜故王氏引之閻謂其從唐書來恐非然後漢書謂張皓出於留侯尚不可甚信況其絕遠者乎班孟堅作張湯傳不取馮商語斯卓越矣〔又云〕此等語注漢書者所不取以其附會無據耳　〔元圻案〕〔張湯傳贊曰〕馮商稱張湯之先與留侯同祖而司馬遷不言故闕焉　〔後漢書張皓傳〕皓字叔明犍爲武陽人也六世祖良高祖時爲太子少傅封留侯

史通云司馬相如始以自敘爲傳然其所敘但記自少及長立身行事而已〔下云〕逮於祖先所出則蔑爾無聞　序傳篇文今攷之本傳未見其爲自敘又云相如自敘記其客遊臨邛以春秋所諱持爲美談〔下云〕雖事或非虛而理無可取載之於傳不亦愧乎　亦序傳篇文恐未必然意者相如集載本傳如賈誼新書末

漢財用之數　都內禁錢　少府領園地　作勢

淮南憚衛青　汲黯　何武李尋論　重賢　伍被言衛青　將兵　徐弈步隲論　重賢

篇。故以爲自敘歟。〔全云〕或者相如集原有自序而其體正不必如遷雄所爲耳史通當有所據○〔元圻按〕〔史通雜說上篇〕云馬卿爲自敘傳具在其集中子長因錄斯篇卽爲列傳班氏仍舊曾無改奪尋固于馬揚傳末皆云遷雄之自敘如此至於相如篇下獨無此言蓋止憑太史之書未見文園之集故使言無畫一其例不純〔浦起龍史通通釋曰〕伯厚似未見此節而云然〔又序傳篇釋〕曰漢書相如本傳無自敘明文謚之後史知其言固有本〔隋劉炫傳自爲贊曰〕通儒司馬相如揚子雲馬季卿鄭康成等皆自敘風徽傳芳來葉云云蓋子元之前古人已言之矣

桓譚新論漢百姓賦斂一歲爲四十餘萬萬。吏俸用其半。餘二十萬萬藏於都內爲禁錢。少府所領園地作務八十三萬萬。以給宮室供養諸賞賜。〔見太平御覽六百二十七〕漢財用之數大略見此。〔何云〕漢無養兵之費故經賦有餘羨

何武曰。衛青在位。淮南寢謀。李尋曰。淮南王作謀之時。其所難者獨有汲黯。今人多以淮南寢謀稱黯。而不及青。才能不若節義也。〔原註〕汲黯在朝淮南寢謀其語見吳步隲疏〔何云〕吾家汜鄉語本伍被對淮南語〔全云〕淮南王傳亦嘗有謀刺殺大將軍青之語汲黯傳則固有憚黯之語〔魏志〕徐弈傳亦有此語不止步隲疏也○〔元圻案〕〔漢書辛慶忌傳〕丞相司直何武上封事曰虞有宮之奇晉獻不寐衛青在位淮南寢謀故賢人立朝折衝厭難勝於無形〔又李尋傳〕尋字子長平陵人也哀帝初卽位召尋待詔黃門上書曰臣聞

不附王莽諸人馬宮傳無事跡宋金二史紛煩五大夫城中山五王皆侯

往者淮南王作謀之時其所難者獨有汲黯公孫宏等不足言也宏漢之名相於今無比而尚見輕何況亡宏之屬乎〔又伍被傳〕淮南王曰山東即有變漢必使大將軍將而制山東公以爲大將軍何如人也被曰大將軍遇士大夫以禮與士卒有恩衆皆樂爲用騎上下山如飛材力絕人如此數習將兵未易當也王曰夫蓼太子知略不世出非常人也以爲漢廷公卿列侯皆如沐猴而冠耳被曰獨先刺大將軍乃可舉事〔又淮南王長傳〕王銳意欲發欲如伍被計使人爲得罪而西事大將軍丞相一日發兵即刺大將軍衛青說丞相宏下之如發蒙耳〔三國志魏徐奕傳〕太祖以奕爲中尉手令曰昔楚有子玉文公爲之側席而坐汲黯在朝淮南爲之折謀詩稱邦之司直君之謂與〔又吳步騭傳〕騭上疏曰汲黯在朝淮南寢謀郅都守邊匈奴竄迹故賢人所在折衝萬里　蘇子由元祐元年二月上疏曰昔淮南王反獨畏衛青汲黯實兼取二說

西漢末郭欽蔣詡栗融禽慶蘇章曹竟不仕於莽。〔原註〕見龔鮑傳　卓茂與孔休蔡勳邕其元孫也　劉宣龔勝鮑宣同志不仕莽時〔原注〕見卓茂傳　王皓王嘉並棄官〔原註〕見李業傳　漢史不能表而揚之爲清節傳而僅附見其名氏然諸君子清風肅然立懦夫之志於百世之下不待傳而彰。〔何云〕無他事蹟但宜於他傳中附見宋金二史紛煩無統皆此等議論啓之勸懲不在傳之有無也　〔全云〕何氏但欲爲班固佞臣故作此語

漢史不傳忠義自是大闕略事如何武鮑宣不附莽而死者也彭宣王崇龔勝邴漢梅福逢萌不附莽而去者也辛慶忌之三子不附莽而死者也翟義賈萌張充諸人討莽而死者也龔勝不應徵而死者也孔休薛方郭欽蔣詡栗融禽慶向長蘇章蔡勳不附莽而隱者也曹竟不附莽而死於赤眉李業王皓王嘉譙元不仕莽而死於公孫述其中有事蹟者蓋十之六若爲立

㮘中監
重常負貳

傳當勝於儒林諸公之寥落遠甚宋金二史之紛繁其失豈在此哉且班史嘗為毫無事蹟之馬宮作傳則吾不知蒙奉之徒何以發明作者之義云〔又云〕高固不仕莽淮陽太守殺之見魏志註中所引陳留耆舊傳令狐整仕莽見周書〔盧月船云〕王青之祖文翁與崔太守起兵而死亦義士也見周䢵傳○〔元圻案〕〔全氏西漢節義傳題詞曰〕水經注有豫章太守賈萌討莽而死〔陳留風俗傳〕有淮陽高固不附莽而死〔令狐德棻北周書及唐史宰相世系表〕有建威將軍令狐邁豫於東郡之難而死〔齊氏召南漢書攷證曰〕鮑宣傳特附薛方等七人皆不仕莽世清節著名者据〔後漢書卓茂傳〕茂與孔休等六人同志又申徒剛宣秉王丹王良郭丹蔡茂及陳寵之曾祖咸各見本傳而儒林傳載高詡包咸獨行傳載譙元李業王皓王嘉劉茂逸民傳載向長逢萌王君公周黨譚成殷謨王霸戴遵皆立志較然不汚新室爵命宜與薛方諸賢牽連書之乃莽大夫揚雄一傳累牘連篇而於諸賢聊表一二此則班氏之失也〔案後漢書胡廣傳〕六世祖剛清高有志節王莽居攝剛解其衣冠懸府門而去遂亡命交阯〔蔡茂傳〕郭賀祖父堅伯父游君並脩清節不仕王莽〔楊震傳〕父寶哀平之世隱居教授居攝二年與兩龔蔣詡俱徵遂遁逃不知所處〔儒林傳〕牟長不仕王莽高詡父容父子稱盲逃不仕莽世洼丹字子玉王莽時嘗避世教授專志不仕孔僖父子建少遊長安與崔篆友善及篆仕莽為建新大尹嘗勸子建仕對曰吾有布衣之心子有袞冕之志各從所好〔方術傳〕郭憲字子橫王莽篡位拜憲郎中賜以衣服憲受衣而焚之逃於東海之濱〔水經注十一〕易水出西山寬谷中東逕五大夫城南昔北平侯王譚不從王莽之政子興生五子並避時亂隱居此山故其舊居世以為五大夫城光武即位封為五侯元才北平侯益才安熹侯顯才蒲陰侯仲才新市侯季才為唐侯所謂中山五王也又十七泒水又東南逕隃麋縣故城南昔郭欽恥王莽之徵而遯迹於斯〔趙氏金石錄十八〕漢禮殿記跋尾云華陽國志有文參字子奇不從王莽公孫述光武嘉之以上諸賢皆厚齋所謂當表而揚之為清節傳者故附著於此

論衡。別通篇 孝明之世。讀蘇武傳。見武官名曰㮘中監。以問百官。百官莫知。〔閻按〕〔蘇武傳〕監上有廄字如淳曰㮘園中有馬廄武為之監也〔集證〕〔按新序節士篇〕孝武皇

漢功德見諸儒書陳平仲紀光武孟堅頌孝明

董子制度之別下食上珍

不窺園有五人炫焯閉門讀書

帝時以武爲移中監使匈奴亦無廐字疑古本漢書如是〔又按論衡別通篇云〕夫倉頡之章小學之書文字備具至於無能對聖國之問者是皆美命隨牒之人多在官也木旁多文字且不能知其欲及若董仲舒之知重常劉子政之知負貳難哉詳此是百官莫知者移字耳

又須頌篇云。司馬長卿爲封禪書。文約不具。子長紀黃帝至孝武。揚子雲錄宣帝至哀平。陳平仲紀光武。班孟堅頌孝明。漢家功德頗可觀見。今子雲書不傳。平仲未詳其人。孟堅頌亦亾。〔閻按〕〔後漢班固傳〕與陳宗尹敏孟異共成世祖本紀則平仲乃宗之字也官睢陽令

荀爽對策曰。今臣僭君服。下食上珍。宜略依古禮尊卑之差。及董仲舒制度之別。〔見本傳〕注引仲舒對策。愚謂制度之別。必有其書。非但正法度。別上下之對也。春秋繁露有制度篇。〔元圻案〕繁露第二十七一作調均篇

董仲舒三年不窺園。法眞歷年不窺園。趙昱歷年潛思。不窺園門。〔閻按〕謝承後漢書作圃〔案〕見三國志陶謙傳注桓榮十五年不窺

號萬石者五家廖剛四子秉麾節石奮武子爭寵馮揚八子二千石嚴延年母貴錄因秦伯平羣從之貴張稚圭平獄之應司馬安蕭望之萬石

家園何休不窺園〔閻按〕後漢書作門者十七年〔元圻案〕〔宋朱翌猗覺寮雜記云〕不窺園三董仲舒後漢桓榮趙昱厚齋蓋補其所未及〔北史儒林傳〕劉炫與信都劉焯閉門讀書十年不出

號萬石者五家漢石奮及四子皆二千石號萬石君馮揚爲宏農太守八子皆爲二千石亦號萬石君嚴延年兄弟五人至大官母號萬石嚴嫗秦襲爲潁川太守羣從同時爲二千石者五人號萬石秦氏唐張文瓘爲侍中四子皆至三品號萬石張家〔閻按〕南宋廖剛子四人仕皆秉麾節號萬石廖氏〔方樸山云〕石奮之稱萬石君不獨以家有五人官二千石直幷其姓稱之故景帝開口即曰石家而武帝詔亦曰萬石君先帝尊之萬石之號出自天子又連姓氏爲文故可傳後此諸家便少味〇〔元圻案〕〔漢書石奮傳〕奮爲諸侯相長子建次甲次乙次慶皆以馴行孝謹官至二千石於是景帝曰石君及四子皆二千石人臣尊寵迺舉集其門凡號奮爲萬石君〔後漢書馮勤傳〕勤字偉伯魏郡繁陽人也曾祖父揚宣帝時爲宏農太守有八子皆爲二千石趙魏閒榮之號曰萬石君焉〔漢書酷吏傳〕嚴延年字次卿東海下邳人也爲河南太守延年母從東海來到雒陽適見報囚母大驚因數責延年謂天道神明人不可獨殺我不意當老見壯子被刑戮也遂去歸郡後歲餘果敗東海莫不賢知其母延年兄弟五人皆有吏材至大官東海號曰萬石嚴嫗〔後漢書循吏傳〕秦彭字伯平扶風茂陵人也自漢興之後世位相承六世祖襲爲潁川太守與羣從同時爲二千石者五人故三輔號曰萬石秦氏〔唐劉肅大唐世說新語七〕張文瓘初爲大理卿旬日決遺疑獄四百餘條無一人稱屈四

三入官以上諸人

漢文減喪服
光武七廟共堂
魏祖制終服四篋
晉武合祀郊

子潛沛洽涉皆至三品時人呼爲萬石張家咸以爲福善之應〔唐書張文瓘傳〕文瓘字稚圭貝州武城人徙魏州之昌樂高宗時拜侍中四子潛爲魏州刺史沛爲同州刺史洽衞尉卿涉殿中監父子皆至三品時爲萬石張家〔史記汲黯傳〕黯姑姊子司馬安文深巧善宦官四至九卿昆弟以安故同時至二千石者十人〔漢書蕭望之傳〕望之子由爲中散大夫家至二千石者六七人二家亦可號萬石〔王楙野客叢書〕數萬石止及石奮嚴延年馮揚而遺秦襲〔趙崇絢雞肋編〕所載與此條同

漢丞相再入二人周勃孔光御史大夫再入三人孔光何武王崇〔案〕〔公卿表〕審食其亦再入爲丞相後漢太尉再入二人劉矩馬日磾劉寬黃瓊段熲龐參亦再入爲太尉三入一人胡廣司徒再入二人魯恭胡廣楊賜亦再入司空三入一人牟融司空再入三入尚有劉寵楊賜黃瓊唐宰相再入五十七人長孫无忌至裴樞三入十二人武承嗣至鄭畋四入三人韋巨源姚元之韋安石五入三人蕭瑀裴度崔允

宋書禮志云漢文以人情季薄國喪革三年之紀光武以中興崇儉七廟有共堂之制魏祖以後惑宜矯終斂去襲稱之數晉武以丘郊不異二

至苟胡論喪制

顏倫善御

至幷南北之祀。豈三代之典不存哉。取其應時之變而已。愚謂四事唯喪紀廟制先儒議其失。〔何云〕南北亦有異論○〔元圻案〕〔漢書文帝紀〕後元七年遺詔曰當今之世咸嘉生而惡死厚葬以破業重服以傷生吾甚不取其令天下吏民令到出臨三日皆釋服殿中當臨者皆以旦夕各十五舉音禮畢罷以下服大紅十五日小紅十五日纖七日釋服〔後漢書光武紀〕建武二年注漢禮制度曰光武都洛陽迺合高祖至平帝爲一廟藏十一主於其中〔祭祀志〕建武二十六年張純奏祖宗廟今宜以時定上難復立廟遂以合祭高祖廟爲常〔三國志魏武紀注〕魏書曰太祖以送終之制襲稱之數繁而無益俗又過之故預自制終亡衣服四篋而已〔晉書禮志〕武帝泰始二年有司議奏古者丘郊不異宜幷圜丘方丘於南北郊更脩立壇兆其二至之祀合於二郊帝從之〔荀悅漢紀論曰〕書云高宗諒闇三年不言孔子曰古之人皆然三年之喪天下之通喪由來者尚矣今而廢之以虧大化非禮也〔胡氏讀史管見曰〕行而有悖于天有累於身雖父令不可從也從之則成父之小欲而壞父之大仁君子不謂之孝況三年之喪仁人君子所以事天成身之本非父之所得令者乎

揚雄河東賦。載本傳 羲和司日。顏倫奉輿。注倫古善御者。愚嘗考韓詩外傳二 孔子云美哉顏無父之御也。馬知後有輿而輕之。知上有人而愛之。至於顏倫 今外傳作論 少衰矣。馬知後有輿而輕之。知上有人而敬之。此顏倫善御之事也。書此以補漢

秦漢末皆立嬰
張竦陳遵殊放約
秦少游以字見志
行難工處易持
智得不如拙失
趙忠定父行實
趙侯蹈儒所難
著作君昌言隱德

注之闕。

秦士於嬰。而莽立嬰以嗣平。速漢之亡也。〔元圻案〕趙高弒秦二世乃立二世之兄子公子嬰爲秦王沛公破秦至霸上子嬰奉天子璽符降軹道旁事詳史記秦始皇本紀〔王莽傳〕平帝崩元帝世絕而宣帝曾孫有見王五人列侯廣戚侯顯等四十八人莽惡其長大曰兄弟不相爲後迺選玄孫中最幼廣戚侯子嬰年二歲立爲皇太子號曰孺子

張竦答陳遵曰。學我者易持。效子者難工。陳無己爲秦少游字序云。行者難工。處者易持。呂成公書趙忠定父行實後云。處者易持。出者難工。皆本張竦之意。〔元圻案遊俠傳〕陳遵字孟公杜陵人也遵與張竦俱爲京兆史相親友常謂張竦足下諷誦經書苦身自約不敢差跌而我放意自恣浮湛俗閒官爵功名不減於子而差獨樂顧不優耶竦曰人各有性長短自裁子欲爲我亦不能吾而效子亦敗矣雖然學我者易持效子者難將〔陳后山集十二〕秦少游字序云秦子曰往吾少時如杜牧之強志盛氣好大而見奇讀兵家書乃與意合謂功譽可力致而天下無難事於是字以太虛以導吾志今吾年至而慮易不待蹈險而悔及之願還四方之事歸老邑里如馬少游於是字以少游嘗試以語公又以爲可於子何如余以爲取善於人以成其身君子偉之且夫二子或進以經世或退以存身可與爲仁矣然行者難工處者易持牧之之智得不如少游之拙失也〔呂成公遺集六〕書趙路分行實後云趙侯至性馴行隆洽飭備蹈儒者之所難自著作君以昌言冠大庭世或謂隱德待其子而發是殆不然侯之所以自致者如水必寒如火必熱政使名不出家於侯何損乃若著作君忠愛敦篤之意隱然行於政事文學之中其所從來遠矣處者易持出者難工馳騁當世萬變錯陳其視前人之素風淳矩若秦槃

郢客爲侯 李大縣令隰川 楊烱令盈川 周校文苑英華

嚴延年劾霍光廢立 昌邑王妻延年女 宣帝時三大議 武帝不宜立廟樂 戾太子謚

水而涉春冰然則著作君之紀載豈徒顯揚爲不朽計哉抑將泝洪源景高山晝誦夜思期無忝所生云爾

楊盈川隰川令誌云代恭王之子郢客爲侯周益公刊文苑英華校正以爲楚元王子郢客爲侯今云代恭之子未詳愚按漢書王子侯表士軍侯郢客代恭王子此盈川所用也〔元圻案〕〔楊烱隰川縣令李公墓誌曰〕公諱嘉字大善隴西成紀人也遷隰川令晉獻公之子夷吾是邑代恭王之子郢客爲侯〔唐書文藝傳〕楊烱華陰人舉神童授校書郎出爲梓州司法參軍遷盈川令〔周必大文苑英華跋曰〕文苑英華雖祕閣有本然舛誤不可讀嘗屬荆帥范仲藝鈞倅丁介稍加校正晚幸退休求別本與士友詳議疑則闕之詳註逐篇之下〔案〕今有彭叔夏文苑英華辨證十卷自序云益公退老邱園命以校讎攷訂商確用功爲多云云

嚴延年劾奏霍光擅廢立無人臣禮不道奏雖寢朝廷肅焉見酷吏嚴延年傳呂成公謂大哉延年之奏也自夷齊之後一人而已沙隨程氏謂延年女羅紨爲昌邑王賀妻生子女持轡惟漢人風俗之厚故不以爲嫌〔全云〕羅紨事見昌邑王傳又云此別一嚴延年也沙隨誤矣〔又云〕是時有二嚴延年其劾奏霍光者時爲侍御史後爲太守坐誅

自言所舉及原爵　平陽侯窋舉鼂錯　魯王道堅舉九齡　糊名易書之始　道侔伊呂策高第　魯王方嚴有禮法

漢書有傳字次卿其以女適賀者乃執金吾也見於〔漢書百官公卿表〕字長孫故昌邑王傳特稱其長孫之字以別之王元石名介金華人曰。宣帝時有大議論二。延年以不道劾光夏侯勝言武帝不宜立廟樂。有司謚故太子曰戾皆後世有所不能〔原注〕劉應起時可奏疏謂當使近習畏輔相輔相畏臺諫若申屠嘉能使近習畏之若嚴延年能使輔相畏之○〔元圻案〕〔武五子傳〕臣敞閱至子女持轡故王跪曰持轡母嚴長孫女也臣敞故知執金吾嚴延年字長孫女羅紨前爲故王妻〔夏侯勝傳〕宣帝初卽位欲褒先帝羣臣大議廷中少府勝獨曰武帝雖有攘四夷廣土斥境之功然多殺士衆竭民財力奢泰亡度天下虛耗亡德澤於民不宜立廟樂〔武五子戾太子據傳〕太子有遺孫一人史皇孫子王夫人男年十八卽尊位是爲孝宣帝帝詔曰故皇太子在湖未有謚號歲時祠其議謚置園邑有司奏請親謚宜曰悼皇母曰悼后故皇太子謚曰戾史良娣曰戾夫人

鼂錯對策首二。云平陽侯臣窋等所舉賢良方正太子家令臣錯。見本傳自言所舉之人及其官爵無所隱。漢制猶古也。自後史無所紀唯唐張九齡對策首二。云嗣魯王道堅所舉。道侔伊呂科行祕書省校書郎張九齡。自糊名易書之法。密不復見此矣。道堅魯王靈夔之孫。本傳稱其方嚴有禮

張說所對第一祥符中立謄錄

成公不受官祿成帝使郎授政事太史公退處士士安諸書不足據通鑑刪樊英語

法是以能舉九齡而秉史筆者不書於傳僅見九齡集〔元圻案〕〔漢書曹參傳〕高祖六年賜參爵列侯食邑平陽萬六百三十戶參子孫嗣侯　〔唐書高祖諸子傳〕魯王靈夔子藹藹子道堅嗣道堅方嚴有禮法閨門肅如也〔又張九齡傳〕九齡字子壽韶州曲江人擢進士始調校書郎以道侔伊呂科策高第爲左拾遺〔又張說傳〕武后策賢良方正詔吏部尚書李景湛糊名較覆說所對第一后署乙等　〔元盛如梓老學叢談〕謂宋自淳化中立糊名之法誤也〔又云〕祥符中立謄錄之制當更攷　〔容齋續筆十二〕張九齡以道侔伊呂策高第以登科記及會要攷之蓋先天元年九月

皇甫謐高士傳云成公者成帝時自隱姓名常誦經不交世利時人號曰成公成帝時出遊問之成公不屈節上曰朕能富貴人能殺人子何能何本無能字逆朕哉成公曰陛下能貴人臣能不受陛下之官陛下能富人臣能不受陛下之祿陛下能殺人臣能不犯陛下之法上不能折使郎二人就受政事十二篇班史逸其事孟堅譏太史公之退處士而不爲逸民立傳是以有目睫之

高帝爲謚號之始
崔駰章帝謚議

恭顯始爲朋黨言
管子國策言朋黨
有果氏以新易故

論。〔方樸山云〕士安諸書止可博異說不得援以駁班史之闕〔全云〕此頗疑其不實後漢所傳樊英語亦相類過於傲上故通鑑删之

高帝紀羣臣曰帝起細微撥亂世反之正平定天下。爲漢太祖功最高上尊號曰高皇帝此謚議之始也崔駰章帝謚議見太平御覽〔集證〕〔御覽五百六十二〕禮儀部崔駰章帝謚議曰臣聞號者功之表謚者行之迹撰德錄功各當其實〔孝經曰〕天地明察神明章矣唐書數堯之德曰平章百姓言天之章德也詩曰雕琢其章金玉其相亹亹文王綱紀四方〔又曰〕倬彼雲漢爲章於天喻文王盛德有金玉之質猶雲漢之在天也舉表析義四方德附矣〔易曰〕先天而天不違後天而奉天時臣愚以爲宜上尊號曰章

歐陽子五代史唐六臣傳論曰。始爲朋黨之論者甚於作俑愚攷漢史蕭望之傳蕭望之周堪劉更生同心謀議宏恭石顯奏望之堪更生朋黨欲專擅權勢朋黨二字始見於此。遂爲萬世之禍。可爲一言喪邦。〔何云〕西漢宦者始爲朋黨之論東漢宦者大興鉤黨之禍〔集證〕〔陳霆兩山墨談〕王厚齋謂朋黨二字始見班史余按逸周書載穆王作史記以自警云昔有果氏好以新易故新故不和內爭朋黨陰事外權有果氏以亡朋黨字當始於此○〔元圻案〕〔管子參患篇〕行邪者不變則羣臣朋黨羣臣朋黨則宜有內亂〔戰國策〕蘇秦說趙肅侯曰臣聞明主絕疑去讒屏流言之迹塞朋黨之門史記蘇秦傳同亦先於班史

因遺劍決翁壻事壻七子三遺札

巢父許由或一人山父不貪天下

何武爲沛郡太守。決富家翁之子之訟。奪女財以與子。謂翁之思慮宏遠。乖崖〔閻按〕乖崖張詠號〔全云〕張忠定公詠〔一〕斷杭民子壻之事。其意類此。〔原注〕事見風俗通〔錢氏大昕曰〕今風俗通無此太平御覽引風俗通有此〔集證〕〔太平御覽六百三十九〕引風俗通曰沛郡有富家貲二十餘萬小婦子年裁數歲頃失其母又無親近其女不賢翁病思念恐爭其財兒必不全因呼族人爲遺令悉以財屬女但遺一劍云兒年十五以還付之其後又不與兒詣縣自言求劍時太守大司空何武也得其辭因錄女及聓省其手書顧謂掾吏曰女性強梁聓復貪鄙畏賊害其兒又計兒小得此則不能全護故且俾與女而實寄之度此遺以劍者所以決斷限年十五者智力足以自居度此女聓必不復還其劍當問縣官縣官或能證察得見伸展此翁何思慮宏遠如是乃悉奪取財以與子曰強女惡聓溫飽十歲亦以足矣於是論者乃服〔宋景文張忠定公行狀〕公之牧餘杭也富家子與壻分財不協詣府廷辯壻曰彼先子有貽命壻七子三因出遺札子不能舉其契公索酒酹地曰彼父智人也當死之日子方沖孺託養於壻茍子有七分之約則亦死於壻手矣今當七分歸子三分歸壻於是二人號慟以爲神明〇〔元圻案〕韓魏公張忠定行狀王君玉國老談苑亦載其事其辭略同

古今人表。許繇巢父爲二人。譙周古史攷。許由夏常居巢。故一號巢父。則巢許爲一人。應休璉又謂之山父。〔元圻案〕〔文選〕應休璉與從弟君苗君胄書曰山父不貪天下之樂曾參不慕晉楚之富李善注山父即巢父也〔譙周古史攷曰〕許由夏常居巢故一號巢父厚齋蓋據此注也〔案陸士衡演連珠注〕又引古文攷曰許由堯時人也隱箕山恬淡養性無欲於世堯禮待之由不肯就時人高其無欲遂崇大之曰堯將以天下讓許由

毛莫如少路
分館陶爲屯氏河
蕭該漢書音義

由恥聞之乃洗其耳或曰又有巢父與許由同志或曰許由夏常居巢故一號巢父不可知也是譙周亦不定以巢許爲一人也李善引之文有詳略耳〔孔稚珪北山移文注〕引皇甫謐高士傳曰巢父聞許由爲堯所讓也以爲汙乃臨池而洗耳

儒林傳。毛莫如少路。〔閻按〕杜欽李尋兩傳並同 宋景文公。筆記 引蕭該音義。案風俗通姓氏篇。混沌氏。太昊之良佐。漢有屯莫如。爲常山太守。今風俗通此篇已佚〔全云〕儒林傳下文止云莫如至常山太守 按此莫如姓非毛。應作屯字。音徒本反。〔何云〕古人書屯字只作乇因此致誤 愚按溝洫志云。自塞宣房後。河復北決於館陶。分爲屯氏河。顏師古注。屯音大門反。而隋室分析州縣。誤以爲毛氏河。乃置毛州。失之甚矣。〔閻按〕隋地理志館陶下云舊置毛州大業初州廢則非隋置 以此證之。則毛屯之相混久矣。屯之爲氏。於此可攷。廣韻云。後蜀錄有法部尚書屯度。〔原注〕徒渾切與蕭該音不同○〔元圻案〕〔隋書經籍志〕漢書音義十二卷國子監博士蕭該撰〔北史儒林傳下〕蕭該蘭陵人梁鄱陽王恢之孫少封攸侯荆州平與何妥同至長安性篤學詩書春秋禮記並通大義尤精漢書撰漢書及文選音義咸爲當時所貴

王式授詩褚少孫
褚先生續史記
褚氏家傳
田何子裝傳易
樓護居五侯之門
陳羣雅仗名義
名號侯止虛封

王式以詩授褚少孫。褚氏家傳云。卽續史記褚先生。〔原注〕沛人爲博士○〔案〕此條本陸氏釋文敘錄 〔全云〕〔少孫續史記〕極口詆霍大將軍頗近於佞蓋受其師傳矣○〔元圻案〕〔漢書儒林傳〕王式字翁思東平新桃人也山陽張長安幼君先事式後東平唐長賓沛褚少孫亦來事式問經數篇唐生褚生應博士弟子選由是魯詩有張唐褚氏之學 〔四庫全書史記提要曰〕據張守節正義引張晏之說以褚少孫爲潁川人元成間爲博士又引褚顗家傳以爲梁相褚大弟之孫宣帝時爲博士寓居沛事大儒王式故號先生二說不同然宣帝末距成帝初不過十七八年其相去亦未遠也

〔隋書經籍志雜傳類〕褚氏家傳一卷褚顗等撰

田何子裝。見儒林傳釋文序錄作子莊。〔原注〕〔高士傳云〕字莊 〔元圻按〕〔皇甫謐高士傳〕田何字子莊齊人也自孔子授易五傳至何惠帝時何年老家貧守道不仕帝親幸其廬以受業終爲易者宗

樓護傳云。論議常依名節。東萊史說謂居五侯之門。而論名節。猶爲盜跖之徒而稱夷齊也。陳羣爲曹操掾。而傳云。雅仗名義。其能免樓護之譏乎。〔何云〕陳長文三國名臣未可輕議 〔元圻案〕〔漢書游俠傳〕樓護字君卿齊人是時王氏方盛賓客滿門五侯兄弟爭名其客各有所厚不得左右唯護盡入其門咸得其驩心爲人短小精辯論議常依名節 〔三國志魏陳羣傳〕羣字長文潁川許昌人也祖父寔父紀叔父諶皆有盛名羣爲侍中領丞相東西曹掾在朝無適無莫雅仗名義不以非道假人

魏志。建安二十年。始制名號侯。裴松之謂今之虛

樊噲賜號賢成君 傅寬賜號共德君 爵級四等不食租 裴松之注三國志

史雋漢雋雋永

壺關三老訟太子冤 令狐茂隱城東山中

封。蓋自此始。按漢樊噲傳。賜爵封號賢成君。顏注云。楚漢之際。權設寵榮。假其位號。或得邑地。或空受爵。則虛封非始於建安也。〔閻按〕杜佑於楚漢字上增戰國之際尤包得全〇

〔元圻案〕〔魏武帝紀注〕引魏書曰置名號侯爵十八級關中侯爵十七級皆金印紫綬又置關內外侯十六級銅印龜紐墨綬五大夫爵十五級銅印環紐亦墨綬皆不食租與舊列侯關內侯凡六等〔史記傅寬傳〕賜寬封號共德君〔索隱曰〕謂美號耳非地邑〔又靳歙傳〕沛公立爲漢王賜歙爵建武侯至三年始賜食邑四千二百戶則前此亦虛封也〔宋書裴松之傳〕松之字世期河東聞喜人博覽墳籍上使注陳壽三國志松之鳩集傳紀增廣異聞既成奏上上善之〔程大昌演繁露〕亦引裴松之注爲虛封之始

崇文總目。史雋十卷。漢雋之名本於此。〔元圻按〕〔書錄解題目錄類〕崇文總目一卷景祐初學士王堯臣同聶冠卿郭禎呂公綽王洙歐陽脩等撰定凡六十六卷諸雜皆有論議歐公文集頗見數條今惟此六十六卷之目耳題云紹興改定〔唐書藝文志儒史類〕鄭暐史雋十卷〔書錄解題類書類〕漢雋十卷括蒼林越撰以西漢書分類爲十五篇皆句字之古雅者雋者蓋取雋永之義也〔漢書蒯通傳〕通論戰國時說士權變亦自序其說凡八十一首號曰雋永注雋肥肉也言甘美而味深長也則史雋之名當取諸此

壺關三老茂。漢武故事以爲鄭茂。顏師古曰。荀悅漢紀云令狐茂。今漢紀本脫令狐茂三字。御覽上黨郡記。令狐徵君。隱城東山中。〔元圻案〕壺關三老茂上書言戾太子冤事見漢書

武五子傳〔四庫全書總目小說類〕漢武故事一卷舊本題漢班固傳然史不云固有此書〔隋志〕著錄傳記類中亦不云固作〔晁公武讀書志〕引張柬之洞冥記跋謂出於王儉唐初去齊梁未遠當有所攷也〔太平御覽五百六十〕載上黨記曰令狐徵君隱城東山中令狐終卽此葬焉今俗名其山曰令狐墓漢史所稱壺關三老令狐茂者是也〔水經〕漳水又東過壺關縣北〔注云〕漢有壺關三老公乘輿訟衛太子卽邑人也姓名俱不同

東海相遺張敞蟹　張敞以正違忤

張敞集。朱登爲東海相。遺敞蟹。報書曰。蘧伯玉受孔氏之賜。必以及鄉人。敞謹分斯貺于三老尊行者。曷敢獨享之。見太平御覽四百七十八 其言有儒者風味。〔何云〕蟹字未有用此者○〔元圻案〕〔張敞傳〕敞字子高本河東平陽人隨宣帝徙杜陵以正違忤霍光及山雲以過歸第上封事言朝廷不聞直聲而令明詔自親其文非策之得其識見似出邴魏之上

刑餘爲周召　魏相因許奏事　戚宦禍始宣帝　許廣漢誤取他郎鞍

宣帝以刑餘爲周召。非特宏石也。平恩侯亦刑餘。而魏相因以奏事。注見卷一 戚宦之禍。漢自宣帝始也。〔何云〕此等議論酷似致堂〔又云〕霍禹秉政霍山復領尚書事不因平恩封事何由得達一不密則身危而國家從之奈何妄議也〔又云〕宣帝起里閈所依唯外家舍王史而獨因平恩專欲發其殺后之謀也議者讀史不熟耳　〔全云〕弱翁是時爲御史大夫何不請獨對乎畢竟是有借助之意　〔元圻案〕〔張南軒史論曰〕魏相所存不得爲正觀其有許史之累可見矣夫欲其說之行而假許史以爲重此詭遇獲禽之心君子不道也　〔漢書蓋寬饒傳〕宣帝時上書曰方今聖道寖廢儒術不行以刑餘爲周召以法律爲詩書〔又外戚傳〕孝宣許皇后

宣帝益吏奉

黃霸以神雀欲上聞

父廣漢從武帝上甘泉誤取他郎鞍以被其馬發覺吏劾從行而盜當死有詔募下蠶室後封平恩侯

宣紀神爵三年。益吏百石以下奉十五。通典〔職官十七〕引應劭曰。張敞蕭望之言。倉廩實而知禮節。衣食足而知榮辱。今小吏奉率不足。常有憂父母妻子之心。雖欲潔身為廉。其勢不能。可以什率增天下吏奉。宣帝乃益天下吏奉什二。與漢紀不同。〔元圻案〕〔漢書宣帝紀〕神爵三年秋八月詔曰吏不廉平則治道衰今小吏皆勤事而奉祿薄欲其無侵漁百姓難矣其益吏百石以下奉十五〔荀悅漢紀云〕其益吏百石以下俸五十斛與漢書合〔杜君卿曰〕應劭注漢書曰宣帝益吏俸什二而漢書言十五兩存其說耳

黃霸傳。鶡雀。顏氏注當為鳻。徐楚金考說文當為鳻。〔元圻案〕〔漢書循吏傳〕黃霸字次公淮陽陽夏人也五鳳五年代邴吉為丞相京兆尹張敞舍鶡雀飛集丞相府霸以為神雀議欲以聞注蘇林曰今虎賁所著鶡也〔師古曰〕此鶡音芬字或作鳻此通用耳鳻雀大而色青出羌中非虎賁所著也鶡色黑出上黨以其鬬死不止故用其尾飾武臣首云〔四庫全書總目小學類〕說文繫傳四十卷南唐徐鍇撰鍇字楚金廣陵人官至右內史舍人宋兵下江南卒於圍城之中事迹具南唐書本傳〔宋景文筆記〕師古曰此鶡音介今官本誤作芬鳻字作鳻鳻亦音芬鳻鳥聚貌非鳥名也予見徐鍇本亦如此改定〔王汾原煦曰〕顏氏家訓引說文云鳻雀似鶡而青出羌中卽小顏所本也玉篇亦作鳻集韻音分今徐鍇繫傳作鳻徐鉉本同別有鳻字訓為鳥聚非鳥名也

漢惠後立無名子
張皇后陽有身
王陵黜王呂氏
賈捐之議罷朱崖
楊賈更相薦譽
劉歆元韶賣國不終
彭城絕食蹈衣袖
絳侯畏誅被甲
文帝裁絳侯

皇極經世書。惠帝崩。立無名子爲帝。〔原注〕王陵爭非劉氏而王而宮中已有非劉氏而帝者矣〔何云〕非側注〔閻按〕竊以國既有之家亦宜然此予所以痛也詳尚書古文疏證卷二第十七條〇〔元圻案〕〔漢書外戚傳〕孝惠張皇后無子呂太后乃使陽爲有身取後宮美人子名之殺其母立所名子爲太子惠帝崩太子立爲帝四年太后下詔廢之更立恆山王宏爲帝少帝恆山淮南濟川王皆非孝惠子〔又王陵傳〕陵沛人封安國侯爲右丞相惠帝崩高后欲立諸呂爲王問陵陵曰高皇帝刑白馬而盟曰非劉氏而王者天下共擊之今王呂氏非約也太后不悅

賈捐之上書罷朱崖。杜佑云捐之。誼之孫。〔漢書本傳〕云誼之曾孫高見實類其祖。〔全云〕可惜捐之晚節〇〔元圻案〕〔漢書賈捐之傳〕捐之字君房賈誼曾孫元帝卽位召待詔金馬門初元元年珠崖又反上與有司議大發軍捐之建議以爲不當擊上迺從之捐之後坐與楊興更相薦譽欲得大位漏泄省中語竟坐棄市

漢之劉歆。魏之元韶。賣宗國以徼利而身亦不免。小人可以戒矣。〔閻按〕元韶事不見魏書列傳見北齊書及北史〔全云〕此切齒於趙孟傳之輩也〔元圻案〕劉歆爲王莽腹心封歆爲國師嘉新公後歆怨莽殺其三子與王涉董忠謀泄自殺事詳王莽傳〔北齊書文宣紀〕魏帝以天人之望有歸下詔歸帝位于齊使彭城王元韶奉皇帝璽綬禪代之禮一依漢魏故事〔又元韶傳〕韶魏孝莊之後襲封彭城王齊天保元年降爵爲公文宣謂韶曰光武何故中興韶曰爲誅諸劉不盡於是乃誅諸元以厭之韶幽於京畿地牢絕食啗衣袖而死

張文潛文帝論。謂絳侯之迹。異於韓彭者無幾。文帝所以裁之者。乃所以深報之也。其說太過。賈

誼陳政事疏體貌大臣而厲其節。乃正論也。〔元圻按〕〔漢書周勃傳〕勃與丞相平朱虛侯章共誅諸呂迎立孝文文帝卽位以勃爲右丞相居十餘月謝病歸相印上許之歲餘復用勃爲丞相十餘月免相就國歲餘每河東守行縣至絳絳侯勃自畏恐誅常被甲令家人持兵以見其後有人上書告勃欲反下廷尉逮捕勃治之文帝朝太后以冒絮提文帝曰絳侯綰皇帝璽將兵於北軍不以此時反今居一小縣顧欲反耶文帝於是使使持節赦勃復爵邑〔張氏耒漢文帝論〕絳侯以英雄之姿挾立君之威臨視其上無異于保傅之提嬰兒如是而不驕者伊周之所難也驕則縱縱則亂因以生文帝豈無愛勃之心哉視前日之誅死族滅者皆恃功驕蹇之所致而絳侯之迹異于韓彭者無幾耳曾不如抑遠困辱使之慊然內顧而無所恃鋤去驕慢之心全其生保其家使其子孫長有國土之爲愈也

揚雄自比孟子羽獵賦稱楊墨

揚雄自比孟子。而校獵賦乃曰。羣公常伯。楊朱墨翟之徒。學孟子而尊楊墨。與法言背馳矣。〔何云〕詞賦不當如此論〔又云〕按羣公常伯則左右諛臣豈有遠見楊墨之徒又異端不知聖賢之業者也自方將上獵三靈以下云云乃雄自申其作賦以諷之意讀者遂疑其尊楊墨耶〇〔元圻案〕〔法言吾子篇〕古者楊墨塞路孟子辭而闢之廓如也後之塞路者有矣竊自比於孟子〔揚雄羽獵賦曰〕羣公常伯楊朱墨翟之徒喟然並稱曰崇哉乎德雖有唐虞大夏成周之隆何以侈茲上猶謙讓而未俞也方將上獵三靈之流下決醴泉之滋以至加勞三皇勗勤五帝立君臣之節崇賢聖之業未遑苑囿之麗游獵之靡也云云誠如義門之說然義門遂以此許雄能斥楊墨而比孟子乎

樓護執呂寬養呂公朱家脫季布

樓護之執呂寬。小人之不義者也。不當傳於游俠。法言。獨稱朱家之不德。以爲長者。樓護朱家之

趙充國不歸功于人
真卿答賀蘭進明

諸史皆沿流春秋
經與史分

罪人也。〔閻按〕樓護厚於呂公而薄呂寬豈李西涯樂府所歎元是五侯門下吏者耶 ○〔元圻案〕〔漢書游俠樓護傳〕莽長子宇與妻兄呂寬謀以血塗莽第門欲懼莽令歸政發覺莽大怒殺宇而呂寬亡寬父素與護相知寬至廣漢過護不以事實語也到數日名捕寬詔書至護執寬莽大喜徵護入爲前煇光〔又曰〕初護有故人呂公無子歸護護身與呂公妻與呂嫗同食遂養呂公終身〔又朱家傳〕家所藏活豪士以百數其餘庸人不可勝言然終不伐其能既隱脫季布將軍之阸及布尊貴終身不見也 〔法言重黎篇〕或問長者曰藺相如伸秦而屈廉頗欒布之不塗朱家之不德直不疑之不校韓安國之通使

讓。美德也。然當審其是非。趙充國不歸功於二將軍。君子以爲是。顏真卿歸功於賀蘭進明。君子以爲非。〔元圻案〕〔漢書趙充國傳〕充國振旅而還所善浩星賜迎說曰衆人皆以破羌强弩出擊多斬首獲降虜以破壞然有識者以爲虜勢窮困兵雖不出必自伏矣將軍即見宜歸功于二將軍出擊非愚臣所及如此將軍計未失也充國曰吾年老矣爵位已極豈嫌伐一時事以欺明主哉兵勢國之大事當爲後法老臣不以餘命壹爲陛下明言利害卒死誰當復言之者卒以其意對上然其計 〔容齋五筆曰〕顏魯公起兵平原合衆十萬既成魏郡唐邑之功矣是時進明爲北海太守亦起兵公以書召之并力進明度河公每事咨之軍權始移遂取舍任意以得招討 〔呂成公雜說曰〕一顏真卿讓賀蘭進明此是書生顧辭讓却是闇於事機

劉道原〔通鑑外紀〕自序曰。歷代國史其流出於春秋。劉歆敘七略。王儉撰七志。史記以下皆附春秋。荀勗分四部。史記舊事入丙部。阮孝緒七錄記傳錄記

漢宮室出入儀周衞擊刁斗近臣不著鉤帶入房

匈奴書稱天稱日月突厥致隋書稱天日

史傳由是經與史分。〔元圻案〕劉歆七略王儉七志阮孝緒七錄註已見卷五

漢名臣奏丞相薛宣奏漢興以來深考古義惟萬變之備於是制宮室出入之儀故司馬殿省門闥至五六重周衞擊刁斗近臣侍側尚不得〔閣本作不能〕著鉤帶入房。〔原注〕〔太平御覽〕見三百五十四卷〔集證〕〔隋志刑法類〕漢名臣奏三十卷〔唐志〕二十九卷

匈奴遺漢文帝書曰天所立匈奴大單于又曰天地所生日月所置匈奴大單于〔見匈奴傳〕突厥致書隋文帝曰從天生大突厥天下賢聖天子伊利俱盧設莫河沙鉢略可汗。〔閻按〕沙鉢略隋書作始波羅〔程易田云〕伊利俱盧所謂雙聲疊韻也伊利俱盧爲雙聲伊利俱盧爲疊韻然以三十六字母言之伊爲影母屬喉俱爲見母屬牙牙喉不同今證之以此二字不得別爲兩聲益信戴東原斷以見爲喉之發聲影爲喉之收聲爲得自然之音位也〇〔元圻案〕〔隋書突厥傳〕突厥之先平涼雜胡也姓阿史那氏後魏太武滅沮渠氏阿史那以五百家奔茹茹世居金山工於鐵作金山狀如兜鍪俗呼兜鍪爲突厥因以爲號高祖遣開府徐平和使於沙鉢略沙鉢略遣使致書曰辰年九月十日從天生大突厥天下賢聖天子伊利俱盧設莫河始波羅可汗致書大隋皇帝〔倭王遺煬帝書曰〕日出處天子致書日沒處天子

許后以減用上書設爲屏風張某所語端遇竟寧前

黃石公三略玉枕中素書六章陰謀祕法李藥師靖臧宮馬武請伐匈奴

西山先生〔攷〕劉深父杯水篇稱天台劉深父每舉史傳數百千言漢許后上成帝書於班史爲隱僻處學者多不道一日對客誦奈何妾薄命端遇竟寧前及設爲屏風張某所等語〔俱見外戚傳〕無一字差〔原注〕前輩讀史精熟如此〔方樸山云〕想愛其文蓋其書最絕妙也〔元圻案〕〔漢書外戚傳下〕孝成許皇后傳時上省減椒房掖庭用度皇后迺上疏曰詔書言服御所造皆如竟寧前吏誠不能揆其意卽且令妾被服所爲不得不知前設妾欲作某屏風張於某所曰故事無有或不能得則必繩妾以詔書矣〔又曰〕今吏甫受詔讀記直豫言使后知之非可復若私府有所取也其萌芽所以約制妾者恐失人理今但損車駕及毋若未央宮有所發遺賜衣服如故事則可矣其餘誠太迫急奈何妾薄命端遇竟寧前竟寧前於今世而比之豈可耶

李靖曰張良所學六韜三略是也韓信所學穰苴孫武是也光武詔報臧宮馬武引黃石公記〔案〕〔章懷注云〕卽張良於下邳圯上所見老父出一編書者之隋志〔兵家〕有三略三卷〔原注〕〔館閣書目〕云恐後人依託爲之近世有素書一卷六章曰原始曰正道曰本德宗道曰求人之志曰遵義曰安樂〔今本作安禮〕晁公武〔讀書志〕云厖亂無統蓋采諸書成之〔原注〕謂晉有盜發張良冢者於玉枕中獲此書亦

董子欲置明師養士為博士置弟子員明經以取青紫教子擬籯金漢延方聞之士

依託也〔何云〕今世玉枕蘭亭玉枕之意本此亦謂其出自昭陵也

初學記。又引黃石公陰謀祕法。〔元圻案〕〔唐書李靖傳〕靖字藥師京兆三原人官司徒并州都督封衛國公〔後漢書臧宮傳〕建武二十七年宮與楊虛侯馬武上書請伐匈奴詔報曰黃石公記曰柔能制剛弱能制強柔者德也剛者賊也弱者仁之助也彊者怨之府也〔四庫全書總目兵家類〕素書一卷舊本題黃石公撰宋張商英註後序稱圯上老人以授張子房晉亂有盜發子房冢於玉枕中得之始傳人間晁公武謂商英之言世未有信之者〔唐徐堅初學記〕職官部御史大夫下引黃石公陰謀祕法曰熒惑火之精御史之象主禁令刑罰收捕糾正

董仲舒在建元初對策。〔案〕建元武帝初元年號也年號自此始仲舒對策在元年願與太學。置明師以養天下之士。數考問以盡其材。傳謂立學校之官。自仲舒發之。考之武帝紀建元五年。置五經博士。此所謂學校之官也。元朔〔武帝三次改元年號〕五年。始有禮官勸學之詔。於是丞相宏請為博士置弟子員。儒林傳所載。其著公令也。詳於取而略於教。不過開祿利之塗而已。明經而志青紫。教子而擬籯金。孰知古者為己之學哉。儻以仲舒為相。使正誼明道之學行於時。則學者與

秦漢後清議尚嚴陳湯韓信無節行主父偃不爲齊容士大夫愧李陵

於禮樂庶幾三代之風。豈止彬彬多文學之士乎。〔全云〕明經而志青紫是夏侯勝語教子而擬籯金見韋賢傳○〔元圻案〕〔漢書儒林傳序〕公孫宏以治春秋爲丞相封侯天下學士靡然鄉風矣宏爲學官悼道之鬱滯迺請曰丞相御史言制曰蓋聞導民以禮風之以樂婚姻者居室之大倫也今禮廢樂崩朕甚愍焉故詳延天下方聞之士咸登諸朝其令禮官勸學講議洽聞舉遺興禮以爲天下先太常議予博士弟子崇鄉里之化以厲賢材焉謹與太常臧博士平等議云云制曰可自此以來公卿大夫士吏彬彬多文學之士矣〔夏侯勝傳〕勝每講授常謂諸生曰士病不明經術經術苟明其取青紫如俯拾地芥耳〔韋賢傳〕鄒魯諺曰遺子黃金滿籯不如一經〔魏了翁跋〔楊子謨所題趙子安一經閣詩曰〕謂籯金不如一經此鄒魯諺語也近聖人之世之居皆未遠也其詞氣已全不類鄒魯間語雖當時魯之大儒如夏侯長公輩亦不過以取青紫教授諸生蓋自漢武設科射策勸趨利祿後學所志大抵若此況於俚諺自無足責況於宅邦以及後世又從可知

韓信無行。不得推擇爲吏。陳湯無節。不爲州里所稱。主父偃學從橫。諸儒排擯。不容。李陵降匈奴。隴西士大夫以爲愧。〔注〕見卷一 秦漢之後。鄉黨清議猶嚴也。是以禮官勸學。則曰崇鄉里之化。〔元圻案〕〔韓信傳〕韓信淮陰人也家貧無行不得推擇爲吏又不能治生爲商賈常從人寄食〔陳湯傳〕湯字子公山陽瑕邱人也少好書博達善屬文家貧匄貸無節不爲鄉里所稱〔主父偃傳〕主父偃齊國臨菑人也學長短從横術晚乃學易春秋百家之言游齊諸子間諸儒生相與排擯不容於齊家貧假貸無所得

困學紀聞注卷十二

范史語近詞冗　蔚宗自稱其史　翟公巽東漢通史　六夷諸序論奇作

馬伏波班末崇　馬后以援卒入宮　致堂論馬援未核

困學紀聞注卷十三

餘姚翁元圻載青輯

考史

翟公巽。〔閻按〕公巽名汝文丹陽人高宗時官參知政事謂范蔚宗書語近詞冗。事多注見。〔何云〕注疑作互其自敍云比方班氏非但不愧。今叢陋乃爾。豈筆削未定遂傳之耶。乃刪取精要。總合傳註。作東漢通史五十卷。〔原注〕其書未見〔全云〕事多注見者謂事多藉注而見也故下云總合傳注蓋所以補其傳之不備也何疑作互似非○〔元圻案〕〔同年王穀塍曰〕翟書雖不傳然其旨在合注而刪繁非據注以補闕也〔京口耆舊傳卷四翟汝文傳〕以范蔚宗書語近詞冗事多複見乃合傳注撮精要云云此條注見疑複見之誤〔宋書范蔚宗傳〕蔚宗與甥姪書以自序曰既造後漢轉得統緒詳觀古今著述班氏最有高名既任情無例唯志可推耳吾雜傳論皆有精義至於循吏以下及六夷諸序論筆勢縱放實天下之奇作其中合者往往不減過秦篇嘗共比方班氏所作非但不愧之而已〔四庫全書總目別集類九〕忠惠集十卷宋翟汝文撰忠惠者門人所私謚也宋史藝文志作三十卷明以來久不復傳今從永樂大典掇拾排比編爲十卷

致堂〔讀史管見三〕論馬援曰。光武非簡賢者。必以其女爲太子妃。逆防未然。故不授以重任。按馬后紀。入太子宮在援卒之後。防未然之説非。〔何云〕何本非字下有也字致堂往往

雲臺不圖伏波
馬援戒兄子書
王昶作名字戒子任
戒言人過先自言
嚴敦通輕俠客
龍伯高敦厚周慎
杜季良父喪致客
郭伯益好尚通達
徐偉長託人見意
劉公幹少所拘忌
任昭先內敏外恕
季良以援書致敗
裴松之論援昶傷人

為此等無稽之言○〔元圻案〕〔後漢書明德馬皇后紀〕援卒于師梁松竇固等譖之家益失勢后兄嚴白太夫人求進女掖廷由是選后入宮　馬伏波屢出將兵其任重矣其征交阯歸賜兵車一乘朝見位次九卿班未崇耳〔馬援傳〕顯宗圖畫建武中名臣列將於雲臺以椒房故獨不及援致堂蓋因此而誤

呂成公史說謂馬援還書王昶戒子舉可法可戒者以教之其心固善不知所教者本不欲其言人之過言未脫口而已自言人之過何其反也〔方樸山云〕語以泄敗自其子之過於還書誡子者何尤又云書中言愛之重之未嘗言其過但不願其子效之耳　〔全云〕裴松之注王昶傳中已言之　〔元圻案〕〔後漢書馬援傳〕援兄子嚴敦並喜譏議而通輕俠客援在交趾還書誡之曰吾欲汝曹聞人過失如聞父母之名耳可得聞口不可得言也好議論人短長妄是非正法此吾所大惡也龍伯高敦厚周慎口無擇言謙約節儉廉公有威吾愛之重之願汝曹效之杜季良豪俠好義憂人之憂樂人之樂清濁無所失父喪致客數郡畢至吾愛之重之不願汝曹效也效伯高不得猶為謹敕之士所謂刻鵠不成尚類鶩者也效季良不得陷為天下輕薄子所謂畫虎不成反類狗者也　〔三國志魏王昶傳〕昶為兄子及子作名字皆依謙實以見其意遂書戒之曰潁川郭伯益好尚通達敏而有知其為人宏曠不足輕貴有餘得其人重之如山不得其人忽之如草吾以所知親之昵之不願兒子為之北海徐偉長不治高名不求苟得澹然自守惟道是務其有所是非託古人以見意當時無所褒貶吾敬之重之願兒子師之東平劉公幹博學有高才誠節有大義然性行不均少所拘忌得失足以相補吾愛之重之不願兒子慕之樂安任昭先淳粹履道內敏外恕推遜恭讓處不避洿怯而義勇在朝忘身吾友之善之願兒子遵之註松之以為援稱龍伯高之善言杜季良之惡致使事徹時主季良以敗言之傷人孰大於此與其所戒自相違伐文舒復擬則文淵顯言人之失於舊交則違久要之義於子孫則揚人前世之惡於夫鄙懷深所不取　〔朱子曰〕馬援之言自可為法削去此段後生又如何聞而以為戒乎

明設丹青之信 光武詔東手之路 東觀漢記 東觀儲書比蓬萊山

明告以生活

黃老養性之福 光武聽朝講論不倦 明帝通春秋尚書

我自樂此不爲疲

東觀漢紀。光武詔曰。明設丹青之信。廣開東手之路。〔原注〕〔公孫述傳〕帝與述書陳言禍福以明丹青之信二句見文選注 〔全云〕丹青二字見王莽傳○〔元圻案〕〔四庫全書總目別史類〕東觀漢記二十四卷隋志稱長水校尉劉珍等撰此書創始在明帝時不可題劉珍居首其稱東觀者范史竇章懷傳云永初中學者稱東觀爲老氏藏室道家蓬萊山蓋東漢初著述在蘭台至章和以後圖籍盛於東觀脩史者皆在焉故以名書 此書僅有 本朝姚之駰蒐集八卷 四庫全書從永樂大典所載重爲補輯分二十四卷此詔載光武紀中案曰此詔見文選李善注范書不載未知何時所下 今案文選阮籍詠懷詩注引之 〔漢書九十九王莽傳下〕明告以生活丹青之信〔師古注〕生活謂來降者不殺之也丹青之信言明著也

明帝爲太子。諫光武曰。有禹湯之明。而失黃老養性之福。夫禹湯之道。堯舜之道也。不以聖人之道養性。而取諸黃老。謂之學通尚書。可乎。以無逸之心。明立政之體。君道盡矣。何羨乎黃老。〔何云〕虛誇大論○〔元圻案〕〔光武帝紀〕帝每旦視朝日仄迺罷數引公卿郎將講論經理夜分迺寐皇太子承閒諫曰陛下有禹湯之明而失黃老養性之福願頤愛精神優游自寧帝曰我自樂此不爲疲也 〔明帝紀〕帝諱莊十歲能通春秋光武奇之建武十九年立爲皇太子師事博士桓榮學通尚書 〔今本東觀漢記帝紀一〕帝嘗自細書一札十行報郡縣旦聽朝至日晏夜講經聽誦坐則功臣特進在側論時政畢道古行事次說在家所識鄉里能吏次第比類又道忠臣孝子義節士坐者莫不激揚悽愴欣然和悅羣臣爭論上前嘗連日皇太子嘗乘閒言陛下有禹湯之明而失黃老養性之道今天下大安少省思慮養精神帝答曰我自樂此

謝承條策文
南宮
漢尚書作詔
文
中書舍人主
文
謝承後漢書
鍾離意黃瓊
諫旱
成湯魯僖以
旱自責
六事六過

謝承父嬰（閣按）三國志吳主權謝夫人山陰人父煚漢尚書郎徐令弟承字偉平武陵太守則嬰當作煚（何云）今三國志謝夫人傳作煚爲尚書侍郎。每讀高祖及光武之後將相名臣策文。通訓條在南宮祕於省閣。唯臺郎升複道取急。因得開覽。（原注）謝承後漢書見文選注（案陸士衡答賈謐詩注引之漢尚書作詔文。（原注）見周禮注（案）（春官御史掌贊書注）王有命當以書致之則贊爲書若今尚書作詔文尚書郎乃今中書舍人。（原注）見通典（閣按）謝承後漢書一百三十卷唐志有宋志及文獻通考俱不傳錢氏曰有見方少師於史館攜去者問之其後人不可得陽曲傅山先生聞之笑曰某家卽有之永樂閒揚州刊本初郃陽曹全碑出曾以謝書攷證多所裨大勝范書以寇亂亡失矣惜哉（何云）閻謂閻之傳山謝承後漢書永樂閒楊州曾有刊本毛斧季以爲必不然（全云）傳青主徵君非妄語者然卽有刊本亦必僞書（集證隋志正史類）後漢書一百三十卷無帝紀（一吳武陵太守謝承撰（續漢百官志）尚書侍郎三十六人一曹有六人主作文書起草通典職官門）尚書郎乃今中書舍人自永淳以來天下文章道盛臺閣髦彥無不以文章達故中書舍人爲文士之極任朝廷盛選諸官莫比焉

離鍾意謂成湯遭旱以六事自責本於荀子。大略篇黃瓊謂魯僖遇旱以六事自讓本於春秋考異郵。（元圻案）（後漢書鍾離意傳）意字子阿會稽山陰人也爲尚書僕射永平三年夏旱而大起北宮意詣闕免冠上疏曰伏見陛下以天時小旱憂念元元降避正殿躬自克責而比日密雲遂無大潤豈政有未得應天心者邪昔成湯遭旱以六事自責曰政不節邪使人疾邪宮室榮邪女謁盛邪苞苴行邪讒夫昌邪竊見北宮大作人失農時此所謂宮室榮也宜且罷止以應

郅惲占天象諫莽取以天還以天

魯丕廷對策文

魯恭年八十餘

袁宏後漢記

天心〔又黃瓊傳〕瓊字世英江夏安陸人拜議郎稍遷尚書僕射順帝三年大旱瓊上疏曰昔魯僖遇旱以六事自讓躬節儉閉女謁放讒佞者十三人誅稅民受貨者九人退舍南郊天立大雨注春秋考異郵曰僖公之時雨澤不澍比于九月公大驚懼率羣臣禱山川以六過自讓絀女謁放下讒佞郭都之等十三人誅領人之吏受貨賂趙祝等九人曰辜在寡人方今天旱野無生稼寡人當死百姓何謗請以身塞無狀也〔又郎顗傳〕顗條便宜七事曰魯僖遭旱修政自飭注引春秋考異郵曰僖公三年春夏不雨於是僖公憂閔元服避舍釋更徭之逋罷軍寇之誅去苛刻峻文慘毒之政所蠲浮令四十五事曰方今天旱野無生稼寡人當死百姓何謗不敢煩人請命願撫萬人害以身塞無狀禱已舍齋南郊雨大澍也俱引考異郵而文不同

成湯六事章懷於鍾離意周舉傳注俱引帝王世紀故厚齋以出荀子正其失

郅惲上書王莽云取之以天還之以天莽猶能赦之此祖伊之得全於殷紂之世也〔元圻案〕〔後漢書郅惲傳〕惲字君章汝南西平人也理韓詩嚴氏春秋明天文歷數王莽時惲仰占元象謂漢必再受命西至長安迺上書王莽曰神器有命不可虛獲劉氏享天永命陛下順節盛衰取之以天還之以天可謂知命矣莽大怒即收繫詔獄猶以惲據經讖難即害之會赦得出

魯丕對策見袁宏紀而范史不載〔元圻案〕〔魯恭傳〕恭字仲康扶風平陵人也弟丕字叔陵性沈深好學兼通五經建初元年肅宗詔學賢良方正大司農劉寬舉丕時對策百有餘人唯丕在高第〔袁宏後漢紀〕安帝永初三年魯恭年八十餘終于家弟丕以篤學質直稱仕至侍中三老章帝初對策曰政莫先于從民之所欲除民之所惡先教後刑先近後遠君爲陽臣爲陰君子爲陽小人爲陰京師爲陽諸夏爲陰男爲陽女爲陰樂和爲陽憂苦爲陰各得其所則和調精誠之所發無不感浹吏多不良在於賤德而貴功欲速莫能脩長久之道古者貢士得其人者有慶不得其人者有讓是以舉者務力行選舉不實咎在刺史二千石書曰天工人其

文苑傳始東漢

東坡書論秦漢文

漢魏晉政柄所歸

尚書中書門下省

三省遞重之由

唐合三省置政事堂

代之觀人之道幼則觀其孝順而好學長則觀其慈愛而能教設難以觀其謀煩事以觀其治窮則觀其所守達則觀其所施此所以核之也民多貧困者急急則致寒寒則萬物多不成去本就末奢所致也制度明則民用足刑罰不中則於名不正正民之道所以明上下之稱班爵祿之制定卿大夫之位也獄訟不息在爭奪之心不絕法者民之儀表也法正則民慤吏民凋弊所從久矣不求其本浸以益甚吏政多欲速又州官秩卑而任重競爲小功以求進取生凋弊之俗救弊莫若忠故孔子曰孝慈則忠治姦詭之道必明慎刑罰故孔子曰導之以禮樂而民和睦說以犯難民忘其死死且忘之況使爲禮義乎　通鑑亦不載此策　〔四庫全書總目編年類〕後漢紀三十卷晉袁宏撰宏字彥伯陽夏人太元初官至東陽太守事迹具晉書文苑傳

文苑傳。自東漢始。而文始卑矣。〔何云〕舊論〔全云〕文之卑亦不特以立傳故○〔元圻案〕〔東坡與王庠書曰〕西漢以文設科而文始衰自賈誼司馬遷其文已不逮先秦古書況其下者

漢政歸尚書。魏晉政歸中書。後魏政歸門下。於是三省分矣。〔元圻案〕〔後漢書陳忠傳〕今之三公雖當其名而無其實選舉誅賞一由尚書尚書見任重於三公陵遲以來其漸久矣　〔三國志魏蔣濟傳〕時中書監令號爲專任濟上書論之　〔通典職官〕三門下省後漢謂之侍中寺晉志曰給事黃門侍郎與侍中俱管門下衆事或謂之門下省後魏尤重　〔唐六典〕〔一〕初秦變周法天下之事皆決丞相置尚書於禁中有令丞掌通章奏而已漢初因之武宣之後稍以委任及光武親總吏職天下事皆上尚書與人主參決乃下三府尚書令爲端揆之長　〔明王氏鏊震澤長語上〕西漢以丞相總百官而九卿分治天下之事光武中興身親庶務事歸臺閣尚書始重而公卿稍以失職矣魏武初建魏國置祕書令典尚書奏事文帝受禪改祕書爲中書有令有監中書親近而尚書疏外矣東晉以後天子以中常侍常在左右多與議政事於是又有門下而中書權始分矣唐初始合三省中書主出命門下主封駁尚書主奉行其後合中書門下

杜密劉勝居鄉不同

士大夫實念實事

杜季良以馬書免官

龍伯高擢太守

杜請託劉無干及

隱情惜己同寒蟬

王昱服善

佛書沙門始東漢

浮屠不三宿桑下

明帝夢金人飛行

爲一故有同中書門下三品同中書門下平章事其後又罝政事堂蓋以中書出詔令門下封駁日有爭論故兩省先於政事堂議定然後奏聞開元中張說改政事堂爲中書門下自是至宋莫之能改自注一說漢武帝游晏後庭尚書始重又曰宣帝時霍山領尚書上令吏民奏事不關尚書其後奏封事輒下中書令則西漢時中書已重於尚書矣

爲杜密之居鄉。猶效陳孟公杜季良也。爲劉勝之居鄉。猶效張伯松龍伯高也。制行者宜知所擇。

〔閻按〕高宗憲言居廟堂之上則憂其民處江湖之遠則憂其君此士大夫實念也居廟堂之上無事不爲我君處江湖之遠隨事必爲我民此士大夫實事也實念實事在天地間凋三光敝萬物而常存此蓋答朱平涵居鄉書余謂今之居鄉爲劉勝易爲杜密難〔元圻案〕陳遵字孟公張竦字伯松註已見上卷〔後漢書馬援傳〕杜季良名保京兆人時爲越騎司馬保仇人上書訟保爲行浮薄亂羣惑衆伏波將軍萬里還書以誡兄子書奏免保官龍伯高名述亦京兆人爲山都長由此擢零陵太守〔黨錮傳〕杜密字周甫潁川陽城人爲北海相去官還家每謁守令多所陳託同郡劉勝亦自蜀郡告歸鄉里閉門掃軌無所干及太守王昱謂密曰劉季林清高士公卿多舉之者密知昱激己對曰劉勝位爲大夫見禮上賓而知善不薦聞惡無言隱情惜己自同寒蟬此罪人也今志義力行之賢而密達之違道失節之士而密糾之使明府賞刑得中令問休揚不亦萬分之一乎昱慚服〔胡氏讀史管見四〕或問劉勝杜密所處孰賢曰勝賢如密之論宣揚激發固非常士所及然勝之行深潛靜退可爲鄉里之式如密之論非惟犯出位之譏亦取禍辱之道也遇王昱賢者故能容之耳

東漢有佛書。而諸臣論議。無述其言者。惟襄楷云浮屠不三宿桑下。〔何云〕亦因論其事而述其言爾○〔元圻案魏書釋老志〕後漢孝明帝夜夢金人項有白光飛行殿庭乃訪羣臣傅毅始以佛對帝遣郎中蔡愔博士弟子秦景等使於天竺寫浮屠遺範愔仍與沙門攝摩騰法竺蘭東還洛陽中國有沙門及跪拜之法自此始也愔又得佛經四十二章帝緘於蘭臺

蔡愔秦景等
使天竺
攝摩騰竺法
蘭
佛經四十二
章
天神遺佛好
女
革囊盛衆穢
襄楷上疏諫
節慾
白閑雙鵠
黃閑弓弩屬
閩越王獻黑
白鷴
大予樂應讖
文

石室〔後漢書襄楷傳〕楷字公矩平原隰陰人上疏曰聞宮中立浮屠黃老之祠此道清虛貴尚無爲好生惡殺省慾去奢或云老子入夷狄爲浮屠浮屠不三宿桑下不欲久生恩愛精之至也天神遺以好女浮屠曰此但革囊盛血遂不眄之其守一如此今陛下婬女豔婦極天下之麗甘肥飲美單天下之味奈何欲如黃老乎〔四十二章經曰〕沙門受道法者日中一食樹下一宿愼莫再宿矣又曰天神獻玉女於其佛佛曰此是革囊盛衆穢耳

班固傳西都賦云招白閑下雙鵠揄文竿出比目。二句爲對白閑猶黃閑也注云弓弩之屬御覽三百四十七引風俗通白閑古弓名文選以閑爲鷴〔原注〕非禽名也○〔元圻案〕章懷注弩有黃閒之名此言白閑蓋弓弩之屬本或作白鷴謂鳥也〔文選西都賦注西京雜記曰〕閩越同獻高帝白鷴黑鷴各一雙〔何義門曰〕今以揄文竿例之當以後漢書爲正

東都賦正予樂〔原注〕依讖文改樂爲大予 文選李善注亦引大予五臣乃解爲正樂今本作雅樂〔案〕〔五臣注張銑曰〕雅樂正樂也 亦誤〔原注〕五臣本改爲雅○〔元圻案〕文選注東觀明帝紀孝明詔曰〔尚書璇璣鈐曰〕有帝漢出德洽作樂名予其改郊廟樂曰大予樂樂官曰大予樂官以應圖讖〔又顏延之曲水詩序〕大予協樂注東觀漢記孝明詔曰正大樂官曰大予樂官〔案今本東觀漢記〕此詔在永平三年八月〔書錄解題總集類〕文選六十卷梁昭明太子蕭統德施撰唐崇賢館學士江都李善注北海太守邕之父也又六臣文選六十卷唐工部侍郎呂延祚開元六年表上號五臣集註五臣者謂常山尉呂延濟都水使者劉承祖男良處士張銑呂向李周翰也後人並與李善原注

禹使范氏御二龍

鐘鳴漏盡禁行者

崔寔政論宜置座

四民月令見風俗

政論以嚴致平

合爲一書名六臣注

范氏施御班固東都賦注。引括地圖曰。夏德盛。二龍降之。禹使范氏御之以行程南方。按左傳襄二十四年范宣子曰。昔匄之祖在夏爲御龍氏。括地圖之說本於此。然蔡墨謂劉累學擾龍於豢龍氏以事孔甲。賜氏曰御龍。見昭二十九年左傳非禹也。〔何云〕豈特非禹晉主夏盟始爲范氏也〔又云〕范氏注引孟子吾爲之范我馳驅○〔元圻案〕孫宣公孟子音義範我或作范氏范氏古善御者

文選。鮑昭放歌行。注引崔元始正論。永寧詔曰。鐘鳴漏盡。洛陽城中不得有行者。永寧漢安帝年號。元始崔寔字也。後漢紀不載此詔。〔元圻案〕〔後漢書崔寔傳〕寔字子真一名台字元始少沈靜好典籍明於政體吏才有餘論當世便事數十條名曰政論仲長統曰凡爲人主宜寫一通置之座側〔東觀漢記〕袁宏後漢紀亦不載此詔

崔寔四民月令。朱文公答楊直方書謂見當時風俗。及其治家整齊。即以嚴致平之意。〔閻案〕蔚宗已謂潛夫論足以觀見當時風政○〔元圻案〕四民月令崔

景帝減笞爲輕捶

歲再赦好喑啞　唐太宗不數赦

光武惑龐萌之佞　嚴子陵規侯霸語　耕富春山不屈

寔本傳不著其目隋志農家四民月令一卷後漢大尚書崔寔撰朱氏經義考附見於禮記之後謂此書雖佚而齊民要術太平御覽中所引特多尚可捃拾成書〔寔本傳載政論曰〕景帝元年詔曰加笞與重罪無異幸而不死不可爲民乃定律減笞輕捶以此言之文帝乃重刑非輕之也以嚴致平非以寬致平也〔唐王志愔應正論曰〕崔寔政論云爲國家者以嚴致平然則稱嚴者不必踰條越制凝網重罰在於施隱括以矯枉用平典以禁非刑故有常罰輕無赦人不易犯防之難越故也

崔寔政論云。諺曰。一歲再赦。好兒喑啞。見太平御覽四百九十六唐太宗之言。蓋出於此。〔原注〕兒與人同如以可人爲可兒〔全云〕十一字是正文〔閻按〕〔潛夫論引諺曰〕一歲載赦奴兒噫嗟奴恐其好字之譌〔元圻案〕〔范氏祖禹唐鑑三〕帝謂侍臣曰古語有之赦者小人之幸君子之不幸一歲再赦善人喑啞夫養稂莠者害嘉穀赦有罪者賊良民朕即位以來不欲數赦恐小人恃之輕犯憲章也

剛者必仁。佞者必不仁。此二句用東坡剛說龐萌爲人遜順而光武以託孤期之。不惟失於知人。其惑於佞甚矣。子陵所以鴻飛冥冥也。懷仁輔義之言。豈特規侯霸哉。〔元圻案〕〔後漢書劉永傳〕龐萌爲人遜順甚見愛信帝嘗稱曰可以託六尺之孤寄百里之命者龐萌是也與蓋延共擊董憲時詔書獨下延而不及萌萌以延譖己自疑遂反〔逸民傳〕嚴光字子陵會稽餘姚人與光武同遊學及光武即位乃變姓名隱身不見令以物色訪之三反而後至司徒侯霸與光素舊遣使奉書光不答口授曰君房位至鼎足甚善懷仁輔義天下悅阿諛順旨要領絕除爲諫議大夫不屈乃耕於富春山〔呂成公重脩釣臺記曰〕先生雖以巢由自命視一世若不足以浼之觀與侯霸尺牘覼切之

楊震李固之進

鄧騭梁商能進賢

關西孔子伯起兩奏乳養婦

魏昭爲郭泰供給

荀爽御李膺殷陶黃穆侍范滂

意見於言外豈於帝睠睠未能忘耶

東漢三公無出楊震李固之右而始進以鄧梁君子以爲疵故易之漸曰進以正[何云]東漢三公莫如袁安次之者李固也楊才識非袁李比[又云]彼執國命於季桓子孔子行之[閻按]鄧騭梁商雖外戚而皆賢史稱騭辟楊震於幕府天下復安商辟李固爲從事中郎京師翕然稱爲良輔未可爲二公之疵此論太刻吾不取○[元圻案][後漢書鄧騭傳]騭女弟爲貴人騭兄弟皆除郎中及貴人立是爲和熹皇后[又梁商傳]順帝選商女及妹入掖廷陽嘉元年女爲皇后妹爲貴人加商特進商自以戚屬居大位每存謙柔虛己進賢辟漢陽巨覽上黨陳龜爲掾屬李固周舉爲從事中郎於是京師翕然稱爲良輔[又楊震傳]震字伯起宏農華陰人也少好學明經博覽無不窮究諸儒爲之語曰關西孔子楊伯起年五十乃始仕州郡大將軍鄧騭聞其賢而辟之永寧元年代劉愷爲司徒[李固傳]固字子堅漢中南鄭人司徒郃之子也固究覽墳籍交結英賢四方有志之士多慕其風而來學梁商請爲從事中郎冲帝即位以固爲太尉[胡致堂讀史管見四]謂安帝三公無出楊震之右者然震以三公之尊兩奏一乳養老婦人而不能動即可引領而去過是殊少味也朱子綱目取之

曲禮少儀之禮廢幼不肯事長不肖不肯事賢東都之季風化何其美也魏昭請於郭泰願在左右供給灑掃荀爽謁李膺因爲其御范滂之歸鄉人殷陶黃穆侍衞於旁應對賓客闕里氣象

經師人師
林宗三呵作
粥
士大夫迎滂
歸
陳繼儒門下
雲集
袍袖拂滌
昆陽令結單
立約
都鄉正街彈
碑
募役之始
蘇章借故人
立威
于禁斬舊友
昌豨

不過是矣。〔全云〕明末陳繼儒弟子有此氣象見黃梨洲思舊錄不知繼儒何以得此○〔元圻案〕〔袁宏後漢紀〕靈帝建寧二年郭泰字林宗太原介休人嘗止陳國文孝童子魏昭求入其房供給灑掃泰曰年少當精義書曷爲求近我乎昭曰蓋聞經師易遇人師難遭故欲以素絲之質附近朱藍耳泰美其言聽與共止嘗不佳夜後命昭作粥粥成進泰泰一呵之曰爲長者作粥不加意敬乃不可食以杯擲地昭更爲粥重進泰復呵之如此者三昭姿無變容顏色殊悅泰善之〔黨錮傳〕李膺字元禮潁川襄城人荀爽常就謁膺因爲其御既還喜曰今日得御李君矣其見慕如此　荀爽淑之子有列傳又范滂字孟博係汝南征羌人也牢脩誣言鉤黨坐繫獄事釋南歸南陽士大夫迎之者數千兩同囚鄉人殷陶黃穆亦免俱歸並衞侍於傍應對賓客〔黃梨洲思舊錄〕陳繼儒字仲醇華亭人以諸生有盛名上自縉紳大夫下至工賈倡優經其品題便聲價重於一時余入京遇之於西湖畫舫三隻一頓襆被一身賓客一載門生故友見之者如雲集余時寓太平里小巷先生荅拜乘一小轎門生徒步隨其後天寒涕出藍田叔即以袍袖拂拭之

中平二年。〔中平何本誤作仲平〕昆陽令愍繇役之害。結單言府。收其舊直。臨時募顧。不煩居民。太守丞爲之立約。見於都鄉正街彈碑。此募役之始也。〔元圻案〕〔洪氏隸釋十五〕都鄉正衞彈碑靈帝中平二年立攷其文則縣令寧陵君承昆陽喪亂之餘愍繇役之害結單言府班董科例收其舊直臨時募顧不煩居民太守東郡王瓌丞濟陰華林優卹民隱爲之立約自是以後吏無苛擾之煩野無愁痛之聲　衞彈金石錄作街彈周禮里宰以時合耦於鋤注云耡者里宰治處也若今街彈之室隸釋作衞彈誤

孔子曰。故者毋失其爲故也。蘇章借故人以立威。其流弊遂爲于禁。源懷。忠厚之俗不復見。若章

源懷劾于祚尼須
一天二天

精廬精舍講授地
晉武居沙門精舍
姜肱兄弟爭死盜就精廬求見
任昉文章冠時

者難與並爲仁矣。〔何云〕長者之言〔閻按〕于禁斬平昌豨時豨已降源懷劾于祚元尼須僅罷官亦似有別○〔元圻案〕〔後漢書蘇章傳〕章遷冀州刺史故人爲清河太守章行部案其姦臧迺請太守爲設酒肴陳平生之好甚歡太守喜曰人皆有一天我獨有二天章曰今夕蘇孺文與故人飲者私恩也明日冀州刺史案事公法也遂舉正其罪州境知章無私望風畏肅　〔三國志魏于禁傳〕太祖破紹冀州平昌豨復叛遣禁征之禁攻豨豨與禁有舊詣禁降諸將皆以爲豨已降當送詣太祖禁曰諸君不知公常令乎圍而後降者不赦豨雖舊友禁可失節乎自臨與豨決隕涕而斬之〔魏書源懷傳〕時后父于勁勢傾朝野勁兄于祚與懷宿昔通婚時爲沃野鎮將頗有受納懷將入鎮祚郊迎道左懷不與語即劾祚免官懷朔鎮將元尼須與懷少舊亦貪穢狼藉置酒請懷謂懷曰命之長短由卿之口豈可不相寬貸懷曰今日之集乃是源懷與故人飲酒之坐非鞫獄之所也明日公庭始爲使人檢鎮罪狀之處尼須揮涕而已無以對之已而表劾尼須〔裴松之曰〕圍而後降法雖不赦因而送之未爲違命禁曾不爲舊交希冀萬一而肆其好殺之心以戾衆人之議所以卒爲降虜死加惡謚宜哉　〔呂成公史記曰〕蘇章源懷與故人飲酒似乎情厚終竟發摘情實便見刻薄蓋今日與故舊如此則他日於君可知　〔案于禁傳〕太祖破紹冀州平昌豨復叛似以平字斷句閻氏乃以平爲昌豨之姓恐誤

精廬。見姜肱傳。乃講授之地。即劉淑包咸檀敷傳。所謂精舍也。文選任彥升表。用精廬。李善注引王阜事。五臣謂寺觀。謬矣。〔集證〕〔華陽國志〕大江自湔堰下至犍爲有五津始文翁立文學精舍講堂作石室皆爲讀書之所自晉武帝太元六年初奉佛法立精舍於殿內引諸沙門居之因此世俗謂佛寺爲精舍　〔元圻案〕〔後漢書姜肱傳〕肱字伯淮彭城廣戚人也肱二弟仲海季江俱以孝行著聞嘗與季江謁郡遇盜欲殺之肱兄弟爭相死賊遂兩釋焉但掠奪衣資而已既至郡中見肱無衣服怪問其故肱託以他辭終不言盜盜聞而感悔後乃就精廬求見徵君還所掠

珍倣宋版印

王阜欲出精廬
佛寺爲靜舍
于吉讀道書精舍

孔融答王脩條教
孔北海知有劉備

叔先雄持父尸浮江

物肱不受注精廬卽精舍也（又儒林傳）精廬暫建贏糧動有千計注精廬講讀之舍（文選李善注劉璠梁典曰）任昉字彥昇樂安人辭章之美冠絕當時爲寧朔將軍始安太守昉爲范雲求立太宰碑表曰精廬妄作必窮鐫勒之盛善注漢記曰王阜年十一辭父母欲出精舍以尚幼不許（又黨錮傳）劉淑字仲承河閒樂成人檀敷字文有山陽瑕邱人（儒林傳）包咸字子良會稽曲阿人（宋吳曾能改齋漫錄王觀國學林新編曰）晉書孝武帝幼奉佛法立靜舍於殿內引沙門居之因此世俗謂佛寺爲靜舍觀國按古之儒者教授生徒其所居皆謂之精舍故後漢包咸傳曰咸住東海立精舍講授（又劉淑傳曰）隱居之精舍授講（又檀敷傳曰）立精舍教授（又姜肱傳曰）盜就精廬求見注曰精廬卽精舍也以此觀之精舍本爲儒士設至晉孝武立精舍以居沙門亦謂之精舍非有儒釋之別也以上皆王說（予按三國志注引江表傳曰）于吉來吳立精舍燒香讀道書然則晉武以前道士亦立精舍矣（一江表傳）見吳孫策傳注云云

孔北海答王脩教曰。掾清身潔己。歷試諸難。謀而鮮過。惠訓不倦。余嘉乃勳。應乃懿德。用升爾於王庭。其可辭乎。文辭温雅。有典誥之風。漢郡國之條教如此。（原注）然歷試諸難恐不可用（全云）原注是正文（何云）古人不拘今在所避○（元圻案）（後漢書孔融傳）融字文舉魯國人孔子二十世孫也黃巾寇數州而北海最爲賊衝三府同舉融爲北海相融爲賊所圍乃遣東萊太史慈求救於平原相劉備備驚曰孔北海乃復知天下有劉備耶（三國志魏王脩傳）脩字叔治北海營陵人也初平中北海孔融舉孝廉脩讓邴原融不聽注引融集有答脩教云云

孝女叔先雄。（何云）雄蓋雒字傳寫之誤女而名雄無義理 水經注。以爲光終。符縣

張真妻帛沈淵持尸

南匈奴注淺陋

天公老禿翁

竇憲並恩兩護

坐樹大鞭

張儼與諸人注後漢

劉攽漢書刊誤

人又引益部耆舊傳符有光洛。原注疑即終字僰道有張帛[元圻案][後漢書列女傳]孝女叔先雄者犍爲人也父泥和墮湍水物故尸喪不歸雄乘船於墮父處慟哭遂自投水死弟賢夢雄告之却後六日當共父同出至期伺之果與父相持浮於江上[水經注三十三]符縣長趙祉遣吏先尼和以永建元年十二月詣巴郡沒死成湍灘子賢求喪不得女絡年二十五歲有二子五歲以還至二年二月十五日尚不得喪絡乃乘小船至父沒處哀哭自沈見夢告賢曰至二十一日與父俱出至日父子果浮出江上郡縣上言爲之立碑以旌孝誠也[又引益部耆舊傳曰]張真妻黃氏女也名帛真乘船覆沒求尸不得帛至沒處灘頭仰天而歎遂自沈淵積十四日帛持真手於灘下出時人爲說曰符有先洛僰道有張帛者也此條引水經注作光終光洛蓋古今本傳刻不同耳

劉贛父東漢刊誤。謂列傳第七十九注最淺陋。章懷注書分與諸臣。疑其將終篇。故特草草耳。今觀南匈奴論棄蔑天公。注引前書云老禿翁何爲首鼠兩端。禿翁卽天翁也。其誤甚矣。[元圻案][南匈奴傳論曰]竇憲矜三捷之效忽經世之規狠戾不端專行威惠遂復更立北虜反其故庭並恩兩護以私己福棄蔑天公坐樹大鞭永言前載何恨憤之深乎注曰言竇憲斬日逐刊石紀功卽以滅其北庭以資南部重存胤緒滋生孽栽南北俱存卽是並恩兩護以私己福斯則棄蔑天公之事也天公謂天子也前書云老禿翁何爲首鼠兩端禿翁卽天翁也高祖云幾敗乃公事乃公卽汝公也惇史直筆時復存其質言也[惠氏棟後漢書補注李賢曰]天公非謂天子猶太公耳王懋曰注引老禿翁禿翁何與乎天公而此云爾甚不可解[唐書章懷太子傳]太子賢字明允甫數歲讀書一覽輒不忘詔集諸儒左庶子張大安洗馬劉訥言洛州司戶參軍事格希元學士許叔牙成元一史藏諸周寶寧等共注後漢書[晁氏讀書附志]西漢刊誤一

曹盱迎伍君淹水
婆娑樂神非神名
邯鄲淳爲曹娥碑

蔡邕文半銘墓
郭有道碑無愧色
胡廣黃瓊頌
邕乞刖足成

卷東漢刊誤一卷劉攽撰　攽字貢父其
書已佚略見於吳仁傑兩漢刊誤補遺

曹娥碑云盱能撫節按歌婆娑樂神以五月時迎伍君傳云迎婆娑神誤也〔元圻案〕〔古文苑八載曹娥碑曰〕孝女
曹娥者上虞曹盱之女也盱能撫節按歌
婆娑樂神以漢安二年五月時迎伍君逆濤而上爲水所淹〔後漢書列女傳〕孝女曹娥者
會稽上虞人也父盱能絃歌巫祝漢安二年五月五日於縣江泝濤迎婆娑神溺死娥年十四
乃沿江號哭晝夜不絕聲旬有七日遂投江而死注會稽典錄曰上虞長度尚弟子邯鄲淳字
子禮時甫弱冠而有異才尚先使魏朗爲曹娥碑文成未出會朗見尚尚問碑文成未朗辭不
才因試使子禮爲之操筆而成無所
點定朗嗟歎不暇遂毀其草

蔡邕文今存九十篇而銘墓居其半曰碑曰銘曰神誥曰哀讚其實一也自云爲郭有道碑文選取此
碑
獨無愧辭則其他可知矣其頌胡廣黃瓊幾於老韓同傳若繼成漢史豈有南董之筆〔全云〕中郎之
晚節如此其言
豈能不謬但其熟知典故則實有可採者耳〔元圻案〕〔後漢書郭太傳〕蔡邕謂盧植曰吾
爲碑銘多矣皆有慚德唯郭有道無愧色耳〔又胡廣傳〕廣字伯始南郡華容人一履司空再
作司徒三登太尉又爲太傅靈帝圖畫廣及黃瓊於省內詔蔡邕爲其頌云注謝承書載其頌
曰巖巖山嶽配天作輔降神有周生申及甫允茲漢室誕育二后曰胡曰黃方軌齊武惟道之
淵惟德之藪股肱元首代作心膂天之烝人有作有類我胡我黃鍾厥純懿巍巍特進仍踐其
位赫赫三事七佩其紱奕奕四牡沃若六轡袞職龍章其文有蔚參曜乾台窮寵極貴功加八

龍忌寒食一月
子推被焚之誣
司火司烜舊制

美稷童竹馬迎伋
剖竹得朱書

荒聾生以遂超哉邈乎莫與爲二〔范蔚宗贊曰〕胡公庸庸飾情恭貌朝章雖理據正或撓又曰瓊名夙知累章國疵是瓊非廣所能幾及邕作頌而無所軒輕故王氏譏之〔蔡邕傳〕王允收邕付廷尉邕乞黥首刖足繼成漢史允曰方今國祚中衰神器不固不可令佞臣執筆在帝左右

周舉傳。太原舊俗。以介子推焚骸。有龍忌之禁。一月寒食。按淮南子要略篇云。操舍開塞。各有龍忌。注。中國以鬼神之亡日忌。北湖南越。皆謂之請龍。〔集證〕〔荊楚歲時記注云〕後漢周舉移書及魏武明罰令陸翽鄴中記並云寒食斷火起於子推據左傳及史記幷無子推被焚之事案周禮司烜氏仲春以木鐸巡火禁於國中注云謂季春將出火也今寒食準節氣是仲春之末清明是三月之初然則禁火蓋周之舊制〔元圻案〕〔周舉傳〕舉字宣光汝南汝陽人博學洽聞京師爲之語曰五經縱橫周宣光遷幷州刺史太原舊俗云云注新序曰晉文公反國介子推無爵遂去而之介山之上文公求之不得乃焚其山推遂不出而死龍星木之位也春見東方心爲大火懼火之盛故爲之禁火俗傳云子推以此日被焚而禁火

郭伋爲幷州牧。有童兒騎竹馬。史通暗惑篇云。晉陽無竹。事不可信。〔閻按〕無論唐晉陽童子寺有竹日報平安而騎竹馬之童兒乃西河郡之美稷也美稷唐爲鄉在隰城縣今汾州府〔元圻案〕〔後漢書郭伋傳〕伋字細侯扶風茂陵人也爲幷州牧始至行部到西河美稷有童兒數百各騎竹馬道次迎拜伋問兒曹何自遠來對曰聞使君到喜故來奉迎〔水經注三〕河水又左得湳水口水出西河郡美稷東南流〔東觀記曰〕郭伋爲幷州牧前在州素有恩德行部到西河美稷數百小兒各騎竹馬迎拜伋問兒曹何自遠來曰聞使君到喜故迎伋謝而發去〔史

王況爲大司徒陳留飛蝗不集虞延進止從容謝承書之誤

漢詔人主自爲 光武詔鄧禹進討 漢武令相如視草

通暗惑篇〔東觀漢記曰〕郭伋爲幷州牧行部到西河美稷有童兒數百各騎竹馬於道次迎拜夫以晉陽無竹古今共知假有傳檄它方蓋亦事同大夏訪知商賈不可多得況在童孺彌復難求羣戲而乘如何克辦〔黃氏叔琳曰史記趙世家〕毋卹剖竹得朱書〔又貨殖傳〕山西饒材竹則晉陽未嘗無竹也〔酉陽雜俎〕衞公言北都惟童子寺有竹一窠纔長數尺其寺綱維每日竹報平安

光武紀建武二十三年。陳留太守王況注王音肅爲大司徒。〔原注〕二十七年薨○亦光武紀文虞延傳注引謝承書曰況章和元年爲司徒。謝承書誤也。〔何云〕注王姓音宿〔元圻案〕〔後漢書虞延傳〕延字子大陳留東昏人光武二十年東巡路過小黃時延爲部督郵詔呼引見延進止從容占拜可觀帝善之於是聲名遂振二十三年司徒王況辟焉注謝承書曰況字文伯京兆杜陵人也代爲三輔名族該總五經志節高亮爲陳留太守性聰敏善行德教永平十五年蝗蟲起泰山彌衍兗豫過陳留界飛逝不集五穀獨豐章和元年詔以況爲司徒謝承謂永平十五年王況尙爲陳留太守亦誤也章懷引之而不正其誤何歟 永平明帝年號章帝十二年改元章和是年丁亥上距建武二十三年丁未實四十年〔玉篇〕金玉之玉點在中畫之下音宿者點在中畫之上

漢詔令人主自親其文。光武詔曰。司徒堯也。赤眉桀也。明帝即位詔曰。方今上無天子。下無方伯。案二句本公羊傳文豈代言者所爲哉。〔元圻案〕〔後漢書鄧禹傳〕光武卽位於鄗拜禹爲司徒帝以關中未定而禹久不進兵下敕曰司徒堯也亡賊桀也長安吏人遑遑無所依歸宜以時進討鎭慰西京繫百姓之心通鑑載此詔亦作亡賊桀也惟宋溫革隱窟雜志引李漢老云古者詔令多矣天子自爲之故漢武帝詔淮南王

漢晉春秋帝蜀漢習鑿齒裁抑桓溫

正統主蜀主魏黃權以天象言正說三國君殂皆應天象赤爲夾日應楚昭

令相如視草而光武詔鄧禹曰司徒堯也赤眉桀也使臣下代言其敢爲是語乎厚齋作赤眉蓋本此（明帝紀即位詔曰）方今上無天子下無方伯若涉淵水而無舟楫夫萬里至重而壯者慮輕實賴有德左右小子　章帝建初七年獲白鹿帝曰上無明天子下無賢方伯人之無良相怨一方斯器亦曷爲來哉　（唐鄭亞李衞公集序云）漢興當秦焚書之後侍從之臣皆不習文史蕭曹之輩又乏儒墨之用每封功臣建子弟其辭多天子爲之

習鑿齒漢晉春秋以蜀漢爲正朱文公感興詩謂晉史自帝魏後賢盍更張然晉人已有此論（元圻案）（晉書習鑿齒傳）鑿齒字彥威襄陽人桓溫覬覦非望鑿齒著漢晉春秋以裁正之起漢光武終於晉愍帝於三國之時蜀以宗室爲正魏雖受漢禪晉尚爲篡逆至文帝平蜀乃爲漢亡而晉始興焉　（世說注習鑿齒著論曰）若以魏有代王之德則不足有靖亂之功則孫劉鼎立共王秦政猶不見敘於帝王況暫制數州之衆哉　（朱子感興詩第五首）東京失其御刑臣弄天綱西園植姦穢五族沈忠良青青千里草乘時起陸梁當塗轉凶悖炎精遂無光桓桓左將軍仗鉞西南疆伏龍一奮躍鳳雛亦飛翔祀漢配彼天出師驚四方天意竟莫回王圖不偏昌晉史自帝魏後賢盍更張世無魯連子千載徒悲傷

三國鼎峙司馬公通鑑以魏爲正統（原注）本陳壽　朱子綱目以蜀漢爲正統（原注）本習鑿齒　然稽於天文則熒惑守心魏文帝殂而吳蜀無他此黃權對魏明帝之言也若可以魏爲正矣月犯心大星王者惡之

白虹貫日應吳僚
通鑑以蓺祖正魏
綱目以高宗正蜀

邵公濟武侯廟文
史臣壽姦言
譙周定議降鄧艾
郤正作降牋

漢昭烈殂而魏吳無他〔案〕此論本唐庚三國雜事上篇權將何辭以對〔何云〕〔宋書天文志曰〕案三國史並無熒惑守心之文黃初六年五月十六日壬戌熒惑入太微至二十七日癸酉乃出宜是入太微〔全云〕此亦扶漢之言耳其後月三犯心大星而魏明帝殂吳蜀無他熒惑逆行而吳主殂蜀魏無他總之均稱帝王亦均應天象耳〔元圻案〕〔三國志蜀黃權傳注〕蜀記曰魏明帝問權天下鼎立當以何地爲正對曰當以天文爲正往者熒惑守心而文皇帝崩吳蜀二主平安此其徵也魏文帝紀黃初四年三月月犯心中央大星晉書天文志占曰心爲天王位王者惡之　昭烈以是年四月殂於永安宮〔余兄靜軒先生曰〕有雲如衆赤烏夾日以飛卜以爲楚昭當之是以日爲楚昭也豈正統在楚乎專諸刺王僚白虹貫日是以日爲吳僚也豈正統在吳乎子產曰天道遠人道邇偶中者有之可盡信乎　〔蕭山王穀塍曰〕宋蓺祖以受禪開基通鑑自不得以魏爲篡高宗以宗枝再造綱目自不得以蜀爲僞讀二書者當論其世

邵公濟名博康節之孫謁武侯廟文云公昔高臥隱然一龍鬼蜮亂世其誰可從惟明將軍漢氏之宗相挽以起意氣所同欲持尺箠盡逐姦雄天未悔禍世豈能容〔何云〕世豈能容似人不能容武侯矣詞不達意老生語何足疏錄　惟史臣壽姦言非公惟大夫周誤國非忠廟食故里羞此南充置公左右不堪僕童我實鄙之築公之宮春秋之法孰敢不恭俾千萬年仰其高風〔原注〕陳壽譙周皆巴郡人今果州陸務觀籌筆驛

壽夭可占世
運
亮統孝直無
大年
譙周以大年
主降
武侯以敗吳
思法正
譙周自以壽
比向雄
魯肅呂蒙大
弟
非復吳下阿
蒙
譙登死梓潼
之難

詩運籌陳迹故依依然想見旌旗駐道邊一等人間管城子不堪譙叟作降牋公濟之文蓋果州作〔何云〕詩欲兼具勸懲至此二事豈復可以對言放翁之意與矣且請降鄧艾周爲之勸其書則郤正所造也　〔閻按〕降牋實出郤正之手　〔方樸山云〕降牋出郤正而定議乞降者譙周也○〔元圻案蜀郤正傳〕景耀六年後主從譙周之計遣使請降於鄧艾其書正所造也

君子小人之壽夭。可以占世道之否泰。諸葛孔明止五十四。法孝直纔四十五。龐士元僅三十六。而年過七十者。乃奉書乞降之譙周也。天果厭漢德哉。〔何云〕〔溫庭筠五丈原落句云〕象牀寶帳無言語從此譙周是老臣蓋亦憾天道之不可知也　〔集證〕〔世說注引華陽國志云〕龐士元卒年三十八〔杭氏諸史然疑唐子西文錄〕謂龐德公以孔明爲臥龍以士元爲鳳雛則士元之齒當少於孔明孔明卒時年五十四而士元先卒二十有二年則士元物故尚未三十也此說魏鶴山採入經外雜鈔蓋未嘗讀統傳也〔傳明云〕統死時年三十六先主拜統父爲議郎亮親爲之拜則亮實以兄事之○〔元圻案〕〔三國志蜀法正傳〕正字孝直右扶風郿人昭烈取蜀實用其策昭烈立爲漢中王以正爲尚書令護軍將軍明年卒時年四十五昭烈征孫權敗績孔明歎曰法孝直若在則能制主上令不東行就復東行必不傾危矣〔又龐統傳〕統字士元襄陽人諸葛言之於先主先主見與善譚大器之親待亞於亮統隨入蜀進圍雒縣統率衆攻城爲流矢所中卒時年三十六〔又譙周傳〕周曰昔孔子七十二劉向楊雄七十一而沒今吾年過七十庶慕孔子遺風可與劉向楊雄同軌恐不出後歲必便長逝　唐子西說頗近理然孔明拜士元父未足爲齒少之證魯肅謂呂蒙曰吾謂大弟但有武略耳至於今者學識英博非復吳下阿蒙遂拜蒙母結友而別是齒長亦有拜友父母之禮譙周之孫登仕晉死梓潼之難可謂克蓋先人之愆

武侯言交在經遠

武侯不用魏延計陳壽被撻誣武侯

昭烈武侯規模遠

魏吳廢立制強臣

後主素服哀孔明

政由葛氏祭則劉

亮沒後代者皆賢

諸葛武侯曰勢利之交難以經遠士之相知溫不增華寒不改葉貫四時而不衰歷夷險而益固

〔原注〕太平御覽引要覽云　見四百六卷　〔集證〕隋志儒家要覽十卷晉郡儒林祭酒呂竫撰唐志五卷今佚

武侯不用魏延之計非短於將略也在易師之上六曰小人勿用

〔何云〕魏延雖雄猛不可專任且蜀兵少分則不可以臨敵矣若得韓信又已定關中固當別有用奇之時○〔元圻案〕〔蜀魏延傳注〕魏略曰夏侯楙爲安西將軍鎮長安亮與羣下計議延曰夏侯楙怯而無謀今假延精兵五千負糧五千直從褒中出循秦嶺而東當子午而北不過十日可到長安楙聞延奄至必乘船而逃走橫門邸閣與散民之粟足周食也比東方相聚尚二十許日而公從斜谷來必足以達如此則一舉而咸陽以西可定矣亮以爲此縣危不如安從坦道故不用延計〔諸葛傳〕附載陳壽奏上亮集表曰亮才於治戎爲長奇謀爲短理民之幹優於將略〔魏書毛脩之傳〕脩之謂崔浩曰昔在蜀中聞長老言陳壽爲諸葛門下書佐得撻百下故其論武侯云應變將略非其所長史通云蜀老猶存知葛亮之多枉蓋郎謂此

三國魏有篡弒吳有廢立皆受制強臣蜀漢末土之前庸主尸位而國無內憂昭烈武侯之規模遠矣

〔閻按〕〔後主禪謂亮曰〕政由葛氏祭則寡人〔又華陽國志云〕諸葛亮卒後主至素服發哀三日李邈上疏比之呂霍後主怒下獄誅之此豈他庸主所能及其毫髮○〔元圻案〕魏司馬師廢齊王芳而立高貴鄉公髦司馬昭弒高貴鄉公而立常道鄉公璜至司馬炎廢陳留王奐而自立吳孫綝廢亮爲會稽王迎立琅琊王休濮陽興張布廢休太子𩅦

武侯屯軍五丈原
據武功作竹橋射懿
姜維奏殺黃皓
黃崇勸瞻據險
斫綏陽以向陳倉
子龍伯苗戍赤崖
武侯書表中逸事
瞻尚綿竹死節
沓中種麥逃讒

而立孫皓〔呂成公史說曰〕諸葛亮治蜀規模死後猶足以維繫二十年以劉禪之庸而蜀不亂只緣當初收拾得人才在故亮死後蔣琬代之琬之後董允代之允之後費禕代之皆是賢者此亮之規模有以維持之也

水經注引武侯與步騭書曰僕前軍在五丈原原在武功西十里馬冢在武功東十餘里有高勢攻之不便是以留耳武侯表云臣遣虎步監孟琰據武功水東司馬懿因水長攻琰營臣作竹橋越水射之橋成馳去〔以上水經十八卷渭水又東逕武功縣北注文〕此可以裨武侯傳之闕晦翁欲傳末略載瞻及子尚死節事〔何云此謂南軒所論武侯傳〕以見善善及子孫之義南軒不以爲然以爲瞻任兼將相而不能極諫以去黃皓諫而不聽又不能奉身而退以冀主之一悟可謂不克肖矣兵敗身死雖能不降僅勝於賣國者耳以其猶能如此故書子瞻嗣爵以微見善善

畏蜀如虎
陸機晉史虛

之長。以其智不足稱。故不詳其事。不足法也。此
論甚精。〔案〕此朱子荅何叔京書語見文集〔閻按〕張南軒有諸葛武侯傳一卷〔何云〕思遠于景耀四年以尚書僕射軍師將軍行都護衛將軍事與董厥並
平尚書事至六年冬國遂亡其任事未久而董厥閻宇位皆在其上所謂任兼將相者恐未孚當時勢也姜維略言之而後主不納逃譖沓中思遠少為主壻亦蜀之宮之奇也能必入乎武
侯之克肖固難吾所惜於思遠八歲失怙未更軍旅不知主客殊勢失在以宿衛不習戰之兵攖既入死地之强寇既不早納黄崇之言又不能憑城持重以挫其鋒一敗塗地國勢崩解有
如干寶之云又云崇屢勸瞻速行據險無令敵得入平地〔方樸山云〕畢竟朱子所見為是南軒兵敗之言絶不為乃翁地乎〔全云〕晦翁以下當另為一條○〔元圻案〕〔水經注十
七〕陽溪水上承斜水自斜谷分注綏陽溪北屆陳倉入渭故諸葛亮與兄瑾書曰有綏陽小谷雖山崖絶險溪水縱橫難用行軍昔邏候往來要道通入今使前軍斫治此道以向陳倉足
以拔連賊勢使不得分兵東行也〔又二十七〕亮與兄瑾書云前趙子龍退軍燒壞赤崖以北閣道緣谷百餘里其閣梁一頭入山腹其一頭立柱於水中今水大而急不得安柱此其窮極
不可强也又云頃大水暴出赤崖以南橋閣悉壞時趙子龍與鄧伯苗一戍赤崖屯田一戍赤崖口但得緣崖與伯苗相聞而已亦武侯逸事也〔諸葛瞻傳〕瞻字思遠景耀六年冬鄧艾
自陰平由景谷道旁入瞻督諸軍至涪亭住前鋒破退還住綿竹艾遺書誘瞻曰若降者必表為琅邪王瞻怒斬艾使遂戰大敗臨陣死瞻長子尚與瞻俱沒干寶曰諸葛瞻雖智不足以扶
危勇不足以拒敵而能外不負國内不改父之志忠孝存焉〔蜀黄權傳〕權留蜀子崇隨諸葛瞻拒鄧艾到涪縣屢勸瞻宜速行據險無令敵得入平地〔朱子曰〕欽夫之論乃是以春
秋責備賢者之法責之於瞻不薄矣〔華陽國志曰〕姜維惡皓恣擅啓後主欲殺之後主曰皓趨走小人耳君何足介意維見皓枝附華連懼於失言遜詞而出後主飭皓詣維陳謝維說
皓求沓中種麥以避內難
昭烈謂武侯之才。十倍曹丕。以丕之盛。終身不敢

夸蜀老知亮枉
武侯事多湮沒
先主永安囑後事
諸葛隱沒五事書

八陣圖遺址有三
魚復石跡如故
八陣形勢各異

議蜀也司馬懿畏蜀如虎非武侯之敵史通曲筆篇云陸機晉史虛張拒葛之鋒又云蜀老猶存知葛亮之多枉然則武侯事蹟湮沒多矣〔元圻案〕〔諸葛傳〕建興九年亮復出祁山注漢晉春秋曰司馬宣王尋亮於鹵城登山掘營不肯戰賈詡魏平曰公畏蜀如虎奈天下笑何宣王病之傳又云章武三年春先主於永安病篤召亮于成都囑以後事謂亮曰君才十倍曹丕必能安國終定大事　陸機字士衡吳郡人祖遜父抗吳亡入晉事迹具晉書本傳隋書經籍志古史類晉紀四卷陸機撰〔唐書藝文志雜傳記類〕郭冲諸葛亮隱沒五事一卷惜乎其書不傳

八陣圖薛士龍曰圖之可見者三一在沔陽之高平舊壘一在新都之八陣鄉一在魚復永安宮南江灘水上蔡季通曰一在魚復石蹟迄今如故一在廣都土壘今殘破不可攷〔元圻案〕〔玉海一百四十二〕兵制陣法門薛氏曰圖之可見者一在沔陽之高平舊壘注郡縣志在興元府西縣東南十里武侯壘石門爲圖一在新都之八陣鄉注郡縣志在成都府西縣北十九里寰宇記在縣北三十里彌牟鎮一在魚復永安宮南江灘水上注洞當中黃龍騰鳥飛折衝虎翼握機衝陣之法本諸侯方圓牝牡衝方罝車倫雁行之制又蔡氏曰八陣圖有二一在魚復云云成都圖經云八陣有三在夔者六十有四方陣法也在彌牟者一百二十有八當頭陣法也在棊盤市者二百五十有六下營法也與元志西縣亦有之則八陣圖有四〔杜詩箋嘉話錄云〕王武子曾爲夔州之西市俯

君子龍潛鳳翔徽亮俱隱耕稼

水鏡採桑與統語伏龍鳳雛孔明拜德公牀下魏徵先爲道士仕密李密書招徐鴻客

臨江岸沙石下看八陣圖箕張翼舒鵝形鸛勢象石分布宛然尚存峽水大時巴蜀雪消之際大樹十圍枯槎百丈破磑巨石隨波塞川而下水與岸齊雪奔山裂聚石爲堆者斷可知也及平水落川平萬物皆失故態唯陣圖小石之堆標聚行列依然如是者垂六百年劉禹錫曰是諸葛公誠明一心爲元德效死況此法出六韜是太公上智之材所構自有此法惟孔明行之所以神明保持一定而不可改也〔高似孫子略一〕附武侯八陣圖似孫曰八陣圖在沔陽者酈道元水經注以爲傾而難識矣在新都者時士爲魁植以江石四門二首六十四魁八八成行兩陣並峙周凡四百七十二步魁百有三十在魚復者隨江布勢塡石爲規前障壁門後倚却月縱八橫八魁閒二丈內面偃月九六鱗差江自岷來奔怒湍激驚雷迅馬不足以敵其雄也徙華變滄不足以窮其力也磊磊斯石載矗載樁知幾何年曾不一仄是非天所愛神所警者歟

君子其潛如龍。非迅雷烈風不起。其翔如鳳。非醴泉甘露不食。司馬德操。諸葛孔明。俱隱於耕稼。而仕止殊。魏元成。徐鴻客。俱隱於黃冠。而出處異。如用之。易地則皆然。〔元圻案〕〔龐統傳〕潁川司馬徽有知人鑒統弱冠見徽徽採桑於樹上統坐在樹下共語自晝至夜徽甚異之注襄陽記曰諸葛孔明爲臥龍龐士元爲鳳雛司馬德操爲水鏡皆龐德公語也〔宋習鑿齒襄陽耆舊傳〕後漢龐德公襄陽人居峴山之南未嘗入城府躬耕田里諸葛孔明每至公家獨拜公於牀下公殊不令止司馬德操少德公十歲以兄事之〔劉肅大唐新語曰〕魏徵有大志不恥小節隋末爲道士初仕李密密敗歸國〔唐大行山人壺關錄〕道士徐鴻客上經天緯地策一篇於李密勸密乘進取之機因士馬之銳沿流東指直詣江都執取獨夫號令天下密心異其言以書招之鴻客晦昧林野莫知所之〔文苑英華六百八十八〕載李密招徐鴻客書云贊我與運今也其時引領瞻望拂席相待

鄧艾自陰平取蜀
人心思漢去漢
鄧艾入蜀自矜
譙周上書議降
呂温武侯廟記
張陸崖山戰死事

鄧艾取蜀。行險以徼幸。閻伯才〔爵里無攷〕陰平橋詩云。魚貫羸師堪坐縛。爾時可歎蜀無人。〔何云〕鄧艾之深入固曰徼幸然非羸師也宋詩用字不穩類此〔方樸山云〕李特已言之老泉亦云非劉禪之庸則百萬之師可以坐縛〇〔元圻案〕〔魏鄧艾傳〕艾自陰平道行無人之地七百餘里又糧運將困頻於危殆艾以氈自裹推轉而下將士皆攀木緣崖魚貫而進先登至江由蜀將馬邈降　老泉語見權書心術篇〔陸放翁望劍閣感蜀亡事詩云〕自昔英雄有屈信危機變化亦逡巡陰平窮寇非難禦如此江山坐付人亦閻伯才之意

張文潛梁父吟曰。永安受詔堪垂涕。手挈庸兒是天意。渭上空張復漢旂。蜀民已哭歸師至。堂堂八陣竟何爲。長安不見漢官儀。鄧艾老翁誇至計。譙周鼠子辨興衰。其言悲壯感慨。蜀漢始終。盡於此矣。說齋云。人心思漢。王郎假之而有餘。人心去漢。孔明扶之而不足。〔全云〕書中再引說齋此語豈徒感季漢也痛崖山耳〇〔元圻案〕〔鄧艾傳〕艾深自矜伐謂蜀士大夫曰諸君賴遭某故得有今日耳如遇吳漢之徒已殄滅矣又曰姜維自一時雄兒也與某相值故窮耳〇〔晉書段灼傳〕灼上疏追理鄧艾曰七十老公反欲何求　〔蜀譙周傳〕鄧已入陰平後主使羣臣會議周上書曰易曰亢之爲言知得而不知喪知存而不知亡知得失存亡而不失其正者其惟聖人乎言聖人知命而不苟必也故堯舜

魏文以嗣娛靈服

以子不啻知天有授而求授人子雖不肖禍尚未萌而迎授與人況禍已至乎故微子以殷王之昆面縛銜璧而歸武王豈所樂哉不得已也於是遂從周策〔唐呂溫武侯廟記曰〕夫民無歸德以爲歸撫則思虐則忘其思也不可使忘其忘也不可使思當漢道方休哀平無政王莽乃欲憑戚寵逭符命脅之以威動之以神使人忘漢不可得也及高光舊德與世寖遠桓靈流毒在人骨髓武侯乃欲開興國振絕緒諭之以本臨之以忠使人思漢卒亦不可得也說齋之論蓋本於此〔宋史紀事本末〕端宗景炎三年四月帝崩年十一陸秀夫與衆共立衛王年八歲矣帝遷居新會之崖山崖山在新會縣南八十里距海中張世傑以爲天險可扼以自固帝昺祥興二年正月元張宏範至崖山或謂張世傑曰北兵以舟師塞海口則我不能進盍退往據之世傑恐久在海中士卒離心動則必散乃曰頻年航海何時已乎今須與決勝負乃焚行朝草市結大船千餘作一字陣碇海中中艫外舳貫以大索四周起樓柵如城堞爲死計人皆危之崖山北淺舟膠不可進宏範繇山東轉而南入大洋與世傑之師相遇薄之且出奇兵斷官軍汲路世傑舟堅不能動宏範乃載茅茨沃以膏油乘風縱火焚之世傑戰艦皆塗泥縛長木以拒火舟不爇宏範無如之何時世傑有甥韓在元軍中宏範三使韓招世傑世傑曰吾知降生且富貴但義不可移耳宏範乃命文天祥爲書招世傑天祥曰吾不能捍父母乃教人叛父母乎固命之天祥書所過零丁洋詩與之其末云人生自古誰無死留取丹心照汗青宏範復遣人語崖山士民曰汝陳丞相已去文丞相已執汝復欲何爲士民亦無叛者宏範以舟師據海口世傑兵士茹乾糧掬海水飲之水鹹飲即嘔泄兵士大困二月宏範乃四分其軍令諸將曰宋舟西艤崖山潮至必東急攻之世傑南北受敵兵疲不能復戰世傑知事去乃抽精兵入中軍諸軍大潰元軍薄中軍會日暮風雨昏霧四塞咫尺不相辨世傑遣小舟至帝所欲帝至其舟中秀夫恐來舟不得免或被俘辱執不肯赴秀夫因帝舟大且諸舟環結度不得出走乃先驅其妻子入海謂帝曰國事至此陛下當爲國死德祐皇帝辱已甚陛下不可再辱即負帝同溺帝年九歲世傑葬之海濱世傑曰我爲趙氏亦已至矣一君亡復立一君今又亡我未死者庶幾敵兵退別立趙氏以存祀耳今若此豈天意耶風濤愈甚世傑墮水溺死

舜禹有天下而不與焉。魏文喜躍於爲嗣之初。大

魏文自比舜禹　子建拜墓宴吟　憲英知魏不昌

法術通達流弊　魏文倡爲放曠　魏晉矯苦節爲曠蕩　秦漢來好尙變亂　荀彧附曹比子房　荀彧爭九錫自殺

饗於憂服之中。不但以位爲樂而已。其篡漢也。哆然自以爲舜。禹可以欺天下乎。〔原注〕曹植拜先君墓與友人宴於松柏之下爲詩云樂至憂復來又云可不及娛情其末流至於阮籍禮法之亡自魏文兄弟始〇〔元圻案〕〔魏辛毗傳注〕世語曰毗女憲英適太常泰山羊耽外甥夏侯湛爲其傳曰憲英聰明有才鑒初文帝與陳思王爭爲太子既而文帝得立抱毗頸而喜曰辛君知我喜否毗以告憲英憲英歎曰太子代君主宗廟社稷者也代君不可以不戚主國不可以不懼宜戚而喜何以能久魏氏其不昌乎　〔魏文紀〕建安二十五年改爲延康元年七月軍次于譙大饗六軍及譙父老百姓于邑東注魏書曰設伎樂百戲孫盛曰處莫重之哀而設饗宴之樂居貽厥之始而墜王化之基及至受禪顯納二女忘其至恤以誣先聖之典天心喪矣將何以終是以知王齡之不遐卜世之期促也　〔魏文紀注魏氏春秋曰〕帝升壇禮畢顧謂羣臣曰舜禹之事吾知之矣

晉傅元〔武帝泰始元年上疏〕曰。魏武好法術。而天下貴刑名。魏文慕通達。而天下賤守節。〔見晉書本傳〕然則放曠之風。魏文實倡之。程子謂東漢之士知名節。而不知節之以禮。遂至苦節。〔蓋指黨錮諸人也〕苦節既極。故魏晉之士變而爲曠蕩。愚謂東都之季。彧附曹羣亡漢。荃蕙化爲茅矣。苦節之士安在哉。傅元之言得之。〔何云〕彧以爭九錫建國自殺豈可擠之附曹之列南宋人有持論太峻而反使亂臣賊子法無可加者此類是也然其病皆生於讀書不詳考本末　〔閻按〕竊以鍾皓之孫繇亦然〇〔

魏律用鄭章句
律八例猶春秋之凡
子律違從闕供異
六經亞文
商君受李悝法經
蕭何增益爲漢律

元圻案〕〔程氏遺書十八〕劉元承記伊川語曰秦以暴虐焚詩書而亡漢興鑒其弊必尚寬德崇經術之士故儒者多宗經師古識義理者衆故王莽之亂多守節之士世祖繼起不得不褒尚名節故東漢之士多名節知名節而不知節之以禮遂至於苦節苦節既極故魏晉之士變而爲曠蕩尚虛無而無禮法禮法既亡與夷狄無異故五胡亂華夷狄之亂已甚必有英雄出而平之故隋唐混一天下唐有天下如貞觀開元間雖號治平然三綱不振無君臣父子夫婦其原始於太宗也君不君臣不臣故藩鎮不賓權臣跋扈陵夷有五代之亂註云因間十世可知遂推此數端〔唐柳冕與權德輿書曰〕後漢尚章句師其傳習故其人守名節 義門謂厚齋持論太峻非也案三國志荀彧傳注世之論者多譏彧協規魏氏以傾漢祚君臣易位實彧之由雖晚節立異無救運移功既違義識亦疚焉是劉宋以前已有此論彧之初見魏武也魏武大悅曰吾之子房是魏武固以漢高自居而彧之說魏武亦曰昔高祖保關中光武據河內皆深固根本以制天下兗州亦將軍之關中河內也又曰今與公爭天下者唯袁紹耳此豈純于爲漢者卽其勸操奉迎獻帝不過曰因此時奉主上以從民望耳管仲有尊周室之功其實亦挾天子以令諸侯假大義以強齊國彧蓋欲爲管仲者也惜所事非桓公耳及代漢之勢已成始阻九錫之議以爲君子愛人以德譬猶教猱升木爲虎添翼而後制之豈可及哉彧能擇人而事委身昭烈協心孔明則漢室可興不負王佐才之目矣

律章句。馬鄭諸儒十有餘家。魏明帝詔。但用鄭氏章句。事見晉書刑法志 范蜀公策問見宋文鑑一百二十四 曰。律之例有八。以准皆各其及卽若若春秋之凡。〔集證〕律疏以者與真犯同准者與真犯有間皆者不分首從一等科罪各者彼此各同科此罪其者變於先意及者事情連後卽者意盡而復明若者文雖殊而會上意 宋莒公名庠封莒國公 曰。應從而違。堪供而闕。此六經之亞文也。〔閻按〕〔朱子解曰〕謂子不從父不義之命及力所不能養者古人皆不以不孝坐之義當從而不從力可供而不供然後坐以不孝之罪○〔元圻案〕〔通鑑魏明帝紀〕太和三年初魏文侯師李悝著法經六篇商君受之以相秦蕭何定漢律益爲九篇後稍增至六十篇又有令三百餘篇決事比九百六卷世有增損錯糅無常後人各爲章句馬鄭諸儒十有餘家以至於魏所當用者合二萬六千二百七十二條七百七十三萬餘言覽者益難帝乃詔但用鄭氏章句又詔陳羣劉劭等刪約漢法制新律十八篇州郡令四十五篇尚書官令軍中令合百十餘篇於正令九篇爲增於旁章科令爲省矣　法家書之存於今者惟唐律爲最古周顯德中竇儀因之作刑統　〔宋敏求春明退朝錄上〕謂宗衮嘗言律云可從而違堪供而闕亞六經之文也　宋衮謂宋莒公也謝朓謂謝安爲宗衮

魏以不仁得國而司馬氏父子世執其柄然節義之臣齾巨姦之銓若王凌以壽春欲誅懿而不克文欽毋邱儉以淮南欲誅師而不遂諸葛誕又以壽春欲誅昭而不成千載猶有生氣魏爲有臣矣鄭漁仲謂晉史黨晉凡忠於魏者爲叛臣齊史黨齊凡忠於宋者爲逆黨史通亦云古之書事也令亂臣賊子懼今之書事也使忠臣義士羞〔全云〕以不附司馬氏而死者尚有若李豐張緝夏侯元許允之徒王經則死於成濟之難其後嵇康亦以不附見殺又云王凌索灰釘之事必出晉史之誣通鑑亦誤采之〔又云〕隋史尉遲迥以其名臣不加甚貶然亦僅矣○〔元圻案〕〔魏王凌傳〕凌字彥雲太原祁人叔父允正始初凌都督揚州軍事外甥令狐愚爲兗州刺史凌愚密

牛毛麟角之喻
蔣濟上萬機論
司馬孚自謂魏貞士
全昱責朱三負唐
擊盆迸骰

協計謂齊王不任天位楚王彪長而才欲迎立彪都許昌嘉平三年春吳塞涂水凌欲因此發大嚴諸軍表求討賊詔報不聽凌陰謀滋甚司馬宣王乘水道討凌大軍掩至百尺凌知勢窮乃乘船單出迎宣王宣王送凌還京師凌飲藥死〔毋丘儉傳〕儉字仲恭河東聞喜人儉都督揚州揚州刺史文欽曹爽之邑人也驍果麤猛儉以計厚待欽投心無二遂矯太后詔罪狀司馬景王舉兵反大將軍統兵討之欽遁走儉藏水邊草中安風津部民張屬就射殺儉欽亡入吳〔諸葛誕傳〕誕字公休琅琊陽都人誕都督揚州以王凌毋丘儉累見夷滅懼不自安朝廷微知誕有自疑心甘露三年徵為司空誕愈恐遂反車駕東征大將軍胡奮斬之〔鄭漁仲通志自敘曰〕曹魏指吳蜀為寇北朝指東晉為僭南謂北為索虜北謂南為島夷甚者桀犬吠堯吠非其主晉史黨晉而不有魏凡忠於魏者目為叛臣王凌諸葛誕毋丘儉之徒抱屈黃壤齊史黨齊而不有宋凡忠於宋者目為逆黨袁粲劉秉沈攸之之徒含冤九原〔史通曲筆篇云〕漢末董承耿紀晉初之諸葛毋邱齊興而有劉秉袁粲周滅而有王謙尉迥斯皆破家殉國視死猶生而歷代諸史皆書之曰逆將何以激揚名教以勸事君者乎古之書事也云云〔三國志王凌傳注〕凌自知罪重試索棺釘以觀太傅意太傅給之凌行到項夜呼掾屬與決曰行年八十身名並滅耶遂自殺晉史蓋出於此

學如牛毛。成如麟角。出蔣子萬機論。見太平御覽四百九十六〔集證〕〔北史文苑傳序〕明皇御歷文雅大盛學者如牛毛成者如麟角〔抱朴子極言篇〕為者如牛毛獲者如麟角皆本萬機論○〔元圻案〕〔魏蔣濟傳〕濟字子通楚國平阿人文帝踐阼濟上萬機論帝善之歷官領軍將軍封昌陵亭侯遷太尉〔唐王棨自名其集曰〕麟角集亦取蔣子

司馬孚自謂魏貞士。孚上不如魯叔肸。事詳左傳下不如朱全昱謂之正〔閻按〕正即貞宋避諱故可乎。〔元圻案〕〔晉書宗室傳〕安平獻王孚宣帝次弟也宣帝執政常自退損後逢廢立之際未嘗預謀及武帝受禪陳留王就金墉城孚拜辭執王手流涕曰臣死之日固大魏之純臣也臨終遺令曰有魏貞士河內溫縣司馬孚字叔達不伊不周不夷不惠立身行

三世五世長者仕宦難於衣飯

管幼安如郭林宗蘇文定管寧贊木榻膝處皆穿郭太不違親絕俗

文武郊鄷鄗非中土孫權知俗儒誣文虞氏江表傳吳稱尊號郊

道終始若一〔五代史梁家人傳〕廣王全昱太祖兄太祖將受禪有司備禮前殿全昱視之顧太祖曰朱三爾作得否太祖燕居宮中與諸王飲博全昱酒酣取骰子擊盆而迸之呼太祖曰朱三爾碭山一百姓遭逢天子用汝爲四鎮節度使於汝何負而滅唐家三百年社稷吾將見汝赤其族矣太祖不悅全昱不樂在京師常居碭山故里

魏文帝詔曰。三世長者知被服。五世長者知飲食。

〔原注〕謂被服飲食難曉也俗語有所本〔方樸山云〕宋人謂三世仕宦方會著衣喫飯此王氏所云俗語○〔元圻案〕此詔見太平御覽六百八十九原注上句亦御覽本文〔張文潛明道雜志曰〕錢穆父嘗言三世仕宦方會著衣喫飯故錢公每饗客致饌皆清要而不繁

管幼安如郭林宗。天子不得臣。諸侯不得友。蘇文定贊之曰。少非漢人。老非魏人。何以命之。天之逸民。

全云文定之贊未妥深寧之言亦未覈林宗幼安使遇治世非不臣不友者也少非漢人將別有一天地乎○〔元圻案〕〔魏志管寧傳〕寧字幼安北海朱虛人天下亂聞公孫度令行於海外遂至遼東廬於山谷文帝即位徵寧遂將家屬海浮還郡詔以寧爲大中大夫固辭不受〔皇甫謐高士傳曰〕凡徵命十至輿服四賜嘗坐一木榻上積五十年未嘗箕股其榻上當膝處皆穿　後漢書郭太傳或問范滂曰郭林宗何如人滂曰隱不違親貞不絕俗天子不得臣諸侯不得友　少非漢人即賢者避世之謂

江表傳。羣臣以孫權未郊祀。奏議曰。周文武郊鄷鄗。非必中土。權曰。文王未爲天子。立郊于鄷。見何經典。復奏曰。漢郊祀志。匡衡奏言文王郊于

孫權破羽臣曹
朱子言權亦漢賊
裴注論關羽孫權

況長寧甄文偉
費禕圍棋辦賊
費禕害於郭脩

鄧。權曰。文王德性謙讓。處諸侯之位。明未郊也。俗儒臆說。非典籍正義。不可用。見孫權傳注權之識見高於羣臣矣。漢儒不可及也。〔集證〕〔唐志雜史類〕虞溥江表傳三卷○〔元圻案〕通典四十二禮二註孫權初稱尊號於武昌祭南郊告天用元牡後自以居非土中不脩設末年南郊追上父堅尊號爲吳始祖以配天案陸機辨亡論謂權遂躋天位鼎峙而立告類上帝拱揖羣后〔孫權本傳〕太元元年權祭南郊還寢疾通典之說爲得其實

孫權破關羽。而昭烈復漢之志不遂。權稱臣於曹操。稱說天命。〔案〕魏略云爾見魏武紀建安二十四年注英雄之氣安在哉。故朱子曰。權亦漢賊也。〔何云〕其論略本于裴世期○〔元圻案〕〔吳諸葛瑾傳注裴松之曰〕關羽揚兵沔漢志陵上國雖匡王定霸功未可必要爲聲威遠震有其經略孫權潛包禍心助魏除害是謂翦宗子勤王之師行曹公移都之計捄漢之規於茲而止〔朱子語類〕學者皆知曹操之爲漢賊而不知權之爲漢賊也若權有意興復漢室自當與先主協力并謀同正曹氏之罪如何先主才整頓得起時便與他壞倒如襲取關羽之類是也

諸葛恪恪字元遜瑾之子傳注。虞喜志林曰。況長寧以爲君子臨事而懼。好謀而成。又曰。往聞長寧之甄文偉。〔原注〕亦見通鑑文偉。謂費禕也。長寧。未詳其人。蓋蜀人也。

呂岱戒元遜十思

嚴畯以書生辭軍事魯肅後軍屬呂蒙

陸遜薦式忘怨

堅策輕敵隕身

孫權合肥越橋幸免

廣韻四十一漾況字下引何氏姓苑有況姓。廬江人。〔元圻案〕〔吳志諸葛恪傳注志林曰〕初權病篤召恪輔政臨去呂岱戒之曰世方多難子每事必十思恪答曰昔季文子三思而後行夫子曰再思可矣今君令恪十思明恪之劣也岱無以答虞喜曰昔魏人伐蜀蜀人禦之士馬擐甲羽檄交馳費禕時爲元帥與來敏圍棋意無厭倦敏臨別謂禕君必能辦賊者也況長寧以爲君子臨事而懼好謀而成者且蜀爲蕞爾之國而方向大敵所規所圖唯守與戰何可矜己有餘晏然無戚斯乃性之寬簡不防細微卒爲降人郭脩所害豈非兆見於彼而禍成於此哉往聞長寧之甄文偉今覩元遜之逆呂侯二事體同故並而載之可以鏡機於後永爲世鑒〔晉書儒林傳〕虞喜字仲寧會稽餘姚人喜少力操行屢徵不起專心經傳爲志林三十篇〔唐藝文志〕何承天姓苑十卷

嚴畯之遜呂蒙。有鄭子皮之風。事見襄公三十年陸遜之薦淳于式。有晉祁奚之風。事見襄公二十一年吳安得不興乎。〔元圻案〕〔吳志嚴畯傳〕畯字曼才彭城人也少耽學善詩書三禮又好說文張昭進之於孫權以爲騎都尉從事中郎及魯肅卒權以畯代肅督兵畯前後固辭樸素書生不閑軍事非才而據咎悔必至發言慷慨至于流涕權乃聽焉〔呂蒙傳〕肅軍人馬萬餘盡以屬蒙〔陸遜傳〕會稽太守淳于式表遜枉取人民愁擾所在遜後詣都言次稱式佳吏權曰式白君而君薦之何也遜對曰式意欲養民是以白遜若遜復毀式以亂聖聽不可長也

孫堅與策。皆以輕敵隕其身。權出合肥之圍。亦幸而免。〔元圻案〕堅單馬行峴山爲黃祖軍士所射殺策殺吳郡太守許貢貢小子與客亡匿江邊策單騎出卒遇客爲客所害俱見本傳〔孫權傳〕權征合肥未下徹軍還兵皆就路權與淩統甘寧等在津北爲張遼所襲權乘駿馬越橋得去

孫休釋嫌李衡
賀臘誅孫綝
孫峻薦恪殺恪

諸葛恪受託
孤詔

涂塘涂中清
流關

孫休之遣李衡。有高帝之度。其討孫綝。有叔孫昭子之斷。事見昭公五年吳之賢君也。〔全云〕其後亦一庸主耳○〔元圻案〕〔孫休傳〕永安二年詔曰丹陽太守李衡以往事之嫌自拘有司夫射鉤斬袪在君為君遣衡還郡勿令自疑又休聞綝逆謀陰與張布圖計十二月戊辰臘百僚朝賀公卿升殿詔武士縛綝即日伏誅　休綝所立也　漢高祖赦季布見漢書本傳

孫峻薦諸葛恪可付大事。而恪終死於峻之手。易曰。比之无首。無所終也。漢昭烈託孤於孔明。而權乃託孤於恪。劉孫之優劣於此可見。〔何云〕於時吳之舊德盡矣權之悖尤在和霸交構之會耳○〔元圻案〕〔諸葛恪傳注〕吳書曰權寢疾議所付託孫峻表恪器任輔政可付大事權嫌恪剛狠自用峻以當今朝臣皆莫及遂固保之乃徵恪見臥內受詔床下傳曰恪大發州郡二十萬衆圍新城攻守連月城不拔恪恥城不下忿形於色由此衆庶失望怨黷興矣孫峻因民之多怨構恪欲為變與亮謀置酒請恪酒數行亮還內峻起如廁出曰有詔收恪恪驚起拔劍未得而峻刀交下

吳築涂塘。赤烏十三年晉兵出涂中。武帝紀涂音除。廣韻涂直魚切集韻音除水名與滁同即六合瓦梁堰。水曰滁河。〔案九域志〕真州六和縣楚之堂邑也堂邑涂塘即此今名瓦梁河南唐於滁水上立清流關。〔原注〕或以涂塘音塗誤也　元和郡縣志滁

諸葛恪剛很自用東關新城勝敗

晉史多采小說

曹干晉紀孫檀二陽秋

棄史班宗徐庾

採碎事爲綺豔

房褚等撰晉書叢冗

元帝爲牛氏子之誣

劉遺民曹續無名

州即涂中。[集證][王氏地理通釋薛氏曰]滁和州六合間有涂塘吳赤烏中遣兵十萬斷涂作塘南唐於滁水上立清流關瓦梁堰有東西瓦梁城晉置秦郡治六合瓦梁堰即涂塘也　[晉書武帝紀]瑯琊王伷出涂中○[元圻案]滁州屬淮南道今元和郡縣志二十四一卷全缺此條可補

楚莫敖狃於蒲騷之役將自用也。[此桓十二年左傳文]諸葛恪東關之勝亦以此敗其失在於自用。[元圻案][魏齊王芳紀]嘉平四年詔征南大將軍王昶征吳十二月吳大將軍諸葛恪拒戰大破衆軍於東關不利而還[恪傳]恪遂有輕敵之心明年春復出軍圍新城連月不拔孫峻因民之多怨遂殺恪

史通[雜說]云。晉史所采多小書。若語林。[晉裴啓撰]世說。[宋劉義慶撰梁劉孝標註]搜神記。[晉干寶撰]幽明錄。[劉義慶撰]是也。曹干兩紀。孫檀二陽秋。皆不之取。其中所載美事。遺略甚多。[原注]曹嘉之干寶晉紀孫盛檀道鸞晉陽秋○[案知幾自注云]劉遺民曹續皆于檀氏春秋有傳至於今晉書則了無其名　又[論贊篇]云。唐修晉書。作者皆詞人。遠棄史班。近宗徐庾。晁子止亦謂晉史叢冗最甚。[集證][舊唐書房元齡傳]貞觀十八年元齡與褚遂良受詔重撰晉書於是奏請許敬宗來濟陸元士劉子翼令狐德棻李義府薛元超上官儀等八人分功撰述以臧榮緒晉書爲主然史官多文詠之士好採碎事競爲綺豔○[元圻案][晁公武讀書志曰]歷代之史惟晉叢冗最甚可以無譏然其多采語林世說幽明錄搜神記詭異謬妄之言至於取沈約之說誣元帝爲牛氏之子之類亦不可不辨

晉紀論近王化根源

豐城二劍事未寶師古不錄新異事

鮒魚鵬鳥寓言

張華傳載劍事之非

李華作蕭穎士集序云。君謂左思詩賦有雅頌遺音干寶著論。近王化根源。〔原注〕謂晉紀論以民情風教國家安危之本〇〔元圻案〕〔文選干寶晉紀總論曰〕基廣則難傾根深則難拔理節則不亂膠結則不遷是以昔之有天下者所以長久也夫豈無僻主賴道德典刑以維持之也故延陵季子聽樂以知存亡之數短長之期者蓋民情風教國家安危之本也　王化始於閨門干寶述文王脩舊德而維新其命繼及妃后躬行四教化天下以婦道蓋隱痛晉之亂由賈后始也故蕭穎士謂近王化根源　〔文選注何法盛晉書曰〕干寶字令升新蔡人始以尚書郎領國史撰晉紀起宣帝迄愍五十三年評論切中咸稱善之　〔唐書文藝傳〕李華字遐叔趙州贊皇人累中進士宏辭科華文詞緜麗少宏傑氣頴士健爽自肆時謂不及而華自疑過之

放翁豐城劍賦謂吳亡而氣猶見。其應晉室之南遷。愚謂豐城二劍事。出雷次宗豫章記。所謂孔章者。即雷煥也。蓋次宗之族。此劉知幾史通雜說篇所云。莊子鮒魚之對。賈生服鳥之辭。施於寓言則可。求諸實錄則否。而唐史官之撰晉史者取之。後人因而信之。誤矣。顏師古注漢書。凡撰述方志。新異穿鑿者。皆不錄。注史猶不取。況作史乎。〔原注〕豫章記見藝文類聚〇〔元圻案〕〔莊子外物篇〕車轍有鮒魚曰君豈有升斗之水而活我哉周曰我且激西江之水而活子鮒魚忿然作色曰吾失吾常得升斗之水然活耳君乃

沈約書造奇說

冒姓司馬之誣

宣金酖寵將牛帝

魏收元行沖信讖

言此曾不如早索我于枯魚之肆〔文選賈誼鵩鳥賦〕鵩乃嘆息舉首奮翼口不能言請對以臆〔顏師古漢書敘例曰〕況說非當蕪辭競逐苟出異端徒爲煩冗秖穢篇籍蓋無取焉

〔晉書張華傳〕載劍事與豫章記同

晉元帝爲牛氏子。其說始於沈約。而魏收島夷傳因之。唐正觀史官修晉書。亦取焉。王劭謂沈約喜造奇說。以誣前代。劉知幾亦以爲非。而致堂讀史管見乃謂元帝冒姓司馬。過矣。〔何云〕休文晉書雖不傳而宋書符瑞志中尙存此說〇〔元圻案〕〔宋書符瑞志〕宣帝有寵將牛金屢有功宣帝作兩口榼一盛毒酒一盛善酒自飲善酒毒酒與金飲之卽斃景帝曰金名將可大用云何害之宣帝曰汝忘石瑞馬後有牛乎元帝母夏后妃與琅琊國小史牛金私通而生元帝〔魏書僭晉司馬叡傳〕叡字景文晉將牛金子也初晉宣帝生琅琊武王伷伷生恭王覲覲妃夏后氏字銅環與金姦通遂生叡〔晉書后妃傳〕贊曰呂妾變嬴黃姬化芊石文遠著金行潛徙蓋隱指此事〔史通採撰篇曰〕沈氏著書好誣先代於晉則故造奇說在宋則多出謗言前史所載已譏其謬矣而魏收黨附北朝尤苦南國承其詭妄重加誣語遂云司馬叡出於牛金劉駿上淫路氏自註云王劭曰沈約晉書造奇說云琅邪國姓牛者與夏后妃私通生中宗因遠敘宣帝以毒酒殺牛金符證其狀收因此乃云司馬叡晉將牛金子也宋孝王曰收以叡爲金子計其年全不相干〔舊唐書元行沖傳曰〕初魏明帝時河西柳谷瑞石有牛繼馬後之象魏收舊史以爲晉元帝是牛氏之子冒姓司馬以應石文行沖推尋事迹以後魏昭成帝名犍繼晉受命攷校謠讖著論以明之

郭展養生及馬

演蕃露云。晉郭展爲太僕。留心於養生。而廐馬充

綠之

篡晉篡魏末肆劉裕弑零陵王齊梁襲篡弑跡

徐傅謝死猶里克文帝如叔孫昭子廢營陽迎宜都宋主討謝晦

宋文魏太武不克終佳兵不祥好還言漏洩祚難

言朗上書曰一體炫金不及伯兩一歲美衣不過數襲而必收寶連櫝集服累笥目豈常視身未時親是爲櫝帶寶笥著衣空散國家之財徙犇天下之貨〔温公迂書曰〕衣冠所以爲容觀也稱體斯美矣世人舍其所稱聞人所尚而慕之豈非以耳視者乎飲食之物所以爲味也適口斯善矣世人取果餌而刻鏤之朱綠之豈非以目食者乎

魏之篡漢。晉之篡魏。山陽陳留猶獲考終。山陽公卒於魏明帝青龍二年陳留王卒於晉惠帝太安元年亂賊之心。猶未肆也。宋之篡晉。踰年而弑零陵。不知天道報施。還自及也。齊梁以後。皆襲其跡。自劉裕始。〔元圻案通鑑綱目〕晉恭帝元熙二年六月劉裕還建康稱皇帝廢帝爲零陵王永初二年宋主裕弑零陵王于秣陵又宋順帝昇明三年四月宋蕭道成自進爵爲齊王遂稱皇帝廢其主準爲汝陰王徙之丹陽五月齊主蕭道成弑汝陰王滅其族　梁弑宋巴陵王陳弑梁江陰王隋弑北齊介公闡

徐羨之。傅亮。謝晦之死。猶晉之里克。衛之甯喜也。文帝不失爲叔孫昭子。〔元圻案通鑑綱目〕宋營陽王景平二年徐羨之傅亮謝晦廢其主義符爲營陽王還於吳六月弑之迎宜都王義隆于江陵是爲文帝元嘉三年正月宋討徐羨之傅亮誅之謝晦舉兵反江陵宋主自將討謝晦二月誅之

宋文帝。魏太武。佳兵者也。皆不克令終。不祥好還之戒昭昭矣。〔元圻案〕宋文帝爲太子劭所弑魏太武爲中常侍宗愛所弑〔宋書文帝紀論曰〕帝才謝光武而遥制兵略至於攻日戰時莫不仰聽成旨雖覆師喪旅將非韓白而延寇蹙境抑此之由及至言漏衾衽難結商豎雖禍生非慮蓋亦有以而然也〔魏書太武紀論曰〕帝掃統萬平秦隴翦遼海盪河源其功大矣至於

結商暨荆棘凶年由師旅

齊武議葬裴后立石
王儉言誌墓非古
誌銘之始諸說
顏延之爲王球志墓
司馬越女冢銘
穿窖得王戎墓銘
張衡墓刻石二本
比干墓銅槃銘語
誌墓初用甎後刻石
繆襲葬親製埋文
石誌但述家世姻族
無德業不爲

初則東儲不終末乃釁成所忽固本貽防殆弗思乎　老子上經儉武章以道佐人主者不以兵强天下其事好還師之所處荆棘生焉大軍之後必有凶年〔又偃武章〕夫佳兵者不祥之器物或惡之故有道者不處

葉少蘊〔石林燕語〕云。齊武帝欲爲裴后立石誌墓中。王儉以爲非古。或以爲宋元嘉中顏延之爲王球作誌。墓有銘。自宋始。唐封演援宋得司馬越女冢銘。隋得王戎墓銘。爲自晉始。亦非是。今世有崔子玉。〔全云名瑗〕書張衡墓銘。則墓有銘自東漢有之。周益公謂銘墓三代有之。唐開元四年偃師耕者得比干墓銅槃。東漢誌墓。初猶用甎。久方刻石。

〔元圻案〕唐封演封氏聞見記王儉所著喪禮云施石誌於壙裏禮無此制魏侍中繆襲改葬父母制墓下題版文原此制將以千載之後陵谷遷變欲後人有所聞知其人若無殊才異德者但紀姓名歷官祖父姻媾而已若有德業則爲銘文案儉此說石誌宋齊以來有之矣齊時有發古冢得銘云青州世子東海女郎河東賈昊以爲司馬越女嫁爲苟晞子婦檢之果然東都殖業坊十字街有王戎墓隋代釀家穿旁作窖得銘曰晉司徒尚書令安豐侯王君銘有數百字然古人葬者亦有石誌但不如今代貴賤通用耳　〔南齊書文學傳〕賈淵字希鏡平陽襄陵人世傳譜學孝武世青州人發古冢銘云青州世子東海女郎帝問鮑照徐爰蘇寳生並不能悉淵曰此是司馬越女嫁苟晞兒檢訪果然　〔歐陽公集古錄〕張衡墓銘其刻石爲二

齊文宣委政楊愔主昏政清

執笏始宇文周隋定紫緋綠諸等服

蕭方等三十國萬乘不隙布衣靜世子梁住子親疾拜醫東平王約以孝經諷

東魏主善見武定八年廢魏主而自立改武定八年爲齊天保元年〔北齊書文宣紀論曰〕帝始則存心政事風化肅然其後縱酒肆欲事極猖狂昏邪殘暴近世未有〔崔鴻後趙錄〕石虎字季龍勒之從子勒父朱幼而子之故或謂之勒弟既廢殺宏稱居攝趙天王天赦改元〔又前秦錄〕苻生字長生健之第三子皇始五年僭卽皇帝位〔通鑑梁紀〕敬帝太平元年齊文宣能委政楊愔愔總攝機衡百度脩敕故時人皆言主昏於上政清於下〔北齊書〕楊愔傳愔字遵彥宏農華陰人

執笏始於宇文周保定四年。事見周書武帝紀紫緋綠袍始於隋大業六年。〔元圻案〕〔隋書禮儀志七〕大業六年詔從駕涉遠者文武官等皆戎衣貴賤異等雜用五色五品以上通著紫袍六品以下兼用緋綠胥吏以青庶人以白屠商以皂士卒以黃〔通鑑注云〕自此文武官常服遂以爲品色　笏制詳于玉藻凡有指畫於君前用笏造受命於君前則書於笏此云執笏始于宇文周蓋古祇笏於腰閒不執之於手也

蕭方等梁元帝子。爲三十國春秋。以晉爲主。附列劉淵以下二十九國。此通志藝文略之說通鑑晉安帝元興三年。引方等論。綱目但云蕭方。誤削等字。〔全云〕方等二字出佛書〇〔元圻案〕〔通鑑引蕭方等論曰〕夫蛟龍潛伏魚蝦褻之是以漢高赦雍齒魏武免梁鵠安可以布衣之嫌而成萬乘之隙也綱目所引蕭方論與通鑑同〔梁書世子傳〕忠壯世子方等字實相世祖長子也注後漢書未就所撰三十國春秋及靜住子行於世〔顏氏家訓風操篇〕父母疾篤醫雖賤雖少則涕泣而拜之以求哀也梁元帝在江州嘗有不豫世子方等親拜中兵參軍李猷焉〔太平御覽六百十載方等三十國春秋曰〕漢大將軍東平王約漢王聰戲之曰汝誦何書味何句也約曰臣誦孝經每詠身體髮膚受之父母不敢毀傷至於在上不驕高而不危

晉以賈充與亡
隋以楊素與亡
元感敬業異父祖

祖君彥檄煬帝
明帝光武不異反支

未嘗不反覆誦之聽大悅三十國春秋今已不傳記此二條其人其書猶可得其彷彿

晉之篡魏以賈充。其亡也亦以充。〔案〕事具晉書賈充傳及賈后傳 隋之平陳以楊素。〔隋文帝開皇八年以楊素爲行軍元帥九年正月滅陳〕其亡也亦以素。〔原注〕立太子妃易太子亡之兆也 元感之於素。猶李敬業之於勣也。煬武之立素勣之力也。其子孫〔閣本〕無孫字閣云敬業勣之孫令從何本增 欲撲其燎可乎。〔全云〕敬業與元感同科深寧誤矣〇〔元圻案〕賈充納其女南風爲太子妃太子卽位立爲皇后后弒楊太后殺太子遹晉室遂亂劉淵稱帝懷愍北狩 楊素譖廢太子勇而立廣廣弒文帝而隋室以亡 〔隋書楊元感傳〕元感司徒素之子也襲爵楚國公見朝綱漸紊帝又猜忌日甚遂與諸弟潛謀廢立誓衆曰我身爲上柱國家累鉅萬金至於富貴無所求也今者不顧破家滅族者但爲天下解倒懸之急救黎元之命耳 〔唐書李勣傳〕帝欲立武昭儀爲后訪於勣答曰此陛下家事無須問外人帝意遂定勣子震震子敬業武后既廢中宗又立睿宗實亦因之諸武擅命唐子孫誅戮天下憤之敬業起兵傳檄州縣疏武氏過惡復廬陵王天子位

祖君彥檄。光武不隔於反支。乃明帝事。見王符潛夫論。〔原注〕反支日用月朔爲正戌亥朔一日申酉朔二日午未朔三日辰巳朔四日寅卯朔五日子丑朔六日〇〔元圻案〕〔通鑑隋紀〕恭帝義寧元年李密襲興洛倉前宿城令祖君彥往歸之君彥延之子也密移檄郡縣數煬帝十罪君彥之辭也 〔潛夫論愛日篇〕明帝時公車以反支日不受章奏帝聞而怪曰民廢農桑遠來詣闕而復拘以禁忌豈爲政之意乎遂蠲其制王氏原注卽王符傳注文也注云見陰陽書 〔文苑英華六百四十六〕祖君彥爲李密檄洛川文曰大禹不重於尺璧光武不隔於反支 〔唐李德裕丹扆六

李繪未入學
通急就
入學忌偶年

梁武策錦被
事
沈約疏栗事
少三
隋煬忌燕泥
庭草句
漢文自謂遜
賈誼
僧虔以書拙
筆見容

通鑑去取南
北史
李屖南北史
世說

讖亦云〕光武至仁反支不忌

北史李繪六歲求入學。家人以偶年俗忌不許。偶年之忌見於此。〔元圻案〕〔北史李渾傳〕渾弟繪字敬文六歲便求入學家人以偶年俗忌不許遂竊姊筆牘用之未逾晦朔遂通急就內外以爲非常兒

梁武帝策錦被事。劉峻以疏十餘事而見忌。又問栗事。沈約以少三事而爲悅。君之於臣。爭名記誦之末。燕泥庭草。於隋煬何譏焉。〔元圻案〕〔南史劉峻傳〕峻字孝標本名法武平原人梁武帝每集文士策經史事時范雲沈約之徒皆引短推長帝乃悅會策錦被事咸言已罄帝試呼問峻峻請紙筆疏十餘事坐客皆驚帝自是惡之不復引見〔梁書沈約傳〕約字休文吳興武康人也約嘗侍讌値豫州獻栗徑寸半帝奇之問曰栗事多少與約各疏所憶少帝三事出謂人曰此公護前不讓卽羞死帝以其言不遜欲抵其罪徐勉諫乃止〔宋朱翌猗覺寮雜記曰〕以是知漢文自謂不及賈誼賢矣〔通鑑隋紀〕煬帝大業九年帝善屬文不欲人出其右薛道衡死帝曰更能作空梁落燕泥否王冑死帝誦其佳句曰庭草無人隨意綠復能作此語耶 宋孝武欲擅書名王僧虔不敢顯跡常用拙筆書以此見容事正相類

李仲信屖爲南北史世說。朱文公謂南北史凡通鑑所不取者。皆小說也。〔閻按語類云〕南北史除通鑑所不取者其餘只是一部好笑的小說洵然然則通鑑果專取

南北史多小說

萬寶常聽樂知隋

房彥謙父子先見

隨惡走改隋去安步爲裂肉之謬

國家盛衰生民休戚皆可爲法惡可爲戒以爲書耶〔繼序案〕李仲信屋仁甫長子官著作郎

隋萬寶常聽樂泣曰樂聲淫厲而哀天下不久將盡。隋之不久不待聽樂而知也。師尚父曰以不仁得之以不仁守之必及其世使隋用寶常之言復三代之樂其能久乎〔何云〕迂鄙無謂 寶常之先見不逮房元齡〔閻按〕不但房喬其父彥謙亦具先見見隋書 〔全云〕聞其樂而知其德寶常之所以泣也豈謂用古樂而遂可久○〔元圻案〕〔隋書藝術傳〕萬寶常不知何許人也妙達鍾律遍工八音常聽太常樂泫然而泣人問其故寶常曰樂聲淫厲而哀天下不久相殺將盡大業之末其言乃驗〔劉肅大唐世說新語七〕房元齡開皇中隨父彥謙至長安時天下晏安論者以爲國祚無彊元齡密告彥謙曰隋帝盜有天下不爲後嗣長計混諸嫡庶使相傾奪今雖清平其亡可翹足而待〔隋書房彥謙傳〕彥謙字孝沖初開皇中平陳之後天下一統論者咸謂將致太平彥謙私謂所親曰主上性多忌剋不納諫爭太子卑弱諸王擅威在朝惟行苛酷之政未施宏大之體天下雖安方憂危亂

徐楚金〔說文繫傳〕云隋文帝惡隨字爲走乃去之成隋字。隋裂肉也其不祥大焉殊不知隨從辵辵安步也而妄去之豈非不學之故〔集證〕羅泌路史隨文帝惡隨從辵改爲隋不知隋自音妥隋者尸祭鬼神之物亦云隳殺裂落肉之名卒以隋裂終

陳立國三十二年
江左有人無人異說
陳軍南北支離
槐袞無納牖忠
麾鉞鮮結纓節
呂文煥夏貴降元
蒙古得劉整知虛實
賈似道行打算法
魏帝陽瘖不終
范粲陽狂不言
潛嘿晦身有過人量
甯死不生徇國諸人

陳無淮。無荊襄。無蜀。而立國三十二年。江左猶有人也。〔全云〕此有感於劉整之以蜀呂文煥之以蜀夏貴之以淮西並降於元而當時中外諸臣遂不能自支也〔集證〕杭大宗諸史然疑考陳世高宗百戰而百克後主一戰而即擒豈異人任失廟算也隋軍濟江魯廣達蕭摩訶任忠樊毅諸人南北支離未戰輒潰使賀韓之衆不血刃而入臺有僥倖焉固非其戰之力矣陳廷之上居槐袞者無納牖之忠秉麾鉞者鮮結纓之節上書極諫乃一二宂散之傅縡章華然猶不免悻悻焉力戰而死又僅一隊主之楊孝辯父子主憂臣辱主辱臣死陳之所謂柄臣世臣者不聞有一人可挂於忠義之傳嗚呼陳可謂無人矣深寧之論原其始造也〇〔元圻案〕劉整以瀘州十五郡降元在度宗咸淳三年呂文煥以襄陽降在咸淳九年夏貴以淮西降在帝㬎德祐二年劉整驍將也賈似道行打算法于諸路欲以軍興時支取官物爲贓私整疑懼遂降元蒙古既得整盡知國事虛實南伐之謀益決〔全箋〕謂呂文煥以蜀當是襄陽之誤

魏節閔帝陽瘖避禍。至於八年。〔閻按〕魏書北史並云絕言將垂一紀〇〔案通鑑云〕帝閉口八年至是乃言終身爲范粲可也。天何言哉之言一出諸口。遂以不免。程子曰。節或移於晚。守或失於終。〔元圻案〕一魏書前廢帝紀帝諱恭廣陵王羽之子帝以元乂擅權因託瘖病絕言將垂一紀及莊帝崩尒朱世隆等以王潛嘿晦身有過人之量乃令王所親申其意且兼迫脅王遂答曰天何言哉世隆等大悅奉進璽綬二年齊獻武王廢帝於崇訓佛寺而立平陽王脩太昌初帝殂於門下外省〔晉書隱逸傳〕范粲字承明陳留外黃人官太宰中郎齊王芳被廢粲因陽狂不言寢所乘車不言三十六載終於所寢之車

寧爲袁粲死。不作褚淵生。宋石頭城之謠也。寧爲

袁粲褚淵顧
託異節
石頭城謠
沈攸之不爲
齊屈
魯廣達悲君
感義
賀若弼攻陳
北掖門
郭質檄忠節
討姚萇
郭質兵敗降
萇
賈堅立馬射
羌卒
劉思忌寧爲
南鬼
田崧仇池之
對
龐悳不爲關
公屈
辛恭靖不屈
姚興
陳容願與臧
洪死
文伯願見文
陵松柏

王陵死。不爲賈充生。宋沈攸之之言也。悲君感義死。不作負恩生。陳魯廣達之留名也。與其含恥而存。孰若蹈道而死。秦郭質之移檄也。與其屈辱而生。不若守節而死。燕賈堅之固守也。寧爲南鬼。不爲北臣。則有齊新野之劉思忌。寧爲趙鬼。不爲賊臣。則有趙仇池之田崧。寧爲國家鬼。不爲賊將。則有魏樊城之龐悳。寧爲國家鬼不爲羌賊臣。則有晉河南之辛恭靖之人也。英風勁氣。如嚴霜烈日。千載如生。其視叛臣案臣疑當作君要利者。猶犬彘也。

[全云]龐悳賈堅似可不必○[元圻案][南史袁粲傳]粲字景倩洵弟子也粲鎮石頭時齊高帝方革命粲自以身受顧託不欲事二姓密有異圖齊高帝遣戴僧靜向石頭斬粲及其子最[又褚彥回傳]彥回與袁粲受顧命輔幼主粲謂彥回曰國家所倚惟公與劉丹陽及粲耳願各自勉無使竹帛所笑齊臺建彥回白高帝引何曾自魏司徒爲晉丞相求爲齊官高帝謙而不許世頗以名節譏之於時百姓語曰寧爲袁粲死不作褚淵生[又沈攸之傳]攸之字仲達宋廢帝既殞順帝即位加攸之車騎大將軍齊高帝遣攸之子齎廢帝刳斮之具示之攸之曰吾寧爲王淩死不作賈充生遂起兵兵破與子文和自經死[陳書魯廣達傳]廣達字遍覽後主即位徵拜侍

元顯和顧爲忠鬼宋亡死節諸人范天順汪立信牛富王福赴火趙卯發夫妻死節江萬里父子死節芝山後圃止水亭夏貴僮洪福不屈李庭芝姜才被執死李芾一門死節尹穀以將死冠二子潭民感義多自盡

中賀若弼攻敗諸將乘勝燒北掖門廣達猶督餘兵苦戰不息會日暮乃解甲面臺再拜痛哭曰我身不能救國負罪深矣士卒皆涕泣乃就執入隋以憤慨卒江總題其棺頭曰黃泉雖抱恨白日自留名悲君感義死不作負恩生〔晉書苻登載記〕登討姚萇馮翊郭質起兵廣鄉以應登宣檄三輔曰姚萇窮凶肆害毒被人神皇天雖欲絕之亦將假手於忠節凡百君子皆素漸神化有懷義方含恥而存孰若蹈道而死〔載記〕又稱郭質爲鄭曜所敗遂歸於萇萇以爲將軍反顏事仇亦一陳琳耳似不足以廁諸公之列〔通鑑晉紀〕穆帝升平二年燕泰山太守賈堅屯山茌荀羨引兵擊之羨兵十倍於堅堅戰殺羨兵千餘人羨進攻之堅歎曰吾自結髮志立功名而每值窮阨豈非命乎與其屈辱而生不若守節而死乃謂將士曰今危困計無所設卿等可去我將止死將士皆泣曰府君不出衆亦俱死耳堅曰今當爲卿曹決鬭乃開門直出羨兵四集堅立馬橋上左右射之皆應弦而倒羨兵從塹下斫橋堅人馬俱陷生擒之堅憤惋而卒〔南齊書魏虜傳〕沈宏大舉南寇新野太守劉思忌拒守永泰元年城陷縛思忌問之曰今欲降未思忌曰寧爲南鬼不爲北臣乃死〔晉書劉曜載記〕楊難敵襲仇池剋之執田崧難敵曰子岱吾當與子終定大事子謂劉氏可爲盡忠我獨不可乎崧厲色大言曰吾寧爲國家鬼豈可爲汝臣爲難敵所殺〔三國志魏龐悳傳〕悳屯樊爲關羽所得立而不跪羽謂曰卿兄在漢中我欲以卿爲將不早降何爲悳罵曰吾寧爲國家鬼不爲賊將遂爲羽所殺〔晉書忠義傳〕辛恭靖隴西狄道人也隆安中爲河南太守會姚興來寇被執興謂之曰朕將任卿以東南之事可乎恭靖厲色曰寧爲國家鬼不爲羌賊臣興怒幽之遁歸江東〔案陳容曰〕今日寧與臧洪同日死不與將軍同日生也爲袁紹所害元魏張文伯曰我寧死見文陵松柏安能去忠義而從叛逆乎元顯和曰我寧爲忠鬼不能爲賊臣俱爲元法僧所害當增此三人〔宋史紀事本末〕度宗咸淳九年元兵陷樊城范天順曰生爲宋臣死爲宋鬼牛富身被重傷赴火死裨將王福曰將軍死國事吾豈宜獨生亦赴火死咸淳十年元兵進至沙洋都統邊居誼拔劍自殺不殊赴火死所部三千人力戰死焉帝㬎德祐元年元兵犯江淮招討汪立信曰我生爲宋臣死爲宋鬼吾今日猶死于宋土也元兵犯池州通判趙卯發謂其妻雍氏曰我守臣不當去汝先出走雍氏曰君爲忠臣我獨不能爲忠臣婦乎卯發書几上曰國不可背城不可降夫婦同死節義成雙元兵略饒州通判萬道同諷知州唐震降震叱之曰我忍偷生負國耶江萬里聞襄陽城破鑿池芝山後圃扁其亭曰止水謂其門人陳偉器曰我

韋孝寬知兵不知義尉遲迥討楊堅

雖不在位當與國爲存亡遂赴止水死子鎬及左右相繼投池中伯顏至常州知州姚訔通判陳炤都統王安節城破訔死之或謂炤曰城東北未合可走炤曰去此一步非死所也伯顏執安節不屈死帝㬎德祐二年夏貴家僮洪福從貴積功知鎮巢軍貴既北降招福不聽貴至城下好語語福請單騎入城福信之門發而伏兵起突入執福福大罵數貴不忠請身南向死以明不肯背國初臨安既陷阿朮以太皇太后兩下手詔諭李庭芝使降庭芝登城謂使者曰奉詔守城未聞以詔諭降也發弩射死使者幕客或勸自爲計庭芝曰我惟一死而已阿朮復遣使持元主詔諭庭芝庭芝開壁納使者斬之阿朮請元主降詔赦庭芝焚詔殺使之罪令歸款庭芝不納庭芝命制置副使朱煥守揚而自與姜才將兵赴泰州阿朮圍之且驅其妻子至陣下招降會姜才發背不能戰庭芝投蓮池水淺不死與姜才俱被執至揚州阿朮責其不降才曰不降者我也憤罵不已乃皆殺之元兵自德祐元年圍潭州安撫兼知州事李芾拒守至二年正月阿里海督戰益急諸將請曰吾屬爲國死可也如民何芾罵曰汝第死守復言我先戮汝知衡州尹穀寓城中乃爲二子行冠禮或曰此何時行此迂闊事穀曰正欲令兒曹冠帶見先人於地下耳禮畢與家人自焚死芾命酒酬之因留兵佐夜飲傳令猶以盡忠二字爲號㕘議楊霆赴園池死芾坐熊湘閣召帳下沈忠曰吾力竭分當死我家人亦不可辱於俘汝盡殺之而後殺我忠伏地辭以不能芾固命之忠泣而諾取酒使其家人盡醉乃徧刃之芾亦引頸受刃忠縱火焚其居還家殺其妻子復至火所慟哭自刎幕僚陳億孫顏應炎皆死潭民聞之多舉家自盡城無虛井縊林木者相望寶應通判曾如驥亦不屈而死厚齋此條思古人所以弔今人也故備錄之

韋孝寬知兵而不知義。尉遲迥之討楊堅。所以存周也。孝寬受周厚恩。乃黨堅而滅迥。堅之簒也。孝寬實成之。難以逭春秋之誅矣。〔元圻案〕〔周書尉遲迥傳〕迥字薄居羅代人也其先魏之別種號尉遲部因而姓焉封蜀出爲相州總管宣帝崩隋文帝輔政以迥望位素重懼爲異圖乃令迥子惇齎詔書以會葬徵迥尋以韋孝寬代之迥以隋文帝將圖簒奪遂舉兵

楊堅篡國同莽莽堅女皆能守節

顏見遠死節蕭齊
顏之儀拒隋文索璽
顏杲卿真卿死節
顏之推歷事四朝
祿山牧羊羯奴

留惇而不受代隋文帝於是徵兵討迥即以韋孝寬爲元帥迥大敗孝寬縱兵圍之迥自殺〔又韋孝寬傳〕韋叔裕字孝寬京兆杜陵人也少以字行恭帝元年以大將軍與于謹伐江陵平之拜尚書右僕射賜姓宇文氏天和五年進爵鄖國公

楊堅以后父篡國。亦一莽也。以不仁得之。以不仁守之。必及其世。堅之謂矣。莽堅之女皆節婦也。爲其父者亦少愧哉。〔元圻案〕〔漢書外戚傳〕孝平王皇后莽女也莽即真后年十八矣常稱疾不朝莽欲嫁之更號爲黃皇室主令成新公孫建子豫飾將醫往問疾后大怒笞鞭其旁侍御因發病不肯起及漢兵誅莽燔燒未央宮后曰何面目以見漢家投火中而死〔周書皇后傳〕宣帝楊皇后名麗華隋文帝長女宣帝不豫詔后父入禁中侍疾及大漸劉昉等矯詔以后父受遺輔政後知其父有異圖意頗不平及行禪代憤惋逾甚隋文帝內甚愧之開皇六年封后爲樂平公主議奪其志后誓不許乃止

顏見遠死節於蕭齊。註見本卷其孫之儀。盡忠於宇文周。常山平原之節義有自來矣。〔閻按〕昔有歷事梁齊周隋之之推之推見遠之孫之儀之弟也父協亦義士〇〔元圻案〕〔北史文苑傳〕顏之推字介琅邪臨沂人祖見遠父協並以義烈稱弟之儀字升幼周宣帝即位遷上儀同大將軍御正中大夫進爵爲公帝刑政乖僻昏縱日甚之儀犯顏驟諫深爲帝所忌宣帝崩遺詔以隋文帝輔政之儀知非帝旨拒而弗從隋文帝後索符璽之儀正色曰此天子之物自有主者宰相何故索之〔南史顏協傳〕稱協子之儀之推北史之推傳稱弟之儀未知孰是〔唐書忠義傳〕顏杲卿字昕與真卿同五世祖假常山太守安祿山反攻常山杲卿晝夜戰井竭糧矢盡六日而陷賊脅使降不應至洛陽罵祿山曰汝營州

李希烈欲相
平原

牧羊羯奴耳竊荷恩寵天子負汝何事而乃反乎我世唐臣守忠義恨不斬汝以謝上乃從爾反耶祿山不勝怒縛之天津橋柱節解以肉啖之罵不絕賊鉤斷其舌杲卿含胡而絕〔顏真卿傳〕真卿字清臣師古五世從孫爲平原太守祿山反河朔盡陷獨平原城守帝曰朕不識真卿何如人所爲乃若此李希烈陷汝州宰杞建遣真卿往諭希烈大會其黨召真卿朱滔等謂希烈曰聞太師名德久矣公欲建大號而太師至求宰相孰先太師者真卿叱曰若等聞顏常山否吾兄也祿山反首舉義師後雖被執詬賊不絕於口吾年且八十官太師吾守吾節死而後已豈受若等脅耶希烈害之〔儒學傳〕顏師古字籀祖之推父思魯

困學紀聞注卷十二

唐分十道置府兵諸書言府兵不同　折衝果毅府兵數　關內置府隸諸衛　更統軍為都尉　十道疆域名號　府兵緣起　鄴侯祖世掌兵權　隋鷹揚名府兵得寓農法　兵歸府將歸朝　府法壞方鎮强　募壯士充宿

困學紀聞注卷十四　　餘姚翁元圻載青輯

考史

唐府兵之數。兵志云。十道置府六百三十四。而關內二百六十一。百官志凡六百三十三。陸贄云。府兵八百所。而關中五百。〔案〕〔陸宣公論關中事宜狀〕云。太宗列置府兵分隸禁衛大凡諸府八百餘所而在關中者殆五百焉舉天下不敵關中則居重馭輕之意明矣〔程泰之攷古編曰〕據唐志則關中置府僅居天下三之一耳杜牧云。折衝果毅府五百七十四。〔集證〕杜牧作原十六衛云外開折衝果毅府五百七十四上府不越一千二百人五百七十四府凡有四十萬人舊唐書志六典云。天下之府五百九十四。〔何云〕似當以六典為據〇〔六典云〕凡天下之府五百九十有四有上中下會要云。關內置府二百六十一。又置折衝府二百八十。通計舊府六百三十二。今本唐會要七十二府兵關內置府三百六十一積兵士十六萬舉關中之衆以臨四方𨓏置十二軍分關中諸府以隸焉通計舊府六百三十三〇案與此條所引數目互異通典云。五百七十四。理道要訣云。折衝府五百九十三。鄴侯家傳云。諸道共六百三十府。〔鄴侯家傳云〕元宗時奚契丹兩番强盛數寇河北諸州不置

衛李泌子獄中著家傳

府兵番上以備兩蕃諸道共六百三十府今以地志考之。十道共有府五百六十六。關內二百七十三。餘九道二百九十三。〔唐書地理志〕河南道有府六十二河東道一百四十一河北道三十山南道十隴右道二十九淮南道六江南道二劍南道十嶺南道三參以志傳差互不齊。〔玉海云〕恐地理志所載猶有遺缺神宗〔玉海〕熙寧二年閏十一月問何處言府兵最備。王文公對曰。李鄴侯傳言之詳備。〔朱子跋王荊公進鄴侯遺事奏稿云〕某不曉寫進李鄴侯傳於宇文泰蘇綽事何所預後讀熙寧奏對日錄乃得其說如此然府數與諸書亦不同。〔元圻案〕〔唐書兵志曰〕府兵之志起自西魏後周而備於隋唐興因之太宗貞觀十年更號統軍爲折衝都尉別將爲果毅都尉諸府總曰折衝府凡天下十道置府六百三十四皆有名號而關內二百六十有一皆以隸諸衛凡府三等兵千二百人爲上千人爲中八百人爲下〔初學記州郡部〕貞觀十三年大簿凡州府三百五十八依敘之爲十道關內道者禹貢雍州之域東自同華略河而北西自岐隴原會極於北垂盡其地也河南道者禹貢豫徐青兗四州之域北距河東至海南及淮西至荊山盡其地也河東道者禹貢冀州之域西南距河北盡朔垂悉其地河北道者禹貢冀州之域南距河東至海北盡幽營悉其地隴右道者禹貢雍州之域自隴而西盡其地山南道者禹貢荊梁二州之域北距荊華二山之陽絕漢水而南至江西距劍閣盡其地劍南道者禹貢梁州之域梁州自劍閣而南分爲益州是爲劍南道淮南道者禹貢揚州之域又得荊州之東界自淮以南略江而西盡其地也江南道者禹貢揚州之域又得荊州之南界北距江東際海南至嶺盡其地也嶺南道者禹貢揚州之南境其地皆粵之分自嶺而南至海盡其地〔鄴侯家傳曰〕初置府兵於西魏大統中周文帝與度支尚書蘇綽之謀也自三代之後無與爲比雖戰國之教士武卒技擊皆不及〔又曰〕府兵之制史冊不甚詳臣家自西魏以來世掌其任臣高祖仲威從神堯入長安爲左屯衛將軍兼主太

十哲配饗爲立像開元詔十哲爲聖像

原從義之師於隴首監總南北禁軍之任所以臣家備知〔又曰〕隋謂之鷹揚府皇朝改爲折衝府折衝樽俎之間旋師衽席之上也改郎將爲都尉又置果毅都尉二人爲之副〔唐書兵志曰〕古者兵法起於井田周衰王制不復惟唐立府兵之制始一寓之於農居無事時耕於野其番上者宿衞京師而已若四方有事則命將以出事解輒罷兵歸於府將歸於朝故士不失業而將帥無握兵之重所以防微杜漸絕禍亂之萌也及府法壞而方鎮強矣〔唐鑑〕元宗開元十年初諸衞府兵自成丁從軍六十而免其家又不免徭役浸以貧弱逃亡略盡張說建議請募壯士充宿衞不問等色優爲之制逋逃者必爭出應募帝從之旬日得精兵十三萬分隸諸衞更番上下兵農之分自此始矣〔唐權德輿陸宣公翰苑集序曰〕公諱贄字敬輿吳郡蘇人年十八登進士第應博學宏詞科貞元八年拜中書侍郎同平章事貶忠州別駕〔四庫全書〕〔唐會要題辭戴晁氏讀書志曰〕唐會要一百卷宋王溥撰初唐蘇冕敘高祖至德宗九廟沿革損益之制大中七年詔崔鉉等次德宗以來事至宣宗大中六年以續冕書溥又採宣宗以後事共成百卷建隆二年正月奏御詞簡理備太祖覽而嘉之詔藏於史閣賜物有差〔唐書李泌傳〕泌子蘩下獄知且死恐先人功業泯滅從吏求紙筆著家傳十篇〔宋蘇頌題鄴侯家傳後云〕李蘩述其父泌之事跡起天寶被召中間遷謫迄正元中終於相位其所論著甚悉然與唐史小異文字亦有不倫次者蓋蘩以罪繫獄得廢紙敗筆於獄吏以成其藁且戒家人令求大手筆別加潤色後亦不果故疏略類抄節

了齋〔閻按〕了齋陳瓘號云。顏回配饗先聖。其初但爲立像。至開元中。始與十哲合爲一座。按唐志開元八年。詔十哲爲坐像。〔原注〕〔集古錄李陽冰縉雲孔子廟記云〕換夫子之容貌增侍立者九人蓋獨顏回配坐而閔損等九人爲立像陽冰修廟在肅宗上元二年其不用開元之詔何也○〔元圻案〕〔歐陽公集古錄跋云〕孔子廟像之制前史不載開元八年國子監司業郭瓘奏云先聖孔宣父以先師顏子配其像爲立侍配享宜坐弟子十哲雖得列像而不在配享之位按祠令何休范甯等二十二賢猶得從祀十哲請列享在何休等上於是詔十哲皆爲坐像據陽冰記縉雲孔子廟記云換夫子之容貌增侍立者九人云云

魏徵勸行仁義之效突厥吉利罽賓服順

其不用開元之詔何也

魏徵傳。帝謂羣臣曰。此徵勸我行仁義。既效矣。新史潤色之語也。貞觀政要二云。太宗謂羣臣曰。貞觀初人皆異論。二云當今必不可行帝道王道。唯魏徵勸我。既從其言。不過數載。遂得華夏安寧。遠戎賓服。突厥自古以來。嘗爲中國勍敵。今酋長並帶刀宿衛。部落皆襲衣冠。使我遂至於此。皆魏徵之力。新史於罽賓傳又二云。惟魏徵勸我修文德。安中夏。以通鑑考之。與政要所載同一事。〔原注〕或謂太宗以既效自滿非也〔全云〕此注是正文○〔元圻案〕〔唐書罽賓傳〕罽賓隋漕國也居葱嶺南距京師萬二千里而贏貞觀中獻名馬太宗語大臣曰朕始即位或言天子欲耀兵振服四夷惟魏徵勸我修文德安中夏中夏安遠人伏矣今天下大安四夷君長皆來獻此徵力也〔通鑑唐紀〕太宗貞觀四年上謂長孫無忌曰貞觀之初上書者皆云人主當獨運威權不可委之臣下〔又云〕宜震威耀武征討四夷唯魏徵勸朕偃武修文中國既安四夷自服朕用其言今頡利成擒其酋長並帶刀宿衛部落皆襲衣冠徵之力也〔葉水心習學記言卷四十一〕按舊史言惟有魏徵勸朕偃武興文布德施惠中國既安遠人自服朕從其語天下大寧絕域君長皆來朝貢九夷重譯相望於道皆魏徵之力蓋舊史既已著

太宗文學徐庾 虞世南諫作豔詩 范仲淹教人學庾賦

張公謹抵龜不卜 機會間不容穟 韓厥士匄不與弒

語而新史又轉易之不知當時本說定云何也〔書錄解題史部典故類〕貞觀政要十卷唐吳兢撰〔館閣書目云〕神龍中所進

鄭穀夫〔閻按〕穀夫名獬安陸人進士第一官翰林學士宋史有傳謂唐太宗功業雄卓。然所爲文章纖靡浮麗。嫣然婦人小兒嬉笑之聲。不與其功業稱甚矣淫辭之溺人也神宗聖訓亦云。唐太宗英主。乃學庾信爲文。〔原注〕溫泉銘小山賦之類可見〔集證〕〔玉海三十二〕〔金石錄〕有太宗溫泉銘〔文苑英華〕載太宗小山賦〇〔元圻案〕〔唐會要六十五〕貞觀七年上謂侍臣曰朕嘗戲作豔詩世南進表諫曰聖作雖工體制非雅上之所好下必隨之此文一行恐致風靡輕薄成俗非爲國之利賜令繼和請不奉詔旨羣臣皆若世南天下何憂不治〔東坡書潭州石刻云〕唐太宗作詩至多亦有徐庾風氣世不傳獨於初學記時時見之〔續通鑑長編二百七十五〕神宗熙寧九年五月上論范仲淹欲修學校貢舉法乃教人以唐人賦體動靜交相養賦爲法假使作得動靜交相養賦不知何用仲淹無學術故措置止如此而已〔安石曰〕仲淹天資明爽但多暇日故出人不遠其好廣名譽結遊士以黨助甚壞風俗上曰所以好名譽止爲識見無以勝流俗爾如唐太宗亦英主也乃學庾信爲文此亦識見無以勝俗故也

新史論張公謹之抵龜曰投機之會。間不容穟。鄭伯克段于鄢。春秋所以紀人倫之大變也。曾是以爲投機乎。晉欒書將弒厲公召士匄韓厥二

唐太宗臨湖之變
太宗重靖勣之守

堯君素射妻殉國
歷代贈勝國死節
劉原父東坡譏歐史
韓通陳橋死難

人。皆辭。事見成公十八年左傳太宗臨湖殿名之變。問李靖李勣二人。皆辭。靖勣賢於公謹遠矣。〔何云〕博謀英衞無乃機事不密當時自府僚以外未必參同新史仍二人家傳虛辭耳〔閻按〕鄭伯以下乃王氏論新史論○〔元圻案〕〔唐書張公謹傳〕公謹字宏愼魏州繁水人秦王將討隱巢亂使卜人占之公謹自外至投龜於地曰凡卜以定猶豫決嫌疑今事無疑何卜之爲卜而不吉其可已乎論曰投機之會間不容緣此公謹所以抵龜而決也〔容齋續筆十四〕晉厲公既殺郤氏三卿欒書荀偃執公召士匄匄辭不往召韓厥厥辭曰古人有言曰殺老牛莫之敢尸而況君乎二子竟弑公而不敢以匄厥爲罪豈非畏敬其忠正乎秦王與建成元吉相忌害長孫無忌高士廉侯君集尉遲敬德等日夜勸王誅之王猶豫未決問於李靖靖辭問於李世勣世勣辭王由是重二人及至登天位皆任爲將相知其有所守也吾唐四賢之識見略等而無有稱述者唐史至不書其事殆非所謂發潛德之幽光也〔通鑑唐紀〕高祖武德九年考異曰統紀云秦王懼不知所爲李靖李勣數言大王以功高被疑靖等請申犬馬之力〔劉餗小說〕太宗將誅蕭牆之惡以主社稷謀於衞公靖靖辭謀於英公徐勣勣亦辭帝由是珍此二人二說未知誰得其實然劉說近厚有益風化故從之〔案〕〔新唐書靖勣傳〕皆不及臨湖之事蓋闕疑之意義門謂新史仍家傳虛辭誤也其謂當時未必博謀英衞頗具隻眼〔葉水心習學記言第四十云〕新史言張公謹抵龜事爲投機之會不知兄弟相屠遂攘父位何名機會甚矣其無識也

唐太宗贈堯君素蒲州刺史詔曰。雖桀犬吠堯。乖倒戈之志。而疾風勁草。表歲寒之心。我藝祖贈韓通中書令制曰。易姓受命。王者所以徇至公。臨難不苟。人臣所以明大節。〔何云〕宋制尤渾厚○〔案〕此制劉原父公是集載之疑是誤收

齊爲袁粲立
傳晉錄傳許諸
葛瞻
唐贈鷹擊郎
將刺史
與焦千之言
韓瞠眼
王融唐餘錄

治亂以賢姦
久用
房杜秉政之
年
李林甫秦檜
久相

大哉王言。表忠義以厲臣節。英主之識遠矣。歐陽公五代史。不爲韓通立傳。劉原父譏之曰。如此是第二等文字。〔原注〕通附傳在建隆實錄。齊武帝使沈約撰宋書。疑立袁粲傳。審之於帝。帝曰。袁粲自是宋室忠臣。惜乎歐陽子念不及此〔全云〕晉武帝亦能下詔稱諸葛瞻傳僉錄其後人免其籍沒亦稱許允之夙望所以爲開創一統之規模也○〔元圻案〕隋書誠節傳。堯君素魏郡湯陰人也。署領河東通守義師遣將呂紹宗韋義節等攻之不尅。兒其妻至城下謂之曰。隋室已亡。天命有屬。君何自苦身取禍敗。君素曰。天下事非婦人所知。引弓射之。應弦而倒。歲餘糧食乏絕。爲左右所害〔通鑑〕貞觀十二年二月詔曰。隋故鷹擊郎將堯君素云云。可贈蒲州刺史。仍訪其子孫以聞〔宋周密齊東野語曰〕舊傳焦千之學於歐公。一日造劉貢父。劉問五代史成邪。焦對將脫稿。劉問爲韓瞠眼立傳乎。焦默然。劉笑曰。如此是亦第二等文字耳。唐餘錄者。直集賢院王皞子融所撰。寶元二年上之。時惟有薛居正五代史。歐陽書未出也。此書有紀志傳。又博采諸家之說。倣裴松之三國志附見下方。表韓通於忠義傳。且冠之以國初褒贈之典。新舊史皆所不及焉。其後呂伯恭編文鑑。制詔一類亦以褒贈通制爲首〔宋孫𣪊祥野老紀聞云〕子瞻問歐陽公曰。五代史可傳否。公曰。修於此竊有善善惡惡之志。蘇公曰。韓通無傳。惡得爲善善惡惡。公默然。通周臣也。陳橋兵變。歸戴永昌。通擐甲誓師。出抗而死

賢臣久於位。則其道行。房喬以之成正觀之治。〔何云〕房二十三年

姦臣久於位。則其欲肆。林甫以之成天寶之亂。〔何云〕李十九年〔閻按〕房杜並稱。而杜以貞觀二年正月相。三年十二月罷。故止及房。房相二十三年。李相十九年〔方樸山云〕秦檜相宋亦十九年○〔元圻案〕〔舊唐書房杜傳〕房喬字元齡〔新唐書云〕房元齡字喬。二書不同〔李德裕謂武宗曰〕開元初輔相率三考輒去。雖姚崇宋璟不能逾。至李林甫秉權。乃十九年。遂及禍敗

袁天綱相武氏之貴
李淳風知女主兆成
簡子夢遊鈞天奏樂

唐佩魚佩龜取義
金銀袋品級
銅虎符銀兎符
銅魚符銅龜符
佩取魚衆鯉强
鬻牒度僧道尼

唐史發潛。謂武氏之起。袁天綱言其貴不可言。李淳風云當有女主王天下。已在宮中。此必武氏僭竊之後。姦佞之徒。神其事言天之所啓。非由人事也。愚謂左氏載陳敬仲畢萬之筮。太史公載趙簡子之夢。皆此類。〔全云〕正論〔集證〕〔宋藝文志〕張唐英唐史發潛六卷○〔元圻案〕〔唐書方技傳〕袁天綱益州成都人武后之幼天綱見其母曰夫人法生貴子后幼姆抱以見紿以男天綱見其步與目驚曰龍瞳鳳頸極貴驗也若爲女當爲天子〔又〕李淳風岐州雍人太宗得祕讖言唐中弱有女武代王以問淳風對曰其兆旣成已在宮中又四十年而王王而夷唐子孫且盡〔史記趙世家〕簡子寤語大夫曰我之帝所甚樂與百神遊於鈞天廣樂九奏萬舞吾見兒在帝側帝屬我一翟犬曰及而子之壯也以賜之帝告我晉國且世衰七世而亡嬴姓將大敗周人於范魁之西而亦不能有也今余思虞舜之勳適余將以其胄女孟姚配而七世之孫

佩魚始於唐永徽高宗初元二年。以李爲鯉也。武后天授元年。改佩龜。以元武爲龜也。〔集證〕〔唐車服志〕高宗給五品以上隨身銀魚袋以防召命之詐出內必合之三品以上金飾袋天授二年改佩魚皆爲龜中宗初罷龜復給以魚○〔元圻案〕〔程泰之演繁露十〕張鷟朝野僉載漢發兵用銅虎符唐初用銀兎符以兎爲符瑞也又以鯉魚爲符瑞遂爲銅魚符以佩之至僞周武姓也元武龜也又以銅爲龜符〔又云〕上元中佩刀礪算袋仍爲魚形結帛作之取魚之衆鯉之强兆也至僞周乃絶景雲唐復興又準前結佩爲飾

治平宋英宗年號末年。始鬻度牒。攷之唐史。肅宗時。裴冕

建言度僧道士收貲濟軍興此鬻牒之始也〔閻按〕出裴冕傳食貨志則前此安祿山反楊國忠遣侍御史崔衆至太原納錢度僧道尼士旬日得百萬緡明年御史鄭叔清與宰相裴冕議度道士僧尼賣不始於冕至今祠部給僧尼牒則天寶六載五月制也

鍾紹京爲宰相而稱義男於楊思勗之父史不載也而石刻傳於後世人皆見之惡之不可揜如是臧堅以刑人之唁爲辱事見襄公十八年左傳此何人哉林甫國忠因力士以相其原見於此李揆當國以子姓事輔國不恥也紹京何責焉〔閻按〕紹京起家錄事耳故王氏謂不敢望第一人之李揆也○〔元圻案〕〔趙明誠金石錄跋尾二十六〕右唐楊歷碑題云義男光祿大夫前中書令上柱國越國公太子右諭德潁川鍾紹京撰銘幷書歷中官楊思勗之父也紹京出於胥史無他才能特以寅緣附會致位宰相固無足道者然屈於閹豎至以父事之又以著之金石略無愧恥亦甚矣書之可以爲後來之戒而新舊史皆闕焉故余詳錄之於此〔唐書鍾紹京傳〕紹京虔州贛人初爲司農錄事以善書直鳳閣會討韋氏難紹京帥戶奴丁夫從事平夜拜中書侍郎明日進中書令以賞罰自肆當時惡之宦者傳楊思勗羅州石城人少給事內侍省從元宗討內難帝倚爲爪牙〔高力士傳〕力士馮盎曾孫也中人高延福養爲子故冒其姓先天中知內侍省事宇文融李林甫蓋嘉運韋堅楊愼矜王鉷楊國忠安祿山安思順高仙芝等皆厚結力士故能踵至將相〔李輔國傳〕輔國本名靜忠以閹奴爲閑廄小兒肅宗任以肱膂事李揆當國以子姓事之號五父〔李揆傳〕揆字端卿系出隴西爲冠族開元末擢進士

鄭薰不敘宦
階士良碑誣
仇
妄
甘露事爲中
官相戕
號隱巖七松
處士
宣宗語韋澳
畏內侍蔭子
大赦得
施門戟
李訓殺守澄
謀去宦
士良挾帝誅
戮
鄭薰誣鄭畋
罪

第拜中書侍郎同中書門下平章事揆美風儀善奏對帝嘆曰卿門第人物文學皆當世第一信朝廷羽儀乎故時稱三絕

鄭薰傳云。宦人用階請蔭子。薰却之不肯敘。亦庶幾有守矣。文苑英華九百二十三有薰所撰仇士良神道碑云。孰稱全德。其仇公乎。其敘甘露之事。謂克殲巨孽。乃建殊庸。以七松處士而秉此筆。乃得佳傳於新史。〔案〕鄭薰舊唐書無傳豈作史者未之考歟。碑云大中宣宗年號五年。念功錄舊。詔詞臣撰述。不敢虛美。以元惡爲忠賢。猶曰不虛美乎。宣宗所襃表者若此。唐之不競。有以哉。〔原注〕宣宗召韋澳問內侍權勢何如對曰陛下威斷非前朝比上閉目搖手曰尚畏之在士良之立碑其亦畏昏椓之黨歟○〔元圻案〕〔唐書鄭薰傳〕薰字子溥亡鄉里世系擢進士第爲吏部侍郎時數大赦階正議光祿大夫者得蔭一子門施戟于是宦人用階請蔭子薰却之不肯敘薰端勁再知禮部舉引寒俊士類多之既老號所居爲隱巖蒔松于庭號七松處士云〔又宦者仇士良傳〕士良循州興寧人文宗與李訓欲殺王守澄以士良素與守澄隙故擢左神策軍中尉兼左街功德使使相糜肉已而訓謀悉逐中官士良悟其謀與魚宏志朱守義挾帝還宮王涯舒元輿已就縛士良肆脅辱令自署反示牒于朝士良因縱兵捕無輕重悉斃士良殺二王一妃四宰相貪酷二十餘年恩禮不衰　甘露之事參攷李訓傳乃詳　韋澳唐書有傳　鄭薰誣鄭畋罪不可任郎官出之見新書鄭畋傳

席豫未嘗草書　細猶不謹況爲巨　稱祿山公直無私　史褎小人失實　孔光黨王莽　孔光不言溫室樹　嚴武欲殺杜甫之謬　甫醉登武牀斥其父　冠鉤於簾三　杜詩眷眷嚴武　張九齡欲引嚴挺之　季鷹破吐蕃七萬衆

席豫未嘗草書。曰細猶不謹。而況巨耶。然豫爲黜陟使。言安祿山公直無私。其迷國之罪大矣。安在其能謹哉。唐史立傳褒之。未有著其罪者。何小人之多幸也。〔原注〕席建侯卽豫也唐史避代宗諱稱字　孔光黨王莽則不言溫室樹不足以爲謹席豫黨祿山則未嘗草書不足以爲謹○〔元圻案〕〔舊唐書文苑傳中〕席豫襄陽人徙家河南豫進士及第累官至吏部侍郎與弟晉俱以詞藻知名而豫性尤謹雖與子弟書及吏曹簿領未嘗草書謂人曰不敬他人是自不敬也或曰此事甚細卿何必介意豫曰細猶不謹而況巨耶卒謚曰文〔又安祿山傳〕黜陟使席建侯言其公直無私〔新唐書席豫傳〕在列傳五十二其辭略同

容齋續筆。〔案〕容齋宋洪邁號著隨筆十六卷續筆十六卷三筆十六卷四筆十六卷五筆十卷今存　辨嚴武無欲殺杜甫之說。愚按新史嚴武傳。多取雲溪友議。宜其失實也。〔元圻案〕〔容齋續筆六〕新唐書嚴武傳云房琯以故相爲巡內刺史武慢倨不爲禮最厚杜甫然欲殺甫數矣〔甫傳云〕武以世舊待甫甫見之或時不巾嘗醉登武牀瞪視曰嚴挺之乃有此兒武銜之一日欲殺甫冠鉤於簾三左右白其母奔救得止〔舊史但云〕甫性褊躁嘗醉登武牀斥其父名武不以爲忤初無欲殺之說蓋唐小說所載而新書以爲然予按甫集中詩凡爲武作者幾三十篇送其還朝曰江村獨歸處寂寞養殘生喜其再鎮蜀曰得歸茅屋赴成都直爲文翁再剖符此猶是武在時語至哭其歸櫬及八哀詩記室得何遜韜鈐延子荊蓋以自況空餘老賓客身上媿簪纓又以自傷若果有欲殺之怨必不應眷眷如此好事者但以武詩有莫倚善題鸚鵡賦之句故用證前說引黃祖殺禰衡爲喻殆是癡人前不得說夢也武肯以黃祖自比乎〔唐書嚴挺之傳〕挺之名浚以字行華州華陰人張九齡雅知之欲引以輔政子武字季鷹劍南節度使破吐蕃七萬衆於當狗

李德裕驚喜事誣杜悰黨李宗閔安得訪此寂寥武宗任文饒以與謀議袞袞可喜

城遂收鹽川加檢校吏部尚書〔四庫全書總目子部小說類〕雲溪友議三卷唐范攄撰攄始末未詳自號五雲溪人故以名書五雲溪者若耶溪之別名也

通鑑載李德裕對杜悰稱小子聞御史大夫之命。驚喜泣下。致堂〔讀史管見二十五〕謂德裕豈有是哉。杜悰李宗閔之黨。故造此語以陋文饒。史掇取之。以文饒爲人大槪觀焉。無此事必矣。愚按此事出張固所撰幽閑鼓吹雜說。不足信也。〔全云〕胡身之亦辨之○〔元圻案〕〔通鑑唐紀〕文宗太和六年十二月以前西川節度使李德裕爲兵部尚書上注意甚厚朝夕且爲相李宗閔百方沮之不能京兆尹杜悰宗閔黨也嘗詣宗閔見其有憂色曰得非犬戎乎悰有一策可平宿憾德裕有文學而不由科第常用此爲慊慊若使之知舉必喜否則用爲御史大夫宗閔曰此則可矣悰再三與約乃詣德裕德裕曰公何爲訪此寂寥悰曰靖安相公令悰達意卽以大夫之命告之德裕驚喜泣下曰此大門官小子何足以當之寄謝重沓〔唐張固幽閑鼓吹〕曰一朱崖李相封川李相早相善及位高稍稍相傾及封川在位朱崖爲兵部尚書必當大拜封川百方阻之未效邠公杜相封川黨謁封川曰犬戎有辭學而不由科第於今快快若與知舉則必喜矣封川默然良久曰更思其次曰御史大夫曰此卽得邠公乃馳詣朱崖迎揖曰安得訪此寂寥對曰靖安相公有意旨令某傳達遂言亞相之拜朱崖驚喜雙淚遽落曰大門官小子豈敢當此薦拔寄謝重疊　李德裕字文饒趙人元和宰相吉甫之子武宗時同中書門下平章事本傳稱其性孤峭明辯有風采善爲文章其謀議援古爲質袞袞可喜常以經綸天下自爲武宗知而能任之言從計行是時王室幾中興　杜悰字永裕京兆萬年人武宗時同中書門下平章事〔唐書〕附見其祖佑傳　〔四庫全書總目子部小說類〕幽閑鼓吹一卷唐張固撰固始末未詳所載雖篇帙寥寥而其事多關法戒

唐相辭學士
加大
李泌傳崔圓
前誤後
唐改置集賢
院

李泌傳。加集賢殿崇文館大學士。泌建言學士加大始中宗時。及張說為之。固辭。乃以學士知院事。至崔圓復為大學士。亦引泌為辭而止。愚按崔圓相肅宗在泌前。會要貞元四年五月泌奏張說懇辭大字。衆稱達禮。至德二年崔圓為相。加集賢大學士。因循成例。望削去大字。此乃泌引圓為辭。傳誤矣。〔方樸山云〕此事洪容齋已言之○〔元圻案〕〔唐會要六十四〕開元十三年改集仙殿麗正書院為集賢院以張說為大學士辭曰學士本無大稱中宗欲以崇寵大臣景龍中修文館有大學士之名如臣豈敢以大為稱上從之又貞元四年李泌奏伏蒙以臣為集賢殿大學士竊尋故事中書令張說中朝元老碩德鴻儒懇辭大字衆稱達禮其後至德二載崔圓為相加集賢殿大學士其後因循遂成恆例望削去大字崇文館大學士亦准此敕依〔宋吳縝新唐書糾繆二〕案李泌傳云云明皇帝及肅宗本紀天寶十五載丙申六月劍南節度使崔圓為中書侍郎同中書門下平章事至乾元元年戊戌五月罷而崔圓本傳亦與紀同其傳末云大歷中卒〔案〕大歷止於十四年己未而李泌以貞元三年丁卯方為宰相設若崔圓以大歷十四年卒至李泌為相之年崔圓之卒亦已九年矣〔何云〕至崔圓復為大學士亦引泌為讓而止乎且又此乃李泌議學士不可加大而固辭朝命之詞既而殊不言朝廷之聽否乃遽述崔圓為相之事疑此句顛倒錯亂其間脫字必多全不可考　〔容齋三筆〕亦云崔圓乃肅宗朝宰相泌之相也相去三十年　〔唐書宰相表〕崔圓以肅宗至德元載六月相較之本紀則遲一年會要則早一年李泌以德宗貞元三年六月相與本紀合較之會要則早一年未知孰是　〔猗覺寮雜記〕亦

試縣令理人策第一韋濟實不副言

薦方士張果老

少陵贈韋左丞詩

徐嶠齎璽書迎果老

李翺面數宰相過求知制誥爲誣善

李逢吉出紳罷愈

云崔圓爲大學士引李泌爲讓而止蓋承唐書之誤

韋濟試理人策第一。〔事見通鑑開元四年〕致堂〔讀史管見二十〕謂濟被識擢。不聞以循良稱。是實不副言矣。愚攷通鑑開元二十二年。相州刺史韋濟。薦方士張果。蓋逢君之惡者。不但實不副言也。〔原注〕少陵贈韋左丞詩卽濟也〇〔元圻案〕〔唐書韋嗣立傳〕嗣立子濟開元初調鄄城令或言吏部選縣令非其人旣衆謝有詔問所以安人者對凡二百人惟濟居第一擢醴泉令天寶中授尚書左丞濟文雅頗能修飾政事所至有治稱〔通鑑唐紀〕元宗開元二十二年二月方士張果自言有神仙術誑人云堯時爲侍中於今數千歲多往來恆山中則天以來屢徵不至相州刺史韋濟薦之上遣中書舍人徐嶠齎璽書迎之肩輿入宮恩禮甚厚〔唐劉肅大唐世說新語十〕張果老先生者隱於恆州枝條山往來汾晉時人傳其長年秘術開元二十三年刺史韋濟以聞詔通事舍人裴晤馳驛迎之賜號通元先生

舊史敬宗紀。李翺求知制誥。面數宰相李逢吉過。愚謂翺爲韓文公之友。此逢吉所深忌也。面數其過。可謂直矣。求知制誥。乃誣善之辭。〔案〕〔新書本傳〕翺性峭鯁論議無所屈仕不得顯官怫鬱無所發見宰相李逢吉面斥其過失荊公嘗辯之曰。世之淺者。以利心量君子。〔全三五〕荊公辯之亦欠透〇〔元圻案〕〔舊唐書十七〕敬宗紀寶歷元年正月辛卯以前禮郎中李翺爲廬州刺史以求制誥面數宰相

中書門下易
班序
宰相兼職除
拜
移置政事堂

李逢吉之過也(王介甫書李文公集後曰)文公非董子作仕不遇賦惜其自待不厚文公論高如此及觀於史一不得職則詆宰相以自快今吾於人也聽其言而觀其行不可獨信久矣雖然彼宰相者實固有辨彼誠小人也則文公之發爲不忍於小人可也爲史者獨安取其怒之以失職耶世之淺者固好以利心量君子 (唐書李翺傳)翺字習之始從昌黎韓愈爲文章辭致渾厚見推當時故有司亦諡曰文(李逢吉傳)逢吉字虛舟系出隴西元和時同平章事(韓愈傳)愈轉吏部侍郎時宰相李逢吉惡李紳欲逐之遂以愈爲京兆尹兼御史大夫特詔不臺參而除紳中丞紳果劾奏愈宰相以臺府不協遂罷愈爲兵部侍郎而出紳江西觀察使

老學菴筆記(全云)陸游作二云。舊制兩省中書在門下之上。元豐易之。見筆記四 愚觀李文簡(名燾字仁甫)歷代宰相表二云中書門下。班序各因其時。代宗以前中書在上。憲宗以後門下在上。大歷(代宗四年改元大歷)十四年。崔祐甫與楊炎皆自門下遷中書。不知何時升改。放翁所記。蓋未攷此。(元圻案)(玉海卷二百十二)載神宗史志元豐五年四月更官制左僕射兼門下侍郎右僕射兼中書侍郎 (宋費袞梁溪漫志云) 國初宰相凡三員皆帶職首相爲昭文館大學士次兼修國史次集賢院大學士皆平章事其後除拜不常至嘉祐時始只兩相元豐改官制宰相始不帶職而左僕射兼門下侍郎右僕射兼中書侍郎此元豐官制門下在中書之上也(唐李華中書政事堂記曰)政事堂者自武德已來常於門下省議事謂之政事堂故長孫無忌起復授司空房玄齡授左僕射魏徵授太子太保皆知門下省事至高宗光宅元年裴炎自侍中除中書令執宰相筆乃移政事堂於中書省與仁甫之說不合 (書錄解題小說家類)老學菴筆記十卷陸游務觀撰生

李靖兵法及問對書附益李衛公書李藥師與舅論兵

改東宮畫諾爲準諸王以下官畫諾學批鳳尾諾令牋教啓諸名天子肯下奏曰可陳伯之惟作大諾三東宮官畫

識前輩年登耄期所記見聞殊可觀也

李靖兵法。世無全書。略見於通典。今問對出阮逸。因杜氏所載附益之。（元圻案）（續通鑑長編二百五十一）神宗熙寧七年三月知制誥王益柔言試將作監主簿麻皓年嘗注孫吳二書及李靖對問頗得古人意旨欲望許進所注書乞加試用從之李靖兵法世無全書略見於通典今對問出於阮逸家或云逸因杜氏益之也（通考經籍考四十六）李衛公問對三卷按四朝國史兵志熙寧間詔樞密院曰唐李靖兵法世無全書雜見通典離析訛舛又官號物名與今稱謂不同武人將佐多不能通其意令樞密院檢詳官與王震曾旼等校正分類解釋令今可行豈即此問答三卷耶或別有其書也晁公武陳振孫以爲阮逸取通典所載附益之則似即此書然神宗詔王震校正之詔既明見於國史則非逸之假託也（唐書李靖傳）靖字藥師京兆三原人其舅韓擒虎每與論兵輒嘆曰可與語孫吳者非斯人尚誰哉以功封永康縣公進封代國公改衛國公卒諡景武

唐六典。太子令書畫諾。本朝至道初改爲準。（案）（續資治通鑑長編三十八）太宗至道元年八月以壽王元侃爲皇太子禮官議唐制凡東宮處分論事之書皇太子並畫諾詔改諾爲準此東宮畫諾也。陸龜蒙說鳳尾諾云。東宮曰令。諸王曰教。其事行則曰諾。猶天子肯臣下之奏曰可也。晉元帝爲琅琊王批鳳尾諾。南齊江夏王學鳳尾諾。則諸王亦畫諾矣。（何云）上事行句本兼諸王言之後漢書云。南陽宗資

諾留案
江夏王留壂
學書
玉麒麟賸鳳
尾
范岑功曹諾

唐六典開元
禮之善
陽城奏罷矮
奴貢
晉天福廢翰
林學士

主畫諾。梁江州刺史陳伯之目不識書。得文牒辭訟。惟作大諾。則郡守刺史。亦畫諾矣。〔元圻案〕〔六典二十六〕左庶子之職凡令書下於左春坊則與中允司議郎等覆啓以畫諾及覆下以皇太子所畫者留爲案更寫令書印署注令諾送詹事府〔唐書百官志〕三東宮官左春坊左庶子二人正四品中允二人正五品皇太子令書下則與中允司議郎等畫諾覆審留所畫以爲案更寫印署注令諾送詹事府〔文苑英華三百六十二〕陸龜蒙説鳳尾諾或問予曰鳳尾諾爲何等物圖耶書耶對曰余之所聞自晉訖於陳梁以來藩邸之書也凡封子弟爲王則開府羣僚屬取當時士有學行才藻者中是選其所下書東宮則曰令上書則曰箋諸王下書則曰教上書則曰啓應和文章則曰應令應教下其制一等故也其事行則曰諾猶漢天子肯臣下之奏曰可也鳳尾則所諾牋之文也綷縩襹褷然纖與繪莫的知既肯其行必有褎異之辭若今之批答案耳晉元帝爲琅琊王時帝美其才令通習外事嘗使批鳳尾諾南齊江夏王鋒高帝第十二子甚憐之年五歲使學鳳尾諾下筆便工帝大悅以玉麒麟賜之餘未見其出〔南史齊江夏王鋒傳〕鋒年四歲性方整好學書每晨興不肯拂窗塵而先畫塵上學爲書字五歲高祖使學鳳尾諾一學即工高帝大悅以玉麒麟賜之曰麒麟賞鳳尾矣〔宋王楙野客叢書云晉帝批奏書諾字之尾如鳳尾之形故謂鳳尾諾〔後漢書黨錮傳〕汝南太守宗資任功曹范滂南陽太守成瑨亦委功曹岑晊二郡謠曰汝南太守范孟博南陽宗資主畫諾南陽太守岑公孝宏農成瑨但坐嘯〔南史陳伯之傳〕伯之濟陰睢陵人也梁武以爲江州刺史封豐城縣公遣之鎮伯之不識書及還江州得文牒辭訟唯作大諾而已

唐六典。開元禮。宣示中外。未有明詔施行。見呂溫集。南豐乞賜唐六典狀謂六典本原設官因革之詳。上及唐虞。以至開元。其文不煩。其實甚備。可謂善於

唐建官制理書 唐巡陵掃除芟薙官

宰相不兼錢穀

述作者。(元圻案)唐呂溫代鄭相公請删定施行六典開元禮狀云元宗集儒賢於別殿考古訓於祕文以論材審官之法作六典三十卷以道德齊禮之方作開元禮一百五十卷覃百代以旁通立一王之定制草奏三覆祇令宣示中外星周三紀未有明詔施行(程泰之攷古編九)韋述集賢紀注開元詔修六典至今在院亦不曾行用据述此言即六典書成而不以頒用也然白樂天詩陽城不進矮奴曰城云臣案六典書任土貢有不貢無道州水土所生者止有矮民無矮奴吾君感悟璽書下歲貢矮奴宜息罷是陽城嘗援六典為奏得免貢矮奴豈是成而不用也(桑維翰傳)晉天福五年詔廢翰林學士(按六典)歸其職於中書舍人而端明殿與樞密學士皆廢則六典之書五代猶遵用之不知韋述何以言不用也(晁公武曰)六典蓋唐極治之書也或以此書雖成於開元間而不行於一時不學之言也(明王氏鏊重刻六典序曰)唐以中書門下尚書三省參領天下之務今六部雖分顧猶尚書省之舊而内閣則隱然中書通政給事則門下之遺也其餘寺監府院以分衆職品職勳階以敘羣材尚多唐舊且非獨唐也唐虞而下損益沿革咸具焉昔宋祁論唐制精密簡要曾鞏謂六典得建官制理之方文不繁而實備蓋開元中張九齡輩為之其書何可以不傳

(唐書禮樂志論曰)張說以謂唐貞觀顯慶禮儀注前後不同宜加折衷以為唐禮乃詔集賢學士徐堅李銳施敬本撰述歷年未就而銳卒蕭嵩代銳為學士奏起居舍人王仲丘撰定為一百五十卷是為大唐開元禮由是唐之五禮之文始備而後世用之雖小有損益不能過也

(唐李涪刊誤卷上)開元禮春秋二仲月司徒司空巡陵春則掃除枯朽秋則芟薙繁蕪掃除者當發生之時欲使滋茂也芟薙者當秋殺之時除去擁蔽且慮火災也以三公之任隆位高度力展儀以己率衆令巡陵公卿皆持小斧即其義也近代選任稍輕不遵舊禮將及陵闕則取縣吏持斧擊樹三發謂之告神其為不經又何甚也據此則開元禮當時實已施行後遂浸廢耳

李德裕傳。韋宏質建言。宰相不可兼治錢穀。(案)德裕奏曰宏質賤臣豈得以非所宜言妄觸天聽

嘉祐(仁宗三十四年改元嘉祐)六年制策。(原注)胡武平撰(全云)名宿 錢穀。大

劉秩元稹以官自責　韋詩言愧俸錢　劉祚卿黨房琯　元微之晚節改變

宗室表列宰相有遺　李肱以宗室狀頭　宗室相賢否不同

訐也。韋賢之言。不宜兼於宰相。蓋宏字避諱誤以質爲賢。〔閻按〕今欒城集韋賢賢正作質〇〔元圻案〕胡武平名宿常州晉陵人天聖二年進士官樞密副使謚文恭宋史有傳〔書錄解題〕載胡文恭集七十卷久無傳本〔四庫全書〕從永樂大典裒輯定爲四十卷此條所引策問不見集中蓋已佚矣〔宋文鑑〕載此策題作韋賢東坡對策亦作賢

劉秩爲祭酒。上疏曰。士不知方。時無賢才。臣之罪也。元稹守同州。旱災自咎。詩曰。上羞朝廷寄。下愧閭里民。秩稹可謂知所職矣。其言不可以人廢。〔閻按〕〔韋應物詩云〕身多疾病思田里邑有流亡愧俸錢何讀之惻惻動人〇〔元圻案〕劉秩字祚卿知幾子也〔新唐書〕附見知幾傳不載是疏亦不言其爲祭酒〔通鑑唐紀〕肅宗乾元元年六月貶前祭酒劉秩爲閬州刺史房琯黨也〔權德輿答柳冕書云〕嘗讀祭酒劉秩疏云大學設官職在造士士不知方時無賢才臣之罪也每讀至此心嘗慕之〔唐書元稹傳〕稹字微之河南河南人元和元年舉制科對策第一歷同中書門下平章事出爲同州刺史拜武昌節度使卒稹言事始峭直欲以立名中見斥廢十年信道不堅乃喪所守附宦貴得宰相居位纔三月罷晚節彌沮喪加廉節不飾云

唐宗室表宰相十一人。林甫回程石福勉夷簡宗閔適之峴知柔傳止云九人。蓋不數福宗閔宗室爲狀頭有李肱。〔閻按〕李肱即開成元年賦霓裳羽衣曲仄韻長律登第者〇〔元圻案〕〔宋王明清揮麈後錄曰〕唐書特立宗室

傳贊乃云宰相以宗室進者九人林甫姦諛幾亡天下程知幾在位無所發明林甫在奸臣傳知柔相昭宗附宣惠太子業傳後止敘適之峴勉夷簡程石回七人然李麟乃懿祖後李逢吉李蔚俱隴西同系李宗閔出鄭王房李揆亦出隴西宰相共十三人也不同作一傳何耶　唐宗室宰相本十一人益以李麟李逢吉李蔚李揆則十五人矣〔揮麈後錄〕作十三人蓋從宗室宰相傳贊所稱九人而增數之也麟逢吉蔚揆唐書各有傳李福卽李石之弟附見石傳石字中玉襄邑王神符五世孫相文宗停方鎮進奉以直代百姓稅緡惜在位不久耳

唐制舉之名。多至八十有六。凡七十六科。至宰相者七十二人。本朝制科四十人。至宰相者。富弼一人而已。中興復制科。止得李垕一人。〔閻按〕孝宗乾道七年十一月戊寅賜李垕制科出身官終著作郎〔何云〕明無制科以一甲三人爲榮選狀元八十六人入相者自胡廣至魏藻德凡十七人榜眼探花入相者自楊榮至傅冠凡三十人〔集證〕一晁氏讀書志〕唐制舉科目圖一卷不題撰人凡七十六科仕至宰相者七十二人唯劉蕡名最高而官最不達〔玉海百十六〕本朝制策入三等者吳育蘇軾范百祿孔文仲制科四十人至宰相一人富弼執政九人夏竦至范百祿〔又云〕乾道二年禮部侍郎周執羔請復制科五年汪應辰薦李垕七年召試中書御集英殿親策入第四等賜制科出身〔四朝聞見錄〕翰林汪公以垕應詔召試中書六論命題一人主有必治之道二湯法三聖三人者天地之心四律歷更相治五三家言經得失六楊雄張衡孰賢六論合格惟湯法三聖不記所出而能舉上下文數百字〇〔元圻案〕〔唐書選舉志上〕所謂制科者其來遠矣自漢以來天子嘗稱制詔道其所欲問而親策之唐與自京師至州縣有司常選之士以時而舉而天子又自詔四方德行才能文學之士或高蹈幽隱與其不能自達者下至軍謀將略翹關拔山絕藝奇伎莫不兼取其爲名目隨其人主臨時所欲而列爲定科者如賢良方正直言極諫博通墳典達於教化軍謀宏遠堪任將率詳明政術可以理人之類其名最著〔邵氏聞見錄〕富公初游場屋穆伯長謂之曰進士不足以盡子之才當以大科名世公遂以賢良方正登第〔宋高似孫

昌黎試不貳過論

劉蕡明春秋試直言

宏詞制科之別

應麟兄弟中鴻詞科

李肅命子試極諫

策官畏中官不錄蕡

李承休聚書供饌

員俶進太元幽贊

唐科名記〕止六十三科見緯略卷三

唐宏詞之論其傳於今者唯韓文公顏子不貳過。制舉之策其書於史者唯劉蕡一篇。不在乎科目之得失也。〔閻按〕〔王應麟傳〕初登第言曰今之事舉子業者沽名譽得則一切委棄典章制度漫不省非國家所望於通儒於是閉門發憤誓以博學宏詞科自見假館閣書讀之寶祐四年中是科後弟應鳳亦中是科此卽昌黎所應之詞科也〔李肅傳〕子晊試賢良方正直言極諫科肅素謂唐三百年不愧此科者惟劉去華心慕之嘗以所著通論五十篇見蜀帥張肅欲應詔不果其友晁公遡以書勉之肅答以當修此學必不從此舉既不克躬試命二子晊塾習焉至是吏部尚書汪應辰薦晊可應詔故有是命此卽蕡所應之制科也人多混而莫辨〔何云〕宏詞攷文章制科求直言二舉不同○〔元圻案〕〔洪興祖昌黎年譜〕貞元九年癸酉公年二十六博學宏詞試太清宮觀紫極舞賦顏子不貳過論〔唐書劉蕡傳〕蕡字去華幽州昌平人明春秋能言古興亡事沈健于謀浩然有救世意文宗太和二年舉賢良方正能直言極諫帝引諸儒百餘人于廷蕡對策云云是時第策官馮宿賈餗龐嚴見蕡對嗟伏以爲過古晁董而畏中官眦睚不敢取

李泌父承休聚書二萬餘卷。誡子孫不許出門。有求讀者別院供饌。〔原注〕見鄴侯家傳 鄴侯家多書有自來矣。〔元圻案〕韓文公送諸葛覺往隨州讀書詩云鄴侯家多書插架三萬軸

藝文志。儒家 員俶太元幽贊十卷。開元四年。京兆府

半千孫詞辨
注射
李泌七歲能
文

韋應物補傳
韋待價前後
年誤
許珣韋應物
無傳
藝文傳闕薛
鄭諸人
韋蘇州清德

童子進書。召試直宏文館。李泌傳云開元十六年。員俶九歲升座。詞辨注射。帝異之。年歲皆不同。蓋泌傳所載本鄴侯家傳。當以志爲正。〔元圻案〕〔唐書李泌傳〕泌字長源七歲知爲文元宗開元十六年悉召能言佛道孔子者相答難禁中有員俶者九歲升座詞辨注射坐人皆屈帝異之曰半千孫固當然因問童子豈有類若者俶跪奏臣舅子李泌帝卽馳召之〔吳縝新唐書糾繆九〕案藝文志儒家云云〔李泌傳〕謂俶開元十六年而年九歲則是俶生於開元八年也旣俶以八年始生何緣四年已有進書乎若以四年能進書者爲是則至十六年之時俶不啻九歲矣二說必有一誤

韋應物。史逸其傳。沈作喆爲應物傳。敘其家世云。敻之孫。待價仕隋爲左僕射。封扶陽公。蓋據林寶姓纂。唐書韋待價乃挺之子。武后時拜文昌右相。豈二人同名歟。當攷。〔閻按〕晉尚清言而晉書無許珣傳唐尚詩歌而新舊唐書無韋應物傳〔何云〕〔按新唐書宰相世系表〕敻第十七子沖隋戶部尚書沖生挺象州刺史挺生待價相武后待價生令儀令儀生鑾鑾生應物蓋作喆誤也〇〔元圻案〕〔唐書藝文傳敘云〕若韋應物沈亞之閻防祖詠薛能鄭谷等其類尙多皆班班有文在人間史家逸行其事故弗得而述云〔宋姚寬西溪叢話〕載吳興沈作喆作韋應物補傳云應物少遊太學當開元天寶間充宿衞扈從遊幸頗任俠使氣兵亂後流落失職乃更折節讀書由京兆功曹累官至蘇州刺史太僕寺少卿兼御史中丞爲諸道鹽鐵轉運江淮留後年九十餘不知其所終〔唐書韋挺傳〕子

待價高宗儀鳳三年檢校涼州都督兼知鎮守兵馬召還封扶陽侯〔補傳云〕仕隋封扶陽公亦不合令儀生鸞宰相世系表作鑾〔李肇國史補云〕應物爲人性高潔鮮食寡欲所居焚香掃地而坐其爲詩馳驟建安以還各得風韻〔宋朱長文吳郡圖經續記上〕韋公以清德爲唐人所重天下號曰韋蘇州當貞元時爲郡於此人賴以安又能賓儒士招隱獨顧況劉長卿邱丹秦系皎然之儔類見旌引與之酬唱其賢於人遠矣　沈作喆字明遠號寓山湖州人紹興五年進士以左奉議郎爲江西漕司幹官

劉闢亂於蜀。〔案〕在德宗元年 其嫂庾氏棄絶不爲親。白樂天爲詩。贈樊著作與陽城元稹孔戡並稱欲其著書編爲一家言。而唐史於庾氏無述焉。故表而出之。〔元圻案〕〔唐書劉闢附韋臯傳〕闢字太初擢進士宏詞科佐韋臯府臯卒闢主後務諷諸將徼旄節憲宗以給事中召之不奉詔時帝新即位欲靜鎮四方即拜檢校工部尚書劍南西川節度使闢以兵取梓州杜黃裳薦高崇文等將神策行營兵皆西詔許自新不聽下詔奪其官爵遂下成都擒之〔樂天贈樊著作詩云〕陽城爲諫議以正事其君其手如屈軼舉筆指佞臣卒使不仁者不得秉國鈞元稹爲御史以直立其身其心如肺石動必達窮民東川八十家寃憤一言伸劉闢肆亂心殺人正紛紛其嫂曰庾氏棄絶不爲親從史萌逆節隱心潛負恩其佐曰孔戡捨去不爲賓凡此士與女其道天下聞君爲著作郎職廢志空存雖有良史才直筆無所申何不自著書實錄彼善人編爲一家言以備史闕文

唐六典記南內龍池。程泰之雍錄謂詔辭皆出李林甫。而非張九齡所得知也。愚按九齡集有龍池聖德頌。則夸詡符瑞。雖賢者不免。〔元圻案〕〔唐六典七〕興慶宮在皇城

鄭餘慶書儀
劉岳温公增
損書儀
名家著書儀
起復冥昏之
制
女坐壻馬鞍
合髻
書儀七分好

之東南〔註〕此卽今上龍潛舊宅也初上居此第其里名協聖諱所居宅之東有舊井忽涌爲小池周袤纔數尺常有雲氣或見黃龍出其中至景龍中潛復出水其沼浸廣時卽連合爲一未半歲而里中悉移居遂鴻洞爲龍池焉蓋符命之先也〔唐徐浩張文獻碑銘曰〕公諱九齡字子壽一名博物曾祖君政韶州別駕終于官舍因爲著姓弱冠鄉試進士應道侔伊呂科對策第二等歷官同中書門下平章事〔曲江集龍池聖德頌序曰〕洪惟龍池蓋天之所以祚聖卽今上下居之舊眞京師爽塏之所旁無籫澤中忽濫泉中宗採識者之議壓王氣而來遊聖上處或躍之時出飛龍而合應〔四庫全書簡明目錄地理類〕雍錄十卷宋程大昌撰乾道淳熙間關中已久爲金地故大昌此書惟據諸書諸圖參考而成於宮殿山水都邑皆有圖說

鄭餘慶採士庶吉凶書疏之式。雜以當時家人之禮。爲書儀兩卷。後唐劉岳等。增損其書。司馬公書儀本於此。〔閻按〕〔唐藝文志〕有王倹弔答書儀十卷皇室書儀七卷書儀之名又始於此〔集證〕〔按鄭樵通志〕謝元內外書儀四卷謝超書儀二卷皆在鄭餘慶之前○〔元圻案〕〔唐書鄭餘慶傳〕餘慶字居業鄭州滎陽人少善屬文擢進士第貞元十四年拜中書侍郎同中書門下平章事〔五代史雜傳〕劉岳字昭輔洛陽人也唐明宗時爲吏部侍郎初鄭餘慶嘗採士庶吉凶書疏之式雜以常時家人之禮爲書儀兩卷明宗見其有起復冥昏之制歎曰儒者所以隆孝悌而敦風俗且無金革之事起復可乎婚吉禮也用於死者可乎乃詔岳選文學通知古今之士共刪定之〔歐陽公歸田錄〕劉岳書儀婚禮有女坐壻之馬鞍父母爲之合髻之禮不知用何經義據岳自敘以時之所尚者益之則是當時流俗所爲耳〔四庫全書簡明目錄經部禮類〕書儀十卷宋司馬光撰凡表奏公文家私書式一卷冠儀一卷婚儀二卷喪儀六卷〔朱子語類〕稱二程橫渠多是古禮溫公則大抵本儀禮而參以今之可行者又稱其中與古不甚遠是七分好云

唐宋將權專分異
貞觀三年易邊將
宋分州任將得宜

唐罷忌日行香
歷代設齋行香
香末散行爐手
國忌集僧道授香圓

唐開元之任將。以久任而兆亂。其權顓也。我藝祖之任將。以久任而成功。其權分也。柳氏家學錄。謂貞觀故事。邊將連帥三年一易。收其兵權。然用得其人。御得其道。不在於數易也。〔集證〕〔唐志小說類〕柳氏家學要錄二卷柳玭撰〔晁氏志〕家學錄一卷柳玭采其祖彥昭祖芳父冕家集所記累朝典章因革時政得失著此錄○〔元圻案〕〔宋錢若水陳禦敵安邊之策曰〕太祖朝制置最得其宜以郭進在邢州李漢超在關南何繼筠在鎮定賀惟忠在易州李謙溥在隰州姚內斌在慶州董遵誨在通遠軍王彥昇在原州但授緣邊巡檢之名不加行營部署之號率皆十餘年不易其任蓋位不高則朝廷易制任不易則邊情盡知所以十七年中北邊西邊不敢犯塞

忌日行香。始於唐。崔蠡奏罷之。本朝宋景文公奏云。求於非福。則是諂祭。瀆於無罪。則是誣親。其言不行。〔元圻案〕〔唐六典四〕凡國忌日兩京定大寺觀各二散齋諸道士女道士及僧尼皆集於齋所京文武五品以上與清官七品以上皆集行香以退〔宋姚寬西溪叢話下〕行香起於後魏及江左齊梁間每燃香熏手或以香末散行謂之行香唐初因之文宗朝崔蠡奏設齋行香事無經據乃罷宣宗復設教行其儀朱梁開國大明節百官行香祝壽石晉天福中竇正固奏國忌行香宰臣跪爐百官立班仍飯僧百人即爲規式國朝至今因之〔宋祁論國忌疏曰〕伏見列聖忌日沿唐之舊百官伏閤慰訖咸詣寺觀跪伏齋贊讚之行香仍置蔬饌臣竊思之禮尤不經云云〔程大昌演繁露十〕國朝自有景靈宮後每遇國忌不復即寺觀行香而移其供設於景靈東西兩宮每大忌宰執率百僚至宮行香其

唐文宗陷於宦寺

程异元稹沮裴度

唐帝語周墀制家奴

魯公爲汾陽廟碑文

端一之操堅明之姿

推赤誠蹈白刃

法僧道皆集所忌殿廡之下僧左道右執事者執香盤中香圓子隨宰執徃僧道立處人授一圓齋已收之不爇也　崔蠡寧之弟密之孫唐書附見寧傳蠡開成中爲戶部侍郎自罷百官忌日行香

誠齋易坎九五傳云。文宗陷於宦寺之險。而未能出。推裴度可以出之。然度自陷於程异元稹浸潤之內。愚謂稹在穆宗時。异在憲宗時。非文宗事也。〔元圻案〕〔唐書宦者仇士良傳〕帝問周墀曰自爾所況朕何如主墀再拜對曰陛下堯舜之主也帝曰所以問者謂與周赧漢獻孰愈墀惶駭曰陛下何自方二主哉帝曰赧獻受制强臣今朕受制家奴自以不及遠矣因泣下　穆宗憲宗之子文宗穆宗之子　〔唐書程异傳〕异以憲宗元和十四年卒〔元稹傳〕長慶初禮遇益厚魏宏簡在樞密尤相善裴度出屯鎮州有所論奏共沮却之　長慶穆宗年號稹卒官於武昌節度實文宗太和時也〔裴度傳〕文宗太和四年數引疾牛僧孺李宗閔輔政共短損之出爲山南東道節度使　〔四庫全書總目易類三〕誠齋易傳二十卷宋楊萬里撰是書大旨本程氏而多引史事以證之初名易外傳後乃改定今名

顏魯公爲郭汾陽家廟碑云。端一之操。不以險夷槪其懷。堅明之姿。不以雪霜易其令。斯言也。魯公亦允蹈之。〔元圻案〕魯公文見文苑英華八百八十卷端一之操四句頌汾陽之父敬之也其稱汾陽云推赤誠而許國蹈白刃以率先魯公亦當之無愧

楊綰贈官無愧華袞法賻之賁

江心鑄鏡千秋節進方鏡露囊童子綵囊承露柏露五明囊百草露洗目宴百僚花萼樓下

楊綰贈官制云。歷官有素絲之節。庇家無匹帛之餘。史臣（閻按）史臣謂劉昫舊唐書 謂當時秉筆者無愧色。（元圻案）（舊唐書楊綰傳）綰字公權華陰人拜中書門下平章事詔出朝野相賀居職旬日中風而獘代宗震悼詔曰頃以任非其才毒流於政爰登清淨之輔庶諧至理之期方有憑依遽此淪謝屏予之嘆震悼良深所懷莫從長想何極況歷官有素絲之節居官無匹帛之餘故飾以華袞增其法賻備依典策載賁朝經史臣曰嘗讀諸集賞善多溢美書罪多溢惡如楊綰拜相之麻贈官之制改諡之詔則當時秉筆者無媿色矣

唐時午日。揚州江心鑄鏡供進。又千秋節進鏡。潏水李氏復收其一。乃方鏡背鼻有篆文五日字。面徑八寸。重五十兩。盛露囊。千秋節。戚里皆進。華山記云。宏農鄧紹八月曉入華山見童子執五綵囊。盛柏露。食之。又荊楚風土記以五綵結眼明囊。相傳赤松子以囊盛柏露。飲之而長生。皆八月中事。（元圻案）（鏡龍記）天寶時揚州進水心鏡一面李守泰曰鑄鏡時有老人自稱姓龍名護有小童名元冥謂鏡匠曰老人解造真龍鏡扃戶三日失二人所在爐前獲一素書鏡匠遂移爐於揚子江心以五月五日午時鑄之大旱祠龍鏡即得雨（唐劉餗隋唐嘉話）源乾曜張說以八月初五今上生之日請爲千秋節百

無憂王寺佛骨
唐三迎佛骨
昌黎諫佛骨表
開佛書歲豐人泰

官祭皆就此日名爲囊白帝羣臣上萬歲壽王公戚里進金鏡綬帶士庶結絲承露囊更相遺問〔李肇國史補〕揚州舊貢江心鏡五月五日揚州江心所鑄也〔梁宗懍荊楚歲時記〕按述征記云八月一日作五明囊盛取百草頭露洗眼令眼明也〔續齊諧記〕云宏農鄧紹嘗以八月旦入華山採藥見一童子執五綵囊承柏葉上露皆如珠滿囊紹問用此何爲答曰赤松先生取以明目言終便失所在今世人八月旦作眼明袋此遺象也或以金薄爲之遞相餉焉〔書錄解題地理類〕華山記一卷不知名氏　〔荊楚風土記隋唐志及晁氏讀書志陳氏書錄解題〕皆不著錄此條所引與荊楚歲時記略同豈亦名風土記歟當更考　千秋節進鏡事新唐書不載〔舊唐書元宗紀上〕開元十七年八月癸亥上以降誕日讌百寮於花萼樓下百寮表請以每年八月五日爲千秋節王公以下獻鏡及承露囊天下諸州咸令讌樂休假三日故厚齋入於考史

舊史德宗紀。貞元六年。岐州無憂王寺。有佛指骨寸餘。先是取來禁中供養。二月乙亥。詔送還本寺。此迎佛骨之始也。韓愈傳云。鳳翔法門寺有護國真身塔。內有釋迦文佛指骨一節。〔原注〕寺名與前不同

貞元德宗元和憲宗咸通懿宗迎佛骨者三。〔閻按〕癸丑冬薄遊汧隴經過扶風縣北之法門寺買唐天祐碑始知卽無憂王寺扁尚存．〔何本載閻云〕今扶風縣北之法門寺卽無憂王寺紀載非一手故其名互異寺有唐天祐碑可據○〔元圻案〕〔舊唐書六十〕韓愈傳鳳翔法門寺有護國真身塔塔內有釋迦文佛指骨一節其書本傳法三十年一開開則歲豐人泰元和十四年正月上令中使杜英奇押宮人三十人持香花赴臨皋驛迎佛骨自光順門入大內留禁中三日乃送諸寺愈上疏諫云云　〔邵博聞見後錄八〕憲宗元和十四年迎佛骨韓愈以諫逐十五年有陳宏志之禍懿宗咸通十四年又迎其骨入禁中諫者以憲宗爲戒

歷代通典用編年法通典取法魯史三傳續尚書載詔策章疏

楊文莊好言士族諱年錄編登科進士

懿宗曰朕生得見之死亦無恨不數月崩

蕭穎士與韋述書。欲依魯史編年。著歷代通典。起漢元十月。終義寧〔隋恭帝年號〕二年。約而刪之。勒成百卷。於左氏取其文。穀梁師其簡。公羊得其覈。綜三傳之能事。標一字以舉凡。然其書今無傳焉。〔元圻案〕〔唐書文藝傳中〕〔唐書藝文志〕亦不著錄略見於本傳而不著通典之名。

蕭穎士字茂挺梁鄱陽王恢七世孫開元二十三年舉進士對策第一嘗謂仲尼作春秋為百王不易法而司馬遷作本紀書表世家列傳敘事依違失褒貶體不足以訓乃起漢元年訖隋義寧編年依春秋義類為傳百篇在魏書高貴崩曰司馬昭弒帝於南闕在梁書陳受禪曰陳霸先反又自以梁枝孫而宣帝逆取順守故武帝得血食三紀昔曲沃篡晉而文公為五伯仲尼弗貶也乃黜陳閏隋以唐土德承梁火德皆自斷諸儒不與論也〔蕭穎士進續尚書表云〕始有漢二典次我唐二典以續唐虞其餘文景明章之後後魏宋齊已還南訖有陳北起元魏歷周隋洎夫高氏以至聖朝總一十二代詔策章疏頌歌符檄忠臣之正義武士之權謀類而刊之次以年代以續夫夏商秦魯之編是續尚書已有成書其別著通典〔據李華三賢論曰〕蕭以史書為繁尤罪子長不編年陳事而為列傳將正其失自春秋三家之後次序纘修以迄於今志未就而歿蓋實未成書也

楊文莊公徽之。〔閻按〕徽之字仲猷浦城人真宗時置侍讀學士官之本傳不載其諡〔何云〕〔焯案東都事略云〕其後仁宗以徽之先帝宮僚特贈太子太師諡曰文莊此書近始重開閻丈不及見也○〔案錢氏大昕曰〕文莊諡見宋敏求春明退朝錄好言唐朝士族。閥諱

温彥博耗思
不再秲
敖庾藏傷
買潤甫諫李
密心驕
千秲之變
撲鋌斯盡一
義
骪桑餓人斯
食
新史如虬戶
銑谿體

行錄。悉能記之。按館閣書目。諱行錄一卷。以四聲編登科進士族。系名字行第官秩。及父祖諱。主司名氏。〔原注〕起興元元年盡大中七年德宗五年改元興元大中宣宗年號 宋敏求續爲後錄五卷。〔元圻案〕〔東都事略楊徽之傳〕徽之多識典故唐之士族人物悉能詳記尤工吟詠太宗眞宗嘗和其詩仁宗時特贈太子太師諡曰文莊 〔春明退朝錄〕上載文臣諡文莊〔注曰〕江陵楊公既不著其名而本貫又非浦城錢辛楣先生以爲文莊諡見春明退朝錄似未核也〔查長編四十六云〕眞宗三年正月楊徽之卒上甚嗟悼贈兵部尙書諡文莊又與東都事略互異未知孰是

温彥博傳。我見其不逮再秲矣。出說文。引虞書秲三百有六旬。〔集證〕〔說文禾部〕秲復其時也从禾其聲〇〔案〕〔大戴禮小辨篇〕夫亦固千秲之變由不可既也而況天下之言乎 李密傳。敖庾之藏。有時而賜。〔閣按〕今本作傷〔何云〕傷斯義切 〔出詩王赫斯怒。鄭箋斯音賜。盡也。新史尚奇類此。〔方樸山傳〕鄭箋但云斯盡也釋文乃云斯鄭音賜非箋原有此文〔正義曰〕斯盡釋言文今檢爾雅釋言但有斯離也之文正義亦誤〔又揚子雲方言〕撲鋌斯盡也南楚凡物盡生曰撲空物盡者曰鋌鋌賜也連此撲撕皆盡也此子京所本王氏失攷 〔集證〕〔呂氏春秋報更篇〕宣孟謂骪桑之餓人曰斯食之吾更與汝〔高誘注〕斯盡也〔潘岳西征賦〕超長懷以遐念若循環之無賜〔張銑注〕賜盡也〔陳振孫曰〕新史列傳用字多奇澀殆類虬戶銑谿體識者病之〇〔元圻案〕〔唐書温彥博傳〕彥博字大臨貞觀十年遷尙書右僕射明年卒帝歎曰彥博以憂國故耗思殫神我見

馬總通歷本略論公子曰先生曰

李翱奏史館官諡行狀指事說實

范文正碑事誤

張文定草詔冊之誤

忠獻事實不相應

文正止壽太后疏

太宮履長之賀

其不逮再朞矣恨不許少閒以究其壽〔又李密傳〕初密既殺翟讓心稍驕民食興洛倉者給授無檢司倉賈潤甫諫曰人國本食人天敖庾之藏有時而竭粟竭人散胡仰而成功不聽

馬總通歷所載公子曰先生曰者皆虞世南帝王略論〔原注〕略論五卷起太昊訖隋假公子問答　〔集證〕〔唐志編年類〕馬總通歷十卷〔又雜家類〕虞世南帝王略論五卷〔晁氏志編年類〕馬總纂太古十七氏中古五帝三王及刪取秦漢三國晉十六國宋齊梁陳元魏北齊後周隋世紀興滅粗述其君賢否取虞世南略論分繫於末以見義焉〔玉海帝王略論中興書目云〕正觀間太子中舍人虞世南承詔撰起太昊訖於隋凡帝王事迹皆略紀載假公子答問以攷訂云

李翱爲史官請作行狀者指事說實直載其詞然我朝名公秉筆亦有誤者歐陽公爲范文正碑云至日大會前殿上將率百官爲太后壽公上疏其事遂已其後老泉編太常因革禮有已行之明驗質之歐公公曰諫而不從碑誤也東坡爲張文定名方平銘云神宗問元昊初臣何以待之公曰臣時爲學士誓詔封冊皆臣所草李微之〔閻按〕微之名心傳井研人舜臣之子道傳之兄見儒林傳考國史誓詔在慶歷四年十月

升祔二后失禮

封冊在十二月明年二月文定始爲學士（原注）封冊乃宋景文撰○（案）（錢氏大昕曰）學士年表慶歷五年二月張方平以右正言知制誥拜朱文公爲張忠獻名浚行狀其後語門人云向只憑欽夫忠獻子南軒先生之字寫來事實後看光堯（閣按）光堯高宗尊號實錄其中多有不相應處以三事觀之罔羅舊聞可不審哉（元圻案）（唐會要六十四）至德十四年史官李翺奏史館以記錄爲職舊例皆取行狀諡議以爲依據今之作行狀者非門生即其故吏苟欲虛美於所受恩而已臣今請作行狀者但指事說實直載其詞若攷功定諡見行狀之不依此者不得受諡（東坡志林）歐陽公撰范文正碑載章獻太后臨朝時仁宗欲率百官朝太后范公力爭乃罷其後某先君奉詔編太常因革禮求之故府而朝正案牘具存有已行之明驗先君實之於文忠公公曰文正公實諫而卒不從墓碑誤也　文正此疏不載集中（釋文瑩續湘山野錄）載其略云屈萬乘之重行北面之禮此乃開後世弱人主以强母后之漸也陛下果欲爲大宮履長之賀於閨掖以家人承顏之禮行之可也云其事遂已則承墓碑之誤

唐配帝皆一后惟睿宗二后昭成明皇之母開元四年升祔此失禮之始也（閣按）肅明皇后睿宗之元妃明皇之嫡母也縱二后並配當行於開元四年不當遲至二十一年始祔失禮之中又失禮矣王氏析猶未精○（元圻案）（唐書睿宗昭成竇皇后傳）帝爲相王納爲孺人即位進德妃生元宗帝崩追稱皇太后與肅明祔橋陵后以子貴故先祔睿宗室肅明以開元二十年乃得升祔　（長編五十八）真宗景德元年十月祔明德皇后於太廟先是詔有司詳定升祔之禮上議以唐睿宗昭成肅明二后並配爲證曰懿德皇

改左右散騎
曰侍極
金蟬珥貂八
貂
職源載見行
官制

盧鴻一新史
刪一字
越楚人鳧乙
疑鴻
唐一行師事
普寂
徵嵩山處士
入見

后久從升祔不可中移明德皇后繼受崇名亦當配享雖先後有殊在尊親一貫請同祔太宗室以先後次之詔尚書省集官詳議咸如禮官之請二宮並配自是始也〔朱子曰〕二后並配自本朝真宗始其初議者皆歸咎於錢惟演後既習見爲常亦無復有議之者矣厚齋此條蓋亦有感而云

龍朔二年改左右散騎常侍。曰左右侍極。職源誤以左史爲左侍極。而近世制詞多踵其誤。〔元圻案〕〔唐書百官志〕左右散騎常侍分隸門下中書省皆金蟬珥貂左散騎與侍中爲左貂右散騎與中書令爲右貂謂之八貂龍朔二年曰侍極〔書錄解題職官類〕職源五十卷金華王益之行甫撰亦簡牘應用之書而專以今日見行官制爲主蓋中興以後於舊制多所省併故也

石林序盧鴻一草堂圖云。唐舊史〔隱逸傳〕鴻一蓋二名。與中岳劉真人碑所書合。新史刪去一字。不知何據。當以舊史爲正。愚按南齊張融曰。昔有鴻飛天首。積遠難明。〔南史顧歡傳作難亮〕越人以爲鳧。楚人以爲乙。人自楚越。鴻常一耳。鴻一之義取於此。〔閻按〕〔歷代名畫記〕盧鴻一名浩然高士也〔新唐書〕作盧鴻字顥然亦各有本張融語出南史隱逸顧歡傳〔通鑑攷異〕引中岳劉真君碑云盧鴻撰無一字〇〔元圻案〕〔唐書段成式酉陽雜俎五〕一行既從釋氏師事普寂設食於寺大會羣僧時有盧鴻者道高學富隱於嵩山因請鴻爲文讚歎其會亦無一字〔通鑑唐紀〕元宗開元六年三月徵嵩山處士盧鴻入見拜諫

房元齡請解機務

斷章表閤門不復受

王莽辭宰衡勿受

南單于上書告杜崇

韓柳元白異操

子厚後附王叔文

元稹先後殊節

管華嵇阮異操

忠姦賢哲同姓名

議大夫鴻固辭〔攷異曰〕舊傳作盧鴻一本紀新傳皆作鴻〔按〕中岳真人劉君碑云盧鴻撰今從之　唐太宗徵盧鴻一授諫議大夫二詔又賜還山制皆作鴻一

考古編。以通鑑貞觀十二年。房元齡請解機務。詔斷表。為今斷來（來字何本作表誤）章之祖。愚按晉山濤傳。手詔曰。便當攝職。令斷章表。此斷表之始。非昉於唐也。〔閻按〕〔胡三省通鑑唐紀註〕今之讓官者奉表三讓不許敕斷來章則閤門不復受其表卽唐制之斷表也〔全云〕亦不始於晉而始於漢見王莽傳〇〔元圻案〕〔漢書王莽傳〕加公為宰衡莽稽首辭讓出奏封事太師光曰宜詔尚書勿復受公之讓奏奏可〔後漢書和帝紀〕七年鄧鴻朱徽杜崇下獄死注時南單于安國與崇不相平乃上書告崇崇令斷其表章緣此驚叛據此斷表始於漢無疑　今本程大昌攷古編無此條所引之文豈攷古編固有佚文耶

韓柳方駕。而其行殊。元白齊名。而其操異。〔原注〕管華嵇阮亦然〇〔元圻案〕〔魏鶴山作黃侍郎定勝堂文集序曰〕唐之文人韓柳齊名而所操異心元白方駕而所制殊行〔王楙野客叢書九〕世稱元白而元之所為視白為甚慚世稱韓柳而韓之所守非柳之所及僕嘗求之元白韓柳始未嘗不同所以異者中道而變耳元稹為監察御史動皆守正及其召還次敷水驛與中使抗略不少貶由是獲罪當是之時李絳崔羣之徒皆言其狂是其所以與樂天同也使稹自此確然不變終始一節亦何愧於樂天哉奈何不能自守反附其徒平生志節於是掃地子厚為文章卓偉精緻一時輩行推仰是其與退之同為監察御史與王叔文相附此所以與退之異也使子厚自入仕後不附叔文黨又何慚於退之也〔原注〕管華謂管幼安華歆嵇阮謂嵇康阮籍

唐亦有蔡京。〔原注〕咸通三年嶺南節度使以貪虐誅京始末見雲溪友議〔何云〕唐之蔡京嘗為僧李義山有白足禪僧之句此姦臣

唐白足禪僧蔡京
吳桓彝不署亮罪狀
晉桓彝死蘇峻之亂
南曾參北曾參
野人毛遂墜井死
王莽朱買臣有二
三董卓四王敦
九張良兩王匡
先曾爲僧諸人

魯公乞米帖言食粥

名氏之同者。吳有桓彝。晉亦有桓彝。〔何云〕桓彝尚書令階之弟見孫綝傳此忠臣名氏之同者。若兩曾參。兩毛遂。則賢否分矣。〔原注〕兩毛遂見西京雜記員半千詩用之〔閻按〕名氏之同之奇者莫過王莽之前有王莽朱買臣之後有朱買臣〔方樸山云〕更有奇者一王匡爲王莽守洛陽一王匡爲更始攻洛陽〔集證〕〔雲溪友議〕唐懿宗朝左庶子蔡京時相以爲有吏才奏遣制置嶺南事爲政苛慘閭境怨之貶崖州司戶不肯之官敕賜自盡〔西京雜記〕昔魯有兩曾參趙有兩毛遂南曾參殺人見捕人以告北曾參母野人毛遂墜井而死客以告平原君平原君曰嗟乎天喪予矣既而知野人毛遂非平原君客也○〔元圻案〕〔三國志吳孫綝傳〕綝廢亮以亮罪狀班告遠近尚書桓彝不肯署名綝怒殺之〔注〕〔漢晉春秋曰〕彝魏尚書令階之弟〔吳錄曰〕晉武帝問薛瑩吳之名臣瑩對稱彝有忠貞之節〔晉書桓彝傳〕彝字茂倫譙國龍亢人補宣城內史蘇峻之亂彝以郡無堅城遂退據廣德尋王師敗績彝聞而慷慨流涕進屯涇縣峻遣韓晃進軍攻彝彝固守經年勢孤力屈城陷爲晃所害〔李商隱天平公座中呈令狐令公詩云〕白足禪僧思敗道青袍御史擬休官〔注云〕時蔡京在坐京曾爲僧徒故有第五句〔朱翌猗覺寮雜記〕士人曾爲僧南史伏挺之唐馬嘉運許淹韋渠牟蔡京嚴礪　曾參事見〔史記甘茂傳〕平原君客毛遂爲平原君合從於楚見〔史記平原君傳〕前王莽見漢書公卿表劉屈氂傳後朱買臣見〔梁書元帝紀〕官宣猛將軍〔唐文粹載員半千隴右途中遭非語詩云〕趙有兩毛遂魯聞二曾參慈母猶且惑況在行路心〔宋朱弁曲洧舊聞六〕政和間常子然謝在伯江子我同訪晁伯宇及叔用于昭德之第因觀蕭子顯古今同姓名錄見有王敦四王莽二董卓三叔用曰以此諸人聚於一時則奈何伯宇曰無害吾此有九張良足以制之座上無不大笑子房至有九人同其姓名而世莫知可見今人讀書比古人少也據此則三董卓四王敦九張良則更奇矣然三董卓四王敦未必俱不肖九張良未必皆賢也惜無從攷其所見

顏魯公爲刑部尚書。有舉家食粥之帖。蓋自元載

元載制祿厚
外官
楊綰奏加京
官俸
魯公自湖州
召還

運命論言一
人天下
李康爲尋陽
長
張蘊古大寶
箴

傅隆七十寫
書籍
李方元循簿
籍役民

制祿。厚外官而薄京官。京官不能自給常從外官乞貸。楊綰既相。奏加京官俸。魯公以綰薦自湖州。召還。意者俸雖加而猶薄歟。〔元圻案〕〔魯公乞米帖〕拙於生事舉家食粥來已數月今又罄矣實用憂煎〔通鑑唐紀〕代宗大歷十二年元載以仕進者多樂京師惡其逼己乃制俸祿厚外官而薄京官京官不能自給常從外官乞貸楊綰常衮奏京官俸太薄詔加京官俸歲約十五萬六千餘緡〔又曰〕楊綰常衮薦湖州刺史顏真卿上即日召還以爲刑部尚書

李康運命論。曰以一人治天下。不以天下奉一人。大寶箴用之。〔元圻案〕運命論見文選李善注引〔集林曰〕李康字蕭遠中山人也魏文帝異其文遂起家爲尋陽長政有美績〔容齋五筆七〕唐太宗初即位直中書省張蘊古上大寶箴凡六百餘言遂擢大理丞新史附其姓名於文藝謝偃傳末又不載此文但云諷帝以民畏而未懷其辭挺切而已〔通鑑〕僅載其略曰聖人受命拯溺亨屯故以一人治天下不以天下奉一人云云此外尙多規正之語既不爲史所書故學者亦罕傳誦蘊古爲丞四年以無罪受戮太宗尋悔之乃有覆奏之旨傳亦不書而以爲坐事誅皆失之矣舊唐書全載此箴仍專立傳不知宋景文何爲削之也

李元方曰。沈約年八十。手寫簿書。本杜牧所作方元墓誌。本朝建隆詔亦云。沈約爲吏手寫簿書。

愚按理道要訣云。宋光祿大夫傅隆。年過七十。

孝宗問百僚廷爭事
開元錄繫日條事
孫樵讀雜報文
周益公奉詔錄中語

手寫籍書。梁尚書令沈約位已崇高。議請寶重。蓋誤以傅隆爲沈約也。〔閻按〕〔宋書傅隆傳〕謹於奉公常手抄書籍梁書沈約傳無〇〔元圻案〕〔杜牧李方元墓誌〕方元字景業少有文學一貢進士舉以上第升名解褐出爲池州刺史始至創造簿籍民被徭役者科品高下鱗次櫛比一在吾手至當役役之其未及者吏不得弄方元常歎曰沈約年八十手寫簿書蓋爲此也〔宋書傅隆傳〕隆字伯祚北地靈州人也拜光祿大夫歸老在家手不釋卷博學多通特精三禮謹於奉公嘗手抄書籍卒時年八十三〔通鑑晉紀〕高帝建元二年虞玩之表以爲元嘉中故光祿大夫傅隆年出七十猶手自書籍躬加隱校今欲求治取正必在勤明令長宜以元嘉二十七年籍爲正更立明科一聽首悔

孝宗問周益公云。唐孫樵讀開元錄雜報數事內。有宣政門宰相與百僚廷諍。十刻罷。偏檢新舊唐史及諸書。並不載。益公奏。太平御覽總目內。有開元錄一書。祖宗朝此本尚存。近世偶不傳耳。容臣博加詢訪。〔何云〕人主勤學又事其大者遠者如此所以爲淳熙〔集證〕〔孫可之讀開元雜報〕樵曩於襄漢間得數十幅書繫日條事不立首末其略曰某日皇帝親耕籍田行九推禮某日百僚行大射禮於安福樓南某日安北諸蕃君長請扈從封禪某日皇帝自東封還賞賜有差某日宣政門宰相與百僚廷諍十刻罷如此凡數十百條樵後得開元錄驗之條條可復云〔按〕御覽引開元錄無雜報數事〇〔元圻案〕〔孫可之讀雜報文〕見唐文粹四十九〔周益公奉詔錄〕〔一〕臣昨蒙下詢唐孫樵讀開元錄雜報云云臣伏料聖意以爲宰相與百僚爭辨至於移時必是事體甚重故欲知其實以古爲鑑臣尋閱太平御覽總目內果有開元錄一書則是祖宗朝此本尚存近世

蕭遘九葉相
唐蕭分皇舅房
齊梁房
梁蕭氏有功在民

姚崇陳十事始相
通鑑以崇爲要君
戚屬不任臺省
福先寺金仙玉真觀
說王三原先陳時政

偶不傳耳容臣博加詢訪別具奏聞

蕭遘與其子三兒生日詩曰。吾家九葉相。盡繼明時出。唐史云。自瑀逮遘凡八葉宰相。此云九葉。宰相世系表梁真陽侯之後。有鄴相宣宗。〔閻按〕俱表所云齊梁房者也〔集證〕〔按唐書宰相世系表〕蕭氏定著二房一皇舅房一齊梁房宰相凡十人皇舅房有至忠相中宗睿宗齊梁房貞陽侯之後有鄴相宣宗昭明太子之後有嵩相元宗華相肅宗俛相穆宗倣相僖宗復相德宗寘相懿宗遘相僖宗瑀相高祖遘詩云九葉不數至忠唐史云八葉不數至忠與鄴〇〔元圻案〕〔唐書蕭瑀傳贊曰〕梁蕭氏興江左實有功在民厥終無大惡以濅微而亡故餘祉及其後裔自瑀逮遘凡八葉宰相名德相望與唐盛衰世家之盛古未有也　遘字德聖咸通中擢進士第僖宗入蜀次綿州拜同中書門下平章事

姚崇十事。見開元升平源。通鑑不取。〔閻按〕通鑑不取非也明王三原應召至都鄒智見曰三代而下人臣不得見君所以事事苟且公勿拜官先請見君歷陳時政於上前庶其有濟一受官職再無可見之時矣說正與姚元之同〇〔元圻案〕〔書錄解題雜史類〕開元昇平源一卷唐史官吳兢撰敘姚崇十事〔唐書姚崇傳〕帝曰卿宜遂相朕崇知帝大度銳於治乃先說事以堅帝意卽陽不謝帝怪之崇因跪奏臣願以十事聞陛下度不可行臣敢辭帝曰試爲朕言之崇曰垂拱以來以峻法繩下臣願政先仁恕可乎朝廷覆師青海未有牽復之悔臣願不倖邊功可乎比來壬佞冒觸憲網皆得以寵自解臣願法行自近可乎后氏臨朝喉舌之任出閹人之口臣願宦豎不與政可乎戚里貢獻以自媚於上公卿方鎮亦爲之臣願租稅外盡絕之可乎外戚貴主更相用事班序荒雜臣請戚屬不任臺省可乎先朝褻狎大臣虧君臣之嚴臣願陛下接之以禮可乎燕欽融韋月將以忠被罪自是諍臣沮折臣願臣皆得批逆鱗犯忌諱可乎武后造福先寺上皇造金仙玉真二觀費鉅百萬臣請絕道佛營造可乎漢以祿

詔使王起廣五位圖五運圖述古今治亂

太白上宣唐宏猷文太白爲和蕃書

緋衣小兒謠張權輿嫉度應讖帝城橫亘六岡象乾

莽闍梁亂天下國家爲甚臣願推此鑒戒爲萬代法可乎帝曰朕能行之崇乃頓首謝〔通鑑考異曰〕果如所言則崇進不以正又當時天下之事止此十條須因事啓沃豈一旦可邀似好事者爲之今不取〔呂成公試館職策曰〕唐元宗欽遲姚崇之舊德夙望起於藩維而相之崇歷述十事邀其諾而後就位仇敵相攻則有盟市道相質則有券君相聚精會神之際而用要約焉吁何薄也卽温公不取之意

王起廣五位圖。舊史云五運圖。〔元圻案〕〔新唐書藝文志史部編年類〕王氏五位圖十卷王起廣五運圖卷亡〔王播傳〕播弟起字舉之文宗上文好古鄭覃以經術進起以敦博顯詔使廣五位圖俾太子知古今治亂開成三年入翰林爲侍講學士擢山南西道節度使同中書門下平章事〔玉海一百二十九〕儲宮門〔唐藝文志〕有王氏五位圖十卷又有五運圖蓋編年書也〔中興館閣書目〕王氏五位圖三卷唐開成初判太常卿事王起撰自開闢至唐以五運爲序

李白上宣唐鴻猷一篇。卽新書本傳所謂召見金鑾殿奏頌一篇者也。今集中闕。〔元圻案〕〔李太白集〕附錄唐劉全白所撰碣記曰君名白廣漢人天寶初元宗辟翰林待詔因爲和蕃書幷上宣唐鴻猷一篇上重之欲以綸誥之任委之

緋衣小兒之謠。朝野僉載。謂裴炎也。而張權輿以譏裴度。〔元圻案〕〔四庫全書簡明目錄子部小說家〕朝野僉載六卷舊本題張鷟撰然鷟歿於元宗時而書中有敬宗宣宗時事蓋原本久佚後人掇拾成編與無名氏朝野僉載補遺併爲一書故卷數門目與所傳鷟書不合也〔宋敏求長安志七〕晉國公裴度宅引唐實錄曰度自興元請朝覲宰相李逢吉之徒百計嚌沮有張權輿者既爲嫉

金根車卽桑根車
韓昶臆斷改字
綰衮擢第狀元
親耕乘瑞山車
韓昶自爲墓誌

罷貢淡菜蛤蚶
孔戣三上書去官
元稹罷貢海物制役

犬乃上疏云度名應圖讖宅據岡原不召而來其意可見蓋嘗有人與度作讖詞云非衣小兒坦其腹天上有口被驅逐言度曾平吳元濟〔又〕帝城東西橫亘六岡符易象乾卦之數度永樂里地偶當第五岡故權輿以爲詞　餘注已詳第八卷

韓文公子昶。雖有金根車之譏。〔注〕見前卷八　而昶子綰。衮。皆擢第。衮爲狀元。君子之澤遠矣。〔全云〕足重亦不在科第〔集證〕〔瞿祐歸田詩話〕昶登長慶四年第昶生綰衮綰咸通四年進士衮七年進士○〔元圻案〕〔宋劉昌詩盧浦筆記六〕崔豹古今注金根車秦制也秦併天下閱三代之輿服謂殷得瑞山車一曰金根故因作爲金根之車漢因不改〔晉輿服志〕載金根車天子親耕所乘置耒耜於軾上乃知是車蓋耕車也韓昶爲集賢校理史記中有說金根車處皆臆斷之曰豈其誤歟必金銀車也悉改根爲銀昶文公子也〔康成禮記注〕大路木路也漢祭天乘殷之路今謂之桑根車〔禮志曰〕古曰桑根車秦曰金根車〔唐王定保摭言十三〕韓衮咸通七年趙騭下狀元及第又曰趙騭試被衮以象天賦或爲中貴語之曰侍郎既試王者被衮以象天賦更放韓衮狀元得無意乎〔韓昶自爲墓誌曰〕昌黎韓昶字有之生徐州之符離小名曰符有男五人曰緯前復州參軍次曰綰曰緄曰綺曰紈舉進士　緄卽衮也

孔戣爲華州刺史。奏罷明州歲貢淡菜蛤蚶之屬。〔原注〕見昌黎集　元稹爲越州。復奏罷之。〔原注〕見白樂天集〔閻按〕亦見本人集狀中　蓋嘗罷於元和。而復貢於長慶也。〔閻按〕〔狀云〕海味起自元和四年而九年以一縣令論罷十九年復令供進至孔戣奏罷則在元和二年只當云一罷於元和二年孔戣再罷於元和九年某縣令三罷於長慶二年元稹也方合鄉邦故實○〔元圻案〕〔韓文公孔公墓誌曰〕孔子之後三十八

畢炕不書忠義傳
廣平拒祿山死節
河北郡有顏平原

柳伉疏黜程元振

世有孫曰戣字君嚴事唐爲尚書左丞年七十三上書去官天子以爲禮部尚書祿之終身公爲華州刺史明州歲貢海蟲淡菜蛤蚶可食之屬自海抵京師道路水陸積功歲爲四十三萬六千人奏疏罷之〔方崧卿云〕華州乃輸貢之途此疏專爲遞夫而言也〔李肇國史補〕亦載其事〔白居易元稹墓誌曰〕公爲越州刺史先是明州歲進海物其淡菜蚶蛤非禮之味尤速壞課其程日馳數百里公至越未下車輒奏罷自越抵京師郵夫獲息肩者萬計道路歌舞之〔元稹論罷海味狀曰〕淡菜等味不登於俎豆名不載於方書海物鹹腥增疾損肺俗稱補益蓋是方言每年常役九萬餘人竊恐有乖陛下罷荔枝減常貢之至意

畢炕天寶末爲廣平太守。拒安祿山。城陷。覆其家。唐史附於其父構傳。〔舊唐書構傳〕幷不附見炕名蓋取韓文公所撰畢坰誌。然炕之名不書於忠義傳。故文公謂廣平死節。而子不苟其澤。愚謂廣平之節如此。河北二十四郡。不止一顏平原也。通鑑亦不書其事。〔元圻案〕〔昌黎畢君墓誌曰〕畢氏出東平國朝有爲許州刺史者曰憬憬之子構累官至吏部尚書是爲景公景公生炕爲廣平太守抗安祿山城陷覆其宗贈戶部尚書尚書生坰家破時坰生始四歲與其弟增俱以小徧名籍得不誅坰歷尉臨渙安邑王屋卒銘曰廣平死節而子不苟其澤王屋謹廉而神不福其謙〔顏真卿傳〕祿山反河朔盡陷獨平原城守元宗聞始亂歎曰河北二十四郡無一忠臣耶　此條楊升菴集全襲其說

廣德代宗年號元年。十一月。太常博士柳伉上疏。〔疏〕見唐文粹二十八

唐史不立柳伉傳　贄絳詞臣能獻替　吐蕃黨項陷無奔命　翰林待詔雜僧道等

請斬程元振於是削元振官爵放歸田里東坡試制科對策謂及其有事且急也雖代宗之庸程元振之用事柳伉之賤且疏而一言以入之不終朝而去其腹心之疾愚按登科記伉乾元〔肅宗三年改元乾元〕元年進士翰林院故事載寶應〔肅宗七年改元寶應〕已後伉自校書郎充學士出鄠縣尉改太常博士兵部員外諫議大夫皆充學士新唐書程元振傳云太常博士翰林待詔柳伉〔通鑑亦作太常博士柳伉〕上疏以翰林故事考之伉是時爲學士非待詔也〔何云唐時翰林院待詔凡山人僧道皆是非官名〕伉以博士在禁林職近而親不可謂賤且疏唐史不爲伉立傳故詳著其事俾覽者知詞臣之獻替不獨陸贄李絳也〔何云對仲父而言之則爲賤且疏矣王氏特著之以激後之爲詞臣者也〕〔集證〕〔通志藝文略〕唐登科記二卷李奕撰翰林故事一卷唐韋執誼撰丁居晦重修〔承旨學士廳壁記〕寶應後柳伉祕書省校書郎充累加太常博士諫議大夫依前充○〔元圻案〕〔唐書宦者程元振傳〕初

皇甫湜孫樵文學韓

孫樵文謹嚴之篇

李翺文得韓之醇

皇甫湜得韓奇崛

孫樵得文訣來無擇

林寶姓纂謬誤

吐蕃黨項內侵詔集天下兵無一士奔命者虜扣便橋帝倉皇出居陝京師陷賊於是太常博士翰林待詔柳伉上疏曰犬戎以數萬衆不血刃而入京師謀臣不奮一言武士不力一戰天下之心乃恨陛下遠賢臣任宦豎離間將相而幾於亡必欲存宗廟社稷獨斬元振首馳告天下疏聞帝顧公議不與乃下詔盡削元振官爵放歸田里〔裴晉公論元稹魏宏簡姦狀云〕代宗之朝蕃戎侵軼直犯都城代宗不知蓋被程元振壅蔽當時柳伉乃太常一博士耳猶能抗表歸罪爲國除害〔通鑑唐紀〕元宗天寶十二載上即位始置翰林院密邇禁廷延文章之士下至僧道書畫琴棋數術之工皆處之謂之待詔〔唐書李絳傳〕絳字深之系本贊皇擢進士宏辭元和二年授翰林學士拜中書侍郎同中書門下平章事帝謂左右曰絳言骨鯁真宰相也

東坡謂學韓退之不至爲皇甫湜學湜不至爲孫樵〔謝南省主文歐陽內翰啓〕朱新仲曰樵乃過湜如書何易于褒城驛壁田將軍邊事復佛寺奏〔諸篇皆載於唐文粹〕皆謹嚴得史法有補治道〔元圻案〕〔四庫全書總目別集類〕皇甫持正集六卷唐皇甫湜撰湜睦州人持正其字也元和元年進士仕至工部郎中其集唐志作三卷〔晁公武讀書志〕作六卷其文與李翺同出韓愈翺得愈之醇而湜得愈之奇崛又孫可之集十卷唐孫樵撰樵字可之又字隱之自稱關東人大中九年進士歷官職方郎中上柱國賜紫金魚袋樵與王霖秀才書云某嘗得文訣於來無擇來無擇得之於皇甫持正皇甫持正得之於韓吏部退之今觀三家之文韓愈包孕羣言自然高古而湜稍有意爲奇樵則視湜益有努力爲奇之態其彌有意於奇是其所以不及歟

林寶元和姓纂十卷自皇族之外各依四聲類集

鄧名世姓氏辨證齊秦非氏於國鉏邱茅夷非複姓鄭樵氏族略祖林書林氏出姬姓非氏地

每韻之內以大姓爲首。此林寶自序之文 鄧名世謂稍能是正數十條而齊秦之屬亦所未暇至鉏邱茅夷。指爲複姓又不勝其謬。鄭樵通志氏族略謂寶不知自姓所由來。〔元圻案〕〔鄧名世古今姓氏書辨證〕卷四齊下云謹按春秋姬姓衞昭伯長子諡曰齊子齊子之孫惡始以祖謚爲齊氏惡孫豹以殺孟縶爲衞所逐春秋書之曰盜齊孫明仕韓又仕東周以姓見於戰國策姓書自應劭何承天以來相承一誤如齊秦晉楚不攷其由皆謂之氏於國者故姓纂唐表恥齊豹盜臣之名喜太公大賢之後鑿空附會皆以齊氏爲姜姓而氏於國不曰出姬姓而氏於謚後人因循訛謬遂失其本不可以不辨正〔又卷六秦下云〕秦氏出自姬姓周文公世子伯禽受封爲魯侯裔孫以公族爲魯大夫者食邑於秦因以爲氏春秋魯莊公三十一年書築臺於秦即其地也莊公大夫曰秦子乾時之戰代君任患而身止於齊其家遂昌阜於魯國昭公時有大夫曰商曰遄又有堇父者仕孟氏爲孟僖子車右以力聞諸侯漢與高祖徙大姓實關中秦氏始自魯徙居扶風茂陵〔又卷十一茅夷下云〕〔元和姓纂〕邾大夫茅夷鴻之後見左傳〔謹按〕世無此氏而春秋時夷鴻姓茅氏謂之茅成子後世子孫何至乃以茅夷爲氏攷之義理極無依據凡姓纂中誤引經傳增收入姓如罕夷者數十如茅夷者又數十皆當時門生討論者淺陋訛謬雜之以穿鑿臆說刊修官未嘗攷按左書因而附列今舉凡以駁之如此類者悉皆駁正 〔同年王穀睦曰〕今所傳姓纂姓氏辨證皆從永樂大典錄出不全之本鉏邱一姓兩書皆闕鄧氏於齊駁姓纂姜姓之非其文亦多闕佚於秦明出自姬姓而不辨姓纂嬴姓之說意有佚文所云是正數十條者蓋俱不可得而攷證矣 〔姓纂卷五〕林殷太丁之子比干之後比干爲紂所滅其子堅逃難長林之山遂姓林氏〔通志氏族略〕謂林氏出自姬姓周平王庶子林開之後開生英英生茂慶與林寶所云不同故鄭氏譏之 〔四庫全書總目子部類書類〕〔元和姓纂〕十八卷唐林寶撰寶濟南人官朝議郎太常博士其論得姓受氏之初多原本於世本風俗通其他如世本族姓記三輔決錄以及百家譜英賢傳姓源韻譜姓苑諸書不傳於今者賴其徵引

班固鬻筆受金
陳壽索丁氏米作傳
班史不言父從事
劉允濟齊名王勃

劉知幾史事五不可
孫盛王劭直筆取嫉
王韶之以史書懼陷
劉裕使韶之酖晉帝

亦皆班班可見鄭樵作氏族略全祖其文蓋亦服其該博也〔又古今姓氏書辨證〕四十卷宋
鄧名世撰而其子椿年次之名世字元亞臨川人〔李心傳繫年要錄〕稱紹興三年十月詔撫
州進士鄧名世赴行在以御史劉大中薦也四年三月上此書長於辨論大抵以左傳國語爲
主自風俗通以下各采其是者從之而於元和姓纂抉摘獨詳〔朱子語類〕謂名世學甚博姓
氏一部攷證甚
詳不虛也

劉允濟曰。班生受金。陳壽求米。〔原注〕受金事未詳〔何云〕文帝
即王位誅丁儀丁廙幷其男口安得
晉時猶有子在覓米事誣　〔閻按〕〔文心雕龍云〕班固述漢遺親攘美之罪徵賄鬻筆之愆
公理辨之究矣公理仲長統之字辨之究猶上文論之詳非辨其誣也　其實二句純用北史
柳虬傳班固致受金之名陳壽有求米之論〔全云〕班固自序不言其父之從事漢書故云
遺親攘美○〔元圻案〕〔唐書文藝傳〕劉允濟字允濟河南鞏人工文辭與王勃齊名爲著作
佐郎修國史嘗曰史官善惡必使驕主賊臣懼此權顧輕哉而班生受金陳壽求米僕乃視如
浮雲耳　〔晉書陳壽傳〕或云丁廙丁儀有盛名於魏陳壽謂其子曰可覓千斛米見與當與
尊公作佳傳丁不與
之竟不爲立傳

劉知幾領史事。言五不可。曰孫盛取嫉權門。王劭見讎貴族。文粹云。王韶直書。見讎貴族。宋王韶之爲晉史。序王珣貨殖。王廞作亂。珣子宏。廞子華。並貴。韶之懼爲所陷。深附結徐羨之傅亮等。事見宋書王韶之本傳當從文粹爲王韶。新史誤以韶爲劭。〔原注〕韶之弑

史通屢言王劭直筆干寶直言受譏

李晟錦裘繡帽自表殷孝祖鼓蓋隨戰狄青戰帶銅面具

君之賊也身爲梟獍而秉史筆其誰服之〔傳曰〕無瑕可以戮人〔閻按〕晉安帝崩乃劉裕使王韶之密加酖毒故曰弑君之賊〔集證〕〔浦起龍史通通釋曰〕困學紀聞據文粹云王劭當作王韶〔按舊唐書〕亦作王韶然觀史通於敘事篇云裴子野宋略王劭齊志二家並長於敘事無愧古人〔曲筆篇云〕王劭之抗詞不撓可以方駕古人〔雜說中篇云〕隋書王劭袁充兩傳惟錄其詭辭妄說遂盈一篇尋又申以詆訶尤其詔惑累累言王劭直書犯時忌從本文作劭亦合集內評家歷詆王劭正緣不悟此旨耳○〔元圻案〕〔唐書劉知幾傳〕知幾領史事時宰相韋巨源紀處納楊再思宗楚客蕭至忠皆領監修子元病長官多意尚不一因爲至忠言五不可〔史通忤時篇〕今館中作者多士如林皆願多喙無聞齰舌儻有五始初成一字加貶言未絕口而朝野具知筆未棲毫而搢紳咸誦夫孫盛紀實取疾權門王劭直言見讐貴族人之情也能無畏乎〔南史王韶之傳〕韶之字休泰博涉多聞初爲謝炎參軍得父偉之舊書因私撰晉安帝陽秋除著作郎使續後事訖義熙九年晉安帝之崩宋武帝使韶之密加酖毒武帝受命復掌宋書韶之爲晉史序王珣貨殖王廞作亂珣子宏入相韶之常慮爲宏所繩夙夜勤勵後爲吳興太守卒〔晉書孫盛傳〕盛字安國太原人累遷祕書監撰魏氏春秋二十卷晉陽秋三十二卷〔北史王劭傳〕劭字君懋太原人北齊待詔文林館隋文受禪遷祕書少監〔隋書王劭傳〕劭撰隋書十八卷〔冊府元龜國史部議論〕類載劉知幾奏紀於蕭至忠云孫盛實錄取嫉權豪干寶直言受譏朝士又與文粹不同

李晟每戰。必錦裘繡帽自表。而晟以勝。宋殷孝祖每戰。常以鼓蓋自隨。而孝祖以敗。兵豈有定法哉。〔方樸山云〕晟傳則其自表之故已明言之○〔元圻案〕〔唐書李晟傳〕晟字良器洮州臨潭人晟每戰必錦裘繡帽自表李懷光曰將務持重豈宜自表纍爲賊餌哉晟曰向在涇原士頗相畏服欲令見之奪其心爾〔宋書殷孝祖傳〕孝祖與賊合戰常以鼓蓋自隨軍中人相謂曰與賊交鋒而以羽儀自標顯若善射者十手攢射欲不斃得乎是日於陣爲矢所中死　宋狄青與西賊戰每帶銅面具被髮出入行陣亦所至克捷

李椅常衮化閩俗淮西蔡人安悖逆

漢黨錮以節義著唐朋黨以權利合錢李敗於貢舉事牛李奮私昵黨甘陵二部相譏

閩俗比中州。化化於善也。蔡人過夷貊。化化於惡也。〔全云〕俗比中州謂李椅常衮之後人過夷貊謂吳氏之後○〔元圻案〕〔唐書宗室世系表〕蜀王湛六世孫椅福建按察使　〔唐獨孤及福州新學碑曰〕閩中無儒家者流成公至而俗易家有洙泗戶有鄒魯儒風濟濟被於庶政〔又曰〕公諱椅皇帝之諸父宗室之才子　〔唐書常衮傳〕起爲觀察使閩人未知學衮至爲設鄉校使作爲文章親加講導與爲客主鈞禮觀游燕饗由是俗一變歲貢士與內州等　〔通鑑唐紀〕憲宗十二年初淮西之人劫於李希烈吳少誠之威虐不能自拔久而老者衰幼者壯安於悖逆以死爲賊用雖居中土其風俗獷戾過於夷貊

漢黨錮以節義。羣而不黨之君子也。唐朋黨以權利。比而不周之小人也。漢之君子。受黨之名。故其俗清。唐之小人。行黨之實。故其俗弊。〔元圻案〕〔後漢書黨錮傳〕敘曰桓靈之間主荒政繆國命委於閹寺士子羞與爲伍故匹夫抗憤處士橫議遂乃激揚名聲互相題拂品覈公卿裁量執政婞直之風於斯行矣若范滂張儉之徒清心忌惡終陷黨議不其然乎　〔唐書李宗閔傳〕長慶初錢徽典貢舉宗閔託所親於徽而李德裕李紳元稹在翰林有寵於帝共白徽納於丐取士不以實宗閔坐貶劍州刺史由是嫌忌顯結樹黨相磨軋凡四十年搢紳之禍不能解〔又贊曰〕夫口道先生語行如市人其名曰盜儒僧儒宗閔以方正敢言進既當國反奮私昵黨排所憎是時權震天下人指曰牛李非盜謂何　〔唐鑑十九祖禹曰〕漢之黨錮始於甘陵二部相譏而成於太學生相譽唐之朋黨始於牛僧孺李宗閔對策而成於錢徽之貶〔又曰〕漢之黨尚風節故政亂於上而俗清於下及其亡也人有畏義而有不爲唐之黨趨勢利勢利盡而止故其衰季士無操行〔又曰〕牛李之黨多小人德裕之黨多君子然因私以害公挾勢以報怨則一也

宦倖恐君近儒好學
仇士良教其徒蠱君
張布排韋曜盛沖
李宗閔沮鄭覃殷侑

杜佑理道要訣十類

重君子輕小人不斷
漢武見黯異於宏
踞廁見大將軍青

姦臣惟恐其君之好學近儒。非獨仇士良也。吳張布之排韋昭盛沖。李宗閔之排鄭覃殷侑。亦士良之術。〔元圻案〕〔唐書宦者傳〕仇士良之老中人舉送還第謝曰天子不可令閑暇暇必觀書見儒臣則又納諫智深慮遠減玩好省游幸吾屬恩且薄而權輕矣為諸君計莫若殖貨財盛鷹馬日以毬獵聲色蠱其心則必斥經術闇外事萬機在我恩澤權力欲焉往哉　〔三國志吳孫休傳〕休欲與博士祭酒韋曜博士盛沖講論道藝曜沖素皆切直布恐入侍發其陰失令己不得專擅因妄設說以拒遏之　〔唐書鄭覃傳〕覃於經術該深諄篤守正帝尤重之李宗閔牛僧孺知政以覃與李德裕厚忌其親近為助力陽遷工部尚書罷侍講欲推遠之帝雅向學頗思覃復召為侍講學士帝嘗謂殷侑善言經其為人鄭覃比也宗閔猥曰二人誠通經然其議論不足取　〔真西山大學衍義曰〕忠臣之心惟欲君之務學傅說之告高宗是也姦臣之心惟恐其君之好學張布之沮吳主是也或見仇士良教其徒毋使人主親近儒生則以為此術自士良始而不知三國之世已有如張布者

杜佑理道要訣。朱文公謂非古是今之書。〔集證〕〔唐志〕杜佑理道要訣十卷〔玉海五十二〕佑自序曰〔隋李文博理道集注〕唐志法家治道十卷多主於規諫而略於體要臣頗探政理窮究始終遂假問答方冀發明第一至第三食貨四選舉命官五禮教六封建州郡七兵刑八邊防九十古今異制議〔又注云〕權德輿以為誕章閎議錯綜古今經世立言之旨備焉朱文公謂非古是今之書○〔元圻案〕其書見一齋書目明季猶存今佚

魏鄭公曰。重君子也敬而遠之。輕小人也狎而近之。語見魏徵本傳

武帝之於汲黯衛青公孫宏。明皇之於姚崇宋璟李林甫。可見矣。中庸之尊賢。必以修

明皇知林甫
妬嫉房琯非破賊
才
宋璟賣直取
名
裴士淹以辨
學得幸
善言善樂不
可離
孟詵居名子
平里
唐倚節度兵
平安史
河北分帥繼
襲之患
僕固懷恩用
賊黨
李寶臣爲張
假子

身爲本。〔元圻案〕〔漢書汲黯傳〕大將軍青侍中上踞廁視之丞相宏宴見上或時不冠至如見黯不冠不見也上嘗坐武帳黯前奏事上不冠望見黯避帷中使人可其奏其見敬禮如此上既數征匈奴有功黯言益不用坐法免官召爲淮陽太守十歲而卒〔唐書姦臣李林甫傳〕帝之幸蜀也給事中裴士淹以辨學得幸時肅宗在鳳翔每命宰相輒啓聞及房琯爲將帝曰此非破賊才也若姚元崇在賊不足滅至宋璟曰彼賣直以取名耳因歷評十餘人皆當至林甫曰是子妬賢嫉能舉無比者士淹因曰陛下誠知之何任之久邪帝默不應

善言不可離口。善藥不可離手。孟詵之言也。觀物外篇取之。〔閻按〕孟詵見唐書隱逸列傳○〔元圻案〕〔唐書隱逸傳〕孟詵汝州梁人擢進士第累遷春官侍郎拜同州刺史神龍初致仕居伊陽山尹畢構以詵有古人風名所居爲子平里其閑居嘗語人曰養性者善言不可離口善藥不可離手當時傳其言

張文潛云。節度之強不起於河北之繼襲。而起於節度之有功。愚考方鎮之強始於僕固懷恩用賊黨田承嗣李懷仙李寶臣分帥河北。非有功之將也。〔全云〕正謂起於懷恩之有功○〔元圻案〕〔張文潛唐論上〕天寶之亂安史橫行於中原而莫之禁天子兵弱而不能制則其勢不得不倚節度之兵而節度既已有功則雖欲變之而不可故唐之患不起於河北之繼襲而起於節度之有功使吾初不倚節度之功則河北之區區雖欲傳襲其可得哉〔唐書叛臣僕固懷恩傳〕河北平懷恩以功遷尚書左僕射兼中書令河北副元帥朔方節度使初帝有詔但取朝義其它一切赦之故薛嵩張忠志李懷仙田承嗣見懷恩皆叩頭願效力行伍懷恩自見功高且賊平則勢輕不

房琯建言諸王分鎮
祿山以分鎮驚嘆
賀蘭進明讒房琯
程致道發揚琯議
晉元帝江左立業

能固寵乃悉請裂河北分大鎮以授之潛結其心以爲助萬等卒據以爲患云〔李寶臣傳〕寶臣善騎射范陽將張鎖高畜爲假子故冒其姓名忠志

司空圖房太尉詩曰。物望傾心久。匈渠破胆頻。注謂祿山初見分鎮詔書。拊膺歎曰。吾不得天下矣。琯建遣諸王爲都統節度。而賀蘭進明讒於肅宗。以司空表聖之言觀之。則琯建此議。可以破逆胡之膽。新唐書采野史稗說。而不載此語。唯程致道著論〔閻按〕見程俱房太尉傳後論發揚之。〔原注〕晉以琅琊立江左之業我宋以康王建中興之基琯可謂善謀矣○〔元圻案〕〔唐書元宗紀〕天寶十四載十一月安祿山反陷河北諸郡十五載七月房琯爲吏部尚書同中書門下平章事皇太子爲天下兵馬元帥都統朔方河東河北平盧節度使永王璘爲山南東路黔中江南西路節度使盛王琦爲廣陵郡都督江南東路淮南道節度使豐王珙爲武威郡都督河西隴右安西北庭節度使〔房琯傳〕賀蘭進明曰陛下頃爲皇太子太子出曰撫軍入曰監國而琯爲聖皇建遣諸王爲都統節度乃爲陛下爲元子而付以朔方空虛之地永王豐王乃統四節度此於聖皇似忠於陛下非忠也琯意諸子一得天下身不失恩又多樹私黨以副戎權推此而言豈肯盡誠於陛下乎帝入其言始惡琯　宋程俱字致道衢州開化人擧進士試南宮第一廷試中甲科歷官徽猷閣待制封新安縣伯事蹟具宋史文苑傳著山北小集四十卷〔四庫全書著錄〕〔晉書元帝紀〕帝諱睿字景文宣帝曾孫琅琊恭王覲之子也懷帝蒙塵於平陽司空荀藩等移檄天下推帝爲盟主愍帝卽位加左丞相西都不守愍帝詔攝萬機太興元年三月愍帝崩問至於是大赦改元

劉蕡以惡宦
貶司戶
劉蕡對策在
宦始末

眞卿鄭畋倡
義討賊
李昌言襲畋
軍
黃巢陷東郡

通鑑。劉蕡不得仕於朝。終於使府御史。唐鑑云。終
於柳州司戶。以新史考之。當從唐鑑〔原注〕宦人深嫉蕡
誣以罪貶柳州司戶
〔何云〕李商隱有哭劉司戶詩○〔元圻案〕〔通鑑唐紀〕文宗太和二年自元和之末宦官
益橫建置天子在其掌握威權出人主之右人莫敢言上親策制舉人賢良方正昌平劉蕡對
策極言其禍云云攷官畏宦官不敢取蕡由是不得仕於朝終於使府御史　〔范氏唐鑑二
十〕云終於柳州司戶〔唐書劉蕡傳〕蕡對策七年後有甘露之禍令狐楚牛僧孺節山南
東西道皆表蕡幕府授秘書郎以師禮禮之而宦人深嫉蕡誣以罪貶柳州司戶卒〔舊唐
書文苑劉蕡傳〕亦云終於使府御史昭宗時羅袞上言有劉蕡遂罹遺逐身死異土語粵西
文載言蕡卒於柳州墓在
城西五里與唐鑑合

顏眞卿鄭畋以興復爲己任。倡義討賊。其志壯矣。
眞卿權移於賀蘭晉明。畋見襲於李昌言。功不
克就。故才與誠合。斯可以任天下之重。〔全云〕王庶之
見陵於曲端亦
以此○〔元圻案〕〔唐書鄭畋傳〕畋字台文系出滎陽父亞畋舉進士黃巢陷東都帝出梁洋
畋上謁斜谷帝勞遣之且曰公謹扼賊衝無令得西向畋曰臣當以死報國還檢校尚書右僕
射西面行營都統乃與涇原程宗楚秦州仇公遇鄜延李孝恭夏州拓拔思恭約盟傳檄天下
遠近感聳巢大懼不敢西謀當此時微畋天子幾殆〔又曰〕畋以鄜夏兵屯東渭橋行軍司馬
李昌言者屯興平遣麾下求爲南面都統輒引兵趨府畋不意見襲登城好語曰吾方入朝公
能戢兵愛人爲國滅賊乎能則守此矣遂委軍去昌言自爲留後贊曰畋鐸皆社稷之才當大
過之世爲天下倡扶支王室幾致中興俄而爲孽豎
亂宦所乘功業無所成就顏眞卿注見第十二卷

漢文制喪三十六日元宗變期二十七日

韓偓書歲銜不用梁

厚齋仕止比偓圖

白馬清流之禍

唐末節義數人

馮道楊凝式無恥

官韓偓後勸忠

致光香匳集爲累

偓允定策誅劉季述

常袞與禮官議禮爲君斬衰三年。漢文帝權制三十六日。我太宗遺詔亦三十六日。羣臣不忍旣葬而除。略盡四月。高宗如漢故事。元宗以來。始變天子喪爲二十七日。〔原注〕世多以短喪譏漢文帝而不知二十七日之制自元宗始也○〔元圻案〕此條錄唐書崔祐甫傳文

韓偓自書裴郡君祭文。首書甲戌歲銜。書前翰林學士承旨銀青光祿大夫行尙書戶部侍郎知制誥。昌黎縣開國男食邑三百戶。韓某是歲朱氏篡唐已八年。爲乾化四年。猶書唐故官而不用梁年號。〔案〕此條全錄劉克莊語〔原注〕慶歷中詔官其四世孫奕〔閻按〕王氏晚歲自撰誌銘有其仕其止如偓如圖聞者咸以爲實錄偓即韓偓圖則卷二十之司空表聖即爾求云　慶歷當作景祐蓋龐籍爲漕時奏上偓詩始得官其裔孫也〔全云〕歐陽公常太息於唐無節義之臣以爲白馬清流之禍使然然予收拾遺文亦尙可得十餘人可備一卷司空圖韓偓孫郃羅隱王居巖朱葆光顔蕘李濤梁震黄岳張鴻梁昊其人也然則當時恐不止於此〔又云〕尙有許儒見荊公集　〔集證〕〔夢溪筆談〕唐韓偓詩極清麗有手寫詩百餘篇在其四世孫奕處偓天復中避地泉州之南安縣子孫遂家焉慶歷中余過南安見奕出其手集字極淳勁可愛後數年奕詣闕獻之以忠臣之後得用仕參軍終

淵明書晉處士
張公禮撰書齊官
僕固李日月
母罵子
焦暉白玉殺
僕固子
渾瑊伏兵敗
朱泚
李光弼韋陟
各有長
光弼不入援
憂死
朝恩程元振
謀弼

於殿中丞○〔元圻案〕〔劉克莊跋韓致光帖〕云馮道相數姓不以國破君辱爲戚而以官高年高爲樂楊凝式諫父之語壯矣既而歷五季每一革命則一進官終於太子少師致光自癸亥去國至甲戌悼亡十有二年流落久矣而乃心唐室始終不衰其自書裴郡君祭文首書甲戌歲云云賢於楊風子輩遠矣宋景文修唐史合列於司空表聖之後不知何以不收豈爲香奩集所累耶慶歷中詔官其四世孫奕足以勸忠臣之後矣〔唐書韓偓傳〕偓字致光京兆萬年人擢進士第王溥薦爲翰林學士遷中書舍人偓嘗與崔允定策誅劉季述昭宗反正爲功臣〔日知錄十三〕陶淵明以宋元嘉四年卒而顏延之作誄直云有晉處士〔真定府龍藏寺碑〕隋開皇六年立其末云齊開府參軍長兼行九門張公禮撰齊亡入周周亡入隋而猶書齊官〔韓偓傳〕見唐書一百八卷非不收也劉克莊蓋謂其不列卓行耳

僕固懷恩叛唐。李日月爲朱泚將。而其母皆知逆順之理。良心不可泯也。〔元圻案〕〔通鑑唐紀〕代宗廣德二年僕固懷恩子瑒爲焦暉白玉所殺僕固懷恩聞之入告其母母曰吾語汝勿反國家待汝不薄今衆心既變禍必及我將如之何懷恩不對而出母提刀逐之曰吾爲國家殺此賊取其心以謝三軍懷恩疾走得免〔唐書逆臣朱泚傳〕帝使高重傑屯梁山禦賊賊將李日月殺之渾瑊伏兵漢谷引數十騎跳攻長安泚大驚踣榻前瑊引卻日月尾追遇伏鬬射日月殺之泚悵悵其母不哭罵曰奚奴天子負爾何事死且晚

李光弼與韋陟論戰守曰。辨朝廷之禮。我不如公。若夫軍旅則公不如我。陟無以應。光弼語見唐書本傳古者治軍有軍禮焉。楚得臣以無禮敗。晉文公以有禮勝。禮莫大於君臣之分。光弼命召不至。愧恨以

宰相監修國史

唐主欲自觀國史房魏父俱得佳傳

李成公常袞化閩

汲。蓋以禮與軍旅爲二物也。〔元圻案〕〔唐書李光弼傳〕相州北邙之敗朝恩差其策繆故深忌光弼而程元振尤疾之二人用事日謀有以中傷者及來瑱爲元振讒死光弼愈恐吐蕃寇京師代宗詔入援光弼畏禍遷延不敢行贊曰光弼擁袂徇國天下風靡一爲遷延而田神功等皆不受約束卒以憂死功臣去就可不愼耶嗚呼光弼雖有不釋位之誅然讒人爲害亦可畏矣將時之不幸歟

唐鑑曰。人君觀史。宰相監修。欲其直筆。不亦難乎。房魏爲相總史事。其父彥謙長賢。皆得佳傳。況不如房魏者乎。〔何云〕按第十三卷所載長賢非有溢美況僅附見魏收之後耶〔又云〕紀聞所採非一人之論〔全云〕彥謙不過賢其先見耳○〔元圻案〕〔唐會要六十三〕史館武德初因隋舊制隸秘書省著作局貞觀三年閏十二月移史館於門下省北宰相監修〔唐鑑六〕帝謂監修國史房元齡曰朕欲自觀國史知前日之惡爲後來之戒公可譔次以聞元齡乃與給事中許敬宗等刪定爲高祖今上實錄上之范淳夫曰後世人君得以觀史云云　房彥謙字孝沖元齡之父傳見隋書列傳三十一魏長賢徵之父收之族叔也傳見北史列傳四十四

獨孤及福州新學碑銘云。閩中無儒家流。成公至而俗易。〔原注〕成公李椅也在大歷八年　家有洙泗。戶有鄒魯。〔原注〕常袞建中初爲閩人設鄉校李椅在其前〔閻按〕〔唐宗室世系表〕蜀王湛五世孫爲福建觀察使椅○〔元圻案〕〔世系表〕椅乃湛之六世孫〔獨孤及傳〕及字至之河南洛陽人天寶末以道舉高第歷司封郎中徙常州著毗陵集二十卷〔福州新學碑〕見文苑英華八百四十七

王福時執謚不更　許敬宗棄子驩貨　何曾忠孝以奢謚惡

許陳易謚皆曰恭　陳執中以罪謚榮靈

漢唐戮贈異施　贈張衡謚忠爲奬賊　封德彝叛逆相唐　裴虔通削職流徙

王福時爲博士。執許敬宗之謚不改。無忝河汾之學矣。〔元圻案〕〔唐書許敬宗傳〕博士袁思古議謚曰繆。其孫彥伯訴思古有嫌。詔更議。博士王福時曰。何曾忠而孝。以日食萬錢謚繆醜。況敬宗忠孝兩棄。飲食男女之累過之。執不改。有詔尚書省雜議。更謚曰恭。〔袁思古議曰〕敬宗棄長子於荒徼。嫁少女於夷落。聞詩學禮。事絕於家庭。納采問名。惟聞於黷貨。謚法名與實爽曰繆。請謚爲繆。王福時覆議曰。福時忝當官守。匪躬之故。若順風阿意。背直從曲。更是甲令虛設。將謂禮院無人。請依思古議爲定。

許敬宗謚繆。而更曰恭。陳執中謚榮靈。而更曰恭。二事相類。〔集證〕〔宋史張洞傳〕陳執中將葬。洞與同列議謚爲榮靈。其孫訴之。詔孫抃等復議。改曰恭。洞奏執中位宰相。無功德而罪戾多。生不能正法。死猶當正名。竟從抃等議。〔夢溪筆談補〕故相陳岐公有司謚榮靈。太常議之。以榮靈爲甚。請謚恭。以恭易榮靈。雖差美矣。乃是用唐許敬宗事。適足以爲累耳。

武德初以隋張衡死非其罪。謚曰忠。是奬弒君之賊也。高祖相封德彝。宜其以逆爲忠也。漢大綱正。見於戮丁公。唐無三綱。見於贈張衡。〔閻按〕贈張衡乃高祖於義寧中事。太宗貞觀二年以裴虔通弒煬帝。猶削爵流驩州。父子刑賞判若天淵。故曰唐之天下。太宗之天下也。〔全云〕裴虔通止以流削處之。尙未蔽辜。○〔元圻案〕〔隋書張衡傳〕煬帝欲大汾陽宮。衡進諫。帝意甚不平。嘗目衡謂侍臣曰。張衡自謂由其計畫。令我有天下也。衡妾言衡怨望謗訕朝政。竟賜盡於家。臨死大言曰。我爲人作何物事。而望久活。義寧中以死非其罪。贈大將軍南陽郡公。謚曰忠。〔唐書封倫傳〕倫字德彝。以字顯。隋內史舍人。宇文化及亂。持帝出宮。使倫數帝罪。帝曰。卿士人。何至是。倫羞縮去。〔高祖紀〕武德三年。封德彝兼中書令。

漢唐宋戶口增減

書唐六臣以貶惡書晉處士以表節

周世宗頒圖均田　元稹奏手實抽稅法　均田表曲盡利病

朝野雜記。（全云）李心傳作○（甲集十七）本朝視漢唐戶多丁少之弊曰。西漢戶口至盛之時。率以十戶爲四十八口有奇東漢戶口率以十戶爲五十二口可準周之下農夫唐人戶口至盛之時。率以十戶爲五十八口有奇可準周之中次。（原注）其說本程沙隨○（元圻案）（雜記又曰）自本朝元豐至紹興戶口率以十戶爲二十一口以一家止於二口則無是理蓋詭名子戶漏口者衆也（書錄解題雜史類）建炎以來朝野雜記甲乙集共四十卷李心傳撰上自帝系帝德朝政國典下及見聞瑣碎皆錄之蓋南渡以後野史之最詳者

歐陽子書唐六臣於唐亡之後貶其惡也朱子書晉處士於晉亡之後表其節也一字之懲勸深矣。（元圻案）（五代史唐六臣傳）敘曰嗚呼唐之亡也賢人君子旣與之共盡其餘在者皆庸懦不肖傾險獪猾趨利賣國之徒也不然安能蒙恥忍辱於梁廷如此哉作唐六臣傳六臣張文蔚楊涉張策趙光逢薛貽矩蘇循也（綱目）宋文帝元嘉四年冬晉徵士陶潛卒攷異云提要作處士

五代史。周本紀論周世宗嘗夜讀書見唐元稹均田圖。歎曰此致治之本也。詔頒其圖法使吏民先習知之。期以一歲大均天下之田。（何云）八條闕得抄本補完攷之南雍元板乃自田字以下脫一葉

歐公言不以天參人

考之五代會要。租稅類世宗見元稹在同州時所上均田奏。因製素爲圖賜諸道。崔頌傳云。世宗讀唐元稹均田疏。命頌寫爲圖賜近臣。遣使均諸道租賦。史謂元稹圖誤也。稹集有同州奏均田。續通歷云。唐同州刺史元稹奏均租賦。帝覽文集而善之。寫其辭爲圖以賜。〔元圻案〕續通歷以下廿九字閣本作小注今從何來　〔通鑑唐紀〕穆宗長慶二年六月裴度及元稹皆罷相稹爲同州刺史　〔後周紀〕世宗顯德五年帝欲均田租以元稹均田圖徧賜諸道註時詔曰近覽元稹長慶集見在同州時所上均田表較當時之利病曲盡其情俾一境之生靈咸受其賜傳於方冊可得披尋因令製素成圖直書其事　〔元稹均田奏曰〕因農務稍暇令百姓自通手實狀又令里正書手等傍爲穩審並不遣官擅到村鄉略無欺隱除去逃荒其餘頃畝取兩稅充額計七縣沃瘠一例作分抽稅　〔四庫全書總目史部政書類〕五代會要三十卷宋王溥撰五代干戈俶擾百度凌夷故府遺規多未暇修舉然五十年閒法制典章尚略具於累朝實錄溥因檢尋舊史條分件繫類輯成編建隆二年與唐會要並進詔藏史館〔又曰〕租稅類中載周世宗讀長慶集見元微之所上均田表因令製素成圖頒賜諸道而歐史乃云周世宗見元微之均田圖是直以圖爲元微之作微溥是編亦無由訂歐史之謬也　〔晁氏讀書志編年類〕續通歷十卷荊南孫光憲撰輯唐洎五代事以續馬總通歷參以黃巢李茂貞劉守光阿保機吳唐閩廣胡越兩蜀事迹太祖朝詔毀其書以其所紀多非實也

歐陽子之論篤矣。而不以天參人之說。或識其失。

溫公言王霸無異道

胡氏譏分天人心迹

五代時寒食野祭

紙錢之始

王嶼習祠祭

禮干上

蔡邕有取上陵禮

唐定寒食上墓常式

祭河用寓龍寓馬

錢若水不燒楮鏹

唐立青帝壇迎春

諸陵寢時祭

司馬公之學粹矣而王霸無異道之說或指其疵信乎立言之難也〔元圻案〕〔五代史司天考第一敘曰〕自堯舜三代以來莫不稱天以舉事孔子刪詩書不去也蓋聖人不絕天於人亦不以天參人絕天於人則天道廢以天參人則人事惑故常存而不究也〔司馬公迂書曰〕自孟荀氏以下皆曰由王道而王由霸道而霸道豈有二哉得之有淺深成功有小大耳〔胡氏讀史管見二十九〕夫天人無二道心迹不可判此孔孟之學也於司天考而見歐陽氏之分天於人於論爲人後而見歐陽氏之別心於迹使其槪乎有聞則其論不至若是僨而使天下之爲父子者不定也

歐陽子謂五代禮壞寒食野祭而焚紙錢按紙錢始於開元二十六年王嶼爲祠祭使祈禱或焚紙錢類巫覡非自五代始也古不墓祭漢明帝以後有上陵之禮蔡邕議以爲禮有煩而不可省者舊唐書〔元宗本紀〕開元二十年寒食上墓編入五禮永爲常式寒食野祭蓋起於此朱文公〔語錄〕謂漢祭河用寓龍寓馬以木爲之已是紙錢之漸唐〔禮書載〕范傳正謂唯顏魯公張思業〔全云〕名參家祭不

諸儀
五時牢具色
食所勝
秦時駒欒車
木寓車
康節比楮錢
於明器
寓錢起於漢
瘞錢
齊東昏翦紙
錢代帛
杜正獻家祭
享諸儀

用紙錢。本朝錢鄧州。〔閣按〕鄧州乃錢若水不燒楮鏹。呂南公爲文頌之。〔全云〕漢祭五時及山川皆有寓龍寓馬其後遂以代駒〔元圻案〕〔五代史晉家人傳〕論曰五代干戈賊亂之世也禮樂崩壞三綱五常之道絕而先王之制度文章掃地而盡如寒食野祭而焚紙錢天子而爲閭閻鄙俚之事者多矣〔通鑑唐紀〕元宗開元二十五年太常博士王璵上疏請立青帝壇以迎春從之冬十月辛丑制自今立春親迎春於東郊時上頗好祀神鬼故璵專習祠祭之禮以干時上悅之以爲侍御史領祠祭使璵祈禱或焚紙錢類巫覡習禮者羞之　此云二十六年六當作五　〔後漢書明帝紀〕永平元年春正月帝率公卿以下朝於原陵注漢官儀曰古不墓祭秦始皇起寢於墓側漢因而不改諸陵寢皆以晦望二十四氣三伏社臘及四時上飯其親陵所宮人隨鼓漏理枕被具盥水陳莊具天子以正月上原陵公卿百官及諸侯王郡國計吏皆當軒下占其郡國穀價四方改易欲先帝魂魄聞之也〔又禮樂志劉昭補注謝承書曰〕建寧五年正月車駕上原陵蔡邕從見其儀愾然謂同坐者曰聞古不墓祭朝廷有上陵之禮始謂可損今見威儀察其本意乃知孝明皇帝至孝惻隱不可易舊或曰本意云何昔京師在長安時其禮不可盡得聞也光武即世始葬於此明帝嗣位踰年乃帥公卿百寮就園陵而創焉明帝聖孝之心親服三年久在園陵初興此儀仰察几筵下顧羣臣悲切之心必不可堪邕見太傅廣曰國家禮有煩而不可省者不知先帝用心周密之至於此也廣曰然子宜載之以示學者　〔漢書郊祀志下〕有司言雍五時無牢孰具芬芳不備迺令祠官進時犢牢具色食所勝以木寓馬代駒云及諸名山川用駒者悉以木寓馬代　〔史記封禪書〕秦時駒四匹木禺龍欒車一駟木禺車一駟各如其帝色據此則禺龍馬實倣於秦也　〔唐書范傳正傳〕字西老鄧州順陽人舉進士宏辭皆高第官光祿卿　張參著五經文字三卷自序題大歷十一年六月結銜稱司業蓋代宗時人　呂南公字次儒南城人宋史入文苑傳著灌園集二十卷　〔四庫全書著錄〕其錢鄧公不燒楮鏹頌宋文鑑取之　〔邵伯溫聞見前錄曰〕康節先生春秋祭祀約古今禮行之亦焚楮錢程伊川怪問之則曰明器之義也脫有一非豈孝子之心乎　〔宋葉大慶愛日齋叢抄事林廣記考〕論寓錢之始云今楮鏹也〔唐書王璵傳曰〕元宗時璵爲祠祭使以漢以來葬者皆有瘞錢後世里俗稍以紙寓錢爲鬼事至是璵乃用之則是喪祭之焚紙

杜嗣先兎園冊府
劉岳誚馮道遺冊
虞世南北堂書鈔

天子廢置由士卒
唐明宗反爾報烈

錢起於漢世之瘞錢也其禱神而用寓錢則自王璵始耳〔法苑珠林云〕紙錢起於殷長史則非創於璵矣呂南公有錢鄧公不燒楮鏹頌云古用幣以禮神祇後之罪士爲多則假之以請禳祈禱假之不已則翻楮代焉而不支是故罪者滿世而莫救其非大抵深惡夫寓錢以徼福者也予觀洪慶善杜詩辨證載文宗備問云南齊廢帝東昏侯好鬼神之術翦紙爲錢以代束帛至唐盛行其事云有益幽冥又牛僧孺云楮錢唐初翦紙爲之此足以補事林廣記之未及〔宋徐度却掃編〕近世士大夫家祭祀多苟且不經惟杜正獻公家用其遠祖叔廉書儀四時之享以分至日不設倚卓唯用平面席褥不焚紙幣以子弟執事不雜以婢僕先事致齋之類頗爲近古

兎園冊府三十卷。唐蔣王惲。令僚佐杜嗣先。倣應科目策。自設問對。引經史爲訓注。惲太宗子。故用梁王兎園名其書。馮道兎園冊。謂此也。〔閻按〕〔宋史藝文志〕亦云杜嗣先晁公武以爲虞世南何也〔全云〕世南兎園冊子即今北堂書抄也〔集證〕〔晁氏讀書志〕兎園冊十卷唐虞世南撰奉王命纂古今事爲四十八門皆偶儷之語至五代時行於民間村塾以授學童故有遺下兎園冊之誚○〔元圻案〕〔文選謝惠連雪賦〕梁王不悅遊於兎園〔注〕〔漢書曰〕梁孝王文帝子也〔西京雜記曰〕梁孝王好宮室苑囿築兎園也〔案〕今西京雜記無此語〔五代史劉岳傳〕馮道世本田家狀貌質野旦入朝兵部侍郎任贊與岳在其後道行數反顧贊問岳道反顧何爲岳曰遺下兎園冊耳兎園冊者教田夫牧子之所誦也故岳舉以誚道

天子之廢置。出於士卒。自唐明宗始也。明宗以此得之。而反爾之報。在其後人。〔全云〕明宗之報亦烈矣從榮從益從厚皆以不良死並從珂亦不得全

明宗家世變故

告身綾軸錢罷復百官皆賜告身

劉岳言告身制辭

周去符契用印章

銅虎竹符等緣始

嗚呼是殺繼岌之續也○〔元圻案〕〔五代史唐紀〕明宗世本夷狄太祖養以爲子賜名嗣源趙在禮反於魏大臣請遣嗣源討賊嗣源至魏兵變嗣源入於魏與在禮合以其兵南莊宗崩入洛陽卽位長興四年十一月秦王從榮以兵入興聖宮不克伏誅愍帝明宗第五子從厚也封宋王從榮誅死明宗病甚召王于鄴而明宗崩卽位於柩前廢帝本姓王氏明宗養以爲子名曰從珂封潞王愍帝卽位潞王益自疑遂據城反愍帝出居于衞州以太后令降爲鄂王潞王卽位弑鄂王清泰三年十一月契丹立晉閏月帝崩注曰帝自焚死〔唐家人傳〕莊宗五子長曰繼岌封魏王明宗兵反入京師李從襲勸繼岌馳趨京師以救內難行至渭河西都留守張籛斷浮橋繼岌不得渡乃循河而東至渭南左右皆潰繼岌縊死〔案〕明宗四子從璟從榮從厚從益從榮誅死從厚卽愍帝爲廢帝從珂所弑從益爲漢高祖所殺從璟爲元行欽所殺

後唐天成元年。吏部侍郎劉岳。奏罷告身綾軸錢。

本朝復納綾紙錢。淳熙元年。始免。〔元圻案〕〔通鑑後唐紀〕明宗天成元年舊制吏部給告身先責其人輸朱膠綾軸錢喪亂以來貧者但受勅牒多不取告身十一月甲戌吏部侍郎劉岳上言告身有褒貶訓戒之辭豈可使其人初不之覩敕文班丞郎給諫武班大將軍以上宜賜告身其後執政議以爲朱膠綾軸厥費無多朝廷受以官祿何惜小費乃奏凡除官者更不輸錢皆賜告身據此劉岳但請給告身而執政議罷納錢耳〔五代史劉岳傳〕岳建言以爲制辭或任其材能或褒其功行或申以訓誡而受官者既不給告身皆不知受命之所以然非王言所以告詔也請一切賜之由是百官皆賜告身自岳始也亦不載奏罷綾軸錢厚齋之說當別有所據

周顯德六年。始去符契。專以印章爲驗。〔元圻案〕〔吳仁傑兩漢刊誤補遺十一〕按銅虎竹使符始於文帝本於周官所謂鎮圭以召守牙璋以起軍旅者至唐易其制爲銅魚大事則兼敕書謂都督刺史改替追喚及軍發後更添兵馬之類至周顯德六年詔以特降制

符節敕書雙下
史貶馮道春秋法
范質欠世宗一死
馮道依違拱嘿
范文素本傳
輔弼
唐後主不和親契丹
石晉興亡皆契丹
歲給金帛妻以女
薛文遇誚呂琦
琦失策
桑維翰草表
臣契丹

書何假符契遂廢之建隆初白重贊在鎭有僞造制書者乃知古以符契與璽書並行其慮患遠矣是時去顯德廢銅符纔一歲其弊立見惜無以是爲言者其後宋景文公始請復其制曰今詔書單下恐細人摹寫無以察知願復符節與詔書雙下合而後遣康定初乃鑄造銅兵符云

歐陽子。司馬公之貶馮道。春秋之法也。我朝太宗。謂范質欠世〔何云〕世字已上明刻脫宗一死。所以立萬世爲臣者之訓。〔閻按〕〔王蠋〕忠臣不事二君貞女不更二夫之言直至宋代而明一明於太宗責范質以死一明於程伊川謂餓死事小失節事大而後爲人臣爲人婦者之防始嚴故宋大有功於綱常余聞諸前輩先生云〇〔元圻案〕〔通鑑後周紀〕太祖顯德元年四月馮道卒臣光曰道尊寵則冠三師權任則首諸相國存則依違拱嘿竊位素餐國亡則圖全苟免迎謁勸進君則興亡接踵道則富貴自如茲乃奸臣之尤 〔東都事略范質傳〕質字文素大名宗城人也周廣順初拜中書侍郎同中書門下平章事世宗累加司徒太祖即位仍以爲相太宗嘗言近世輔弼循規矩惜名器持廉節無與質比者但欠世宗一死爲可惜耳

唐後主不肯和親而亡。石晉父事契丹而興。晉之興也。乃其所以亡也。桑維翰之興晉。即所以亡晉也。〔全云〕論本張魏公〇〔元圻案〕〔五代史呂琦傳〕晉高祖鎭河東有二志廢帝患之琦言太原之患必引契丹爲助不如先事制之如漢故事歲給金帛妻之以女帝以問薛文遇文遇大以爲非因誦戎昱社稷依明主安危託婦人之詩以誚琦等帝怒急召琦等曰朕一女尚幼欲棄之夷狄金帛所以養士而捍國也又輸以資虜可乎其議遂寢其後晉高祖起太原果引契丹爲助遂以亡唐〔桑維翰傳〕高祖自太原徙天平不受命而有異謀因使維翰求援於契丹耶律德光許諾卒以滅唐而興晉維翰之力也 〔通鑑後晉紀〕高祖天

割盧龍雁門以北地
景延廣激怒契丹
全昱凝式不從逆
公是非在一家
楊涉持璽授與梁
揚風子託心疾致仕

外黃內黃下黃地
歐史小黃地誤下黃

福元年石敬瑭令維翰草表稱臣於契丹主且請以父禮事之約事捷之日割盧龍一道及雁門關以北諸州與之〔五代史景延廣傳〕初出帝立晉大臣議告契丹致表稱臣延廣獨不肯但致書稱孫而已契丹果怒數以責晉〔晉出帝本紀〕開運三年契丹滅晉

朱温之兄全昱楊涉之子凝式。人心之公是非在其家者如此。況天下千萬人之心乎。〔閻按〕凝式亦歷事梁唐晉漢周法書中所稱楊風子也〔全云〕凝式雖歷仕然嘗稱疾不豫事或尙不欲盡負初心乎○〔元圻案〕朱全昱事注已見前〔通鑑後梁紀〕太祖開平元年三月唐昭宣帝禪位於梁攝侍中楊涉爲押傳國寶使涉子直史館凝式言於涉曰大人爲唐宰相而國至此不可謂之無過況手持天子璽綬與人雖保富貴奈千載何盍辭之涉大駭曰汝滅吾族神色爲之不寧者數日〔考異曰〕陶岳五代史補曰凝式恐事泄卽日佯狂時謂之風子〔五代史唐六臣傳〕楊涉子凝式有文詞善筆札歷事梁唐晉漢周常以心疾致仕居於洛陽官至太子太保〔宋袁文甕牖閒評曰〕凝式能出此言亦可謂賢矣五代史略不之及何哉五代史又謂凝式歷事五代以心疾致仕亦非也彼殆託此以全身遠害而已使果有心疾其能爲此言乎

梁太祖幸河北至內黃顧李珽曰何爲內黃珽曰。河南有外黃下黃故此名內黃曰外黃下黃何在珽曰秦有外黃都尉今在雍邱下黃爲北齊所廢今在陳留。〔案〕珽李琪之兄也事見五代史〔李琪傳〕今在原文俱作在今〔按五代通錄李珽曰河南有外黃小黃漢地理志陳留有外

黃小黃縣。〔原注〕〔五代史記〕改小黃爲下黃誤也當從通錄○〔元圻案〕〔書錄解題史部編年類〕五代通錄六十五卷宰相昭文館大學士大名范質文素撰亦以實錄繁冗節略而成此書　〔漢書地理志上〕陳留郡小黃外黃注都尉治〔張晏曰〕魏郡有內黃故加外〔臣瓚曰〕縣有黃溝故氏之也〔師古曰〕左氏傳惠公敗宋師于黃杜預以爲外黃縣東有黃城卽此地也〔後漢書光武紀〕二年幸內黃注縣名屬魏郡今相州縣〔又郡國志三〕兗州陳留郡小黃注〔漢舊儀曰〕高祖母起兵時死縣北爲作陵廟于小黃

困學紀聞注卷十四

唐叛兵逐師
將脅君
宋以階級著
令甲
用儒臣爲郡
守縣令
收節度鎮將
權
史思明表誅
李光弼
李懷玉擅推
侯希逸
肅宗偷安狗
行伍
康張逐刺史
王政
藝祖運量之
大

困學紀聞注卷十五

餘姚翁元圻載青輯

考史

孟子曰。天下可運於掌。又曰。以齊王由反手也。豈儒者之空言哉。自唐肅宗之後。紀綱不正。叛兵逐帥。叛將脅君。習以爲常。極於五季。君如逆旅。民墜塗炭。我藝祖（宋太祖廟號）受天明命。澡宇宙而新之。一階一級。全歸伏事之儀。發於聖訓。著於令甲。於是上下之分定。朝廷之體尊。數百年陵犯之習。片言而革。至若餓狼餒虎。肉視吾民。而咀啖之。藝祖用儒臣爲郡守。以收節度之權。選文臣爲縣令。以去鎮將之貪。一詔令之下。而四海之內。改視易聽。運掌反手之言。於是驗矣。（元圻案）（張舜民畫墁錄曰）階級條太祖制也。若曰一階一級全歸伏事之儀。至今樞司以匣藏之也。（演繁露續集二）階級法本文曰。一階一級全歸伏事之儀。世傳太祖聖語。故著諸令。令長編則遂於

高宗詔士師哀矜廷尉天下之平高柔請告劉龜名游肇不奉勑曲筆

真宗時登載〔案〕司馬光嘉祐七年上疏論禮法曰太祖申明軍法自押官以上各有階級小有違犯罪皆殊死然則其制不起真宗時恐長編不審也　長編載於真宗景德元年四月〔通鑑唐紀〕肅宗乾元元年六月史思明表求誅李光弼為表云陛下不為臣誅光弼臣當自引兵就太原誅之十二月平盧節度使王元志薨李懷玉為裨將殺元志之子推侯希逸為平盧軍使司馬公曰肅宗遭唐中衰幸而復國是宜正上下之禮以綱紀四方而偷取一時之安不思永久之患彼命將帥統藩維國之大事也乃委一介之使徇行伍之情無問賢不肖惟其所欲與者則授之自是之後積習為常君臣循守以為得策謂之姑息乃至偏裨士卒殺逐主帥亦不治其罪因以其位任授之然則爵祿廢置殺生予奪皆不出於上而出於下如是而求天下之安其可得乎迹其厲階肇於此矣由是禍亂繼起兵革不息民墜塗炭無所控訴凡二百餘年然後大宋受命太祖始制軍法使以階級相承小有違犯咸伏斧質是以上下有序令行禁止四征不庭無思不服豈非貽謀之遠哉〔唐書肅宗紀〕乾元二年袁州防禦將康楚元張嘉延反逐其刺史王政〔王氏地理通釋〕呂氏曰藝祖肇造區夏監觀四方求民之莫藩方強大犬牙相錯異姓封王及帶將印者不下數十人雖用趙普之謀制其錢穀收其精兵斂威福之柄歸之公上而舉是大柄付之縉紳學士無所疑間命廷臣為知州通判以散節度使之權命朝臣奚嶼等為縣令以勤恤民隱此運量宇宙之大略出於獨見而非普所能及也

高宗紹興三年正月之詔曰廷尉天下之平也〔案〕此用張釋之語見史記本傳高柔不以明帝喜怒而毀法游肇不以宣武敕命而曲筆況可觀望臣庶而容心者乎曹劌謂小大之獄雖不能察必以情為忠之屬也可以一戰見左傳莊公十年不其然乎布告中外為吾士師者各務

崔伯易感山賦
增田減賦
景德時藏富州縣
藏富於民於國之異
公度自號曲轅先生
太行爲禁山失地利
一法百利論
謁京官拜伏非禮

仁平。濟以哀矜。天高聽卑。福善禍淫。莫遂爾情。罰及爾身。置此座右。永以爲訓。大哉王言。幾於典誥矣。[何云]此詔乃南渡偏安之本○[元圻案][三國志魏高柔傳]柔字文惠明帝卽位時獄法甚峻宜陽典農劉龜竊於苑中射兎其功曹張京詣校事言之帝匿京名收龜付獄柔表請告者名帝大怒曰龜獵吾禁地便當拷掠何復請告者名吾豈妄收耶柔曰廷尉天下之平也安得以至尊喜怒而毀法乎重復爲奏帝意悟乃下京名卽還奏各當其罪[北史游明根傳]子肇字伯始爲廷尉時宣武嘗勅肇有所降恕執而不從曰陛下自能恕之豈可令臣曲筆也

崔伯易感山賦。[閻按]亡友顧景范以通鑑地理通釋載感山賦來問崔何時人余取宋史崔公度傳以覆曰伯易其字也高郵人歐陽修得其所作感山賦示韓琦琦上之英宗卽宣付史館賦全載宋文鑑卷之六以伯易爲其名感山賦原名太行山賦以太行近時忌故改曲轅先生作見孫公談圃以皇祐仁宗二十九年改元皇祐之版書。較景德真宗七年改元景德之圖錄。雖增田三十四萬餘頃。反減賦七十一萬餘斛。會計有錄。非以增賦也。陳君舉赴桂陽軍擬奏疏云。自建隆太祖初元年號至景德四十五年。南征北伐。未嘗無事。而金銀錢帛。糧草雜物。七千一百四十八萬計在州郡。不會藏富於州縣。所以培護本根也。[閻按]有天下者上之藏富於民次之藏

真文忠言治
體
立國理財御
民用人
藏富天下

袁機仲論威
權上下
臺諫阿合宰
相
呂蒙正疏卌
夾袋
傳休奕白簡
竦坐
洪君疇長臺
端

富於州縣至藏富於國斯下矣宋祖宗時可謂得中策○〔元圻案〕〔孫君孚談圃〕崔公度伯易自號曲轅先生作太行山賦以太行近時忌改作感山賦永叔題其後曰司馬子長之流也韓魏公薦其文神廟授伯易潁川防禦推官國子監直講〔葉水心習學記言四十七〕云自與敵通和太行皆爲禁山坐失地利故此賦感之〔續通鑑長編二百二十六〕神宗熙寧四年九月光祿寺丞崔公度爲崇文院校書公度再除彰德府推官國子監直講辭不赴作一法百利論萬餘言論久任衆職之事以進召對擢光祿寺丞知陽武縣故事京官令初謁尹拜庭下公度上疏抗議謂京官天子省侍官屬豈宜北面拜伏如見君之禮自是罷上嘉其節復召對命以館職

真文忠公。嘉定四年兼禮部郎上疏言本朝治體曰。立國不以力勝仁。理財不以利傷義。御民不以權易信。用人不以才勝德。恩結乎人心。富藏乎天下。君民相孚。而猜忌不作。材智不足。而忠信有餘。〔元圻案〕疏見文忠集卷三

袁機仲由提舉江東常平茶鹽改知處州入對言於孝宗曰。威權在下。則主勢弱。故大臣逐臺諫。以蔽人主之聰明。威權在上。則主勢强。故大臣結臺諫。以遏天下之公議。機仲之言未盡也。臺諫爲宰相私人。權在下。則助其搏噬。以張其威。權在上。則共爲蔽蒙。以掩其

造謗詩尼賢

藝祖陳橋誓師三章檢點身加黃衣長編采近著有遺曾子宣日記王定國甲申

姦劉時可應起謂臺諫之議論廟堂之風旨頗或參同夾袋之欲汰自簡之所收率多暗合[案]名臣言行錄呂蒙正爲相夾袋有冊謁見者必問人才客去即疏之以奏[晉書傅休奕傳]每有奏劾或值日暮捧白簡竦踊不寐坐而待旦於是貴游懾伏臺閣生風而言之也開慶初[閻按]理宗在位三十五年己未改元邊事孔棘御史有疏云虜雖强而必亡之勢已見咸淳初[閻按]度宗初即位乙丑改元召洪君疇長臺端御史自造謗詩以尼其來罔上誣善至此豈但參同暗合而已哉是以天子之耳目勿用憸人其惟端士[閻按]機仲名樞建安人即作通鑑紀事本末者君疇名天錫晉江人以侍御史召在道爲監察御史張桂劾罷後官端明殿學士謚文毅

漢高帝三章之約我藝祖陳橋之誓所謂若時雨降民大悅者也[元圻案][宋史太祖紀]次陳橋驛軍士集驛門宣言策點檢爲天子未及對有以黃衣加太祖身即掖太祖乘馬太祖攬轡誓諸將曰太后主上我北面事之不得驚犯大臣皆我比肩不得侵陵朝廷府庫士庶之家不得侵掠諸將皆再拜

周益公跋范太史藏帖云續通鑑長編多采近世士大夫所

錄
李微之舊聞
證誤
王沂公筆錄
執政輟坐論
之由
長編不質言
續通鑑
李文簡致力
長編
長編先失傳
後出
王鞏號青虛
先生

著。如曾子宣日記之偏王定國甲申錄之妄咸有取焉然李微之舊聞證誤執政不坐奏事以王定國聞見錄爲證與王沂公筆錄不同脩長編時未見定國書故專用筆錄然則長編所采摭猶有遺也。〔閣按〕〔李仁父長編〕用力四十年而成明正嘉間人猶見全書天啓中錢牧齋只於內閣鈔卷初五大本絳雪樓災遽歸天上近四十年前無錫顧孝廉始從嘉興高氏購得之凡三易主而歸傳是樓余假館樓下且讀且鈔窮日夜不少休然止及治平餘仍放失有勸主人宜集衆以續此編者余亟搖手以戒主人笑以爲知言云〔李燾傳〕乾道四年上續通鑑長編自建隆至治平凡一百八卷今卷數正合〇〔元圻案〕〔續通鑑長編一〕太祖乾德二年先是宰相見天子必命坐有大政事則面議之常從容賜茶而退自餘號令除拜刑賞廢置但入熟狀畫可降出即行之猶有坐而論道之遺意焉范質等自以先朝舊臣稍存形迹且憚上英武每事輒具劄子進呈退即批所得聖旨而同列署字以志之嘗言於上曰如此則正稟承之方免妄談之失矣上從之後遂爲定式蓋自質等始也〔宋史范質傳〕云由是奏御寖多始廢坐論之禮蓋從王沂公筆錄〔王定國聞見近錄曰〕故事執政奏事坐論殿上太祖皇帝即位之明日執政登殿上曰朕目昏持文字近前執政至榻前密遣中使徹其坐執政立奏事自此始也〔李心傳朝野雜記甲集四〕續通鑑長編者李文簡燾所脩也其書倣司馬氏通鑑爲之然文簡謙不敢名續通鑑故但謂之續長編自建隆至靖康凡九百八十卷舉要六十八卷〔四庫全書總目史部編年類〕續資治通鑑長編五百二十卷宋李燾撰　本朝康熙初崑山徐乾學始獲其本於泰興季氏凡一百七十五卷嘗具疏進之於朝然所載僅至英宗治平而止神宗以後仍屬闕如檢永樂大典宋字韻中備錄斯編以與徐氏本相較其前五朝雖大概相合而分注考異往往加詳至熙寧迄元符三十餘年事迹徐氏所闕而朱彝尊以爲失傳者今皆粲然具存惟徽欽二紀原本不載又佚去

宋賦役十倍漢唐林勳獻本政書李微之言取三取四幷租庸調二稅義倉役錢再租庸春夫急夫夫錢數調常平預買蠶鹽諸錢課利淨利過利諸錢楊炎均庸錢入二稅耆戶長保正

熙寧紹聖間七年之事爲可惜〔又〕〔子部小說家類〕王文正筆錄一卷宋王曾撰曾字孝先青州益都人封沂國公諡文正事蹟具宋史本傳所記皆太祖太宗時事其下及仁宗初者僅一二條而已曾練習掌故所言多確鑿有據故李燾長編往往全採其文〔又〕甲申雜記一卷聞見近錄一卷隨手雜錄一卷宋王鞏撰鞏字定國自號青虛先生莘縣人旦之孫素之子所記皆東都舊聞甲申者徽宗崇寧三年也〔周煇清波雜志六〕向於呂申公之後大虬家得曾文肅子宣日記數巨帙時屬淮上用兵擾擾不暇錄歸之後未見有此書〔李心傳〕字微之井研人宋史入儒林傳

晁景迂謂今賦役幾十倍於漢。林勳謂租增唐七倍。又加夏稅錢。通計無慮十倍。李微之謂布縷之征三。穀粟之征三。力役之征四。蓋用其十矣。

〔何云〕此宋之所以弱〔集證〕晁說之元符三年應詔封事曰本朝因唐楊炎幷租庸調之二稅以爲稅矣近又納義倉是再租也五等之民歲納役錢是再庸也歲有常役則調春夫非春時則調急夫否則納夫錢是或再或三以調也其征於民者固已悉矣又復爲擧放利息之術曰常平錢曰預買錢曰蠶鹽錢又復廣設名目悉籠遺利曰課利錢曰淨利錢曰過月錢曰施利錢其徵尙多有司且難於條對也〇〔元圻案〕〔宋史食貨志一〕建炎五年廣州教授林勳獻本政書十三篇謂本朝二稅之數視唐增至七倍　本傳勳賀州人〔李心傳朝野雜記甲集十五〕唐之庸錢楊炎已均入二稅矣後世差役復不免焉是力役之征既取其二也本朝王安石令民輸錢以免役而紹興以後所謂耆戶長保正催錢復不給焉是取其三也合丁錢而論之力役之征蓋取其四矣而一有邊事則免夫之令又不得免焉是取其五也今布縷之征有折稅有和預四川路有激賞而東南有丁絹是布縷之征三也穀粟之征有稅米有義倉有和糴而斗面加耗之輸不與是穀粟之征亦三也通力役之征而論之蓋用其十矣〔陳君擧因輪對言曰〕太祖垂裕後人以愛惜民力爲本熙寧以來用事者始取太祖約束一切紛

折税和預激賞丁絹税米義倉和糴斗面加耗上供格歲額雜斂有寬剩禁軍經制總制月樁折帛和買綢運郡茶場値貨務東南三君子范文正名節歐陽子議論文章周子道學宋儒學凡三變歐陽以濮議從祀止齋學田記兩朝國史有訛言

更之諸路上供歲額增於祥符一倍崇寧重脩上供格頒之天下率增至十數倍其宅雜斂則熙寧以常平寬剩禁軍闕額之類别項封樁而無額上供起於元豐經制起於宣和總制月樁起於紹興皆迄今爲額折帛和買之類又不與焉茶引盡歸於都茶場鹽鈔盡歸於榷貨務秋苗斗斛十八九歸於綱運皆不在州縣州縣無以供則豪奪於民於是取之斛面折變科敷抑配贓罰而民困極矣

止齋謂本朝名節。自范文正公議論文章。自歐陽子道學。自周子三君子皆萃於東南。殆有天意。〔閣按〕王元美論從祀欲進仲淹而黜脩蓋原知其以濮議祀非以功同昌黎〇〔元圻案〕〔陳止齋溫州學田記曰〕宋興士大夫之學無慮三變起建隆至天聖明道間一洗五季之陋而守故蹈常之習未化范子始與其徒抗之以名節天下靡然從之人人恥無以自見也歐陽子出而議論文章粹然爾雅軼乎晉魏之上久而周子出又落其華一本於六藝學者經術庶幾於三代何其盛哉則本朝人物之所由衆多也余嘗求其故三君子皆萃於東南若相次第然殆有天意云云

兩朝國史。非寇準而是丁謂。託之神宗聖訓。蓋蒲宗孟之筆也。王允謂不可令佞臣執筆。諒哉。〔何云〕丁寇之相惡止於南人北人分朋報復不可獨以寇公爲是也平心錄其實斯得之矣〔全云〕寇公誠有祖北之病然其與丁謂牴牾則君子小人之是非較矣何說謬〇〔元圻案〕〔晁氏讀書後志史類〕仁宗英宗兩朝國史一百二十卷王珪等撰元豐五年六月奏御比之實錄事跡頗多但非寇準而是丁謂託之神宗詔旨〔宋史蒲宗孟傳〕帝稱其有史才命同脩兩朝國史又稱宗孟附呂惠卿而非司馬光則其是非之變亂可知矣〔後漢書蔡邕傳〕馬日磾謂允曰伯喈曠世逸才多識漢事當續成漢史爲一代大典且忠孝素著而所坐無名誅之無乃

非寇準是丁謂

失人望乎九曰昔武帝不殺司馬遷使作謗書流於後方今國祚中衰神器不固不可令佞臣執筆在幼主左右

紹興〔閣按〕高宗在位五年辛亥改元重修哲宗實錄。獨元祐八年事。皆無存者。至參取玉牒日曆諸書以足之。僅得成書。中興後事。紹興八年至二十五年。最爲疏略。鶴山謂小人爲不善。於傳世詒後之書。必遏絕之。自唐許李至近世。莫不然。〔元圻案〕〔魏鶴山跋李文簡公手記李棁等十事曰〕李文簡所記多京檜時事雖得諸所聞者適若此大抵平世事罕所佚遺惟在柄臣則未有不憚史官而嫉記者故是非毀譽鮮不失實率閱歲歷時而後其事寖白自唐許李以至近世王蔡秦韓皆莫不然也且裕陵一朝大典既爲羣小所淟汩雖紹興更定差勝諸本而其詆媢謾讕之詞終有刊落未盡其後紹述之議雖行於紹聖其實昉乎元祐之末至紹興重脩泰陵實錄獨元祐八年事皆無存者至參取玉牒日曆諸書以足之僅得成書中興後事亦是紹興八年至二十五年最爲疏略小人終日爲不善皇恤乎人言惟於傳世詒後之書則必求以遏絕而竄移之云云〔書錄解題起居注類〕哲宗實錄一百五十卷監修趙鼎史官范沖等重脩紹興四年二月思陵嘗謂宰臣朱勝非等曰神宗哲宗史錄事多失實當別脩定范祖禹之子沖已有詔命可趣來令兼史職頃歲昭慈誕辰宮中置酒從容語及前朝事曰吾逮事宣仁求之古今母后之賢未見其比姦臣私憤誣謗雖嘗下詔辨明而史錄未經刪改朕每念及此惕然於懷欲降一詔具載昭慈遺旨庶使中外知朕脩史之本意於是以聖語繫之哲錄之末〔錢氏大昕曰〕元祐八年呂大防范純仁在相位其明年改元紹聖而章惇獨相矣自紹興八年至二十五年宰相秦檜也

蒲宗孟附呂
非司馬
王允不令邕
修史
丁寇報復以
南北
重修哲宗實
錄
元祐八年事
無存
參取玉牒日
歷足史
小人謁絕史
書
紹興相檜史
最疏略

李常寧曰。天下至大。宗社至重。百年成之而不足。一日壞之而有餘。(原注)元祐中對策○(案)蔣芾嘗舉此四語以告孝宗孝宗以爲名言 劉行簡曰。天下之治。衆君子成之而不足。一小人敗之而有餘。(原註)紹興中奏疏 皆至論也。(元圻案)(林少穎尚書伊訓解曰)本朝元豐中李常寧以進士對策爲第一其言曰天下之大社稷之重百年成之而不足一日毀敗之而有餘某嘗三復斯言以爲得伊尹所以訓太甲之意雖晁董公孫之策皆不及也(案)(秦少游李狀元墓誌曰)元祐三年春三月上始臨軒策士而廩延李君爲第一君諱常寧字安邦君於斯時年踰知命釋褐授宣義郎簽書鎮海軍節度判官是歲以疾卒與王氏原注合林氏以爲元豐對策誤也　劉行簡語乃上殿論用君子小人之說與第一卷所引夬以五君子決一小人云云同一疏陳振孫稱其居瑣闥僅百餘日忤秦檜罷去著非有齋類稾五十卷今作苕溪集五十五卷

太祖在位十七年。四行郊禮。太宗二十有二年。五講郊禮。真宗東封西祀。率三年一行。仁宗後三歲一郊。爲定制。(元圻案)(玉海九十三)呂源曰三歲之郊非祖宗制也太祖在位十七年四行大禮乾德中歷六年方一講開寶四年南郊之後更五歲因平江南祭天地於洛京伸告謝之敬而已太宗自雍熙以來五年乃親耕又六年至淳化六年再行郊禋之禮是十年而一郊也太宗二十三年五講郊禮真宗率三年而一行仁宗明道元年恭謝天地於天安殿又謁太廟明年又親耕最爲煩數自是三歲一郊遂爲定制

元城語錄。藝祖造熏籠事。(注見卷四)周益公謂誤。以元豐

李文簡手記京檜事
哲錄載思陵語
昭慈母后之賢
李常寧對策名言
天下宗社成壞
劉行簡論君子小人
宋講行郊禮之年
元豐後官制藝祖
造薰籠事
呂正獻書坐古語
張霸戒子受不語
李秉家誡言少年
編錄善事自警
彝懿行詩文粘壁

後官制。爲藝祖時官制。〔元圻案〕〔周益公蘇文定遺言後序曰〕劉忠定公於本朝故事洞達該貫無毫釐差而馬永卿錄造薰籠語猶以元豐後官制爲太祖時官制〔書錄解題儒家類〕元城語錄三卷右朝散郎維揚馬永卿大年撰永卿初任亳州永城主簿從寓公劉安世器之學記其所聞之語

呂正獻公書坐右曰。不善加己。直爲受之。本後漢張霸戒子之語。〔案〕正獻呂公著之謚宋史有傳其事見呂氏家塾記 呂居仁雜錄曰。少年毋輕議人。毋輕說事。本魏李秉家誡。〔元圻案〕〔書錄解題儒家類〕師友雜志一卷雜說一卷中書舍人東萊呂本中居仁撰〔後漢書張霸傳〕霸字伯饒成都人鄉人號爲張曾子遺勑諸子曰人生一世但當敬畏於人若不善加己直爲受之〔三國志魏李通傳〕通子緒〔注〕〔王隱晉書曰〕緒子秉字元胄爲家誡曰凡人行事年少立身不可不慎勿輕論人勿輕說事如此則悔吝何由而生患禍無從而至矣

呂氏童蒙訓亦呂本中著共三卷云前輩有編類國朝名臣行狀墓誌取其行事之善者。別錄出之。以自警戒。亦樂取諸人以爲善之意。〔何云〕自警編之名本此〔案〕呂氏語在童蒙訓下卷○朱文公亦云籍溪胡先生〔全云〕胡原仲憲文定仲子教諸生於功課餘暇。以片紙書古人懿行。或詩文銘贊之有補於人者。粘置壁間。俾往來誦之。咸令精熟。此一二事可

胡原仲傳論語文定道州明道生皆道

元祐黨人有附益慶元黨有非黨者蔡編黨碑三百餘人黨籍列傳譜述

以爲法。〔元圻案〕〔周益公籍溪胡先生墓表曰〕先生名憲字原仲崇安人紹興庚辰與余同爲秘書省正字原仲自言少從其叔父文定公傳論語學以爲入道之要〔胡文定三子寅宏寧籍溪其姪也謝山以爲文定子偶誤記耳〕

周元公〔濂溪先生〕生於道州。二程子生於明道。〔仁宗十年壬申改元〕元祐間。天所以續斯道之緒也。〔何云〕若是則孔子不當生於闕里

元祐之黨。劉元城謂止七十八人。後來附益者非也。慶元〔閻按〕寧宗初即位乙卯改元之黨。黃勉齋〔名榦朱子弟子〕謂本非黨者甚多。羣小欲擠之。借此以爲名耳。〔元圻案〕〔宋費袞梁溪漫志三〕吾州蒼梧先生胡德輝珵嘗對劉元城歎息張天覺之亡元城無語蒼梧疑而問之元城云元祐黨人只是七十八人後來附益者不是〔又云〕今七十七人都不存惟某在耳元城爲此言時實宣和六年十月六日也〔王明清揮麈後錄〕蔡元長使其徒再行編類黨人刊之於石名之云元祐姦黨播告天下但與元長異意者人無賢否官無大小悉列其中殆三百餘人有前日力鬭元祐之政者亦饕廁名〔洪景盧疏云〕龔敦頤念元祐黨籍諸臣以建中上書邪等人多表表立名節經崇寧禁錮靖康流離子孫不能盡存平生施爲漫不可考訪求闕遺遂成列傳譜述一百卷凡名在兩籍者三百九人而書於編者二百五其不可得而詳者四人而已與劉元城之說不同〔真西山跋蜀人游監簿慶元黨人家乘曰〕慶元初衆賢盈庭人稱爲小元祐而侂胄以區區鶡弁乃欲祖章蔡故智一罔而空之於是姦黨之名以立〔四庫全書目錄史部傳記類〕慶元黨禁一卷滄州樵叟撰序稱淳祐乙巳則作於理宗十八年也考黨禁起於寧宗慶元二年八月弛於嘉泰二年二月是書之作蓋距弛禁時又四十四年矣書中所錄僞黨共五十九人如楊萬里嘗以黨禁罷官而顧未入籍薛叔似晚歲改節依附權奸皇甫斌猥瑣椑榮僨軍辱

慶元黨人家
乘小元祐
侂冑以鶻弁
祖章蔡
僞黨五十九
人
楊萬里未入
籍
薛叔似皇甫
斌猥瑣
歐集表周君
無君
周堯卿孝友
合歐表

國侂冑既敗之後復列名韓黨與張巖許及之諸人並遭貶謫其姓名亦並見此書豈非趨附者繁梟鸞並集之一證哉

歐陽公爲周君墓表云篤行君子。孝於其親。友於其兄弟。而集缺其名與字。周益公考之春陵志。乃周堯卿。字子俞。東都事略有傳。其行事與墓表合。而字子餘。未知事略據何書而立傳也。荊公爲征君墓表云淮之南有善士三人。杜嬰徐仲堅而征君之名字集亦缺焉。三人皆居眞之揚子。當求郡志而補之。〔原注〕二表皆載於文鑑○〔元圻案〕〔周益公平園續稿〕彭孝子千里墓表曰予聞仁宗朝有太常博士周君居父母喪倚廬三年不飲酒食肉言必感哭必哀歐陽公極論古今喪禮之廢推爲篤行君子而京浙閩蜀所刻公集既書曰名厶字厶豈公表於金石垂勸來世之意耶予歎息于斯及考誌文知其爲天聖進士又考其宦游多在湖廣而墓在道州之永明竊意爲道之賢者也亟求春陵志視之本郡果有周堯卿字子俞行義與公所書合於是刻之定本使其名字昭昭於無窮〔王荊公處士征君墓表〕淮之南有善士三人皆居於真州之揚子杜君者寓於醫徐君寓於筮故多爲賢士大夫所知而征君獨不聞於世征君諱某字某事其母至孝於鄉里恂恂恭謹樂振人之窮急而未嘗與人校曲直好蓄書能爲詩〔東都事略儒學傳〕周堯卿字子餘其先汝陰人也後徙居荊州之南舉進士積官至太常博士堯卿年十二喪父憂戚如成人見母氏則抑情忍哀不欲傷其意其於昆弟尤篤友愛〔書錄解題地理類〕春陵圖志十卷教授臨江章穎茂獻撰又〔別史類〕東都事略一百五十卷眉山王偁季平撰

三善士失征君名竇儼定本朝四大舞易文舞用原廟殿名

石晉故疆劉仁恭割在遺虜事契丹陷營平二州灤州灤河爲灤河石晉割賂諸地契丹主冊石晉爲帝割十六州失地險盧龍之險在營平

宗廟樂有舞。建隆初。竇儼定太廟四舞。僖祖曰大善。順祖曰大寧。翼祖曰大順。宣祖曰大慶。列聖皆以大爲名。中興後。自僖祖至欽宗。端慶。以原廟殿名爲舞名。禮官之失也。〔集證〕〔玉海一百七〕建隆九年五月判太常竇儼上新定太廟室舞曲名及登歌辭自僖至宣凡四舞四曲僖曰大善順曰大寧翼曰大順宣曰大慶列聖皆以大爲名太祖大定太宗大盛真宗大明仁宗大仁英宗大英神宗大神哲宗大成中興饗廟樂舞太祖酌獻皇武大宗大定真宗熙文仁宗美成英宗治隆神宗大明哲宗重光徽宗承元欽宗端慶自皇武至端慶皆原廟殿名以爲舞名非也

長編。宣和五年。求石晉故疆。不思營平灤三州。乃劉仁恭遺虜。虜不肯割。〔案〕今本長編缺徽欽兩朝事 按五代史。劉仁恭無割地遺虜之事。四夷附錄云。契丹當莊宗明宗時。攻陷營平二州。〔原注〕唐無灤州〔武經總要〕石晉割賂燕薊易定師王都驅其民入契丹因以爲灤河爲名以居之〔案〕〔賈耽說〕西北渡灤河至盧龍鎮〔唐賈循傳〕張守珪北伐次灤河〔薛訥傳〕師至灤河〔全云〕胡身之通鑑註中較此爲詳近時顧氏日知錄本之武經總要最謬石晉時安得尚有王都〇〔元圻案〕〔通鑑後晉記〕高祖天福元年十一月契丹主作冊書命石敬瑭爲大晉皇帝割幽薊瀛莫涿檀順新嬀儒武雲應寰朔蔚十六州以與契丹〔胡三省註〕人皆以石晉割十六州爲北方自撤藩籬之始余謂雁門以北諸州弃之猶有關險可守漢建安喪亂弃陘北之地不害爲魏晉之疆是也若割燕薊順等州則爲失地險然盧龍之險在營平二

平州路燕京
路
仁宗制科十
五人
何泳富弼蘇
紳
吳育田況
張方平再舉
制科
錢明逸彥遠
兄弟
吳奎夏噩陳
舜俞
錢藻王介
蘇軾轍兄弟
錢易制科在
前
邵亢以宰相
姻報罷
制科之盛錢
氏一家

州界東自劉守光僭竊周德威攻取契丹遂據營平自同光以來契丹南牧直抵涿易其失險久矣〔宋陳均九朝編年備要二十九〕關內之地平灤營三州自後唐爲契丹陷之後改平州爲遼興府以營灤二州隸之號爲平州路至石晉之初阿保機耶律德光又得檀順景薊涿易六郡建燕山爲燕京以轄六郡號爲燕京路與平州自成兩路始朝廷自海上議割地但云燕雲兩路而已蓋初謂燕山之路盡得關內之地殊不知關內之地平州與燕山異路也

仁宗時制科十五人。天聖何泳。富弼。景祐蘇紳。吳育。張方平。田況。〔案〕田況之舉長編載在寶元元年 慶歷錢明逸。彥遠。皇祐吳奎。嘉祐夏噩。陳舜俞。錢藻。蘇軾。轍。王介。東坡同年王中甫挽詞 詩。先帝親收十五人。〔案〕自註云仁宗朝賢良十五人今惟富鄭公張宣徽錢純老及余與舍弟在耳 注者多誤。〔閻按〕〔仁宗本紀〕書策制舉人見天聖八年景祐元年寶元元年慶歷二年六年皇祐元年五年嘉祐二年四年六年與此亦不甚合惟玉海科舉所載合〔又云〕父子則錢易明逸彥遠兄弟則二蘇二錢再舉制科則張方平仁皇親擢十五人蓋錢易在前故〇〔元圻案〕〔長編一百九〕仁宗天聖九年七月御崇政殿試賢良方正能直言極諫太常博士成都何泳茂才異等富弼泳弼所對策並入第四等以泳爲祠部員外郎同判永興軍賜五品服弼爲將作監丞知長水縣自註云泳邑里據登科記當考又〔一百十四〕景祐元年六月策試賢良方正能直言極諫太常博士蘇紳才識兼茂明於體用大理寺丞吳育茂才異等張方平育策不及三千字特擢之以育爲著作佐郎直集賢院通判湖州紳爲祠部員外郎通判洪州方平爲校書郎知崑山縣又〔一百二十二〕寶元元年七月策試賢良方正能直言極諫著作佐郎田況大理評事張方平茂才異等邵亢況所對策入第四等方平四等次亢與宰相張士遜聯姻報罷況還太常丞方平著作佐郎通判江寧府及睦州況信都人亢丹陽人也又〔一百三十七〕慶歷二年八月策試才識兼茂明體達用科殿

王彰所對不入等汪輔之以無行罷吳育蘇軾策三等

夏噩以私貸民錢廢郊社文襲遺匈奴書棄宗社爲薄物細故

中丞錢明逸明逸所對策入第四等次以爲太常博士通判廬州明逸易子也又〔一百五十九〕慶歷六年七月策試賢良方正能直言極諫太常博士錢彥遠彥遠策入第四等擢祠部員外郎知潤州彥遠易之子明逸之兄也宋與以來父子兄弟制策登科者錢氏一家而已又〔一百六十七〕皇祐元年八月策試賢良方正能直言極諫殿中丞吳奎奎所對入第四等以奎爲太常博士通判陳州奎北海人又〔一百八十六〕嘉祐二年七月策試賢良方正能直言極諫秘書丞王彰材識兼茂明於體用明州觀察推官夏噩彰所對不入等噩入第四等授光祿寺丞噩越州人也自註噩越州人據登科記又〔一百九十〕嘉祐四年八月策試應才識兼茂明於體用科明州觀察推官陳舜俞賢良方正直言極諫旌德縣尉錢藻汪輔之舜俞藻所對策並入等授舜俞著作佐郎簽書忠正軍節度判官藻試校書郎無爲軍判官輔之亦入等御史沈起言其無行罷之舜俞烏程人藻鏐五世孫也又〔一百九十四〕嘉祐六年七月策試賢良方正能直言極諫著作佐郎王介福昌縣主簿蘇軾澠池縣主簿蘇轍軾策三等介四等轍四等次以軾爲大理評事簽書鳳翔府判官事介爲秘書丞知靜海縣轍爲商州軍事推官介衢州人也〔石林燕語五〕仁宗初復制科立等甚嚴惟吳春卿蘇子瞻入第三等故子瞻謝啓云誤占久虛之等　蘇紳字儀甫泉州晉江人頌之父吳育字春卿建安人充之兄諡正肅張方平字安道南京人舉茂材異等又中賢良方正田況字元均冀州信都人錢明逸字子飛諡修懿彥遠字子高吳奎字長文諡文肅陳舜俞字令舉自號白牛居士錢藻字醇老明逸從子宋史俱有傳舜俞附張問傳藻附明逸傳　〔長編一百九十四〕嘉祐六年七月知長洲縣夏噩坐私貸民錢特勒停噩中制科本路提點刑獄王道古惡其輕傲捃其事而廢之〔施宿蘇東坡王中甫挽詩注〕王中甫名介三衢人官止祠部郎中

乾道〔閣按〕孝宗在位三年乙酉改元元年。郊赦文。云前事俱捐。弗念乎薄物細故。烝民咸乂。靡分乎爾界此疆。洪文惠所草也。朱文公與陳正獻〔全云名俊卿〕書曰。卑辭厚禮。

朱子言乞憐仇讎

孝宗以近習察大臣

秦客卿論大臣從臣

朱子論大臣小臣

徐鼎臣君臣論

文潞公鼂錯論

蘇明允任相論

石慶醇謹無匡正

皇朝文鑑有深意

士大夫異於

乞憐於仇讎之戎狄，幸而得之，肆然以令於天下曰：凡前日之薄物細故，吾既捐之矣，孰有大於祖宗陵廟之讎者，而忍以薄物細故捐之哉。〔何云〕但失辭耳，錯引典故，不至見絕也。〇〔元圻案〕〔漢書匈奴傳〕孝文帝後二年遺匈奴書曰：朕追念前事，薄物細故，謀臣計失，皆不以離兄弟之驩。朕與單于皆捐往細故，俱蹈大道，墮壞前惡，以圖長久，使兩國之民若一家。　洪适初名造，後更今名，字景伯，鄱陽人，皓長子，相孝宗，謚文惠，著盤洲集，宋史有傳。　朱子書見文集二十四。

孝皇獨運萬機，頗以近習察大臣。中庸或問：敬大臣之說，大事記〔呂成公祖謙撰〕大臣從臣之說，皆以寓箴諷之意。文鑑所取，如徐鼎臣〔名鉉〕君臣論、文潞公鼂錯論、蘇明允任相論、秦少游石慶論之類，皆諫書也。〔全云〕文鑑所以可貴在此。〇〔元圻案〕〔朱子中庸或問曰〕夫勞於求賢而逸於得人，任則不疑，而疑則不任，如置之大臣之位而又恃小臣之察以防之，吾恐上之所以猜防畏備者愈密，下之所以欺罔蒙蔽者益深，所謂偏聽獨任、御下蔽上之姦將不在於大臣而移於左右，其爲國家之禍尤不可勝言者矣。　〔呂成公大事記曰〕周赧王五年，客卿謂秦武王曰：張儀之貴不得議，公孫郝則從臣不事大臣矣；公孫郝之貴不得議，甘茂則大臣不事近臣矣。〔解題曰〕大臣從臣之名始見於此，所謂大臣者張儀、甘茂也，所謂從臣者公孫郝也。韓客謂向壽曰：今王之愛習也，公不如公孫郝。然則當時所謂從臣者，愛習而侍從者也。文武成康之際，侍御僕從罔非正人，列之于六官之屬，曷嘗有內外之間哉。秦乃用

有位恥餽遺
苞苴
脯醢金珠詩
文契券
投匭進封事

其愛習爲人主私人其權至與大臣相抗古無是也遇昏弱之主則大臣從臣表裏締結合爲欺罔遇英武之主秦武之流不過防其交通使之互相伺察而已雖自以爲得駕馭之術不知體統舛雜中外痞隔致亂之道也〔徐鼎臣君臣論曰〕人臣者在貧賤之中處疏遠之地有上下之隔有左右之蔽自媒則有暗投之患因人則無苟合之釁禮秩之不足則不肯進也況不禮之哉〔文潞公晁錯論曰〕臣讀漢史晁錯之策云五帝神聖其臣不能及故自親事臣謂錯之言乖謬頗甚若後之人君謂錯言爲是乃以一身一心兩耳兩目獨任自用以周天下之萬務豈不殆哉又將使厥后自聖無復察邇言好問之裕〔蘇明允任相論曰〕任相之道接之以禮然後可以重其責而無怨言責之重然後待之以禮而不爲過禮薄而責重彼將曰主上遇我以何禮而重我以此責也甚矣責輕而禮重彼將遂弛然不肯自飭故厚禮以維其心而重責以勉其忠而後爲相者莫不盡忠於朝廷而不恤其私〔秦觀石慶論曰〕慶爲相時九卿更進用事不關決於慶慶醇謹而已在位九歲無能有所正言嘗欲治上近臣反受其過上書乞骸骨詔報反室自以爲得計既而不知所爲復起視事嗚呼此其所以見容於武帝者歟〔書錄解題總集類〕皇朝文鑑一百五十卷呂祖謙編孝廟賜名文鑑朱晦庵晚歲嘗語學者曰此書編次篇篇有意每首必取一大文字作壓卷如賦取五鳳樓之類其所載奏議亦繫一時政治大節祖宗二百年規模與後來中變之意盡在其中非選粹比也　朱子淳熙八年召對劄子云士大夫之進見有時而近習之從容無間士大夫之禮貌既莊而難親其議論又苦而難入近習便辟側媚之態既足以蠱心志其胥吏狡獪之術又足以眩聰明恐陛下未及施駕馭之策而先已墮其數中矣孝宗之失朱子嘗顯規之

真文忠公奏疏曰。乾道淳熙間。有位於朝者。以饋遺及門爲恥。受任於外者。以苞苴入都爲羞。〔理宗召德秀擢禮部侍郎直學士院上第二疏〕然朱文公封事。言浙中風俗之弊。甚者以金珠爲脯醢。以契券爲詩文。〔淳熙十五年戊午朱子以直寶文閣奉祠去十二月〕

高宗廟號陵名初議　太子參決庶務詔　手詔用事之非　奄寺用故事建節　王承休誤承宗　崇寧擢童貫經略　李輔國以宦王爵　田令孜以宦主兵　龔澄樞以宦師傅

投匭進封事見本集則此習猶未革也。

高宗廟號未定。有議爲光宗寧宗者。見周益公思陵錄。其後兩朝用之。高宗陵名。嘗擬永阜。其後孝宗用之。〔元圻案〕〔周益公思陵錄〕上太上廟號衆以高宗爲允上曰太后以武后之故深不欲用留參欲稱光宗上曰無謂臺諫謝諤等六人乞用寧考之寧禮官再乞用高字上顧予如何予曰以高大爲義則高宗亦可上乃令就初議又王相擬太上陵名凡五永紹永興永阜永壽永思上點永思

淳熙十四年皇太子即光宗也參決庶務。手詔洪景盧所草也。禮部太常官堂白。手詔用正觀天禧真宗二十年丁巳改元事。皆非所宜。

胡文定名安國言崇寧以來。奄寺用王承宗故事而建節旄。徽宗崇寧四年十一月擢童貫經略安撫制置使大觀二年正月加童貫武康軍節度使仍宣撫宗字誤。當云承休。五代史前蜀世家王衍乾德六年蜀王衍以宦者王承休爲天雄軍節度使。〔原注〕〔致堂原亂賦〕建承宗之旄纛亦誤○〔元圻案〕宋高宗即位胡文定上疏曰崇寧以來奄寺得志用王承宗故事而建節旄用李輔國故事而封王爵用田令孜故事而主兵權用龔澄樞故事而爲師傅〔胡致堂原亂賦曰〕悼崇觀之已還兮乃卒踐於往躅班輔國之王爵兮建承宗之旄纛踵澄樞師傅於南

南軒東萊不辭賜
胡忠簡繳欽夫章服
陳騤沮成公職賞
黃勉齋不足先輩
繳賜不欲老韓同傳
孝宗重文鑑書
東萊象山學術

漢令晞令孜總兵於西蜀本全用文定疏語故仍其誤

李微之問勉齋云。南軒賜章服。兩爲胡忠簡〔銓〕繳還。而不聞引避。東萊除職。既遭陳叔進行詞醜詆。乃復受之而不辭。皆所未曉。勉齋答云。先輩非後學所敢輕議。然辭受合尚嚴。今當嚴者反寬。是以不免爲具眼者勘破。學者所當戒也。〔何云〕若皆悻悻而去雖與事君南軒東萊必非苟容者也勉齋亦爲後學立此防維耳〔全云〕陳叔進名騤又云南軒受孝宗知遇最深自不應以人言遽去東萊則似不必○〔元圻案〕〔周益公省齋文稿〕胡忠憲神道碑曰公雖與張忠獻善及其子賜金紫則謂不當如勳臣子繳奏之〔楊誠齋跋澹庵先生繳張欽夫賜章服答詔詩云〕紫綬當時賜兩人一爲乳臭一名臣老韓不要令同傳誰會先生此意眞〔自注云〕是日欽夫與一吳氏子同賜命獨繳欽夫然則忠簡有深意焉誠齋必有所據〔葉紹翁四朝聞見錄乙集〕呂成公集皇朝文鑑成孝宗除公直秘閣暨賜御府金帛陳騤時爲中書舍人執奏以爲此特編類之勞恐賞太厚成公遂力辭貼職上不從〔案〕〔宋史呂成公本傳〕載孝宗批旨云館閣之職文史爲先祖謙所進採取精詳有益治道故以寵之成公竇辭而不獲也　黃勉齋名幹字直卿朱子弟子陳騤台州臨海人官知樞密院兼參知政事宋史俱有傳

微之又云。東萊之學甚正。而優柔細密之中。似有和光同塵之弊。象山之學雖偏。而猛厲粗略之

帝后神御寓佛寺景靈宮十一殿元豐時原廟六殿御容告遷入內別殿五以奉母后

外卻無枉尺直尋之意。〔何云〕惟事闇君德者不可不爭至於處衆和而不同可也〔全云〕此以二公學術言之謂呂學深穩而稍不同陸學則自成其是也觀鵝湖之會可見何說謬○〔元圻案〕陸九淵字子靜撫州金谿人學者稱象山先生謚文安事蹟具宋史儒林傳

演繁露。明道二年。奉安莊獻神御於慈孝寺彰德殿。則莊獻不入景靈。按景靈宮建於祥符五年。以奉聖祖。其爲原廟。自元豐五年始。前此帝后館御。寓佛老之祠者多矣。非止莊獻也。〔元圻案〕〔程大昌演繁露續集一〕明道二年奉安莊獻明肅神御於慈孝寺彰德殿莊懿太后於景靈宮廣孝殿然則莊獻不入景靈耶〔長編七十九〕真宗大中祥符五年十二月先是詔丁謂等於京城擇地建宮以奉聖祖謂等奏司天少監王熙元言按天文志太微宮南有天窮星乃帝王祖廟也宜就大內之丙地乃得錫慶院吉地即令謂等與內侍鄧守恩修建戊辰詔上新宮名曰景靈又〔一三百三十〕神宗元豐五年十月乙丑詔景靈宮奉真廣孝孝嚴英德殿慈孝寺崇真彰德殿普安禪院隆福殿御容十月丁丑告遷入內奉先資福禪院慶基殿太平興國寺開先殿啓聖院永隆殿崇先觀永崇殿普安禪院重徽殿御容十一月壬子告遷入內又〔三百三十一〕元豐五年十一月癸未上朝享景靈宮先是祖宗神御殿分建於諸寺觀上以爲未足以稱嚴奉之義乃酌原廟之制即景靈宮建十一殿每歲孟月朝享以盡時王之禮〔玉海卷一百〕郊祀祠宮門元豐五年詔有司度宮之東而建六殿爲原廟奉祖宗像設又爲別殿五於其北以奉母后宣祖曰天原藝祖曰皇武太宗曰大定真宗曰熙文仁宗曰美成英宗曰治隆昭憲后曰太始孝明后曰儷極懿德明德元德后曰輝德章穆章獻章懿后曰衍慶慈聖后曰繼仁莊獻明肅真宗后姓劉氏莊懿仁宗生母姓李氏仁宗追尊爲皇太后

曹輔有二人秦少游調定海主簿選人改換七階曹輔子草履負擔周恤巡內黨人蔡京導帝微行輕車小輦七幸

攻媿跋。曹子方書。以爲祐陵時。上書論時事。靖康欽宗至樞筦。愚謂有兩曹輔。其一字子方。與蘇黃游。若論事爲樞筦者。字載德。龜山爲銘。〔見龜山集三十七〕合爲一人非也。〔全云〕曹子方海陵人東坡有送之赴閩漕詩其爲樞筦者則與龜山同里 又淮海樓記考國史傳。秦少游調定海主簿。而文集無一語及之。愚謂少游爲蔡州教授時。選人七階未改。主簿乃初階。非歷此官也。〔元圻案〕〔樓大防攻媿集〕跋曹子方書云祐陵戲時曹公上書極論時事廟堂質責之問所從知對曰天下皆知之而相公不知所詣焉用彼相遂貶去京尹不忍辱之引頸荷校而行吏卒問何以爲路費曰少俟吾子已而一介草履負擔而至郎其子也問所攜前則草履後則乾糧卒憤然欲加捽辱子奮曰我父得罪朝廷爾曹敢無禮我當殺爾愕不敢動靖康初召還寖至樞筦又閩人也宜乎遊了翁之門〔楊龜山曹公墓銘曰〕曹輔字載德南劍州沙縣人元符三年中進士第靖康圍城中簽書樞密院事高宗初卒〔東坡有送曹輔赴閩漕詩註〕輔字子方海陵人元豐間爲鄜延路經略司勾當公事後提點廣西刑獄先生在惠數年數有往來書帖元祐黨禍諸賢多在巡內子方周恤備至士論與之〔山谷集〕有送曹子方福建路運判詩〔宋史曹輔傳〕輔南劍州人自政和後蔡京導帝微行外置行幸局民間猶未知以京謝表有輕車小輦七賜臨幸之言自是傳聞四方輔知言必獲罪義不可止召子紳付以家事乃上疏編管郴州靖康改元歷延康殿學士簽書樞密院事〔攻媿集〕〔定海縣淮海樓記曰〕問樓何以名曰秦少游初筮之地也退而攷之國史傳云元祐初調定海主簿信矣又求於文集則絕無一語及之訪諸父老相去百餘年間耳目所不接不可得而攷

律疏刑統不同
孫奭爲律文音義
勑令格式新書
范質建議定刑典

初即祚坐駕頭
緋羅繡帕覆七寶牀
正衙法座形製
扇筤皆繡或銷金
內侍挾駕左右次

矣〔宋史職官志二〕崇寧初以議者有請自承直至將仕郎凡換選人七階

律疏與刑統不同。疏依律生文。刑統參用後敕。雖引疏義頗有增損。天聖仁宗即位初元中。孫奭校定律文。及疏爲音義。〔何云〕宋初士大夫留意實事○〔元圻案〕〔高承事物紀原〕唐宣宗時以刑律分類爲大中刑律統類故五代以來又有刑統〔唐志〕律疏三十卷長孫無忌奉詔撰〔書錄解題法令類〕律文十二卷音義一卷自魏李悝漢蕭何以來更三國六朝隋唐因革損益備矣本朝天聖中孫奭等始撰音義自名例至斷獄歷代異名皆著之又刑統三十卷判大理寺燕山竇儀可象詳定初范質既相周建議律條繁廣輕重無據特詔詳定號大周刑統凡二十一卷至是重加詳定建隆四年頒行又慶元勑令格式一百二十二卷丞相京鏜等表上國朝自建隆以來世有編勑每更修定號爲新書其有續降指揮謂之後勑以待他時修入云〔釋文瑩玉壺清話〕范質議刑典疏曰先王所恤莫重於刑今繁苛失中輕重無準民罹橫刑吏得侮法願陛下留神刑典深軫無告周世宗命公與臺官劇可久知雜張湜詳修刑定五年書成目曰刑統

江休復嘉祐雜志。駕頭初即祚所坐。王原叔曰。此坐傳四世矣。按國史輿服志。駕頭七寶牀也。覆以緋羅繡帕。內臣馬上捧之。〔原注〕嘉祐六年幸睦親宅內侍墮馬駕頭壞遂以閤門祗候內侍各二員挾駕左右次扇筤又以皇城親從兵二十人從其後〔全云〕江休復名鄰幾王原叔名洙〔集證〕〔江鄰幾雜志三卷〕晁氏曰皇朝江休復撰休復歐陽永叔之執友其所紀精博絕人遠甚鄰幾其字也又名嘉祐雜志按今存一卷〔夢溪筆談〕正衙法座香木爲之加金飾四足墮角其前小偃織藤冒之若車駕出幸則使老內臣馬上抱之曰駕頭輦後曲蓋謂之筤兩扇夾心

抱繡裹兀子馬上
更朝加覆黃帽
景祐郊赦錄叛後梁適石介事遇異
詔書不具草

通謂之扇筤皆繡亦有銷金者卽古之華蓋也○〔元圻案〕〔續通鑑長編一百九十四〕仁宗嘉祐六年太常禮院及整肅禁衛所並言請自今駕出以閤門祗候並內臣各二員挾駕頭左右次扇筤仍以親從兵二十人從其後先是幸睦親宅內侍抱駕頭墮馬駕頭壞御史中丞韓絳乞增乘輿出入儀衛之禁事下太常禮院等處參議而定此制〔注〕〔江休復雜志云〕韓維問李淑駕頭何物曰百講坐之一劉敞訪之王洙云御座傳四世矣乃初卽位所坐〔老學庵筆記〕駕頭舊一老宦者抱繡裹兀子於馬上高廟時猶然今乃代以閤門官　〔葉大慶愛日齋叢抄〕舊制駕頭未詳所始相傳更一朝卽加覆黃帽一重〔孔氏談苑云〕駕頭者祖宗卽位時所坐也相傳寶之

景祐二年。郊赦。梁適上疏論朱全忠唐之賊臣。今錄其後。不可以爲勸。仁皇是其言。記姓名禁中。石介亦論赦書不當求朱梁劉漢後。遂罷不召。其言一也。而黜陟異焉。豈遇不遇有命乎。〔元圻案〕〔石林燕語七〕梁莊肅公景祐中監在京倉南郊赦錄朱全忠之後莊肅上疏曰全忠叛臣也何以爲勸仁宗善之擢審刑院詳議官記其姓名禁中自是遂見進用　〔宋王珪華陽集三十七〕梁莊肅墓志曰公諱適字仲賢世鄆人景祐中進士及第南郊赦書錄朱全忠之後公曰全忠叛臣也何足以爲勸仁宗是其言記姓名禁中〔歐陽公上杜中丞書曰〕伏見舉南京留守推官石介爲主簿聞介以上書論赦被罷修獨以爲不然不知介果指何事而言也傳者皆云介之所論謂朱梁劉漢不當求其後裔爾若止此一事則介不爲過也〔長編一百十七〕此二事同載於景祐二年同時而用舍不同如此

乾道中。張說王之奇。簽書樞密院事。辭免降詔。詔直

諸人白居易辭除嚴孟制東坡論不允辭免詔周必大辭除貴戚制莫濟封還錄黃倪思封還詞頭蔡幼學尤精繳奏韓偓不草廢喪詔琬可斷麻不可草師舜具衆耳目

學士院。周必大奏。唐元和間。白居易在翰林。奉宣草嚴綬江陵節度使。孟元陽右羽林統軍制。皆奏請裁量。未敢便撰。元祐中。師臣避免拜之禮。執政辭遷秩之命。蘇軾當撰答詔。言其不可卒如所請。今除用執政。非節度統軍免拜遷秩。此二人辭免不允詔書。臣未敢具草。〔案〕白居易事唐書本傳不載〔孟元陽傳〕憲宗五年入爲右羽林統軍蓋諫而不從也〔東坡乞允文彥博等辭免拜劄子云〕臣近奉聖旨撰賜文彥博呂公著今後入朝免拜詔書今又降准內降指揮撰不允彥博辭避免拜批答臣謹按祖宗舊例如呂端之流以老病進對亦止於臨時傳宣不拜臣是有司合守典禮兼恐彥博公著終不敢當以臣愚見不若允其所請若聖恩優閔老臣眷眷不已遇其朝見間或傳宣不拜足以爲非常之恩所有不允批答臣未敢撰又〔乞允安燾辭免轉官劄子云〕臣今准內批安燾辭免右光祿大夫降詔不允臣竊謂朝廷豈以執政六人五人進用故加遷秩以慰其心燾位冠西樞委寄至重豈有見人擢用卽以介懷今燾力辭正爲知義臣欲奉命草詔不知所以爲詞伏望聖恩從其所請〔宋史周必大傳〕張說再除簽書樞密院給事中莫濟封還錄黃必大奏曰昨舉朝以爲不可陛下亦自知其誤而止曾未周歲此命復出貴戚預政公私兩失臣不敢具草上批王曮疾速譔入濟必大予宮觀 紹熙〔閣按〕光宗初卽位庚戌改元中。譙熙載自遙郡觀察使除正任辭免。降詔倪思封還詞頭。亦引蘇軾論不當撰辭免

蔣圃亭沼粗適

恨林木未就

不允詔者凡三。嘉定寧宗在位十四年戊辰改元嘉定中。師睪〔全云〕宋宗室知臨安府。辭免蔡幼學〔全云〕字行之止齋弟子以師睪附柄臣故不肯草詔當草詔奏曰不允必有褒語臣無辭以草淳祐〔閻按〕理宗在位十七年辛丑改元中。別之傑之傑字宋才郢州人淳祐七年參知政事宋史有傳參知政事尤焴〔全云〕號木石先生○焴延之之孫官禮部尚書不草答詔此禁林緻奏故事也。唐末韋貽範起復。在昭宗天復二年命韓偓草制偓曰腕可斷麻不可草上疏論之明日百官至而麻不出此非盛世事故前輩不以為故實〔元圻案〕〔唐書韓偓傳〕宰相韋貽範母喪詔還位偓當草制上言陛下誠惜貽範未俟變縗而召可也何必使出峨冠廟堂入泣血柩側毀瘠則廢務勤恪則廢哀此非人情可處也學士使馬從皓逼偓求草偓曰腕可斷麻不可草從皓曰君求死耶偓曰吾職內署可默默乎明日百官至而麻不出〔葉水心蔡行之墓誌曰〕公溫州瑞安新城里蔡氏名幼學字行之乾道八年進士直學士院時趙師睪知臨安府公當不允詔奏師睪之為人與其行事衆耳目素具也於是四典京邑非臣所知不允當有褒詔臣無辭以草遂止

蔣希魯居姑蘇。延盧仲甫秉後圃。希魯曰亭沼粗適恨林木未就仲甫曰亭沼譬爵位時來則有

亭沼如爵位時至得　林木如名節久乃成　臺樹如富貴　蔣堂延譽後進　盧仲甫必爲佳器　尹師魯誌附論辨　有宋先達爲古文　柳開穆脩鄭條返古　鄭條著金斗集　師魯文簡而意深　疾讀五行俱下　歐文欲以簡慰亡友　宋文承五代卑弱　楊大年文事藻飾

之林木譬名節。非素修弗成。〔何云〕東坡先生嘗云臺樹如富貴時至即有草木如名節久而後成○〔元圻案〕〔東都事略六十〕〔蔣堂傳〕堂字希魯常州宜興人舉進士官禮部侍郎爲人脩潔遇事不稍屈延譽後進如不及　〔宋史盧秉傳〕秉字仲甫湖州德清人未冠有雋聲嘗謁蔣堂坐池亭堂曰池沼粗適悵林木未就耳秉曰亭沼如爵位時來或有之林木非培植根株弗成大似士大夫立名節也堂賞味其言曰吾子必爲佳器中進士甲科官龍圖閣直學士元祐中知荊南劉安世論其行鹽法虐民降待制

歐陽公辨尹師魯誌曰。若作古文自師魯始。則前有穆脩鄭條輩。及有宋〔閣本脫宋字從何本增〕先達甚多。〔何云〕如王元之文亦自有古意所謂先達甚多也不敢斷自師魯始也。〔案〕歐陽公作尹師魯墓誌當時有議其文太簡者故作論以附誌文之後云云〔又曰〕師魯之誌用意特深而語簡蓋謂師魯文簡而意深〔又曰〕平生作文惟師魯一見展卷疾讀五行俱下便曉文深處因謂死者有知必愛此文所以慰亡友爾豈恤小子輩哉

條之名不著。館閣書目有鄭條集一卷。條蜀人。自號金斗先生。名其文金斗集。〔元圻案〕〔歐陽公尹洙墓誌曰〕師魯河南人姓尹氏諱洙少舉進士及第官至起居舍人直龍圖閣　穆脩字伯長鄆州人擢進士第初授泰州司理參軍集三卷宋史入文苑傳　〔朱子名臣言行錄〕稱洙學古文於脩陳振孫亦云尹洙兄弟從脩學古文〔范文正尹師魯集序曰〕五代文體卑弱皇朝柳仲塗起而麾之洎楊大年專事藻飾謂古道不適於用廢而弗學者久之師魯與穆伯長力爲古文歐陽永叔從而振之由是天下之文一變而古　〔柳河東集〕載沈晦後序曰國初文章承唐末五代之弊卑弱不振至天聖間穆脩鄭條之徒唱之歐陽文忠尹師魯和之格力始回天下乃知有韓柳　〔書錄解題〕

柳歐等兩振文體
伊川不短前輩
黝舍比聖門語委曲
和靖言在養忠厚
剖析精微之功宜言
定大計惟謀臧否
建炎後相多姦佞
李綱沮於汪黃
鼎淩沮於檜及其黨
隆淳大臣充位
慶嘉政在侂胄彌遠
更一相曰更化
相賈宋亡猶西晉
賈似道少落

目錄類〕中興館閣書目三十卷秘書監臨海陳騤叔進等撰淳熙五年上之著錄四萬四千四百八十六卷〔國朝王士正居易錄二十一〕宋古文始於柳開穆脩鄭條三人柳穆今有集人多知之條蘇州人天聖八年王拱辰榜第三甲進士咸平三年陳堯咨榜進士爲之子也兄脩景祐三年王整榜進士及第見姑蘇科第表與館閣書目云蜀人不同

祁寬問和靜尹先生曰伊川謂歐陽永叔如何先生曰前輩不言人短每見人論前輩則曰汝輩且取他長處呂成公與朱文公論胡子知言書曰孟子論孟施舍北宮黝曰二子之勇未知其孰賢然而孟施舍守約也所以委曲如此者以其似曾子子夏而已若使正言聖門先達其敢輕剖判乎文公答曰和靜之言當表而出之〔元圻案〕〔書錄解題儒家類〕尹和靖語錄四卷馮忠恕祁寬居之呂堅中崇實所錄尹焞彥明語〔朱子答呂成公別紙〕云養忠厚革澆浮之論甚善要當以此爲主而剖析精微之功自不相妨耳和靖錄中謂伊川未嘗言前輩之短此意甚善和靖之言當表而出之

劉應起時可淳祐理宗十七年辛丑改元初爲太學博士言定大計曰謀之而臧則文子文孫宜君宜王謀之不

魄

臧則生天王家以爲大慼此人所難言也建炎〔閻按〕高宗初即位丁未改元李綱去而潛善伯彥相〔案〕黃潛善汪伯彥力主幸東南避敵上意已決綱謂國之存亡於是焉分吾當以去就爭之疏上留中遷左僕射汪黃當國紹興趙鼎張浚去而檜相檜主和議鼎力求去位浚論彗星之變檜怒令臺諫交論浚奉祠居永州檜死其黨迭爲相謂万俟卨湯思退隆興〔閻按〕孝宗初即位癸未改元至淳熙萬機獨運而大臣充位呂成公淳熙四年輪對劄子有陛下聖躬獨勞而無羣臣之助之語慶元後政在侂胄嘉定後政在彌遠端平〔閻按〕理宗在位十年甲午改元訖景定更一相則曰更化然姦臣弄權之日常多陽淑消而陰慝長危亡之證所由來漸矣陰凝冰堅極於似道邵子謂禍在夕陽亭一語〔何云〕見第十三卷遂與西晉同轍哀哉〔全云〕黃東發兩朝政要言之最詳○〔元圻案〕賈似道少落魄爲游博不事操行以父涉蔭補嘉興司倉曹會其姊入宮有寵於理宗爲貴妃遂赴廷對寖致柄用西晉之亡由賈充賈后之父也故曰與西晉同轍

蘇紳梁適謂之草頭木脚其害在士大夫薛極胡榘謂之草頭古天下苦其害在民〔元圻案〕〔碧雲騢〕梁適始與蘇紳有奸邪之跡時

紳適草頭木
脚
草頭古天下
苦民謡
薛胡𦔻趙爲
四木
開禧貪濁之
事
平原列壽禮
天慶觀
局鐍三十皮
籠
以記問取人
梁適對次公
名字
湯思退對生
人婦
許敬宗對顓
頊帝邱

號草頭木脚隱寓其姓也既同附中官得秉政豪視朝士自三司使楊察而下皆受其慢罵〔一葉紹翁四朝聞見錄丙集〕薛會之極胡仲方榘皆史所任也諸人伏闕言事以民謠謂胡薛爲草頭古天下苦象其姓也謂虐我生民莫非爾極象其名也薛極胡榘聶子述趙汝述四人諂附史彌遠當時又謂之四木

朝野雜記。載開禧〔閣按〕寧宗在位十一年乙丑改元貪濁之事。詳矣。繼其後者又甚焉。當時謂侍從之臣。無論思有獻納。他可知矣。以陰召陰。極於天下無邦。〔全云〕此魏公鶴山語以譏史相之苞苴也見天台吳子良木筆雜鈔○〔元圻案〕〔周密癸辛雜誌後集〕朝野雜記所載韓平原送壽禮物各列之天慶觀廊間觀者爲之駭然以近世觀之每有饋遺惟恐外人窺伺肯張皇以眩衆目哉嘗聞有閫帥饋師憲三十皮籠局鐍甚嚴其承受人不過齎書函及魚鑰小匣投納而已籠中之物雖承受人亦所不知也其視平原之事何翅萬萬

仁宗閱審刑奏案。有次公。而梁適對以黃霸蓋寬饒字。高宗閱刑部奏案。有生人婦。而湯思退對以見魏志杜畿傳。皆簡上知。至輔相。然以記問取人。則許敬宗賢於竇德元矣。〔元圻案〕〔宋釋文瑩玉壺清話〕梁丞相適始任詳刑一日隨判院盧南金進劄子奏案中有臣僚名次公者仁宗問曰因何名次公判院明法登仕不能即對時梁代對曰臣聞漢黃霸字次公必以霸字而名也由是不十年至台輔〔沈存中夢溪筆談云〕景祐中有使臣何次公具獄主判官進呈上忽問此人名次公何義主判官不能對龐莊敏越次對曰前漢黃霸字次公蓋以霸次王也上領之宋史梁適傳載其事龐籍傳不

寶德元勤職寡學術

封濟王意取水絕降封巴陵非令典厚齋請封鎮王王錫諡王莽時大旱濟枯鎮王指瓊匡置史呼彌遠爲新恩

載 漢桓寬亦字次公酷吏義縱傳之張次公則名也 湯思退字進之處州人宋史本傳不載此事 〔三國魏杜畿傳注〕臣前所錄皆亡者妻今儼送生人婦也 〔唐書姦臣傳〕許敬宗字延族杭州新城人帝東封泰山以敬宗領使次濮陽帝問竇德元此謂帝邱何也德元不對敬宗儳曰臣能知之昔帝顓頊始居此地以王天下其後夏后相因之爲寒浞所滅后緡方娠逃出自竇在此地也後昆吾氏因之而爲夏伯昆吾既衰湯滅之其頌曰韋顧既伐昆吾夏桀是也至春秋時衛成公自楚邱徙居之左氏稱相予奪享以舊地也由顓頊所居故曰帝邱

寶德元威從孫高宗麟德初進左相本傳稱其勤職納己而寡學術

四瀆濟水獨絕。朱全忠篡唐降昭宣帝爲濟陰王。嘉定末。濟王之封。豈權臣亦取濟水之絕乎。又蕭衍篡齊。降和帝爲巴陵王。而濟王亦降封巴陵公。非令典也。爲大臣者。不知則不學。知之則何以示後。〔閻按〕〔宗室鎮王竑傳〕德祐元年試禮部侍郎兼中書舍人王應麟請以臣萬畝賜其家遣應麟致祭○〔元圻案〕〔後漢書郡國志〕河內郡有刊城溫蘇子所都濟水出王莽時大旱遂枯絕 鎮王竑希瞿之子也初沂靖惠王薨無嗣以竑爲之後賜名均尋賜名貴和太子詢薨迺立爲皇子賜名竑封濟國公竑宮壁有輿地圖竑指瓊厓曰吾他日得志置史彌遠於此又嘗呼彌遠爲新恩以他日非新州則恩州也彌遠聞之大懼時沂王猶未有後選宗室希瓐之子昀繼之彌遠獨與鄭清之議曰皇子不堪負荷聞後沂邸者甚賢今欲擇講官君其善訓迪之事成彌遠之坐即君坐也寧宗崩彌遠召昀即位竑封濟王寶慶元年正月湖州人潘壬與其弟丙謀立竑事平逼竑縊於州治追奪王爵降封巴陵縣公更封大國表墓錫諡議者謂迎善氣銷惡運莫先於此陞封鎮王諡昭肅

彌遠清之議易儲
建儲更名同前代
君親觀史難直筆
時政記內廷日歷
一手掩天下目

紹興建儲。欲更名煒。周益公謂與唐昭宗同。〔闇按〕孝宗本紀漏音字蓋唐昭宗名曄而亟改之。景定理宗在位三十六年庚申改元建儲更名。乃與蜀漢後主太子同。咸淳未。命嗣君之名。又與唐中宗同。而當時無言者。〔元圻案〕〔周益公紹興淳熙兩朝內禪詔跋曰〕高宗以壬午五月甲子降旨立儲禮部侍郎呂廣問語臣皇太子改名從火從華臣謂與唐昭宗曄字同音可乎廣問亟告丞相取旨別擬定乃用今名宣布而初札不復改矣〔錢氏大昕養新錄七〕宋史度宗本名孟啓淳祐十一年賜名孜寶祐元年立為皇子改賜名禥景定元年立為皇太子賜字長源若蜀後主太子名璿與度宗名不同厚齋仕於景定朝不當有誤豈宋史轉不足信耶抑厚齋誤記三國志耶　理宗咸淳十年七月嘉國公㬎即位㬎說文作㬎从日中視絲古文以為顯字唐中宗名顯

范正獻公唐鑑曰。後世人君觀史。而宰相監脩。欲其直筆。不亦難乎。其論正矣。然自唐姦臣為時政記。而史益誣。近世尤甚。余嘗觀寶慶日歷欺誣之言。所謂以一手掩天下之目。所恃人心公議不泯耳。〔元圻案〕〔通鑑唐紀〕太宗貞觀十七年初上謂監脩國史房元齡曰前世史官所記皆不令人主見之何也對曰史官不虛美不隱惡人主見之必怒故不敢獻上曰朕欲自觀國史知前日之惡為後來之戒公可撰次以聞　〔冊府元龜國史部記注類〕姚璹則天長壽初為文昌左丞同鳳閣鸞臺平章事表請仗下所言軍國政要即宰相一

宰相安與生事
李良嗣言遼可取
童貫賂女真得空城
葛勝仲王黼聯姻
胡文定久仕及罷職
朱子立朝日短
沈繼祖誣朱子十罪
朱子忤侂冑及平居

人專知撰錄號爲時政記每月封送史館宰相撰時政記自璹始也〔宋費袞梁谿漫志〕唐故事宰臣每於閤內及延英奏論政事退歸中書維知印宰臣得書其日德音及凡宰臣奏事付史館名時政記其後議者謂所奏事非一端移數刻之久或但記出己之辭而忘同列之對恐有遺漏乞令宰臣人自爲記國初以扈蒙之言詔盧多遜錄時政月送史館然乞不能成書太平興國末直史館胡旦言五代自唐以來中書樞密皆置時政記周顯德中密院置內廷日歷望令樞密院依舊置內廷日歷詔自今軍國政要並委參知政事李昉撰錄樞密院令副使一人纂集每季送史館昉因請每月先奏御後付所司時政記奏御自昉始

葛文康勝仲與王黼書曰。天下無事。則宰相安。宰相生事。則天下危。〔元圻案〕〔宋史文苑傳七〕葛勝仲字魯卿丹陽人紹聖四年進士再知湖州丐祠歸卒謚文康〔東都事略一百六王黼傳〕黼開封祥符人舉進士宣和二年拜少宰由通議大夫超八官爲特進自國朝以來命相未有也遼人李良嗣不得志於其國亡來歸我言遼可取若結女真共圖之則石晉所割燕雲之地可復徽宗以問大臣皆以爲不可黼曰中國與遼雖爲兄弟之邦然彼之所開釁慢我者多矣且兼弱攻昧武之善經也今置弗取則女真獨强吾不免事之中原地恐非我有也已而童貫伐燕無功厚賂女真得其空城〔九朝編年備要〕徽宗宣和九年顯謨閣待制知湖州葛勝仲與王黼聯姻與書曰天下無事則宰相安宰相生事則天下危願公享宰相之安無使天下至於危也

胡文定公自登第逮休致。凡四十年。實歷不登六載。此胡致堂先公行狀語 朱文公五十年間。歷事四朝。仕於外者僅九考。立於朝者四十日。此黃勉齋朱子行狀語 道義重而

邵公濟世亂避蜀築室犍爲西山

温公覽奏長吁温公妻清河郡君

爵位輕。所以立言不朽。〔元圻案〕胡文定公於哲宗紹聖四年丁丑中進士第高宗紹興二年壬子以論朱勝非罷職朱子於高宗紹興十八年戊辰中進士第寧宗慶元二年以御史沈繼祖誣朱子十罪落職罷祠四年戊午乞致仕〔宋劉時舉續資治通鑑〕寧宗慶元六年三月甲子朱熹卒朱子平居惓惓無一念不在於國然謹難進之禮厲易退之節故其與世動輒齟齬自筮仕以至屬纊五十年間歷事四朝仕於外者僅九考立於朝者四十日道之難行也如此〔無名氏宋史全文二十八〕光宗紹興五年閏十月戊寅侍講朱熹以上疏忤韓侂冑罷朱子以十月辛卯入見中間進講者七內引留身奏事者再面對賜食者一在朝甫四十六日

邵公濟〔何云〕博築室犍爲之西山告家廟文曰少時得大父平生之言于汝潁大夫士曰世行亂。蜀安可避居焉。大父學通天人足以前知矣宣和國亂先人載家使蜀免焉。〔原注〕大父康節先人伯温也

梁世榮錄南軒語云温公作相夫人聞其終夜長吁問之曰某所奏盜賊某所又奏某事吾爲宰相使天下如此所以長吁也按温公集張夫人終於元豐五年。此記錄之誤也。〔元圻案〕〔温公敘清河郡君文曰〕清河郡君張氏冀州信都人禮部尚書致仕存之女端明殿學士司馬光之妻也年十六適司馬氏夫登朝封清河縣君及爲學士改郡君年六十元豐五年正月壬子晦終於洛陽〔東坡温公神道碑曰〕公以端

黃定策時政無諱孝宗擢榜首能容直

徐霖上書著直聲不爭公義而仇明德史嵩之姦深霖書發姦說多名言趙汝騰推崇

明殿學士出知永興軍退居於洛十有五年及上即位太皇太后攝政起公爲門下侍郎遷正議大夫遂拜左僕射而公臥病以元祐元年九月丙辰朔薨計距張夫人之歿已五年矣

乾道壬辰黃定對策謂以大有爲之時爲改過之日月又云雖有無我之量而累於自喜雖有知人之明而累於自恃又云欲比迹太宗而操其所不用之術顧眄周行類不適用則曰腐儒曰好名曰是黨耳於是始有棄文尚武親內疏外之心何不因羣情之所共違而察一己之獨嚮其言皆剴切孝皇擢之第一有以見容直之盛德而秉史筆者未之紀焉〔元圻案〕〔書錄解題歌詞類〕鳳城詞一卷三山黃定泰之撰乾道壬辰榜首

徐景說霖 以書義冠南宮上書言時宰姦深之狀曰不與天下之公義爭而與陛下之明德爲仇每潛沮其發見之端周防其增益之漸使陛下之明德不得滋長廣充以窺見其姦而或覺之

初制策題寫卷甚簡慶歷時罷寫策題蔣之奇失書策問目二蘇對策有遺治當先內謝安言何以爲京師陸贄言虛實相養曹參戒勿擾

也。其先也。奪陛下之心。其次奪士大夫之心。而其甚也奪豪傑之心。景說由是著直聲。〔何云〕真腐儒〇〔元圻案〕〔宋史徐霖傳〕霖字景說西安人有志聖賢之道淳祐四年試禮部第一授沅州教授時史嵩之挾邊功要君植黨顓國霖上疏歷言其姦深之狀見者吐舌〔霖書又云〕其術非章章然號於人使之爲小人也恆於善類之中擇其質柔氣弱易以搖奪者親任一二其或稍有異己則潛棄而擯遠之以風其餘彼持名節之心不足以勝其富貴之欲義利之辨終暗於妻妾宮室之私則亦從之而已其後賈似道以權術牢籠有名士不愛官爵以小利啗之使言路斷絕威福肆行皆是術也義門以腐儒目之過矣〔趙汝騰庸齋集〕有贊徑坂使君講席之威詩云立天地心鳴道鐸開生靈眼識師儒其推挹如此徑坂霖別字

唐及國初策題甚簡。蓋擧子寫題於試卷故也。慶歷後不復寫題。寖失之繁。今有數千言者。問乎其不足疑。〔閻按〕〔蔣之奇傳〕英宗時舉賢良方正及對策失書問目報罷則謂慶歷後云云者恐誤〔集證〕慶歷不復寫全題疑仍書策問某事若今第幾問然蔣之奇傳失書問目當謂此〇〔元圻案〕〔續通鑑長編一六百十〕仁宗慶歷二年賈昌朝請罷擧人試院所寫策題從之閻氏不得見長編故以爲誤

嘉祐制策曰。治當先內。或曰何以爲京師。此晉謝安之言也。命秩之差。虛實之相養。此唐陸贄之言也。二蘇公之對不能無所遺。〔閻按〕二當作大東坡止對不可擾獄市爲曹參不及謝安止

獄市
命秩分官有四
王儉論京師符伍
單穆公言錢貨重輕
溫公等第策卷
圓卮兩號彌封
游復考行妻子夢寐

對錢貨經重之相權爲召穆公不及陸贄故曰有遺且此乃景王時單穆公非厲王時召穆公虎也尤誤○〔元圻案〕陸宣公論進瓜果人擬官第二狀謹按命秩之載於甲令者有職事官有散官有勳官有爵號其流有四然其掌務而校俸者惟繫於職事之一官以序才能以位賢德此所謂施實利而寓之虛名者也其勳散爵號三者所繫大抵止於服色資蔭而已以馭崇貴以甄功勞此所謂假虛名以佐其實利者也虛實交相養故人不濟賞輕重互相制故國不廢權〔通鑑齊紀〕高帝建元元年帝以建康居民錯雜多姦盜欲立符伍以相檢括王儉諫曰京師之地四方輻湊必欲持符於事既煩理成不曠謝安所謂不爾何以爲京師也乃止此語晉書謝安傳不載〔東坡對策曰〕惟制策有治當先内或曰何以爲京師政在擿姦或曰不可撓獄市此皆一偏之說不可以不察也夫見其一偏而輒舉以爲說則天下之說不可以勝舉矣自通人而言之則曰治內所以爲京師也不撓獄市所以爲摘姦也如使不撓獄市而害其爲擿姦則夫曹參者是爲逋逃主也伏惟制策有錢貨之制輕重之相權命秩之差虛實之相養昔召穆公曰民患輕則多作重以行之若不堪重則多作輕以行之亦不廢重輕可改而重不可廢不幸而過寧失於重此制錢貨之本意也命者人君之所擅出於口而無窮秩者民力之所供取於府而有限以無窮養有限此虛實之相養也〔司馬溫公論制策等第狀曰〕近蒙差遣覆考應制舉人試卷內圓卮兩號所對策辭理俱高絕出倫輩然卮所對命秩之差虛實之相養者一兩事與所出差舛臣遂與范鎮同議以圓爲第三等卮爲第四等注云狀既上而執政以卮所試進呈欲黜之上曰其言切直不可棄也乃降一等收之即蘇轍也圓卮蓋當時彌封之號即今科場之紅號也圓即東坡之卷然則王氏所云二蘇公乃兼指東坡潁濱耳閻氏所云似未詳核

龜山誌游執中曰。嘗以晝驗之妻子。以觀其行之篤與否也。夜考之夢寐。以卜其志之定與未也。

〔全云〕沈端憲晦自厲之言本此〔龜山集〕第三十卷游執中墓誌曰其學以中庸爲宗以誠意爲主以閑邪寡欲爲入德之門嘗以晝驗之妻子云云〔呂成公雜說〕引此四語謂須

和金戰金自守各議趙鼎再相無設施史浩與張浚詰難

呂文靖以子著美史直翁以子掩美史所薦舉皆大儒

於此等處常常體察最可驗學力　執中名復游定夫先生之族父也

紹興隆興主和者皆小人。開禧主戰者皆小人。〔閻按〕時辛棄疾亦主戰余謂此即西涯樂府云議和生議戰死生國讎死國恥兩太師竟誰是潘辰評都無一是者也〔全云〕趙忠簡是且戰且和未肯降心者也與史文惠不同文惠以力不足爲言是其審量而行又與湯思退不同又云世多咎辛稼軒和開禧之議然開禧未嘗能用稼軒也水心則辭詔矣〔何云〕趙忠簡亦主和議史直翁持論老成不容以小大概之○〔元圻案〕〔宋史趙鼎傳〕鼎再相或議其無所設施鼎聞之曰今日之事如人患羸當靜以養之若復加攻砭必傷元氣矣金人遣使議和朝論以爲不可信上怒鼎曰陛下於金人有不共戴天之讎今屈己請和不憚爲之者以梓宮及母后耳羣臣憤懣之辭出於愛君不可以爲罪〔史浩傳〕張浚將圖恢復上以問浩浩奏先爲備禦是謂良規儻聽淺謀之士興不教之師寇去則論賞以邀功寇至則斂兵而遁跡謂之恢復得乎　〔宋葉紹翁四朝聞見錄丙集〕孝宗奮志於恢復史公浩以爲不先自治安可圖遠與張公浚詰難於天子凡五日浚乃見上曰史浩之意已不可奪惟陛下英斷於是不由三省樞密院而命將出師浩力請罷歸　趙鼎字元鎮解州聞喜人相高宗謚忠簡史浩字直翁明州鄞縣人相高宗孝宗謚文惠嘉定十四年追封越王改謚忠定　隆興主和者又有李椿陳敏韓元吉唐文若陳俊卿事詳齊東野語第二卷〔朱子垂拱奏劄曰〕今日論國計者大抵有三曰戰守和戰誠進取之勢而亦有輕舉之失守固自治之術而亦有持久之難至於和之策則下矣今日所當爲者非戰無以復讎非守無以制勝則南渡後圖維之要盡於此矣　開禧主戰者韓侂冑蘇師旦鄧友龍皇甫斌等

呂文靖夷簡爲相。非無一疵可議。子公著爲名相。而揚其父之美。史直翁浩爲相。非無一善可稱。〔何云〕豈直一善子彌遠爲權臣。而掩其父之美。易曰有子考无咎。

申公明恩怨成君過

發策以時宰諱詔

蔣良貴不避家相諱

張浚諱稱樞使

胡文定父子奏疏

唐以山水代無逸圖

〔全云〕亶翁固是良相其薦朱陸陳楊葉諸公乾淳大儒一舉盡之矣呂申公所不及○〔元圻案〕史稱夷簡爲相深謀遠慮有古大臣之度焉在位日久頗務收恩避怨以固權利郭后之廢成其君之過舉咎莫大焉

嘉定癸未禮闈策士云發德音下明制寧皇〔閻按〕皇當作宗遺詔下謂之遺誥蓋避時宰家諱也〔全云〕時宰乃史彌遠其曾祖八行徵士名詔蔣良貴簽判安吉州時水災後脩城郡守趙希觀屬良貴作記用浩浩字希觀欲改良貴不可曰以宗室而避宰相父名此非藝祖皇帝所望於金枝玉葉也聞者壯之〔元圻案〕〔宋史蔣重珍傳〕重珍字良貴無錫人嘉定十六年進士第一官刑部侍郎諡忠文作記事本傳不載此條可補宋史之闕 張浚爲樞密使其父名密紹興十一年四月甲午得旨以樞使稱之

胡文定父子奏疏以春秋之義扶世道正人心可以立懦夫之志此義不明人欲橫流始也不知邪正〔全云〕陳賈傅伯壽胡紘之徒也終也不知逆順〔全云〕留黃之徒也

唐內殿無逸圖代以山水開元天寶治亂所以分

宋以山水代
耕織圖
陳師錫奏圖
畫經史
徽宗考試畫
學
無逸爲元龜
延春閣壁畫
耕織
樓璹圖耕織
各事
令禁中養蠶
二 陳同論京
卞
寫張去華元
元論

也。仁宗寶元初。圖農家耕織於延春閣。〔何云〕〔虞伯生題樓攻媿耕織圖詩序云〕前代郡縣所治大門東西壁皆畫耕織圖使民得而觀之蓋兼以勗牧民者不獨延春也〔全云〕南渡之初樓璹以耕織圖進攻媿之世父也璹官至揚州安撫哲宗元符間。亦更以山水。勤怠判焉。徽宗宣取祕書省圖畫進覽。陳師錫奏曰。六經載道。諸子談理。歷代史籍。祖宗圖書。天人之蘊。性命之妙。治亂安危之機。善惡邪正之迹在焉。以此爲圖。天地在心。流出萬物。以此爲畫。日月在目。光宅四海。觀心於此。則天地冲氣生焉。注目於此。則日月祥光麗焉。心以道觀。則正。目以德視。則明。〔疏載本傳〕噫。使徽宗能寘其言於坐右。則必能監成敗。別淑慝矣。以規爲瑱。聽之藐藐。而畫學設焉。黍離麥秀之風景。其可畫乎。〔集證〕〔唐書崔植傳〕長慶初穆宗問正觀開元治道植曰元宗卽位得姚宋納君於道璟嘗手寫無逸爲圖以獻勸帝出入觀省以自戒其後朽暗乃易以山水圖稍怠於勤今願陛下以無逸爲元龜〔玉海百六十三〕寶元元年十月改萬春閣爲延春閣兩壁畫農家蠶織圖見

吏治視上趨向　漢唐循吏酷吏諸人

富鄭公使還辭遷秩

於紹興五年三月甲午之聖訓　〔樓鑰耕織圖後序〕高宗皇帝紹開中興備知民瘼伯父璹時爲於潛令念農夫蠶婦之作苦究訪始末爲耕織二圖耕自浸種以至入倉凡二十一事織自浴蠶以至剪帛凡二十四事事爲一圖係以五言詩賜對之日遂以進呈玉音嘉獎宣示後宮〇〔元圻案〕紹興五年三月甲午趙鼎奏近久雨恐傷苗稼欲下臨安府祈請孟庾沈與求曰多雨天氣久寒蠶損甚衆帝曰朕見令禁中養蠶庶使知稼穡艱難祖宗時於延春閣兩壁畫農家養蠶織絹甚詳元符間因改山水〔宋史陳師錫傳〕師錫字伯脩建州建陽人熙寧中游太學有儁聲及廷試神宗擢爲第三蘇軾薦其學術淵源行己潔素議論剛正器識精深德行追蹤於古人文章冠絕於當世官考功郎中出知潁瀘滑三州師錫始與陳瓘同論京卞時號二陳　〔宋俞元德螢雪叢說〕徽宗政和中建設畫學用太學法補試四方畫工以古人詩句命題不知掄選幾許人也〔宋史張去華傳〕去華嘗獻所著元元論大旨以養民務穡爲急真宗深所嘉賞命寫縑素爲十八軸列置龍圖閣之四壁〔孫奭傳〕仁宗即位畫無逸圖上之帝命張於講讀閣

紹興間。李誼言漢循吏傳六人。而五人出於宣帝。酷吏傳十二人。而八人出於武帝。唐循吏傳十五人。而出於武德貞觀之時者半。酷吏傳十二人。而出於武后之時者亦半。吏治視上之趨嚮。

〔閻按〕舊唐書良吏上下四十一人酷吏上下十八人　〔集證〕〔漢書循吏傳〕六人文翁在景武時王成黃霸朱邑龔遂召信臣皆出於宣帝酷吏傳十二人郅都在文景時甯成趙禹義縱王溫舒尹齊楊僕咸宣田廣明皆出於武帝田延年嚴延年在成昭宣時尹賞在成帝時〇〔元圻案〕漢之張湯杜周史記列之酷吏班書以其子孫貴盛別傳二人亦在武帝時

富文忠公使虜還。遷翰林學士。樞密副使。皆力辭。

願思夷狄輕侮之恥
澶淵役罪己待罪
倪文節論屈己盟戎

李延平論治道四言
原中聞道遠引

王徐賣國牙郎

願思夷狄輕侮之恥。坐薪嘗膽。不忘脩政。嘉定初講解使還中書議表賀又有以和戎爲二府功。欲差次遷秩。倪文節公思曰。澶淵之役捷而班師天子下詔罪己中書樞密待罪。今屈己盟戎。奈何君相反以爲慶。乃止。〔何云〕寇公眞大臣○〔元圻案〕〔東坡富鄭公神道碑曰〕公使契丹還除吏部郎中樞密直學士懇辭不受尋遷翰林學士公見上力辭曰增歲幣非臣本志也特以朝廷方討元昊未暇與虜角故不敢以死爭其敢受乎慶歷三年三月遂命公爲樞密副使辭之愈力改授資政殿學士兼翰林侍讀學士七月復除樞密副使公言虜既通好議者便謂無事邊備漸弛虜萬一敗盟臣死且有罪非獨臣不敢受亦願陛下思夷狄輕侮中原之恥坐薪嘗膽不忘脩政因以告納上前而罷〔宋史倪思傳〕思字正甫湖州歸安人乾道二年進士中博學宏辭科官禮部尚書謚文節此事本傳不載

延平先生〔全云〕名侗論治道。必以明天理正人心。崇節義。厲廉恥爲先。〔元圻案〕〔宋名臣言行錄外集十二〕李侗早歲聞道即棄場屋超然遠引若無意於當世然憂時論事感激動人其語治道必以明天理云云本末備具可舉而行非特空言而已〔宋史道學傳〕李侗字愿中南劍州劍浦人年二十四聞郡人羅從彥得河洛之學從之累年授春秋中庸語孟之說退居山田謝絕世故餘四十年食飲或不充而怡然自適

王時雍徐秉哲等。爲賣國牙郎。而不忍以宋宗族

寳鑒唐琦不
降辱
幵傳販國吳
牙
袖石擊琵駡
李鄴
梅執禮謀迎
二帝
爲以安勞義
利相權
吾輩八字箴
蔡元定師朱
子同謫
李茂欽一門
死節

交與虜人者。開封捉事使臣竇鑒也。李鄴以越守降虜。而袖石擊虜僞守者。親事官唐琦也。〔集證〕

〔宋史〕王時雍蜀人爲開封尹徐秉哲淄人爲少尹一切搜括逼遷等事皆吳幵莫儔將命而時雍秉哲行之人稱時雍爲賣國牙郎因目幵儔爲販國吳牙開封府捉事使竇鑒不忍奉行嘆息自縊死〔唐琦傳〕琦本衞士建炎間高宗航海琦病留越州李鄴以城降金人琵入守之琦袖石伏道旁伺其出擊之不中被執乃顧鄴曰我月給才石五斗米不肯背其主爾享國厚恩乃若此豈復齒人類哉詬駡不少屈琵趣殺之〇〔元圻案〕〔宋史梅執禮傳〕車駕再出執禮與宗室子昉謀集兵奪萬勝門夜擣金營迎二帝以歸而王時雍徐秉哲使范瓊泄其謀故不克

朱文公謂蔡季通曰。身勞而心安者爲之。利少而義多者爲之。〔原注〕出荀子脩身篇 李誠之〔全云〕東萊弟子 嘗語真希元曰。篤信好學。守死善道。此吾輩八字箴。〔元圻案〕〔宋史儒林傳〕蔡元定字季通建州建陽人聞朱熹名往師之築室西山將爲終焉之計時韓侂胄擅政設僞學之禁沈繼祖劉三傑連疏詆熹并及元定謫道州聞命不辭家即就道侂胄誅贈迪功郎賜謚文節〔真西山蘄州使君正節李侯墓表〕嘉定十四年女真犯蘄水縣公出兵迎敵前後踰再旬卒不能得之於我不幸援師不至城陷公與其子士允猶率衆力戰不克死之開禧中某與公爲僚公嘗慨然見語曰篤信好學守死善道此吾輩八字箴特患立志非堅耳〔宋史忠義傳〕李誠之字茂欽婺州東陽人受學呂祖謙慶元初釋褐歷知蘄州金人犯淮南誠之激厲將士勉以忠義城陷子士允力戰死誠之妻許及婦若孫皆赴水死事聞贈朝散大夫祕閣脩撰封正節侯立廟於蘄賜名褒忠

策文擢魁可觀世道

宋與契丹八十一戰張齊賢太原勝金范韓使賊骨寒膽破宗澤李綱阻於三姦虞允文采石卻敵儒生搢紳知兵東萊策言遠過未備二府觀賜契丹金繒李伯紀奏巡幸三所

元祐中李常寧〔注〕見本卷對策曰天下至大宗社至重百年成之不足一日壞之有餘擢爲第一景定中有擢倫魁者理宗景定三年狀元方山京其破題云運一心之乾開三才之泰可以觀世道之消長矣

先儒論本朝治體云文治可觀而武績未振名勝相望而幹略未優〔闇按〕出呂祖謙傳所謂視前代有未備者然攷之史策宋與契丹八十一戰其一勝者張齊賢太原之役也〔何云〕張方平所言於仁宗者見東坡所作墓誌〇〔案〕東坡張文定誌無此語〔陳后山談叢三〕故事歲賜契丹金繒服器召二府觀焉熙寧中張文定公以宣徽使與召衆謂天子脩貢爲辱而陛下神武可一戰勝也公獨曰陛下謂宋與契丹凡幾戰勝負幾何兩府諸公皆莫知也神宗以問公公曰宋與契丹大小八十一戰惟張齊賢太原之戰才一勝爾陛下視和與戰孰便上善之非儒乎一韓一范使西賊骨寒膽破者儒也宗汝霖李伯紀不見阻於耿汪黃三姦則中原可復雠恥可雪采石卻敵乃眇然幅巾緩帶一參贊之功〔何云〕虞允文儒豈無益於國哉搢紳不

耿南仲每事
撓沮
金主駐軍雞
籠山
劉琦數大功
出儒生

知兵介胄不知義而天下之禍變極矣〔全云〕橫渠弟子有种忠憲南軒弟子有趙方〇〔元圻案〕東萊先生淳熙四年輪對第二劄子曰國家治體有遠過前代者有視前代有未備者以寬大忠厚建立規模以禮遜節義成就風俗此所謂遠過前代者也文治可觀而武績未振名勝相望而幹略未優如元昊之難范仲淹韓琦皆一時選莫能平殄則事功不競可知矣〔東都事略張齊賢傳〕雍熙三年大舉北伐齊賢請行即授給事中知代州是時虜自湖谷入寇薄城下神衛都監馬正以所部列南門外衆寡不敵齊賢選廂軍二千出正之右誓衆慷慨一以當百虜遂却先是約潘美以并州來會戰無何間使為虜所得齊賢以師期既漏且懼美之衆為虜所乘俄而美有使至云師出并州行四十里至柏井忽有密詔東路之師敗績于君子館并之全軍不得出戰已還州矣齊賢曰虜知美之來而未知美之退乃閉其使密室中夜發兵二百人人持一幟負一束芻距州城西南三十里列幟燃芻虜遙見火光中有旗幟意謂并州師至矣駭而北走齊賢先伏步兵二千於土磴砦掩擊大敗之擒其北大王之子一人帳前舍利一人斬數百級獲馬二千器甲甚衆〔宋名臣言行錄〕范仲淹與韓琦協謀必欲收復靈夏橫山之地邊上謠曰軍中有一韓西賊聞之心骨寒軍中有一范西賊聞之驚破膽元昊大懼遂稱臣〔宋史宗澤傳〕澤字汝霖婺州義烏人元祐元年進士除延康殿學士京城留守威聲日著北方聞其名常尊憚之對南人言必曰宗爺爺澤前後請上還京二十餘奏每為潛善等所抑憂憤成疾疽發於背歎曰出師未捷身先死長使英雄淚滿襟翌日風雨晝晦無一語及家事但連呼過河者三而薨諡忠簡〔李綱傳〕綱字伯紀邵武人政和二年進士高宗即位綱奏言車駕巡幸之所關中為上襄陽次之建武為下陛下縱未能行上策猶當且適襄鄧示不忘故都以係天下之心上乃許幸南陽黃潛善汪伯彥實陰巡幸東南之議綱以去就爭之留中不報〔又耿南仲傳〕南仲自謂事帝東宮首當柄用而吳敏李綱越次進位居己上不能平因每事異議綱等謂不可和而南仲力沮之為主和議故戰守之備皆罷〔宋劉氏時舉續宋編年資治通鑑七〕高宗紹興三十一年十一月金主亮為內變所撓於是親統細軍駐和州之雞籠山臨江築壇刑馬祭天必欲由采石而渡朝廷詔王權詣行在以李顯忠代之命虞允文趣顯忠交權兵時顯忠未至王權所留水軍軍船咸在而諸將未有統屬允文自建康來因使人督之敵舟漸近我軍用海鰍船擊之士皆死鬬敵舟多

小人乘陷由不和

公孤無私無朋

元祐羣賢自爲矛盾

曾布不容韓忠彥

趙鼎張浚相侵抑

徽考初政稱小仁宗

攻河南罷光世異議

曾張竊君子之名 宋史姦臣傳

沈溺遂不能濟縱火自焚其舟走瓜州渡〔宋史劉錡傳〕允文過鎮江謁錡曰朝廷養兵三十年一技不施而大功乃出一儒生吾輩愧死矣

元祐諸賢不和。是以爲紹聖小人所乘。元符建中。韓曾不和。是以爲崇寧小人所陷。紹興趙張不和。是以爲秦氏所擠。古之建官。曰三公。公則無私矣。曰三孤。孤則無朋矣。無私無朋。所以和也。

〔元圻案〕真西山召除戶部內引第三劄子云元祐中懍懍向治矣惟羣賢自爲矛盾小人得以乘之稔成紹聖之禍〔宋史曾布傳〕布字子宣學於兄鞏同登第拜右僕射韓忠彥雖居上然柔懦事多決於布布猶不能容時議以元祐紹聖均爲有失欲以大公至正消釋朋黨明年乃改元建中靖國邪正雜用忠彥遂罷去布獨當國明年又改元崇寧召蔡京爲左丞京與布異罷布爲觀文殿大學士知潤州〔鶴山跋任諫議伯雨帖云〕徽考始初清明登顓衆正凡一時元凶鉅慝如章蔡諸人悉從竄徙天下以爲小仁宗此徽考初志也曾布與韓師朴並相布挾私患失一爲趙挺之所誤稍與韓異而鄧洵武愛莫助之圖進尊京由是復用布將援京以助己排韓不知京進而布亦斥去矣〔趙鼎傳〕張浚在江上嘗遣呂祉入奏事所言誇大鼎每抑之上謂鼎曰他日張浚與卿不和必呂祉也後浚因論事語意微侵鼎浚嘗奏乞幸建康而鼎與折彥質請回蹕臨安暨浚還乞乘勝攻河南且罷劉光世軍政鼎言擒豫固易耳然得河南能保金人不內侵乎光世累世爲將無故而罷之恐人心不安浚滋不悅鼎嘗闢和議與檜意不合檜乘間擠鼎

蔡京之惡極矣。曾布張商英。是以竊君子之名。〔全云〕二人終不得爲君子〇〔元圻案〕〔錢氏大昕曰〕曾布與蔡京立異故當時有君子之名且其柄國不久宋史列之姦臣似過當矣史彌遠之姦甚於侂胄而反不在姦臣之列何以爲信史

宋核相天覺兩爲商霖張商英作姦諸事實

乎〔宋曾敏行獨醒雜志云〕唐子西內前行爲張天覺作也天覺自中書侍郎除右僕射蔡京以少保致仕四海歡呼善類增氣時彗星見遽沒旱甚而雨人皆以爲天覺拜相感召所致上大喜書商霖二字以賜之　〔容齋隨筆十五〕張天覺爲人賢否士大夫或不詳知方大觀政和間時名甚著多以忠直許之蓋其作相適承蔡京之後京弄國爲姦天下共疾小變其政使足以致譽故蒙賢者之名靖康初遂與司馬公范文正同被褒典予以其實攷之彼直姦人之雄爾爲諫官首攻內侍陳衍以搖宣仁至比之於呂武乞追奪司馬公呂申公贈謚仆碑毀樓論文潞公背負國恩呂汲公動搖先烈辨呂惠卿蔡確無罪元符末除中書舍人謝表歷詆元祐諸賢云當元祐之八九年擢黨人之二十輩平生言行如此而得美譽則以蔡京不相能之故然皆章子厚門下客其始非不同也京拜相之詞天覺所作是以得執政云　天覺商英之字蜀郡新津人宋史有傳

科舉誘致偏方士廢譜牒鄉貫之由

止齋曰。國初以科舉誘致偏方之士。而聚之中都。由是家不尚譜牒。身不重鄉貫。〔全云〕宋人多輕去其鄉賢者不免譜牒之學亦至宋而衰○〔元圻案〕〔陳止齋與林宗簡書曰〕國初以科舉誘致偏方之士而聚之中都向之爲閩蜀唐漢爲官者往往慕化從順願仕於本朝由是家不尚譜牒身不重鄉貫以此得人而流弊則在今日又自熙豐變役法而鄉邑之豪無以自見鬻度牒而隱逸之路塞罷學究而椎魯之徒無所入若此類不可偏舉於是舉世悉由於進士合四瀆之流爲一而歸之海其不放而被原野乎

元祐諸賢昧夬卦義宰相非久居地司馬公仁爲己任

夬揚于王庭。以正小人之罪。孚號有厲。以危小人之復。元祐諸賢。似未知其危。乃光之義。

胡文定公曰。宰相時來則爲不可擅爲己有。余謂

秦史夸者死權

陳恕第茶法三等手詔罷鹽法再榷周均兩稅鹽鐵

王仲山仲嶷降虜綦叔厚行詞責降秦檜爲王仲山壻仲嶷啓懇秦檜王珪爲三旨相公

宰相非久居之地也。仁以爲己任。死而後已。元祐司馬公是也〔何云〕司馬公非久位夸者死權〔案〕賈子語紹興之秦。紹定〔閻按〕理宗在位四年戊子改元之史是也。

陳恕定茶法。以中等爲可行。張方平論鹽法。以再榷爲不可。〔閻按〕陳恕傳將立茶法召茶商數十人俾各條利害恕閱之第爲三等曰吾觀下等固滅裂無取上等取利太深此可行於商賈不可行於朝廷惟中等公私皆濟吾裁損之可以經久於是始爲三法行之貨財流通〔張方平傳〕初王拱辰議榷河北鹽方平見曰河北再榷鹽何也帝曰始立法耳方平曰昔周世宗以鹽課均之稅中今兩稅鹽錢是也豈非再榷乎帝驚悟方平請直降手詔罷之〇〔元圻案〕陳恕字仲言南昌人太宗深器重之題殿柱曰眞鹽鐵

王仲山以撫州降。仲嶷以袁州降。禹玉〔全云〕元豐故相王珪字之子也。綦叔厚〔全云〕綦北海崇禮行責詞云。昔唐天寶之亂。河北列郡並陷。獨常山平原能爲國守者。蓋杲卿眞卿二賢在焉。爾等頃以家聲。屢塵仕版。未聞虧失。浸預使令。爲郡江西。惟兄及弟。力誠不支。死猶有說。臨川先降。宜春繼屈。〔案〕撫州三國吳曰臨川袁州漢曰宜春魯衞

襄陽置榷場築堡玉帶事如虞公子常北使利誘黑炭團

二史居喪戀位太學諸生論起復徐仁伯經幄進言

之政若循一途。雖爾無恥。不媿當時之公議。顧亦何施面目見爾先人於地下哉。〔原注〕秦檜仲山之壻○〔元圻案〕一王明清揮麈餘錄云」王仲薿字豐父岐公蓍子建炎初知袁州虜入寇江西坐失守削籍兄仲山同時牧臨川以城降坐廢後秦檜之再入相檜之仲山壻也豐父以啓懇之云黃紙除書久無心於夢寐青氈舊物尚有意於陶鎔檜之爲開陳詔復元官奉祠放行 王珪字禹玉華陽人相神宗史稱其自執政至宰輔十六年無所建明當時目爲三旨相公以其上殿進呈云取聖旨上可否訖云領聖旨退諭稟事者云已得聖旨也 蔡崇禮字叔厚高密人著北海集四十六卷此詞見集中

虞公以玉失國。楚子常以佩喪邦。近歲〔閻按〕爲理宗景定四年癸亥襄陽之事。亦起於榷場之玉帶。〔閻按〕唐書于頔爲武靈節度使吐蕃欲成烏蘭橋以過師知頔貪先厚遺之然後並役成橋仍築月城以守之與襄陽事絕類○〔元圻案〕〔宋季三朝政要三〕理宗景定四年瀘州太守劉整叛呂文德復瀘州文德號黑炭團整遂獻言曰南人惟恃一黑炭團可以利誘也乃遣使獻玉帶於文德求置榷場於襄城外文德許之使曰南人無信安豐等處榷場每爲盜所掠願築土牆以護貨物文德爲請於朝開榷場於樊城外築土牆於鹿門山外通互市〔又〕度宗咸淳二年襄陽自開互市以來北兵築城置堡江心起萬人臺立撒星橋以遏南兵之援時出師哨掠襄樊城外兵威漸振

淳祐甲辰。宰相起復。太學諸生黃愷伯等上書曰。彌遠奔喪而後起復。嵩之起復而後奔喪。徐仁伯兼說書。對經幄。其言當帝心。臺諫劉晉之王

四不才臺諫
見逐
范鍾杜範入
相
史嵩之榜掠
應文煒
徐元杰諸人
暴亡
堂食以毒無
下箸
鄭寀不得中
毒情

瓚胡清獻龔基先。聯章論仁伯。上震怒。夜出御筆逐四人。遂寢起復之命。而相范杜。明年仁伯卒。人以爲毒也。〔全云〕嵩之從子璟卿上嵩之書諫其不宜戀位亦暴卒奉化應文煒者其人慷慨喜言事與璟卿善嵩之疑所上書出其手令吏取文煒榜掠文煒抗辭不屈而止見袁清容集則置毒事無可疑者然其事竟不明白。庸齋趙茂實誌之。徐景說銘之。〔元圻案〕〔宋史史嵩之傳〕嵩之字子由彌遠從弟彌忠之子丁父憂起復右丞相時以彌遠罪惡公論不容不欲嵩之再相於是太學生黃愷伯武學生翁日善京學生劉時舉宗學生與寰建昌軍學教授盧鉞等二百五十餘人皆上書論不當起復不報〔又徐元杰傳〕元杰字仁伯上饒人史嵩之起復元杰適輪對言大臣讀聖賢書畏天命畏人言士論所以懍懍者實以陛下爲四海綱常之主大臣尤當身任道揆扶翊綱常者也自聞起復之命凡有父母之心者莫不失聲興言及此非可使聞於鄰國也起復之命遂寢〔又二云〕元杰疏出朝野傳誦帝亦察其忠亮每從容訪天下事經筵益申前議未幾夜降御筆逐四不才臺諫〔宋季三朝政要二〕淳祐四年史嵩之丁父彌忠憂詔起復右丞相侍郎徐元杰上書令其終喪上不聽太學生黃愷伯等百四十人上疏曰嵩之敢於無忌憚而經營起復爲有彌遠故智可以效尤然彌遠所喪者庶母也嵩之所喪者父也彌遠奔喪而後起復嵩之起復之後而後奔喪以彌遠貪黷固位猶有顧藉丁艱於嘉定改元十一月之戊午起復於次年五月之丙申未有如嵩之之匿喪罔上殄滅天常如此其慘也又淳祐五年杜範再入相薨於位劉漢弼以腫疾死徐元杰暴卒時謂諸公皆中毒堂食無敢下筯〔宋周密癸辛雜誌別集〕史嵩之之起復也徐元杰攻之甚力遂除起居舍人國子祭酒仍攝行西掖未幾暴亡或以爲嵩之毒之而死其妻申省遂將醫官人從廚子置獄令侍御鄭寀督之竟不得其情徐霖上書力詆寀不能明此獄之冤不報去　范鍾字仲和蘭溪人杜範字成之黄巖人史稱鍾爲相直清守法重惜名器清德雅量與杜範李宗勉齊名鍾謚文肅範謚清獻趙汝騰字茂實太宗七世孫居福州宋史有傳著庸齋集

行安石學廢
史書
經筵不及國
風誓
羣小僞作諫
書誣詈
侯昌業時病
疏僞改
冥官揭諦道
場誣詞
鄒浩疏僞爲
他子語
田令孜假賜
緋不聞
徽宗詢立后
諫草

自荆舒之學行。爲之徒者請禁讀史書。其後經筵不讀國風。而湯誓泰誓亦不進講。人君不知危亡之事。其效可覩矣。〔元圻案〕王安石封荆國公。又封舒王。

小人之毀君子。亦多術矣。唐左拾遺侯昌業上疏極言時病。而田令孜之黨僞作諫疏。有明祈五道暗祝冥官於殿內立揭諦道場。本朝鄒浩諫立劉后。而章厚之黨僞作諫疏。有取他人之子之語。其誣善醜正。不謀而同。然不可泯者。千萬世之清議也。〔元圻案〕〔唐書宦者田令孜傳〕令孜販鬻官爵。除拜不待旨。假賜緋不以聞。左拾遺侯昌業不勝憤。指言豎尹用權亂天下。疏入賜死。〔通鑑唐紀〕僖宗廣明元年考異曰。續寶運錄云。侯昌業上疏。其略曰。臣乃明祈五道。暗祝冥官。悚息於班列之中。顒望過於閻浮之世。又曰。莫是唐家合盡之歲。復是陛下壽足之年。又曰。陛下暫停戲賞。救接蒼生。於殿內立揭諦道場。以無私財帛供養諸佛。用資世祿。共力攘災云云。〔北夢瑣言曰〕侯昌業上疏極言時病。留中不出。命於仗內戮之。後有傳昌業疏詞不合事體。其末云。請開揭諦道場。以銷兵厲。似爲庸僧僞作也。〔東都事略鄒浩傳〕浩字志完。常州晉陵人。舉進士。除右正言。時章惇用事。既已廢孟后。遂立劉氏爲皇后。浩上疏諫曰。孟氏罪廢之初。天下孰不疑。賢妃所爲。及讀詔書。有別選賢族之語。於是天下釋然不疑。陛下立后之意在賢妃也。今果立之。則天下之所期。陛下皆莫之信矣。乞賜開納。追停策禮。別選賢族如

學校興廢皆由崇寧
魚肉銖兩爲旌別
第文藝爲三品
州縣殿最爲學宮
黃裳言三不宜
蔡京罷科舉倣三舍
太學詩述花石之擾
三學攻訐橫盛
賈似道利啗三學
無名詩譏賈媚秀才

初詔施行哲宗怒除名新州羈管章留中不下時蔡京之徒惡其害己也相與協力擠之乃僞爲浩奏有陛下廢孟氏之賢后立劉氏之賤妾又有取他人子而殺其母等語流布中外使天下聞之眞謂浩爲有罪者〔宋史鄒浩傳〕徽宗立召還遷左司諫初浩還朝帝首及諫立后事獎歎再三詢諫草安在對曰焚之矣退告陳瓘瓘曰禍其在此乎異時姦人妄出一緘則不可辨矣蔡京素忌浩乃使其黨爲僞疏言劉后殺卓氏而奪其子遂再謫衡州別駕

鄧志宏〔閻按〕肅沙縣人欽宗時官左正言謂崇寧以來蔡京羣天下學者。納之黌舍校其文藝等爲三品飲食之給因而有差。〔案〕當時黃裳上書謂宜近不宜遠宜少不宜老宜富不宜貧不如遵祖宗科舉之制旌別人才止付於魚肉銖兩間學者不以爲羞且逐逐然貪之部使者以學宮成壞爲州縣殿最學校之興雖自崇寧而學校之廢政由崇寧蓋設教之意專以祿養爲輕重則率教之士豈復顧義哉此條皆鄧志宏沙縣重修縣學記文見文集十六〔原注〕崇寧學校之事概見於此昔之所謂率教者猶若此今之所謂率教者又可見矣〔何云〕此歎似道之以利啗三學也○〔元圻案〕〔宋史蔡京傳〕京罷科舉法悉倣太學三舍考選建辟雍外學於城南以待四方之士〔王明清揮麈後錄曰〕太學生鄧肅上十詩備述花石之擾其末句云但願君王安萬姓圃中何日不春風詔屏逐之靖康初李伯紀啓其事召對賜進士出身後爲右正言著亮直之名有文集號栟櫚遺文三十卷〔周密癸辛雜誌後集曰〕三學之橫盛於景定淳祐之際凡其所欲出者雖宰相臺諫亦直攻

增六行忠和爲八行八行二行入刑律士徐中行逃八行科薦

真文忠引四子自箴魏了翁白鶴山教授崔菊坡辭相陳宓薦顏陶諸葛朱墨銘驗理欲分寸徐榮甫衣履

之使必去權乃與人主抗衡一時權相如史嵩之丁大全不卹行之亦未如之何也賈佀道作相度其不可以力勝遂以術籠絡每重其恩數豐其饋給增撥學田種種加厚於是諸生啖其利而畏其威雖目擊似道之罪而噤不敢發一語及賈邈君去國則上書贊美極意挽留今日曰師相明日曰元老今日曰周公明日曰魏公無一人敢少指其非直至魯港潰師之後始聲其罪無乃晚乎〔齊東野語十七〕賈似道欲優學舍以邀譽乃以校尉告身錢帛等俾京庠擬試時黄文昌方自江閫入爲京尹益增賞格雖末綴猶獲數百千於是羣四方之士紛然就試時襄郢已失江淮日以遽告有無名子作詩揭之試所云鼙鼓驚天動地來九州赤子哭哀哀廟堂不問平戎策多把金錢媚秀才

大觀（徽宗在位七年辛巳改元）八行。因周禮之六行。附以六德之忠和。姦臣不學如此。〔集證〕〔玉海百十六〕大觀元年三月十八日甲辰詔士有孝悌睦婣任卹忠和八行貢入太學大司成考驗取旨釋褐〔又云〕書目有御製八行八刑條一卷刊石立之學宮士以其行之多寡視三舍選而犯八刑者不齒能改過又有二行乃聽入學○〔元圻案〕大觀八年立八行取士科知台州李諤文以徐中行薦中行聞之盡毀其所爲文入委羽山以避之或問之中行曰人而無行與禽獸等使吾得以八行應科目則彼之不被舉者非人類歟

真文忠公自箴曰學未若臨卭之邃量未若南海之寬。制行劣於莆田之懿。居貧媿於義烏之安。

〔原注〕臨卭魏鶴山了翁南海崔菊坡與之莆田陳宓義烏徐僑〔集證〕〔宋史〕魏了翁字華父史彌遠專國築室於白鶴山下以所聞於輔廣李燔者開門教授士爭負笈從之嘉定十七年遷秘書監直學士院卒謚文靖崔與之字正字廣州人紹熙四年進士開禧中授廣西提刑俄授廣西經略安撫使拜右丞相力辭乃得致仕卒謚清獻陳宓字師復興化人丞相俊卿之子官至直秘閣宓天性剛毅信道尤篤嘗爲朱墨銘謂朱屬陽墨屬陰以驗理欲分寸之多寡自言居官必如顏真卿居家必如陶潛而深愛諸葛亮身死家無餘財庫無餘帛庶乎能蹈

垢敝

上蔡初造程
子安遇
明道狀有聖
賢氣象

呂祖儉論世
變意氣
學無常師
譙定學於郭
曩氏
袁道潔學於
賣香翁
篾叟醬翁蜀
隱士
譙巖有青城
大面勝

其語者徐僑字崇甫義烏人淳熙進士入爲祕書正字端平初與諸賢俱被召帝見衣履垢敝愀然曰卿可謂清貧〇〔元圻案〕此真文忠跋陳復齋詩語

上蔡先生初造程子。程子以客肅之。辭曰。爲求師而來。願執弟子禮。程子受之。館於門側。上漏旁穿。天大風雪。宵無燭。晝無炭。市飯不得溫。程子弗問。謝處安焉。如是踰月。豁然有省。然後程子與之語。〔元圻案〕〔朱子謝上蔡語錄後序曰〕先生姓謝氏名良佐字顯道學於程夫子昆弟之門篤志力行於從事諸公間所見最爲超越

呂子約〔全云〕大愚先生呂祖儉東萊之弟曰。讀明道行狀。可以觀聖賢氣象。〔元圻案〕明道行狀伊川所作載二程遺書〔宋史忠義傳〕呂祖儉以鄭僑張杓羅點諸葛庭瑞薦召除籍田令遷太府丞以上書訟趙汝愚安置韶州嘗言因世變有所摧折失其素履者固不足言矣因世變而意氣有所加者亦私心也所爲文有大愚集

譙天授定之學。得於蜀曩氏夷族。袁道潔溉之學。得於富順監賣香薛翁。故曰學無常師。〔閻按〕宋史曩氏上有郭字世家南平非夷族溉作滋閻人香作醬遇於眉邛間二程子所見則成都治篾箍桶郭曩氏篾叟醬翁皆蜀之隱君子也故伊川曰易學在蜀〇〔元圻案〕〔宋史隱逸傳〕譙定學易於郭曩氏自見乃謂之象一語以入郭曩氏者世家南平始祖在漢爲嚴君平之師世傳易學蓋象數之學也靖康初呂好問薦定召爲崇政殿說書不就愛青城大面之勝棲遯其中蜀人指其地曰

譙巖稱之曰譙夫子〔經義考二十一〕譙氏定易傳佚程迥曰定涪州人嘗受易於羌中郭載載告以見乃謂之象與擬議以成變化之義郭本蜀人其學傳自嚴君平定見伊川於涪伊川欲與同脩易書後和國許公薦於朝授通直郎

困學紀聞注卷十五

珍倣宋版印

戰國壅川壑鄰碣石九河淪海齊桓遏八流自廣定王五年河徙

河決酸棗潰金隄千里隄王尊祀神請

困學紀聞注卷十六　　餘姚翁元圻載青輯

考史

漢河渠攷

美哉禹功。萬世永賴。云何漢世河決爲害。蓋自戰國壅川壑鄰。決通隄防。重以暴秦。水失其行。故瀆遂改。碣石九河。皆淪於海。微禹其魚。遺黎之思。披圖案諜。用綴軼遺。按〔閻〕齊桓公時九河既同爲一桓卒于襄王九年戊寅至定王五年己未四十二年而周譜云定王五年河徙水經注周定王五年河徙故瀆蓋下流既壅水行不快上流下乃決理所當然河之患始此恐不待戰國也〔何云〕此敘全以賈讓王橫之語爲據齊桓塞河之說出自緯書在班固後不足徵信閻子引之以爲定王河徙之由未必然也〔全云〕緯書固不足信然謂其出班氏後何氏之謬也〔繼序〕〔按〕周譜所云定王五年乃周之後定王一作貞王而合稱貞定王者也使是前之定王則五年當魯宣公之七年春秋書大旱而不書河徙有是理哉〇〔元圻案〕〔書正義〕引春秋緯寶乾圖云移河爲界在齊呂填遏八流以自廣公羊疏引尚書中候云齊桓之霸遏八流以自廣漢書溝洫志成帝初賈讓奏言隄防之作近起戰國雍防百川各以自利王莽時大司空掾王橫言周譜云定王五年河徙則今所行非禹之所穿也

孝文十二年。河決酸棗。東潰金隄。〔元圻案〕此史記河渠書漢書溝洫志文

陳留郡酸棗縣。〔原注〕今屬開封府〔集證〕今屬河南衛輝府延津縣　秦拔魏置縣。〔原注〕

身填漢火德多水災唐土德少河患河朔地以屬藩不聞唐書載河決瓠子滑州水壞西北防博州黃河隄壞賈讓言金隄高下

河從頓邱東南決濮陽瓠子注鉅野鄃居河北無患田蚡言強塞非天事

地多酸棗因以爲名焉金隄河隄。在東郡白馬〔全云〕脫縣字界。括地志。一名千里隄。在滑州白馬縣東五里。郡縣志在酸棗縣南二十三里。〔原注〕輿地廣記酸棗縣有金隄漢文時河決金隄卽此王尊爲東郡太守。請以身填金隄。程子曰。漢火德。多水災。唐土德。少河患。〔閻按〕〔宋敏求曰〕唐河朔地天寶後久屬藩臣縱有河事不聞朝廷故一部唐書僅載者薛平爲鄭滑節度使河決瓠子一事耳余謂仍有一事蕭倣傳爲義成軍節度使滑州瀕河累歲水壞西北防倣徙其流遠去樹隄自固人得以安〔何云〕冊府元龜開元十年六月博州黃河隄壞湍悍洋溢不可禁止令博冀趙三州刺史乘傳旁午分理按察使蕭嵩總其事〇〔元圻案〕〔漢書溝洫志〕賈讓言金隄高一丈自是東地稍下隄稍高至遮害亭高四五丈又王尊傳尊字子贛涿郡高陽人遷東郡太守河水盛溢泛浸瓠子金隄尊躬率吏民投沉白馬祀水神河伯尊親執圭璧使巫策祝請以身填金隄因止宿廬居隄上吏民數千萬人皆叩頭救止尊尊終不肯去及水盛隄壞吏民皆奔走唯一主簿泣在尊旁立不動而水波稍却迴還吏民嘉壯尊之勇節

孝武元光三年。河水徙從頓邱。東南流入勃海。復決濮陽瓠子。注鉅野。通淮泗。鄃居河北。〔原注〕鄃音輸後漢注音俞〔閻按〕文當於東南二字截住作句下流入勃海另讀勃海今天津衛漢地理志所謂至章武入海是也〇〔元圻案〕〔史記河渠書〕今天子元光之中而河決於瓠子東南注鉅野漢書武紀元光三年春河水徙從頓邱東南流入勃海夏五月河水決濮陽氾郡十六溝洫志元光中河決於瓠子東南注鉅野通於淮泗〔溝洫志又云〕是時武安侯田蚡爲丞相其奉邑食鄃鄃居河北河

故瀆商竭周移河徙砂礫字誤滎陽漕渠礫溪口

決而南則鄃無水災邑收入多蚡言於上曰江河之決皆天事未易以人力強塞強塞之未必應天是以久不復塞也〔按〕鄃非河決之地史特終言不塞之故耳鄃居河北四字似無庸幷引

東郡頓邱縣。〔原注〕今澶州開德府濮陽清豐兩縣〔集證〕濮陽洪武初省入開州清豐開州今並屬直隸大名府漢勃海郡。在勃海之濱。〔原注〕今滄棣霸濱諸州之地〔全云〕原注是正文水經注禹貢曰夾右碣石入於河。山海經碣石之山繩水出焉東流注於河。河之入海舊在碣石。今川流所導非禹瀆也。周定王五年。河徙故瀆。班固曰商竭周移。以上皆水經注第五卷文瓠子今開德府濮陽縣西有瓠子口。瓠子河名也。〔集證〕今開州城南有瓠子渠濟州鉅野縣東北有大野澤。即鉅野也。〔集證〕今屬山東曹州府鉅野縣東北有鉅野澤禹貢大野既豬。清河郡鄃縣。通典。州郡十德州平原縣注鄃故城在德州平原縣西南。〔原注〕大名府夏津縣本鄃縣程氏曰周時河徙砂礫至漢又改向頓邱東南流〔閻按〕程大昌禹貢論本是周定王時河徙故瀆非砂礫字面砂礫者蔡氏所竄繆妄甚矣辟辨見胡朏明禹貢錐指余實助之何本載閻云砂礫人都不曉余以漢書有滎陽漕渠如淳曰今礫溪口是也滎陽在今縣西五十里河何嘗徙此大昌亦本非砂字而蔡傳妄加

塞瓠子築宣防宮萬里沙還沈璧馬從官負薪寘決河

龍淵宮亦名瓠子宮

秦決河灌魏都漢歌吾山平卽魚山

王氏誤襲用之耳〔何云〕〔胡渭生曰〕程大昌禹貢論本是周定王時河徙故瀆非砱礫字面砱礫者蔡氏妄竄〇〔元圻案〕〔春秋襄二十年〕公與晉侯齊侯盟於澶淵杜注在頓邱東南水經注五大河故瀆又東逕鄃縣故城東今山東臨清州夏津縣東北有故鄃縣城〔溝洫志注師古曰〕礫谿谿名卽水經所云漯水又東過礫溪者

元封二年。自泰山還至瓠子。自臨塞決河。築宣防宮。〔元圻案〕〔史記河渠書〕於是天子已用事萬里沙則還自臨決河沈白馬玉璧于河於是卒塞瓠子築宮其上名曰宣房〔漢書武紀〕元封二年夏四月還祠泰山至瓠子臨決河〔溝洫志〕上既封禪巡祭山川其明年乾封少雨上乃使汲仁郭昌發卒數萬人塞瓠子決河於是上以用事萬里沙則還自臨決河沈白馬玉璧令羣臣從官自將軍以下皆負薪寘決河於是卒塞瓠子築宮其上名曰宣防

水經。二十四瓠子河出東郡濮陽縣北河。〔原注〕注縣北十里爲瓠河口亦謂瓠子

堰宣房堰括地志。故龍淵宮。俗名瓠子宮。亦名宣防宮。〔何云〕防房古字通在濮陽縣北十里。決河在鄄城〔集證〕今山東曹州府濮州東二十里舊城集故鄄城也以南。濮陽以北。廣百步。深五丈。〔原注〕通典秦始皇二十二年攻魏決河灌其都決處遂大不可復補〔漢王橫云〕九域志濮州雷澤縣有瓠子河澶州濮陽縣有瓠子口萬里沙在萊州掖縣濟州東阿縣有魚山一名吾山瓠子歌曰吾山平鉅野溢東阿今屬鄆州〇〔元圻案〕在鄄城以南以下十五字是武紀蘇林注文〔溝洫志上〕既臨河決悼功之不成乃作歌曰功無已時兮吾山平吾山平兮鉅野溢〔集證曰〕今山東泰安府東阿縣之西北有魚山

導二渠北行復禹迹
二渠所出
播九河爲逆河
漯水所出
晉河岸傾壅龍門
梁山崩壅河三日
大陸澤名廣
河決館陶分爲屯氏

導河北行二渠。復禹舊迹。〔元圻案〕此河渠書溝洫志文導俱作道河渠書。禹乃厮二渠。以引其河。〔按〕溝洫志厮作釃孟康曰分也北載之高地。過降水。至于大陸。播爲九河。同爲逆河。入于勃海。〔原注〕孟康曰二渠其一出貝邱西南南折者也其一則漯川也臣瓚曰河入海乃在碣石元光二年更注勃海禹時不注也〔全云〕此行原注是正文貝邱。貝州清陽縣。〔原注〕熙寧四年省入清河縣今山東東昌府清平縣地置貝邱〔集證〕漯水出東郡東武陽。〔原注〕省入大名府莘縣澶州朝城縣〔集證〕今山東東昌府莘縣東有武陽故城曹州府曹城縣東南有東武陽西南有故漯河至千乘〔原注〕青州千乘縣〔集證〕今青州府樂安縣漢之千乘入海。降水故瀆。在冀州南宮縣東南六里。大事記。周威烈王十三年。晉河岸傾壅龍門。至于底柱。春秋後河患見史傳始於此。〔閻按〕春秋成公五年夏梁山崩公羊傳壅河三日不流穀梁傳梁山崩壅遏河三日不流又先於威烈王十三年○〔元圻案〕史記正義曰大陸澤在邢州及趙州界一名廣河澤一名鉅鹿澤也〔水經注五〕風俗通曰河播也播爲九河自此始也同爲逆河鄭元曰下尾合曰逆河言相逆受矣又曰大河故瀆又東逕貝邱故城南卽司馬彪郡國志所謂貝中聚也又曰風俗記曰漯水東北至千乘入海

自塞宣房後。河復北決於館陶。分爲屯氏河。〔元圻案〕此溝洫志

毛河篤馬河

決鳴犢口屯氏河絶

清河郡靈縣東北故黃河蓨

文

地理志。魏郡館陶縣河水別出爲屯氏河。東北至章武入海。〔原注〕館陶今屬大名府通典魏州貴鄉縣有屯氏河大河故瀆俗曰王莽河章武縣滄州魯城縣周省入清池縣九域志大名府館陶縣夏津縣有屯氏河南樂縣有大河故瀆〔集證〕今山東東昌府館陶縣西有衛河自直隸元城縣流入即漢時屯氏河舊渠也東魏貴鄉縣今直隸大名府大名縣東南有屯氏故河元城縣有屯氏故河一名王莽河明洪武初以清池縣省入滄州今屬直隸天津府州西南有古屯氏河一名毛河山東臨清州夏津縣北有屯氏枯河南樂縣今屬直隸大名府〇〔元圻案〕〔水經注五〕屯氏河逕繹幕縣南分爲二瀆屯氏別河北瀆至陽信縣故城北地理志勃海之屬縣也東注于海屯氏別河南瀆自平原城北首受大河故瀆東出亦通謂之篤馬河即地理志所謂平原縣有篤馬河東北入海行五百六十里者也

元帝永光五年。河決清河靈鳴犢口。而屯氏河絶。〔元圻案〕此溝洫志文

清河之靈縣鳴犢河口。〔案〕此師古注文 地理志。清河郡靈縣。河水別出爲鳴犢河。東北至蓨。入屯氏河。〔原注〕靈縣隋省入博州博平縣蓨音條縣屬德州後屬冀州〔集證〕今山東東昌府博平縣東北有廢靈縣又東北有故黃河蓨春秋時晉條邑漢脩縣隋改爲蓨縣元屬河間路今直隸河間府景州〇〔元圻案〕〔水經注五〕大河故瀆又東北逕靈縣南河水于縣別出爲鳴犢河 〔地理志〕蓨作脩師古音同屬信都國

河決東郡漂二州隄成改元河平河復決平原流千乘王延世再治河

信都等處河水溢李尋言勿塞觀水勢求索九河故迹枯洚渠即降水爾雅九河八名八河所在諸說

成帝建始四年。河決東郡金隄。河隄成。以五年爲河平元年。三年。河復決平原。流入濟南千乘。〔元圻案〕成帝紀建始四年秋河決東郡金隄河平元年春三月詔曰河決東郡漂流二州校尉王延世隄塞輒平其改元爲河平溝洫志後二歲河復決平原流入濟南千乘所壞敗者半建始時復遣王延世治之

平原德棣州。〔集證〕今山東濟南府平原縣西南有平原故城大河故瀆在西北　濟南齊淄州。〔集證〕今山東濟南府淄川等縣　千乘故城在淄州高苑縣北。〔集證〕今山東青州府高苑縣北有故千乘城

鴻嘉四年。勃海清河信都河水溢。李尋等言議者常欲求索九河故迹而穿之。今因其自決。可且勿塞。以觀水勢。〔元圻案〕〔此溝洫志文李尋傳〕尋字子長平陵人也治尚書好洪範災異又學天文月令陰陽哀帝初遷黃門侍郎騎都尉

信都冀州信都縣。禹導河北過降水。即此。亦曰枯洚渠。西南自南宮縣界入。〔閣本〕自信都縣以下二十五字作小註今從何本　禹貢

九河既導。爾雅一曰徒駭。二曰太史。三曰馬頰

一為經流諸說
簡絜分合諸說
九河漢得三唐得六
九河當滄平二州境
齊禁曲防不塞河
淪海王橫一家言
首中尾三河包六
九河次從北而南
胡蘇扶蘇名義
碣石為逆河注海地

四曰覆鬴。五曰胡蘇。六曰簡絜。七曰鉤盤。八曰鬲津。其一河之經流。〔原注〕先儒不知河之經流遂分簡絜為二〇〔元圻案〕〔林之奇尚書解七〕曾氏旼曰自徒駭至於鬲津皆是複名先儒以簡絜為單名固不倫矣爾雅所載但有八名其一不名者河之經流也先儒不知河之經流不為異名故分簡絜而為二漢許商曰徒駭是河本道東出分為八支審如許商所言則河自徒駭乃分為八審如曾氏之言則是其一為經流而其八者皆其支派也然據下文曰又北播為九河同為逆河入於海九者並列支派則其勢均也安得以其一為經流以其八為支派哉九河之地在漢平原郡以北許商曰徒駭胡蘇鬲津今在成平東光鬲縣界中唐孔氏云上言三河下言三縣則徒駭在成平胡蘇在東光鬲津在鬲縣其餘不復知也爾雅九河之次從北而南既知三河之處則其餘六者太史馬頰覆鬴在東光之北成平之南以簡絜鉤盤在東光之南鬲縣之北理或然也徒駭。〔原注〕〔寰宇記〕在滄州清池許商云在成平〔何云〕〔地理志〕勃海郡成平下注云虖池河民曰徒駭河〇〔案〕〔邵氏爾雅正義曰〕今河間府交河縣東有漢成平故城馬頰。〔原注〕〔郡縣志〕在德州安德〔寰宇記〕在棣州滴河北輿地記即篤馬河也〔集證〕〔地理今釋〕山東濟南府平原縣北有篤馬河東北經陵縣德平商河樂陵諸縣界其流或斷或續相傳即馬頰河也覆鬴。〔原注〕通典在德州安德〔集證〕〔地理今釋〕濟南郡德州有覆釜河〇〔案〕鬴一作釜〔郭氏音云〕鬴古釜字胡蘇。〔原注〕〔寰宇記〕在滄州饒安臨津無棣三縣〔許商云〕在東光〔集證〕饒安今滄州臨津今南皮縣無棣今慶雲縣並屬河間府〇〔案〕〔邵氏爾雅正義曰〕今河間府東光縣有漢東光故城簡絜。〔原注〕輿地記在臨津〔集證〕〔地理今釋〕河間府南皮縣城外有簡河絜河二河相去最近〇〔案〕〔爾雅郭注云〕簡水道簡易絜水多約絜是分簡絜為二也〔邵氏正義曰史記正義云〕簡河在貝州歷亭縣界金史地理志南皮縣有潔河鉤盤。〔原注〕〔通典寰宇記〕在滄州樂陵東南從德州平昌來輿地記在樂陵〔集證〕〔地理今釋〕濟南府樂陵縣東南有鉤盤河自平原德平二縣界流入至海豐縣東入海〇〔按〕〔盤爾雅作般〕〔陸氏釋文云〕本又作盤李本作股云水曲如鉤折如人股故曰鉤股今案禹貢正義引李巡云鉤盤言河水曲如鉤屈折如盤也與陸氏所見本不同鬲津。〔原注〕〔寰宇記〕在樂陵東西北流入饒安通典在饒安許商曰在鬲縣輿地記在無棣〔一集證〕〔地理今釋〕德州西南有鬲津河東經吳橋寧津德平樂陵慶雲諸縣界至海豐縣大沽口入海〇〔案邵氏爾雅正義曰詩疏云徒駭是九河之最北者鬲津是九河之最南者爾雅之文從此而說也太史馬頰鉤盤文在胡蘇之上則三者在成平之南東光之北也簡絜覆釜文在胡蘇之下則三者在東光之南鬲縣之北也鬲縣故城在今德州北太史。〔原注〕不知所在〇〔案〕〔爾雅郭注云〕今所在未詳〔邵氏正義曰書疏引李巡云〕太史禹大使徒衆通其水道故曰太史〔詩疏引孫叔然云〕太史者大使徒衆故依名云〔釋文引或云〕此太史者史官記事之處〔導河書云〕太史在德州安德縣東南經滄州臨津縣西末之詳也漢世近古止得其二。唐人遂得其六。歐陽忞輿地記又得其一。或新河載以舊名。或一地互爲兩說。皆似是而非。無所依據。〔案〕〔程大昌禹貢山川地理圖敍說曰〕自漢至唐講求九河甚悉漢時近古止得三派唐人集累世積傳之語乃說九得其六近古而采獲者少遠古而采獲者多已不可信至其顯然謬誤者班固明以滹沱爲徒駭而不悟滹沱不與古河相涉欒史所說馬頰乃以漢世篤馬河當之此類皆其明不可據者也鄭氏以爲齊桓塞其八流以自廣。夫曲防齊之所禁。塞河非桓公所爲也。程氏大昌禹貢論以爲九河之地已淪於海。謂今滄州之地北與平州接境相去五百餘里。禹之九河當在其地。酈道元亦謂九河碣石苞淪於海。〔原注〕篤馬河在平原縣今德州樂史以爲馬頰誤矣〔閻按〕九河淪於海乃王莽時王横一家之言未詳攷驗者辯見尚書古文疏證〔方樸山云〕先儒謂徒駭即河之經流也蔡氏無所因承苟出胸臆何庸述而誌之上誣爾雅〔三箋盛柚堂百二云〕九河以下全本蔡九峯書傳原注皆當作正文〔程易田云〕九河據爾雅之次五曰胡蘇居九者之中邢昺疏云溝洫志許商曰徒駭胡蘇鬲津蓋舉首中尾之三河以包其六是以下文即著其地曰今見在成平東光鬲縣界中然則徒駭在成平胡蘇在東光鬲津在鬲縣矣九河之次由北而南則太史馬頰覆鬴三河在東光之北居成平之南簡絜鉤盤二河在東光之南鬲縣之北胡蘇爲九河之中出者無疑矣其名曰扶蘇者何也言九河分布派流胡蘇然與其中者象形名之得包其九也扶蘇曷爲其象分布派流之形也胡蘇猶扶蘇七發曰龍門之桐根扶蘇注引說文扶蘇四布也史記上林賦垂條扶於郭璞曰猶扶蘇也扶蘇扶於轉之皆得爲胡蘇而胡蘇之命名居九河之中餘河則四布於其外故得象分布派流之形也孫炎曰胡蘇水流多散胡蘇然說義最精然指一河言而不知其爲象九河之形猶皮傅也閻嘗博覽而證明之周官司戈盾職云及舍設藩盾注云盾可爲藩衛者如今之扶蘇與據鄭義扶蘇漢時見有之物也詩山有扶蘇毛傳云扶蘇扶胥小木也曰小木則非木名可知蓋扶蘇疊韻字蘇胥又雙聲相轉〇〔元圻案〕〔水經注〕五齊桓霸世塞廣田居同爲一河故自堰以北館陶廮陶貝邱鬲般廣川信都東光河間樂成以東城地幷存川瀆多亡〔按〕堰謂沙邱堰〔程大昌禹貢論上〕唐之平滄二郡隔海而立其側出而在海北者平也其橫海而在海西者滄也以古九州言之平純爲冀滄則中分其地南當爲兗北當爲冀者也九河之播在大陸北大陸於唐爲深州深與滄東西相距則九河入滄當趨北斜行是旣以平爲鄉矣斜北之極又有逆河承之乃入於海則逆河之地當距平不遠矣合滄境南北言之以里數地蓋五百而遙以北五百里海水爲九河逆河故地而取其北傍驪城之碣石以爲冀境對東之碣石則正逆河注海之地也逆河當於此地注海而碣石正直其地其不眞爲禹河碣石也乎張揖嘗言碣石已在海中而酈道元引其言以主王横九河淪海之論蓋亦有見於此耶

平當使領河隄奏。按經義治水。有決河深川。無隄

按經義治水無隄防鯀湮水有隄禹無隄九澤既陂非爲隄

賈讓陳治河三策

禹鑿龍門山鱣鮪渡龍門點額

砥柱亦名三門山

河出孟門東受降城南屈北屈伊闕兩山相對

趙鞅使女寬守闕塞

防壅塞之文。〔元圻案〕此溝洫志文事在哀帝初年賈讓於是陳治河上中下三策

程子曰。河北見鯀隄。無禹隄。鯀堙洪水。故無功。禹則導之而已。〔閻按〕〔玉海曰〕以禹貢行河以春秋斷獄以三百五篇當諫書六經之用果止於是與是自夫子既成六經後尚爲未試之書也痛心哉斯言　或有以九澤既陂陂亦堤也解者然陂水所鍾處非川也

賈讓言禹鑿龍門。辟伊闕。析底柱。破碣石。〔元圻案〕見溝洫志

水經。四　河水南過河東北屈縣。〔原注〕唐慈州吉昌〔集證〕今山西平陽府吉州西。〔原注注呂氏春秋曰〕龍門未闢呂梁未鑿河出孟門大溢逆流名曰鴻水大禹疏通謂之孟門孟門卽龍門之上口也○〔元圻案〕今本水經注四作淮南子曰龍門未闢呂梁未鑿河出孟門之上大溢逆流無有邱陵高阜滅之名曰洪水大禹疏通謂之孟門故穆天子傳曰北登孟門九河之隥孟門卽龍門之上口也實爲河之巨阸兼孟門津之名矣然淮南子實無此文〔呂氏春秋開春論愛類篇曰〕昔上古龍門未開呂梁未發河出孟門大溢逆流無有邱陵沃衍平原高阜盡皆滅之名曰鴻水禹於是疏河決江爲彭蠡之障故厚齋改淮南子爲呂氏春秋與抑今本水經注誤作淮南子厚齋當日蓋必有所據

河水又南過皮氏縣。〔原注〕河中府龍門〔集證〕今山西絳州河津縣西。又南出龍門口。〔原注〕注大禹導河積石疏決梁山卽經所謂龍門也崩浪千尋懸流萬丈迄於下口愼子曰下龍門非駟馬之追也濬水李氏曰同州韓城北有安國嶺東臨大河有禹廟在山斷河出處禹鑿龍門起於唐張仁愿所築東受降城之東自北而南至此山盡兩岸石壁峭立大河盤束於山峽間至此山開岸闊豁然奔放聲如巨雷〔閻按〕東受降城在今朔州北三百五十里本漢定襄郡之成樂縣去禹貢龍門一千五百餘里禹輕百姓力竟至此乎真正妄談不足與

辨〔何云〕按如此則自東而西矣

通典。絳州龍門縣〔原注〕今屬河中府有龍門山。卽大禹所鑿。三秦記云魚鼈上之卽爲龍否則點額而還。通典州郡七黃河北去縣二十五里乃龍門口。輿地記。十三同州韓城縣有龍門山顏氏曰龍門山。其東在今龍門縣北。其西在今韓城縣北而河從其中下流。水經注砥柱山名禹治洪水破山以通河。河水分流包山而過。山見水中若柱然。故曰砥柱。三穿既決水流疏分。亦謂之三門山。〔水經〕河水又東過砥柱間注伊闕碣石見前。〔閻按〕伊闕並未見前〔宋地理志補注〕云熙寧五年廢伊闕縣爲鎮入河南六年改隸伊陽○〔元圻案〕〔水經注四〕北屈縣卽夷吾所奔邑王莽之朕北也〔汲郡古文曰〕翟章救鄭次于南屈應劭曰有南故加北國語曰蒲與二屈君之疆也又河水又南過皮氏縣西注皮氏縣王莽之延平也故城在龍門東南不得延逕皮氏方屆龍門也又十五洛水又東北過伊闕中注京相璠曰今洛陽西南五十里伊闕外前亭矣服虔曰前讀爲泉周地也伊水又北入伊闕昔大禹疏以通水兩山相對望之若闕伊水歷其間北流故謂之伊闕矣春秋之闕塞也昭公二十六年趙鞅使女寬守闕塞是也陸機云洛有四闕此其一焉又曰爾雅曰鱣鮪也出鞏穴三月則上渡龍門得渡爲龍矣否則點額而還〔又魏土地記曰〕梁山北有龍門山大禹所鑿通孟津河口廣八十步巖際鐫斷遺功尚存

淇口以東爲石隄
按視遮害亭西

河決魏郡

王景修汴渠成
河汴分流復舊迹
汴渠卽蒗蕩渠
滎陽漕渠礫溪口

淇口以東。〔元圻案〕〔溝洫志〕賈讓奏言臣竊按視遮害亭西十八里至淇水口乃有金隄高一丈自是東地稍下隄稍高至遮害亭高四五丈往五六歲河水大盛增丈七尺壞黎陽南郭門入至隄下水未越隄二尺所從隄上北望河高出民屋百姓皆走山上水流十三日隄潰二所吏民塞之臣循隄上行視水埶南七十餘里至淇水口適至隄半計出地上五尺所今可從淇口以東爲石隄多張水門

通典。〔州郡八〕淇水出共山東至衞州衞縣界入河。謂之淇水口。〔集證〕今衞輝府淇縣西北有淇水下流入衞河

新莽始建國三年河決魏郡。泛清河以東數郡。〔元圻案〕此漢書王莽傳文

魏郡相州大名府清河恩州。〔集證〕今山東東昌府恩縣

明帝永平十三年王景修汴渠成。〔元圻案〕此後漢書明帝紀文

詔曰自汴渠決敗六十餘歲。〔原注〕平帝時今既築隄理渠絕水立門河汴分流復其舊迹。見明帝紀郡縣志。〔河南道一〕

汴渠在河南府河陰縣〔原注〕漢滎陽縣唐屬孟州〔集證〕今河南開封府滎澤縣南二百五十步亦名蒗蕩渠禹塞滎澤開渠以通淮泗

景吳作浚儀渠

于岑積石爲八激隄

虖沱石臼河羊腸倉積粟鄧訓理石臼河通漕

漢命王景修渠。〔原注〕漢書有滎陽漕渠如淳曰今礫溪口是也〔水經注〕王景卽滎水故瀆東注浚儀謂之浚儀渠　〔閣按如淳曰〕今礫溪口歷來漢注本皆然不知蔡氏當日何緣讀今作砱礫生出砱礫地名謂河從此兩見其書傳虞翻曰立乎學校臣竊恥之〔全云〕〔胡東樵水經注濟水篇〕欲攻蔡九峯砱礫之失而自造爲北礫溪南礫溪則分一水爲二水矣〇〔元圻案〕〔後漢書循吏王景傳〕永平十二年議修汴渠乃引見景問以理水形便遂發卒數十萬遣景與王吳修渠築隄自滎陽東至千乘海口千餘里景乃商度地勢鑿山阜破砥績直截溝澗防遏衝要疏決壅積十里立一水門令更相洄注無復潰漏之患明年渠成又曰時有薦景能理水者顯宗詔與將作謁者王吳共修作浚儀渠吳用景堰水法水乃不復爲害　〔水經注四〕河水又東過滎陽縣北蒗蕩渠出焉注大禹塞滎澤開之以通淮泗卽經所謂蒗蕩渠也漢平帝之世河汴決壞未卽得修汴渠東侵日月彌廣明帝永平十二年議治汳渠上乃引樂浪人王景與將作謁者王吳治渠明年渠成順帝陽嘉中又自汴口以東緣河積石爲堰通渠咸曰金隄靈帝建寧中又增修石門以遏渠口水盛則通注津耗則轂流河水又東逕八激隄北漢安帝永初七年令謁者太山于岑于石門東積石八所皆如小山以捍衝波謂之八激隄又七經文濟水與河合流東至北礫溪南東出過滎陽北顧氏震曰北字後人所加〔漢書溝洫志顏師古引水經〕沛水東過礫溪無北字可辨證酈注濟水又東礫石溪水注之〔顧氏震曰〕此十字及近刻並訛作經礫石溪上又加南字〔胡渭禹貢錐指云〕上有北礫谿故以此爲南礫谿石字衍考下云世謂之礫石澗則石字非衍明矣經言礫溪于滎陽縣下此亦言于滎陽縣下豈有兩滎陽縣乎後人不察前屬經文後屬注文故妄加南北字耳據此則胡東樵南北礫溪之說蓋承水經注俗本之訛非自造也

章帝建初三年。罷虖沱石臼河。〔元圻案〕〔後漢書章帝紀〕建初三年四月乙巳罷常山虖沱石臼河漕注石臼河名也在今定州唐縣東北漕水運也　〔正文〕疑脫漕字

虖沱出代州繁時縣東南。流經五臺山北。東南

河所出山曰崑崙
于闐山出玉
崐崙虛水出四陬
吐蕃西南河所出
西羌本三苗之別
河曲羌在河關西

流過定州入海。鄧訓治虖沱石臼河。從都慮至羊腸倉。石臼河。在定州唐昌縣東北。〔原注〕本漢苦陘縣今省入安喜縣〇〔一案〕石臼河以下十一字述章懷注文攷後漢注無昌字〔唐書地理志〕定州有唐縣〔宋史地理志〕中山府本定州政和三年升爲府改賜郡名曰中山縣七有安喜有唐無唐昌亦無幷入安喜之文當更考 通典。州郡九 嵐州宜芳縣。〔集證〕今太原府嵐縣 卽漢汾陽縣。積粟所在。謂之羊腸倉。石磴縈委。若羊腸焉。〔原注〕〔水經注〕〔按郡國志〕常山南行唐縣有石臼谷〔集證〕今直隸正定府行唐縣漢南行唐後魏行唐西有磁河〇〔元圻案〕〔後漢書鄧訓傳〕訓字平叔禹第六子也永平中理虖沱石臼河從都慮至羊腸倉欲令通漕太原吏人苦役連年無成轉運所經三百八十九隘前後沒溺死者不可勝算建初三年拜訓謁者使監領其事訓考量隱括知大功難立具以上言肅宗從之遂罷其役更用驢輦歲省費億萬計全活徒士數千人 此條疑當入後漕運考

張騫傳。天子案古圖書。名河所出山曰崑崙。〔元圻案〕〔漢書張騫傳〕騫漢中人也崑崙作昆侖 漢武帝以于闐〔按〕于闐卽今之和闐在葉爾羌東南多玉石 山出玉。因名河所出曰崑崙。博雅卽廣雅 曰。崑崙虛赤水出其東南陬。河水出其東北陬。洋水出其西北陬。弱水出其

積石西折支
河上流
吐蕃黃河錄
張騫使大宛
窮河源
河源有二
蔥嶺蒲昌海
紫山

西南陬。河水入東海。三水入南海。見釋水 後漢書明帝紀永平十七年注云。崑崙山在肅州酒泉縣西南。山有崑崙之體。故名之。〔原注朱文公曰〕二書之語似得其實水經言崑崙去嵩高五萬里恐不能若是之遠 通典。以下皆州郡四議曰之文 今吐蕃中河。從西南數千里。向東北流。見與積石山下河相連。聘使涉歷。無不言之。吐蕃自云。崑崙山在國中西南。則河之所出也。尚書云織皮崑崙。析支渠搜。〔按〕〔應劭曰〕禹貢析支屬雍州在河關之西千餘里羌人所居謂之河曲羌〔水經注三〕河水自朔方東轉逕渠搜縣故城北 西戎即敘。後漢書云。西羌在漢金城郡之西南。濱于賜支。〔案後漢書西羌傳〕西羌之本出自三苗姜姓之別也其國近南岳及舜流四凶徙之三危河關之西南羌地是也濱于賜支禹貢所謂析支者也注河關縣屬金城郡即羌地是也 續漢書。河關〔原注〕縣屬金城郡即今之積石軍 西可千餘里。有羌。謂之賜支。蓋析支也。然則析支在積石之西。〔按〕〔漢書地理志〕金城郡河關積石山在西南羌中河水行塞外東北入塞內至章武入海過郡十六行九千四百里〔酈道元曰〕積石山在西羌之中燒當所居也 是河之上流明矣。崑崙在吐蕃中。當亦非謬。〔原注〕楚辭注爾雅河出崑崙虛色白所渠幷千七百一川色黃百里一小曲千里一曲一直離騷遭吾道夫崑崙九歌登崑崙兮四望〔閻按〕通典疑所謂古圖書卽禹本紀最是〔唐藝文志〕有吐蕃黃河錄四卷〔全云〕此條乃附見不應置章帝之下靈帝之上○〔元圻案〕〔水經注二〕涼土異物志曰蔥嶺之水分流東西西入大海東爲河源禹記所謂崑崙者焉張騫使大宛而窮河源謂極于此而不達於崑崙也水經河水其一源出于闐國南山北流與蔥嶺所出河合〔漢書西域傳〕云河有兩源一出蔥嶺山一出于闐于闐在南山下其河北流與蔥嶺河合東注蒲昌海蒲昌海一名鹽澤者也去玉門陽關三百餘里廣袤三百里其水亭居冬夏不增減皆以爲潛行地下南出於積石爲中國河云〔顧氏震曰〕蒲昌海卽羅布淖爾在闢展西南積石山在青海境積石之西五六百里星宿海卽今呼鄂敦搭拉朱思本所謂從地湧出如井其井百餘者也酈道元言河之所潛出于積石宜卽指星宿海〔邵氏爾雅釋水正義曰〕河源所出之山唐人謂之紫山〔新唐書吐蕃傳〕劉元鼎使吐蕃還記其經見曰由洪濟梁西南行二千里水益狹春可涉夏秋乃勝舟其南三百里三山中高而四下直犬羊同國古所謂崑崙者也東距長安五千里河源其間流澄緩東北直莫賀延磧尾殆五百里廣五十里北自沙州西南入吐谷渾寖狹故號磧尾隱測其地蓋劍南之西今西寧府界西南千四百餘里有大山其色紫黑是產金銀唐人所謂紫山稱斯名矣自紫山以西又南迤西連諸山綿亘二千里其卽古崑崙之虛與

金城河溢

靈帝光和六年。金城河溢。〔元圻案〕此靈帝紀文

金城郡。今蘭會西寧湟州積石軍。〔集證〕今甘肅西寧府○〔元圻案〕〔水經〕河水又東過金城允吾縣北注水逕其南不在其北南有湟水出塞外

歷代田制攷

秦廢井田開阡陌

秦廢井田。開阡陌。〔原注〕周顯王十九年〔集證〕〔漢地理志〕秦孝公用商君制轅田開阡陌師古曰南北曰阡東西曰陌〔史記六國表〕

制畝二百四十步
秦地曠人寡
晉地狹人稠
誘三晉人發
地利
百人兵農各
用半
阡陌本井田
舊制
阡陌名義
徑畛涂所容
占地

周顯王之十九年爲秦孝公之十二年初改小邑爲三十一縣令爲田開阡陌

通典州郡四議曰按周制步百爲畝畝百給一夫商鞅佐秦以一夫力餘地利不盡於是改制二百四十步爲畝百畝給一夫又以秦地曠而人寡晉地狹而人稠誘三晉人發秦地利優其田宅復其子孫而使秦人應敵於外大率百人則五十人爲農五十人習戰兵强國富職此之由朱文公開阡陌辯曰說者之意皆以開爲開置之開言秦廢井田而始置阡陌也按阡陌者舊說以爲田間之道蓋因田之疆畔制其廣狹辯其横從以通人物之往來卽周禮所謂遂上之徑溝上之畛洫上之涂澮上之道也然風俗通云南北曰阡東西曰陌又云河南以東西爲阡南北

爲陌二說不同。今以遂人田畝夫家之數考之。當以後說爲正。蓋陌之爲言百也。遂洫從而徑涂亦從。則遂間百畝。洫間百夫。而徑涂爲陌矣。阡之爲言千也。溝澮橫而畛道亦橫。則溝間千畝。澮間千夫。而畛道爲阡矣。阡陌之名由此而得。至於萬夫有川。而川上之路周於其外。與夫匠人井田之制。遂溝洫澮亦皆四周。則阡陌之名。疑亦因橫從而命之也。然遂廣二尺。溝四尺。洫八尺。澮二尋。則丈有六尺矣。徑容牛馬。畛容大車。涂容乘車。〔按〕〔地官遂人賈疏曰〕鄭知徑容牛馬之等義如此者此從川上有路差之凡道皆有三涂川上之路則容三軌道容二軌塗容一軌軌皆廣八尺其畛差小可容大車一軌軌廣八尺自然徑不容車軌而容牛馬及人之步徑是以春秋有牽牛蹊田蹊卽徑也一軌。道二軌。路三軌。則幾二丈矣。此其水陸占地不得爲田者頗多。所以正經界。止侵爭。時蓄洩。備水旱。爲

聽民兼并買賣
盡人力以盡地利
田皆出稅無欺隱
唐租庸調法

永久之計。商君以急刻之心。行苟且之政。但見田爲阡陌所束。而耕者限於百畝。則病其人力之不盡。但見阡陌之占地太廣。而不得爲田者多。則病其地利之有遺。又當世衰法壞之時。歸授之際。必有煩擾欺隱之姦。而阡陌之地。切近民田。又必有陰據自私。而稅不入於公上者。是以盡開阡陌。悉除禁限。而聽民兼并買賣。以盡人力。墾開棄地。悉爲田疇。不使有尺寸之遺。以盡地利。使民有田。卽爲永業。而不復歸授。以絕煩擾欺隱之姦。使地皆爲田。田皆出稅。以覈陰據自私之幸。此其爲計。正猶楊炎疾浮戶之弊。破租庸以爲兩稅。（唐書食貨志）凡授田者丁歲輸粟二斛稻三斛謂之租丁隨鄉所出歲輸絹二匹綾絁二丈布加五之一綿三兩麻三斤非蠶鄉則輸銀十四兩謂之調用人之力歲二十日閏加二日不役者日爲絹三尺謂之庸自開元以後戶籍久不更造丁口轉死田畝賣易貧富升降不實而租調法弊壞至德宗

楊炎夏秋兩稅法

使黔首自實田畝有東南異阡陌遂洫溝澮縱橫無定

相楊炎遂作兩稅法夏輸無過六月秋輸無過十一月置兩稅使以總之蓋一時之害雖除而千古聖賢傳授精微之意於此盡矣故秦紀鞅傳皆云爲田開阡陌封疆而賦稅平蔡澤亦曰決裂阡陌以靜生民之業而一其俗語見史記本傳所謂開者乃破壞剗削之意而非創置建立之名所謂阡陌乃三代井田之舊而非秦之所置也所謂賦稅平者以無欺隱竊據之姦也所謂靜生民之業者以無歸授取予之煩也大事記解題三曰決裂云者唐虞三代井田之制分畫堅明封表深固非大用力以決裂之不能遽掃滅其迹也秦始皇三十一年使黔首自實田事見史記秦始皇本紀使井田不廢何患田之不實乎〔程易田云〕應劭風俗通之言見於秦本紀索隱所引者作河東以東西爲阡南北爲陌朱子開阡陌辨引風俗通之言見於戴侗六書故者亦作河東以東西爲阡南北爲陌今風俗通及此載朱子之所引者並譌河東爲河南蓋不知南東其畝之制而轉寫者妄改之也夫阡陌之

限民名田毋過制

趙過爲代田法甽代爲播休輮田卽三易之地

名自從遂人百畝千畝百夫千夫生義但畝有南東則阡陌各有縱橫其曰遂洫縱而溝澮橫者乃鄭康成氏以南畝圖之以曉人者非謂天下之田盡遂洫縱而溝澮橫也若東其畝則又遂洫橫而溝澮縱矣胡可以南畝之圖概遂人之制哉畝有東南故應氏具兩說以別之不可以偏廢也至於匠人阡陌則因乎遂人而名之義不繫乎畝與夫之千百而不妨襲其阡陌而阡陌之所謂不可典要惟變所適也余曾作阡陌攷圖而詳辨之矣

漢董仲舒請限民名田。〔元圻案〕〔漢書食貨志董仲舒曰〕秦用商鞅之法改帝王之制除井田民得買賣富者田連仟佰貧者無立錐之地漢興循而未改古井田法雖難卒行宜少近古限民名田以贍不足名田占田也各爲立限不使富者過制貧弱之家可足也。〔原注〕漢武帝時賈人有市籍者及家屬皆無得名田○〔按〕正文是師古註文小註是史記平準書文名田上有籍字胡氏曰限田終不能行者以人主自爲兼幷無以使民興於廉也。〔元圻案〕〔胡致堂讀史管見三〕董仲舒欲以限田漸復古制其意甚美而終不能行者以人主自爲兼幷無異於秦也

趙過教民爲代田。〔程易田云〕趙過爲代田見漢書食貨志一畝三甽歲代處一夫三百甽而播種於甽中蓋一夫百畝甽以疆畝本百畝也今於畝中更爲三甽以播種於是一夫三百甽矣甽壟相間三百甽亦三百壟代田者更易播種之名甽播則壟休歲歲易之以甽處壟以壟處甽故曰歲代處也代易也。師古注文周官大司徒不易一易再易之地。有三等。〔原注公羊傳注〕司空謹別田之高下善惡分爲三品上田一歲一墾中田二歲一墾下田三歲一墾左傳晉作爰田

古畝百步漢增制

師丹建言限名田列侯公主名田之限王嘉奏均田制壞罷苑賜董賢田莽更天下田曰王田

晉語二云作轅田轅易也賈逵註文漢地理志秦商君制轅田〔原注〕轅與爰同易也食貨志歲耕種者爲不易上田休一歲者爲一易中田休二歲者爲再易下田三歲更耕之自爰其處〔案司馬法曰〕歲受耕之爰自其處鹽鐵論未通篇御史曰古者制田百步爲畝民井田而耕什而籍一先帝哀憐百姓之愁苦衣食不足制田二百四十步而一畝率三十而稅一

師丹建言限名田〔元圻案〕〔漢書食貨志〕哀帝即位師丹輔政建言云云天子下其議丞相孔光大司空何武奏請諸侯王列侯皆得名田國中列侯在長安公主名田縣道及關內侯吏民名田皆毋過三十頃丁傅用事董賢隆貴皆不便也遂寢不行王嘉奏曰詔書罷苑而以賜董賢二千餘頃均田之制從此墮壞〔元圻案〕〔漢書王嘉傳〕嘉字公仲平陵人也建平三年代平當爲丞相奏封事云云苑作菀師古曰菀古苑字新莽更名天下田曰王田不得買賣〔元圻案〕此食貨志文志又曰後三年莽知民愁下詔諸食王田得買賣

檢覈墾田戶口

隋覈法憑簿書

後魏均田制度

露田男婦分授

奴婢依良丁牛受田

建武十五年。詔州郡檢覈墾田戶口。〔集證〕〔後漢書光武紀〕建武十五年六月庚午詔下州郡檢覈墾田頃畝及戶口年紀百官志注胡廣曰秋冬歲盡各計戶口墾田錢穀出入上其集簿丞尉以下歲詣郡課校

通典食貨曰。自秦孝公隳經界立阡陌。雖獲一時之利。而兼幷踰僭興矣。阡陌既弊。又為隱覈。隱覈之法。憑乎簿書。今本通典作又謂隱覈在乎權宜權宜憑乎簿書 簿書既廣。必藉衆功。藉衆功則政由羣吏。政由羣吏。則人無所信矣。

後魏孝文太和九年。詔均田男夫十五以上。受露田〔集證〕不栽樹者謂之露田 四十畝。婦人二十畝。〔集證通典食貨門〕孝文太和元年三月詔一夫制田四十畝男三十畝無令人有餘力地有遺利時李安世上疏曰今雖桑井難復更宜均量審其徑術令細人獲資生之利豪右靡餘地之盈帝深納之由是始議均田九年冬十月丁未詔均給天下人田諸男夫十五以上受露田四十畝婦人二十畝奴婢依良丁牛一頭受田三十畝身沒則還田諸宰民之官各隨遠近給公田有差職分田始於此

劉氏恕曰。後魏均田制度。似今世佃官田及絕戶田出租稅。非如三代井田也。魏齊周隋兵革

唐丁口衆不授田口分世業之田壞

北齊男婦受露田受輸調充兵永業田桑田麻田

隋發使四出均田狹鄉寬鄉受田

不息。農民少而曠土多。故均田之制存。至唐承平日久。丁口滋衆。官無閒田。不復給授。故田制爲空文。唐志云。口分世業之田壞而爲兼幷。似指以爲井田之比。失之遠矣。〔元圻案〕〔唐書食貨志曰〕口分世業之田壞而爲兼幷租庸調之法壞而爲兩稅

北齊河清三年。令民一夫受露田八十畝。婦人四十畝。〔集證〕通典北齊河清三年令男子十八受輸調二十充兵六十免力役六十六退田免租調職事及百姓請墾田者名爲永業田一夫受露田八十畝婦人四十畝每丁給永業二十畝爲桑田不在還受之限土不宜桑者給麻田

隋文帝開皇十二年。京輔三河地少人衆。發使四出均天下之田。其狹鄉每丁纔至二十畝。〔集按〕〔通典食貨門〕隋文帝令自諸王以下至都督皆給永業田各有差多至百頃少至三十頃其丁男中男永業露田皆遵後齊之制並課植以桑榆及棗其田宅率三口給一畝開皇九年墾田千九百四十萬四千二百六十頃每戶二頃餘十二年文帝以天下戶口歲增京輔及三河地少而人衆議者咸欲徙就寬鄉帝乃發使四出均天下之田其狹鄉每丁纔至二十畝老小又少焉○〔元圻案〕〔唐書食貨志曰〕田多可以足其人者爲寬鄉少者爲狹鄉

唐武德初定均田制
分黄小中丁老計年
唐步畝頃之制

唐制受田倍於周
家右占田踰制
振貧無術許賣田

唐武德七年初定均田丁中之民給田一頃篤疾減十之六寡妻妾減七皆以什之二爲世業八爲口分[元圻案]此通鑑唐高祖紀文[唐書食貨志曰]唐制度田以步其闊一步其長二百四十步爲畝百畝爲頃凡民始生爲黄四歲爲小十六爲中二十一爲丁六十爲老授田之制丁及男年十八以上者人一頃其八十畝爲口分二十畝爲永業老及篤疾發疾者人四十畝寡妻妾三十畝當戶者增二十畝皆以二十畝爲永業其餘爲口分

范氏曰唐初定均田有給田之制蓋由有在官之田也其後給田之制不復見蓋官田益少矣

林氏勳曰周制步百爲畝百畝僅得唐之四十餘畝唐之口分人八十畝幾倍於古蓋貞觀之盛戶不及三百萬永徽唯增十五萬若周則王畿千里已有三百萬家之田列國不與焉是以唐制受田倍於周而地亦足以容之狹鄉雖裁其半猶可以當成周之制然按一時戶口而不爲異日計則後守法難矣[原注]既無振貧之術乃許之賣田後魏以來弊法也是以啓兼并之漸○[按]小

賈敦頤舉沒
賦貧民
貞觀永徽戶
口
斗米四五錢
行千里不齎
糧
宇文融爲勸
農使
檢括逃戶籍
外田
兼幷家私斂
重公稅
陸贄請爲占
田條限
均田圖製素
賜諸道

周艾穎等分
行均田
元稹同州均
田奏
蘇氏論均稅
之害

注亦林勳語

永徽中。洛多豪右。占田踰制。賈敦頤舉沒三千餘頃。賦貧民。

[元圻案]〔唐書食貨志曰〕貞觀初戶不及三百萬。四年米斗四五錢。外戶不閉者數月。人行數千里不齎糧。號稱太平。高宗承之。海內乂安。長孫無忌等輔政。天下未見失德。即位之歲。增戶十五萬。〔又循吏傳〕賈敦頤。曹州冤句人。貞觀中。數歷州刺史。永徽中。遷洛州。洛多豪右以下皆本傳文

開元九年。宇文融爲勸農使。括逃戶及籍外田。

[元圻案]〔通鑑唐紀〕元宗開元九年正月。監察御史宇文融上言。天下戶口逃移。巧僞甚衆。請加檢括丁亥。制州縣逃亡戶口。聽百日自首。或於所在附籍。或牒歸故鄉。各從所欲。過期不首。即加檢括。謫徙邊州。公私敢容庇者抵罪。以宇文融充使。括逃移戶口及籍外田。融奏置勸農判官十人。分行天下。州縣希旨。務於獲多。虛張其數。或以實戶爲客。凡得戶八十餘萬。田亦稱是

陸贄論兼幷之家。私斂重於公稅。請爲占田條限。

[元圻案]〔唐書食貨志贄疏曰〕有田之家。坐食租稅。京畿田畝稅五升。而私家收租畝一石。官取一。私取十。穡者安得足食。宜爲占田條限。裁租價。損有餘。優不足。贄以讒逐。事無施行者

後周世宗以元稹均田圖。賜諸道。詔艾穎等分行諸州。均定田租。

[原注]〔會要二云〕見元稹在同州時所上均田表。因製素爲圖。〔一元圻案〕〔通鑑後周紀〕世宗顯德五年六月。帝欲均田租。丁亥以元稹均田圖徧賜諸道。十月。詔左散騎常侍須城艾穎等三十四人。分行諸州。均定田租。註時詔曰。近覽元稹長慶集。見在同州時。所上均田表。較當時之利病。曲盡其情。俾一境之生靈。咸受其賜。傳於方冊。可得披尋。因令製素成圖。直書其事。

薛孫呂李爲國斂怨宇文融召天寶亂

今按元稹同州奏均田曰因農務稍暇令百姓自通手實狀又令里正書手等旁爲穩審並不遣官吏擅到村鄉略無欺隱除去逃荒其餘頃畝取兩稅元額通計七縣沃瘠一例作分抽稅

蘇氏曰三代之君開井田畫溝洫謹步畝嚴版圖因口之衆寡以授田因田之厚薄以制賦經界既定仁政自成下及隋唐風流已遠然其授民田有口分世業皆取之於官其斂民財有租庸調皆計之於口其後變爲兩稅戶無客主以見居爲簿人無丁中以貧富爲差貧者急於售田則田多而稅少富者利於避役則田少而稅多僥倖一興稅役皆弊嘉祐中薛向孫琳始議方田量步畮審肥瘠以定賦稅之入何云今之丈量魚鱗圩正方田法也

周道止是均平方天法與廢

南唐以田肥瘠定稅

熙甯中。呂惠卿復建手實。抉私隱。崇告訐。以實貧富之等。元豐中。李琮追究逃絕。均虛數。虐編戶。以補失陷之稅。此三者。皆爲國斂怨。所得不補所失。昔宇文融括諸道客戶。州縣觀望。虛張其數。以實戶爲客。雖得戶八十餘萬。歲得錢數百萬。而百姓困弊。實召天寶之亂。均稅之害何以異此。張子曰。治天下不由井地。終無由得平。周道止是均平。〔集證〕張子語載見呂大臨所作行狀○〔元圻案〕〔玉海百七十六〕嘉祐四年八月二十七日命孫琳林之純席與言李鳳高本等相度均稅又令分往均田五年四月丙戌詔三司置局詳定三司使包拯諫議呂居簡戶部副使吳中復領其事熙寧五年重修定方田法推行自京都始元豐八年十月丙戌罷之崇寧四年二月十六日尚書省言神宗詔講方田以土色肥磽別田美惡定賦調多寡今以熙寧方田敕可行者爲方田法宣和二年六月十六日罷方田

南唐烈祖。分遣使者按行民田。以肥瘠定其稅。〔元圻案〕〔通鑑後晉紀〕高祖天福六年唐王分遣使者按行民田以肥瘠定其稅民間稱其平允自是江淮調兵興役及他賦斂皆以稅錢爲率至今用之

歷代漕運考

穿渭渠通漕

劉仲馮疑渭渠無迹

潰渭洞河

虢公敗犬戎渭隊

穿褒斜道通漕褒斜水多湍石

漢

渭渠。〔元圻案〕〔漢武帝紀〕元光六年春穿漕渠通渭溝洫志時鄭當時為大司農言異時關東漕粟從渭上度六月罷而渭水道九百餘里時有難處引渭穿渠起長安傍南山下至河三百餘里徑易漕度可令三月罷上以為然令齊人水工徐伯表發卒數萬人穿漕渠三歲而通以漕大便利

渭水出熙州狄道縣東北至華州華陰入河。劉仲馮曰。今渭汭至長安。僅三百里。固無九百餘里。而云穿渠起長安。旁南山至河。中間隔灞滻數大川。無緣山成渠之理。此說可疑。今亦無其迹。

西都賦〔後漢〕班固著見本傳文選 通溝大漕。潰渭洞河。〔元圻案〕〔水經注十九〕其渠自昆明池南傍山原東至于河且田且漕大以為便今無水〔又曰左傳閔公二年〕虢公敗犬戎于渭隊服虔曰隊謂汭也杜預曰水之隈曲曰汭即船司空所在矣 劉仲馮名奉世清江人父敞原父叔父攽貢父同著兩漢刊誤號三劉漢書陳振孫曰漢書自顏監之後舉世宗之未有異其說者至劉氏兄弟始為此書多所辨證發明按其書今已佚吳仁傑兩漢刊誤補遺中頗存其說仲馮此條蓋亦刊誤中之一則也

褒斜道故道。〔元圻案〕〔漢書溝洫志〕曰人有上書欲通褒斜道及漕事下御史大夫張湯湯問之言抵蜀從故道故道多阪回遠今穿褒斜道少阪近四百里而褒水通沔斜水通渭皆可以行船漕漕從南陽上沔入褒褒絕水至斜間百餘里以車轉從斜下渭如此漢中穀可致而山東從沔無限便於底柱之漕上以為然拜湯子卬為漢中守發

沔合漢漢合沮口褒谷商谷斜谷

寇恂河内轉輸

鄭宏奏開零桂嶠道舊運從東治汎海

數萬人作褒斜道五百餘里道果便近而水多湍石不可漕〔師古注〕故道屬武都有蠻夷故曰道卽今鳳州界也

褒水通沔。在興元府褒城縣。〔原注〕出衙領山至南鄭入沔斜水通渭。在京兆府武功縣。原注出衙領山北流至郿入渭故道今鳳州梁泉縣。〔元圻案〕〔水經注二十七〕沔水一名沮水庾仲雍云是水南至關城合西漢水漢水又東北合沮口同爲漢水之源也故如淳曰此方人謂漢水爲沔水是互相通稱矣漢水又東合褒水水西北出衙領山東南逕大石門歷故棧道下谷俗謂千梁無柱也褒水又東南歷褒口卽褒谷之南口也北口曰斜所謂北出褒斜褒水又南逕褒縣故城東褒中縣也本褒國矣○〔集證明地理志〕陝西漢中府褒城縣東北有褒谷亦曰商谷自此出連雲棧北抵斜谷之道也南有沔水又城東有褒水亦曰黑龍江下流入沔水鳳翔府郿縣西有衙領山褒水出其南流入沔斜水出其北流入渭又西南有斜谷南入漢中有斜谷關

河内。〔元圻案〕〔漢書地理志〕河内郡高祖元年爲殷國二年更名〔後漢書寇恂傳〕光武南定河内拜恂河内太守時軍食急乏恂以輦車驪駕轉輸前後不絕

懷衞二州之地。〔集證〕今河南懷慶衞輝二府

東冶零陵桂陽嶠道。〔元圻案〕〔後漢書鄭宏傳〕宏建初八年代鄭衆爲大司農舊交趾七郡貢獻轉運皆從東冶汎海而至風波艱阻沈溺相係宏奏開零陵桂陽嶠道於是夷通至今遂爲常路

東冶。福州閩縣。零陵郡。南臨源嶺。〔原注〕永州地桂陽郡

臘嶺。〔原注〕郴州〔閻按〕臨源嶺卽越城嶺第五臘嶺卽騎田嶺第二

自沮至下辨運道驢馬僦五致一

虞詡燒峽石翦水

嚴礪沃醯碎石

武侯由斜谷運流馬

沮下辨。〔元圻案〕〔後漢書虞詡傳〕羌寇武都鄧太后以詡有將帥之略遷武都太守先是運道艱阻舟車不通驢馬負載僦五致一詡乃自將吏士按行川谷自沮至下辨數十里中皆燒石翦木開漕船道以人僦直雇借傭者於是水運通利歲省四十餘萬注沮今興州順政縣下辨今成州同谷縣

沮縣漢屬武都。隋爲興州順政。〔原注〕沔水發源於此一名沮水今沔州 下辨縣漢下辨道屬武都。西魏改同谷。唐爲成州同谷。〔原注〕〔續志下〕辨東三十餘里有峽中當水泉生大石障塞流水至春夏輒溢虞詡使人燒石以水灌之石皆裂因鐫去石遂無汎溺之患〔閻按〕〔新唐書地理志〕嚴礪自長舉縣西疏嘉陵江二百里焚巨石沃醯以碎之通漕以饋成州戍兵醯字尤妙〔集證〕〔一地理今釋〕沮縣即今陝西漢中府略陽縣東南至沔縣西南入漢水名曰沮口 成州今甘肅階州成縣

斜谷。〔元圻案〕〔三國志蜀後主傳〕建興十年亮休士勸農於黃沙作流馬木牛畢教民講武十一年冬亮使諸軍運米集於斜谷口治斜谷邸閣十二年春二月亮由斜谷出始以流馬運

郡國志。右扶風武功縣有斜谷。注褒斜谷在長安西南。南口褒。北口斜。長百七十里。其水南流。〔原注〕武功今鳳翔府郿縣〇〔元圻案〕杜佑通典食貨門漕運紀漢漕不及河內以下四事此可以補其略

魏

陳項至壽春開渠

鄧艾屯田著濟河論

宛邱百尺堰

杜預用滍淯水浸田

開楊口達巴陵濬險

陳項壽春。〔元圻案〕〔三國志魏鄧艾傳〕艾遷尚書郎時欲廣田畜穀爲滅賊資使艾行陳項已東至壽春艾以爲田良水少不足以盡地利宜開河渠可以引水澆溉大積軍糧又通運漕之道乃著濟河論以喻其旨

通典。州郡七 潁州。魏汝陰郡。鄧艾屯田於此。陳項陳州。宛邱。項城縣。壽春。見前。晉志。修廣淮陽百尺二渠。上引河流。下通淮潁。〔原注〕〔通典〕陳州宛邱縣有百尺堰隋志潁川縣北舞縣有百尺溝郡縣志百尺堰在潁州汝陰縣西北一百里 〔集證〕宛邱今河南陳州府之淮寧縣壽春今江南鳳陽府之壽州明地理志河南陳州治東有百尺溝即沙水下流也

晉

滍淯水楊口。〔集證〕〔晉書杜預傳〕預都督荊州吳平還鎮修召信臣遺跡激用滍淯諸水以浸原田萬餘頃分疆刊石使有定分開楊口起夏水達巴陵千餘里內瀉長江之險外通零桂之漕

漢地理志。南陽郡上 滍水。出魯陽縣。魯山東北至定陵入汝。〔原注〕魯陽汝州魯山縣定陵故城在蔡州郾城縣西北 淯水。出酈縣。西北。南入漢〔原注〕酈故城在鄧州臨湍縣 通典。州郡十三 復州。沔陽縣。漢雲杜縣。杜預爲荊州刺史。開楊口。達巴陵。徑千餘里。內避長江

使袁真攻譙梁開渠石門渠爲古滎口敖城壘石遏渠口

千金堨五龍渠劉曜決千金堨灌石

之險。通零桂之漕。卽此也。(原注)零陵桂陽(集證明地理志)河南汝州魯山縣東北有魯山西有堯山南有滍水源出堯山流入葉縣界合昆水沙河水入汝南陽府南陽縣東有淯水亦名白河下流至湖廣襄陽縣界入漢水湖廣沔陽州景陵縣今改天門西北有雲杜廢縣南有沔水西南有楊水北注沔亦曰楊口亦曰中夏口又爲楊林口○(元圻案)(水經曰)滍水出南陽魯陽縣西之堯山注云滍水又東逕魯陽縣故城南城卽劉累之故邑也有魯山縣居其陽故因名焉按堯山魯山同在魯陽縣故滍水所出班史以爲魯山水經以爲堯山水經又曰滍水又東北過潁川定陵縣西北又東過郾縣東南入于汝注云滍水東逕西不羹亭南亭背汝水于定陵城北東入汝郾縣在南不得過水經又曰淯水出宏農盧氏縣支離山注云淯水導源東流酈縣故城北郭仲產曰酈縣故城在支離山東南

石門。(集證)(晉書桓溫傳)溫使豫州刺史袁真攻譙梁開石門以通水運真克譙梁而不能開石門水運路塞

水經注。七 滎瀆水受河水。有石門。謂爲滎口石門。(集證明地理志)河南鄭州河陰縣西有石門渠卽古滎口也亦曰汴口又西有河口倉唐時置 河陰縣今併入開封府滎澤縣○(元圻案)(水經注七)又曰靈帝建寧四年于敖城西北壘石爲門以遏渠口謂之石門故世亦謂之石門水門廣十餘丈西去河三里

千金堨。

永嘉九年。修千金堨於許昌以通運。(晉書懷帝紀文) 水經注。十六 河南縣城東十五里有千金堨。洛陽記曰。千金堨舊堰穀水。魏時更修積石爲堨開溝渠

張方入洛破千金堨

隋自蒲陝等州運米廣通渠引渭水各州置倉給京師

五所謂之五龍渠。渠上立堨。〔原注〕此堨是都水使者陳協所造 水歷堨

東注謂之千金渠。〔原注〕許昌許州今穎昌府許田鎮劉曜攻石生于金墉決千金堨以灌之〇〔元圻案〕〔水經注〕又曰張方入洛破千金堨永嘉初汝陰太守李矩汝南太守袁孚修之以利漕運公私賴之

隋

蒲陝衛汴黎陽汾晉渭水廣通渠大興城潼關。〔集證〕〔隋書食貨志〕開皇三年以京師倉廩尚虛詔於蒲陝虢熊伊洛鄭懷邵衛汴許汝等水次十三州置募運米丁又於衛州置黎陽倉洛州置河陽倉陝州置常平倉華州置廣通倉轉相灌注漕關東及汾晉之粟以給京師四年又詔宇文愷鑿渠引渭水自大興城東至潼關三百餘里名曰廣通渠

蒲州〔原注〕河中府 汴州〔原注〕開封府 黎陽〔原注〕今濬州 汾州〔原注〕唐爲慈州 晉州。〔原注〕平陽 京兆府萬年縣。隋改大興縣。廣通渠在華州。置廣通倉。〔原注〕〔隋紀〕帝幸灞州觀漕渠 潼關在華州華陰縣。渭水在萬年縣北五十里東流二百四十里至華陰縣東北流三十五里自永豐倉入河謂之渭口。〔集證〕河中府今山西蒲州府濬州今河南衛輝府濬縣慈州今山西汾州府大興縣今陝西西安府咸寧縣縣東有灞水又有灞橋華州今屬陝西同州府華陰亦屬同州府潼

開山陽瀆通運

募運米能達砥柱險三穿砥柱爲三門山

開通濟渠引穀洛水

板渚邗溝通運

關在華陰縣東永豐倉亦曰渭口倉○〔元圻案〕〔元和郡縣志二〕華州華陰縣永豐倉在縣東北三十五里渭河口隋置義寧元年因倉又置監

山陽瀆。〔集證〕〔隋書文紀〕開皇七年四月庚戌於揚州開山陽瀆以通漕運

楚州山陽縣。〔原注〕今淮安府〔集證〕今江蘇淮安府治山陽縣山陽瀆卽邗溝也

砥柱。〔集證〕〔隋書食貨志〕開皇三年遣倉部侍郎韋瓚向蒲阪以東募人能於洛陽運米四十石經砥柱之險達於常平者免其征戍

陝州硤石縣。〔原注〕今省入陝縣 有砥柱山俗名三門山在縣東北五十里。河水分流包山山見水中若柱然。又以禹治河水。山陵當水者破之。三穿既決河出其間。有似於門。故亦謂三門。唐太宗勒銘。〔元圻案〕〔水經曰〕河水又東過陝縣北又東過大陽縣南又東過砥柱間注云砥柱山名也昔禹治洪水山陵當水者鑿之故破山以通河河水分流包山而過山見水中若柱然故曰砥柱也三穿既決水流疏分指狀表目亦謂之三門矣山在穀城東北大陽城東也．太宗銘辭見唐文粹

通濟渠。穀洛水。板渚。邗溝。〔集證〕〔隋書煬帝紀〕大業元年發河南諸郡男女百餘萬開通濟渠自苑引穀洛水達於河自板渚引河通於淮 〔通鑑曰〕又發淮南民十餘萬開邗溝自山陽至揚子入江

通典。州郡七 汴渠在河南河陰縣南二百五十步。今

汴水浪宕渠

穀洛鬭

吳城邗溝通江淮

宋口或誤宋口非

名通濟渠隋煬帝開導西通河洛南達江淮〔原注〕河陰後屬孟州汴州有通濟渠隋煬帝開引黃水以通江淮漕運兼引汴水即浪宕〔原注〕與蒗蕩同○〔案〕何本蒗作蒗水經作蒗蕩注同元和郡縣志作蒗宕渠也〔原注〕隋志在浚儀縣九域志汴水古通濟渠也在開封縣周語穀洛鬭注云洛在王城之南穀在王城之北東入于瀍至靈王時穀水盛出於王城之西而南流合於洛水〔原注山海經〕澗水西北流注于穀水通典穀水本澗水經苑中入于洛板渚水經河水又東合汜水又東逕板城北〔顧氏震曰〕此十三字皆注文原本及近刻俱誤作經注云有津謂之板城渚口〔原注〕在孟州汜水左傳哀公九年吳城邗溝通江淮注云於邗江築城穿溝東北通射陽湖西北至末口入淮通糧道也今廣陵韓江是〔原注〕隋開邗溝自山陽至楊子入江渠廣四十步自楚州寶應縣北流入淮〔閻按王氏引杜註〕末口與水經注合足證今注疏作宋口者非又自楚州寶應縣十字宜衍蓋上文是淮入江不應旋云江入淮也〔集證〕浚儀今河南開封府祥符縣縣東有開封廢縣汜水今開封府汜水縣東有板渚寶應縣今屬揚州府○〔元圻案〕〔水經注三

永濟渠引沁水

征遼運東萊海口

唐于三門東西置倉

十」昔吳將伐齊北霸中國自廣陵城東南築邗城城下掘深溝謂之韓江亦曰邗溟溝自江東北通射陽湖地理志所謂渠水也西北至末口入淮

永濟渠。〔元圻案〕〔元和郡縣志十六〕貝州永濟縣永濟渠在縣西郭內漢武時河決館陶分爲屯氏河東北經貝州冀州而入渤海此渠蓋屯氏古瀆隋氏修之因名永濟

國史志大名府永濟縣有永濟渠。〔原注〕縣今省爲鎮入臨清〔全云〕隋大業四年正月詔穿永濟渠引沁水南達於河北通涿郡〔通鑑攷異曰〕雜記以爲引汾水者謬也○〔元圻案〕〔隋書煬帝紀〕亦作沁水〔通鑑注〕班志沁水出上黨穀遠縣羊頭山世靡谷〔師古曰〕今至懷州武陟縣界入河穀遠隋爲沁源縣攷異曰永濟渠即今御河未嘗通汾水

東萊海口。

東萊郡萊州。西至海二十九里。北至海五十里。

東南至海二百五十里。〔全云〕此征遼之運道也大業八年敕運黎陽洛口太原等倉穀向望海頓胡三省曰當在遼西〔集證〕〔隋地理志〕東萊郡舊置光州開皇五年改名萊州

唐

三門河陰柏崖集津倉。〔原注〕鹽倉 含嘉倉。太原倉。〔元圻案〕〔唐書食貨志〕元宗二十一年裴耀卿爲京兆尹請罷陝陸運而置倉河口使江南漕舟至河口者輸粟於倉而去縣官雇舟以分入河洛置倉三門東西漕舟輸其東倉而陸運以輸西倉復以舟漕以避三門之水險元宗以爲然乃於河陰置河陰倉河西置柏崖倉三門東置集津倉西置鹽倉鑿山十八里以陸運自江淮漕者皆輸河陰倉自河陰西至太原倉謂之北運自太原倉

河陰柏崖集津三倉

鹽倉含嘉倉太原倉開山爲陸運劉晏按行運道遺跡李泌開車道避底柱楊慎矜兄弟能繼父

浮渭以實關中

裴耀卿於三門東西置倉。開山十八里爲陸運。以避其險。卒泝河而入渭。〔原注〕三門山見前砥柱 地理志河南府河陰縣。開元二十二年置。領河陰倉。〔原注〕會昌三年屬孟州。○〔案〕〔地理志〕河北道孟州河陰縣開元二十二年析氾水滎澤武陟置隸河南府領河陰倉會昌三年來屬有梁公堰在河汴間開元二年河南尹李傑因故渠濬之以便漕運 河清縣。咸亨四年置柏崖縣。尋省。有柏崖倉。河南道河南府河清本大基武德二年置隸懷州八年省咸亨四年析河南洛陽新安王屋濟源河陽復置并置柏崖縣尋省柏崖先天元年更名會昌三年隸孟州尋還屬後廢咸通三年復置有柏崖倉 陝州平陸縣。三門西有鹽倉。東有集津倉。陝縣有太原倉。河南道陝州 六典東都曰含嘉倉。自含嘉倉轉運以實京之太倉。自洛至陝運於陸。自陝至京運於水。〔原注〕楊慎名爲含嘉倉出納使〔何云〕慎名閣改慎矜非按通鑑慎矜知太府出納慎名知含嘉倉也 劉晏移書曰。陝郊見三門集津遺跡。〔原注〕〔曾子固曰〕宋興承周制置集津之運轉關中之粟以給大梁 李泌自集津至三門。鑿山開車道。以避砥柱之

韋堅引滻水望春下開廣運潭

姚南仲疏建望春宮

險。〔原注〕九域志陝州平陸縣三門集津鎮○〔元圻案〕〔唐書楊愼矜傳〕父隆禮罷太府元宗訪其子可代父任者宰相以愼餘愼矜愼名皆得父清白帝擢愼矜監察御史知太府出納愼餘太子舍人主長安倉愼名大理評事爲含嘉倉出納使又劉晏傳晏字士安曹州南華人領東都河南江淮轉運租庸鹽鐵常平使乃自按行浮淮泗達于汴入于河右循砥柱硤石觀三門遺跡至河陰鞏洛見宇文愷梁公堰廝河爲通濟渠視李傑新渠盡得其利病然畏爲人牽制乃移書於宰相元載　曾子固語見本集政要策漕運條　〔唐書李泌傳〕泌貞元元年拜陝虢觀察使泌始鑿山開道至三門以便餉漕〔食貨志泌益鑿集〕津倉山西逕爲運道屬於三門倉　〔通鑑唐紀〕德宗貞元二年二月李泌奏自集津至三門鑿山開車道十八里以避底柱之險是月道成○〔集證〕河清縣今河南孟津縣河南陝州與山西解州平陸縣接境州西南有故太原倉

滻水。望春樓。廣運潭。〔集證〕〔唐食貨志〕韋堅兼水陸運使堅治漢隋運渠起關門抵長安通山東租賦乃絕灞滻並渭而東至永豐倉與渭合又於長樂坡瀕苑牆鑿潭於望春樓下以聚漕舟玉海一百八十二會要天寶元年三月陝郡太守韋堅引滻水開廣運潭于望春東自華陰永豐倉以通河渭至二年三月二十六日名潭曰廣運地理志作天寶三載

地理志。唐志關內道京兆府萬年縣有南望春宮臨滻水西岸。有北望春宮。宮東有廣運潭。華州華陰縣有漕渠。自苑西引渭水。因石渠會灞滻。經廣運潭至縣入渭。天寶三載。韋堅開。〔原注〕會要自華陰永豐倉以通河渭望春樓。在禁苑東南高原之上。姚南仲曰。王者必

上津扶風洋川通運

汴水梁公堰通運

據高明燭幽隱。所以因龍首而建望春。〔元圻案〕〔元和郡縣志二〕華州華陰縣天寶三年左常侍兼陝州刺史韋堅開漕河自苑西引渭水因古渠至華陰入渭運永豐倉及三門倉米以給京師名曰廣運潭以堅爲水陸轉運使天寶中每歲水陸運米二百五十萬石入關大歷後每歲運米四十萬石〔唐書姚南仲傳〕南仲華州下邽人乾元初擢制科遷累右補闕大歷十年上書云云

上津扶風洋川。〔元圻案〕〔通鑑唐紀〕肅宗至德元載江淮奏請貢獻之蜀之靈武者皆自襄陽取上津路抵扶風道路無壅皆薛景仙之功也二載上至鳳翔旬日隴右河西安西西域之兵皆會江淮庸調亦至洋川漢中胡三省注江淮庸調泝漢而上洋梁

商州上津縣。〔原注〕漢長利縣扶風郡鳳翔府。〔原注〕自襄陽取上津路抵扶風德宗治上津道置館

洋川郡洋州。〔原注〕泝江漢而上至洋川陸運直抵至扶風汴水堙廢漕運自

江漢抵梁洋。〔原注〕梁州興元府〔集證〕今湖北鄖陽府鄖縣西有廢長利縣洋州今陝西漢中府洋縣隋梁州唐改爲興元府今爲漢中府

汴水梁公堰。

劉晏疏浚汴水見宇文愷梁公堰通典州郡七汴口

堰在河陰縣西二十里又名梁公堰隋開皇七

年使梁睿增築漢古堰遏河入汴〔原注〕會要開元二年李傑奏汴州東有梁公堰堰破漕梗發汴鄭丁夫浚之省功速就刻石水濱紀其續

甬橋渦口蔡水通運
梁崇義襄鄧阻兵
張萬福發進奉船
杜佑策琵琶溝運路
疏雞鳴岡通舟
李勉治蔡渠引鑽
改閔河爲惠民河
江淮運道咽喉甬橋

甬橋。渦口。蔡水。〔元圻案〕〔通鑑唐紀〕德宗建中二年六月李正己遣兵扼徐州甬橋渦口梁崇義阻兵襄陽運路皆絶人心震恐江淮進奏船千餘艘泊渦口不敢進上以和州刺史張萬福爲濠州刺史萬福馳至渦口立馬岸上發進奉船淄青將士停岸睥睨不敢動〔胡三省註〕甬橋在徐州南界汴水上後置宿州於此渦口渦水入淮之口〔唐書食貨志〕李納田悅兵守渦口梁崇義搤襄鄧南北漕引皆絶京師大恐江淮水陸轉運使杜佑以秦漢運路出浚儀十里入琵琶溝絶蔡河至陳州而合自隋鑿汴河官漕不通若導流培岸功用甚寡疏雞鳴岡首尾可以通舟陸行纔四十里則江湖黔中嶺南蜀漢之粟可方舟而下繇白沙趣東關歷潁蔡涉汴抵東都無濁河泝淮之阻減故道二千餘里會李納將李洧以徐州歸命淮路通而止

甬橋。在宿州符離縣。渦口。在濠州鍾離縣。九十里。杜佑以漢運路。出浚儀十里。入琵琶溝絶蔡河。至陳州而合。〔原注〕李勉治蔡渠引東南鑽 通典。〔州郡七〕汴州浚儀縣有蔡水。〔原注〕九域志祥符縣有蔡河 建隆。宋太祖受禪庚申建元 元年浚蔡河設斗門。二年導閔水。〔案〕〔玉海二十二〕命右領軍上將軍陳承昭督其役 自新鄭與蔡水合。貫京師南歷陳潁達壽春以通淮右之漕以西南爲閔河東南爲蔡河開寶。宋太祖九年戊辰改元 六年改閔河爲惠民河。〔原注〕與蔡河一水〇〔案〕自導閔水以下及注俱見通鑑周世宗顯德六年注 李泌曰江淮

万俟著開金商運路

渭橋東渭橋置倉

漕運自淮入汴以甬橋爲咽喉。〔集證明地理志〕安徽鳳陽府宿州漢符離縣甬橋在北亦名符離橋懷遠縣東北有渦口渦水自河南鹿邑縣流入境至縣東入淮故謂之渦口〔舊圖經〕琵琶溝形似琵琶故名在開封城南西從中牟界入通濟渠煬帝欲幸江都始鑿此溝〇〔元圻案〕〔玉海二十二〕輿地廣記汴河蓋古莨蕩渠也首受黃河水隋開浚以通江淮漕運兼引汴水亦曰通濟渠元豐中導洛通入謂之清汴蔡河蓋古琵琶溝也〔通鑑唐紀四十三〕胡三省註宋白曰建中初杜佑改漕路自浚儀西十里路其南涯引流入琵琶溝經蔡河至陳州合潁是秦漢故道自隋開汴河利涉揚楚故官漕不復由此道佑始開之〔唐書李勉傳〕勉字元卿鄭惠王元懿曾孫代宗詔勉節度汴宋德宗立就加同中書門下平章事

金商運路。〔元圻案〕〔通鑑唐紀〕德宗建中四年侍御史萬俟著開金商運路重圍既解諸道貢賦繼至用度始振〔胡三省註〕萬當作万万俟複姓也開金商運路轉江淮財賦以至奉天案德宗因涇原兵變幸奉天朱泚進兵圍之

通典。五州郡 金州。〔集證〕今陝西興安府 去西京九百九十一里。商州。今陝西商州之地 去西京二百里。

渭橋東渭橋。〔元圻案〕〔通鑑唐紀四十二〕胡三省註宋白曰武德永徽之後姜行本薛大鼎褚朗皆云漕運未能通濟後監察御史王師順請運晉絳之粟于河渭之間始置渭橋倉〔唐書食貨志〕貞元初詔浙江東西節度使韓滉淮南節度使杜亞運米至東西渭橋倉

渭橋三輔故事。秦昭王作長三百八十步。郡縣志中渭橋在咸陽縣東南二十二里。關內道一 渭水南

橫橋七百五十柱

淮陰項城潁溵運路

揚子院由縣改名

去縣二里。東渭橋在萬年縣東。後漢。注渭橋本名橫橋。在咸陽縣東南。〔元圻案〕〔通鑑唐紀四十五胡三省註〕宋敏求長安志引三輔黃圖曰渭水貫都以象天漢橫橋南度以象牽牛蓋指此之中橋而爲若言也橋之廣至及六丈其柱之多至於七百五十約其地望卽唐太極宮之西而太倉之北也程大昌曰此橋舊址單名渭橋〔水經敘渭曰〕水之上有梁謂之橋者是也後世加中以冠橋上者爲長安之西別有便門橋度渭萬年縣之東更有東渭橋不得不以中別之也

揚子院。淮陰。項城。潁。溵。〔元圻案〕〔玉海百八十二〕會要元和十一年十二月始置淮潁水運以餽討淮西諸軍揚子等諸院米自淮陰泝流至壽州西四十里入潁口又泝流至潁州沈邱界五百里至於陳州項城又泝流五百里入於溵河又三百里輸於堰城得米五十萬石附之以茭一千五百萬束計其功省汴運七萬六千貫舊紀長慶二年八月丁丑轉運使王播進開潁口圖

揚州揚子縣。〔原注〕今屬真州〔集證〕卽今揚州府儀徵縣廣明〔僖宗七年庚子改元〕元年。高駢奏改揚子院爲發運使。淮陰縣楚州。〔集證〕今淮安府山陽縣項城縣陳州。今河南陳州項城縣東有潁水西有溵水流入焉潁水出陽城縣。今河南府登封縣東陽乾山。東至下蔡。今安徽鳳陽府壽州西北有下蔡城入淮。溵水。唐志。〔地理志〕河南道陳州溵水縣。〔原注〕今改爲商水縣商水縣今屬河南陳州府水出潁州陽城縣少室山。東入潁。

疏汴水埇橋泗上

漢志有兩泗水

菏氏或誤乘氏

浚五丈渠通青鄆漕

後周

汴水埇橋。〔原注〕見前註泗上。〔元圻案〕〔通鑑後周紀〕世宗顯德二年汴水自唐末潰決自埇橋東南悉爲汚澤上謀擊唐先命武寧節度使武行德發民夫因故堤疏導之東至泗上議者皆以爲難成上曰數年之後必獲其利〔胡三省註〕謂淮南既平藉以通漕也

漢地理志有兩泗水。其一自乘氏至睢陵入淮。又一水卞縣至方與入沛。泗上。今招信軍相對泗口也。〔全云〕汴縣之泗水是也乘氏乃菏氏之誤酈道元已糾之厚齋誤矣○〔元圻案〕〔漢書地理志上〕陰濟郡乘氏泗水東南至睢陵入淮過郡六行一千一百一十里地理志下魯國卞泗水西南至方與入沛過郡三行五百里青州川〔水經〕泗水出魯卞縣北山注地理志曰出濟陰乘氏縣〔又云〕出卞縣北經言北山皆爲非矣〔山海經曰〕泗水出魯東北余昔沿歷徐沇路經洙泗因令尋其源流水出卞縣故城東南桃墟西北墟有漏澤澤西際阜俗謂之嬀亭山阜側有三石穴自此連岡通阜西北四十里許岡之西際便得泗水之源矣〔博物志曰〕泗出陪尾蓋斯阜者矣泗水又西南流逕魯縣分爲二流水經泗水又南過方與縣東菏水從西來注之注泗水又東逕角城北而東南流注于淮考諸地說或言泗水于睢陵入淮亦云于下相入淮皆非實錄也○〔集證〕今山東曹州府曹縣東北有乘氏廢縣安徽泗州府盱眙縣西有睢陵廢縣卞縣今山東兗州府泗水縣方與今山東濟寧州魚台縣泗口今江蘇淮安府清河縣

五丈河。〔元圻案〕〔通鑑後周紀〕世宗顯德四年詔疏汴水北入五丈河由是齊魯舟楫皆達于大梁六年命袁彥浚五丈渠東過曹濟梁山泊以通青鄆之漕

五丈河。開寶六年。改爲廣濟河。自都城北歷曹

引京索河入斗門

導汴水入蔡水

蔡河古琵琶溝

楊侃賦言天設二渠

洧水潩水所出

黃帝登具茨受芝圖

濟及鄆。其廣五丈。以通東方之漕。〔此通鑑胡三省註文又引薛史曰〕浚五丈河東流於定陶入于濟以通齊魯運路建隆二年。浚五丈河。〔原注〕命陳承昭於京城之西夾汴河造斗門自滎陽鑿渠百餘里引京索二水通城濠入斗門架流於汴東匯於五丈河以便東北漕運以京索河爲源。禹貢之菏澤。〔原注〕九域志在祥符縣東明縣〔集證〕今開封府蘭陽縣宋東明縣也

蔡水。〔原注〕見前〇〔元圻案〕〔通鑑後周紀〕世宗顯德六年命馬軍都指揮使韓令坤自大梁城東導汴水入于蔡水以通陳潁之漕〔胡三省註魏收地形志曰〕汴水在大梁城東分爲蔡渠九域志曰浚儀縣之琵琶溝即蔡河也

蔡河貫京師。兼閔水洧水潩水。以通陳潁之漕。蓋古琵琶溝也。元祐四年。知陳州胡宗愈議。古八丈溝可開浚。分蔡河之水。自爲一支。由潁壽入淮。楊侃皇畿賦。天設二渠。曰蔡曰汴。通江會海。滎畿帶甸。千倉是興。萬庾是建。〔元圻案〕〔水經〕洧水出河南密縣西南馬領山注水出山下亦言出潁川陽城山山在陽城縣之東北蓋馬領之統目焉〔水經〕潩水出河南密縣大騩山注大騩即具茨山也黃帝登具茨之山升于洪堤上受神芝圖于華蓋童子即是山也

塞原武決河
漕運源流因革
三代漕運法不備
戰國漕運非國都
秦始運天下之粟
漢唐講漕運最詳

原武。〔元圻案〕〔通鑑後周紀〕世宗顯德六年六月鄭州奏河決原武命宣徽南院使吳廷祚發近縣二萬餘夫塞之胡三省註原武縣屬鄭州九域志在州北六十里

原武縣屬鄭州。今屬河南懷慶府

〔元圻案〕〔文獻通攷〕國用門載東萊呂氏之言曰古者天子中千里而爲都公侯中百里而爲都天子之都漕運東西南北所貢入者不過五百里諸侯之都漕運所貢入者不過五十里所以三代之前漕運之法不備雖如禹貢所載入於渭亂於河之類所載者不過是朝廷之路所輸者不過幣帛九貢之法所以三代之時漕運之法未甚講論到春秋之末戰國之初諸侯交相侵伐爭事攻戰是時稍稍講論漕運然所論者尚只是行運之漕至於國都之漕亦未甚論且如管子所論粟行三百里則無一年之積粟行四百里則無二年之積粟行五百里則衆有饑色如孫武所謂千里饋糧士有飢色皆是出征轉輸至其所以輸國都不出五百里五十里國都所在各有分故當時亦尚未講論惟是後來秦併諸侯罷五等置郡然後漕運之法自此方詳秦運天下之粟輸之北河是時蓋有三十鍾致一石者地里之遠運粟之多故講論之詳方自此始後來歷代最盛無如漢唐在漢初高后文景時中都所用者省歲計不過數十萬石而足是時漕運之法亦未講到得武帝官多徒役衆在關中之粟四十萬猶不足給之所以鄭當時開漕渠六輔渠之類蓋緣當時用粟之多漕法不得不講然當漢之漕在武帝時諸侯王尚未盡輸天下之粟至武宣以後諸侯王削弱方盡輸天下之粟漢之東南漕運至此始詳當高帝之初天子之州郡與諸侯封疆相間雜諸侯各據其利粟不及於天子是時所謂淮南東道皆天子奉地如賈生說是漢初如此至漢武帝時亦大概有名而無實其發運粟入關當時尚未論江淮到得唐時方論江淮何故漢會稽之地去中國封疆遼遠開墾者多粟不入京師以京師之粟尚不自全何況諸侯自封殖且如吳王濞作亂枚乘之說言京都之倉不如吳之富以此知當時殖利自豐不是運江淮之粟到唐時全倚辦江淮之粟唐太宗以前府兵之制未壞有征行便出兵兵不征行各自歸散於田野未盡仰給大農所以唐高祖太宗運粟於關中不過十萬後來明皇府兵之法漸壞兵漸多所以漕粟自此多且唐睿宗明皇以後府兵之法已壞是故用粟乃多向前府兵之法未壞所用粟不多唐漕運時李傑裴耀卿之徒未甚講論到二子講論自是府兵之法既壞用粟既多不得不講論且如漢漕係鄭當時之議都不

唐府兵漕運相消長

唐以韓滉米至相慶

唐宋運分三節四路

李錡因漕運跋扈

相風旗官專主管

會見於高惠文景之世唐之李傑裴耀卿之議都不會見於高祖太宗之世但只見於中睿明皇之時正緣漢武官多役衆唐中睿以後府兵之法壞聚兵既多所以漕運不得不詳大抵這兩事常相爲消長兵與漕運常相關所謂宗廟社饗之類十分不費一分所費廣者全在用兵所謂漕運全視兵多少且唐肅宗代宗之後如河北諸鎮皆强租賦不領於度支當時有如吐蕃回紇爲亂所用猶多鎮武天德之間歲還兩河諸鎮所以全倚辦江淮之粟議論漕運其大略自江入淮自淮入汴自汴入河自河入渭各自征輸水次各自置倉如集津倉洛口倉含嘉倉河陰倉渭橋轉相搬運道途之遠此法遂壞自當時劉晏再整頓漕運之法江淮之道各自置船淮船不入汴汴船不入河河船不入渭水之曲折各自便習其操舟者所以無傾覆之患國計於是足所以唐人議論之多惟江淮爲最急德宗時緣江淮米不至六軍之士脫巾呼於道韓滉運米歲至德宗太子置酒相慶可見唐人倚辦於此如此其急唐時漕運大率三節江淮是一節河南是一節陝西到長安是一節所以當時漕運之臣所謂如此三節最重者京口初京口濟江淮之粟所會於京口京口是諸郡咽喉處初時潤州江淮之粟至於京口到得中間河南陝西互相轉輸然而三處惟是江淮爲最切何故皆自江淮發足所以韓滉由漕運致位宰相李錡因漕運飛揚跋扈以致作亂以此三節惟是京口最重所謂漢漕一時所運臨時制宜不足深論到得宋朝定都於汴是時漕運之法分爲四路東南之粟自淮入汴至京師若是陝西之粟便自三門白河轉黃河入汴至京師若是陳蔡一路粟自惠民河至京師京東粟自廣濟河至京師四方之粟有四路四條河至京師當時最重者惟是汴河最重何故河西之粟江無阻及入汴大計皆在汴其次北方之粟自三門白河入關自河入汴入京師雖惠民廣濟來處不多其勢也輕本朝置發漕兩處最重者是江淮至真州陸路轉輸之勞其次北之粟底柱之門舟楫之利若其他置發運如惠民河廣濟河雖嘗立官然不如兩處之重此宋朝之大略如此然而宋朝所謂歲漕六百萬石所專倚辦江淮其所謂三門白河之類非大農仰給之所惟是江淮最重在祖宗時陸路之粟至真州入轉般倉自真方入船即下貯發運司入汴方至京師諸州回船卻自真州請鹽散於諸州諸州雖有費亦有鹽以償之此是宋朝良法凡以江淮往來遲速必視風勢本朝發運使相風旗有官專主管相風旗合則無罪如不合便是奸弊夫船之遲速何故以風爲旗蓋緣風動四方萬里只是一等所以使得相風旗真州便是唐時揚子江後來本朝改號曰真州運法未壞諸州船只到真州請鹽回其次入汴入京師後

漕運壞自蔡京

來發運歲造船謂之發運官船與諸州載米發運申明汴船不出江諸州又自造船雖有此約東諸州船終不應付因此漕法漸壞惟發綱發運未罷及蔡京爲相不學無術不能明攷祖宗立法深意遂廢改鹽法置直達江無水處不如此是時姦吏多雖有漕運之官不過催督起發其官亦有名而無實大抵用官船遞處漕運時便都無姦計若用直達江經涉歲月長遠故得爲姦所費甚多東南入京之粟亦少故太倉之粟少似東南蓄積發運有名無實此召亂之道也本朝漕運之法壞自蔡京東京發運本原大略如此　漕運源流因革利弊備於此矣故附錄於後

兩漢崇儒攷

漢高太牢祠孔子

魯人家孔冢百餘室

孔里講禮飲射

廟藏衣冠琴車書

漢高祖十二年過魯以太牢祠孔子〔元圻案〕漢書高祖紀十二年十一月自淮南還過魯以太牢祠孔子

史記世家孔子葬魯城北泗上弟子及魯人往從冢而家者百有餘室因命曰孔里魯世世相傳以歲時奉祠孔子冢而諸儒亦講禮鄉飲大射於孔子冢孔子冢大一頃故所居堂弟子內〔何云〕故所居堂弟子內七字疑有脫誤〔全云〕當云弟子所居堂內後世因廟藏孔子衣冠琴車書至於漢二百餘年不絕高皇帝過魯以太牢

孔冢高廣步尺異木百數無能名

闕里背泗面牆

祠焉諸侯卿相至常先謁然後從政皇覽曰孔氏冢去城一里冢塋百畝冢南北廣十步東西十三步高一丈二尺冢前以瓴甓爲祠壇方六尺與地平本無祠堂冢塋中樹以百數皆異種魯人世世無能名其樹者民傳言孔子弟子異國人各持其方樹來種之〔按〕此裴駰史記集解所引〔又云〕孔子冢塋中不生荊棘及刺人草水經注二十五云從征記曰洙泗二水交於魯城東北十七里闕里背洙泗牆〔闔按〕以正義引伍緝之從征記校泗牆二字當作面泗南北一百二十步東西六十步四門各有石閫北門去洙水百餘步孔叢曰夫子墓塋方一里魯人藏孔子所乘車於廟中是顏路所請〔全云〕四字附會者也獻帝時廟遇火燒之儒林傳高帝誅項籍舉兵圍魯魯中諸儒尚講誦習禮樂弦歌之音不絕豈

武帝置五經博士
為博士官置弟子員
西京太學太常為肄習地
何武歌太學下
王咸以救鮑宣舉幡
王襃作中和樂依鹿鳴習聲歌
立學校由仲舒策
韓延壽修治學官
文翁修起學官
詔諸儒講五經同異

非聖人之道。今本史記道作遺化。好禮樂之國哉。

武帝建元五年。置五經博士。元朔五年。為博士置弟子。〔元圻案〕此漢書武帝紀文

晉灼曰。西京無太學。〔漢藝文志〕云曲臺后倉九篇下註公孫宏曰。請因舊官而興焉。其肄習之地則太常也。傳授之師。則五經博士也。漢書儒林傳三輔黃圖。五漢太學在長安西北七里。關中記。在長安之東。杜門之西。〔集證〕云〔宋敏求長安志引〕何武歌太學下。王咸舉幡太學下。則有太學矣。或曰。晉灼以漢初言。黃圖記武帝時。〔閻按〕〔漢書武帝紀〕贊曰。興太學。〔全云〕觀韓延壽傳。則其時郡邑已有學宮。不獨文翁所倡設也。但不能皆備耳。〇〔元圻案〕〔唐書藝文志〕乙部地理類潘岳關中記一卷。〔漢書王襃傳〕益州刺史王襄使襃作中和樂職宣布詩。選好事者令依鹿鳴之聲習而歌之。時汜鄉侯何武為僮子選。在歌中。久之。武等學長安。歌太學下。轉而上聞。〔鮑宣傳〕宣下廷尉獄。博士弟子王咸舉幡太學下曰。欲救鮑司隸者會此下。諸生會者千人。〔吳仁傑兩漢刊誤補遺〕〔五〕曲臺后倉九篇。晉灼曰。西京無太學。仁傑曰。太學興于元朔三年。〔按儒林傳〕詔太常議予博士弟子。太常請因舊官而興焉。為博士官置弟子員。是也。先是董仲舒對策。願興太學以養天下之士。史謂立學校之官。自仲舒發之。故武紀以是列之贊。語宣帝以是載于議尊號詔。文是太學興於

施讎與講同異
祕書藏未央殿北
礱石爲渠以導水
石渠閣藏秦圖籍
孔霸以帝師賜爵
孔吉爲殷紹嘉侯

武帝時明甚賈誼曰學者所學之官也韓延壽修治學官注謂庠序之舍文翁修起學官招學官弟子注謂學之官舍然則儒林傳所云與舊官及博士官非太學而何下文郡國縣官有好文學者與計偕故文翁傳云武帝時令天下郡國皆立學校官爲有天下皆立學而天子之都乃反無太學之理紀于元朔五年書丞相公孫宏請爲博士置弟子員按太常議本文爲博士下有官字紀脫之耳通鑑知其誤故武紀書曰博士官蓋取儒林文足之也且史載何武等習歌詩太學下博士弟子王咸舉幡太學下孰謂西京無太學也哉王尊事師郡文學官此郡文學之官舍如博士官也師古曰郡有文學官而尊事之以爲師豈忘前注耶官當讀作館易官有渝九家作官蜀作館古官館通　何武爲揚州刺史行部必先即學官見諸生試其誦讀問以得失注學官學舍也

宣帝甘露三年。詔諸儒講五經同異於石渠閣。〔元圻案〕〔漢書宣帝紀〕甘露三年詔諸儒講五經同異太子太傅蕭望之等平奏其議上親稱制臨決焉儒林施讎傳詔拜讎爲博士甘露中與五經諸儒雜論同異於石渠閣

三輔故事。石渠閣在未央宮殿北。藏祕書之府。施讎傳師古注引〇〔按〕〔文選班固兩都賦敍〕李善注引三輔故事曰石渠閣在大祕殿北以閣祕書與師古所引文不同黃圖云蕭何造其下礱石爲渠以導水。〔何云〕慮浥爛也所藏入關所得秦之圖籍。〔全云〕古人藏圖籍之地必穿池沼蓋亦以五行之運爲制火也〔元圻案〕元帝時孔霸以帝師賜爵號褒成君奉孔子後

成帝綏和元年。二月封孔吉爲殷紹嘉侯。〔原注〕匡衡梅福以爲宜封孔子世爲湯後

劉向說上宜興辟雍孔子世爲湯後

封孔均褒成侯

孔損徙封褒亭侯西漢孔裔封侯二褒成是亭侯非縣侯言徙封以脫文誤

光武幸太學起辟廱

劉向說上宜興辟廱設庠序〔原注〕未作而罷 見禮樂志○〔元圻案〕〔漢書梅福傳〕成帝久無繼嗣福以爲宜建三統封孔子之世以爲湯後福孤遠又譏切王氏故終不見納元帝時匡衡議以爲王者存二王後所以尊其先王而通三統也禮記孔子曰某殷人也先師所共傳宜以孔子世爲湯後上以其語不經遂見寢至成帝時梅福復言宜封孔子後以奉湯後綏和元年遂下詔封孔子世爲殷紹嘉公〔成帝紀〕綏和元年二月封孔吉爲殷紹嘉侯三月進爵爲公

平帝元始元年封孔均爲褒成侯〔元圻案〕此平帝紀文

漢表殷紹嘉侯在沛郡〔按〕〔外戚恩澤侯表〕平帝元始二年更爲宋公 褒成侯在瑕邱〔原注〕今兗州瑕邱縣 後漢孔僖傳平帝時封孔均追謚孔子爲褒成宣尼公事在平紀 建武十三年光武紀在十四年四月 復封均子志爲褒成侯子損嗣永元和帝元年己丑改元 徙封褒亭侯〔元圻案〕孔均本名莽避王莽更名均 〔文獻通攷學校四〕按西漢時孔氏之裔侯者二人紹嘉侯奉殷後也褒成侯奉孔子之後也建武中興襲爵如故紹嘉之後不知所終褒成之後至和帝永元四年徙封褒亭侯 〔錢氏大昕曰〕按孔龢碑載元嘉三年司徒雄等奏稱褒成侯四時來祠又韓勑碑立於永壽二年其陰有褒成侯孔建壽名洪氏隸釋據安帝紀延光三年賜褒成侯帛及此二碑皆稱褒成以證損未嘗徙封其說當矣攷郡國志無褒成侯國則褒成之封當時亭侯非縣侯史例當書褒成亭侯或舊史偶脫成字蔚宗不察誤以爲徙封褒亭爾魏文帝黃初二年詔稱褒成之後絕而莫繼可證漢世無改封褒亭之事也

世祖建武五年初起太學帝還視之十九年又幸

明帝養老詣孔子宅

白虎觀議五經同異祠孔子作六代樂帝親稱制臨決

賜諸孔男女帛

祠孔子及諸弟闕里

太學中元元年起辟廱(元圻案)(後漢書光武紀)建武五年初起太學車駕還宮幸太學賜博士弟子各有差中元元年初起明堂靈臺辟廱(東觀漢紀一)光武紀建武五年初起太學諸生吏子弟及民以義助作帝自齊歸幸太學賜博士弟子有差　又十四年封孔子後孔志爲褒成侯　(又)中元元年初起明堂靈臺辟廱(桓榮傳)建武十九年拜爲博士車駕幸太學會博士論難於前

明帝永平二年臨辟廱行大射養老禮十五年至魯詣孔子宅(元圻案)(後漢書明帝紀)永平二年三月臨辟廱初行大射禮十月幸辟廱初行養老禮　十五年幸彭城還幸孔子宅祠仲尼及七十二弟子親御講堂命皇太子諸王講經　(東觀漢紀二)明帝永平八年上臨辟廱行養三老五更禮

章帝建初四年詔諸儒會白虎觀議五經同異元和二年至魯祠孔子及七十二弟子於闕里作六代之樂會孔氏男子六十二人(元圻案)(後漢書章帝紀)建初四年十一月詔下太常將大夫博士議郎郎官及諸生諸儒會白虎觀講議五經同異使五官中郎將魏應承制問侍中淳于恭奏帝親稱制臨決如孝宣甘露石渠故事作白虎奏議元和二年三月幸魯祠孔子於闕里及七十二弟子賜褒成侯及諸孔男女帛

安帝延光三年祠孔子及七十二子於闕里還幸太學(元圻案)(後漢書安帝紀)延光三年三月祀孔子及七十二弟子於闕里自魯相令丞尉及孔氏親屬婦女諸生悉會賜褒成侯以下帛各有差車駕還京師幸太學

太學講堂廣長

三九月行大射禮

孔子宅所在州縣皆立孔子廟

白虎門于門立觀

孔子先聖顏回先師

洛陽記。陸機撰 太學在洛陽城故開陽門外。去宮八里。講堂長十丈。廣三丈。光武紀注引 述征記。在國子學東二百步。見太平御覽五百三十四 漢官儀。辟廱去明堂三百步車駕臨辟廱。從北門入。三月九日。〔按〕〔今本光武紀注引漢官儀九日作九月〕〔又儒林傳注〕引漢官儀作春三月秋九月習鄉射禮王氏此條及玉海引皆作九日誤也 於中行大射禮。〔原注〕永平四年八年和帝永元十四年順帝陽嘉元年二月靈帝熹平六年並臨辟廱 孔子宅在兗州曲阜縣故魯城中。歸德門內。闕里之中。背洙面泗。矍相圃之東北也。孔子宅以下皆明帝紀注文 梅福曰。今仲尼之廟不出闕里。請封孔子之世爲殷後書載本傳 永平二年。郡縣學校行鄉飲祀孔子。見禮儀志 猶未立廟也。梁天監四年初立孔子廟。見梁書武帝紀 唐武德二年。詔國子學立廟。貞觀四年。詔州縣學皆作孔子廟。北宮白虎門。於門立觀。〔元圻案〕〔唐書禮樂志五〕武德二年始詔國子學立周公孔子廟七年高祖釋奠焉以周公爲先聖孔子配貞觀二年左僕射房元齡博士朱子奢建言周公尼父皆聖人然釋奠於學以夫子也大業以前皆孔子爲

修繕太學造房室
試明經下第補弟子
增甲乙科員
太學國子堂東碑
詔諸儒正五經文字
蔡邕書丹刻石
熹平石經成於光和

先聖顏回爲先師乃罷周公升孔子爲先聖以顏回配四年詔州縣皆作孔子廟〔後漢書丁鴻傳注〕白虎門名於門立觀因以名之

順帝永建六年。修繕太學。凡造二百四十房千八百五十室。〔元圻案〕〔後漢書順帝紀〕永建六年九月繕起太學儒林傳敘曰順帝感翟酺之言乃更修黌宇凡所造構二百四十房千八百五十室試明經下第補弟子增甲乙之科員各十人除郡國耆儒皆補郎舍人

水經注。十六漢置太學於國子堂東。石經東有一碑。陽嘉八年立。〔閻按〕陽嘉止四年八當作元作畢即立碑也文云建武二十七年造太學。年積毀壞。永建六年九月。詔修太學。用作工徒十一萬二千人。陽嘉元年。今本水經注有作八月字畢碑南面刻頌。〔原注〕獻帝初平四年太學行禮幸永福城門臨觀其儀光和五年幸太學〔何云〕光和五年靈帝事〔閻按〕光和幸太學爲靈帝事初平四年則獻帝也

靈帝熹平四年。詔諸儒正五經文字。刻石立學門外。〔元圻案〕此後漢書靈帝紀文

水經注。十六光和六年。刻石鏤碑。載五經。立於太

封孔羨宗聖侯
晉後魏隋唐封孔裔
唐尊孔子文宣王
祖無擇言祖謚宜避
宗議改號衍聖公
顏子爲兗公十哲爲侯夾坐
曾參伯孟子配享
後周敬禮孔子
葺祠禁樵訪孔顏後
明定至聖先師號

學講堂前東側蔡邕自書丹於碑洛陽記高一丈許廣四尺〔閻按〕〔洪氏隸釋曰〕蓋諸儒受詔在熹平而碑成則光和年也余故以杜詩苦縣光和尚骨立光和指石經言下即承以蔡不復得益明○〔元圻案〕熹平四年乙卯至光和六年癸亥凡九年

魏文帝黃初二年封孔羨爲宗聖侯〔元圻案〕〔三國志魏文帝紀〕黃初二年詔以議郎孔羨爲宗聖侯邑百戶奉孔子祀令魯郡修起舊廟置百戶吏卒以守衛之又於外廣爲室屋以居學者晉武帝泰始三年封二十三世孫震爲奉聖亭侯後魏高祖延興三年封二十七世孫乘爲崇聖大夫太和十九年孝文幸魯親祠孔子廟改封二十八世孫珍爲崇聖侯北齊顯祖天保元年封三十一世孫長爲恭聖侯周武帝大象二年改封鄒國公隋文帝仍舊封煬帝大業四年改封紹聖侯唐貞觀十一年封裔孫德倫爲褒聖侯〔按〕以上俱後漢書儒林孔僖傳註文開元二十七年以孔子後爲文宣公宋太平興國二年孔宜襲封文宣

改大成殿為先師廟四配俱以聖稱十哲稱先賢某子附祀稱先儒某子去王號及公侯伯

公。至和仁宗三十二年甲午改元二年。祖無擇言不可以祖諡加
後嗣詔封宗愿據劉原父覆議宗愿乃孔子四十世孫爲衍聖公今世襲後
魏高祖太和十六年。諡孔子曰文聖尼父。唐貞觀
二年。升孔子爲先聖。十一年。尊爲宣父。武后天授元年
封隆道公。開元二十七年。諡爲文宣王。宋祥符
元年。幸曲阜謁文宣王廟。諡玄聖文宣王。五年。
改諡至聖。〔元圻案〕〔宋王栐燕翼貽謀錄四〕先聖後自先聖封文宣王而襲爵者稱文宣公仁宗至和二年三月用太常博士祖無擇議改爲衍聖公蓋取
襲封之義〔宋史祖無擇傳〕無擇字擇之上蔡人進士高第直集賢院時封孔子後爲文宣公無擇言前代所封曰宗聖曰奉聖曰崇聖曰恭聖曰褒聖唐開元中尊孔子爲文宣王遂以
祖諡而加後嗣非禮也於是下近臣議改爲衍聖公〔王明清揮麈前錄曰〕避聖祖諱易爲至聖熙寧中欲加諡至神元聖帝李邦直以爲不可卒從其議〔猗覺寮雜記曰〕國學立孔
子廟始武德二年以孔子爲先聖顏子爲先師始貞觀中以孔子爲文宣王顏子爲兗公十哲爲侯文宣王南面十哲夾坐曾參等爲伯始開元二十七年孟子配享則始於元祐元年〔
通鑑後周紀〕太祖廣順二年六月帝如曲阜謁孔子祠既奠將拜左右曰孔子陪臣也不當以天子拜之帝曰孔子百世帝王之師敢不敬乎遂拜之又拜孔子墓命葺孔子祠禁孔林樵
採訪孔子顏淵後以爲曲阜令及主簿〔明世宗時禮部議曰〕人以聖人爲至聖人以孔子爲至宋真宗稱孔子爲至聖其意已備令宜於孔子神位題至聖先師孔子去其王號及大成
文宣之稱改大成殿爲先師廟大成門爲廟門其四配稱復聖顏子宗聖曾子述聖子思子亞聖孟子十哲以下凡及門弟子皆稱先賢某子左邱明以下皆稱先儒某子不復稱公侯伯

困學紀聞注卷十六

左屈始以文
別經
漢時經術文
章已分
流連光景之
文

離騷稱楚君
爲哲王
屈子望君堯
舜湯禹
史言王不明
非屈意
左附經騷孤
行不同

蘭蕙二草相
似
零陵香薰草

困學紀聞注卷十七

餘姚翁元圻載青輯

評文

汪彥章[全云]龍溪汪氏藻曰。左氏屈原。始以文章自爲一家。而稍與經分。[元圻案]汪藻字彥章鄱陽德興人崇寧二年進士歷官顯謨閣學士左大中大夫封新安郡侯宋史入文苑傳著浮溪集[四庫全書著錄]三十二卷其爲鮑吏部欽止集序曰左氏傳春秋屈原作離騷始以文自成爲一家而稍與經分漢公孫宏董仲舒蕭望之匡衡以經術顯者也司馬遷相如枚乘王褒以文章著者也當是時已不能合而爲一況陵夷至於後世流別而爲六七靡靡然入於流連光景之文哉其去經也遠矣

離騷曰。閨中既以邃遠兮。哲王又不寤。以楚君之闇。而猶曰哲王。蓋屈子以堯舜之耿介湯禹之祗敬望其君。[離騷曰]彼堯舜之耿介兮既遵道而得路[又]禹湯儼而祗敬兮周論道而莫差不敢謂之不明也。太史公列傳曰。王之不明。豈足福哉。此非屈子之意。[全云]左氏猶附經以爲文離騷則孤行矣二者不當例論○[元圻案]全氏此注似當在上條之下三箋本誤入於此

夾漈通志草木略。以蘭蕙爲一物。皆今之零陵香也。然離騷滋蘭樹蕙。余既滋蘭之九畹兮又樹蕙之百畝招魂轉蕙氾蘭。光風轉蕙

江離生海水
似亂髮
芎藭蘪蕪藁
本相似
芍藥可離實
江離
杜衡非杜若
蛇牀似蘼蕪
斳茝蘼蕪

氾崇蘭些是爲二草。不可合爲一。（閻按）蘭茝與蕙各自爲類黃山谷一幹一花而香有餘者蘭一幹數花而香不足者蕙說亦未必然〇（元圻案）（通志草木略曰）蘭卽蕙蕙卽薰薰卽零陵香（楚辭云）滋蘭九畹植蕙百畝互言也古方謂之薰草近方謂之零陵香神農本經謂之蘭（離騷曰）秋蘭兮青青綠葉兮紫莖（廣雅云）蕙草綠葉紫花蓋二草本相似（黃山谷書幽芳亭曰）蘭蕙叢出初不殊也至其發華一幹一華而香有餘者蘭一幹五七華而香不足者蕙（吳仁傑離騷草木疏曰）山谷謂蘭蕙叢出時以沙石則茂沃以湯茗則芳是所同也至其發華一幹一花而香有餘者蘭也一幹五七花而香不足者蕙也蕙雖不若蘭其視椒榝則遠矣然則蘭蕙蓋略相似但以著花多少爲別耳（陸佃埤雅）（羅願爾雅翼張淏雲谷雜記）俱從山谷之說

江離。史記（司馬相如列傳）索隱引吳錄曰臨海海水中生。正青似亂髮廣志爲赤葉紅華今芎藭苗曰江離。綠葉白華又不同。（案）（後漢書張衡傳注）本草經曰蘪蕪一名江離卽芎藭苗也藥對以爲蘪蕪一名江離。（原注）芎藭槀本江離蘪蕪並相似非是一物也（淮南子云）亂人者若芎藭與槀本（顏師古曰）郭璞云江離似水薺今無識之者然非蘪蕪也藥對誤耳楚辭補注集注皆缺（讀詩記董氏曰）古今注謂芍藥可離唐本草可離江離然則芍藥江離也（集證）（唐志）張勃吳地記一卷郭義恭廣志二卷徐之才雷公藥對二卷〇（元圻案）（吳仁傑離騷草木疏曰）扈江離與辟芷（王逸注）江離香草名（洪慶善云司馬相如賦）被以江離糅以蘪蕪乃二物也（本草）蘪蕪一名江離江離非蘪蕪也猶杜若一名杜衡杜衡非杜若也（顏師古注引郭璞云）江離似水薺（張勃云）江離出海水中正青似亂髮（郭義恭云）江離赤葉未知孰是今無識之者（仁傑案說文）江離蘪蕪也（郭璞山海經注）芎藭一名江離則芎藭也江離也蘼蕪也三者異名而同實慶善以相如賦疑之（按淮南子云）夫亂人者若芎藭之與槀本蛇牀之與蘼蕪亦以芎藭與蘼蕪並稱一

九章哀南夷
謂楚

忠湛湛願進
披離壅蔽
聳有隱物有
純
恭顯陷周堪
劉更生
裴延齡陷陸
贄陽城
漢元帝優柔
不斷
唐德宗猜忌

相如賦又云〕芎藭昌蒲江離蘼蕪泥此則芎藭蘼蕪亦不得爲一物矣〔爾雅釋草〕蘄茝蘼蕪〔邵氏爾雅正義曰〕蘪蕪一名蘄茝〔史記索隱引樊光云〕藁本一名蘪蕪根名蘄茝〔一案〕蘪蕪非藁本也〔索隱又引樂對云〕蘪蕪一名江離芎藭苗也〔離騷云〕扈江離與辟芷兮江離爲芎藭之苗則亦非蘪蕪也〔本草云〕芎藭生山谷蘪蕪一名薇蕪生川澤自分二種今以大葉者爲芎藭小葉者爲蘼蕪〔管子地員篇云〕五沃之土生蘼蕪是也

屈原楚人。而涉江。九章之二曰。哀南夷之莫吾知。是以楚俗爲夷也。陰邪之類。讒害君子。變於夷矣。〔全云〕屈子豈肯以楚爲夷曰南夷者指放逐之地言之也蓋近於苗疆矣故曰夷

忠湛湛而願進兮。妒披離而障之。九章哀郢壅蔽之患也。元帝似之。故周堪。劉更生。不能決一石顯。聲有隱而相感兮。物有純而不可爲。悲回風偏聽之害也。德宗似之。故陸贄。陽城。不能攻一延齡。〔元圻案〕〔通鑑漢紀〕元帝初元二年中書令宏恭僕射石顯自宣帝時久典樞機明習文法帝卽位多疾以顯中人無外黨遂委以政事望之等疾恭顯擅權建白以爲中書政本宜以通明公正處之宜罷中書宦官應古不近刑人之義由是大與恭顯忤奏望之堪更生朋黨〔又唐紀〕德宗貞元十年裴延齡每奏對恣爲詭譎上亦頗知其誕妄但以其好詆毀人冀聞外事故親厚之陸贄上書極陳延齡姦詐上不悅待延齡益厚十一年貶贄爲中州別駕初陽城自處士徵爲諫議大夫及陸贄等坐貶上書論延齡姦佞贄等無罪上大怒欲加城罪太子爲之營救上意乃解　漢元帝優

宋玉登徒子偕受釣
元淵或諱泉誤洲
陵陽白雪或作陽春
蜎蠉環淵便蠉
蜎子學黃老術
涓子著天地人經
餌尤得鯉符致風雨
元洲善釣
古文苑得於經龕
騷左言羿澆二姚
藝文類聚多格言

游不斷故易於壅蔽唐德宗猜忌故易於偏聽

宋玉釣賦。宋玉與登徒子偕受釣於元淵。〔原注〕〔淮南子原道訓〕作蜎蠉〔七略〕蜎子名淵楚人唐人避諱。唐高祖名淵改淵爲泉。古文苑又誤爲洲。宋玉對問陽春白雪集二云。陵陽白雪。見文選琴賦注。〔集證〕〔漢藝文志攷〕蜎子十三篇名淵楚人〔史記孟荀列傳〕環淵楚人學黃老道德之術著上下二篇〔文選枚乘七發〕便蜎詹何之倫〔注云〕淮南子雖有鉤鍼芳餌加以詹何蜎蠉之數猶不能與罔罟爭得也〔應璩與從弟書〕又作便蠉〇〔元圻案〕〔文選琴賦注〕引列仙傳涓子者齊人好餌尤著天地人經三十八篇釣於澤得符鯉魚中隱於宕山能致風雨〔古文苑二〕〔宋玉釣賦曰〕宋玉與登徒子偕受釣於元洲止而並見於楚襄王登徒子曰夫元洲天下之善釣者也欲王觀焉〔文選琴賦注〕兩引宋玉對問於揚白雪句則作陽春白雪於紹陵陽句則作陵陽白雪李善自云集所載與文選不同各隨所用而引之〔宋韓元吉古文苑後記曰〕古文苑九卷世傳孫巨源于佛寺經龕中得唐人所藏文章一編莫知誰氏錄也皆史傳所不載文選所未取而間見於諸集及樂府好事者因以古文苑目之

劉勰辨騷。班固以爲羿澆二姚。與左氏不合。洪慶善補注曰。離騷用羿澆事。正與左氏合。孟堅所云謂劉安說耳。〔閻云〕此條已見左氏〔全云〕慶善名興祖

藝文類聚鑒誡類。多格言法語。如曹植矯志詩曰。

女誡女典誡
子諸書
道知驥世知
賢
蘭形棘心玉
曜瓦質
性明欲簡嗜
繁氣皆
求高反墜務
厚更貧
閑情塞欲
王粲潘尼安
身論
論德吾薄說
居吾貧
名利集純白
離

道遠知驥。世僞知賢。苟爽女誡曰。七歲之男。王母不抱。七歲之女。王父不持。親非父母。不與同車。親非兄弟。不與同筵。非禮不動。非義不行。程曉女典曰。麗色妖容。高才美辭。〔案〕句下有貌足傾城言以亂國八字應補入此乃蘭形棘心。玉曜瓦質。姚信誡子曰。古人好善者。非名之務。非人之爲。險易不虧。終始如一。諸葛武侯誡子曰。非學無以廣才。非志無以成學。顏延之庭誥曰。性明者欲簡。嗜繁者氣昏。卞蘭座右銘曰。求高反墜。務厚更貧。閑情塞欲。老氏所珍。周廟之銘。仲尼是遵。句下有無謂冥漠人不汝聞八字應補入無謂幽冥處獨若羣。不爲福先。不與禍鄰。司馬德操誡子曰。論德則吾薄。說居則吾貧。勿以薄而志不壯。貧而行不高。王修誡子曰。時過不可還。若年大不可少也言思乃出行詳乃動羊祜誡子曰恭爲德首謹爲行基無傳不經之談無聽毀譽之語〔孫氏星衍曰〕案晉書本傳祜無子兄發長子倫次暨次伊次篇當題誡兄子也藝文類聚脫兄字耳徐勉與子山松書曰見賢思齊不宜忽略以弃日非徒弃日乃是弃身王粲安身論曰君子不妄動也必適於道不徒語也必經於理不苟求也必造於義不虛行也必由於正憂患之接必生於自私而興於有欲自私者不能成其私有欲者不能濟其欲〔晉書潘尼傳〕載尼著安身論與此文同類聚作王粲著未知孰是凡此皆可爲治心齊家之法若馬援王昶之誡馬誡兄子書王昶誡子書俱載後漢書三國志本傳張茂先之詩崔子玉之銘張華勵志詩崔瑗座右銘皆載文選見於史傳文選者不復紀〔元圻案〕藝文類聚一百卷唐歐陽詢等奉勑撰〔鑒誡類〕又載吳陸景誡盈曰居高畏其危處滿懼其盈富貴榮勢本非禍始而多以凶終者持之失德守之背道道德喪而身隨之矣〔晉戴逵申三復贊曰〕嗜好深則天機淺名利集則純白離亦名言也

英華出於性情賈劉楊張文如性

李注文選有遺缺謂督勳勞督通篤執友之心李善號文選學

林挺瓊樹非赤色瓊赤玉誤比梅雪

搏力句卒嬴越法

文心雕龍謂英華出於性情賈生俊發則文潔而體清子政簡易則趣昭而事博子雲沈寂則志隱而味深平子淹通則慮周而藻密〔全云〕以簡易稱中壘亦未確〔又云〕子雲沈寂其如清淨符命之謠何〇〔元圻案〕〔文心雕龍體性篇云〕八體屢遷功以學成才力居中肇自血氣氣以實志志以定言吐納英華莫非性情此云英華出於性情蓋節取其意

李善注文選詳且博矣然猶有遺缺嘗觀楊荊州誄潘岳作楊荊州名肇謂督勳勞〔注〕引說文曰督察也不引左氏謂督不忘執友之心〔注〕引禮記曰見父之執不謂之進不敢進不謂之退不敢退不引曲禮執友稱其仁〔原注〕謂督不忘郎微子之命曰篤不忘也古字督與篤通用以督爲察非也〇〔元圻案〕〔唐書文藝傳〕李邕字泰和揚州江都人父善有雅行淹貫古今不能屬辭故人號書簏顯慶中累擢崇賢館直學士爲文選注敷析淵洽表上之諸生四遠至傳其業號文選學

瓊赤玉也說文雪賦謝惠連作林挺瓊樹注以爲誤〔閻按〕〔毛傳〕瓊玉之美者〔一廣韻〕瓊玉名皆不與說文同〇〔元圻案〕〔演繁露十〕說文瓊赤玉也詩有瓊琚玉佩〔左氏〕楚子玉爲瓊弁玉纓玉與瓊皆對別言之若等爲一玉不分言也今人用瓊比梅雪皆誤〔注〕謂五臣注善注引莊子曰南方積石千里樹名瓊枝

韓文公曹王皐碑云王親教之搏力句卒嬴越之

越子爲左右
句卒
曹王皐自將
教戰

十抽一推推
爲推
二十成丁以
下爲推
魋結讀椎髻

法考異謂秦紀越越語世家皆無摶力句卒之文
愚按左傳哀十七年三月越子爲左右句卒注
云鉤伍相著別爲左右屯此卽謂句卒也摶力
必秦法未見所出新唐書作團〔閻按〕〔姚令威集注〕句卒巳引左傳又引商子農戰篇凡治
國者患民之散不可摶也是以聖人作壹摶之〔又曰〕摶民力以待外事然後患可以去而王
可致故明君脩政作壹去無用止浮學事淫民壹之農然後國家可富而民力可摶也摶力出
此令威名寬剡州人○〔元圻案〕〔新唐書曹王皐傳〕自將五百人教以秦兵團力法聯其賞
罰弛張如一〔韓文公碑云〕王字子蘭謚曰成其先王明以太宗子國曹絕復封傳五王至
成王成王嗣封在元宗世〔朱子原本韓文考異〕但摘正文一二字大書而所
考夾注於下至宋末王伯大始取而散附句下今四庫全書二本皆著於錄
十抽一推或謂推當作椎未冠之稱按史記秦始
皇紀王翦什推二人從軍索隱云什中推擇二
人文公語出於此不必改爲椎〔元圻案〕〔考異曰〕后山談叢云唐令民二十成丁以下爲推
〔宋次道云〕推者椎也避高宗諱而用推耳〔呂縉叔云〕推者椎也獨髻爲椎蓋傳寫誤耳唐
人初不諱嫌名也陳以呂說爲是〔按史記漢書陸賈傳〕有魋結字注讀爲椎髻故唐令以椎
爲未冠之稱此云十抽一推者十推而取其一以爲兵卽杜詩所謂無丁而選中男者也然唐
志但云十六爲中而無椎字會要亦然未詳其說○〔集證〕〔按仲長統昌言損益篇云〕向者
天下戶過千萬除其老弱但戶一丁壯則千萬人也丁壯十人之中必有
堪爲其十人之長推什長以上則百萬人也十抽一推當是用此

佛書聖弟子三人　遣三弟子震旦教化　儒童光淨二菩薩　老子爲摩訶迦葉　詰咎文命風伯雨師　訟風伯本子建文　小點大癡　各家送窮文　正月下旬送窮　張敏頭責子羽　子雲逐貧賦　俳體　歐陽詹行誼　黃璞閩川名士傳　林藻賦殊見

原道。佛者曰。孔子吾師之弟子也。蓋用佛書三聖弟子之說。謂老子仲尼顏子也。緯文瑣語云。〔集證〕〔陳耀文天中記〕引唐釋法琳破邪論云佛遣三弟子震旦教化儒童菩薩彼稱孔子光淨菩薩彼稱顏回摩訶迦葉彼稱老子

曹子建誥咎文假天帝之命。以詰風伯雨師。韓文公訟風伯。蓋本於此。〔元圻案〕〔藝文類聚卷一百曹植誥咎文序曰〕五行致災先史以爲應政而作天地之氣自有變動未必政治之所興致也於是大風發屋拔木意有感焉聊假天帝之命以詰咎祈福其辭曰上帝有命風伯雨師云云

送窮文。小點大癡。按張敏集奇士劉披賦。古語有之。小癡爲大點。小點爲大癡。〔集證〕〔隋志〕晉尚書郎張敏集二卷玉海云一卷〔抱朴子道意篇〕凡人多以小點而大愚○〔元圻案〕〔朱翌猗覺寮雜記曰〕唐人以正月下旬送窮韓退之有文姚合有詩云萬戶千門看無人不送窮　段成式亦有送窮文見唐文粹　張敏晉書無傳〔黃容齋五筆〕載其頭責子羽文一篇云敏者太原人仕歷平南參軍太子舍人濟北長史　〔黃山谷跋送窮文曰〕退之送窮文蓋出於揚子雲逐貧賦制度始終極相似而逐貧賦文類俳至退之亦諧戲而語稍莊文采過逐貧矣

歐陽生哀辭。閩人舉進士由詹始。詹舉在貞元八年史因之。黃璞閩川名士傳。其前有薛令之林藻攻之登科

夢
四門溺妓函
詹之誣
常袞比行周
芝英

太行盤谷
李愿仕隱二
人

記信然。〔原注〕歐陽詹之行獲稱於昌黎而見毀於黃璞記太原伎黃介喻良能為文以辨○〔元圻案〕〔韓昌黎哀辭〕曰詹事父母盡孝道仁於妻子於朋友義以誠氣醇以方容貌巖巖然其燕私善謔以和其文章切深喜往復善自道讀其書知其於慈孝最隆也〔王保定摭言十五〕薛令之閩中長溪人神龍二年及第累遷左庶子〔書錄解題傳記類〕閩川名士傳一卷唐崇文館校書郎黃璞所記人物自薛令之而下凡五十四人〔又一〕唐登科記十五卷丞相鄱陽洪适景伯編〔按唐藝文志〕有崔氏顯慶登科記五卷姚康科第錄十六卷李奕登科記二卷丞相乃以三本輯為一書〔又〕〔別集類〕歐陽行周集五卷唐國子四門助教莆田歐陽詹行周撰詹之為人有哀辭可信矣黃璞何人斯乃有太原函詹之謗好事者喜得之不信愈而信璞異哉然高城不可見之詩題云途中寄太原所思蓋亦有以召其疑也昔人以曖昧受謗傳之千古尚未能明孰謂今人行己而可不謹哉〔又〕林藻集一卷唐嶺南節度副使莆田林藻緯乾撰藻貞元七年進士〔黃璞名士傳曰〕貞元中杜黃裳知舉試珠還合浦賦進士林藻賦成憑几假寐夢人謂之曰君賦甚佳但恨未敘珠去來之意耳藻寤視其草乃足四句其年擢第謝恩黃裳謂曰唯林生敘珠來去之意若有神助詹溺太原之妓未及迎歸而有京師之行既愆期而妓疾革將死剗髻付女妓以授詹詹一見大痛亦卒〔唐文粹李貽孫歐陽詹文集序〕稱詹服聖人之教慕愷悌之化達君臣父子之節忠孝之際唯恐不及常袞為福之觀察比君為芝英每燕享必召同席君動不踰節時人謂常公能識真尋而陸相贄知貢舉得士之盛前無其倫故君名在榜中常與君同道而相上下者有韓侍郎愈李校書觀洎君並數百歲傑出人到於今伏之〔真西山跋歐陽四門集曰〕嘉定己卯郡士林彬之為余言四門之文之行昌黎亟稱之至黃璞為閩川名士傳乃紀其太原妓一節說者疑焉近歲黃君介喻君良能皆為文以辨謂宜登載編末以澡千載之誣余曰四門之行獲稱於昌黎而見毀於黃璞後之君子惟昌黎是信乎抑惟璞之惑乎二君雖無言可也不載之編末亦可也

太行之陽有盤谷。在孟州濟源縣。〔閻按〕〔昌黎年譜〕貞元十七年辛巳在京師有送李愿歸盤谷序〔舊唐書李愿傳〕父晟立大勳即拜太子賓客上柱國為興元元年甲子此豈終身官不挂朝籍者〔新唐書李晟傳〕貞元七年以臨洮未復請附貫萬年詔可是愿又當為長安人於

韓柳不同道
師說闢佛作
史刑禍
子厚不爲師
信佛
紀封鏤牒臣
不多讓
符命非立極
之本
史在據事跡
實錄

盤谷不得曰歸蓋送者乃別一人耳〔何云〕按元和御覽詩中有李愿二首疑即其人〔集證〕濟源縣隋置今屬河南懷慶府

韓柳並稱而道不同。韓作師說而柳不肯爲師。韓闢佛。而柳謂佛與聖人合。韓謂史有人禍天刑。而柳謂刑禍非所恐。〔原注〕柳以封禪爲非而韓以封泰山鏤玉牒勸憲宗〔全云〕一作師說一不肯爲師是各量其力闢佛是韓勝非封禪是柳勝作史之說亦柳爲長然韓子大本大原處勝而柳不逮也〇〔元圻案〕〔歐陽公集古錄〕般舟和尚碑跋曰子厚與退之皆以文章名一時而後世稱爲韓柳者蓋流俗之相傳也其爲道不同猶夷夏也〔昌黎師說曰〕李氏子蟠年十七好古文六藝經傳皆通習之不拘於時學於余余嘉其能行古道作師說以貽之〔原道曰〕人其人火其書廬其居明先王之道以道之〔諫佛骨表曰〕事佛求福乃更得禍〔答劉秀才論史書曰〕夫爲史者不有人禍則有天刑豈可不畏懼而輕爲之哉〔潮州謝上表曰〕臣於當時之文亦未有過人者至於論述陛下功德與詩書相表裏紀泰山之封鏤白玉之牒雖使古人復生臣亦未肯多讓〔又曰〕宜定樂章以告神明東巡泰山奏功皇天具著顯庸明示得意〔柳子厚與韋中立論師道書曰〕孟子稱人之患在好爲人師由魏晉氏以下人益不事師今之世不聞有師有輒譁笑之以爲狂獨韓愈奮不顧流俗犯笑侮收召後學作師說因抗顏而爲師世果羣怪聚罵指目牽引而增與爲言辭愈以是得狂名僕材不足而又畏前所陳者其爲不敢也決矣〔送僧浩初序曰〕退之嘗病余嗜浮圖言訾余與浮圖游寓書罪余且曰見送元生序不斥浮圖浮圖誠不可斥往往與易論語合誠樂之其於性情奭然不與孔子異道〔與韓論史官書曰〕退之之言不有人禍則有天刑若以罪夫前古之爲史者然亦甚惑凡居其位思直其道道苟直雖死不可回也退之之恐唯在不直不得中道刑禍非所恐也〔貞符序曰〕吳武陵爲臣言董仲舒對三代受命之符誠然非耶臣曰非也何獨仲舒爾自司馬相如劉向揚雄班彪彪子固皆沿襲嗤嗤推古瑞物以配天命其言類淫巫瞽史誑亂後代不足以知聖人立極之本〔柳子云〕作史貴直道不顧刑禍其論甚正然韓子云後之作者在據事跡實錄則善惡

柳州文可疑
諸篇
馬退山茅亭
記
百官請復尊
號表
代令公舉裴
冕表
請聽政第三
表

自見實得夫子作春秋之法其撰順宗實錄褒貶不阿非眞畏人禍天刑者柳子之不肯爲師乃有激而然

柳文多有非子厚之文者。馬退山茅亭記。〔何云〕嘗細考文中歲在辛卯句此篇實子厚作辛卯是憲宗元和六年前此辛卯則元宗天寶十載〇〔案〕記云歲在辛卯我仲兄以方牧之命試於是邦〔明蔣之翹注云〕子厚從兄名寬字存諒集中有祭文云從事諸侯假於郡藩卽謂此也〔又注云〕邕州今南寧府屬廣西馬退山在府城北十五里見於獨孤及集。〔文苑英華〕亦作獨孤及〔崔祐甫獨孤公神道碑曰〕獨孤常州諱及字至之河南洛陽人天寶末以洞曉元經對策上第歷官濠州常州刺史不言其官於粵也〔四庫全書總目別集類〕獨孤及毗陵集二十卷〔提要云〕馬退山茅亭記乃柳宗元作後人誤入百官請復尊號表六首。皆崔元翰作。〔原注〕貞元五年子厚方十七歲〔宋彭叔夏文苑英華辨證五〕爲百官請復尊號表載柳宗元集中而唐類表作崔元翰文苑總目作類表而本卷迺作常衮〔按〕唐德宗興元元年幸奉天削去徽號貞元五年六月百官請復舊卽此六表是也是時崔元翰爲禮部員外郎歷知制誥唐書稱其詔令溫雅則類表云元翰作是矣柳文收此表或入正集或入外集〔按〕〔宗元年譜〕貞元五年方十七歲八年始貢京師其誤可知爲裴令公舉裴冕表。邵說作。〔原注〕冕大歷四年薨八年子厚始生〔案〕宋淳熙中〔臨邛韓醇柳集記後曰〕代令公舉裴冕狀時柳州未生請聽政第三表文苑英華。乃林逢第四表二云。兩河之寇盜雖除百姓之瘡痍未合。乃穆宗敬宗時事。〔文苑英華辨證五〕林逢請聽政表七首第三表載柳宗元集中作第二表晏元獻柳集第二表據文苑迺林逢第三表而柳集又別自有第二表第四表亦載柳集作第三表詳表文云兩河之寇盜雖除百姓之瘡痍未合〔又云〕成先帝之大功繼中興之威業乃穆宗敬宗時事宗元當憲宗元和十四年已卒此二表柳集誤收何疑代裴行立謝移鎮表。行立移鎮在後。亦他人之文。〔通鑑唐紀〕憲宗元和十五年閏正月穆宗卽位二月以桂管觀察使裴行立爲安南都護子厚已前一年卒柳州謝上表。其一乃李吉甫郴州謝上表也。〔文苑英華辨證五〕〔按新史李吉甫傳〕改郴移饒舊史乃以郴爲柳是致柳集誤收況宗元自有柳州謝表其題作謝除云奉三月十三日制六月二十七日上訖今此表題作謝上〔又云〕今月二日上訖攷其月日文理皆非宗元事其爲吉甫何疑〔宋沈作喆寓簡云〕子厚文集多假妄如柳州謝上表稱于頔在襄陽相留予按元和八年頔以罪貶爲恩王傅而子厚詔追赴都乃是元和十年頔之去襄陽久矣舜禹之事謗譽咸宜二篇晏元獻二云恐是博士韋籌作。愈膏肓疾賦。晏公亦二云膚淺不類柳文。宋景文公謂集外文一卷其中多後人妄取他人之文冒柳州之名者。〔陸放翁跋柳柳州集曰〕此一卷集外文其中多後人妄取他人之文冒柳州之名者且裒類於此子京此三十一字宋景文公手書藏其從孫晸家然所謂集外文者今往往分入卷中矣然非特外集也。劉夢得答子厚書曰。獲新文二篇。且戲余曰。將子爲巨衡。以揣其鈞石銖黍。此書不見於集。食蝦蟇詩。韓文公有答。今亦不傳。則

答元饒州非次山元萸作冷泉亭虛白亭候仙亭觀風亭見山亭其佐多賢

饒娥碑誤於傳聞魏仲兕姚孝女碣娥父醉漁溺死

遺文散軼多矣。〔何云〕八愚詩至南宋時石刻亦亡○〔元圻案〕〔劉夢得答柳子厚書曰〕獲新文二篇云云余吟而繹之顧其詞甚約而味大淵然以長氣爲幹文爲支跨躒古今鼓行乘空附離不以鑿柄咀嚼不有文字端而曼苦而腴佶然以生癯然以清余之衡誠懸于心其揣也如是子之戲余果何如哉夫矢發乎羿彀而中微存乎他人子無曰必我之師而能我衡苟然則譽羿者皆羿也可乎〔沈作喆曰〕柳集代劉禹錫同州謝上表子厚以元和十四年十月死禹錫至文宗太和九年始遷同州距子厚之卒十七年矣又有上大理崔卿啓等亦塵俗凡陋非子厚文

答元饒州論春秋。又論政理。按鄱陽志。元萸也。艾軒策問。以爲元次山。〔案〕今本艾軒集無此策問 次山不與子厚同時。亦未嘗爲饒州。〔全云〕次山是杜公同時〔集證〕〔按白居易冷泉亭記〕先是領郡者有相里君造作虛白亭有韓僕射高作候仙亭有裴庶子棠棣作觀風亭有盧給事元輔作見山亭及右司郎中河南元萸作此亭是萸爲河南人又常領餘杭郡

平淮西雅。其佐多賢。出說苑。渙其羣元吉者。其佐多賢矣。〔閻按〕說苑襲呂覽召類篇○〔元圻案〕〔召類篇曰〕易曰渙其羣元吉渙者賢也羣者衆也元者吉之始也渙其羣元吉者其佐多賢也

饒娥碑。按魏仲兕〔原注〕大歷間樂平令 作饒孝女碣。旌其里閭。不言娥死。子厚失於傳聞。而史承其誤。〔元圻案〕仲兕或作仲犀其饒娥碣云彼饒者勸沒於長江幼女號𢤱激於穹蒼匪類伊蛟爰搆其殃上帝懷之雷霆交作火焚長川風擾巨壑烟雨冥晦雲龍騰搏邦人大恐水物殄瘁魚鱉蛟蝸會無噍類滅以湯瀾僨

黃溪記倣西
南夷傳
悲汝南子桑
倣天運

賀王參元失
火書
王栖曜茂元
仲元

於江汜所賣者男所賤者女緹縈投身黃香搤虎古有其傳今得其侶〔柳碑云〕饒娥饒人饒姓娥名世漁鄱水娥父醉漁風卒起不能舟遂以溺死求屍不得娥聞父死走哭水上三日不食耳鼻流血氣盡伏死明日屍出〔唐書列女傳云〕娥字瓊真父勳娥死時年十四〔又云〕縣令魏仲兕碣其墓建中初黜陟使鄭叔則表旌其閭河東柳宗元爲立碑云

游黃溪記。〔記云〕溪距永州治七十里倣太史公西南夷傳。皇甫湜悲汝南子桑倣莊子天運。皆奇作也。〔何云〕游黃溪記乃柳文之未能自成家者胡云奇作〇〔元圻案〕〔柳子厚游黃溪記曰〕北之晉西適豳東極吳南至楚越之交其間名山水而州者以百數永最善環永之治百里北至於浯溪西至湘之源南至於瀧泉東至於黃溪東屯其間名山水而村者以百數黃溪最善〔史記西南夷傳曰〕西南夷君長以什數夜郎最大其西靡莫之屬以什數滇最大自滇以北君長以什數邛都最大〔皇甫湜悲汝南子桑文曰〕渾沌無端誰開闢之善惡未形誰分白之善其福之惡其禍之謂善之福夷死何饑謂惡之禍跖死何肥何闔閭之死金玉其墓何黔婁之死手足不覆誰主張其事而顛倒其數天且高地且邃鬼神之形幽敢問何故巫咸招曰云云〔莊子天運曰〕天其運乎地其處乎日月其爭於所乎孰主張是孰綱維是孰居無事推而行是意者其有機緘而不得已邪意者其運轉而不能自止邪雲者爲雨乎雨者爲雲乎孰隆施是孰居無事淫樂而勸是風起北方一西一東有上彷徨孰噓吸是孰居無事而披拂是敢問何故巫咸招曰云云〔四庫全書總目別集類三〕皇甫持正集六卷皇甫湜撰湜睦州人持正其字也元和元年進士仕至工部郎中其文與李翺同出韓愈翺得愈之醇湜得愈之奇崛

王參元書參元家失火子厚作書賀之二。云家有積貨。士之好廉名者。皆畏忌不敢道足下之善。嘗攷李商隱樊南四六。有代王茂元遺表〔案〕〔舊唐書王茂元傳〕河北諸軍討劉稹茂元亦以本軍屯天井賊未平而卒二云與季

文以裁綴經史病煩昌黎以藝樹喻文韓侍郎白頭戒

袁淑驢雞九錫文廬山公浚稽山子毛穎傳所本水族加恩簿

弟參元。俱以詞場就貢。久而不調。茂元棲曜之子也。商隱誌王仲元云。第五兄參元教之學。〔元圻案〕〔王仲元誌〕今樊南文集已佚而參元之名再見於李賀小傳云所與遊者王參元〔唐書〕王棲曜傳棲曜濮州濮陽人貞元初拜左龍武大將軍出爲鄜坊節度使子茂元附傳而不及參元仲元

沈亞之送韓靜略敘曰。文之病煩久矣。聞之韓祭酒之言曰。善藝樹者。必壅以美壤。以時沃灌。注〔原祭酒郎文公也〔白樂天老戒詩〕我有白頭戒聞於韓侍郎皆文公緒言也○〔元圻案〕〔沈亞之送韓靜略序曰〕裁經綴史補之如疣是文之病煩久矣聞之韓祭酒之言曰善藝樹者必壅以美壤以時沃灌其柯萌之鋒由是而銳也〔四庫全書總目別集類〕〔三〕沈下賢集十二卷唐沈亞之撰下賢亞之字也長安人〔李賀送沈亞之詩曰〕吳興才人怨春風則似吳興人元和十年進士官南康尉〔晁公武曰〕沈亞之常遊韓愈門李賀杜牧李商隱俱有擬沈下賢詩

驢九錫封廬山公。雞九錫封浚雞閣本作稽山子。〔何云〕浚稽山疑誤爲雞

毛穎傳韓文公作本於此。〔元圻案〕〔宋袁淑俳諧集封驢廬山公九錫文曰〕爾有濟師旅之勳而加之以衆能是用遣中大夫閭丘驟加爾使銜勒大鴻臚班脚大將軍宮亭侯以揚州之廬江江州之廬陵吳國之桐廬合浦之珠廬封爾爲廬山公〔又雞九錫文曰〕咨爾浚稽山子天姿英茂秉機晨鳴雞風雨之如晦抗不已之奇聲今以揚州之會稽封君爲會稽公以前後稽山爲君湯沐邑〔宋張端義貴耳集〕歐陽詢藝文類聚有爲禽獸九錫以雞爲稽山子以驢爲廬山公者吳越王勝撰水族加恩簿以海

劉夢得文不及詩劉祭韓以文自喻劉柳劉白

周霍有勳伐閒儒術枚嚴善文章爵未顯劉柳姚宋互有所短隨陸無武絳灌無文二生兩公負所遇德裕集鄭李兩序

龍爲君各有詞令祖歐陽之遺意也

劉夢得文不及詩。祭韓退之文。乃謂子長在筆。予長在論。持矛舉楯。卒莫能困。可笑不自量也。〔全此亦如文昌之自謂韓張並稱也○〔元圻案〕〔劉夢得祭韓昌黎文曰〕昔遇夫子聰明勇奮常操利刃開我混沌子長在筆予長在論持矛刺盾卒莫能困時惟子厚竄言其間贊詞愉愉固非顏顏磅礴上下羲農以還會於有極服之無言 〔昌黎調張籍詩云〕蚍蜉撼大樹可笑不自量 〔晁氏讀書志別集類〕劉禹錫夢得集三十卷外集十卷禹錫中山人貞元元年進士登博學宏詞科早與柳宗元爲文章之友稱劉柳晚與白居易爲詩友號劉白雖詩文稍不及然能抗衡二人閒信天下之奇才也

鄭亞會昌一品集敍云。周勃霍光雖有勳伐而不知儒術。枚臯嚴忌善爲文章而不至巖廊。歐陽公〔薛簡肅公文集序〕曰劉柳無稱於事業。姚宋不見於文章。其言簡而明。非唐人所及也。〔方樸山云此語未確〕〔閻按〕陸儼山謂先有隨陸無武絳灌無文之言○〔元圻案〕〔舊唐書鄭畋傳〕父亞字子佐聰悟絕倫文章秀發李德裕在翰林以文干謁深知之 〔文苑英華辨證〕李德裕集序二首蓋鄭亞先委李商隱代作亞後改定故有異同今德裕集用鄭作〔案鄭序曰〕合武宗一朝冊命典誥奏議碑贊軍機羽檄凡二十卷輒署曰會昌一品制集紀年追聖德也書位旌官業也 周霍皆有定策功而史記謂周勃厚重少文漢書譏霍光不學無術 〔漢書枚乘傳〕孽子臯字少孺至長安上書自陳枚乘之子召入見待詔拜爲郎爲文疾受詔即成 〔史記鄒陽傳〕陽遊於梁與故吳人莊忌夫子淮陰枚

魏鄭公砥柱銘
禹挂冠遺履
墮簪

梁簡文誡子書
立身文章異
謹放
文可見行
謝沈文傲治
皆小人

大同哀辭
蕃歆寄宿知

生之徒交莊忌郎嚴忌也避諱改莊之字曰嚴〔晉書載記一〕劉元海嘗謂同門生朱紀范隆曰吾嘗鄙隨陸無武絳灌無文道由人宏一物之不知者固君子之所恥也二生遇高皇而不能建封侯之業兩公屬太宗而不能開庠序之美惜哉

魏鄭公砥柱銘。挂冠莫顧。過門不息。淮南子原道訓云。禹之趨時。冠挂而不顧。履遺而不取。鹽鐵論相刺篇云。簪墮不掇。冠挂不顧。〔集證〕〔玉海三十一〕司馬公曰唐太宗刻銘底柱之陰魏鄭公撰字幾沒然殘缺僅可讀〇〔元圻案〕〔吳越春秋〕亦云禹傷父功不成循江泝河盡濟甄淮乃勞身焦思以行七年聞樂不聽過門不入冠挂不顧履遺不躡〔輿地廣記十三〕陝縣有禹貢底柱山山有三門河所經唐太宗勒銘於此

梁簡文誡子當陽公大心書曰。立身之道與文章異。立身先須謹重。文章且須放蕩。見藝文類聚鑒誡類斯言非也。文中子謂文士之行可見。放蕩其文。豈能謹重其行乎。〔全云〕六朝之文所以無當於道〇〔元圻案〕〔梁書簡文帝紀〕太宗簡文皇帝諱綱高祖第三子昭明太子母弟也太清三年五月即位史臣曰太宗天才縱逸冠於今古文則時以輕華爲累君子所不取焉〔中說事君篇〕子謂文士之行可見謝靈運小人哉其文傲君子則謹沈休文小人哉其文冶君子則典

又大同哀辭〔序曰〕大同字仁洽予之第十九子也生於仲秋殞於冬末客有謂予曰陳蕃所憩之家。

子年扣門言所產年祿黃申家子以兵死

落花芝蓋句摹倣徐庾體綺豔

久記元錄之歲。華歆所聞之語。已定北陵之期。按搜神記。陳仲舉宿黃申家。列異傳。華子魚宿人門外。皆因所宿之家生子。而夜有扣門者。言所與歲數。〔集證〕按仲舉事今本搜神記無之〔太平御覽三百六十三〕引搜神記陳仲舉微時嘗宿黃申家婦方產夜有扣門者須臾門裏有言客堂下不可進曰當從後門往有頃還留者問之曰何等名可與幾歲應以何死答曰男也名奴得十五歲當以兵死仲舉告其家父母不使執寸刃年十五有置鑿於梁上其末出奴以爲木自下鉤之鑿墮陷腦而死〔三國志華歆傳注〕引列異傳歆爲諸生時嘗宿人門外主人婦夜產有頃兩吏詣門便辟易卻相謂曰公在此躊躇良久一吏曰籍當定奈何得住乃前向歆拜相將入出並行共語曰當與幾歲一人曰當三歲天明歆去後欲驗其事至三歲故往問兒消息果已死歆乃自知當爲公〇〔元圻案〕〔文苑英華九百九十九〕載大同哀辭云陳蕃所憩之家久傳紀錄之歲云云今作久記元錄之歲蓋從藝文類聚陳蕃事亦見幽明錄太平廣記三百十六卷載之云阿奴十五歲爲人作屋落地死

庾信三月三日華林園馬射賦云。落花與芝蓋齊飛。〔案〕〔文選甘泉賦〕登鳳凰而翳華芝〔注〕〔服虔曰〕華芝華蓋也楊柳共春旗一色。〔月令〕季春之月天子載青旂王勃倣其語。江左卑弱之風也。〔元圻案〕〔王勃滕王閣序曰〕落霞與孤鶩齊飛秋水共長天一色〔邵氏聞見後錄十五〕王勃落霞孤鶩之句一時之人共稱之歐陽公以爲類俳〔宋陳善捫蝨新語曰〕子安語句調雄傑比舊爲勝及觀集古錄隋德州長壽寺碑云浮雲共嶺松張蓋明月與巖桂分叢則又淺陋與初造語者相去遠甚〔梁簡文帝南郊頌序〕云朝葉與蜜露齊鮮晚花與薰風俱落蓋倣齊王儉褚淵碑風儀與秋月齊明音徽與春雲等潤而子山又倣之也〔周書庾信傳〕信字子山南陽新野

岑文本擬盛
秦美新
師古以文本
罷職

李善文選學
少陵詩言文
選
天雞有二
熙豐後廢選
學
非所望於蕭
傅
宋景文三抄
文選
宋初尚文選
文選爛秀才
半
安石三經新
義字說

人父肩吾梁中書令東海徐摛子陵及信並爲抄選學士文並綺豔故世號爲徐庾體　王勃字子安有子安集十六卷　四庫全書著錄

岑文本擬劇秦美新。雖不作可也。班孟堅典引。師其意。南豐說非異。〔閻按〕說非異三字疑有誤　師其辭。〔元圻案〕〔唐書岑文本傳〕文本字景仁鄧州棘陽人善文辭多所綜貫貞觀元年除祕書郎時顏師古爲侍郎自武德以來詔誥或大事皆所草定及得文本號善職而敏速過之師古以譴罷乃授文本侍郎專典機要　揚雄劇秦美新班固典引俱載文選　岑文本擬劇秦美新載欽定全唐文一百五十卷

李善精於文選。爲注解。因以講授。謂之文選學。〔案〕此晏

元獻答范樞密書語　少陵有詩云。續兒誦文選。又訓其子熟精文選理。蓋選學自成一家。江南進士試天雞弄和風詩。以爾雅天雞有二。問之主司。〔閻按〕主司爲張儀〇〔詁〕已見前小學　其精如此。故曰。文選爛。秀才半。熙豐之後。士以穿鑿談經。而選學廢矣。〔閻按〕〔蕭至忠傳〕嘗出太平公主第遇宋璟璟戲曰非所望於蕭傅此用潘安仁西征賦語司馬公作通鑑改曰非所望於蕭君也便是不知出文選宋景文則自言手抄文選三過矣〔舊唐書儒學傳〕初江淮間爲文選學者本於曹憲而同邑李善等繼之　〔何云〕文選不足名學不如熟精詩正義也荊公本不陋末流之失耳〇〔元圻案〕〔陸游老學庵筆記云〕國初尚文選當時文人專意此書故草必稱王孫梅必稱驛使月必稱望舒山必稱清暉至慶曆後

一　珍倣宋版印

元次山惡圓
文
不圓爲卿爲
顯榮
范文正靈烏
賦
戲兒圓轉器
獻百官圖貶
饒州
元景安議欲
姓高
玉碎瓦全
李義山賦三
怪物
佞魖讒魊貪
魃

惡其陳腐諸作者始一洗之方其盛時士子至爲之語曰文選爛秀才半 熙寧八年頒王安石三經新義於學官主司純用以取士先儒傳註一切廢而不用安石又以字學久不講後退居金陵作字說二十四卷以進多穿鑿附會其流入於佛老

元次山惡圓曰。寧方爲皁。不圓爲卿。范文正靈烏賦。寧鳴而死。不默而生。其言可以立懦。〔元圻案〕元結惡圓曰元子家有乳母爲圓轉之器以悅嬰兒友人公植者聞有戲兒之器請見之及見之趨焚之責元子曰吾聞古之惡圓之士歌曰寧方爲皁不圓爲卿寧方爲汙辱不圓爲顯榮 〔范仲淹靈烏賦序曰〕梅君聖俞作是賦曾不我鄙而寄以爲好因勉而和之庶幾感物之意同歸而殊途矣〔葉石林燕語曰〕范文正公始以獻百官圖譏切呂申公坐貶饒州梅聖俞作靈烏賦以寄所謂事將兆而獻忠人反謂爾多凶蓋爲公設也故公亦作賦報之〔北齊書元景安傳〕天保時諸元帝室親近者多被誅戮疏宗如景安之徒議欲請姓高氏景皓曰豈得棄本宗逐他姓大丈夫寧可玉碎不能瓦全次山之言不愧其宗人矣〔四庫全書簡明目錄別集類〕次山集十二卷唐元結撰所著元子十卷文編十卷猗玕子一卷今皆不傳此本蓋後人掇拾也

李義山賦怪物。言佞魖讒魊貪魃。曲盡小人之情狀。螭魅之夏鼎也。〔元圻案〕李商隱字義山懷州河內人開成二年進士著樊南甲乙集玉谿生詩集事跡具唐書藝文傳此三賦今樊南文集不載〔漁樵閑話曰〕李義山賦三怪物述其情狀真所謂得體物之精要也其一曰臣姓猾狐氏帝名臣曰巧彰字臣曰九規而官臣爲佞魖焉佞魖之狀領佩水旋手貫風輪其能以烏爲鶴以鼠爲虎以蚩尤爲誠臣以共工爲賢主以夏姬爲廉以祝鮀爲魯誦節義於寒浞讚韶曼於嫫母其一物曰臣姓潛弩氏帝名臣曰攜人字臣曰銜骨而官臣爲讒魊焉讒魊之狀能使親爲疏同爲殊使父膾其子妻鬻其夫又持一物狀若豐石得人一惡乃劓乃刻又持一物大如長箠得人一善掎掠蓋蔽諂啼僞泣以就其事其一物曰臣姓狠浮氏帝名臣

白傳富壽樂
健達言
構石樓香山
鑿八節灘
黔婁子却聘
著書
榮啓期三樂
衛玠體病多
羸

口兵戒可食
不可言
慎鍵忍闇

秋儲競巧皆
善奕
養流睇李虎
發

曰欲得字臣曰善覆而官臣爲貪魃焉貪魃之狀頂有千眼亦有千口鼠牙蠶喙通臂衆手常居於倉亦居於囊頰鉤骨箕環聯項瓚或時敗累囚於牢狴拳梏履校藜棘死灰僥倖得釋他日復爲

白樂天云。富於黔婁。閻本脫此四字壽於顏回。飽於伯夷。樂於榮啓期。健於衛叔寶。〔閻按〕出醉吟先生傳達人之言也。〔元圻案〕〔唐書白居易傳〕居易字樂天太原人徙下邽以刑部尚書致仕東都所居履道里疏沼種樹構石樓香山鑿八節灘自號醉吟先生爲之傳〔高士傳〕黔婁先生者齊人也魯恭公遣使致禮賜粟三千鍾欲以爲相辭不受齊王又禮之以黃金百斤聘爲卿又不就著書四篇言道德之務〔莊子〕孔子遊泰山見榮啓期鼓琴而歌孔子曰先生何以爲樂曰天生萬物惟人爲貴吾得爲人一樂也男貴女賤吾得爲男二樂也生有不見日月不免襁褓者吾年九十是三樂也家語所載略同〔晉書衛瓘傳〕瓘孫玠字叔寶好言元理其後體病多羸母恆禁其語〔樂天浩歌行〕顏回短命伯夷餓死今所得亦已多亦此意

劉夢得口兵戒。可以多食。勿以多言。本鬼谷子。權篇口可以食。不可以言。〔元圻案〕〔劉禹錫口兵誡曰〕我誡於口惟心之門無爲我兵當爲我藩以慎爲鍵以忍爲闇可以多食勿以多言

文選沈休文安陸王碑云。奕思之微。秋儲無以競巧。奕秋見孟子。儲字未詳。蓋亦善奕之人。注謂儲蓄

少游文潛學文於蘇秦得工張得易長公少公以文倡蘇氏門人四學士仲庶氏吳句法本詩以姓屬州溪豫章以樹氏郡懷璽未燬嚴子陵釣壇愚溪冉溪染溪酸棗以棘名郡溫公五規元次山出規辭

精思非也〔元圻案〕〔安陸王碑〕奕思之微秋儲無以競巧取睽之妙流睇未足稱奇〔李善註〕周易曰弧矢之利以威天下蓋取諸睽〔幽通賦曰〕養流睇而猿號李虎發而石開養謂養由基也古人用事隱奧難以猝解秋儲未必定是二人

秦少游張文潛學於東坡東坡以爲秦得吾工張得吾易〔元圻案〕〔晁公武曰〕元祐中蘇氏兄弟以文倡天下號長公少公其門人號四學士〔陳后山曰〕黃晁秦則長公客也張文潛則少公客也　〔葉石林作張文潛柯山集序曰〕文潛與少游同學於蘇子瞻子瞻以爲秦得吾工張得吾易而世謂工可致易不可致以君爲難云

荊公潭州新學詩仲庶氏吳本詩摯仲氏任呂太史釣臺記姓是州曰嚴本柳子厚愚溪詩序姓是溪曰冉溪子厚之語又出於水經注豫章以木氏郡司馬公保業二云懷璽未燬本元次山出規豈無印綬懷之未燬〔閻按〕今水經注豫章以樹氏郡〔何云〕此都字乃傳寫之誤樹爲木則宋人避諱也〇〔元圻案〕〔王荊公潭州新學詩曰〕有嘉新學潭守所作守者誰歟仲庶氏吳〔呂成公重修釣臺記〕顧野王輿地志曰桐廬縣南有嚴子陵釣魚處石上可坐千人名爲釣壇即今之釣臺也明道二年范文正守是邦始築屋祠先生而爲之記歲祀浸遠此意弗嗣淳熙五年侍郎蕭公出鎮道祠下慨然曰國家稽用唐武德舊典姓是州曰嚴則先生之祠乃名教之首頹圯若是可乎〔柳子厚愚溪詩序曰〕灌水之陽有溪焉東流入於瀟水或曰冉氏嘗居也故姓是溪爲冉溪或曰可以染也名之以其能故謂之染溪〔水經注八〕引圏稱曰昔天子建

梟狠不鳴噬
非端
猛虎雖伏非
仁獸
呂向諫突厥
入仗
文潛序言弛
邊備

訊黃石羅十
二棊
靈棊經占卜
法
東方朔密占
衆事

國名都或以令名或以山林故豫章以樹氏郡酸棗以棘名邦　司馬溫公於嘉祐六年奏進五規曰保業惜時遠謀重微務實其保業曰陵夷衰微至於五代懷璽未煖處宮未安朝成夕敗有如逆旅　元次山出規見唐文粹四十三其辭曰豈不裂封疆土未識豈無印綬懷之未煖

張文潛送李端叔名之儀赴定州序。梟鷄不鳴。要非祥也。豺狼不噬。要非仁也。本於唐呂向上疏。諫元宗不令突厥入仗馳射疏鷄梟不鳴。未爲瑞鳥。猛虎雖伏。豈齊仁獸。〔元圻案〕〔張文潛送李端叔赴定州序曰〕祖宗芟夷僭亂天下聽順無復偃蹇而久之元昊叛于羌自是以來又數十年矣某聞今北邊要郡有城隍不修器械苦惡屯戍單寡雖跬步强敵而人不懼者誠信之也梟鷄不鳴要非祥也豺狼不噬要非仁也見其不鳴謂之孔鸞見其不噬待以犬馬吁亦過矣　呂向字子回注文選五臣之一也唐書入文藝傳本傳作弗曰仁獸此從唐文粹

晁無咎求志賦。訊黃石以吉凶兮。棊十二而星羅。曰由小棊大兮何有顛沛此賦宋文鑑取之謂靈棊經也。異苑云。十二棊卜。出自張文成。受法於黃石公。行師用兵。萬不失一。東方朔密以占衆事。〔元圻案〕〔劉敬叔異苑五十二〕棊卜出自張文成受法於黃石公行師用兵萬不失一逮至東方朔密以占衆事自此以後祕而不傳晉寧康時襄城寺法味道人忽遇一老公著黃皮衣竹筒盛此書以授法味無何失所在遂傳於世云　〔唐李遠靈棊經序曰〕靈棊經者不知其所起或云漢武帝命東方朔使之占兆無不中者朔之術用此書也或云黃石公以此書授張子房又有客述淮南神祕之

婦居不識廳屏言笑不聞於鄰荊公表外祖母文

大樂十二均圖
蠶對織婦問
三先生論事錄
文繡被牆屋

書亦此書也蓋好事者倚聲借價以成其術其書以十二棊子三分之上中下各四一擲而成卦即考書批詞盡得其理意者上為天中為人下為地三才之象也十二棊子皆有文其辭猶周易之辭也〔四庫全書總目子部術數類〕靈棊經二卷舊本題東方朔撰或又以為張良本黃石公所授朔傳其術或又謂淮南王劉安所撰其說紛紜不一大抵皆術士依托之詞惟攷隋志即有十二靈棊卜經一卷而南史所載客從南來遺我良材寶貨珠璣金盌玉盃之謠實為今經中第三十七卦象詞則是書本出自六朝以前其由來亦已古矣卦凡一百二十有四合以純陰鏝卦十二棊皆覆者為混沌未明而不在此數〔晁公武讀書志〕僅載一百二十繇殆不及檢而偶遺之也　晁無咎名補之鉅野人著雞肋集

荊公為外祖母墓表云。女婦居不識廳屏。笑言不聞鄰里。是職然也。唐岐陽公主〔案〕憲宗之女下嫁於杜悰不識刺史廳屏。見杜牧之文。薛巽妻崔氏言笑不聞於鄰。見柳子厚文。荊公為文字字不苟如此。讀者不知其用事。〔何云〕事非厚齋不能詳其出處耳〔下云〕聞人傳焉以美之聞人即指杜與柳也有不知為用事耶○〔元圻案〕〔杜牧之柳子厚文

注　見卷五〔王介甫外祖母墓表曰〕自公卿大夫無完德豈曰女婦然或者女婦居不識廳屏笑言不聞鄰里是職然也置則悖矣然其死也聞人傳焉以美之

大樂十二均圖。楊次公作也。編於老蘇集。蠶對織婦文。宋元憲作也。編於米元章集。三先生論事錄序。陳同甫作也。編於朱文公集。皆誤。〔元圻案〕楊次公無為集第八

緹帛嬰犬馬
顧子敦言爲
程氏病
就山間讀通
典十年

場屋文如校
人魚
文士文猶巧
言

卷大樂十二均圖序曰大樂十二律律各有均均有七聲更相爲用聲協本均則其樂調聲非本均則其樂悖非獨雅樂若此至於燕樂亦莫不然惟工師之明於聲者則能知之工師能知其聲而不能知其本因聲以求本窮本以知變儒者之事也今黃鍾爲宮則太簇姑洗林鍾南呂應鍾蕤賓七聲相應謂之黃鍾之均餘律爲宮者倣此又曰今著大樂十二均圖一卷既備載律呂宮調又各取一章附于篇按圖考聲下可以辨工師之能否窮本知變上足以贊聖明之述作云爾　今老蘇集無此文　〔宋元憲集第三十〕蠶說曰里有織婦喟然而讓於蠶曰今工女也世受蠶事以蓄天才今天下文繡被牆屋余卒歲無褐緹帛嬰犬馬余終身恤緯寧我未究其術將爾忘力于我耶蠶應之曰上世寢皮食肉未知爲冠冕衣裳之等也未知禦雪霜風雨之具也自先蠶氏利我之生蓄我以術因絲以代毳因帛以易韋幼者不寒老者不病自是民患弭而余生殘矣然自五帝以降每歲命元日親率嬪御祀于北郊築宮臨川獻繭成服女子無貴賤皆盡心于蠶是以四海之大億民之衆無游手而有餘帛矣秦漢以下雲錦霧縠之巧歲變霜紈冰綃之名日出倡人孽妾被后飾而納閑中者以千計桀民大賈僭君服以游天下者非百數一室御續而千屋垂繒十人漂絮而萬夫挾纊雖使蠶被於野繭盈於車朝收暮成猶不能給今欲以一己之勞而讓我過矣　〔陳同甫龍川集卷十四〕三先生論事錄序曰昔顧子敦嘗爲人言欲就山間與程正叔讀通典十年世之以是病先生之學者蓋不獨今日也夫法度不正則人極不立人極不立則仁義禮樂無所措聖人之用息矣先生之學非求子敦之知者而爲先生之徒者吾懼子敦之言遂得行乎其間因取先生兄弟與橫渠相與講明法度者錄之篇首而集其平居議論附之目曰三先生論事錄夫豈以爲有補於先生之學顧其自警者不得不然耳　〔書錄解題別集類〕無爲集十五卷別集十卷禮郎濡須楊傑次公撰嘉祐四年進士元祐中爲郎　〔明刻朱子大全集〕目錄中尚有三先生論事錄序其文已不存矣

邱宗卿謂場屋之文。如校人之魚。與濠上之得意異矣。慈湖〔楊簡號〕謂文士之文。止可謂之巧言。〔全云〕引宗卿語見

堯孔之文由道心

太宗詔修三大書太平御覽編古事冊府元龜編君臣事太平廣記小說類修書役叛臣怨心日覽太平三卷因賜名

場屋之文不足觀引慈湖語見凡爲詞章之學無所得是兩層○〔元圻案〕〔書錄解題〕邱文定集十卷拾遺一卷樞密江陰邱崈宗卿撰隆興癸未進士第三人其文慷慨有氣而以吏能顯故其文不彰　四庫全書不著於錄蓋已佚矣　〔慈湖遺書家記九〕孔子謂巧言鮮仁又謂辭達而已矣而後世文士之爲辭也異哉琢切雕鏤無所不用其巧夫言惟其當謬用其心陷溺至此欲其近道豈不大難雖曰無斧鑿痕如太羹元酒乃巧之極功心外起意益深益苦去道愈遠是安知孔子曰天下何思何慮是安知文王不識不知順帝之則如堯之文章孔子之文章由道心而達始可以言文章若文士之言止可謂之巧言非文章

景德真宗七年甲辰改元二年。命王欽若楊億。修歷代君臣事迹。六年上之。凡千卷。詔題曰冊府元龜。周益公記文苑英華云。太宗詔修三大書。曰太平御覽。曰冊府元龜。曰文苑英華。各一千卷。今按御覽修於太平興國二年。英華修於七年。皆太宗時。若元龜乃真宗時修。益公攷之未詳也。太宗實錄雍熙三年十二月。宋白等進文苑英華。有表有答詔。當載於首卷。真宗景德四年八月。詔館閣分校。又以前編次未允。令擇古賢文章。重加編

中興賦序襲兩都

韓安國不能几賦 王子敬脩禊詩不成

錄。芟繁補闕。換易之卷數如舊。祥符二年。命覆校。皆當備載於纂脩事始之後。〔原注〕太宗脩三大書其一乃太平廣記五百卷○〔元圻案〕王明清揮麈錄〕朱希真曰太平興國中諸降王死其舊臣或宣怨言太宗盡收用之寘之館閣使脩冊府元龜文苑英華太平廣記廣其卷帙厚其廩祿以役其心云云遺太平御覽而首冊府元龜亦誤也惟宋敏求春明退朝錄云太宗詔諸儒編故事一千卷曰太平總類文章一千卷曰文苑英華小說五百卷曰太平廣記總類成帝日覽三卷賜名曰太平御覽真宗詔諸儒編君臣事迹一千卷曰冊府元龜爲得其實

班孟堅兩都賦序。迂齋〔樓昉號〕謂唐說齋中興賦序得此意。按中興賦序云。雖詞有工拙。學有博陋。氣有強弱。思有淺深。要皆變化馳騖。不失古人之法度。蓋用〔班序〕道有夷隆。學有粗密之意。然所取乃律賦。非兩都比也。〔何云〕此直蹈襲脫塹爾仲友文止此何得高自標置〔全云〕迂齋特取其序爾非謂其賦與兩京比也

澹庵〔胡忠簡公銓〕云。韓安國不能几賦。〔何云〕韓安國作几賦不成鄒陽代作事見西京雜記罰酒三升。王子敬詩不成。亦飲三觥。一詩一賦。豈

以詩賦罰酒
會蘭亭賦詩
諸人
鄒陽几賦語

不可無此人
此書
易天下大勢
惟人
陳龍川科舉
策對文
同甫以大有
爲望君
一月四朝語
可恥

樂毅論袞王
異本
文選無崔實
政論

足以盡豪傑之士。〔集證〕〔桑世昌蘭亭考〕脩禊之會人各賦詩王右軍謝安石而下十一人各成四言五言詩一首郄曇王豐之而下十五人一篇成謝瑰卞迪印邱髦王獻之而下十六人詩不成罰酒三巨觥○〔元圻案〕西京雜記四〕梁孝王遊於忘憂之館集諸遊士各使爲賦韓安國作几賦不成鄒陽代作其辭曰高樹凌雲蟠紆煩冤旁生附枝王爾公輸之徒荷斧斤援葛藟攀喬枝上不測之絕頂伐之以歸眇者督直聾者磨礱齊貢金斧楚入貝工迺成斯几離奇髣髴似龍盤馬迴鳳去鸞歸君王憑之聖德日躋

天下不可以無此人。亦不可以無此書。而後足以當君子之論。〔揚雄度越諸子論〕又曰。天下大勢之所趨。天地鬼神不能易。而易之者人也。〔何云〕壯語○〔案〕今龍川集無此文惟上孝宗第三書有天下大勢之所趨非人力之所能移也二句下云臣之所以爲大臣論者如此同甫方以大有爲望孝宗不應作此語此必爲俗本所節刪也當以厚齋所引補而正之此龍川〔閻按〕龍川陳亮號科舉之文。列於古之作者而無愧。〔全云〕同甫一月四朝之語則可恥矣○〔元圻案〕陳亮字同甫光宗時亮對策曰陛下之於壽皇問安視寢察辭觀色因此而得彼亦既得其機要以見諸施行矣豈徒一月四朝而以爲京邑之美觀也哉時光宗不朝重華宮羣臣更進迭諫皆不聽得亮策迺大喜以爲善處父子之間奏名第三御筆擢第一授僉書建康府判官廳公事未至官一夕而卒

集古錄跋謂樂毅論與文選所載時時不同。文章正宗謂崔實政論列於選。今攷文選無此二篇。

右軍增删樂毅論

禾絹士師閑眼諸大張槖楊萬里以思陵去位

南豐詩文刺荆公禮閣新儀序指新法長渠記斥妄興水利兵間詩刺徐禧

皆筆誤也。〔程易田云〕〔按史記樂毅列傳〕裴駰集解引樂毅論自觀樂生遺燕惠王書起至篇末止與今所傳王右軍書不同者數十字多十九字少十字易十二字集古錄或指謂此而偶然竊記之也然兩本相較王優裴劣如機合乎道作知機合道以終始作以禮終始極道之量道下增德字千載一遇下增夫千載一遇之世苟得作苟利不諜作不諜牧民作收民顧飢作願飢願釋作儀釋之施作施之任窮作仕窮通者作勇者賢者作賢智攻取上删則字之間作之下四國作四海濟弱作濟溺孰優孰劣讀者能辨之至通篇虛字增所不必增删所不可删文章生死之道全係於此○〔元圻案〕文章正宗真德秀撰注見卷六

誠齋楊文節公萬里爲章壽墓銘云今日士師。非禾絹士師也。宋明帝紀胡毋顥專權奏無不可時人語曰禾絹閉眼諾。胡毋大張槖。禾絹謂上也。蓋謂秦檜顓政。士師非主上之士師也。〔元圻案〕〔陳振孫曰〕楊萬里字廷秀廬陵人當淳熙末爲大蓬論思陵配饗不合去及韓侂胄用事召之卒不至自次對遷至學士閣開禧出師不食而死著誠齋集一百三十三卷　今本誠齋集不載章壽墓銘

南豐序禮閣新儀則指新法。〔何云〕南豐不附新法禮閣新儀序皆發明禮之常變殆不指新法也　〔全云〕其中亦有指新法者何氏讀之未詳耳記襄州長渠則指水利。兵間詩則指徐德占名禧。論交詩則指呂吉甫名惠卿。此孫仲益名覿之言也。〔何云〕二詩則如孫言　〔閻按〕仲益語見其所與曾端伯書○〔元圻案〕〔曾鞏禮閣新儀目錄序曰〕古今之變不同而俗之便習亦異則亦屢變其法

論交詩斥呂惠卿孫仲益論曾王事溫公乞罷諸使紛擾欲決汴水溉田議洩三十六陂水開六漯河功無成徐德占狂疏輕兵呂惠卿傾安石荊公子固始合終睽子固未爲不能詩少游謂曾不工有韻

賈生思周鬼神賈誼以鄧通遷長沙

以宜之其要在乎養民之性防民之欲本末先後能合乎先王之意而已此制作之方也有聖人作而爲後世之禮者必貴俎豆而今之器固不廢也先弁冕而今之衣服不禁也其推之皆然然後其所改易更革不至於拂天下之勢駭天下之情意而固已合乎先王之意矣〔襄州宜城縣長渠記曰〕後世欲行水溉田者往往務躡古人之遺迹不考夫山川之形勢古今之同異用力多而收功少是亦其不思也歟〔兵閒詩曰〕大義缺絶久未圖小人輕險何不至世上固自有百爲兵閒乃獨求一試趙括敢將亦已危李平請守那復議吁嗟忍易萬人生冀幸將徼一身利〔論交詩曰〕德操龐公林下時入門豈復知客主夷吾鮑叔貧賤閒分財亦不辭多取相傾頓使形迹空素定已各肝膽許世間未信亦論交得失秋毫有乖忤〔司馬溫公乞罷條例司常平使疏曰〕朝廷更遣使者四十餘人分行天下以提舉勾當常平廣惠倉相度差役農田水利爲名〔又曰〕使者爭獻謀畫掊斂財產以希恩寵至欲決汴水以種稻及澆溉民田欲洩三十六陂水募人耕佃若此之類不可悉數〔魏泰東軒筆錄十〕嘉祐初李仲昌議開六漯河王荊公時爲館職頗佑之既而功不成〔東都事略徐禧傳〕禧字德占洪州人爲人狂疎而有膽氣好言兵沈括种諤請城永樂神宗遣禧經畫之既入賊境略不爲備寡謀輕敵以至於敗〔宋史王安石傳〕安石罷爲觀文殿學士知江陵府汲引呂惠卿爲參知政事惠卿實欲自得政忌安石復來因鄭俠獄陷其弟安國又起李士寧獄以傾安石〔孫仲益書讀臨川集曰〕荊公自謂知經明道與曾子固等發六藝之蘊於千載絶學之後荊公當國便當引而進之乃擯棄不用余觀南豐集序禮閣新儀則指新法記襄州長渠則指水利兵閒詩則指徐德占論交詩則指呂吉甫而二人者如水火矣伯厚所引蓋此條若與曾端伯書則云秦少游云曾子固文章絶妙古今而有韻者輒不工此語一出天下遂以爲口實南豐兵閒一詩指徐德占論交一詩指呂吉甫又有黃金顏楊諸詩皆卓然有濟世之用而世人便謂不能詩某所以不喻其言也止論詩未及文非伯厚所引也閻氏偶未詳考耳〔書錄解題別集類下〕鴻慶居士集四十二卷戶部尚書晉陵孫覿仲益撰

宋景文云。賈生思周鬼神。不能救鄧通之譖。攻之漢史。無鄧通譖賈生之事。蓋誤。〔原注〕景文謂因撰唐書盡見前世論著乃悟文章之難〔閻

衞青仇李廣
虺螫機牙不
測
宋景文與鄭
資政書

犦牛牲菌雞
卜
張說宋公遺
愛碑
於粲荔丹與
蕉黃
東坡潮州文
公廟碑

楮幣入策題
非古
紙幣與錢相
權
古三幣首珠
玉
會子交子皆
官券
郭子皐監交
子務

按〔風俗通義〕孝文帝時誼與鄧通同位侍中惡通爲人數廷譏之由是遷長沙王太傅渡湘水投書以吊屈原僭讒邪之咎亦因自傷爲鄧通所愬也○〔元圻案〕〔宋景文回鄭資政書曰〕當伯氏貳政之日明公升樞之辰一心獨行側身休景未嘗爭先于當路失意于貴人然虺螫不觸而來机牙未蹈而發乃知李廣誠感金石無以喻衞青之仇賈生思周鬼神不能救鄧通之謗

張說爲廣州宋璟頌曰。犦牛牲兮菌雞卜。神降福兮公壽考。東坡韓文公碑用此四字。〔元圻案〕〔張說廣州都督嶺南按察五府經略使宋公遺愛碑頌序曰〕天子念窮鄉之辟陋徼道之脩阻吏或不率不馴人或不康不若乃命舊相廣平公宋璟鎭玆裔壤式是南州爲五管之政教總三軍之旗鼓幅員萬里馴致九譯詔書下日靡然順風曷由臻斯威名之先路也云云頌曰金鼓愁兮旌旃好來何暮兮去何早犦牛牲兮菌雞卜神降福兮公壽考〔東坡潮州韓文公廟碑詩曰〕犦牛雞卜羞我觴於粲荔丹與蕉黃

周益公雜誌。辨楮幣。謂俗人創二字。通上下皆用。猶紙錢也。按范淳父爲郭子皐誌言交子云紙幣之設本與錢相權元祐閒已有此語矣。〔元圻案〕〔周益公二老堂雜誌三〕古有三幣珠玉爲上金次之錢爲下自秦漢專以錢爲幣近歲用會子蓋四川交子法特官券耳不知何人目爲楮幣自以爲雅通上下皆效之遂入殿試御題乾道中試賢良李垕時相葉夢錫委密院編修官樓鍔代撰策題其中亦有用此二字幣者可用之物俗人挪楮幣二字已而通上下皆用若正言之猶紙錢也乃以爲文何耶其後丙戌策士辛卯試

東坡得文法
於檀弓
后山得文法
伯夷傳
山谷問東坡
文法
不及古人如
觀日月
后山文不合
及焚
堯而許之等
句相倣
月而日之星
而辰之
尸而祝之社
而稷之
五而六之圜
而方之
論語前無論
字
論道經邦本
考工
彥和非不讀

賢良亦復通用〔壽皇聖政錄〕亦循例用之矣　范淳父名祖禹卽作唐鑑者所著范太史集中有朝奉郎郭君墓誌曰君諱子皐字德臣其先京兆人六世祖甫從禧宗入蜀因家焉監成都交子務紙幣之設本與錢相權至是大壞價賤不售法幾爲廢君講究其病錢幣復稱官民利之元祐二年卒

東坡得文法於檀弓。後山陳師道號得文法於伯夷傳。〔元圻按〕一〔黃山谷與王觀復書曰〕嘗問東坡先生作文章之法東坡云但熟讀禮記檀弓當得之旣而取檀弓二篇讀數百過然後知後世作文章不及古人之病如觀日月也〔晁公武曰〕陳師道爲文至多少不中意則焚之存者甚少著后山集二十卷

楊植許由廟碣云。堯而許之日而月之。見唐文粹五十二 獨孤及仙掌銘序云。月而日之星而辰之。見唐文粹六十六 同一句法。〔方樸山云〕其原出于莊子之尸而祝之社而稷之〔程易田云〕〔史記孔子世家〕君子能修道綱而紀之統而理之而不能爲容〔繼序按〕管子小問有五而六之九而十之二句吳子治兵有圜而方之坐而起之等句而子張問入官篇有優而柔之揆而度之東方朔杜預用之〇〔元圻案〕莊子語東坡書張乖崖書後用之　唐獨孤及字至之洛陽人官常州刺史當時稱爲獨孤常州

文心雕龍論說篇云。論語已前。經無論字。晁子止云。不知書有論道經邦。〔閻按〕論道經邦乃晚出書〔周官篇〕本考工記或坐而論道來〔何云〕論道經邦出於古文尚書未可以詆彥和也〔又云〕〔劉彥和或不讀古文尚書〕〔又云書中議對篇〕卽引議事以制〔全云〕閻氏必欲以古文尚書爲僞而謂考工記在前誤矣〔集證〕〔定宇惠氏曰〕易屯卦象辭君子以

僞書
屯經綸亦讀
倫作論
讀書志譏文
心雕龍
夢執丹漆器
隨仲尼
杜牧誤龍星
爲真龍
王維誤去病
爲衞青
和凝文多自
鏤板
楊綰論著不
示人
詅癡符譏衒
賣
賣粉聲曰詅
粉
貨魚詡市爲
詅
和凝演綸等
六集
香奩集嫁名
韓偓
擊轅相杵中
韶音

經綸〔陸氏釋文〕〔呂氏音訓〕俱作經論鄭氏讀如字荀氏讀爲倫姚信釋爲經緯字後人始改爲綸〔文心雕龍曰〕論語以前經無論字蓋漢以前論字皆讀爲倫後人改爲綸也〔又云〕中庸經綸天下之大經本作經論見釋文〇〔元圻案〕〔晁公武子止讀書志別集類〕文心雕龍晉劉勰撰余嘗題其後曰世之詞人刻意文藻讀書多滅裂杜牧之以龍星爲真龍王摩詰以去病爲衞青昔人譏之今勰著書垂世自謂嘗夢執丹漆器隨仲尼南行其自負不淺矣觀其論說篇稱論語以前經無論字六韜三論後人追題是殊不知書有論道經邦之言也其疎略殆過於王杜矣

和凝爲文。以多爲富。有集百餘卷。自鏤板行於世。識者多非之。〔案〕此歐陽公五代史凝本傳文 此顏之推所謂詅癡符也。〔原注〕詅力正反 楊綰有論著。未始一示人。可以爲法。易曰。自貴无咎。〔閻按〕〔舊書綰傳〕每屬文恥於自白非知己不可得見〔何云〕〔癸辛雜識〕有詅粉之語蓋賣粉聲也〔集證夢溪筆談曰〕凝生平著述分爲演綸游藝孝弟疑獄香奩籝金六集今不載〔又云〕〔香奩集〕嫁名韓偓今世所傳韓偓香奩集乃凝所爲也〇〔元圻案〕〔樓攻媿詅癡符序曰〕赤城李公所爲詩文名曰詅癡符公亡矣莫曉其名書之意余曰公於書無不讀此名殆不苟也海邦貨魚於市者夸詡其美謂之詅字書以爲詅衒賣也〔顏之推家訓曰〕吾見世人至無才思自謂清華流布醜拙亦已衆矣江南號爲詅癡符公之意蓋出於此特謙詞耳公諱庚子長其字也　和凝字成績鄆州須昌人相晉高祖漢封魯國公

崔駰西巡頌表曰。唐虞之世。樵夫牧豎。擊轅中韶。感於和也。班固集。擊轅相杵。亦足樂也。曹子建

壤翁轅童

歎牛傚舟句法所本 長平威振杜郵死 越子膝行吳君忽 晉宣尸居曹爽怠 李園養士春申易 傳贊句法相規倣

書擊轅之歌有應風雅柳子厚答人求文章書云擊轅拊缶宋景文明堂頌云壤翁轅童皆本於崔班〔元圻案〕〔文選四十二曹子建與楊德祖書曰〕夫街談巷說必有可采擊轅之歌有應風雅匹夫之思未易輕棄也〔李善注崔駰曰〕竊作頌一篇以當野人擊轅之歌〔班固集曰〕擊轅相杵亦足樂也〔宋景文上明堂頌序云〕辭淺義直可使戶曉壤翁轅童皆得謳歌

劉夢得歎牛云員能霸吳屬鏤賜〔案〕事見左傳哀公十一年斯既帝秦五刑具長平威振杜郵死〔秦策曰〕白起攻趙長平北坑馬服誅屠四十餘萬楚趙懾服功已成矣賜死於杜郵垓下禽敵鍾室誅謂韓信也事見史記本傳傚舟云越子膝行吳君忽〔史記越世家〕越王以餘兵五千人保於會稽令大夫種行成於吳膝行頓首晉宣尸居魏臣怠〔闇按〕〔晉宣帝紀〕李勝來候疾退告曹爽曰司馬公尸居餘氣形神已離不足慮也故爽等不復設備〔何云〕晉宣於時亦魏臣也韓柳必無此〔全云〕馬懿尸居曹爽怠白公厲劍子西哂事見左傳哀十六年李園養士春申易〔戰國策〕李園既入其女弟為王后子為太子恐春申君語泄陰養死士欲殺春申君以滅口朱英謂春申君李園不治國王之舅也不為兵將而陰養死士之日久矣春申君曰李園軟弱人也僕又善之又何至此文法倣漢書蒯通等傳贊〔原注〕唐書姦臣傳贊亦然〔闇按〕楊升菴則謂文法皆祖韓非門人捐水而夷射誅六句東坡賀朱壽昌詩又用此法奇矣果然〇〔元圻案〕〔容齋四筆九〕作文旨意句法固有規倣前人而音節鏗亮不嫌於同者如前漢書贊云豎牛奔仲叔孫卒郈伯

意車文馬理强意乃勝氣盛文如駕杜牧與莊充論文辭采章句爲兵衛韓非車馬鞭策喻國

翻空徵實語意沈謝輩好作奇語文王理不在奇文潛與李惟官論文

毀季昭公逐云云新唐書效之云三宰嘯凶牝奪辰林甫將蕃黃屋奔鬼質敗謀興元蹙崔柳倒持李宗覆劉夢得論儆舟篇亦效班史語也然其模範本自荀子成相篇〔論語比考讖〕紂惑妲己玉馬走隨巢子夏桀德衰岱淵沸句法亦同

張文潛論文詩曰。文以意爲車。意以文爲馬。理强意乃勝。氣盛文如駕。理文當〔閻按〕宜作當文〔馬氏校云〕理文元板作理維卽止妄說。卽虛假。氣如決江河。勢順乃傾寫。〔元圻案〕〔杜牧與莊充書曰〕凡爲文以意爲主以氣爲輔以辭采章句爲之兵衛苟意不先立止以文彩辭句繞前捧後是辭愈多而理愈亂如入闤闠紛紛然莫知其誰暮散而已文潛詩意似本於此〔韓非子難勢篇〕今以國位爲車以勢爲馬以號令爲轡以刑罰爲鞭策牧之又從此脫胎

山谷與王觀復書曰。劉勰嘗論文章之難。云意翻空而易奇。文徵實而難工。此語亦是沈謝輩爲儒林宗主時。好作奇語。故後生立論如此。〔何云〕彥和乃謂手爲心使之難山谷錯會也〔閻按〕何屺瞻謂山谷引用劉語亦失其本旨蓋劉云方其搦翰氣倍辭前暨乎篇成半折心始何則意翻空而易奇言徵實而難巧也此乃謂爲文者言不能足其志好作奇語。自是文章病。但當以理爲主。理得而辭順。文章自然出羣拔萃。張文潛答李推官

植於燕雲句法所本

飴同養老黏牡異用

顏太初文多足觀

温公太初文序

東州逸黨詩刺嵇阮

鄆州牧榜掠屬令

書可以參觀。〔原注〕文鑑取此二書〔元圻案〕〔張文潛答李推官書曰〕足下之文可謂奇矣捐去文字常體力爲瓌奇險怪務欲使人讀之如見數千載之前蝌蚪鳥跡所記絃匏之歌鐘鼎之文也抑某之所聞所謂能文者豈謂其能奇哉自六經以下至於諸子百氏騷人辨士論述大抵皆將以爲寓理之具也是故理勝者文不期工而工理詘者巧爲粉澤而隙間百出故學文之端急於明理夫不知文者無所復道如知文而不務理求文之工世未嘗有是也

迂齋太學策問言宣和事云夷門之植植於燕雲。〔原注〕夷門在大梁用樂毅書文法。〔元圻案樂毅書云〕薊邱之植植於汶篁

柳下惠見飴曰可以養老盜跖見飴曰可以黏牡。見物同而用之異。〔原注〕出淮南子牡門戶籥牡〇〔案〕見說林訓左氏博議用此

呂氏春秋。孟冬紀異用篇仁人得飴以養疾侍老也跖蹻得飴以開閉取楗也。

司馬公序顏太初醇之文曰觀其後車詩則不忘鑑戒矣觀其逸黨詩則禮義不壞矣觀其哭友人詩則酷吏愧心矣觀其同州題名記則守長知弊政矣觀其望仙驛記則守長不事廚傳矣

針工許希不
忘師
祠扁鵲靈應
侯
儒取富貴忘
素王
聖祐弟襲文
宣封
范諷好朋飲
高歌
黎德潤以吏
誣繫獄

是亦名樓園
不名人

文鑑惟載逸黨許希二一詩。〔元圻案〕〔司馬溫公顏太初雜文序曰〕魯人顏太初字醇之讀書不治章句必求其理既得其理不徒誦之以誇誑於人必也蹈而行之在其身與鄉黨無餘於其外則不光不光先生之道猶翳如也迺求天下國家政理之得失爲詩歌洎文以宣暢之景祐初青州牧有以荒淫放蕩爲事慕嵇康阮籍之爲人當時四方士大夫樂其無名教之拘翕然效之寖以成風太初惡其爲大亂風俗之本作東洲逸黨詩以刺之詩遂上聞天子亟治牧罪又有鄆州牧怒屬令之清直與己異者誣以罪榜掠死獄中太初素與令善憐其寃死作哭友人之詩牧亦坐是廢〔又曰〕世人見太初官職不能動人又其文多指訐有疵病者所惡聞雖得其文不甚重之故所棄失居多余止得其兩卷在同州又得其所爲題名記今集而序之異日有見之者觀其後車詩則不忘鑑戒矣云云〔宋文鑑十六顏太初許希詩序曰〕針工許希下蔡人天聖中皇躬違裕有內戚達其姓名上召見三進針而疾平賜與不可勝紀謝恩畢西向而拜上詢其故曰臣拜本師扁鵲也上惜其用心不忘本給錢五十萬爲立祠封曰靈應侯或曰人生乎世慎乎習希失其習者也使希不習醫而習儒其遇主之日不忘先師明矣若然則讀書爲儒乘時取富貴高冠長劍昂昂廟堂之上自負自得不知素王之力者許希之罪人也〔續通鑑長編一百十七〕眞宗天禧五年孔子四十七代孫聖祐襲封文宣公聖祐卒且十年無子遂除襲封彭城顏太初因許希請立扁鵲廟作詩指襲封事諷在位者得路反忘先師又致書參政蔡齊言於上景祐二年詔聖祐弟宗愿襲封〔儒林公議〕范諷性疏誕嘗忤外計求監舒州靈仙觀莊獻太后臨朝聞其俊邁召拜諫官好朋飲高歌嗷呼或不冠幘禮法之士甚疾之顏太初作東州逸黨詩以譏之〔續通鑑長編一百十四〕仁宗景祐元年三月濟人黎德潤者性剛介廉平嘗知衞眞縣州吏受賕德潤告之坐決勤者十餘人吏因共誣德潤以罪繫獄自縊彭城顏太初賦詩發其寃范仲淹前使江淮請加追卹於是賜德潤家錢三萬〔鳧繹集〕〔陳氏書錄解題〕〔晁氏讀書志〕皆不著錄豈南宋時已佚耶〔東都事略儒學傳〕顏復字長道先師兖公四十八世孫父太初爲東魯名儒嘗爲國子監直講出爲臨晉簿再後掌南京學以卒

絜齋先生袁燮號爲樓。名以是亦。曰。直不高大爾。是亦

絜齋兩世恬退

宋賢姦三爭由是非治亂爭存亡溫荊爭新法是非陳瓘抽疏論蔡京李綱策沮於耿南仲會開抗聲作檜非第安危止

樓也。以至山石花木衣服飲食貨財隸役亦莫不然。至於宦情亦薄。曰直不高顯爾。是亦仕也。凡身外之物。皆可以寡求而易足。惟此身與天地並廣大高明。我固有之。朝夕磨厲。必欲追古人而與居。若徒儕於凡庸而曰是亦人爾。則吾所不取也。〔元圻案〕此節錄袁絜齋是亦樓記文也絜齋表其父質甫先生之墓曰有園數畝日涉成趣屋苟可以居食苟可以飽衣裘苟可以禦寒如是足矣蓋得於庭訓絜齋又有是亦園記

鄧志宏與胡丞公〔閻按〕丞公宋史作承名世將晉陵人官資政殿學士書曰。熙豐閒。如司馬溫公與王荊公之所爭者。曰是與非。崇寧閒。陳了翁與蔡長沙〔何本載閻云〕蔡京貶官行至潭州死故曰長沙之所爭者。曰治與亂。靖康閒。李丞相與耿門下之所爭者。又不特是非治亂安危而已。其存亡所繫乎。〔元圻案〕熙寧元豐閒溫公與荊公所爭者新法也〔東都事略陳瓘傳〕瓘字瑩中崇寧閒官右司諫以言事罷監揚州糧料院改知無為軍瓘責之日方袖疏論蔡京而命下於門外繳四奏并明宣仁誣謗

論存亡
陳瑩中罷職
繳四奏

史襲記事文
誤實
爲介依康居
之誤
爲介走保黑
車子族
郅支弇丁令
殺漢使
鄭珙以善飲
死契丹
韋曜強飲之
誤
劉沔石雄大
破回鶻
黠戛室韋之
別
韋曜即吳韋
昭

修實錄建西京等事瓘嘗言不可用用之必爲心腹患〔續通鑑〕欽宗靖康元年四月京師自金兵退遂置邊事於不問李綱獨以爲憂數上備邊禦敵之策輒爲耿南仲所阻〔事文類聚新集十三〕載中興繫年錄曰禮部侍郎曾開知婺州先是秦檜語和議曰此事大係安危開於坐中抗聲曰丞相今日不當說安危止合論存亡耳檜瞿然驚其言遂令出守　陳振孫曰胡承公名世將文恭公宿之曾孫著胡忠獻集六十卷

唐五代之際。以文紀事者。多用故事。而作史者因而舛誤。回鶻烏介可汗。走保黑車子族李德裕紀聖功碑云。烏介弁丁令以圖安。依康居而求活。所謂康居。用漢書郅支事也。〔案〕〔漢書陳湯傳〕宣帝時五單于爭立呼韓耶單于與郅支單于俱遣子入侍後郅支西破呼偈堅昆丁令兼三國而都之殺漢使谷吉等遂西奔康居　而舊史云。烏介依康居求活。〔何云〕以下皆本温公考異　北漢鄭珙卒於契丹。王保衡晉陽見聞錄。虜俗雖不飲酒。如韋曜者。亦加灌注。韋曜。即吳孫皓時韋昭也。而路振九國志云。高祖鎮河東。命韋曜北使。曜不能飲酒。虜人强之。此殆類癡人說夢也。〔元圻案〕〔通鑑唐紀〕武宗會昌三年正月回鶻烏介可汗帥衆侵逼振武劉沔遣麟州石雄都知兵馬使王逢帥沙陀朱邪赤心三部及契苾拓跋三千騎襲其牙帳沔自以大軍繼之雄乃鑿城爲十餘穴引兵夜出直攻可汗牙帳至其帳下虜乃覺之可汗大驚棄輜重走雄追擊大破回鶻於殺胡山烏介可汗走保黑車居子族〔胡三省注〕胡嶠曰轄戛之北單于突厥又北黑車子善作車帳詳考新舊書黑車子即室韋之一種〔按〕是時賜黠戛斯詔云黑車子去漢界一千餘里〔考異曰〕舊回鶻傳云烏介驚走東北約四百里外依和解室韋下營嫁妹與室韋依附之今從伐叛記實錄新傳舊張仲武傳〔又云〕烏介既敗乃依康居求活盡徙餘種寄託黑居子蓋以李德裕紀聖功碑云烏介幷丁令以圖安依康居而求活盡徙餘種屈意黑車彼所謂康居用郅支故事耳致此誤也〔又〕〔後周紀〕太祖廣順元年五月北漢禮部侍郎同平章事鄭珙卒于契丹〔考異曰〕晉陽見聞錄鄭珙既達虜庭虜君恩禮周厚虜俗以酒池肉林爲名雖不飲酒如韋曜輩者亦加灌注珙魁岸善飲罹無量之逼一夕腐脇於穹廬之氈堵間輿尸而復命〔九國志〕契丹晏犒漢使必厚具酒食以示夸大高祖鎮河東嘗命韋曜北使曜羸瘠不能飲酒虜人强之遂卒按韋曜孫皓時人韋昭也不能飲酒王保衡引以爲文章而路振云高祖時人誤也

困學紀聞注卷十七

淵明賢之眞
去羲農少復
眞
此中有眞意
羅願陶令祠
堂記
閑情賦白璧
微瑕
責子乞食非
所譏
述酒爲哀零
陵
劉裕使兵掩
恭帝
張禕酖王自
飲
文有先秦西
漢風
東坡論閑情
賦同騷
子美譏淵明
有託

困學紀聞注卷十八　　餘姚翁元圻載青輯

評詩

陶淵明（飲酒）詩。羲農去我久。舉世少復眞。汲汲魯中叟。彌縫使其淳。又曰。此中有眞意。欲辨已忘言。東坡（書李簡夫詩集後）云。淵明欲仕則仕。不以求之爲嫌。欲隱則隱。不以去之爲高。飢則扣門而求食。飽則具雞黍以迎客。古今賢之。貴其眞也。葛魯卿爲贊。羅端良爲記。〔閻按〕羅端良名願。歙縣人。淳熙中知鄂州。卒。有鄂州小集。論者謂南渡後文字有先秦西漢風。惟願一人而已。朱文公周益公視爲畏友。作陶令祠堂記見集中。○〔案〕樓攻媿云。端良嘗以陶令祠堂記見寄。亦其最得意者 皆發此意。蕭統疵其閑情。杜子美譏其責子。王摩詰譏其乞食。何傷於日月乎。述酒一篇之意。惟韓子蒼知之。〔集證〕〔昭明太子淵明集序〕白璧微瑕。惟在閑情一賦。〔杜工部遣興詩〕陶潛避俗翁。未必能達道。觀其著詩集。頗亦恨枯槁。達生豈是足。默識蓋不早。有子賢與愚。何其掛懷抱。〔王右丞偶然作詩〕傾倒彊行行。酣歌歸五柳。生事不曾問。肯愧家中婦。〔黃山谷云〕述酒一篇。似是讀異書所作。其中多不可解。〔韓子蒼云〕余反覆之。見山陽歸下國之句。蓋用山陽公事。疑是義熙以後有所感

而作也故有流淚抱中歎平王去舊京之語淵明忠義如此今人或謂淵明所題甲子不必皆
義熙後此亦豈足論淵明哉惟其高舉遠蹈不受世紛而至於躬耕乞食其忠義亦足見矣〔一〕
湯東澗云〔一〕按晉元熙二年六月劉裕廢恭帝爲零陵王明年以毒酒一罌授張禕使酖王禕
自飲而卒繼又令兵人踰垣進藥王不肯飲遂掩殺之此詩所爲作故以述酒名篇詩詞盡隱
語故觀者弗得獨韓子蒼以山陽下國一語疑是義熙後有感而作余反覆詳考而後知決爲
零陵哀詩也〇〔元圻案〕〔羅端良陶令祠堂記曰〕易之彖天地萬物皆以其情見而禮經大
順之世然後人不愛其情乃知真情之闕爲日已久又自東漢之末矯枉既過正始以來始爲
通曠本欲稍返情實然以此相矜末流之弊愈不勝其僞若淵明生百代之後獨頹然任實雖
清風高節邈然難嗣而言論所表篇什所寄率書生之素業或老農之常務仕不曰行志聊資
三徑而已去不曰爲高情在駿奔而已飢則求食醉便遣客不藉琴以爲雅故無絃亦可不因
酒以爲達故把菊自足真風所播直掃魏晉澆習嘗有詩云羲皇去我久滿世少復真汲汲魯
中叟彌縫使其淳嗚呼自頊諸人祖莊生餘論皆言淳漓朴散翳周孔禮訓使然孰知魯叟爲
此將以淳之邪蓋淵明之志及此則其處己已審矣　元曹涇有鄂州太守存齋先生羅公傳
附集中〔閻注〕論者謂南渡後文字云云郎曹涇傳文也　〔東坡題文選云〕淵明閑情賦正
所謂國風好色而不淫正使不及周南與屈原所陳何異而統乃譏之此乃小兒強作解事者
〔黃山谷曰〕杜子美詩陶潛避俗翁云云夫子美困頓於山川蓋爲不知者詬病以爲拙於
生事又往往譏議宗文宗武失學故聊解嘲耳其詩名曰遣興可解也俗人便謂譏病淵明所
謂癡人前說不得夢也　葛魯卿名勝仲丹陽人紹聖四年進士官至華文閣待制知湖州乞
祠卒諡文康宋史入文苑傳著丹陽集二十四卷　四庫全書著錄　韓子蒼名駒蜀仙井監
人政和中召試賜進士出身南渡初知江州宋史入文苑傳著陵陽集四卷　四庫全書著錄

詠貧士詩云。昔在黃子廉。彈冠佐名州。一朝辭吏
歸。清貧略難儔。愚按風俗通曰。潁川黃子廉。每
飲馬。輒投錢於水。其清可見矣。吳志黃蓋傳〔注引吳書〕

黃子廉飲馬投錢
吳黃蓋爲子廉後
郝子廉飯姊留錢

飲水投錢事相似

雞鳴高樹巔襲改

杜詩滴博雲蓬婆雪韋皐踰的博嶺圍維雪欄山蒲婆嶺

飲中八仙名氏陶峴製二舟泛烟水女樂奏清商

曰　故南陽太守黃子廉之後。〔元圻案〕〔元黃溍筆記曰〕陶詩昔在黃子廉彈冠佐名州〔湯伯紀注云〕三國志黃蓋傳曰南陽太守子廉之後劉潛夫詩話亦云子廉之名僅見蓋傳按後漢尚書令黃香之孫守亮字子廉爲南陽太守注及詩話舉其孫而遺其祖豈弗深考耶子廉乃守亮之字亦非名也〔風俗通衍愆禮篇〕載太原郝子廉一介不取諸人曾過姊飯留十五錢默置席下去每行飲水常投一錢井中事而譏其飯姊留錢爲傷恩薄禮太平御覽四百二十六清廉下引風俗通則以飲水投錢爲穎川黃子廉事飲水作飲馬分飯留姊錢爲郝子廉事飯作飲豈古本風俗通固兩人耶

古辭雞鳴高樹巔。狗吠深宮中。見宋書樂志三陶淵明歸田園詩二句。倣此。唯改高爲桑。宮爲巷。〔全云〕改巷字句便佳

少陵和嚴武軍城早秋詩。已收滴博雲閒戍。更奪蓬婆雪外城。的博嶺在維州。〔原注〕見韋皐傳蓬婆山在柘州。〔原注〕見元和郡縣志〔集證〕〔唐書韋皐傳〕出西山靈關破峨和通鶴定廉城踰的博嶺遂圍維州搏雞棲攻下洋等二城取劍山屯焚之〔元和郡縣志〕劍南道中柘州城四面險阻易於固守有安戎江蓬婆水在州南三十里大雪山一名蓬婆山在柘縣西北一百里按今四川茂州雜谷廳西北有的博嶺龍安府松潘廳唐柘霸等州地東有雪欄山一名雪嶺〇〔元圻案〕〔唐書吐蕃傳〕開元十六年王昱率劍南兵攻安戎頓兵于蒲婆嶺蓋即蓬婆嶺也

飲中八仙。其名氏皆見於唐史。唯焦遂事蹟僅見於甘澤謠。〔元圻案〕〔甘澤謠曰〕陶峴者彭澤之子孫也開元中家于崑山富有田業擇家人不欺而了事者悉付之身則汎濟江湖遍遊烟水自製二舟一

客置僕妾共
載
袁郊甘澤謠
以兩名
飲仙或有裴
周南
焦遂號醉吃
石壕吏爲硤
石縣

僕射如父兄
本汝墳
論詩未覺國
風遠
朔方軍斷河
陽橋
汾陽潏水之
敗
悲陳陶永貞
行公議
房琯用牛車

舟自載一舟致賓客一舟貯飲饌客有前進士孟彥深進士孟雲卿布衣焦遂各置僕妾共載而峴有女樂一部奏清商曲逢奇遇興則窮其景物興盡而行焦遂天寶中爲長安飲徒時好事者爲飲中八仙歌云云〔四庫全書總目小說類〕甘澤謠一卷唐袁郊撰晁氏讀書志云載譎異事九章咸通中久雨臥疾所著陳氏書錄述其自序云以春雨澤應故有甘澤成謠之語以名其書〔新唐書宰相世系表〕郊字子乾官至虢州刺史〔葉石林避暑錄話云〕焦遂事跡不見他書偶未考也〔錢氏養新錄十六〕范傳正撰李太白墓碑云時人以公及賀監汝陽王崔宗之裴周南等八人爲酒中八仙子美飲中八仙歌無周南名蓋傳聞異詞　康熙字典口部吃字下引唐史拾遺曰焦遂口吃對客不出一言醉後則酬答如注射當時目爲醉吃

石壕吏。蓋陝州陝縣石壕鎮也。〔原注〕見九域志輿地廣記本峽縣一唐改爲硤石熙寧六年省爲鎮〔閻按〕新舊唐書硤並從山惟通典從石○〔元圻案〕〔王存九域志三〕陝西路大都督府陝州陝郡保平軍節度治陝縣陝六鄉石壕乾壕故縣三鎮有虢山硯頭山二崤山底柱山黃河橐水〔歐陽忞輿地廣記十三〕陝縣故虢國所謂上陽也石壕鎮本崤縣後魏置唐貞觀十四年改爲硤石縣姚崇其邑人也熙寧六年省爲鎮〔通典州郡七〕陝州周召分陝之所領縣五二曰陝石縣西南有莘原左傳有神降於莘卽此陝不從石蓋傳刻之異

新安吏。僕射如父兄。汝墳之詩。曰雖則如燬。父母孔邇。此詩近之。山谷所謂論詩未覺國風遠。〔元圻案〕〔杜詩箋曰〕舊書乾元二年三月九節度之師敗于安陽河北〔通鑑〕子儀以朔方軍斷河陽橋保東京築南北兩城守之　汾陽初敗于滈水詣闕請貶降爲左僕射已而加司徒中書令此復稱僕射者本相州之潰舉其初貶之官亦春秋之書法也洗兵馬則目之曰郭相〔山谷老杜浣花溪圖引〕探道欲度羲皇前論詩未覺國風遠

少陵善房次律。房琯字而悲陳陶一詩。不爲之隱。昌黎

兵敗
血作陳陶澤
中水
悲青坂
王伾王叔文
用事
韋劉柳黨王
狐鳴梟噪
睗睒跳踉相
嫵媚
昌黎以王韋
貶山陽
寄三學士詩
疑劉柳

黃閣非宰輔
事實
給事中爲閣
老
嚴武妙年入
官
三公黃閣之

善柳子厚。而永貞行一詩。不爲之諱。公議之不可掩也如是。〔何云〕作永貞行之時劉柳之怨未平也〔全云〕昌黎山陽之貶由於王韋而并疑漏言之爲劉柳見寄三學士詩按子厚雖昧于知人而附依王韋謂其下石昌黎則未必然也昌黎晚年亦不復致疑矣〇〔元圻案〕〔通鑑唐肅宗紀〕至德元載十月房琯請自將兵復兩京上許之琯以中軍北軍爲前鋒至便橋遇賊將安守忠于咸陽之陳濤斜時琯依古之車戰法以牛車二千乘馬步夾之賊順風鼓譟牛皆震駭縱火焚之人畜大亂官軍死傷者四萬餘人存者數千而已〔少陵悲陳陶詩云〕孟冬十郡良家子血作陳陶澤中水野曠天清無戰聲四萬義軍同日死〔東坡云〕陳陶唐書作陳濤邪不知孰是時琯臨敗猶欲持重而中人邢延德促戰遂大敗故次篇悲青坂云焉得附書與我軍留待明年莫倉卒〔通鑑唐順宗紀〕永貞元年正月德宗崩太子即皇帝位時順宗失音不能決事二月以王伾爲左散騎常侍依前翰林待詔王叔文爲起居舍人翰林學士每事先下翰林使叔文可否然後宣於中書韋執誼承而行之外黨則韓泰柳宗元等主采聽外事謀議唱和榮辱進退生于造次八月太子即皇帝位改元永貞貶王伾爲開州司馬王叔文爲渝州司戶九月貶韓泰撫州刺史韓曄池州柳宗元邵州劉禹錫連州〔注〕皆王伾王叔文之黨也〔昌黎永貞行云〕君不見太皇亮陰未出令小人乘時偷國柄指伾叔文也狐鳴梟噪爭署置睗睒跳踉相嫵媚指其黨也郎官清要爲世稱荒郡迫野嗟可矜指劉柳諸人之貶也〔蔡寬夫詩話〕子厚禹錫于退之最厚善然退之之貶陽山不能無疑赴江陵途中寄三學士云同官盡才俊偏善柳與劉或慮語言洩傳之落寃讐二子不宜爾將疑斷還否

贈嚴閣老詩。扈聖登黃閣。明公獨妙年。舊史嚴武傳。遷給事中。時年三十二。給事中屬門下省。開元曰黃門省。故云黃閣。少陵爲左拾遺。亦東省

義
張敬兒語妻嫂開閣
李德裕驚不封敕
宰相稱堂老
送李晉肅郎賀父
三月三日賦聚三都之麗人

之屬。故云官曹可接聯。近世用此詩為宰輔事。〔何云〕王綱四六見隨筆誤矣。通鑑。王涯謂給事中鄭肅韓佽曰。二閣老不用封敕。此唐人稱給事中為閣老也。〔集證〕〔唐書楊綰傳〕中書舍人年久者為閣老〔容齋三筆〕蔣子禮拜右相王綱賀啓曰早登黃閣獨見明公之妙年今得舊儒何憂左轄之虛位誤也歐陽公答子華學士安撫江南詩云相公黃閣老與國為長城承叔似亦誤用〇〔元圻案〕〔杜詩箋云〕宋志曰三公黃閣前史無其義按禮記曰士韠與天子同公侯大夫則異〔鄭注云〕士賤與君同不嫌也夫朱門洞啓三公之與天子禮秩相亞故黃其閣以示嫌疑是漢來制也〔緗素雜記〕漢舊儀曰丞相聽事門曰黃閣又〔王瑩傳〕云既為公須開黃閣張敬兒謂其妻嫂我拜後府開黃閣是也〔通鑑唐紀〕文宗太和八年八月以王仲言為四門助教給事中鄭肅韓佽封還敕書李德裕將出中書謂王涯曰且喜給事中封敕涯即召肅佽謂曰李公適留語令二閣老不用封敕二人即行下明日以白德裕德裕驚曰德裕不欲封還當面聞何必使人傳言且有司封駁豈復稟宰相意耶〔唐李肇國史補〕宰相相呼為堂老兩省相呼為閣老

公安送李晉肅入蜀。蓋即李賀之父。〔閣按〕〔李賀傳〕系出鄭王後鄭王名亮太祖第八子非高祖之子名元懿者元懿則稱小鄭王或曰惠鄭王矣〇元圻案李賀以父名晉肅不得舉進士韓文公為作諱辨

王無功三月三日賦。聚三都之麗人。麗人行長安水邊多麗人。語本此。〔元圻案〕王無功名績太原祁人隋大業中授祕書省正字出為六合丞歸隱北山東皐自號東皐子唐書入隱逸傳著東皐子集三卷　三月三日賦曰年去年來已復春三月三日倚河潛正是地名為禊飲辰傾兩京之貴族聚三都之麗人

土門杏園地井陘關八陘之五李郭橫行河朔董秦從子儀圍相州子儀破安太清

杜位宅守歲四十明朝過盍簪喧櫪馬列炬散林鴉杜位以林甫壻流貶

土門壁甚堅。杏園度亦難。垂老別土門口在鎮州獲鹿縣。即井陘關也。郭子儀自杏園渡河。圍衞州。董秦爲濮州刺史。移鎮杏園渡地。蓋在衞州汲縣。非長安曲江池之杏園也。〔何云〕顏魯公帖有土門既開凶威大蹙語〇〔元圻案〕〔元和郡縣志〕河北道二恆州有井陘縣井陘口今名土門口在獲鹿縣西南十里即太行八陘之第五陘也四面高中央下如井故名之〔述征記曰〕其山首自河內有八陘井陘第五〔令狐峘顏真卿墓誌〕河朔一十七郡同日嚮順連兵二十萬橫集燕趙旁貫井陘啓土門通太原李光弼郭子儀得橫行河朔復常山趙二郡〔唐書叛臣傳〕李忠臣本董秦也從郭子儀圍相州未幾授濮州刺史屯杏園渡〔通鑑唐紀〕肅宗乾元元年十月郭子儀自杏園濟河東至嘉獲破安太清太清走保衞州子儀進圍之注九域志衞州汲縣有杏園鎮

杜位宅守歲按李林甫傳。杜位林甫諸壻也。四十明朝過。年譜謂天寶十載時林甫在相位。盍簪列炬之盛。守歲詩盍簪喧櫪馬列炬散林鴉其炙手之徒歟。又寄杜位詩。近聞寬法離新州。相見懷歸尚百憂。逐客雖皆萬里去。悲君已是十年流。其流貶蓋以林甫故。〔閻按〕〔李林甫傳〕諸壻若杜位等皆貶官已明著之

示獠奴阿段獠男婦以長幼呼阿蓍阿夷阿等

李之芳使吐蕃被留詩家秀句傳

兩過蘇端詩溢美文章有神交有道蘇端毀黷遭貶楊綰謚文貞改文簡

示獠奴阿段。北史（蠻獠傳）獠無名字。以長幼次第呼之。丈夫稱阿蓍阿段。婦人稱阿夷阿等之類。皆語之次第稱謂也。

李尚書之芳。攷諸唐史（太宗九王蔣王惲傳）之芳。蔣王惲之曾孫。廣德初。（廣德代宗初元）詔兼御史大夫。使吐蕃。被留二歲。乃得歸。拜禮部尚書。故少陵詩有（修文將管輅）奉使失張騫。史閣行人在（詩家秀句傳）之句。（集證）（唐書宗室世系表）太宗子蔣王惲生蔡國公煜。煜生左武衞將軍承祖。承祖生太子賓客之芳

楊綰謚文正。（案）綰謚文貞。王氏避仁宗諱。故作正　比部郎中蘇端持異議。兩過蘇端。豈卽斯人歟。然少陵稱其文章有神交有道。而端終爲憸人。豈晚謬乎。（闇按舊唐書楊綰傳）謚曰文簡。比部郎中蘇端性疎狂。嫉其賢。乃肆毀黷。異同其議。上怒。貶端爲廣州員外司馬。自卽其人。詩人溢美。詎足與辨○（元圻案）蘇端肅宗朝官比部郎中。太常謚楊綰曰文貞。端駁之曰。綰不慈不惠。何以謂之文。有隱有毒。何以謂之貞。梁肅復駁之曰。端謂公與元載交游。嘗爲載薦引。載之咎惡。悉歸于公。斯乃昧于覲行定謚之義。且非君子成人之美也。二議俱見文苑英華八百四十卷　蘇端之議謚

可歎行豐城
客子
羣書萬卷常
暗誦
王季友白首
短褐
見子如瓊枝
季友工詩入
李勉幕下
李勉不下輔
國出宰
李義山掌茂
元書記

謂楊綰不應謚文貞也舊唐書綰傳載賜謚文簡之詔於前而繫蘇端之毀黷于後誤也〔新唐書綰傳〕謂太常謚曰文貞蘇端憸人也持異議帝以其言醜險不實貶端猶賜謚曰文簡爲得其實閻氏乃引舊唐書何歟

可歎行云。丈夫正色動引經。豐城客子王季友。羣書萬卷常暗誦。孝經一通看在手。豫章太守高帝孫。引爲賓客敬頗久。季友肅代閒詩人也。殷璠謂其詩放蕩愛奇。務險然而白首短褐。錢起有贈季友赴洪州幕下詩云。列郡皆用武。南征所從誰。諸侯重才略。見子如瓊枝。此即豫章賓客之事也。少陵謂王也論道阻江湖。期以致君堯舜。季友不但工詩而已。〔原注〕太守宗室少陵謂邦人思之比父母鮑欽止云江西觀察使李勉時季友兼監察御史爲副使〔閻按〕王季友兼監察御史以入勉幕下故猶李義山掌王茂元書記得侍御史也非爲副使于邵送王季友赴洪州序但云爲副車〔集證〕〔朱鶴齡曰〕潘淳詩話載唐江西新幪子記題名云使兼御史中丞李勉兼監察御史王季友蓋勉罷河南尹以御史中丞歸西臺出爲江西觀察使故結銜如此于邵送王司議季友赴洪州序云洪州之爲連率舊矣朝廷重于鎮定咨爾宗支勉移獨坐之權專方面之寄是以王司議得爲副車○〔元圻案〕〔唐書宗室宰相傳〕李勉字元卿鄭惠王元懿曾孫肅宗素重其正欲遂柄用李輔國諷

五雲高太甲句義張燕公不解碑語七曜在南出聖人華蓋旁六星曰六甲帝所遊往五色雲起太甲或當爲太乙漢武受六甲靈飛楊升庵襲困學記

使下己勉不肯乃出爲汾州刺史歷河南尹徙江西觀察使〔書錄解題別集類〕王季友詩一卷元結篋中集有季友詩二首今此集中有七篇而篋中二首不在焉又總集類河嶽英靈集二卷唐進士殷璠集常建等詩二百三十四首

出瞿唐峽詩。五雲高太甲。六月曠摶扶。注。不解五雲之義。嘗觀王勃益州夫子廟碑云。帝車南指。遁七曜於中階。華蓋西臨。藏五雲於太甲。西陽雜組第十二謂燕王讀碑。自帝車至太甲四句。悉不解。訪之一公。一公言北斗建午。七曜在南方。有是之祥。無位聖人當出。華蓋以下。卒不可悉。〔案〕以上節錄張邦基墨莊漫錄語愚謂老杜讀書破萬卷。必自有所據。或入蜀見此碑而用其語也。晉天文志。華蓋杠旁六星曰六甲。分陰陽而配節候。太甲恐是六甲。一星之名。然未有考證。以一行之邃於星歷。張燕公段柯古之殫見洽聞。而猶未知焉。姑闕疑

閭邱均能文詭進安樂公主薦閭邱

蕭使君詩杜自注事嚴母若己庭闈

陳倉石鼓還

以侯博識。〔閻按〕以隋書天文志天子欲有所遊往其地先發天子氣或如華蓋在霧氣中或有五色蒼帝起青雲扶日赤帝起赤雲扶日黃帝起黃雲扶日白帝起白雲扶日黑帝起黑雲扶日以證華蓋五雲亦一解而太甲終當闕疑〔集證〕〔嚴羽滄浪詩話曰〕太甲之義殆不可曉得非高太乙卽乙爲甲蓋亦相近以星對風亦從其類也〔張石虹太史格物外編〕太甲楊升菴疑爲六甲之訛非也〔漢武內傳〕帝受六甲靈飛於六甲中元凡十二事太甲當與太乙爲上天最貴之神〇〔元圻案〕王氏此條楊升菴集全襲爲己說

贈閭邱師太常博士均之孫。謂鳳藏丹霄暮龍去白水渾蓋稱均之文也。考之舊史成都閭邱均景龍中宗神龍三年改元景龍中爲安樂公主武后女所薦。起家拜太常博士。公主誅。貶循州司倉。進不以道。其文不足觀也已。〔元圻案〕〔舊唐書文苑傳中〕陳子昂傳云子昂卒後成都人閭邱均亦以文章著稱景龍中爲安樂公主所薦云云

終始任平聲安義之句。蕭使君之賢可見矣。少陵自注其事。足以砥薄俗。惜其名不傳也。〔元圻案〕〔少陵贈蕭十二使君詩云〕終始任安義荒蕪孟母鄰自注云嚴公既沒老母在堂使君溫凊之間甘脆之禮名數若己之庭幃焉及太夫人項逝喪事又首諸孫主典撫孤之情不減骨肉則膠漆之契可知矣

陳倉石鼓又〔何云〕一作文已訛。〔案〕此句及下嶧山之碑句皆少陵李潮八分小篆歌句 按陳倉在

徙魏太武排仆秦石刻佛貍好名不韻嶧山碑以摹拓火焚欲以數橐駞輿石鼓鉉竦嶧山非真本

旌節二字本周禮國忠劍南旌節導駕蔚藍天亦作鬱藍度人經三十二天東帝曰鬱縕玉明初月不高星爭光

唐爲鳳翔寶雞縣。石鼓在天興縣南。〔閻按〕元和郡縣志實云乃雍縣也。魏太武自東平趣鄒山。見始皇石刻。使人排而仆之。〔宋書〕索虜傳云嶧山之碑野火焚。蓋此時也。〔何云〕好名而不韻莫甚于佛貍此事後世俗儒多祖之〔閻按〕野火焚唐封演謂魏太武排倒然而歷代摹拓以爲楷則邑人疲于奔命聚薪其下因野火焚之由是殘缺云〔集證〕元和郡縣志〕石鼓文在鳳翔天興縣南二十許里石形如鼓其數有十蓋紀周宣王田獵之事卽史籀大篆也○〔元圻案〕〔王氏石鼓文考正〕云石鼓文其初散在陳倉野中韓吏部爲博士時請于祭酒欲以數橐駞輿致太學不從鄭餘慶始遷之鳳翔孔子廟封演見聞記又曰有縣宰取舊文勒于石碑之上凡成數片今閒有嶧山碑皆新刻之碑也〔集古錄曰〕嶧山碑秦二世詔李斯篆今俗謂之嶧山碑史記不載其字特大不類泰山存者其本出于徐鉉又有別本出于夏竦家自唐封演已言嶧山碑非真而杜甫直謂棗木傳刻耳

遣與二云。門戶有旌節。注引楊國忠以劍南旌節導駕二一字出周禮。少陵豈用新唐史語哉。〔元圻案〕〔周禮地官〕掌節道路用旌節注旌節今使者所擁節是也將送者執此節以送行者又鄉大夫以旌節輔令則達之

金華山詩。上有蔚藍天。垂光抱瓊臺。放翁二云。蔚藍乃隱語天名。按度人經作鬱藍。〔馬氏校云〕鬱藍元板作鬱縕○〔元圻案〕〔老學庵筆記曰〕蔚藍乃隱語天名非可以義理解也杜子美金華山詩猶未有害韓子蒼乃直謂天與水之色俱如藍耳恐又因杜詩而失之韓子蒼云水色天光共蔚藍〔四庫全書提要曰〕蔚藍天名

成都詩喻意
日轂冥濛
杜韓少作未
實
國忠仲通朋
比爲姦
張說子均垍
仕祿山
于頔李實貪
虐
昌黎稱頔實
在始
杜美鮮于文
不及武
諷張均求仙
得幸
魯公碑稱述
鮮于

別無所出惟杜田注引度人經然度人經所載三十二天有東方太黃皇曾天其帝曰鬱鑑玉明則是帝名鬱鑑非天名鬱鑑也陸游說反誤　韓子蒼夜泊寧陵落句云茫然不悟身何處水色天光共蔚藍

成都詩。初月出不高。衆星尚爭光。謂肅宗初立。盜賊未息也。胡文定通鑑舉要補遺序曰轂冥濛衆星爭耀。語本於此。(元圻案)胡文定通鑑舉要補遺　四庫全書不著于錄考晁氏讀書志直齋書錄解題亦不載其名豈當時已無傳本耶

鮮于京兆仲通也。張太常博士均垍也。所美非美然。(繼序按)然字屬上昌黎之於于頔李實類此。杜韓二公晚節所守。如孤松勁柏。學者不必師法其少作也。(元圻案)(唐書楊國忠傳)南詔質子閣羅鳳亡去國忠薦鮮于仲通爲蜀郡長史率兵討之戰瀘川舉軍沒國忠素德仲通爲匿其敗更叙戰功國忠以宰相領選仲通諷選者鄭愔頌立碑省戶下以頌德詔仲通爲頌　(通鑑唐紀)肅宗至德二載十二月議陷賊官以六等定罪上欲免張均張垍死上皇曰均垍事賊皆任權要均仍爲賊毀吾家事罪不可赦上叩頭再拜曰臣非張說父子無有今日上皇曰張垍爲汝長流嶺表張均必不可活上泣而從命　(唐書張說傳)子均亦能文祿山盜國爲僞中書令肅宗反正顧說有舊免死流合浦垍尚寧親公主垍與希烈皆相祿山垍死賊中與通鑑不同又(于頔傳)頔爲陜虢觀察使峻罰苛懲官吏惴恐拜山南東道節度使請升襄州爲大都督府廣募戰士儲良械撊然有專漢南意公斂

三奇戍或作三城　陳洎等兵出三奇　黔蜀岸溉土銼　西山雪嶺松維堡

八哀詩姓名　蘇源明不汗

私輸持下益急而慢於奉上〔又李實傳〕實拜京兆尹專以殘忍爲政順宗在諒闇不踰月實殺數千人于府　〔韓文公寄襄陽于相公書〕稱頔負超卓之奇材蓄雄剛之峻德渾然天成無有畔岸文章言語與事相侔信乎其有德且有言也又〔上李尚書書〕稱實赤心事上憂國如家今年已來不雨者百有餘日種不入土野無青草而盜賊不敢起穀價不敢貴非閣下條理鎮服宣布天子威德其何能及此　或謂杜贈鮮于詩美其文章而不及其武略贈太常張卿氣得神仙迥恩承雨露低諷均之以求仙得幸似亦不得竟謂之美也　〔趙明誠鮮于仲通碑跋尾云〕顏魯公爲此碑稱述甚盛雖魯公猶爾況他人乎

野望詩。西山白雪三奇戍。南浦清江萬里橋。按唐地理志。彭州導江縣有三奇戍。韋皐傳。遣大將陳洎等。出三奇西南。備邊錄所謂三奇營也。一本作三年。趙氏本作三城。當從舊本三奇爲是〔何云〕當作三城地理不可好新奇也　濤水李氏云。老杜讀書。多不曾盡見其所讀之書。則不能盡注。其間又用方言。如岸溉土銼。乃黔蜀人語。須是博問多讀〔集證〕〔仇滄柱杜詩詳註〕唐氏云西山在成都府西一名雪嶺三城戍卽松維堡三城〔又杜集箋云〕西山三城界於吐番爲蜀邊要害屢見杜詩正不必作三奇也

八哀詩。將相王思禮李光弼嚴武張九齡宗室汝陽王璡之外。名士有二焉。蘇

偽爵　李邕不能治細行　鄭虔授偽職虧節　名士如珠玉象犀　殷浩輩有名無用

杜以儉德爲時砭劑　明皇以侈致亂

別李義詩勉少年　道孝王元慶後嗣　小襦繡芳孫

源明不汙偽爵。其最優乎。李邕細行弗飭。次也。〔全云〕〔何云〕名士如珠玉象犀雖無用而不可少

鄭虔大節已虧。下矣。有實始有名豈有無用者若有名而無用則如殷浩輩是也亦何不可少之有○〔元圻案〕〔唐書文藝傳〕蘇源明京兆武功人工文詞有名天寶間及第進士累遷太子諭德出爲東平太守召爲國子司業祿山陷京師以病不受僞署李邕揚州江都人邕豪放不能治細行所在賄謝畋游自肆終以敗云鄭虔鄭州滎陽人還著作郎安祿山反遣張通儒劫百官置東都僞授虔水部郎中因稱風緩求攝市令潛以密章達靈武

借問懸車守。何如儉德臨。提封不過行儉德。盜賊本王臣。有感第三首 明皇以侈致亂。故少陵以儉爲救時之砭劑。

別李義詩。丈人嗣王業。〔案〕王業一本作三葉 又云。道國繼德業。丈人領宗卿。按唐書宗室表。傳道孝王元慶。次子詢之子微。嗣王。終宗正卿。李義蓋微之子也。

〔集證〕王道俊博議曰舊書道王元慶麟德元年薨子臨淮王誘嗣次子詢詢子微神龍初封爲嗣道王景雲元年官宗正卿卒子鍊開元二十五年襲封廣德中官宗正卿新書宗室表於道孝王元慶之下首書嗣王誘次書嗣王宗正卿微嗣王宗正卿鍊嗣王京兆尹實王伯厚云義蓋微之子以予考之不然義乃鍊之諸子而實之弟耳詩云憶昔初見時小襦繡芳孫長成

顧誡奢文學善八分

李潮八分邈韓蔡

韓擇木隸追蔡邕

衞包蔡鄰能書

邕裔蔡有鄰書瘦勁

李陽冰爲太白從叔

忽會面慰我久客魂〔又云〕少年早歸來梅花已飛翻王子自愛惜老夫困石根皆前輩諄勉之詞若令義爲微之子則微卒于景雲中去大歷二年且五十六七載義之齒當長於公安得目爲少年而自居老夫乎

送顧八分文學。趙氏金石錄以爲前太子文學翰林院待詔顧誡奢。醉歌行云。東吳顧文學。卽誡奢也。注謂顧況誤。〔元圻案〕〔東觀餘論〕跋顧誡奢呂肅公碑後云杜詩顧八分文學謂誡奢也觀其遺跡乃知子美弗虛稱之碑首倒韰亦自奇古〔趙明誠金石錄跋尾十七〕唐呂公表元結撰前太子文學翰林院待詔顧誡奢書杜甫集有贈顧八分文學詩卽誡奢也甫詩稱其最工小字而此表字畫甚大尤壯偉可喜

李潮八分小篆歌。潮也奄有二子成三人。本詩上句云尚書韓擇木騎曹蔡有隣開元以來數八分金石錄跋尾十七云。潮書惟慧義寺彌勒像碑。與彭元曜誌。其筆法亦不絕工。非韓蔡比也。〔元圻案〕〔杜詩注〕宣和書譜韓擇木昌黎人官至工部尚書散騎常侍工隸兼作八分字隸學之妙唯蔡邕一人而已擇木能追其遺法世謂邕中興焉〔韓愈科斗書後記〕愈叔父雲卿當大曆世文辭獨行中朝于時李陽冰獨能篆書而配叔父擇木善八分〔竇臮述書賦〕衞包蔡隣功夫亦到出於人意乃近天造注有隣濟陽人〔書史會要〕邕十八代孫官至右衞率府兵曹參軍工八分書書法瘦勁驅使筆墨盡得如意又注曰吾衍學古編云陽冰名潮杜甫之甥後以字行遂別字少温海賦云陽冰不治陰火潛然則知名潮有理案陽冰趙郡人太白之從

鄭駙馬孝行
代國臨晉二
公主
鄭莊任俠致
賓客
竇主山林
館陶公主號
太主
鄭潛曜刺血
書祈神

橋陵詩同鄭
顥夢聯
玉殿莓苔青
宣宗上僊兆
鄭夢

叔也寶應元年已爲當塗宰吾子行以海賦二語想像其名字宜爾初無引據矯亂後學斯亦妄人也已矣

鄭駙馬宅宴洞中。今攷少陵作皇甫德儀元宗妃也碑云。有女臨晉公主。出降代國長公子滎陽潛曜。又曰。忝鄭莊之賓客。遊竇主之山林。鄭潛曜見孝友傳。〔元圻案〕〔唐書公主傳〕代國長公主睿宗女下嫁鄭萬鈞臨晉公主元宗女皇甫淑妃所生下嫁鄭潛曜孝友傳代國長公主寢疾潛曜侍左右累三月不靧面〔史記鄭當時傳〕當時字莊任俠自喜每五日洗沐常置驛馬長安諸郊存諸故人請謝賓客夜以繼日山東士諸公以此翕然稱鄭莊　〔漢書東方朔傳〕帝姑館陶公主號竇太主注竇太后之女故曰太主　〔宋吳縝新唐書糾繆〕引孝友傳以訂公主傳作鄭潛曜之誤不如引少陵碑　〔文苑英華〕載獨孤及鄭駙馬孝行記曰滎陽鄭曠潛曜其字睿宗外孫元宗之甥代國長公主之子也尚元宗第十二女臨晉長公主據此則潛曜名曠豈以字行與〔宋錢易南部新書甲集〕鄭潛曜母寢疾刺血書奏章請以身代及焚章獨祐道許三字不化翌日主疾間至哉孝子也

橋陵詩。石門霧露白。玉殿莓苔青。舊史鄭顥夢爲聯句與此同。〔元圻案〕開元四年十月葬睿宗于橋陵以同州蒲城縣爲奉先縣〔舊唐書列傳一百五〕鄭絪傳絪孫顥登進士第尚宣宗女大中十三年檢校禮部尚書及宣宗棄代追感恩遇嘗爲詩序曰去年壽昌節赴麟德殿上壽迴憩于長興里第昏然晝寢夢與十數人納涼聯句予爲數聯同遊甚稱賞既寤唯省十字云石門霧露白玉殿莓苔青私怪語不詳不數日宣宗上僊方悟其事追維顧遇續石門之句爲十韻云

池鵝詩言鳳池梅聖兪謝鵝詩致謗梅得生蒸兩鵝餉

讀山海經猶賦遠遊淵明悲痛王室精衛銜西山木石刑天斷首葬常羊山形天無千歲譌誤厚齋哭袁鏞詩悲痛

得房公池鵝詩。鳳凰池上應回首。爲報籠隨王右軍。宋元憲以鵝贈梅聖俞。聖俞以詩謝曰。昔居鳳池上。曾食鳳池萍。乞與江湖客。從教養素翎。宋得詩不悅。〔何云〕房已卒故也 聖俞之意。本於少陵。〔元圻案〕宋元憲贈鵝事見魏泰東軒筆錄十一〔程泰之演繁露四〕晏丞相嘗籠生鵝餉梅聖兪聖兪以詩謝之曰昔居鳳池上曾食鳳池萍乞與江湖客從教養素翎丞相得詩不悅其後有宣州司理者以鵝餉梅蓋蒸而致之故梅詩曰昔年相國籠之贈今日參軍餉以蒸一咀肥甘酬短句定應無復謗言興詳其意趣是先一詩去時有摘語以間者故追言興謗也一云宋元憲一云晏丞相未知孰是

陶靖節之讀山海經。猶屈子之賦遠遊也。精衛銜微木。將以填滄海。刑天舞干戚。猛志固常在。悲痛之深。可爲流涕。〔何云〕公蓋自況〔全云〕深寧集一百二十卷不傳然如哭袁進士鏞詩老淚可掬悲痛爲尤深矣〔方樸山云〕於此見厚齋之忠○〔元圻案〕〔眞西山跋黃瀛甫擬陶詩曰〕淵明眷眷王室蓋有乃祖長沙公之心獨以力不得爲故肥遁以自絕食薇飲水之言銜木填海之喻至深痛切〔山海經一三〕發鳩之山有鳥焉名曰精衛其名自詨是炎帝之女名曰女娃游于東海溺而不反故爲精衛常銜西山之木石以堙東海又〔海外西經〕刑天與帝爭神帝斷其首葬之常羊之山乃以乳爲目以臍爲口操干戚以舞〔周益公跋邵康節手寫陶詩云〕宣和末臨漢曾紘謂舊本讀山海經詩形夭無千歲當作刑天舞干戚某初喜其援證甚明已而再味前篇專咏夸父事次篇亦當專咏精衛不當旁及他獸今觀康節只從舊本則紘言未可憑〔甬上耆舊詩〕載厚齋挽袁進士鏞詩云天柱不可折柱折勢莫撐九鼎不可覆鼎覆人莫扛袁公烈丈夫獨

息嬀留侯詩見是非
杜牧之咏桃花夫人
王介甫咏留侯
息夫人見故夫守門

五言不始自李陵
優旃中飲歌暇豫
成帝時邪徑童謠

十九首作者不一

立東南方欲以一己力代國相頡頏適遭宋祚移恥爲不義戕奮然抱志起誓欲掃欃搶拔劍突前麾手回日月光賊勢愈猖獗山摧失忠良嗚呼絕倫志不得騁才長妻孥悉從溺枯骨誰爲藏忠烈動天地游魂爲國殤山水倍堪悲抱恨徹穹蒼穹蒼幸一息庶幾紀星霜西風白楊路哀猿號崇岡解劍挂墓柏泣下沾衣裳惜哉時不利抽毫述悲傷

真文忠公龔德莊詠古詩序曰。杜牧之王介甫賦息嬀留侯等作。足以訂千古是非。〔元圻案〕杜牧之題桃花夫人廟詩云細腰宮裏露桃新脈脈無言幾度春至竟息亡緣底事可憐金谷墮樓人息嬀事見莊十四年左傳〔列女傳曰〕息夫人者息君夫人也楚滅息虜其君使守門妻其夫人而納之於宮楚王出游夫人遂出見息君謂之曰人生要一死而已何至自苦終不以身更貳醮遂自殺 〔王介甫詠張良詩曰〕留侯美好如婦人五世相韓韓入秦傾家爲主合壯士博浪沙中擊秦帝脫身下邳世不知舉國大索何能爲素書一卷天與之穀城黃石非吾師固陵解鞍聊出口捕取項羽如嬰兒從來四皓招不得爲我立棄商山芝洛陽賈誼才能薄擾擾空令絳灌疑

文選注。五言自李陵始。文心雕龍明詩篇云。召南行露。始肇半章。孺子滄浪。亦有全曲。暇豫優歌。遠見春秋。邪徑童謠。近在成世。則五言久矣。〔全云〕虞姬之和項王亦五言也〇〔元圻案〕〔國語〕驪姬通于優施欲害申生而難里克優施乃飲里克酒中飲優施起舞曰暇豫之吾吾不如烏烏人皆集于苑己獨集於枯 〔漢書五行志〕成帝時歌謠曰邪徑敗良田讒口害善人桂樹華不實黃雀巢其顛故爲人所羨今爲人所憐 〔獨孤及作皇甫冉集序云〕五言詩之源生於國風廣於離騷著於蘇李盛於曹劉與劉彥和說合

古詩十九首。或云枚乘。疑不能明也。驅馬上東門。

宛洛語己及東都傅毅作孤竹篇

枚乘作八首禮言詩負詩懷義

式微詩聯句之始柏梁爲七言聯句柏梁作者二十五人賡歌五子歌皆聯句日月星辰和四時挽歌非始田橫客

遊戲宛與洛。辭兼東都。非盡是乘作。文心雕龍明詩云。孤竹一篇。傅毅之詞。〔闇按〕〔玉臺新詠〕以西北有高樓東城高且長行行重行行涉江采芙蓉青青河畔草庭中有奇樹迢迢牽牛星明月何皎皎八首爲枚乘作凜凜歲云暮冉冉孤生竹孟冬寒氣至客從遠方來四首爲古詩○〔元圻案〕文選古詩十九首注五言並云古詩蓋不知作者或云枚乘疑不能明也詩云驅馬上東門又云游戲宛與洛此則辭兼東都非盡是乘明矣昭明以失其姓氏故編在李陵之上

鶴山鄧公立注黃詩外集序云。禮於生子曰詩負。於祝嘏曰詩懷。詩之爲言承也。情動於中。而言以承之。故曰詩。〔集證〕〔禮記內則〕國君世子生三日卜士負之吉者宿齋朝服寢門外詩負之注詩之言承也儀禮特牲饋食禮主人左執角再拜稽首受復位詩懷之注詩猶存也

列女傳式微二人之作。註見卷三聯句始此。〔原注〕皮日休云柏梁七言聯句與焉文心雕龍云聯句共韻柏梁餘製 〔何云〕皐陶賡歌非聯句之始乎 〔集證〕〔古文苑〕漢武帝元封三年作柏梁臺詔羣臣二千石有能爲七言詩者乃得上座帝曰日月星辰和四時自梁王以下作詩者二十五人○〔元圻案〕宋方勺泊宅編亦謂聯句始於式微引劉向之說爲證吳競樂府古題聯句起漢武柏梁宴作 〔林少穎書說〕謂夏書五子之歌聯句之始

左傳有虞殯。莊子有紼謳。挽歌。非始於田橫之客。〔闇按〕此本世說新語注酉陽雜俎續說中亦及之 〔何云〕本劉峻世說注段柯古砭誤中已襲爲己說 〔集證〕〔世說任誕門注譙子法訓曰〕挽歌者高帝召田橫至千戶鄉亭自刎奉首從者不敢哭而不勝哀故爲此歌以寄哀者彼則一時之爲也鄰有喪舂不相引挽人銜枚孰樂喪者耶按莊子紼謳所生必於斥苦司馬彪注曰紼引柩索也引紼所以有謳歌者爲

公孫夏命歌虞殯紼謳所生以斥苦薤露蒿里二曲之分

韋孟致官夢王室

諸言生寄寓死歸

人有用力不齊故促急之也〔左傳哀十一年〕公會吳伐齊其將公孫夏命歌虞殯杜預曰虞殯送葬歌〔史記絳侯世家〕周勃以吹簫樂喪然則挽歌之來久矣非始起於田橫也然譙周引禮之文頗有明據非固陋者所能詳聞疑以傳疑以俟通博○〔元圻案〕〔段成式酉陽雜俎曰〕世說挽歌起于田橫摯虞初禮議曰挽歌出於漢武帝役人勞苦歌聲哀切遂以送終非古制也工部郎中嚴厚本云挽歌其來久矣據左傳公會吳子伐齊將戰公孫夏命其徒歌虞殯示必死也予近讀莊子曰紼謳所生必於斥苦司馬彪注紼讀曰拂引柩索謳挽歌斥疏緩苦急促言引紼謳者爲人用力也〔干寶搜神記〕田橫門人挽歌二章薤上露何易晞露晞明朝更復落人死一去何時歸蒿里誰家地聚斂魂魄無賢愚鬼伯一何相催促人命不得少踟躕〔崔豹古今注曰〕李延年分二章爲二曲薤露送王公貴人蒿里送士大夫庶人

韋孟在鄒詩曰我既遷逝心存我舊夢我瀆上立于王朝其夢如何夢爭王室其爭如何夢王我弼呂成公曰孟既致爲臣而歸拳拳之意猶如此〔全云〕元成父子有愧厥祖○〔元圻案〕韋孟詩見漢書韋賢傳班氏曰或曰其子孫好事述先人之志而作是詩也

吳語越王告吳王曰民生於地上寓也老萊子曰人生於天地之間寄也寄者固歸〔按〕此尸子引老萊子語見文選魏文帝善者行注又陸士衡弔魏武帝文注亦引之固歸作同歸

古詩十九首人生忽如寄本於此〔元圻案〕〔淮南子精神訓〕禹曰我受命于天竭力而勞萬民生寄也死歸也何足以滑和〔猗覺寮雜記〕乃謂人生如寄出〔高僧傳〕〔南齊劉善明云〕人生如寄來會幾何樂天感時云人生詎幾何在

東方朔八言七言詩七言八言句
合樽促席相娛
昔者先王受命
有如召公之臣
詩體無九言
張衡詩清典可味
秋蘭嘉美人
怨不獲
陳思王靈芝篇
綵娛不獨老萊
韓伯瑜母泣笞不痛

世猶如寄秋山云人生無幾何如寄天地間〔東坡云〕人生如寄爾嶺海亦閑遊多用此事云豈偶未攷耶

東方朔有八言七言。〔按〕〔漢書本傳注〕晉灼曰八言七言詩各有上下二篇 攷之風雅。尚之以瓊華乎而七言也。我不敢傚我友自逸八言也。〔閻按〕送我乎淇之上矣十月蟋蟀入我床下又在前○〔元圻案〕〔左思蜀都賦注〕引東方朔六言曰合樽促席相娛 〔詩關雎鄭箋曰〕關雎五章章四句正義曰詩之見句少不減二郎祈父肇禋之類是也三字者綏萬邦屢豐年之類也四字者關關雎鳩窈窕淑女之類也五字者誰謂雀無角何以穿我屋之類也六字者昔者先王受命有如召公之臣之類也七字者如彼築室于道謀尚之以瓊華乎而之類也八字者十月蟋蟀入我床下我不敢效我友自逸是也摯虞流外論云詩有九言者泂酌彼行潦挹彼注茲是也檢諸本皆云泂酌三章章五句則以爲二句也顏延之云詩體本無九言將由聲度闡緩不協金石仲治之言未可據也

雕龍〔明詩〕云。張衡怨篇。清典可味。〔何云〕典閻作曲此以新刻校古書之弊 御覽〔九百八十三〕載衡怨詩曰。秋蘭嘉美人也。猗猗秋蘭植彼中阿。有馥其芳。有黃其葩。雖曰幽深厥美彌嘉。之子之遠。我勞如何。〔元圻案〕〔太平御覽〕載張衡怨詩序曰秋蘭嘉美人也嘉而不獲用故作是詩也

陳思王靈芝篇曰。伯瑜年七十。綵衣以娛親。今人但知老萊子之事。而不知伯瑜。〔元圻案〕汪氏師韓韓門綴學五陳思王靈芝篇曰伯瑜年七

彥先以觀像悟焦通

十綵衣以娛親慈母笞不痛歔欷涕霑巾晉書載左貴嬪離思賦云昔伯瑜之婉孌兮每綵衣以娛親正用陳思語按伯瑜說苑作伯俞伯俞有過其母笞之泣母曰他日笞子未嘗泣今泣何也對曰俞得罪笞嘗痛今母之力不能使痛是以泣也伯俞姓韓〔隋書循吏傳〕梁彥先爲相州刺史有溢陽人焦通性酗酒事親闕禮爲從弟所訟彥先弗之罪將至學令觀于孔子廟于時廟中有韓伯瑜母杖不痛哀母力弱對母悲泣之像通遂感悟卒爲善士宋節士林同子真有孝詩一卷咏韓伯瑜云母力今衰矣悲啼得杖輕流風在繪像猶足感焦生詩乃用隋書事而綵衣之事究無可考豈陳思誤牽老萊子爲一人耶

古詩止雜擬追和和韻用韻依韻次韻元白皮陸唱酬體王肅兩妻致詩次韻詩六朝已見

陸務觀跋呂成叔和東坡尖义韻詩云。古詩有倡有和。有雜擬追和之類。而無和韻者。唐始有用韻。謂同用此韻。後有依韻。然不以次。最後有次韻。自元白至皮陸。其體乃成。〔元圻案〕〔趙耘菘陔餘叢考二十三〕按洛陽伽藍記載王肅入魏舍江南故妻謝氏而娶魏元帝女其故妻寄以詩曰本爲箔下蠶今爲機上絲得路遂騰去頗憶纏綿時其繼室代答亦用絲時二韻〔葉石林玉澗雜書〕謂類文有梁文帝同王筠和太子懺悔詩云仍取筠韻則六朝已有此體〔晁氏讀書志〕松陵集十卷唐皮日休與陸龜蒙唱酬詩凡六百五十八首龜蒙編次日休爲序松陵者平江地名也

回文反覆詩所自蘇蕙織璇璣圖盤中詩由中

詩苑類格。謂回文出於竇滔妻所作。〔案〕嚴羽滄浪詩話從之文心雕龍明詩云。回文所興。則道原爲始。〔閻按〕此不可攷又傅咸有回文反覆詩。溫嶠有回文詩。皆在竇妻前。〔原注〕

周四角

星星白髮生鬢垂

柏梁河梁變體意

杜韓詩文若元氣

山谷詩得法少陵

李杜韓柳俱學選

杜韓變多李柳變少

皮日休曰傳咸反覆興焉温嶠回文興焉〔集證〕〔玉海五十四〕寶元詩苑類格三卷學士李淑承詔編○〔元圻案〕〔四庫全書總目總集類〕宋桑世昌回文類聚四卷考劉勰曰回文所興則道原爲始梅庚注謂原當作慶宋賀道慶也蓋其時璇璣圖詩未出故勰云然世昌以蘇蕙時代在前故用爲託始然藝文類聚載曹植鏡銘八字回環讀之無不成文實在蘇蕙以前 〔晉書列女傳〕竇滔妻蘇氏名蕙字若蘭滔被徙流沙蘇氏思之織錦爲迴文璇璣圖詩以贈滔宛轉循環以讀之詞甚悽惋凡八百四十字 皮日休語見所作雜體詩序 〔吳兢古樂府題云〕盤中詩右盤屈書之〔傅休奕云〕當從中央周四角是也回文詩右迴復讀之皆歌而成文也

左思白髮賦星星白髮生於鬢垂〔集證〕賦載藝文類聚髮類 詩用星星字出於此〔集證〕〔謝靈運詩〕戚戚感物歎星星白髮垂 〔劉禹錫詩〕 爲報儒林文士道如今從此鬢星星

韓子蒼曰柏梁作而詩之體壞河梁作而詩之意乖〔閻按〕韓子蒼耶論大言無當此摹擬王仲淹之弊也柏梁雖依託然三百篇中已有七言安在其壞體此○〔元圻案〕〔文中子曰〕九師興而易道微三傳作而春秋散

李義山韓碑詩謂昌黎文若元氣公之斯文若元氣先時已入人肝脾 荊公謂少陵詩與元氣侔〔荊公杜子美畫像詩〕吾觀少陵詩謂與元氣侔 惟韓杜足以當之

山谷與趙伯充書云學老杜詩所謂刻鵠不成猶類鶩也

後山謂山谷得法於少陵朱文公跋劉病翁詩後云李杜韓柳初亦學選詩然杜韓變多而柳李變少變

陳后山學詩黃豫章

小學取杜詩古樂府

禮鼠拱而立
開弓射鵰吺
鵰然若譪之
靜
高居限參拜
相鼠拱立稱
禮鼠
君臣網罟兵
禮師小物
鵰共求代獄
伯

不可學。而不變可學。〔元圻案〕下文云故自其變者而學之不若自其不變者而學之乃魯男子學柳下惠之意也〔陳后山集〕九答秦覯書曰僕之詩豫章之詩也豫章之學博矣而得法于杜少陵其學少陵而不爲者也故其詩近之而其進則未也〔宋魏衍陳后山集記〕先生諱師道字履常一字無已彭城人初先生學于曾公鞏望甚偉及見豫章黃公庭堅詩愛不捨手卒從其學

朱文公編小學書。其答劉子澄。〔全云〕名清之號靜春謂古樂府。及杜子美詩。可取者多。令其喜諷咏易入心。最爲有益。今本樂府及詩。皆不取。豈修改而刪之歟。〔原注〕子澄著訓蒙新書外書

韓文公城南聯句。禮鼠拱而立。出關尹子。聖人師拱鼠制禮。遠遊聯句。開弓射鵰吺。古文尚書驩兜字也。管子短語侈靡篇云鵰然若譪之靜。即驩字。又雨中聯句。高居限參拜。戰國策頓弱曰。臣之義不參拜。二字本此。〔閻按〕陳第季立曰相鼠似鼠頗大能人立見人則立舉其前兩足若拱揖然會於薊門山寺見之僧曰此相鼠也及檢埤雅已有載矣蓋見人若拱似有禮儀詩之所以起興也今解曰相視也鼠蟲之可賤惡者意義索然按說文引此詩亦以相爲視誤也久矣余讀毛傳已云然〔集證〕〔關尹子三

上日馬人來
馬留人以援
後流寓名
中印度馬人
巒主
林邑兩銅柱
界南北
毗舍利王分
身爲蠶

今月不如古
月朗
今山古山今
海古海

極篇〕聖人師蜂立君臣師蜘蛛立網罟師拱鼠制禮師戰蟻置兵廣韻二十六桓腽字下曰驩兜四凶名古文尚書作腽說文口部𠷓字徐鍇注曰古文尚書驩兜字作𠷓廣韻腽當是鵬字之誤管子侈靡篇譪然若夏之靜雲乃及人之體鵬然若譪之靜注鵬然和順貌〇〔元圻案〕〔埤雅〕今一種鼠見人則交其前足而拱謂之禮鼠〔爾雅翼〕今河東有大鼠能人立交兩脚于頸上或謂之雀鼠〔尚書大傳〕四嶽八伯康成注曰堯時得羲和命爲六卿主其春夏秋冬者并掌方嶽之事是爲四嶽出則爲伯其後稍死鵬𠷓共工求代乃分置八伯

送廣師詩。上日馬人來。唐書環王傳。西屠夷蓋馬援還留不去者。才十戶。隋末孳衍至三百。皆姓馬。俗以其寓。故號馬留人。與林邑分唐南境。演繁露引傳燈錄。中印度。乃在西域。其說誤矣。〔元圻案〕

〔水經注三十六兪益期牋曰〕馬文淵立兩銅柱于林邑岸北有遺兵十餘家不反居壽泠岸南而對銅柱悉姓馬自相婚姻今有二百戶交州以其流寓號曰馬流林邑記曰建武十九年馬援樹兩銅柱於象林南界與西屠國分漢之南疆也土人以其流寓號曰馬流世稱漢子孫也西陽雜俎說同〔演繁露七〕退之上廣師詩曰上日馬人來傳燈錄曰富那夜奢昔爲毗舍利國王其國有一類人如馬倮露王運神力分身爲蠶彼乃得衣王後復生中印度馬人感戀悲鳴因號馬鳴大士中印度在西域地與廣近豈唐時嘗有中印度人來至廣境耶〔朱新仲猗覺寮雜記〕亦引傳燈錄其誤與程泰之同

抱朴子曰。俗士多云。今月不如古月之朗。李太白詩有古朗月行。又把酒問月云。今人不見古時

王胄死於庭草句
風度蟬聲遠
隋煬善屬文
忌才
薛道衡死於
燕泥句

忍事敵災星
呂居仁官箴
取忍字
王沂公言喫
釅醋
表聖以攖匪
號耐辱
盛山十二景
詩

韋處厚詩諸
和者

月。今月曾經照古人。〔集證〕〔抱朴子尚博篇〕俗士多云今山不及古山之高今海不及古海之廣今日不及古日之熱今月不及古月之朗

王胄以庭草一句。爲隋煬所忌。初學記二載胄兩晴詩風度蟬聲遠。雲開〔按〕開何本作閉誤今從閣本鴈路長。亦佳句也。〔元圻案〕〔唐劉餗隋唐嘉話〕煬帝善屬文而不欲人出其右司隸薛道衡由是得罪後因事誅之曰更能作空梁落燕泥否又曰煬帝爲燕歌行文士皆和著作郎王胄獨不下帝帝每銜之胄坐此見害而誦其警句曰庭草無人隨意綠復能作此語耶　司馬公採此二事入通鑑見煬帝大業九年

忍過事堪喜。杜牧之遣興詩也。呂居仁官箴引此。誤以爲少陵。俗言忍事敵災星。司空表聖詩也。〔閻按〕〔論衡引成語曰〕力勝貧愼勝禍亦表聖之意〇〔元圻案〕〔呂居仁官箴曰〕忍之一字衆妙之門當官處事尤是先務若能于清愼勤之外更行一忍何事不辦書曰必有忍其乃有濟此處事之本也諺曰忍事敵災星少陵詩曰忍過事堪喜此皆切於事理非空言也王沂公常言吃得三斗釅醋方做得宰相蓋言忍受得事　〔石林避暑錄話〕俗言忍事敵災星此司空表聖詩也表聖休休亭記自言嘗爲匪人所辱宜以耐辱自警故號耐辱居士蓋指柳璨豈白馬之禍璨將爲不利有不得已而忍辱以免者故爲是言耶　〔避暑錄話又載裴晉公詩云〕灰心緣忍事霜鬢爲論兵

韋處厚盛山十二詩。韓文公爲序。今見於唐詩紀

盛山古巴東朐䏰縣

花樹韋家宗會法

花撲玉缸春酒香

伊川言骨肉通疎

事十二詩謂隱月岫流杯渠竹喦繡衣石榻宿雲亭梅谿桃塢胡蘆沼茶嶺盤石磴琵琶臺上士瓶泉也〔何云〕張文昌集中有十二詩其和又在作序之後他人即元白亦不傳矣〇〔元圻案朱子韓文攷異曰〕侍讀處厚字德載盛山郡名〔昌黎序曰〕有以韋侯所爲十二詩遺予者于是應而和者十人及此年韋侯爲中書舍人侍講六經禁中和者通州元司馬爲宰相洋州許使君爲京兆通州白使君爲中書舍人李使君爲諫議大夫黔府嚴中丞爲秘書監溫司馬爲起居舍人皆集闕下方崧卿曰樊云和者十人而時集闕下者六人耳〔朱翌猗覺寮雜記曰〕退之盛山十二詩序盛山今之開州也唐地理志云古巴東郡之朐䏰縣也〔孫覿書劉宗林泉山贈言後曰〕昔韓吏部序盛山韋處厚十二詩應而和者十人如元稹許康佐白居易李景儉嚴武溫造之儔亦在江淮巴蜀殊州異縣之間未幾韋侯召還侍讀六經禁中而十人者位宰相尹京兆進諫垣登詞掖典中秘侍殿坳皆集闕下而盛山十二詩行于時　唐詩紀事八十一卷宋計有功撰

伊川曰凡人家法須月爲一會以合族古人有花樹韋家宗會法可取也宗會法今不傳岑參有韋員外家花樹歌君家兄弟不可當列卿太史〔何云〕今作御史荊公百家選作太史尚書郎朝回花底常會客花撲玉缸春酒香韋員外失其名此詩見一門華鄂之盛〔元圻案〕二程遺書一李籲伊川語錄凡人家法須令每有族人遠來則爲一會以合族雖無事亦當每月一爲之古人有花樹韋家宗會法可取也然族人每吉凶嫁娶之類更須相與爲

一舸逐鴟夷之誤沈西施以美亦報胥鴟夷一物一人名高熲不留張麗華

張太碧黃居難名字李赤自言詩如白孟郊推崇張碧十詠詩李赤誤太白李赤感於廁鬼死黃樂地通名刺

禮使骨肉之意常相通骨肉日踈者只不爲相見情不相接爾

墨子。親士篇謂西施之沈其美也。豈亦如隋之於張麗華乎。一舸逐鴟夷。特見於杜牧詩。未必然也。〔集證〕

〔丹鉛錄曰〕脩文御覽引吳越春秋逸篇云吳亡後越浮西施於江令隨鴟夷以終事與墨子正合隨鴟夷者子胥譖死西施有力焉胥死盛以鴟夷今沈西施所以報子胥之忠故云隨鴟夷以終范蠡去越亦號鴟夷子杜牧未精審遂以子胥之鴟夷爲范蠡之鴟夷影撰此事○〔一元圻案〕〔杜牧杜秋娘詩曰〕西子下姑蘇一舸逐鴟夷　〔通鑑〕陳紀長城公至德二年張貴妃名麗華髮長七尺其光可鑑性敏慧有神彩善候人主顏色隋紀文帝開皇九年陳主自投於井軍人以繩引之及出乃與張貴妃孔貴嬪同束而上高熲入建康晉王廣使熲子德宏馳令熲留張麗華熲曰昔太公蒙面以斬妲己今豈可留麗華乃斬之

張碧。字太碧。黃居難。字樂地。慕太白樂天也。亦李赤之類歟。〔何云〕張碧歌詩尚可觀難與李赤黃居難同論　〔集證唐志〕張碧歌行集二卷　御定全唐詩第九册張碧字太碧貞元時人孟郊讀其集詩云天寶太白末六藝已消歇先生今復生斯文信難缺下筆證興亡陳辭備風骨高秋數奏琴澄潭一輪月推之者至矣柳宗元李赤傳赤江湖浪人也嘗曰吾善爲歌詩類李白故自號曰李赤○〔元圻案〕〔容齋五筆〕載張碧農夫詩云運鋤耕斸侵晨起隴畔豐盈滿家喜到頭禾黍屬他人不知何處拋妻子　〔東坡書李白十詠云〕過姑孰堂下讀李白十詠疑其淺近見孫邈云聞之王安國此乃李赤詩祕閣下有赤集此詩在焉白集中無此赤見柳子厚集卒爲廁鬼所惑而死　姑孰雜詠十首載全唐詩第九册　〔南唐劉崇遠金華子云〕有舉子能爲詩每通名刺云鄉貢進士黃居難字樂地欲比白居易字樂天也

陸魯望詩用太元紅蠶童麋鶻[illegible]赤舌燒城繞帳生犀一萬株

毛澤民詩所本買絲繡作平原君黃金鑄鍾子期毛滂以詩受知東坡

陸魯望雜諷云。紅蠶緣枯桑。童麋來觸犀。鶻鶊慘
於冰。赤舌可燒城。皆用太元語。又南征詩繞帳
生犀一萬株。宋元憲詩帳犀森別校。此詩今集已佚犀株
衞帳弁兒勇。景文詩。合宴傳餐帳繞犀。皆用此。
〔集證〕太元將上九紅蠶緣于枯桑其繭不黃童上九童麋觸犀灰其首裝次二鶻鶊慘於冰
翼彼南風內懷其乘千次八赤舌燒城吐水于瓶○〔元圻案〕唐文粹載陸龜蒙雜諷九首其
一云紅蠶緣枯桑青繭大如甕其二云童麋來觸犀德力不相及其三云鶻鶊慘于冰陸力懷
所適其四云赤舌可燒城讒邪易爲互　方言八鴈自關而東謂之鴚鵝郭璞注鴚音加〔漢
書司馬相如傳〕弋白鵠連駕鵝玉篇鳥部鴚古俄切鴈屬鴐鵞並同　〔宋元憲送孫刑部
領漕弁部詩云〕犀株衞帳弁兒勇鵠髮迎塗絳老賢〔宋景文漢南州按行江涘以詩見寄
詩云〕前驅夾道旟開隼合宴傳飡帳繞犀〔又早夏集
公會亭餞別詩〕有行帳繞犀株之句二宋俱兼用陸語
毛澤民滂號東堂〔全云〕名詩不須買絲繡平原不用黃金鑄子
期本李賀貫休詩。〔集證〕〔李賀浩歌詩〕買絲繡作平原君有酒惟澆趙州土〔釋貫休古意詩〕幾擬以黃金鑄作鍾子期○〔元圻案〕
〔毛澤民上曾樞密布詩云〕燕齊日驛客不歸新豐主人豈相知不須買絲繡平原不用黃金
鑄子期會當酸鹹有同好主簿且須歸祭灶請見臨川太尉公此語雖爲俗人道云云　毛澤
民名滂衢州江山人官至祠部員外郎知秀州〔陳振孫曰〕滂爲杭州法曹以樂府詞有佳句
受知于東坡遂有名著東堂集六卷詩四卷　李賀字長吉七歲能辭章仕爲協律郎卒年二
十七　釋貫休字德隱姓姜氏婺州
蘭溪人王建禮之署號禪月大師

李長吉七歲能詩

詠賈生文帝詩同異

宣室問誼鬼神事

文帝夢黃頭櫂郎

馬子才慕徐孝節

唐以詩取士鼓瑟霓裳詩取錢李

昌黎薦劉述古詩

唐試士詩賦題名次

太學生誦阿房宮賦

公薦通榜帖諸人

李義山詠賈生云。可憐夜半虛前席。不問蒼生問鬼神。馬子才詠文帝云。可憐一覺登天夢。不夢商巖夢櫂郎。雖同一律。皆有新意。〔何云〕李賈生詩本之詩人召彼故老訊之占夢○〔元圻案〕〔漢書賈誼傳〕文帝思誼徵之入見上方受釐坐宣室上因感鬼神事而問鬼神之本誼具道所以然之故至夜半文帝前席〔又佞幸傳〕鄧通以櫂船爲黃頭郎文帝嘗夢欲上天不能有一黃頭郎推上天顧見其衣尻帶後穿覺而之漸臺以夢中陰目求推者郎見鄧通其衣後穿夢中所見也召問其名姓姓鄧名通鄧猶登也文帝甚悅尊異之〔國朝厲樊榭鶚宋詩紀事三十二〕馬存字子才鄱陽人因慕徐節孝道德寓楚州卒業于其門元祐三年進士爲越州觀察推官有集

唐以詩取士。錢起之鼓瑟。李肱之霓裳。是也。故詩人多韓文公。薦劉述古。謂舉於禮部者。其詩無與爲比。〔原注〕錢起名在第六。豹烏賦〔閻按〕李肱名在第一。琴瑟合奏賦〔何云〕錢起第六可與杜牧第五並用〔集證〕〔容齋四筆考登科記〕云永正元年權德輿以禮部侍郎放二十九人劉述古登第○〔元圻案〕〔唐范攄雲溪友議二〕文宗元年秋詔禮部尚書高侍郎鍇復司貢籍試琴瑟合奏賦霓裳羽衣曲詩主試先進五人一詩最佳者則李肱也乃以榜元及第然止于岳齋二牧未登大任 高鍇進五人詩賦奏曰李肱霓裳羽衣曲詩最爲迥出臣與狀頭第一人其次張棠詩亦絕好與第二其次沈黃中琴瑟合奏賦與第三王牧第四柳棠第五 錢起李肱詩俱見文苑英華一百八十四李肱詩曰開元太平時萬國賀豐歲梨園獻舊曲玉座流新製鳳管遞參差霞衣競搖曳宴罷水殿空輦餘春草細蓬壺事已久仙樂功無替詎肯聽遺音聖明知善繼〔錢起湘靈鼓瑟詩落句云〕曲中人不見江上數峯青至今盛傳 錢起豹烏二篇以兩遍用四聲爲韻見英華一百十三卷〔唐

羅昭諫詠松見志
昭諫說錢鏐討梁
唐六臣實冊禪梁
杜荀鶴奴事朱温
賦無雲致雨詩

陌上桑增損楚詞

王定保摭言公薦篇〕崔郾侍郎既拜命於東都試舉人吳武陵曰向者偶見太學生十數輩揚眉抵掌讀一卷書就而觀之乃進士杜牧阿房宫賦于是搢笏朗宣一遍曰請侍郎與狀頭郾曰已有人曰不得已卽第五人郾應聲曰敬依所教又通牓篇貞元十八年權德輿主文陸傪員外通牓帖韓文公薦十人于傪其上四人曰侯喜侯雲長劉述古韋紓

羅昭諫詠松曰陵遷谷變須高節。莫向人間作大夫。其志亦可悲矣。唐六臣。彼何人哉。昭諫說錢鏐舉兵討梁。見通鑑。其忠義可見。眎奴事朱温之杜荀鶴。猶糞土也。〔方樸山云〕厚齋所以自況〇〔元圻案〕〔通鑑後梁記〕太祖開平元年二月甲辰唐昭宣帝降御札禪位于梁以攝中書令張文蔚爲冊禮使禮部尚書蘇循副之攝侍中楊涉爲押傳國寶使翰林學士張策副之御史大夫薛貽矩爲押金寶使尚書趙光逢副之帥百官備法駕詣大梁又鎮海節度判官羅隱說吳王鏐舉兵討梁曰縱無成功猶可退保杭越自爲東帝奈何交臂事賊爲終古之羞乎鏐始以隱不遇於唐必有怨心及聞其言雖不能用心甚義之〔宋張齊賢洛陽搢紳舊聞記〕〔一〕進士杜荀鶴以所業謁梁祖恐懼流汗再拜敘謝梁祖令賦無雲雨詩杜絕句云同是乾坤事不同雨絲飛洒日輪中若教陰朗都相似爭表梁王造化功由是見知杜既歸驚懼成疾幾不能起明晨促召者五七輩杜趨進遲緩梁祖大聲曰杜秀才爭表梁王造化功杜頓忘其病趨步如飛連拜敘謝數四〔晁氏讀書志別集類中〕羅隱甲乙集十卷隱字昭諫餘杭人唐乾符中舉進士不第梁祖以諫議大夫召不行自號江東生杜荀鶴唐風集十卷荀鶴池州人大順二年進士梁祖薦爲翰林學士主客員外郎恃勢侮易縉紳衆怒欲殺之而未及天祐初病卒自號九華山人

宋書樂志。陌上桑曰。楚辭鈔。以九歌山鬼篇。增損

東坡歸去來集字

一字至七字詩
一字至十字詩
一七令詞調

一叢花十戶賦
白詩詠牡丹感時

爲之。東坡因歸去來爲詞。亦此類也。〔集證〕〔宋書樂志陌上桑楚辭鈔云〕今有人山之阿被服薜荔帶女蘿既含睇又宜笑子戀慕予善窈窕乘赤豹從文狸新夷車駕結桂旗被石蘭帶杜衡折芳拔荃遺所思處幽室終不見天路險艱獨後來表獨立山之上雲何容容而在下杳冥冥羌晝晦東風飄飄神靈雨風瑟瑟木搜搜思念公子徒以憂〇〔元圻案〕〔東坡有歸去來集字十首自序云〕余喜淵明歸去來詞因集字爲十首又陶子駿佚老堂詩東坡自註云余增損淵明歸去來以就聲律謂之歸來引

詩一字至七字。張南史花竹草是也。一字至十字。文與可竹石是也。〔元圻案〕〔文苑英華二百二十三〕張南史詠花一字至七字詩花花深淺芬葩凝爲雪錯爲霞鶯和蝶到苑占宮遮已迷金谷路頻駐玉人車芳草欲陵芳樹東家半落西家願得春風相伴去一攀一折向天涯三百二十五詠竹詩竹竹被山連谷出東南殊草木葉細枝勁霜停露宿成林處處雲抽筍年年玉天風乍起爭韻池水相涵更綠却尋庾信小園中閑對數竿心自足三百二十七詠草詩草草折宜看好滿地生催人老金殿玉砌荒城古道青青千里遙悵悵三春草每逢南北別離乍逐東西傾倒一身本是山中人聊與王孫慰懷抱　文與可二詩宋文鑑取之〔計敏夫唐詩紀事曰〕白樂天分司東洛朝賢悉會興化池亭送別酒酣各請賦一字至七字詩以題爲韻後遂沿爲詞調名一七令〔白樂天詩云〕詩綺美瓌奇明月夜落花時能助歡笑亦傷別離調清金石怨吟苦鬼神悲天下只應我愛世間惟有君知自從都尉別蘇句便到司空送白辭

一叢深色花。十戶中人賦。白樂天謂牡丹也。豈知兩片雲。戴却數鄉稅。鄭雲叟〔何云〕遨謂珠翠也。後

兩片雲數鄉稅雲叟詩傷珠翠

五千七百不言里八千三千俱不言方六七十等句法提三尺盜一抔句法

昭鼇譏爾雅賣餅斥公羊唐彥謙鹿門詩

白傳詩迂叟隱人溫公獨樂園東坡名醉翁

靡之蠹甚矣。〔元圻案〕〔白樂天秦中吟買花云〕帝城春欲暮諠諠車馬度共道牡丹時相隨買花去貴賤無常價詶直看花數灼灼百朵紅戔戔五束素又云有一田舍翁偶來買花處低頭獨長歎此嘆無人喻一叢深色花十戶中人賦〔鄭雲叟富貴曲云〕美人梳洗時滿頭聞珠翠豈知兩片雲戴却數鄉稅見後蜀何光遠鑒誡錄高尚士條尤延之全唐詩話取之

韓文公題臨瀧寺詩。離家已五千。注引沈休文安陸王碑。平塗不過七百而不知弼成五服至於五千。本書語也。奚以沈引爲。〔元圻案〕〔老學庵筆記三退之詩云〕夕貶潮陽路八千〔歐公云〕夷陵此去更三千或以爲歐後語非也書弼成五服至于五千注云五千里也論語方六七十如五六十注云六七十里五六十里也〔顧氏嗣立韓詩集注〕引某云漢高帝紀提三尺取天下及韓安國傳本無劍字古有如此造語者何不引此以正之〔唐彥謙長陵詩云〕耳聞明主提三尺眼看愚民盜一抔

唐彥謙送樊瑨司業歸朝詩。昭鼇譏爾雅。注見前小學賣餅斥公羊。注見前公穀事見晉書魏志。〔全云〕晉書魏志蔡謨鍾繇事〇〔元圻案〕彥謙詩見文苑英華二百八十三〔晁氏讀書志〕唐彥謙字茂鄴幷州人咸通末進士著鹿門詩一卷

白樂天迂叟詩。初時被目爲迂叟。近日蒙呼作隱人。又云。自哂此迂叟。小迂老更迂。迂則迂叟之名

堯韭舜榮禹代粮 李羣玉蒲澗寺詩 金鹽玉豉 舜華姬歜 自然穀䔢禹餘粮

古樂府詞曲流別 倚聲製詞起唐季 漢立樂府設官製詞 賦騷曲引行歌謠等

不獨司馬公也。[元圻案][邵氏聞見後錄]司馬公在洛陽自號迂叟謂其園曰獨樂園 [宋黃徹䂬溪詩話云]司馬公豈慕其居洛有閑適之樂耶 [芥隱筆記]醉翁迂叟東坡之名皆出于白樂天詩云

堯韭舜榮。梁元帝元覽賦始用之。賦載文苑英華一百二十六 李羣玉蒲澗寺蒲何本作浦誤詩。澗有堯時韭。山餘禹代粻。[閻按]蒲澗寺在廣州府治東北二十里〇[元圻案][英華二百三十八李羣玉蒲澗寺詩云]五仙騎五羊何代降茲鄉澗有堯時韭山餘禹代粮樓臺籠海色草樹發天香吟嘯秋光裏浮溟與甚長 [宋青臣繼古藂編曰周益公校正文苑英華序云 以堯韭對舜華非讀本草注安知其爲菖蒲按梁元帝元覽賦金鹽玉豉堯韭舜華謂此也余讀他書亦有用者如顏聚載梁太子賚河南菜啓則云堯韭未儔姬歜非喻又以堯韭對姬歜矣固曰堯韭出于本草而不知所以名之之義後見典術曰聖王之仁功濟天下者堯也天星降精於庭爲韭感百物爲菖蒲今菖蒲是也 [郭璞詩]蕣榮不終朝蜉蝣豈見夕蕣亦作舜 [後漢書郡國志注博物記曰]扶海洲上有草名䔢其實食之如大麥從七月稔熟民斂穫至冬乃訖名曰自然穀或曰禹餘糧 [案廣州記曰] 甘溪澗水味極甘冷旁有石名禹餘糧或草或石未詳孰是文選張衡南都賦太一餘糧注本草經曰太乙禹餘糧一名石腦生山谷

致堂云。古樂府詩之旁行也。[何云]詩之有關勸誡可被管絃爲樂府所採者後人因以古樂府名之樂府乃官名非別有古樂府詩體也致堂未嘗學問往往有此等臆說 詞曲者。古樂府之末造也。[何云]此句不差

陸務觀云。倚聲製詞起於唐之季世。[全云]致堂亦就後人所云古樂府而言未必不知漢之有樂府也何氏詆之太過 [集證漢書禮樂志曰]武帝定郊祀之禮乃立樂府采詩夜誦有趙代秦楚之謳以李延年爲協律都尉多舉司馬相如等數十人造爲詩賦略

寒山子詩用事屬對　施孟術同遇異　劉遵祖似羊公鶴　侏儒飽方朔飢　虞翻以青蠅爲弔客　二鶴化客弔　陶虞玩之更定黃籍　白徒白丁　青蚨子母錢　曹娥碑題八字　黃口白頭　穿七札讀五行　綠熊席青鳳

為律呂以合八音之調師古注樂府之名蓋起于此〇〔元圻案〕〔胡致堂作向薌林酒邊集後序曰〕詞曲者古樂府之末造也古樂府者詩之旁行也詩出於離騷楚詞而離騷者變風變雅之音怨而迫哀而傷者也其發乎情則同而止乎禮義則異名之曰曲以其曲盡人情耳方之曲藝猶不逮焉其去曲禮則益遠矣〔放翁渭南集十四〕長短句序風雅頌之後為騷為賦為曲為引為行為謠為歌千餘年後乃有倚聲製詞起於唐之季世則其變愈薄可勝歎哉

寒山子詩。〔何云〕樂天多效之荊公集中有擬寒山詩十二首如施家兩兒。〔案詩云〕施家有兩兒以藝干齊楚文武各自備託身為得所孟公問其術我子親教汝秦魏兩不成失時成齟齬事出列子。羊公鶴。恰似羊公鶴可憐生懵懂事。出世說。如子張卜商。他賢君即受不賢君莫與君賢他見容不賢他亦拒憐箇矜不能仁徒方得所勸逐子張言拋却卜商語如侏儒方朔。只取侏儒飽不憐方朔餓涉獵廣博。非但釋子語也。〔何云〕酒壚猛狗出韓非子枕流事出世說如一道一德言有枝葉雲梯棘刺亡羊補牢之類尤多〇〔詩云〕赫赫誰壚肆其酒甚濃厚可憐高幡幟極自平升斗何意訝不售其家多猛狗童子若來沽狗咬便是走　今日歸寒山枕流兼洗耳　手把兩卷書一道將一德　從生不往來至死無仁義言既有枝葉心懷更險詖若其開小道緣此生大僞詐說造雲梯削之成棘刺亡羊能補牢失意終無極對偶之工者。青蠅白鶴。死將餧青蠅弔不勞白鶴黃籍白丁。消老檢黃籍依前注白丁青蚨黃絹。囊裏無青蚨篋中有黃卷　卷　據本詩絹當作卷黃口白頭。不用從黃口何須厭白頭七札五行。能射穿七札讀書覽五行綠熊席青鳳裘。膝坐綠熊席身披青鳳裘〔何云〕六極九維東岱北邙衛氏兒鍾家女三端六藝黃腸白骨獼猴心獅子吼待鶴乘魚亦工〇六極常嬰困九維徒自論　移向東岱居配守北邙宅　衛氏兒可憐鍾家女極三醜

袌
寒山子楚詞
超妙
翠屏山寒巖
隱者拾得相
往還
酒壚猛狗噬
挈器
枕流漱石
公般爲雲梯
紀昌飛衞交
射
巧人爲棘刺
母猴
顧犬補牢不
爲晚
衞洗馬比三
王
鍾離春醜語
筆端鋒端舌
端宜避
黃腸題湊
文王不忍露
白骨
獼猴性捨一
取一
音聲輪獅子

端自孤立六藝越諸君　塚破壓黃腸棺穿露白骨　欲伏獼猴心須聽獅子吼　守死待鶴來皆道乘魚去而楚辭尤超出筆墨畦逕。曰有人兮山陘。雲卷兮何云卷集作袌霞纓。秉芳兮欲寄。路漫兮難征。心惆悵兮狐疑。蹇獨立兮忠貞。〔何云〕〔楚辭則爲人竄爲五言第七句云〕衆喔咿嘶蹇可爲失笑也放翁嘗寄書天封明老囑爲正之又云苔滑非關雨松鳴不假風眞佳句也○〔元圻案〕〔唐書藝文志〕寒山子詩七卷寒山子隱唐與縣寒山巖于國清寺與隱者拾得往還〔太平廣記引仙傳拾遺曰〕寒山子者不知其名氏大歷中隱居天台翠屏山其山深邃當暑有雪亦名寒巖因自號寒山子好爲詩〔列子說符篇〕魯施氏有二子其一好學其一好兵好學者以術於齊侯爲公子之傅好兵者以法干楚王以爲軍正施氏之鄰孟氏同有二子所業亦同而窘於貧羨施氏之有因從請進趣之方二子以實告孟氏之一子以術干秦王秦王曰當今諸侯力爭所務兵食而已若用仁義治吾國是滅亡之道也遂宮而放之其一子以法干衞侯衞侯曰吾弱國也而攝乎大國之間大國吾事之小國吾撫之是求安之道若賴兵權滅亡可待矣若全而歸之適于他國爲吾之患不輕矣遂刖之而還諸魯〔世說排調類〕劉遵祖少爲殷中軍所知稱之于庾公遂名之爲羊公鶴昔羊叔子有鶴善舞客試驅來氃氋而不肯舞故稱比之〔漢書東方朔傳〕侏儒長三尺奉一囊粟臣朔長九尺亦奉一囊粟侏儒飽欲死臣朔飢欲死〔三國志吳虞翻傳注〕虞翻別傳曰翻放逐南方自恨犯上獲罪當長沒海隅生無可與語死以青蠅爲弔客使天下一人知己者足以不恨〔太平御覽九百十六〕陶侃別傳曰〕侃丁母憂在墓下忽有二客來弔不哭而退儀形鮮異知非常人遣看之但見雙鶴飛而冲天〔通鑑齊紀〕高帝建元二年宋自孝建以來政綱弛紊簿籍訛謬上詔虞玩之等更加檢定曰黃籍民之大紀國之治端自頃巧僞日甚何以釐乎注杜佑曰黃籍者戶口版籍也〔漢書鄒陽傳注〕白徒言素非軍旅之人若今言白丁矣〔搜神記〕青蚨蟲如蟬殺其母子各塗八十一錢凡布或用子先用母皆飛歸循環無已故淮南子名錢曰青蚨〔會稽典錄〕上虞長度尚弟子邯鄲淳字子禮甫弱冠而有異才尚使作曹娥碑操筆而成無所點定

吼
王子喬緱山
白鶴
琴高乘鯉飛
越

詩家景如藍
玉生烟
藍田出美玉

其後蔡邕題八字曰黃絹幼婦外孫虀臼〔淮南子〕古之伐國不殺黃口不獲二毛〔史記
鄒陽傳〕白頭如新傾蓋如故〔左傳〕晉楚遇于鄢陵潘尪之黨與養由基蹲甲而射之穿
七札焉〔後漢書應奉傳〕奉讀書五行並下〔西京雜記〕趙飛燕女弟居昭陽殿中設玉
几玉床白象牙簟綠熊席〔拾遺記〕周昭王時塗修國獻青鳳丹雀各一雌一雄昭王綴鳳
毛爲裘〔晏子〕人有酤酒者酒酸不售問之里人其故里人云公之猛狗人挈器而入且酤
公酒狗迎而噬之此酒所以酸而不售也〔韓非子〕記管仲對齊桓公語與晏子同〔世
說孫子荊曰〕所以枕流欲洗其耳所以漱石欲礪其齒〔戰國策〕公輸般爲楚設機將以
攻宋墨子曰聞公爲雲梯將以攻宋宋亦何罪之有〔列子〕紀昌謀殺飛衛二人交射于路
飛衛之矢先窮紀昌遺一矢既發飛衛以棘刺之端扞之而無差焉〔韓非子〕燕王徵巧術
人請以棘刺之端爲母猴母猴成巧人曰人主欲觀之必半歲不入宮不飲酒食肉雨霽日出
視之晏陰之間而棘刺之母猴乃可見也〔戰國策〕見兔而顧犬未爲遲也亡羊而補牢未
爲晚也〔語林〕衛洗馬穎識通達論者以爲王眉子平子武子之右世人爲之語曰諸王三
子不如衛家一兒〔劉向列女傳〕齊鍾離春者齊無鹽邑之女其爲人極醜行嫁不售〔
韓詩外傳〕君子宜避三端文士筆端武士鋒端辯士舌端〔漢書霍光傳〕賜黃腸題湊各
一具注蘇林曰以柏木黃心致累棺外故曰黃腸木頭皆向內故曰題湊〔後漢書郅惲傳〕
昔文王不忍露白骨武王不以天下易一人之命〔宋知覺禪師宗鏡錄二引大涅槃經曰〕
云何現喻如經中說衆生心性有如獼猴獼猴之性捨一取一衆生心性亦復如是取著色聲
香味觸法無暫住時是名現喻可驗卽今衆生之心如猿猴之處高樹上下不停〔楞嚴經
富樓那云〕世尊知我有大辦才以音聲輪教我發揚我於佛前助佛轉輪因獅子吼成阿羅
漢〔太平御覽九百十六列仙傳曰〕王子喬見桓良曰待我緱氏山頭至期果乘白鶴住山
顚望之不可到〔陶宏景本草曰〕鯉最爲魚中之主形既可愛又能神變乃至飛越山湖所
以琴高乘之〔宋許彥周詩話〕載寒山子楚辭首句作若有人兮坐山楹第五句心字作獨
字謂雖屈宋復
生不能過也

司空表聖司空圖字表聖云。戴容州叔倫謂詩家之景。如藍田

珍倣宋版印

今茲來茲謂年諸侯有疾曰負茲

元帝蘭澤多芳草詩取古詩句爲題之始

六字常語一字難貧於一字

王儉四言有子建風

日暖。良玉生煙。可望而不可置於眉睫之前也。

李義山玉生煙之句。蓋本於此。〔元圻案〕〔漢書地理志〕京兆藍田縣〔初學記二十七京兆記曰〕藍田出美玉如藍故曰藍田〔李商隱錦瑟詩〕滄海月明珠有淚藍田日暖玉生烟〔唐書戴叔倫傳〕叔倫字幼公潤州金壇人師事蕭穎士爲門人冠官容管經略使

古詩十九首何能待來茲。文選注茲年也。左傳僖公十六年今茲注

云此歲呂氏春秋。任地篇今茲美禾來茲美麥。〔閻按〕趙注孟子今茲未能爲今年未能盡去是亦以茲爲年集注闕故嘗曰集註至孟子朱子似以餘力爲筆〇〔元圻案〕孟子下句云以待來年則今茲之爲今年也明矣　王氏此條本宋龔氏芥隱之記

〔鶴林玉露補遺〕〔公羊傳〕諸侯有疾曰負茲注云茲新生草也一年草生一番故以茲爲年

梁元帝賦得蘭澤多芳草詩。〔原注〕古詩爲題見於此〔何云〕古詩爲題見於此七字亦大字正文〇〔元圻案〕〔古詩十九首〕涉江采芙蓉蘭澤多芳草〔初學記二十七載梁元帝詩云〕春蘭本無豔春澤最葳蕤燕姬得夢罷尙書奏事歸臨池影入浪從風香入衣當門已芬馥入室更芳菲蘭生不擇逕十步豈難稀

韓文公記夢詩云。六字常語一字難。文心雕龍練字篇謂善

爲文者。富於萬篇。貧於一字。〔閻按〕雕龍又謂易字艱於代句

王儉四言頗有子建淵明餘風。其侍太子九日元

九日元圃侍
宴詩
寥寥清景
王仲寶名恐
太盛

劉苞九日侍
宴詩
移陰語詩詞
頻見
晨露每看花
蘤拆
陸詩言非閑
寂不知
行行至吳會
吳郡會稽郡
連稱
諸書言吳會
皆二郡

圃宴云。秋日在房。鴻雁來翔。寥寥清景。〔閣本〕作青景今從何本

藹藹微霜。草木搖落。幽蘭獨芳。眷言淄苑。尚想

濠梁。既暢旨酒。亦飽徽猷。有來斯悅。無遠不柔

〔元圻案〕〔王儉詩藝文類聚四〕載其全篇云明明儲后沖默其量徘徊禮樂優游風尚微言外融幾神內王就日齊暉儀雲等望本茂條榮源澄流潔漢稱闍平周云魯衛咨我藩華方軌前軼秋日在房鴻雁來翔云云王氏所引從初學記四錄其六韻〔南史二十二〕齊王儉字仲寶幼篤學手不釋卷僧虔曰不患此兒無名政恐名太盛耳

劉苞九日侍宴樂遊苑正陽堂詩。曲終高宴罷。景落樹陰移。〔原注〕陸務觀夕陽頻見樹陰移〔何云〕〔段成式詩〕坐對當牕木看移三面陰○〔元圻案〕劉苞詩見藝文類聚四初學記四〔陸放翁小園詩云〕晨露每看花蘤拆夕陽頻見樹陰移自注云此二事非閒寂不知也〔梁書文學傳〕劉苞字孝嘗彭城人也少好學能屬文爲太子洗馬與從兄孝綽同郡到溉等並以文藻見知段成式句乃花間好詞非詩也

吳會。謂吳會稽二郡也。〔原注〕石湖辨之甚詳　魏文帝雜詩。適與飄風會。又曰。行行至吳會。〔何云〕放翁老學庵筆記亦辨之〔錢氏大昕曰〕石湖說見吳郡志○〔元圻案〕〔文選二十九魏文帝雜詩曰〕西北有浮雲亭亭如車蓋惜哉時不遇適與飄風會吹我東南行南行至吳會吳會非吾鄉安能久留滯棄置勿復陳客子常畏人〔宋錢康功植杖閒談曰〕平江府州署之南名吳會坊〔按蔡邕傳〕亡命江海遠迹吳會注引會稽高遷亭椽爲笛事又諸葛孔明說荊州形勢曰東連吳會王羲之爲會稽內史時賦役繁重吳會尤甚石崇論伐吳之功曰吳會僭逆指言孫氏則吳會當是吳郡與會稽不獨爲姑蘇今坊名吳會未知何據而然〔前漢吳王濞傳上〕患吳會輕悍卽吳會也〔國朝趙氏翼陔餘叢考二十二〕

百一詩譏切取義室致陰臺積陽

李虛己曾致堯倡酬浮聲切響麗人行用八字最響第三第五字

西漢前會稽郡治本在吳縣項梁殺會稽守舉吳中兵渡江而西守所治在吳故殺守即起吳兵朱買臣本吳人出爲會稽守即其鄉郡也時俗以郡縣連稱故云吳會東漢分吳與會稽爲兩郡故三國志所謂吳會皆指兩郡言如孫策傳策自領會稽太守以朱治爲吳郡太守孫賁傳策已平吳會二郡朱桓傳權授桓兵使部伍吳會二郡是也　今老學庵筆記無辨吳會之說

應璩百一詩。室廣致凝陰。臺高來積陽。出呂氏春秋。〔集證〕〔太平御覽百七十四〕尸子曰厚積不登高臺不處高室多陽大室多陰故皆不居此又呂氏春秋所本也春秋繁露循天之道篇高臺多陽廣室多陰亦本尸子〇〔元圻案〕〔呂氏春秋孟春紀重己篇〕室大則多陰臺高則多陽　〔文選二十一〕有應休璉百一詩一首無此條所引二句〔李善注張方賢楚國先賢傳曰〕汝南應休璉作百一篇詩譏切時事意以有百一篇故曰百一〔李充翰林論曰〕應休璉五言詩百數十篇以風規治道蓋有詩人之旨〔又孫盛晉陽秋曰〕應璩作五言詩百三十篇言時事頗有補益世多傳之據此二文不得以一百一篇而稱百一也今書七志曰應璩集謂之新詩以百言爲一篇或謂之百一篇然以字名詩義無所取據百一詩序云時謂曹爽曰公今聞周公巍巍之稱安知百慮有一失乎百一之名蓋興於此也〔明張氏溥漢魏百三名家應休璉集〕有百一詩八首其二云室廣致凝陰臺高來積陽奈何季世人侈靡在宮牆飾巧無窮極土木被朱光徵求傾四海雅意猶未康

李虛己初與曾致堯倡酬。致堯謂曰。子之詩雖工。而音韻猶啞。虛己初未悟。既而得沈休文所謂前有浮聲。後須切響。遂精於格律。〔元圻案〕〔宋周煇清波雜志十二〕李公受虛己

要響李公受呂本中詩啞

包豐詩俱可見志　秀幹成棟精鋼不鉤　水面獨搖風　包孝肅郡齋壁詩　豐稷不受籠絡　王化基詩美璞見志　清敏指斥章曾不阿

處心作事戒著盡　邵子不著不盡詩句

爲天聖從官喜爲詩與同年曾致堯倡酬曾謂曰子之詩雖工而音韻猶啞爾李初未悟後得沈休文所謂前有浮聲後須切響遂精于格律煇在建康識北客杜師顏嘗言少陵麗人行坐中八姨真貴人數目中八字最響覓句下字當以此類求之杜早從陳子高學此說蓋得于陳云〔老學庵筆記五〕李虛己侍郎字公受少從江南先達學作詩後與曾致堯倡酬曾每曰公受之詩雖工恨啞耳虛己初未悟久乃造入以其法授晏元獻元獻以授二宋自是遂不傳然江西諸人每謂五言第三字七言第五字要響亦此意也　致堯子固之祖字正臣虛己建安人晏元獻之婦翁也　朱子謂呂本中論詩欲字字響而暮年詩多啞

詩言志。秀幹終成棟。精鋼不作鉤。包孝肅之志也。

人心正畏暑。水面獨搖風。豐清敏之志也。〔闇按〕清敏名稷字相之鄞人官樞密直學士文彥博嘗品稷爲人似趙抃及賜謚皆以清得名　詩要句中有人此條合後司馬公東坡公之詩可謂四公在焉呼之欲出〔集證宋詩紀事十一〕廬州府志載包孝肅端州郡齋壁詩云清心爲治本直道是身謀秀幹終成棟精鋼不作鉤倉充鼠雀喜草盡兔狐愁史冊有遺訓毋貽來者羞　〔絜齋集〕樓鑰行狀豐清敏公鄉之先達也賦荷花詩有人心正畏暑水面獨搖風之句蔡元長見之曰此人豈肯受我籠絡〇〔元祐黨〕〔宋釋文瑩玉壺清話〕載王化基感懷有美璞未成終是寶精鋼寧折不爲鉤之句與包孝肅同意化基興國二年于呂蒙正榜及第後參大政　包拯字希仁廬州合肥人謚孝肅官樞密副使〔宋曾敏行獨醒雜志三〕云豐中丞相之名稷紹聖閒數任言責有正直之聲與曾質夫友善而不樂章子厚與曾子固友善而不樂曾子宣其論子厚子宣章疏皆指陳不稍恕初不以質夫子固之故面爲之掩覆也

張文饒曰。處心不可著。著則偏。作事不可盡。盡則窮。先天之學止是此二語。天之道也。愚謂邵子

安樂打乖二吟

二正獻詩不崇居唐時木妖之號孫叔敖以優孟重封蕭何置田宅處窮霍景桓何以家爲文園家徒四壁立太宗輟材營徽室楊震以清白貽後灶婢乳媼可開老去生涯萬卷書荆公詩多悖

重九日登石閣詩詩。夏去休言暑。冬來始講寒。則心不著矣。安樂窩詩美酒飲教微醉後。好花看到半開時。〔何云〕真安樂太打乖又云堯夫只是不犯手則事不盡矣。〔元圻案〕康節有安樂吟打乖吟故義門云爾

杜正獻公全云衍詩。因念古聖賢。名爲千古垂。何嘗廣居室。儉爲後人師。亞聖樂簞食。寢邱無立椎。文終防勢奪。景威〔何云〕景威卽景桓霍去病謚景桓王氏避諱改桓爲威〔按錢氏大昕曰〕恥家爲。文園四壁立。鄭公小殿移。此杜祁公睢水卜居詩陳正獻公俊卿示二子詩。遺汝子孫清白在。不須廈屋太渠渠。二賢相之清風。可以媿木妖之習。〔元圻案〕〔史記滑稽傳〕莊王置酒優孟前爲壽莊王大驚以爲孫叔敖復生也欲以爲相優孟曰孫叔敖爲楚相盡忠爲廉以治楚今死其子無立錐之地于是莊王召孫叔敖子封之寢邱〔又蕭相國世家〕何置田宅必居窮處爲家不治垣屋曰後世賢師我儉不賢毋爲勢家所奪孝惠二年相國何卒謚爲文終侯〔漢書霍去病傳〕霍去病大將軍青姊少兒子也上爲治第令視之對曰匈奴不滅何以家爲謚曰景桓侯〔史記司馬相如傳〕文君夜亡奔相如相如乃與馳歸家居徒四壁立又曰嘗從上過宜春宮相如奏賦以哀二世失行也相如拜爲孝文園令〔舊唐書魏徵傳〕徵宅先無正寢太宗欲爲小殿輟其材爲徵營構五日而成〔後漢書楊震傳〕震性公廉不受私謁子孫常蔬食步行故舊長者或欲令爲開產業震不肯曰使後世稱爲清白吏子孫以此遺之不亦厚乎〔南部新書〕唐內臣戎帥競治

理
李鴈湖發明
介甫詩
李仁甫四子
名
明妃曲淺漢
恩樂胡
日出堂上飲
杜木喻
君難託怨遇
哀
重商鞅事相
類
范沖楊繪論
荆公心術
蘇文定論兼
幷詩
譚勸惡王說
多譬變

亭館第宅時號木妖〔真西山跋陳正獻詩集云〕舊傳公築第既成有詩其門太卑者公曰異時使灶婢乳媪可開迺佳爾薦紳傳頌以配太祝齋郎廳事語今觀其示二子詩曰與來文字三盃酒老去生涯萬卷書云云此正落成時所賦也

鴈湖〔闇按〕鴈湖李壁號〔何云〕李璧〔繼序按〕李仁甫四子垕塾壁塈俱有名則璧當作壁壁字季章號鴈湖居士登進士第官參知政事附和侂胄以致喪師辱國其人不足重注荆公詩於明妃曲漢恩自淺胡自深人閒樂在相知心則引范元長之語以致其譏〔按〕〔羅大經鶴林玉露〕謂其悖理傷道又曰苟心不相知臣可以叛其君妻可以棄其夫矣日出堂上飲之詩爲客當酌酒何預主人謀則引鄭氏考槃之誤以寓其貶〔闇按〕賀黃公則謂日出堂上飲之詩摹寫怡堂之習真堪痛心疾首末數語卽魏風園有桃篇彼人是哉子曰何其意也此風雅正傳君難託之詩曰世事反覆那得知讒言入耳須臾離則明君臣始終之義以返諸正愚按楊元素繪謂介甫詩今人未可輕商鞅商鞅能令政必行今覩其行事已頗類之矣言心聲也其可揜乎〔元圻案〕〔魏鶴山作李石林臨川詩注序曰〕石林于其丰容有餘之詞簡婉不迫之趣既各隨義發明若博文強志瘦詞險韻則又爲之證辨鉤研俾覽者得以開卷瞭然然公之學亦時有專己之癖焉石

文郭詩戒東

林于此蓋未始隨聲是非也如明妃曲漢恩自淺胡自深云云以返諸正自餘類此者尚衆姑摘其一二以明之　〔王介甫明妃曲第二首李壁註曰〕范沖對高宗嘗云臣嘗于言語文字之間得安石之心然不敢與人言且如詩人多作明妃曲以失身胡虜爲無窮之恨安石則曰漢恩自淺胡自深人生樂在相知心然則劉豫不是罪過漢恩淺而虜恩深也今之背君父之恩投拜而爲盜賊者皆合于安石之意此所謂壞天下人心術孟子曰无父无君是禽獸也以胡虜有恩而遂忘君父非禽獸而何公語意固非然詩人務一時爲新奇求出前人所未道而不知其言之失也然范公傳致亦深矣〔又曰出堂上飲詩云〕日出堂上飲日西未之休主人笑而歌客子歎以愀指此堂上柱始生在巖幽雨露飾所滋凌雲亦千秋所託願永久何年值君收乃今牢濕地百蟻上窮鏤丹青空外好鎮壓已堪憂爲君重去之不使一蟻留蟻力雖云小能生萬蠐蜉又能高其礎不爾繼者稠語客且勿然百年等浮漚爲客當酌酒何豫主人謀註曰此詩主以喻君客以喻臣堂以喻君柱以喻臣堂上主人居安而忘危爲客者視其蠹壞已甚將有鎮壓之憂爲主人圖所以弭患此而不忘君眷眷之義更張之念疑始於此按李注無引鄭氏考槃之誤語豈今本有所删節耶〔又君離託詩云〕人事反覆那能知讒言入耳須臾離注曰或言此詩恐作於神考眷遇稍衰時詞意殆不類平日所爲兼神考遇公終始不替況大臣宜知事君之義必不爲此怨尤也　〔介甫集有兼并詩註引蘇文定公云〕能使富民安其富而不橫貧民安其貧而不匱貧富相持以爲長久而天下定矣王介甫小丈夫也不忍貧民而深疾富民以惠貧民不知其不可也方其未得志也爲兼并之詩及其得志專以此爲事設青苗法以奪富民之利民無貧富兩稅之外皆出重息公私皆病矣又寓言十五首其三云後世不務此區區挫兼并注曰余嘗見楊龜山誌譚勳墓云公雅不喜王氏或問其故曰說多而善變無不易之論也世之爲奸者借其一說可以自解伏節死誼之士始鮮矣始余以勳言爲過今觀此詩不能無疑又曰公詩嘗云俗儒不知變兼并無可推而此詩乃復以挫兼并爲非　楊繪字元素漢州綿竹人皇祐初進士第二人官終天章閣待制知杭州嘗居無爲山號無爲子

東坡文章好譏刺文與可戒以詩云北客若來休

坡譏刺
饒黎汪寓宿
州作詩
呂滎陽麥熟
繅絲曲
東坡量移合
浦
北客西湖句
文與可子瞻
爲中表
蔡安州詩以
注遇禍
與也箋云之
謔
畏口未畏文
饒德操髮名
如璧

問事。西湖雖好莫吟詩。晚年郭功父〔全云〕祥正寄詩
云。莫向沙邊弄明月。夜深無數採珠人。饒德操
黎介然。汪信民寓宿州作詩。有略詆及時事者。
呂滎陽〔全云〕希哲〇呂希哲字原明公著之子聞之。作麥熟繅絲等四詩〔按〕四字
似當從童蒙訓作曲以諷止之。自此不復有前作。〔何云〕事見童蒙訓〔方樸山云〕郭更醞藉有一
味〇〔元圻案〕〔羅大經鶴林玉露十〕東坡文章妙絕古今而其病在于好譏刺文與可戒以
詩云云蓋深恐其買禍也烏臺之勘赤壁之貶卒於不免觀其獄中詩云夢繞雲山心似鹿魂
飛湯火命如雞亦可哀矣然纔出獄便賦詩云却對酒杯渾似夢試拈詩筆已如神略無懲艾
之意何也晚年自朱厓量移合浦郭功甫寄詩云君恩浩蕩似陽春海外移來住海濱云云其
意亦深矣〔葉石林詩話〕與可與子瞻中表兄弟子瞻出爲杭州通判與可送行詩有北客
西湖之句〔呂氏童蒙訓下〕崇寧間饒德操黎介然確汪信民革同寓宿州論文會課時
時作詩亦有略詆及時事者滎陽公聞之深不以爲然時公疾病方愈作麥熟繅絲等曲詩歌
詠當世以諷止饒黎諸公諸公得詩慚懼遽詣公謝且和公詩如公之意自此不復有前作矣
〔張文潛明道雜志〕蘇惠州出守錢塘來別潞公公曰願君至杭少作詩恐爲不相喜者誣
謗再三言之臨別上馬笑曰若還與也但有箋云時有吳處厚者取蔡安州詩作注蔡遂遇禍
故有箋云之戲　畢仲游與東坡書亦有知畏于口未畏于文之語　郭祥正字功甫當塗人
熙寧中舉進士官至汀州通判著青山集三十卷宋史有傳　饒節字德操撫州人嘗爲曾布
客與語新法不合乃祝髮法爲浮圖更名如璧嘗作偈云閑攜經卷倚松立試問客從何處來
遂號倚松道人宋藝文志載倚松集十四卷　汪革字信民臨川人紹聖四年試禮部第一登
甲科蔡京當國召爲國子博士力辭不就年四十卒呂原明誌其墓著清溪集十卷　〔伊洛
淵源錄〕滎陽公晚居宿州真陽間十餘年衣食不給處之晏然　今本東萊詩集二十卷無

蘇門四文士 二蘇四客文品 陳后山答端叔論文 蘇門六君子別集

晏元獻韓持國雪詩

麥熟等詩

後山答李端叔書云。蘇公之門有客四人。黃魯直。秦少游。晁无咎。則長公之客也。張文潛。則少公之客也。魯直以團茶洮州綠石硯贈无咎文潛詩云。晁子智囊可以括四海。張子筆端可以回萬牛。文潛贈李德載詩云。長公波濤萬頃陂。少公巉秀千尋麓。黃郎蕭蕭日下鶴。陳子峭峭霜中竹。秦文倩麗舒桃李。晁論崢嶸走珠玉。可以見一時文獻之盛。〔元圻案〕〔陳后山集九答李端叔書曰〕足下謂僕之文似兩蘇人情喜於自伸蔽於自知至於擬之非其倫譽之非其情亦知避矣兩公之門有客四人黃魯直秦少游晁無咎長公之客也張文潛少公之客也僕自念不敢齒四士而足下遽進僕於兩公之間不亦怵乎 晁補之字无咎鉅野人事跡具宋史文苑傳〔陳氏書錄題解別集類〕中有豫章宛邱后山淮海濟北濟南集各若干卷云蜀刊本號蘇門六君子集按濟北則晁无咎濟南則李廌方叔〔宋汪藻浮溪集書張文潛集後云〕文潛名耒譙郡人元祐中兩蘇公以文倡天下從之游者公與黃魯直秦少游晁无咎號四學士而文潛之年爲最少兩蘇公諸學士既相繼以歿公巋然獨存故詩文傳於世者尤多

衣上六花非所好。畝間盈尺是吾心。晏元獻詩宋文鑑取之何由

雪花六出
花雪降殿庭
賦詩
謝莊以雪集
衣爲瑞

軒龍堯鶴
二白鶴橋下
語寒
今茲昔歲明
年對舉
啓儛九代乘
兩龍
禹使范承光
御龍行

黃帝鼎成騎
龍升
二黄人守日
青帝風青女

更得齊民暖。恨不偏於宿麥深。韓持國詩雪詩。無出晏

元獻。殊韓持國維全云之右。（何云）徑直少味以詩論非佳句○（元圻案）（韓詩外傳）凡草木花多五出雪花獨六出六出者陰數之極（宋書符瑞志）大明五年正月元日花雪降殿庭右衛將軍謝莊下殿雪集衣還白上以爲瑞于是公卿並作花雪詩　韓維字持國絳之弟元祐初拜門下侍郎有南陽集

晏元獻詩。二龍驂夏服。雙鶴記堯年。宋元憲庠詩

軒野龍催馭。堯宮鶴厭寒。劉敬叔異苑。太康晉元帝年號二年。冬大寒。南州人見二白鶴異苑原文鶴字下有語字於橋下曰。今茲寒不減堯崩年。故山陵挽章用之。按閻蘇秦傳今茲效之明年又復來劃地（後漢明帝紀）昔歲五穀登衍今茲蠶麥善收左傳多以今茲明年或昔歲與往年相對言○（元圻案）（山海經）大樂之野夏后啓于此儛九代乘兩龍（博物志）夏德之盛二龍降之禹使范承光御之行域外既周而還　（史記封禪書）黃帝采首山銅鑄鼎于荊山下鼎既成有龍垂胡髯下迎黃帝黃帝上騎羣臣後宮從上者七十餘人（四庫全書簡明目錄小說家類）異苑十卷宋劉敬叔撰所記皆神怪之事

符瑞圖曰。二黃人守者。外國人來降。見太平御覽八百七十三宋景文皇帝閣春帖子詞云。青帝回風還習習。黃人捧日故遲遲。

霜
翟汝文伉直
忤秦
太白明如李
熒惑踰歲星
如連李
雨不成遊布
路歸
客星大如李
星如玉李月
上金波
溫公詩柳風
葵日
坡詩孤月此
心明
樂承業著諫
苑
醉鄉記次酒
德頌

翟公巽云青女霜如失黃人日故遲〔何云〕拙〇〔元圻案〕翟汝文字公巽潤州丹陽人登進士第歷官參知政事以伉直忤秦檜罷歸謚忠惠宋史有傳〔文苑英華二〕載唐人二黃人守日賦三篇

司馬公早朝詩太白明如李出漢天文志〔孝成建始四年七月〕熒惑踰歲星居其東北半寸所如連李又卽事云雨不成遊布路歸〔今傳家集作半路〕出左傳〔襄三十年〕自朝布路而罷今集中皆注云恐誤蓋未考也〔集證續漢天文志〕安帝永初四年六月丙子客星大如李〇〔元圻案〕金樓子星如玉李月上金波

更無柳絮隨風舞〔馬氏校云風舞元板作風起〕惟有葵花向日傾〔案此詩今傳家集不載〕可以見司馬公之心〔何云〕戴唐器云溫公詩作於四月清和則蜀葵花非傾葉向日以庇其根者似微于體物有誤 浮雲世事改孤月此心明見東坡公之心〔元圻案〕一此坡公次韻江晦叔詩

東坡次韻朱公掞初夏詩諫苑君方續承業醉鄉我欲訪無功隋樂運字承業錄夏殷以來諫爭

汙泥蓮糞土芝
朽枿蒸菌芝

浮雲孤月詩深造

欒城文不帶聲色
歐陽放他出一頭地
坡公看人文稱快

事名諫苑文帝覽而嘉焉注謂南史李承業作諫苑誤矣〔閻按〕南史無所謂李承業〔集證周書顏之儀傳〕樂運字承業南陽淯陽人晉尚書令廣之八世孫錄夏殷以來諫爭事凡六百三十餘事爲四十一卷名曰諫苑奏上之文帝覽而嘉焉○〔元圻案〕〔國朝邵長衡蘇詩補注〕尚仍施注之誤豈偶未檢此條歟〔唐書王績傳〕績字無功著醉鄉記以次劉伶酒德頌

答王定國詩謹勿怨謗讒乃我得道資淤泥生蓮花糞土〔何本作糞壤今從閻本〕出菌芝賴此善知識使我枯生荑此尹和靜所謂困窮拂鬱能堅人之志而熟人之仁也詩曰它山之石可以攻玉〔元圻案〕維摩經卑濕淤泥乃生蓮花〔柳宗元與蕭俛書〕雖朽枿腐敗不能生植猶足蒸出菌芝以爲瑞物

浮雲世事改孤月此心明〔何云〕再舉此二句亡國遺臣以自喻也坡公晚年所造深矣

夏均父詩欒城去聲色老坡但稱快嗚呼二法門近古絕倫輩嘗觀欒城爲歐陽公碑云公之於文雍容俯仰不大聲色而義理自勝欒城評品

無意於文之文

翠欲流謂色鮮翠
翕呷翠粲
萃蔡綷縩爲衣聲
羅衣璀粲
一朵妖紅翠欲流

文章至佳者。獨云不帶聲色。蓋得於公也。（何云）不帶聲色則有得于經矣均父與稱快連類言之非知文者也　歐陽公與梅聖俞書云快哉快哉老夫當避路放他出一頭地。卽指坡東也　東坡看人文字。於所酷愛者。但稱快而已。亦得於公也。（何云）先王父選科舉之文目曰快編蓋用坡語然但施之小題也〇（元圻案）（呂紫微序夏均父集云）吾友夏均父賢而有文章其於詩蓋得所謂規矩備具而出于規矩之外所謂無意于文之文而非有意於文之文也（書錄解題別集類）遠遊堂集三卷知江州蘄春夏倪均父撰　（劉後村曰）均父竦之諸孫集中如擬陶韋五言亹亹逼眞律詩用事琢句超出繩墨言近旨遠可以諷味

陸務觀記東坡詩。翠欲流。謂蜀語鮮翠猶言鮮明也。愚按嵇叔夜琴賦云新衣翠粲。李周翰注翠粲鮮色。李善注引子虛賦翕呷翠粲張揖曰翠粲衣聲。以上皆李注　漢書作萃蔡。（原注）萃音翠〇（案）此王氏謂司馬相如傳與善注所引異字也（集證云）檢今本善注無此語誤萃音翠引師古注　班倢伃賦。見漢書外戚傳　紛綷縩兮紈素聲。其義一也。（師古注）綷縩衣聲也綷音子賄反縩音蔡　（琴賦善注）班倢伃自傷賦紛翠粲兮紈素聲洛神賦曰披羅衣之璀粲字雖不同其義一也　以

後山焚稿學黃詩
學文猶學奕弟高於師僅能及
豫章得法於少陵

東坡與歐陽闢詩
梅聖俞詩送晦夫梧桐留鳳
合浦石康論詩
茅庵琴牀圖

鮮明為翠。乃古語。(集證老學庵筆記東坡牡丹詩)一朶妖紅翠欲流初不曉為何語及遊成都木行街大署市肆曰郭家鮮翠紅紫鋪乃知蜀人鮮翠言鮮明也(方樸山云)非坡公詩意(程易田云)要知翠粲以為鮮色確是色以為衣聲確是聲蓋雙聲疊韻兩文相合大致形容之詞以聲求之不可典要惟變所適無庸箋註聞其聲未有不知其解者矣(錢氏養新錄十九)說文鮮新也七罪反與翠同音故謂鮮新為鮮翠

後山云。少好詩。老而不厭。及一見黃豫章。盡焚其稿而學焉。豫章以謂譬之弈焉。弟子高師一著。僅能及之。爭先則後之。此可為學文之法。(方樸山云)郎外氏所云智過其師方可傳授○(元圻案)(陳后山集九答秦覯書云)僕于詩初無師法然少好之老而不厭數以千計及一見黃豫章盡焚其稿而學焉豫章以謂譬之弈焉弟子高師一著僅能及之爭先則後矣僕之詩豫章之詩也豫章之學博矣而得法於杜少陵其學少陵而不為者也故其詩近之而其進則未也故僕嘗謂豫章之詩如其人近不可親遠不可疎非其好莫聞其聲而僕負戴道上人得易之故談者謂僕詩過於豫章足下觀之則僕之所有從可知矣

東坡與歐陽晦夫詩三首。晦夫名闢。桂州人。梅聖俞有詩送之云。我家無梧桐。安可久留鳳。東坡南遷至合浦。晦夫時為石康令。出其詩稿數十幅。事見桂林志。注坡詩者以為文忠之族。非也。

書聖俞奇二蘇贈詩歐陽窮于聖俞詩鳳例足笑

坡詩黃花用小正温公詩候鴈魚陟

山谷詩晚年愈深草木文章帝機杼花竹和氣人安樂魏鶴山稱山谷詩文蘇蕙子寶連波

〔元圻案〕〔東坡集〕軾爲歐陽晦夫賦詩三首其一題云梅聖俞之客歐陽晦夫使工畫茅庵己居其中一琴橫牀而已曹子方作詩四韻僕和之云 〔黃山谷跋梅聖俞贈歐陽晦夫詩曰〕歐陽君學詩于聖俞又得贈行詩今當爲掾襲州待歲月于桂林里中桂林主人今甚好文晦夫行矣往游幕府作嘉客不獨過家上冢爲可樂也〕〔曾敏行獨醒雜志〕梅聖俞送歐陽闢晦夫詩有曰我家無梧桐安可久棲鳳鳳巢在桂林烏哺不得共晦夫桂林人嘗從聖俞學及其南歸故以是詩贈之蘇明允初在京師時東坡與子由年甚少人鮮有知者聖俞獨奇之故贈明允詩有云歲月不知老家有雛鳳凰百鳥戢羽翼不敢呈文章後東坡謫海南過合浦始識晦夫談論累日晦夫因出聖俞贈行之詩東坡讀畢執晦夫手笑曰君年六十六余雖少一而白髮蒼顏大略相似困窮亦不甚相遠聖俞所謂鳳例如此天下皆言聖俞以詩窮吾二人又窮于聖俞之詩可不大笑乎 〔宋詩紀事二十二〕歐陽闢元祐六年進士任石康令

夏小正。九月榮鞠。東坡贈朱遜之詩云。黃花候秋節。遠自夏小正。注止引月令非也。〔原注〕司馬公春帖子候鴈來歸北寒魚陟負冰亦用夏小正〇〔元圻案〕夏小正正月鴈北鄉先言鴈而後言鄉者何也見鴈而後數其鄉也鄉者何也鄉其居也鴈以北爲居生且長焉耳又魚陟負冰陟升也負冰云者言解蟄也

山谷詩。晚歲所得尤深。鶴山稱其以草木文章。發帝機杼。以花竹和氣。驗人安樂。〔何云〕此卽山谷詩中語〇〔元圻案〕〔山谷次韻兩絲雲鶴詩〕風光錯綜天經緯草木文章帝機杼〔又次韻答斌老病起獨遊東園詩〕主人心安樂草木有和氣時從物外賞自益酒中味 〔魏鶴山黃太史集序曰〕公黔戎之役鼪狖之所嘷木石之與居間關百罹然自今誦其遺文則虛淡氣夷無一毫憔悴隕穫之態以草木文章發帝機杼以花竹和氣驗人安樂雖百歲之相後猶使人躍躍興起也

題蘇若蘭回文錦詩圖云。亦有英靈蘇蕙子。〔馬氏校云〕子元

武后織錦回文記

春蠹秋蟬喻虛談

山谷演雅

機春巧勝掘地斷木

孔融肉刑論

漢陰文人惡桔槔

板作手只無悔過寶連波。連波。寶滔字也。武后記云因述若蘭之多才。復美連波之悔過。〔元圻案〕〔唐武后蘇氏織錦迴文記曰〕朕聽政之暇留心墳典偶見此圖因述若蘭之多才復美連波之悔過遂製此記聊示將來見文苑英華八百三十三

物理論〔全云〕楊泉作云虛無之談。無異春蠹秋蟬。聒耳而已。見太平御覽六百十七山谷演雅。春蛙夏蜩更嘈雜。本於此。〔集證〕〔抱朴子外篇刺驕云〕効上林喋喋之嗇夫爲春蠶夏蜩之聒耳〔又廣譬云〕春蛙長譁而醜音見患於聒耳○〔元圻案〕〔陸佃埤雅二引物理論云〕虛無之談尚其華藻此猶春蛙秋蟬聒耳而已

題王黃州禹偁墨跡。掘地與斷木。智不如機春。聖人懷餘巧。故爲萬物宗。注不言所出。嘗觀孔融肉刑論云賢者所制。或踰聖人。水碓之巧。勝於斷木掘地。見太平御覽七百六十二此詩意本於此。機春卽水碓也。〔方樸山云〕其意總取莊子所稱漢陰丈人○〔元圻案〕〔莊子天地篇〕子貢過漢陰見一丈人爲圃畦鑿隧而入井抱甕而出灌用力甚多而見功寡子貢曰有械于此一日浸百畦夫子不欲乎丈人曰奈何曰鑿木爲機後重前輕挈水若抽數如泆湯其名桔槔爲圃者忿然作色而笑曰有機械者必有機事有機事者必有機心機心存乎胸中則純白不備純白不備則神

看鏡道如咫
遠人來驩視
道如尺
觟鯱解豸同
獸
山谷呈吉老
詩
太元本互異
皋陶令羊觸
罪
楚文王好服
觟冠
獬廌貐貐
八百老彭嗟
杖晚
醇朴乃器師

生不定神生不定者道之所不載也吾非不知羞而不為也

立春詩。看鏡道如咫。出汲冢周書。太子晉解王子曰。遠人來驩。視道如尺。

呈吉老縣丞詩。觟鯱今無。種。蒲盧教未形。注云。觟鯱。此兩姓。今無人。按太元難十九云。角觟鯱終以直。其有犯。二字與解豸同。亦見王充論衡云。一角之羊也。注誤矣。〔何云〕吉老陳氏時山谷為太和令詩在外集又云今本太元作其有施疑温公本與之不同觟鯱今本作解豸〔方樸山云〕今本太元難十九角解豸終以直其有施不作觟鯱有犯字不可解今本作其有施者注云終為人別曲直故可施行也則此犯字或誤〔集證論衡是應篇〕觟鯱者一角之羊也性知有罪皋陶治獄其罪疑者令羊觸之〔淮南子主術訓〕楚文王好服觟冠注御史法冠也觟即獬字〔說文〕觟牝牂羊生角者鯱角傾也〔漢書司馬相如傳〕推蜚廉弄獬廌張揖曰獬廌似鹿而一角又作貐貐見廣雅釋器貐貐冠也音義並同〇〔元圻案〕今廣雅本亦有作解豸者

八百老彭嗟杖晚。以虎臂杖送李任道詩出莊子。釋文。彭祖至七百歲。猶曰悔不壽。恨杖晚而唾遠。〔逍遙遊釋文引王逸注〕醇朴乃器師。次韻奉送公定詩二字出荀子。〔全云〕此末二句另是一條〇〔元圻案〕〔楚辭王逸注〕彭祖至八百歲猶悔不壽

堂密有美樅松柏之鼠不知堂樅

日月吹噓爲對雨露生成爲對後山挽温公詩語

孔公緒噓枯吹生詠孔韋詩誅姦蕭斧孔光不言温室樹戒衣冠望董賢車韋執誼黨叔

恨枕高而眠遠也〔荀子解蔽篇〕工精于器而不可以爲器師

江西道院賦。堂密有美樅。出爾雅注。尸子謂松柏之鼠。不知堂密之有美樅。〔集證〕〔爾雅釋山〕山如堂者密釋木樅松葉柏身注凡兩引尸子藝文類聚八十九及爾雅疏引作尸子綽子篇

後山挽司馬公云。輟耕扶日月。起廢極吹噓。與老杜詩屏跡桑麻深雨露。燕雀半生成相似。生成吹噓字若輕而實重。〔元圻案〕〔宋任淵陳后山詩注〕丞相温公挽詞第三首註云公既執政士大夫得罪于熙豐者極力薦引而用之日月吹噓字雖不對而事勢氣象實相等此詩人之妙也〔魏志鄭渾曰〕孔公緒能清談高論噓枯吹生〔杜詩〕惟待吹噓送上天〔鶴林玉露十三〕謂生爲造成爲化吹爲陰噓爲陽氣勢力量與日月字正相配也〔姚令威西溪叢語〕山谷稱后山温公挽詞云政雖隨日化身已要人扶一聯其才不可敵

張文潛詠孔光云。試問不言温室木。〔按〕〔錢氏大昕曰〕改樹爲木避英宗嫌名何如休望董賢車。〔何云〕文潛句亦未工況此本人人所能道仲彌性詠韋執誼不看嶺南圖云。政恐崖州如有北。却應未肯受讒夫。二詩誅姦諛之蕭斧也。〔元圻案〕〔漢書孔光傳〕光典樞機十餘年沐日歸休兄弟妻

文貶崖不喜聞嶺南州縣

磨蕭斧伐朝菌

槐里令上書求見成帝時言路未塞請斬安昌

文潛子京詠朱雲詩

麻姑山詩依倣歐公自稱廬山高詩

聖俞擊節歎歐詩

子燕語終不及朝省政事或問光溫室省中樹皆何木也光嘿不應更答已他語其不泄如是〔佞倖傳〕董賢與光並爲三公上故令賢私過光光雅恭敬知上欲尊寵賢及聞賢當來也光警戒衣冠出門待望見賢車迺卻入賢至中門光入閤既下車迺出拜謁送迎甚謹不敢以賓客均敵之禮賢繇是權與人主侔矣　〔唐書韋執誼傳〕順宗立以疾不親政叔文用事乃擢執誼爲尚書左丞同中書門下平章政事憲宗受內禪流叔文逐貶執誼爲崖州司戶參軍執誼未顯時不喜人言嶺南州縣既爲郎嘗詣職方觀圖至嶺南輒瞑目命撤去及爲相所坐堂有圖不就省既易旬試之崖州圖也以爲不祥惡之果貶死　〔四庫全書總目別集類〕浮山集十卷宋仲并撰并字彌性江都人周必大平園集有所作并集序稱并以紹興壬子擢進士甲寅以丞相朱勝非論薦改京秩尋補外去丁巳復以張浚薦召至闕爲秦檜所阻改倅京口自是閑退者二十年孝宗即位擢光祿丞出知蘄州　〔桓譚新論雍門周說孟嘗君曰〕以彊秦之勢伐弱韓譬猶磨蕭斧以伐朝菌也　〔李泰伯詠孔光云〕王莽欲爲先與草董賢將過自迎門省中樹木何閑事卻對妻孥不肯言與文潛詩同意

朱雲爲槐里令。上書求見而卽得對成帝。時言路猶未塞也。張文潛詩曰直言請劍斬安昌。勿謂朱游只素狂。君看漢家文景業。張侯能以一言士。〔元圻案〕〔韻語陽秋載宋子京一絕云〕朱游英氣凜生風濱死危言動帝聰殿檻不修旌直諫安昌依舊漢三公似更蘊藉

南豐麻姑山詩。送南城羅尉。倣廬山高而不逮。絕唱寡和也。〔元圻案〕〔黃氏日抄六十三〕讀曾子固文集五麻姑山送南城羅尉詩可與歐公廬山高爲對厚齋蓋不以爲然也故云爾　歐陽公廬山高贈同年劉中允歸南康作也詩在文忠集古詩二南豐麻姑山送南城尉羅君詩在元豐類稿八歌行中又卷二有游麻姑山詩亦七言古非厚齋所指　〔石林詩話記歐公語曰〕吾詩廬山

詩句互相因襲佳月明作哲無人與馬成二身與杖藜爲二兩黃鵠怨旱諸何以報之雙玉盤青玉案黃金罍子午谷丁卯橋計出柏馬下木鴈不材遇異沈慶之加三望車翟方進罷鴻隙陂飯我豆食羹芋魁立埭用丁卯日

高今人莫能惟太白能之〔王直方詩話〕郭功父過梅聖俞爲誦永叔廬山高詩聖俞擊節歎賞曰使吾更作詩三十年亦不能道其一句

唐子西。湖上詩 佳月明作哲。好風聖之清。〔何云〕以詩論總不佳 本於李誠之山如仁者靜。風似聖之清。此二句楊誠齋詩話取之 朱新仲。翌 無人馬爲二。對飲月成三。〔何云〕上句出沈慶之傳〇今本灊山集此詩已佚 本於秦少游寧浦書事 身與杖藜爲二。影將明月成三。〔案〕淮海集〕作對月和影成三誤也當據此正之〔何云〕馬爲二月成三作對仍不類唐人必無是也秦句勝 陸務觀。自東涇度小嶺聞有地可卜庵喜而有賦 誰其二云者兩黃鵠〔何云〕添其字 何以報之雙玉盤。本於新仲。東津送方務德詩 何以報之青玉案。我姑酌彼黃金罍。此二句後村詩話取之 葉少蘊逸人舊住子午谷。詩客獨尋丁卯橋。務觀用之。程致道俱 明知計出柏馬下。正擬身全木鴈中。〔何云〕句太板〇此程致道蘄蝸廬吳下用葉翰林見寄詩韻作也見北山集卷十鄭虎臣吳都文粹亦載其全篇 敖器之陶孫 用之。〔元圻案〕江湖集有敖器之臞翁集二卷不載用程致道柏馬木鴈之句蓋已佚矣 唐子西集二十四卷 四庫書著錄子西名庚眉山人〔劉後村詩話〕子西詩文皆高其出稍晚使及坡門當不在秦晁之下〔晁氏讀書志〕李誠之集三卷李師中字誠之唐子方貶春州誠之嘗有詩送行感傳一時 朱翌新仲灊

許渾別業橋側　招揚之罘詩　喻柏馬　東坡拍石圖銘　處夫材與不材之閒

崔德符言作詩之要　張芸叟踰耳順言詩　未窺六甲先五言　高適五十始為詩

山集三卷　四庫書從永樂大典錄出　〔南史沈慶之傳〕慶之加三望車謂人曰我每游履田閒有人時與馬成三無人與馬成二今乘此車安所之乎　〔李太白詩〕舉杯邀明月對影成三人　〔漢書翟方進傳〕方進字子威初汝南有鴻隙大陂郡以為饒方進為相奏罷之王莽時常枯旱鄉中追怨謠曰壞陂誰翟子威飯我豆食羹芋魁反乎覆陂當復誰云者兩黃鵠　〔張衡詩〕美人贈我青琅玕何以報之雙玉盤又美人贈我錦繡段何以報之青玉案　〔三秦記〕長安正南名秦嶺谷名子午杜子美元都壇歌故人今居子午谷獨在陰崖結茅屋　〔一統志〕鎮江丁卯橋在府城南晉元帝子裒鎮廣陵運糧出京口因水涸奏請立埭用丁卯日後人建橋遂名唐許渾築別業于橋側有夜歸丁卯橋村舍詩　〔韓退之招揚之罘詩〕柏生兩石閒萬歲終不大野馬不識人難以駕車蓋柏移就平地馬羈入廄中馬思自由悲柏有傷根容傷根柏不死千丈日以至馬悲罷還樂振迅矜鞍轡之罘南山來文字得我驚館置使讀書日有求歸聲我今之罘歸失得柏與馬之罘別我去計出柏馬下後之工畫者遂作為柏石圖東坡作詩為之銘　〔莊子外篇〕山木莊子行于山中見大木枝葉盛茂伐木者止其旁而不取也問其故曰無所可用莊子曰此木以不材得終其天年夫子出于山舍于故人之家故人喜命豎子殺鴈而烹之豎子請曰其一能鳴其一不能鳴請奚殺主人曰殺不能鳴者明日弟子問于莊子曰山中之木以不材得終其天年今主人之鴈以不材死先生將何處莊子笑曰周將處夫材與不材之閒　敎器之名陶孫長樂人有曜翁集慶元初韓侂胄既逐趙忠定器之題詩于三元樓壁落句云九泉若遇韓忠獻休道如今有末孫捕者至易服而免事見葉紹翁四朝聞見錄　朱新仲名翌桐鄉人政和進士周益公為作集序以比杜牧之

或問崔德符作詩之要曰但多讀而勿使斯為善。

張芸叟晚作樂府百餘篇自序云年踰耳順方敢言詩。〔原注〕未窺六甲先製五言者觀此可以戒　〔何云〕高適五十始為詩又云博觀而約取厚積而薄發東坡教也又云山谷與秦少章云二十年來學士大夫有功于翰墨者為不少卓爾名家者則未多蓋嘗深求其故病在欲速成耳夫四時之運天德也不能卽春而為冬斷可識矣○〔元圻案〕宋徐度卻掃編中陳參政去非少學詩于崔鶠德符嘗請問作詩之要崔曰凡作詩工拙所未論大要忌俗而

東坡山谷言
作詩
陳去非學詩
崔鷗
詩忌俗忌有
意用事
曾文昭河間
詩誤布
龔彥和兄弟
名重
大壯勸兄夬
早退
何武厚兩龔
兩唐
徐師川與中
貴唱和
程致道封還
除書
鄭本然居士
諶

已天下書雖不可不讀然愼不可有意於用事〔書錄解題別集類〕婆娑集三十卷右正言陽翟崔鷗撰鷗坐元符上書邪等廢於家治圃號婆娑靖康初召爲諫官力論馮澥之罪忽得攣疾卒　〔隋李諤上隋高祖書曰〕閭里童昏貴遊總弁未窺六甲先製五言

曾文昭公〔全云〕肇字子開河間詩云。南北車書久混同。河間今有楚人風。獨慚太守非何武。已見州閭出兩龔。謂彥和兄弟也。童蒙訓以爲曾子宣布作。恐誤。〔元圻案〕肇爲布之弟治平四年進士官至中書舍人龍圖閣學士以元祐黨籍貶濮州團練副使紹興初追謚文昭宋史有傳著曲阜集四卷　四庫全書著錄　〔呂居仁童蒙訓上〕龔殿院彥和夬清介自立少有重名元祐閒僉判瀛州與弟大壯同行大壯尤特立不羣曾子宣帥瀛欲見不可得一日徑過彥和邀其弟出不可辭也遂出相見即爲置酒從容終日乃去因題詩壁閒其兩句云自慚太守非何武得向河閒見兩龔紹聖中彥和爲御史大壯力勸其兄早退彥和遂去大壯不幸早卒　曾子宣子開先後知瀛州呂氏蓋因此而誤東都事略龔夬傳夬瀛州人呂氏謂夬僉判瀛州亦恐未確　〔漢書兩龔傳〕兩龔皆楚人也勝字君賓舍字君倩二人相友並著名節故世謂之楚兩龔〔又何武傳〕武好進士獎稱人之善爲楚內史厚兩龔在沛郡厚兩唐

徐師川〔全云〕名俯山谷甥以諫議召程致道。在西垣封還除書。言與中貴人唱和魚須〔何云〕音頒之句。爲人所傳。此劉見北山集中朱文公語錄云。師川遊廬山。遇宦者鄭諶與

鶴脛魚須句師川不汚邦昌僞命高宗辨湛薦徐俯事思陵好山谷詩及俯喻汝礪不汚僞命徐琛爲檜中表得用

朱新仲詠魯公昭君魯公烈日一人顏色如花心冀士

之詩。後村〔閻按〕劉克莊號謂徐集不載魚須之篇。愚攷集中有次韻鄭本然居士二云。頗知鶴脛緣詩瘦。早棄魚須伴我閑。本然居士。豈即鄭諶歟。〔原注〕魚須笏也〔何云〕〔與鄭諶詩云〕平生不善劉蕡策色色門中皆有人朱子云後入樞府中鄭時適用事模樣似有力焉又云師川得至兩府亦緣其不汚邦昌僞命其父又死事耳當時士大夫持論亦似刻〔全云〕中興聖政記紹興七年四月戊戌御批鄭湛帶御器械翌日上諭宰相曰昨召用徐俯外議謂湛所薦朕何嘗容內侍薦人止緣黃庭堅文集有云徐甥者後因胡直孺薦俯自代朕問之知其爲人今湛新命又恐外間紛紛不若止與在外宮祠則師川之謗高宗已自辨之矣〔又云〕揮麈錄紹興十四年以徐琛提點浙西刑獄琛者秦檜之中表而俯族弟也時俯已卒檜知上眷俯未衰乃曰徐俯身後伶俜可憐有弟琛能嗣俯業願陛下用之故有是命其後至貳卿然則師川之獨結主知不由湛薦明矣又云思陵好山谷詩而師川在山谷諸甥中最有名故用之不以其父死事及師川之不汚僞命也當時不汚僞命者尚有喻汝礪亦竟不用至死事之孤淪落更多何氏之說非也○〔元圻案〕〔書錄解題詩集類〕東湖集三卷樞密豫章徐俯師川撰禧之子亦魯直諸甥也思陵以黃庭堅故召用之丞相呂頤浩作書具道上旨而一時或言其由中人以進其初除太坡也程俱在西掖繳奏不行奉祠去其然乎否耶然俯在位亦不聞有所建明也

朱新仲詠顏魯公畫像二云。千五百年如烈日。二十四州惟一人。此二句後村詩話續集取之又詠昭君二云。當時夫死若求歸。凜然義動單于府。〔何云〕府字用不得此西漢人不得如後來有單于府也不知出此

單于府名後起呼韓邪子妻母昭君上書求歸

菊一名傅延年

梁克家詠梅倣沂公九鼎燮百花羞沂鄭俱魁天下位相此生安排狀元宰相

誠齋學詩四變學五律后山半山七絕唐人絕句

肯隨俗。顏色如花心糞土。〔閻按〕〔後漢書南匈奴傳〕呼韓邪死前閼氏子欲妻之昭君上書求歸成帝勅令從其俗〔何云〕昭君只當惜其淪落無容更求備也欲論高而至不近情文章所戒〔又云〕新仲不知後漢書中本有求歸事未深諒其曲折豈不蒙冤哉〔程易田云〕新仲詩正是藍本後漢書觀詩中一肯字言勅令從俗卽肯隨之也〇〔元圻案〕昭君詩今本灊山集佚

本草。菊一名傅延年。朱新仲詩。三逕誰從陶靖節。重陽惟有傅延年。〔原注〕前未有用者〔何云〕句法却不佳〇〔元圻案〕此詩今本佚

梁文靖公〔原注〕克家梅花詩云。九鼎燮調終有待。百花羞澀敢言芳。用王沂公之意。亦魁天下位宰相。〔何云〕偶然耳然梁公之句失於雕琢。〔何云〕村俗有之〇〔元圻案〕楊文公談苑王曾布衣時以梅花詩獻呂蒙正云而今未問和羹事且向百花頭上開呂云此生已安排狀元宰相也葉石林燕語亦載此事以爲王沂公以行卷見薛簡肅〔梅磵詩話〕梁鄭公克家未第時爲潮州揭陽宰館客寓縣治東齋齋前有梅一株忽於九月中盛開邑人殊以爲異公賦詩云云明年廷對魁天下孝宗朝拜相　梁克家字叔子晉江人紹興三十年進士第一孝宗朝拜右丞相封儀國公諡文靖

誠齋始學江西。既而學五字律於後山。學七字絕句於半山。〔閻按〕半山王安石號最後學絕句於唐人。〔元圻案〕〔誠齋江湖集自序

江湖荊溪集
自序
讀正觀政要
詩
新豐逆旅無
顧者
命酒一斗八
升
馬周鳶肩火
色
羊鼻公嗜醋
芹
爲常何條二
十餘事
遼東役思魏
徵
李勣力戰破
高麗
韎鞨白山鴨
綠江
水禽信天緣
張武子不爲
歲晚計
劉應時贈武
子詩

云〕予少作有詩千餘篇至紹興壬午七月皆焚之大概江西體也今所存江湖集者蓋學后山半山及唐人者也〔又荊溪集自序曰〕予之詩始學江西諸君子既又學后山五字律既又學半山老人七字絶句晚乃學絶句於唐人

誠齋讀貞觀政要云。拔士新豐逆旅中。懷賢鴨綠水波東。酒傾一斗鳶肩客。醋設三杯羊鼻公。〔原注〕羊鼻公謂魏鄭公見龍城錄○〔元圻案〕〔唐書馬周傳〕周字賓王博州茌平人周舍新豐逆旅主人不之顧周命酒一斗八升悠然獨酌衆異之至長安舍中郎將常何家貞觀五年詔百官言得失何武人不涉學周爲條二十餘事皆當世所切太宗怪問何何曰家臣馬周教臣言之帝召見與語大悅詔直門下省岑文本曰馬君鳶肩火色騰上必速恐不能久〔魏徵傳〕遼東之役高麗靺鞨犯陳李勣等力戰破之軍還悵然曰魏徵若在吾有此行耶即召其家到行在賜勞妻子以少牢祠其墓〔又東夷傳〕高麗馬訾水出靺鞨之白山色若鴨頭名曰鴨綠江〔龍城錄〕魏左相忠言讜論贊襄萬機有日退朝太宗笑謂侍臣曰此羊鼻公不知遺何好而能動其情侍臣曰魏徵好嗜醋芹每食之欣然稱快此見其真態也明日召賜食有醋芹三杯公見之欣喜翼然食未竟而芹已盡

攻媿記張武子之語。水禽有名信天公者。按晁景迂集。黃河有信天緣。常開口待魚。〔全云〕張武子名良臣號雪牕又云此朱灊山語非雪牕灊山則本之景迂○〔元圻案〕〔樓鑰攻媿集〕書張武子詩集後曰武子拱人也家于四明隆興初與余爲同年生閉門讀書室中無一物或謂君不爲歲晚計君曰水禽有名信天翁者食魚而不能捕兀立沙上俟他禽偶墜魚于前乃拾之然未聞有餓死者其夷澹雅謔類此劉應時良佐寄張武子詩云靈月耿東南流光淨如洗幽人懷夜光掬水弄清泚春雲多態度

霽月耿東南
掬水弄清泚
可人古錦囊
淘河漫畫信
天詩

蘇雲卿東湖
隱遁
張魏公孤忠
如孔明
兩翁之心秋
月白
物色灌園蘇
公
張德遠德長
才短

蒸蒻出山麓舒卷無定蹤形容勞遠目可人古錦囊多乎斯二者造物發天藏筆端妙陶冶其平生高致可以想見〔周益公張良臣雪牕集序曰〕襄邑張良臣字武子家于四明擢隆興進士第日從魏南夫史直翁二丞相游他人朱紫君困青衫他人鍾鼎君樂簞瓢淳熙末始管庫行都朝士稍稍知而愛之謂宜掌故六曹馴致館學而君病不可爲又曰君之弟堯臣亦工詩〔景迂生集卷四〕黃河多淘河之屬有曰漫畫者常以觜畫水求魚有曰信天緣者常開口待魚感之賦三詩淘河復淘河后土激浪沙分波大石羽轉雜龍鼉汝欲澄清力幾多官家費盡水衡錢驅夫政待汝漪漣天上有河鵲以填可增汝漫兒其巔虛名覆何常休譏汝在梁右淘河漫畫復漫畫河尾沙軟喙一尺天生剛啄不解禿倦魚薄淺幸有脫謀拙力百費何處有金翅饑腸倚暮烟慚愧信天緣右漫畫信天緣何爲者非違亦非賢終朝開口不敢仰待魚落味急下咽大魚變化小魚黠誰肯效命于爾前皇天日月高無心憐爾曹幾欲強求索豈不鑑漫畫右信天緣

蘇雲卿。廣漢人。隱東湖。張魏公爲相。使帥漕挽其來。一夕遁去。不知所之。眞文忠爲詩曰。魏公孤忠如孔明。赤手能支天柱傾。蘇公高節如子陵。寸膠解使黃河清。等是世間少不得。問津耦耕各其適。後人未可輕雌黃。兩翁之心秋月白。〔元圻案〕

一〔文忠此詩題曰〕題隱者蘇翁事迹此條首數語即本詩小序也又自注云卷中有詩譏魏公不足與有爲者故云〔宋劉子翬蘇雲卿傳曰〕蘇雲卿廣漢人紹興間來豫章東湖結廬獨居人稱曰蘇翁少與張浚爲布衣交浚後爲相屬豫章帥及漕致之帥漕密物色獨有灌園蘇公無雲卿也屏騎從易服爲遊士入其圃翁運鋤不顧進揖之延入室叩其鄉里曰廣漢客

趙南塘挽忠定詩
汝愚謫死于道
考亭注楚辭寄意
胡紘奏趙唱引僞徒
朱子焚奏稿告病
蔡元定爲朱子決蓍
更號遯翁

朱子稱孫燭湖二絕
子陵答侯君房書
狂奴故態
富春山七里瀨
陳仲弓弔張

曰張德遠廣漢人翁嘗識之曰然客曰德遠何如人曰賢人也第長于知君子短于知小人德有餘而才不足二客因出書幣請共載辭不可期以詰朝上謁遣使迎問則扃戶闃然竟不知所終張世南游宦紀聞載宋自適記蘇翁本末其詞略同〔蘇翁還張魏公書幣題詩蔬圃壁間云〕多年別作一番風誰料聲名達帝聰自有時人求富貴莫將富貴汙蘇公

南塘〔閣按〕南塘趙汝談號挽趙忠定公汝愚云。空令考亭老垂白。注離騷楫跋楚辭集注云慶元乙卯治黨人方急趙公謫死於道先生憂時之意屢形於色。一日示學者以所釋楚辭一篇。〔元圻案〕慶元黨禁寧宗慶元元年十一月御史胡紘奏趙汝愚唱引僞徒深爲不軌責授寧遠軍節度副使永州安置朱子時家居草封事數萬言極陳姦邪蔽主之禍以明汝愚之冤子弟諸生更進迭諫以爲必至賈禍不聽蔡元定請以蓍決之遇遯之同人朱子默然取奏稿焚之因更號遯翁遂以疾乞休致汝愚既責零陵過衡陽而病又爲守臣錢鍪所窘遂服藥而卒天下冤之〔周密齊東野語〕記紹熙內禪事曰趙汝愚永州安置至衡州而卒朱元晦爲之註離騷以寄意焉趙汝談字履常號南塘太宗八世孫

孫燭湖〔閣按〕燭湖名應時餘姚孫氏祖之讀通鑑詩。傳書流汗走君房。那得狂奴故意降。努力諸公了臺閣不須魚雁到桐江。又清濁無心陳仲弓。圓機聊救漢諸公。未流不料兒孫誤。千古黃初佐命功。朱文公謂二

讓父
荀淑子孫改
節
太邱後爲賊
佐命
東來西況

周平園王荊
公佳對
戎馬生於郊
佛貍死卯年
謠
虛室生白吉
祥攸止
汗簡刮青皮
炙
殺青滿架書
新繕
臧質答魏太
武書
虜馬飲江水
玉女諫僉夫

絕甚佳。〔何云〕詩不工○〔元圻案〕〔後漢書逸民嚴光傳〕光字子陵一名遵會稽餘姚人也少有高名與光武同遊學及光武卽位遣使聘之三反而後至司徒侯霸與光素舊遣使奉書光曰君房足下位至鼎足甚善懷仁輔義天下悅阿諛順旨要領絕霸得書封奏之帝笑曰狂奴故態也車駕卽日臨其館光臥不起除爲諫議大夫不屈乃耕于富春山注顧野王輿地志曰七里瀨在東陽江下與嚴陵瀨相接有嚴山桐廬縣南有嚴子陵釣魚處〔又陳寔傳〕寔字仲弓潁川許人也時中常侍張讓權傾天下讓父死歸葬潁川雖一郡畢至而名士無往者讓甚恥之寔乃獨弔焉及後復誅黨人讓以寔故多所全宥寔子紀紀子羣爲魏司空　〔朱子答孫季和書云〕子陵仲弓二絕甚佳嘗觀荀淑能譏刺梁氏而爽已不敢忤董卓至彧遂爲唐衡之壻曹操之臣人家祖父壁立千仞子孫猶自東來西況況太邱制行如此其末流之弊爲賊佐命亦何足怪哉　孫應時字季和自號燭湖居士餘姚人從學朱子之門有燭湖集二十二卷　四庫全書著錄

平園周益公號詩。生戎馬。死佛貍。荊公生白。殺青皆佳對。〔何云〕皆不工　〔元圻案〕〔周益公省齋文稿二〕送湯相守紹興詩〕漢闢蕭居守周與畢保釐安危元注相中外自隨宜憶昨生戎馬誰知死佛貍天其永我命王乃大巡師云云　〔王荊公和楊樂道見寄詩〕殺青滿架書新繕生白當牕室久虛〔李壁注劉向戰國策序曰皆定以殺青書書可繕寫〔列子釋文〕謂汗簡刮去青皮也〔應劭風俗通〕殺青作簡書之新竹有汗後皆蠹故作簡者于火上炙乾之〔莊子〕虛室生白吉祥攸止　〔老子道德經四十六章〕天下無道戎馬生於郊　〔杜詩〕不謂生戎馬何知共酒盃　〔宋書七十四臧質傳〕質答魏太武書曰省示具悉姦懷爾自恃四脚屢犯國疆諸如此事不可具說王元謨退于東梁坦散於西爾謂何以不聞童謠言邪虜馬飲江水佛貍死卯年此期未至以二軍開飲江之徑爾　〔史通〕佛貍飲馬長江宋之武功不競　佛貍魏太武小字　〔元張雨題孫叔明雪齋詩云〕　生白定知虛室妙殺青唯積古書多本于荊公

鶴山詩。只期玉女是用諫。肯爲僉夫不有躬。本於

躬
韓玉汝暴子
乳虎
杜詩可怕李
金吾
孫玉汝金機
賦
更中尉爲執
金吾
韓縝酷虐少
恩

怪書披月看
銅牆
老壽山黃銅
爲牆
鬼星石室火
青色
謝遺塵隱南
雷
虎獄劍餌

田園圖史分
富貴
鼎鼐樓臺辨
有無
龐籍退老詩
寇萊公不當

玉汝金吾之對。〔何云〕惡對○〔元圻案〕魏鶴山李微之心傳聞其弟貫之道傳西歸以詩迓之劉左史光祖和韻屬余同賦第二首云只期玉女是用諫肯爲金夫不有躬想見江西兩膚使天涯顛頷鬢成翁自注云併謂眞景元也〔朱翌猗覺寮雜記曰〕世傳不逢韓玉汝有應聲對曰可怕李金吾唐有孫玉汝則玉汝爲名字不始於韓〔容齋隨筆〕韓莊敏公縝字玉汝按唐登科記會昌四年及第進士有孫玉汝〔李景讓傳〕劾罷御史孫玉汝蓋其人也〔全唐文〕載孫玉汝金機賦一篇〔漢書〕百官公卿表中尉秦官武帝太初三年更名執金吾師古注金吾鳥名主辟不祥〔苕溪漁隱叢話東坡云〕韓縝爲秦州酷暴少恩以賊殺不辜去官秦人語云寧逢乳虎莫逢韓玉汝孫臨善滑稽尤善對或曰不逢韓玉汝當以何對臨應聲曰可怕李金吾天下以爲口實可怕李金吾乃杜子美詩也〔杜詩〕醉歸應犯夜可怕李金吾

林和靖詩。怪書披月看銅牆。放翁文。有銅牆鬼炊之語。出東方朔神異經。〔閻按〕天隨子四明山詩序中有此誤以爲放翁也○〔元圻案〕〔林和靖寄玉梁施道士詩〕子雲遺構住丹房天鼓時聞數叩霜眞景截波尋鐵柱怪書披月看銅牆〔唐陸羽甫里集六四明山詩序曰〕謝遺塵者有道之士也嘗隱於四明之南雷一旦訪予來語不及世務且曰吾得于王泉生知子性誕逸樂神僊中書探海岳遺事以期方外之交雖銅牆鬼炊虎獄劍餌無不窺也〔神異經中荒經〕西南裔外老壽山以黃銅爲牆東北有鬼星石室三百戶共一門石榜題曰鬼門鬼門晝日不開至暮即有人語有火青色

田園圖史分貧富。鼎鼐樓臺辨有無。洪舜俞詩。用龐穎公寇萊公事。〔閻按〕〔龐籍作退老詩〕田園貧宰相圖史富書生〔何本載閻云〕不如云論貧富說有無〔何又云〕辨字拙然對甚的〔集證吳處厚青箱雜記〕夏文莊公謫守黃州時龐公爲郡掾龐常有疾文莊親臨之曰異日管爲貧宰相亦有年壽故龐公晚年退老作詩述其事○〔元圻案〕〔孔平仲續

私第 圖史富書生 夏文莊臨寵 疾 無地起樓臺 詠漢高叔孫 通互見

搏黍黃鳥諸名 麥秋在野 樹桃李得休息 狄梁公桃李 在門 搏黍百金拱 璧取與 禰衡搏黍腥 戲黃祖 漢漢春鋤影 外天 王泠然裴門 桃李

世說曰寇萊公出入將相不營私第魏野贈詩曰有官居鼎鼐無地起樓臺 洪舜俞名咨夔於潛人嘉定元年進士理宗朝累官刑部尚書翰林學士知制誥謚忠文有平齋集三十二卷 四庫全書著錄

本朝絕句有浹漈鄭樵詠漢高祖五言乃唐于季子詩又荊公絕句詠叔孫通亦見宋景文公集元圻案王荊公嘲叔孫通云馬上功成不喜文叔孫綿蕝共經綸諸君可笑貪君賜便許當時作聖人李壁注或云此詩宋景文作

演蕃露云搏黍爲鸎不知何出蓋未攷詩葛覃註也緗素雜記不知麥秋出月令亦此類能改齋漫錄攷古語所出詳且博矣然首如飛蓬見於詩乃以左思賦爲始樹桃李者夏得休息見於說苑乃以狄梁公事爲始若此者非一是以君子無輕立論元圻案演繁露六或論仁人明道不計功曰人有能輕搏黍者不能無意于百金有能輕百金者不能無意于拱璧數以搏黍問人人無知者呂氏春秋曰今以百金與搏黍以示兒子兒子必取搏黍也以和氏之璧與百金以示鄙人鄙人必取百金矣論蓋取此語以爲之據也禰衡在黃祖坐上黍臛至衡先自飽食畢搏以戲弄祖怒其戲謾此卽搏黍也並見御覽八百四十一或以爲搏黍黃鳥也王介甫詩蕭蕭搏黍聲中日漢漢春鋤影外天說春鋤白鷺也以鷺對鸝也但不知搏黍之爲黃鸝

桃李蒺藜所
得異
簡主謂子質
失樹

不斟何斟言
病
壙僚謂無官
春帖用翠管
銀罌
邢子才日思
誤書
會吉父呂紫

何出耳〔詩葛覃注〕黃鳥摶黍也正義曰釋鳥云皇黃鳥舍人云皇名黃鳥郭璞曰俗呼黃離流亦云摶黍陸璣疏云黃鳥黃鸝留也或謂之黃栗留幽州人謂之黃鶯一名倉庚一名鵹黃一名楚雀齊人謂之摶黍　〔演繁露三〕湘素雜記靖康間閩人黃朝俊所作也辨正世傳名物音義多有歸宿而時有闕疑者至釋宋子京刈麥詩以四月而曰爲麥秋按北史蘇綽傳麥秋在野其名遠矣是未嘗讀月令也以此見博記之難按黃朝俊今本緗素雜記作朝英〔宋葉大慶攷古質疑四〕前輩稱李絢和杜祁公詩收得桑榆歸物外種成桃李滿人間桑榆事見淮南子至若種成桃李本狄仁傑與裴耀卿事爾按仁傑家傳仁傑薦張柬之袁恕己桓彥範崔元暐敬暉五公咸出門下皆州縣官拔至顯位以爲五公一代之盛桃李也〔又談藪王冷然上裴耀卿書曰〕拾遺補闕寧有種乎僕不佞亦相公一株桃李也通鑑載仁傑事或曰天下桃李悉在公門矣仁傑曰薦賢爲國非爲私也又唐人詩譏李德裕曰閉園不解栽桃李滿地惟聞種蒺藜楊汝士詩曰文章舊價留鸞掖桃李新陰在鯉庭用桃李事者多矣竊謂事之所本其來自古非起于唐按韓詩外傳云子質事魏文侯獲罪而北遊謂簡主曰從今已後不復樹德于人矣簡主曰夫春樹桃李夏得蔭其下秋得食其實春樹蒺藜夏不可采其葉秋得其刺焉由此觀之在所樹也今子所樹非其人也故君子擇而後種〔又說苑復恩篇簡子謂陽貨曰〕夫樹桃李者夏得休息秋得食焉樹蒺藜者夏不得休息秋得刺焉桃李事當本於此　〔四庫全書總目子部雜家類〕靖康緗素雜記十卷宋黃朝英撰晁公武讀書志曰朝英建州人紹聖後舉子又曰所記凡二百事今本祇有九十事　〔書錄解題小說家類〕能改齋謾錄十三卷太常寺主簿臨川吳曾虎臣撰

方言三　斟益也。〔按〕郭璞注言斟酌益之　凡病少愈而加劇。謂之不斟。或謂之何斟。〔注云〕言雖少損無所益也　呂居仁答曾吉父詩記我今年病不斟。七詩見卷十　蓋用此。而不知者改爲不禁。〔何云〕此本李孟傳書方言後○孟傳字文授上虞人李光子宋史有傳　韋元成傳。五世壙僚〔全云〕即壙僚

薇倡和
茶山居士

胸有積立鐵
壁色
大出遊秋罷
語所本
呂居仁寄弟
詩
田叔暴坐苑
外

言五世無官也。〔韋元成傳註應劭曰〕自孟至賢五世無官也壙空也呂成公銘湯烈母云。湯世壙僚。委社於後。此成公代其父倉部公作也銘曰湯世壙僚委社于後徂相我初內德之茂而發本改爲曠遼。東坡春帖。用翠管銀罌。〔東坡作皇太后閤春帖子詞曰〕仙家日月本長閑送臘迎春豈偶然翠管銀罌傳故事金花綵勝作新年出老杜臘日詩。翠管銀罌下九霄而注者改爲銀鉤。此邢子才所以有日思誤書之語也。〔元圻案〕〔李孟傳方言後序曰〕曹文清嘗以三詩答呂治先有云傷心昨夜杯中物不對王郎對影斟紫薇呂居仁次韻云書來肯際銅魚使記我今年病不斟自注云出子雲方言今所在鏤版輒誤作病不禁〔北史邢邵傳〕邵字子才河閒鄚人有書甚多而不甚讐校見人校書常笑曰天下書至死讀不遍焉能始復校此日思誤書更是一適　呂本中字居仁壽春人徙婺州希哲之孫好問之子祖謙之祖宣和中爲樞密院編修紹興初特賜進士累官侍講中書省號紫微省故稱紫微舍人著東萊詩集二十卷　四庫全書著錄　曾幾字吉甫贛人徙居河南官浙西提刑忤秦檜去僑居上饒茶山寺自號茶山居士謚文清

呂居仁詩。弱水不勝舟。有此積立鐵。〔按〕今本東萊詩集不載此詩又云。何知若人胸。中有積立鐵。出老杜鐵堂峽詩。壁色立積鐵。又云。準擬春來大出游。出漢書田叔傳。又云。日月已秋罷。能出元帝紀。〔閻按〕漢書帝紀無此語〔集證〕按漢書元帝紀永光元

紫芝詩論輔嗣元暉三謝詩元暉語工

嶽麓寺道鄉臺東坡謫黃州築雪堂境與人俱香田承君勉道鄉語姓氏多因謫籍香盧處勑陳宗禮鄒浩夜渡湘

年三月隕霜傷麥稼秋罷〔師古注曰〕秋罷者言至秋時無所收也〇〔元圻案〕〔呂東萊詩集卷三〕與才仲弟相別于白沙東門之外悵然久之因成八詩奉寄其第三首云盛欲與子談乃復爲此別忽忽得餘歡把酒到耳熱人生不如意肝胆有楚越何知若人胸中有積立鐵又卷十四春日紀事第二首云自聞賊報離揚州準擬春來大出游所恨溪山最佳處不容老子便歸休又卷七去年試院中作詩云云今年復入試再次前韻誰令君作官袞袞簿書下誰令君不學陷穽乃欲跨緬懷北窗翁斯人益多暇田疇望家遠日月已秋罷尙蒙諸公憐未至官長罵何時歸來乎更作一段畫〔漢書田叔傳〕叔爲魯相魯王好獵相嘗從入苑中暴坐苑外終不休曰吾王暴露獨何爲舍王以故不大出游

趙紫芝之〔閻按〕紫芝名師秀爲永嘉四靈之一故一稱趙靈秀〇秋夜偶書詩謂輔嗣易行無漢學。元暉詩變有唐風。〔閻按〕下句本唐庚語〔何云〕〔唐子西云〕三謝詩至元暉語益工然蕭散自然之趣亦少減漸有唐風矣紫芝詩本其語〇〔元圻案〕紫芝宋太祖八世孫紹熙庚戌進士著天樂堂清苑齋集　唐子西語見書三謝詩後

潘庭堅題嶽麓寺道鄉臺曰坡仙不謫黃。黃應無雪堂。道鄉不如新。此臺無道鄉。青山非其人。山靈能頡頏。一落名勝手。境與人俱香。悲吟倚空寂。臨眺生慨慷。道鄉不可作。承君〔何云〕田晝字不可志。〔原注〕陳樞密宗禮景定間持節廣東有詩云山川只謂蠻烟累姓氏多因謫籍香御史盧處勑之陳坐謫其後陳召入盧鐫官　〔全云〕只謂原本作只爲爲是又云宗禮絜齋弟子〇〔元圻案〕〔東坡雪堂記曰〕蘇子得廢園于東坡之脅築而垣之作堂焉號其正曰雪堂堂以雪中爲因繪雪于四壁之間無容隙也時東坡謫居黃州　〔名勝志〕道鄉臺在嶽麓山宋鄒

江士所當爲未
止此
潘庭堅以夢
易名
因方牛首名
牥竹生便直梅
死猶香
吳吉甫試搗
藥兎詩
闕摶月見沫
星
一戰期收桑
榆
聖人之道猶
日中
太元月闕其
摶
壐書勞馮異
湯伯紀自儆
詩春秋責備賢
者
造物計校好
人
湯文清歎伯
厚真儒

浩號道鄉謫衡州經此守臣溫益下逐客令風雨夜渡湘江張栻爲浩築臺朱子刻石曰道鄉〔陳振孫曰〕田晝字承君樞密況之姪也與鄒道鄉善鄒之貶晝曰願毋以此舉自滿士所當爲者未止此也〔齊東野語四〕庭堅富沙人初名公鈞以乞靈南臺神夢有持方牛首與之遂易名爲牥殿試第三人年六七歲時和人詩云竹纔生便直梅到死猶香識者知其不永劉潛夫誌其墓庭堅有槩巖集今佚

吳吉甫以晚科試漕闈搗藥兎長生詩二云真水黃芽長香風玉杵鳴不爲三窟計〔何云〕東坡詩平生不作兎三窟今古何殊貉一邱永伴一輪明省試聖人之道猶日中賦用闕摶之月見沫之星〔何云〕月闕其摶見太元第七聯云桑榆已晚尚期一戰之收〔元圻案〕此下似有佚文〔後漢書馮異傳〕降壐書勞異曰赤眉破平士吏勞苦始雖垂翅迴谿終能奮翼黽池可謂失之東隅收之桑榆吳吉甫仕履未詳厲樊榭宋詩紀事據此條載其詩四句

湯伯紀〔閻按〕湯伯紀已見卷一名漢安仁人官華文殿學士諡文清自儆二云春秋責備賢者造物計校好人一點莫留餘滓十分成就全身此老晚節庶幾踐斯言也〔閻按〕王氏遷著作佐郎湯爲少卿與王氏居隣牆晨夕過從王氏論關洛濂閩江西之同異永嘉制度沙隨古易蔡氏圖書經緯西蜀史學通貫精微剖析幽眇湯歎曰吾閱士甚多惟伯厚甫爲真儒使真文忠在願同居弟子列會湯年耄力引去遂薦王於朝云〔全云〕深寧蓋

湯王鄰居講論
薛士龍讀三國志詩
蝸角蠻觸國相爭
李公佐南柯記
槐安國征檀蘿國
王荊公讀蜀志詩
問舍求田意最高
植杞梓藝蘭蓀
晏子鑿楹納書
宣尼壁經晏子楹書
徐道暉四人爲唐詩
徐淵子號竹隱
任元受七夕詩

以自儆

薛士龍讀三國志詩。左角蠻攻觸。南柯檀伐槐。的對也。〔何云〕偷蘇又云此等語工而無味卽自己出尚非佳處　〔方樸山云〕余嘗有詩云蝸角觸蠻爭左右鴻溝楚漢畫東西○〔元圻案〕〔莊子則陽篇〕戴晉人曰有國于蝸之左角曰觸氏有國于蝸之右角曰蠻氏時相與爭地而戰伏尸逐北旬有五日而後返　〔唐李公佐南柯記〕記東平淳于棼夢中就婚于槐安國出爲南柯太守征檀蘿國事皆寓言也　〔王介甫讀蜀志詩云〕十載分爭共一毛可憐身世兩徒勞無人語與劉元德問舍求田意最高李雁湖注云亦蠻觸之意　〔東坡次韻定慧欽長老見寄詩〕左角看破楚南柯聞長滕

徐淵子〔全云〕徐淵子亦四靈之一詩。植杞必植梓。藝蘭仍藝蓀。過庭遺訓在鑿楹。故書存。蓋以梓蓀喻子孫也。鑿楹出晏子春秋。〔原注李義山詩〕經出宣尼壁書留晏子楹○〔元圻案〕晏子春秋晏子將死鑿楹納書謂妻曰子壯而示之　〔葉水心徐道暉墓誌曰〕徐照字道暉永嘉人自號山民有詩數百發今人未悟之機回百年已廢之學使後復言唐詩自君始惜其不尚以年不及臻乎開元元和之盛而君既死同爲唐詩者徐璣字文淵翁卷字靈舒趙師秀字紫芝　徐淵子名似道號竹隱黃巖人乾道二年進士歷官權直院遷秘書少監終提點江西刑獄其人在四靈之前謝山蓋誤以徐文淵爲徐淵子也

任元受七夕詩。切勿塡河漢。須留洗甲兵。意亦新。〔何云〕意自佳但恐與上文離膠附○〔元圻案〕〔老學庵筆記〕任元受名盡言張魏公作都督欲聘之入幕元受力辭曰盡言方養親使得一神丹可以長年必持以遺老母不以獻公況能捨母而與公軍事耶魏公太息而許之　〔陳直齋曰〕盡言元符諫官伯兩之孫紹興從官申先之子

勿填河漢留
洗甲兵
盡言以養親
辭魏公
得神丹遺母
不獻公
伊川不作詩
育丹壽斯民
王子眞侯伊
川嵩山
沖熙處士功
行碑
邢和叔以丹
遺伊川
王筌受籙進
洞宮

郭恕先不就
末刧歸佛
忠恕善篆隸
能畫

伊川先生不作詩。唯寄王子眞詩云。我亦有丹君信否。用時還解壽斯民。先生入嵩山。子眞已候於松下。問何以知之。曰去年已有消息來矣。蓋先生前一年欲往。以事而止。子眞名筌。岐下陽平人。元豐中賜號沖熙處士。張芸叟爲功行碑。謂超世之資。與陳圖南侔。〔元圻案〕〔呂本中紫微詩話〕以爲邢和叔尚書嘗以丹遺伊川先生先生以詩謝之云至神通化藥通神遠寄衰翁救病身我亦有丹君信否用時還解壽斯民與此條不同〔宋詩紀事二十七〕龔原字深之有贈王筌七言絕句序云筌字子眞富鄭公客元豐中賜號沖熙處士元符三年從劉先生受上清籙華陽洞便門一夕忽開自左慈得進洞宮旋閉且千載矣此作沖熙未知孰是　今晝墁集不載王筌功行碑

建隆初。詔五代時命官投狀敘理復命之。郭恕先詩云。爲逢末刧歸依佛。不就新恩敘理官。此詩全篇已佚

飛龍在天。利見大人。而猶不屈。其志如此。〔何云〕此亦自喻也〔全云〕郭恕先歷仕諸朝非一行傳中人物也深寧特有慨于仕元之徒耳末刧歸佛遂爲近日虞山口舌○〔元圻案〕〔東坡郭忠恕畫像敘曰〕忠恕字恕先以字行洛陽人少善屬文及史書小學通九經七歲舉童子漢湘陰公辟從事與記室董裔爭事謝去周祖召爲周易博士國初與監察御史符昭文爭忿朝堂貶乾州司戶秩滿遂不仕太宗聞其名召除國子監主

文鑑取送將歸賦後語取楚詞息夫躬楊雄亦蔡文姬之傳蔡確羅織士大夫

浮溪詩何事非戲劇蛙鳴晉惠問官私官蝦蟆可給廩

張芸叟論逸詩石鼓是車攻詩

簿益縱酒肆言時政語聞流登州 〔宣和書譜〕忠恕作篆隸凌轢晉魏喜書樓觀臺榭皆高古謫官江都逾旬失其所在後閱數歲與陳摶會于華山而後不復聞蓋亦仙去矣

文鑑取蔡確送將歸賦。猶楚辭後語之取息夫躬也。〔元圻案〕朱子撰楚辭集註又刊定晁補之續楚辭變離騷二書錄荀卿至呂大臨凡五十二篇爲楚辭後語自爲之序曰息夫躬柳宗元之不棄則晁氏已言之矣至於楊雄則未有議其罪者而余獨以爲是其失節亦蔡文姬之儔耳今皆取之豈不以文姬之母子無絕道而于雄則欲因反離騷而著蘇氏洪氏之貶詞以明天下之大戒也 〔東都事略〕蔡確字持正泉州晉江人爲人有智數少舉進士神宗朝拜尚書右僕射兼中書侍郎時富弼在西京上言蔡確小人不宜大用確既相屢興羅織之獄搢紳士大夫重足而立矣

浮溪〔閻按〕浮溪汪藻號詩人間何事非戲劇。鶴有乘軒蛙給廩。水經注引晉中州記。惠帝爲太子。令曰若官蝦蟆可給廩。〔原注〕晉書無此語 〔集證〕水經穀水下注晉中州記曰惠帝爲太子聞蝦蟆聲問人爲是官蝦蟆私蝦蟆侍臣賈充對曰在官地爲官蝦蟆在私地爲私蝦蟆令曰若是官蝦蟆可給廩○〔元圻案〕汪藻字彥章饒州德興人崇寧二年進士歷官顯謨閣學士封新安郡侯宋史入文苑傳著浮溪集 〔四庫全書著錄此詩題曰〕何子應少卿作金華書院要老夫賦詩因成長句一首

張芸叟曰。岐山石鼓。是車攻詩也。我車既攻。我馬既同。則所取也。其魚維何。維魴及鱮。何以貫之。維以楊柳。則所不取者也。先儒凡今詩所無者。

顧況詩見韋集爲勝
好鳥依嘉樹
林堂含餘清
白雲帝鄉遠
華陽真逸

程可久自題
眪怡齋
違己病人
六月松風萬
籟寒

盡目爲逸詩誤矣〔原注〕見致堂論語說〔全云〕張芸叟名舜民新平人其說謬甚

朱文公曰顧況詩有集皆不及見韋應物集者之勝今按韋集有顧況奉同郡齋雨中宴集詩云好鳥依嘉樹飛雨灑高城況與數君子列坐分雨楹文雅一何麗林堂含餘清我公未歸朝遊子不待晴白雲帝鄉遠滄江楓葉鳴拜手欲無言零淚如酒傾寸心已摧折別離方骨驚安得淩風翰肅肅賓天京〔何云〕韓孟聯句孟便類韓韋顧唱酬顧便類韋古人無體不學所向如意然各自成家不肯雷同也晦翁拘于一偏伸此抑彼耳○〔元圻案〕唐顧況字逋翁海鹽人至德二年進士德宗時官著作郎貶饒州司戶參軍晚年退居茅山自號華陽真逸著華陽集　四庫全書著錄

程可久〔原注〕沙隨先生自題眪怡齋〔按〕陶靖節歸去來辭眄庭柯以怡顏義取于此云乞得膠膠擾擾身霜筠露菊便相親勸君莫厭羹藜藿違己由來更病人六月松風萬籟寒笙竽頻到枕屏閒夜深夢繞匡廬阜瀑布濺珠過藥欄葵

詩人達者惟
高適
宋詩人一相
三執政
蘇黃韓呂四
從官
唐能詩顯達
諸人
高適五十始
爲詩

能與貧人共
年穀
必有明月生
蚌胎
朱孔目散粥
子入官
曹堯咨平糶
應子

花已過菊花開。萬里西風拂面來。問字今朝幾人至。〔漢書楊雄傳〕時有好事者載酒問奇字細看屐齒破蒼苔。

朱新仲云。唐之詩人。達者惟高適。〔何云〕陋語又云王維亦達官矣適位不過常侍。本朝歐王蘇黃出。徐〔閻按〕徐謂師川名俯陳〔按〕陳謂簡齋名與義韓〔按〕韓謂子蒼名駒呂〔按〕呂謂居仁名本中繼之。八人。一相。三執政。〔按〕三謂歐徐陳三從官。〔按〕三當作四謂蘇黃韓呂何其盛也。〔何云〕高適官不達于山谷乎無論蘇李燕公曲江大歷以還權德輿元稹李紳令狐楚非宰相乎白居易劉禹錫非尚書乎韓愈非侍郎乎薛能非節鎮乎杜牧吳融韓偓非學士乎韋莊徐鉉顯于一隅又無論矣〔方樸山云〕達者唯高適此語本舊唐書適傳〔全云〕燕許而外如曲江諸公不可勝數卽賀知章賈至亦清班也〇〔元圻案〕唐書高適傳〕字達夫滄州渤海人舉有道科中第官刑部侍郎左散騎常侍封渤海縣侯年五十始爲詩卽工〔葉水心習學記言四十二舊史〕言唐以來詩人之達者惟有高適唐世能詩之達者甚衆何必高適豈待之在甫白郊島之間耶〔舊唐書高適傳〕末言唐詩人達者惟高適

山谷胡逸老致虛庵詩云。能與貧人共年穀。必有明月生蚌胎。爲富不仁者可以警。〔全云〕其說甚淺深寧或有感而言〇〔元圻案〕〔王鞏甲申雜記曰〕庚寅歲湖州孔目官朱氏以米八百石作粥散貧是歲生子服服爲從官〔真西山跋曹唐弼通濟倉記曰〕太史黃公之詩曰能與貧人共年穀云云世知誦其言而未必深信之也撫之宜黃曹君堯咨卽其家立庾六計所有之田歲收畝六升以入之遇年饑則發以糶量必寬價必平全活者甚衆其子錫是年舉進士明年擢奉常第紹定二年冬盜發鄰封宜黃人亦隨和而起過君之居獨曰

宜黃人戒勿犯曹

東屯稻米蜀第一

青苗陂通澗水

帥漕月得九十

淵明心遠之義

上蔡語合心遠

真西山心遠室跋

所見不逾尋丈

所志不過錐刀

是家能平糶以惠鄉里相戒勿犯謹書其後以警世之爲富不仁者觀此二事施濟之報理有必然

少陵夔州歌詩東屯稻田一百頃北有澗水通青苗東屯乃公孫述留屯之所距白帝城五里〔按杜詩箋〕引此條此句下有東屯之田可百許頃八字稻米爲蜀第一郡給諸官俸廪以高下爲差帥漕月得九斗王龜齡東屯詩云少陵別業古東屯一飯遺忠畎畝存我輩月叨官九斗須知粒粒是君恩原注東屯有青苗陂〇〔元圻案〕祝穆方輿勝覽東屯有青苗陂杜詩云東屯稻田一百頃北有澗水通青苗又云東屯復瀼西一種住青溪東屯之田可得百許頃稻米爲蜀第一云云與此條略同

有問心遠之義于胡文定公者公舉上蔡語曰莫爲嬰兒之態而有大人之器莫爲一身之謀而有天下之志莫爲終身之計而有後世之慮此上蔡論語解自序文此之謂心遠〔何云〕此豈可以說詩〔方樸山云〕朱子取上蔡語以註詩訏謨定命二句〔全云〕若以杜詩言則上蔡所云皆備之但陶詩心遠二字則不如此耳何說亦未得要領也〇〔元圻案〕〔真西山跋龔尉少仙全氏心遠室記曰〕昔有問心遠之義于胡文定公者公舉上蔡先生語以告云云嗚呼今

人局迫樊籠中所見不逾尋丈所志不過錐刀焉足以語此欲學淵明者當即胡公之言求之

宋正甫和人詩。三聖傳心惟主一。六經載道不言真。〔元圻案〕〔真西山跋此詩云〕非嘗從事于學者不能道也 〔劉元城先生語錄曰〕六經之中絕無真字所謂誠即真也 〔錢氏養新錄曰〕正甫爵里未詳〔按虞伯生鶴山書院記序〕其大父講學諸人有唐安宋正仲德之未審即正甫否當攷

攻媿先生書桃符云。門前莫約頻來客。坐上同觀未見書。〔元圻案〕〔風俗通義〕東海朔山有大桃樹有二神一曰神荼一曰鬱壘主閱領衆鬼之出入者執以銅虎黃帝法而象之因立桃板于戶門上書二名以禦凶鬼 〔六帖〕正月一日造桃符著戶謂之仙木百鬼所畏 〔陸放翁晚年歲暮書懷云〕嚴寒例謝常來客老病猶貪未見書

葛魯卿名勝仲借書詩。大勝揚雄辭子駿。更殊班嗣阻君山。〔元圻案〕〔方言後附錄〕劉歆與揚雄取方言書雄答書曰雄言辭博覽翰墨爲事誠欲崇而就之不可以遺不可以怠即君必欲脅之以威陵之以武欲令入之於此此又未定未可以見令君又終之則縊死以從命也云云容齋三筆極辨此書之僞 班嗣事見漢書敘傳 〔藝文類聚隱逸類載魏隸高士傳曰〕班嗣世在京師家有賜書父黨揚子雲以下莫不造門桓君山從借莊子嗣報曰今吾子貫仁義之羈絆繫聲名之韁鎖伏孔氏之軌躅馳顏閔之極摯何用大道爲自眩曜昔有學步邯鄲者匍匐而歸耳其行己持論如此

朱希真避地廣中作小盡行云。藤州三月作小盡。梧州三月作大盡。哀哉官歷今不頒。憶昔升平

郡縣不須官歷
落葉爲秋花作春
以無歷見詠諸詩
朱敦儒以秦相致仕
鷓鴣天詞見傳誦

金石在波中
萬物皆流金石獨止
詩文取喻金石諸語
公行子章章旨
洪邁雪詩
滕六巽二阻獵

淚成陣。我今何異桃源人。落葉爲秋花作春。但

恨未能與世隔。時聞喪亂空傷神。〔原注〕〔唐李益問路侍御六月大小云〕野性迷

堯歷松聰有道經故人爲柱史爲我數階蓂○〔元圻案〕〔宋周紫芝少隱竹破詩話曰〕項歲朝廷多事郡縣不須歷朱希真作小盡行云云與夫山中無歷日寒盡不知年無間然矣〔一

葉紹翁四朝聞見錄〕希真有詞名以隱德著思陵必欲見之累詔始至上面授以鴻臚卿希真下殿拜訖請致其事上改容而許之　〔周益公二老堂詩話上〕朱敦儒字希真洛陽人賜

出身歷館職郎官出爲浙東提刑致仕居嘉禾秦丞相晚用其子某爲删定官欲令希真教秦伯陽詩遂落致仕除鴻臚少卿或作詩云少室山人久挂冠不知何事到長安如今縱插梅花

醉未必王侯着眼看蓋希真嘗有鷓鴣天云我是清都山水郎天教懶慢帶疎狂曾批給露支風敕累奏留雲借月章詩萬首醉千場幾曾着眼看侯王玉樓金闕慵歸去且插梅花住洛陽

最膾炙人口故以此譏之　希真著有巖壑老人詩文集一卷又有獵較集　四庫全書不著錄豈已佚耶

山谷和楊明叔詩。金石在波中。仰看萬物流。出孟子注。〔何云〕

公行子章萬物皆流而金石獨止。〔何云〕荆公詩波瀾吹九州金石安得止〔山谷龍眠操云〕金石兮水波　〔頤軒詩

云〕金石不隨波〔又云〕李義山爲渤海公舉人自代狀稟松筠四序之榮包金石一定之調唐人已用之又云李語自謂樂器又云吾家仲言別沈助教云道遒若波瀾人生異金石又在

唐人之先　〔方樸山云〕孟子注趙岐章指此注惟宋槧本有之今注疏無○〔元圻案〕宋槧本孟子公行子有子之喪章趙氏章指言循理而動不合時人阿意事貴脅肩所尊俗之情也

是以萬物皆流而金石獨止

野處閣按洪邁號雪詩。天上長留滕六住。人間會有葛二

崔希真得葛三畫

王逢原譏退之詩感二鳥符讀書城南

陳了翁書堯夫誡子文

愛子情至導子志陋

玉帶金魚激子

諸論退之示兒詩

諭王庭湊出元翼

來葛三事出太平廣記〔原注〕葛仙公第三子　〔何云〕此之謂點鬼簿〇〔元圻案〕〔事文類聚前集雪類載幽怪錄曰〕晉州蕭刺史至忠將以臘日畋遊有樵者于霍山見一老麋哀請黃冠黃冠曰若令滕六降雪巽二起風即蕭君不復獵矣　〔太平廣記三十九載原化記曰〕大歷中初鍾陵客崔希真見一老人避雪門下崔異之請入獻松花酒老父取一丸藥投酒中則頓甘美老父于帷幄前所挂素上如有所塗崔後入內出已去矣遂踐雪尋跡至江蘆洲中見一舩舩中數人狀貌皆奇而樵客在側其人顧笑曰葛三乃見逼于伊人歸視幄中得圖有三人二樹一白鹿一藥笈後將圖詣茅山問李涵光天師曰此真人葛洪第三子所畫也　〔宋史藝文志〕載洪邁野處猥稿一百四卷瓊野錄三卷而陳氏書錄祇載野處類稿二卷云全集未見則當時傳播已稀

王逢原〔采蓮示王聖美葛子明〕詩退之昔裁詩頗以豪橫恃暮年意氣得金玉多自慰買居紀廂榮顧影樂冠佩喜將閭巷好持與妻子議彼哉何足道進退茲焉係安知九列榮顧是德所累謂南內朝賀歸及示兒詩也朱子曰此篇所誇乃感二鳥〔退之有感二鳥賦〕符讀書之成效極致而上宰相書所謂行道憂世者已不復言矣鄧志宏亦謂愛子之情則至矣導子之志則陋也〔何云〕亦隨其子之高下而語之耳王朱之論吾所不取須觀公鎮州事　〔全云〕昌黎固不以此貶其

大概然此等責備之語亦不可不存何氏只知偏袒韓公耳又云王荊公頗不服退之而與逢原甚契觀此詩知其意見議論之合矣〔方樸山云〕論高而不切事情〔又云禮學記云〕胥雅肄三官其始也鄭注爲始學者習之所以勸之以官此正韓子符讀書城南之義〇〔元圻案〕〔鄧志宏文集十九〕跋陳了翁書邵堯夫誡子文曰昔韓愈氏示符古風用玉帶金魚之說以激之愛子之情則至矣而導子之志則陋也方以陳邵過庭之訓毋乃相萬乎〔黃山谷嘗書退之符讀書城南詩跋其後曰〕或謂韓公當開後生以性命之學不當誘之以富貴榮顯涪翁曰熙寧元豐之間大儒之過也又何學焉孔子曰齊景公有馬千駟死之日民無得而稱焉伯夷叔齊餓於首陽之下民到於今稱之韓公之言其于擬勸之功異趨而同歸也〇王令廣陵人初字欽美後王莘字之曰逢原王荊公以其妻吳氏之妹妻之著廣陵集　四庫全書著錄〔皇甫湜退之墓誌〕王庭湊反圍牛元翼于深救兵十萬望不敢前詔擇庭臣往諭衆慄縮先生勇行元稹言於上曰韓愈可惜穆宗悔馳詔無徑入先生曰止君之仁死臣之義遂至賊營麾其衆責之賊恇汗伏地乃出元翼〔李習之作韓昌黎行狀曰〕鎮州亂殺其帥田宏正征之不克遂以王庭湊爲節度使詔公往宣撫既行衆皆危之元稹奏曰韓愈可惜穆宗亦悔有詔令至境觀事勢無必於入公曰安有受君命而留滯自顧遂疾驅入庭湊嚴兵拔刃弦弓矢以逆及館甲士羅于庭既坐庭湊言曰所以紛紛者乃此士卒所爲非庭湊心公大聲曰天子以爲尚書有將帥材故賜之以節實不知公共健兒語未得乃大錯甲士前奮言曰先太史爲國打朱滔滔遂敗奔走血衣皆在此軍何負朝廷乃以爲賊乎公告曰兒郎等且勿語聽愈言愈特謂兒郎已不記先太史之功與忠矣若猶記得乃大好且爲逆與順利與病不能遠引古事但以天寶來禍福爲兒郎等明之安祿山史思明李希烈梁崇義朱滔朱泚吳元濟李思道復有若子若孫在乎亦有居官者乎衆皆曰無又曰田令公以魏博六州歸朝廷爲節度使後至中書令父子皆授旄節子與孫雖在童幼者以爲好官窮富極貴寵榮耀天下劉悟李祐皆居大鎮王承元年雖十七亦仗節皆三軍耳所聞也衆曰田宏正刻此軍故軍不安公曰然汝三軍亦害田令公身又殘其家矣復何道衆乃讙曰侍郎語是侍郎語是庭湊恐衆心動遽麾衆散出因泣謂公曰侍郎來欲庭湊何所爲公曰神策六軍之將如牛元翼者不少但朝廷顧大體不可以棄之耳而尚書久圍之何也庭湊曰即出之公曰若真則無事矣因與之宴而歸之牛元翼果出王武俊贈太師呼太史者燕趙人語也

孔子不編石鼓文陋孔子俗羲之致譏

荆公弔杜醇王致

篙筒釣魴鯉稚子松間拾墮樵

四明慶歷五先生

荆公令寧禮儒

唐子西內前行

致堂曰。韓退之賦石鼓曰。孔子西行不到秦。故不見錄。孔子編詩。豈必身歷而後及哉。信斯言也。車鄰鐵駟。胡爲而收之也。〔何云〕當語不容作詩者生一波頭耳○〔元圻案〕〔老學庵筆記曰〕胡基仲嘗言退之石鼓歌羲之俗書趁姿媚狂肆甚矣予對曰此詩至云陋儒編詩不收入二雅褊迫無委蛇其言羲之俗書未可駭也

荆公傷杜醇曰。隱約不外求。耕桑有妻子。藜杖牧雞豚。篙筒釣魴鯉。弔王致曰。老妻稻下收遺秉。稚子松間拾墮樵。二人。四明鄉先生也。固窮守道如此。今人知者鮮矣。利欲滔滔。廉恥寥寥。孰能景慕前賢哉。〔全云〕〔四明慶歷五先生曰〕大隱楊先生適石臺杜先生醇西湖樓先生郁鄞江王先生致鄞江猶子桃源先生說也荆公令鄞時皆所尊禮其講學在濂洛未起之先亦泰山安定徂徠之流亞也○〔元圻案〕〔荆公傷杜醇詩李壁注曰〕公爲鄞縣嘗有書請醇入縣學及在朝又數從越人問其安否公厚醇如此其退之所稱董召南之流乎讀公詩可想見其人〔弔王致詩曰〕處士生涯水一瓢行年七十更蕭條老妻稻下收遺秉稚子松間拾墮樵雖有聲名高後世且無饘粥永今朝窮魂散漫知何處甬水東西不可招

唐子西〔全云〕庚內前行二云。宅家喜得調元手。唐時宮

天子稱宅家諸語
天家官家大家之義
義熙初蘆荻謠
文宋瑞或人詩
金馬勝遊銅駝遺恨
人笑褚淵今齒冷
龍首黃扉一夢
應麟考第賀得士
古誼龜鑑忠肝鉄石
上因天祥名稱宋瑞
留中齋大魁享富貴
羅壺秋幾以詩羅織

中。謂天子爲宅家。通鑑。唐昭宗乾寧四年韓建發兵圍十六宅。諸王呼曰宅家救兒。唐昭宗光化三年劉季述等至思政殿。皇后趨至拜曰。軍容勿驚宅家。〔元圻案〕蔡邕獨斷天家百官小吏之所稱天子無外以天下爲家故稱天家又親近侍從官稱曰大家〔晉書五行志〕義熙初童謠曰官家養蘆花成荻蘆生不止自成積〔湘山野錄〕五帝官天下三王家天下故曰官家〔資暇錄〕官家又稱宅家言以天下爲宅四海爲家　唐子西內前行爲張商英入相而作也子西嘗受知于商英故云然

文宋瑞指南錄。爲或人賦云。〔何云〕此詩殆謂留夢炎悠悠成敗百年中。笑看柯山局未終。金馬勝遊成舊雨。銅駝遺恨付西風。〔何云〕西風疑作先風又云非也西有先音故借對黑頭爾自誇江總。冷齒人能說褚公。龍首黃扉真一夢。夢回何面見江東。〔原注〕南齊樂預謂徐孝嗣曰人笑褚公至今齒冷謂褚淵也〔閻按〕〔王應麟傳〕寶祐四年帝御集英殿策士召應麟覆考考第既上帝欲易第七卷寘其首應麟讀之乃頓首曰是卷古誼若龜鑑忠肝如鐵石臣敢爲得士賀遂以第七卷爲首選及唱名乃文天祥此卽詩所謂龍首也龍首黃扉二句則指留夢炎一輩言〔集證按〕文天祥紀年錄〕理宗覽對策見其名曰此天之祥乃宋之瑞也朋友遂字之曰宋瑞〔蔣正子山房隨筆曰二三衢留中齋甲辰大魁文山文宋瑞丙辰大魁中齋作相身享富貴三十年仕北爲尚書文山纔登第丁父憂仕途亦坎壈乙亥糾義兵勤王終以罔功患難中倚之爲重雖名爲相黃扉之貴萬鍾之奉無有也江西羅壺秋詩云嚙雪蘇卿受苦辛庾公老作北朝臣當年龍首黃扉

先西音轉相
韻　何夢桂詩讖
夢炎
夢覺功名黍
一炊
翁與可上徐
忠節詩
范六丈謀謨
聖人
王晉公知子
二郎官
姚仲約迎勞
劫盜
范公不欲導
主誅戮
王祐百口保
符彥卿
鄭得言私試
策問
李艮翁詩餞
博士

客猶是衡門一樣人中齋物色將羅織之亟歸而免○〔元圻案〕〔顏師古匡謬正俗八〕今俗呼東西之西音或爲先〔按王延壽靈光殿賦云〕朱柱黝儵于南北蘭芝阿那于東西祥風翕習以颯洒激芳香而常芬神靈扶其棟宇歷千載而彌堅晉灼漢書音義反西爲洒是知西有先音也　〔元盛如梓庶齋老學叢談載何夢桂送留夢炎詩曰〕昆明灰刼化塵緇夢覺功名黍一炊鍾子未甘南操改庾公空作北朝悲歸來眼裏吳山在別後心期浙水知白髮門生羞未死青衫留得裹遺屍夢桂字巖叟淳安人咸淳元年進士爲夢炎所取士此詩亦王炎午生祭文文山意文山大節千古中齋之富貴眞黍一炊矣　文文山有指南吟嘯等集

翁與可上徐直翁清叟詩。六丈謀謨同輩服。二郎官職洒翁知。〔閻按〕上謂范文正仲淹下謂王文正旦○〔元圻案〕〔蘇子由龍川別志曰〕慶歷中刼盜張海過高郵知軍姚仲約度不能禦使人迎勞且厚遺之海去不爲暴富鄭公欲誅仲約范公曰高郵無兵與械戮之恐非法意仁宗從之既而富公恚曰方今患法不舉而多方阻之何以整衆范公密告之曰輕導人主以誅戮臣下它日手滑雖吾輩亦未敢自保也富公不以爲然及二公蹟不自安范出撫陝西富出按河北范因自乞守邊富自河北還及國門不許入未測朝廷意比夜彷徨不能寐遶牀嘆曰范六丈聖人也童蒙訓亦載此事姚仲約作晁仲約　〔邵伯溫聞見前錄〕王晉公祐爲知制誥太祖遣使魏州以便宜付之曰使還與卿王溥官職時溥爲相也蓋魏州節度使符彥卿太宗夫人之父有飛語聞於上及還朝太祖問曰汝敢保符彥卿無異志乎祐曰臣與彥卿家各百口願以臣之家保彥卿家又曰五代之君多因猜忌殺無辜故享國不長願陛下以爲戒帝怒其言直貶護國行軍司馬華州安置太宗卽位以兵部侍郎召不及見而薨初祐笑曰某不做兒子二郎必做二郎者文正公旦也　徐清叟字直翁浦城人嘉定七年進士理宗朝參知政事謚忠簡

鄭得言〔原注〕傜〔馬氏校云〕鄭得言元板作鄭德言爲國子博士私試策問師道。祭酒不悅。臺評及之。李艮翁〔原注〕丑父爲詩餞之曰

太學諸生笑愈
少陵戲簡鄭虔詩
廣文歸馬遭官長罵
李丑父忤丁大全
班超不能讀父兄書
投筆思立功異域
班氏父子業史書
蘭臺舊家學
王攜晝燭課子文
王溫州不附史嵩之
賜汲古傳忠及竹林字
詩有四忌
平易奇僻怪誕之過
如抄錄帳目無精采
說功名如詔誄卦影

諸生幸不笑韓愈。官長何因罵鄭虔。〔何云〕宋人句法然博士切事也〔全云〕此本荆公詩跨馬時遭官長罵登堂早被學生嘲然俱宋人句法○〔元圻案〕〔韓退之進學解曰〕國子先生晨入太學招諸生立館下誨之言未既有笑于列者　〔杜少陵戲簡鄭廣文詩曰〕廣文到官舍繫馬堂階下醉則騎馬歸頗遭官長罵　〔福建通志〕李丑父字良翁莆田人端平二年進士除大學博士遷諸王宮教授丁大全當軸丑父忤其意遂罷予祠

柳文〔王氏伯仲唱和詩序〕云王氏子著論非班超不能讀父兄之書而力僥狂疾之功以爲名先君子嘗爲投筆詩其末云蘭臺舊家學胡不紹箕裘〔閻按〕王氏與弟應鳳同日生少稟家學父攜性嚴急每授題設高座命兄弟坐堂下畫燭爲期少緩輒怒呵之由是兄弟文並敏疾〔全云〕王溫州攜以不附史嵩之而罷即深寧父也理宗嘗御書汲古傳忠及竹林二字賜之○〔元圻案〕〔後漢書班彪傳〕彪既才高而好述作遂專心史籍子固以父所續前史未詳乃潛精研思欲顯其業顯宗召除蘭臺令史使終成前書〔班超傳〕超家貧爲官傭書嘗輟業投筆歎曰大丈夫無他志略猶效傅介子張騫立功異域以取封侯安能久事筆硯間乎

鄧志宏曰詩有四忌學白樂天者忌平易學李長吉者忌奇僻學李太白者忌怪誕學舉子詩者忌說功名〔元圻案〕〔鄧志宏栟櫚集二十五詩評〕或人問詩于鄧子鄧子曰詩有四忌云云平易之過如抄錄帳目了無精采奇僻之過如作隱語專以罔人怪誕之過有類乞匃道人作飛仙無根語說功名之過如詔誄卦影詩不說青紫則必說旌麾此尤可羞也

困學紀聞注卷十八

珍傲朱版邸

鄧潤甫草東宮制
建儲非以私親
主器莫若長子
謚温伯附安石

晏元獻謝記表
衣缺衽宮缺隅
邢峙命去邪蒿

五雀六燕
陸農師謝尚書表
六燕相亭喻

困學紀聞注卷十九　餘姚翁元圻載青輯

評文

穀梁隱四年傳注云。立君非以尚賢所以明有統建儲非以私親。所以定名分。鄧潤甫草東宮制云。建儲非以私親。蓋明萬世之統。主器莫若長子。茲本百王之謀。〔案〕此神宗立哲宗爲皇太子制宋文鑑取之 蓋出於此。〔全云〕鄧潤甫與曾南豐皆盱江先生弟子其文亦有足觀以附麗荊公遂無稱道之者○〔元圻案〕一唐賈曾草元宗冊文云堯之禪舜惟能是與舜以命禹匪私其親亦用穀梁注 鄧潤甫名温伯以字行別字聖求建昌人官尚書左丞謚安惠

晏元獻謝昇王記室表云。衣存缺衽。式贊於謙沖。饌去邪蒿。不忘於規諫。〔閻按〕去邪蒿北齊邢峙傳太子事 韓詩外傳。周公誡伯禽曰。衣成則必缺衽。宮成則必缺隅。〔元圻案〕一〔北齊書邢峙傳〕峙遷國子助教以經入授皇太子廚宰進太子食有菜曰邪蒿峙去之曰此菜有不正之名非殿下所宜食顯祖聞而嘉之 周公語亦見說苑敬慎篇

九章算術。五雀六燕。飛集於衡。衡適平。一雀一燕。飛而易處。則雀重而燕輕。藝文類聚九十二引之〔方心醇云〕五雀六燕適平者雀重燕輕也則雀燕易處

海䖼誤侮食侮食來王左賢入侍別風淮雨

龍蹲歸宋樹伐蹲龍牽牛狀孔子唐人習用龍蹲語刻桐魚扣石鼓

宜作燕重雀輕抑易處不在衡耶陸農師名佃放翁之祖謝吏部尚書表上八燕相亭試銓平其輕重蓋用此。〔集證〕〔按陸表云〕六燕相亭試詮平其輕重一鴻遼遠欲審別其飛翔對語用張融門律見南史顧歡傳〇〔元圻案〕〔錢氏養新錄十七按九章方程篇云今有五雀六燕集稱之衡雀俱重燕俱輕一雀一燕交而易處衡適平王氏所引不特文句有異以算求之亦不合今按厚齋蓋從藝文類聚九十二引九章之誤文也〔陸農師謝二府啓云〕五雲長潤共知巖穴之虛六燕適均咸仰權衡之正又云尺蠖徐動敢言士路之屈伸隻燕小飛安繫台衡之輕重蓋屢用之　陸農師陶山集十四卷原本久佚　今四庫書從永樂大典錄出

周書王會東越海䖼。或誤爲侮食。而王元長曲水詩序用之。其別風淮雨之類乎。集證按文選〔王融曲水詩序〕侮食來王左言入侍注引周書東越侮食〇〔元圻案〕說文蟲部䖼古沓切注蜃屬有三皆生于海千歲化爲䖼，蛤古合切亦作䖼〔文心雕龍鍊字篇〕尚書大傳有別風淮雨帝王世紀有列風淫雨別列淮淫字似潛移淫列義當而不奇淮別理乖而新異傳毅制誄已用淮雨固知愛奇之心古今一也

駱賓王螢火賦序云。類同心異者。龍蹲歸而宋樹伐。質殊聲合者。魚形出而吳石鳴。龍蹲謂孔子。春秋演孔圖。孔子坐如蹲龍。立如牽牛。演孔圖語見太平御覽三百七十七〇〔元圻案〕〔舊唐書載釋奠樂章曰〕隼集龜開昭聖列龍蹲鳳峙肅神儀王勃夫子廟堂碑珠衡玉斗徵象緯於天經贊據龍蹲集風雲於地紀盧照鄰南陽公集序龍蹲東魯陳禮樂而救蒼生虎據西秦焚詩

畢衆敬父子　相代　乘板輿觀斷　決而喜　張湍繼父翁　守巴郡　郎君類我府　君　魯恭令中牟　三異　傅季珪斷野　父爭雞　王楊盧駱四　傑　愧在盧前恥　居王後　文如懸河酌　不竭

書而愚黔首初唐人蓋習用之〔史記〕孔子世家孔子去曹適宋與弟子習禮大樹下宋司馬桓魋欲殺孔子拔其樹孔子去　劉敬叔異苑晉武帝時吳郡臨平岸崩出一石鼓打之無聲帝問張華華曰取蜀中桐材刻魚形扣之後如其言聲聞十里

楊盈川敘郡守云代臨本州則元賓之父喜形於色。繼爲本守則張翁之子迎者如雲桓州刺史建昌公王公神道碑敘縣令曰仁之所懷幼童不能擊將雛之雉〔案〕余友王汾原曰禮記父沒而不能讀父之書母沒而杯棬不能飲焉鄭訓能爲忍盈川蓋本於此明之所斷老父不能爭食粟之雞此聯不知見何文當考對的語工〔元圻案〕北史畢衆敬傳衆敬小字奈東平須昌人也子元賓拜兗州刺史父子相代爲本州當世榮之時衆敬以老還鄉常呼元賓爲使君每元賓聽政時乘板輿出至元賓所先遣左右敕不聽起觀其斷決忻忻然喜見顏色〔後漢書邛都夷傳〕太守巴郡張翕政化清平得夷人和天子以張翕有遺愛乃拜其子湍爲太守夷人歡喜奉迎道路曰郎君儀貌類我府君〔華陽國志序志曰〕越嶲太守張翕字叔陽安漢人太守張璊翕子璊後漢書作湍未知孰是〔今本東觀漢記十九〕魯恭字仲康扶風人拜中牟令時郡國螟傷稼犬牙緣界不入中牟河南尹袁安聞之疑其不實使仁恕掾肥親往察之恭隨行阡陌俱坐桑下有雉過止其旁旁有兒童親曰何不捕之兒曰雉方將雛親默然有頃與恭訣曰所以來者欲察君治迹耳今蟲不犯境此一異也化及鳥獸此二異也豎子有仁心此三異也因還府具以狀白安後漢書魯恭傳文同〔南史循吏傳〕傅琰字季珪北地靈州人也爲山陰令有二野父爭雞季珪各問何以食雞一人云粟一人云豆乃破雞得粟罪言豆者縣內稱神明無敢爲偷〔讀書志〕楊盈川集二十卷晁氏曰唐楊炯也華陰人顯慶六年舉神童授校書郎終盈川令炯博學善屬文與王勃盧照鄰駱賓王以文辭齊名稱王楊盧駱四才子亦曰四傑炯自謂吾

佇光于五字鍾會為松表定五字蘇許公求改職表蘇許五字擢英才燕許俱以文名

張文定制敕餘盡薦舉勅及察舉守令文盎然如在春風中

媿在盧前恥居王後張說曰盈川文、如懸河酌之不竭恥王後信媿盧前謙也今存十卷　四庫全書著錄

蘇許公（授齊澣紫微舍人）制右掖司言佇光於五字常袞表五字非工張南史詩唯有（英華作看）五字表魏志司馬景王命中書令虞松作表再呈輒不可意中書侍郎鍾會取視為定五字松悅服〔閻按〕本出郭頒世語何云鍾會傳注引世語耳云魏志誤〔案世語云〕松悅服以呈景王王曰誰所定也松曰鍾會王曰如此可大用西掖用五字本於此〔元圻案〕〔蘇許公求改職表云〕乏鍾會五字之敏多王濛四年之任已明用其事沈佺期詩五字擢英才又在蘇許公之前〔張南史早春書事寄中書舍人李詩云〕惟看五字表不寄八行書見文苑英華二百五十六〔常袞謝除制誥表云〕得以文墨待於軒墀五字非工四年待罪見英華五百八十八　蘇頲字廷碩武功人開元中同平章事封許國公與燕國公張說以文章顯時號燕許讀書志載蘇許公集二十卷　欽定全唐文錄其文九卷

張文定〔全云〕樂全先生張方平慶歷中草兩制薦舉勅〻云蓋舉類之來舊矣三代之盛王其必由之如聞外之議〻云是且啓私謁告請之弊也予不以是待士大夫何士大夫自待之淺耶又察舉守令勅〻云夫

范文正參政制大恩之下難爲報

天下之大官吏之衆獨不聞循良尤異者之達予聽外臺之職豈非闕歟抑朝廷未有以導之也其視守令能以仁政得民民心愛之如古循吏然者宜以名上予得以褒慰之亦以使四方之民知予不專寵健吏所貴仁者爾尤延之〔全〕云尤文簡公袤謂二詔大哉言乎簡而盡直而婉丁寧惻怛之意見於言外至今誦之盎然如在春風中豈特公之文足以導上之德意志慮亦當時善治足以起其文也〔何云〕二詔有文景風〔又云〕向使不出於仁宗之世則爲巧言耳○〔元圻案〕〔四庫全書簡明目錄〕十五別集類樂全集四十卷宋張方平撰宋文鑑所載方平諸制詞今皆不在集中蓋方平別有玉堂集二十卷今已佚矣〔書錄解題別集類〕梁谿集五十卷禮部尚書錫山尤袤延之撰今僅存梁谿遺稿一卷乃康熙中尤侗所搜輯

文定又行范文正公參政制云大恩之下難爲報大名之下難爲處夙兼二者可無勉哉爾尚朝

大名之下難爲處

制表切年月隸事

鄭湜厚齋草不名制天下之達尊三人臣之不名五嗣秀嗣榮王不名

夕以交修。予允迪前人勤教。邦其永孚于休訓辭溫雅。可以見太平之象。〔元圻案〕〔史記越世家范蠡曰〕大名之下難以久居　文定此制及前二勑詔宋文鑑俱未收

端平元年。理宗十年甲午改元端平九月。眞文忠公除翰林學士。洪舜俞〔全云〕咨夔〔案錢氏大昕曰〕舜俞時爲中書舍人命詞曰。迪惟仁祖。有若臣修。朝京師於甲午之元。拜內相於季秋之月。歐陽公之除。在至和元年。仁宗三十二年甲午改元九月。歲皆甲午。用事切當如此。〔元圻案〕〔張端義貴耳集曰〕李大異爲廣西憲庚申年謝歷日表云歲次庚申乃藝祖開基之日朔臨戊子是我皇誕聖之辰當年正月一日戊子即茂陵元命用得親切旋召入舍人院〔書錄解題別集類〕平齋集三十二卷翰林學士於潛洪咨夔舜俞撰今　四庫全書著錄

慶元寧宗年號初。嗣秀王辭中書令。賜贊拜不名。鄭溥之草制云。天下之達尊三。德兼爵齒以俱茂。人臣之不名五。老與親賢而並隆。公羊桓四年傳注。禮君於臣不名者有五。諸父兄不名。上大夫不名。盛

趙汝愚罷相制

周南仲草貶秦檜制兵于五材誰能去之臣無二心天之制也一日縱敵百年爲墟金縱秦檜歸國就和南自南北自北

德之士不名。老臣不名。說苑。臣術篇 伊尹曰。君之所不名臣者四。諸父臣而不名。諸兄臣而不名。先王之臣臣而不名。盛德之士臣而不名。咸淳度宗年號初嗣。榮王賜詔書不名。余草制用說苑事。[全云]鄭文肅公湜一字補之慶元黨人〇[元圻案]厚齋此制載四明文獻集第四卷詞曰孔子稱達孝之繼志敬其所尊伊尹言諸父之不名是謂大順鄞人陳朝輔注云榮王度宗生父理宗弟德祐元年議建藩屏以強王室　慶元黨禁鄭湜草趙汝愚罷右相制略曰頃我家之多難賴碩輔以精忠持危定傾安社稷以爲悅任公竭節利國家無不爲既隆翊戴之勳尚期啓沃之助力陳忱悃祈避煩言以無貶辭免兼學士院未幾罷去

開禧寧宗十一年乙丑改元開禧追貶秦檜。周南仲[全云]周南代草制云。兵於五材。誰能去之[左傳襄二十七年]宋子罕曰天生五材民並用之廢一不可誰能去兵首弛邊疆之禁。臣無二心。天之制也。莊十四年鄭原繁語忍忘君父之讎。又云一日縱敵。遂貽數世之憂。[僖三十三年]晉先軫曰一日縱敵數世之患也百年爲墟。誰任諸人之責。[原注][金人南遷錄]載孫大鼎疏言遣檜以就和檜之姦狀著矣嘉定之牽復幾於失刑

[閻按][南遷錄]賓退錄駁之近漁洋文略駁之信多子虛亡是之辭然載遣秦檜事却可信余取以補續通鑑實傳是樓云　[何云]慷慨精當[又云]諸人之責句法未穩宋人使事多

南遷錄牴牾難信　葉適謝草詔

洪野處直學士謝表　擢列侍從　王褒中和樂職詩　此盛德事吾何足當

衛玠玉振江表

如此易以陸沈借對數世自得也〔全云〕開禧之勅雖草而未行會侂胄已誅非牽復也宋史亦誤〔集證〕〔南遷錄〕天會八年諸臣慮宋君臣復仇思有以止之魯王曰惟遣彼臣先歸使其臣順我佯不從而勉以聽或可以定忠烈王曰惟張孝純可忠獻王曰只有一秦檜可用我喜其人置之軍中試之以事外雖拒而中常委曲順從而檜始終言南自南北自北因說許某著手時只依這規模分別今若縱之歸國彼喜慷慨說事必是得志〔元圻案〕〔書錄解題僞史類〕金人南遷錄一卷稱僞著作郎張師顏撰頃初見此書疑非北人語其間有曉然傅會者或曰華岳所爲也近扣之汴人張總管翼則云歲月皆牴牾不合益證其妄〔吳子良荊溪林下偶談曰〕開禧用兵韓侂胄欲以葉適直學士院草詔適謝不能既而衛涇被命草詔云云涇見適舉似誤爲墟爲成墟他日周南至適告以涇文字近頗長進然成墟字可疑南愕然曰本爲墟字何改也適方知南實代作　周南字南仲吳郡人官祕書省正字以葉適薦入詞館著周氏山房集此詞見集載秦檜降爵易謚勅中衛涇字清叔華亭人徙崐山南仲婣家也淳熙十一年進士第一官參知政事封秦國公謚文節著後樂集　四庫全書皆著錄

何氏欲改諸人爲陸沈〔按〕原詞上聯云神州自此陸沈鄰國因之坐大陸沈字已見

韓文公王仲舒銘云。敷文帝階。擢列侍從。野處謝敷文閣直學士表云宣布中和方歌盛德之事擢列侍從。遽復敷文之階。雖借用而切當。〔何云〕敷文句用帝乃誕敷文德舞干羽于兩階恐不可借○〔元圻案〕〔漢書王襃傳〕襃作中和樂職宣布詩轉而上聞宣帝曰此盛德事吾何足以當之　野處洪邁號陳振孫云未見其全集今僅存野處類稿二卷

王輔嗣吐金聲於中朝。此子復玉振於江表。微言

襲用正始遺音之誤　海涵地負　關雎正始之道　天鐸鏘正始之音　攬奪朱之亂色　喜懼之年短長之日　朝倚門暮倚閭　父曰子母曰季

胡文定辭召試　識表魏舟之象　曹蒼舒載象稱斤

之緒。絶而復續。不意永嘉之末。復聞正始之音此王敦語見晉書衞玠傳晉人之稱衞玠。蓋所尚者清談也。正始魏齊王芳年號。胡武平啓以正始之遺音對奪朱之亂雅。[案]雅當作色今胡文恭集書啓中無此二語惟上知府劉學士啓有敢紆正始之音更重屈尊之禮句陸務觀嘗擿其誤。王季海行東坡贈太師制云。博觀載籍之傳。幾海涵而地負。遠追正始之作。殆玉振而金聲。恐亦襲武平之誤也。若正始之清談。非所以稱坡公。[何云]武平啓自用關雎正始之道若王淮則真誤矣○[元圻案][老學菴筆記曰]晉人所謂不意永嘉之末復聞正始之音正始乃魏晉年名胡武平上呂丞相啓云手提天鐸鏘正始之遺音夢授神椽攬奪朱之亂色蓋不悟正始爲年名也　胡宿字武平常州晉陵人官樞密副使諡文恭宋史有傳著文恭集五十卷補遺一卷

胡文定以親辭成都學事云。矧當喜懼之年。深計短長之日。[案]短長字用晉李密陳情表中語曾文清[全云]茶山先生幾字吉甫求歸侍云。朝則倚門。暮則倚閭。常恐失望。父曰嗟予子。母曰

驂駕駟馬從梁來
沛獻王以京易占雨
蟻封穴居大雨至
上官儀視草工詩
詞掩蘭臺之駕
周茂振入館謝啓
改桃萊爲桃棗
與謝息桃邑萊山
古柳卯同字
青州世子東

嗟季昜敢弭志。〔元圻案〕〔書錄解題別集類下〕胡文定武夷集十五卷崇安胡安國康侯撰其辭召試曰少習藝文不稱語妙晚捐華藻纔取理明既覺昨非更無餘習故其文集止此　四庫書不著錄　曾吉甫茶山集八卷原本已佚　四庫全書從永樂大典錄出皆其詩也文集未見

上官儀冊周王文。識表魏舟之象。詞掩漢臺之駕。上句用曹蒼舒事。下句用柏梁臺詩。梁王曰驂駕駟馬從梁來。或以駕爲卦。引沛獻王占雨事。非也。〔集證〕〔魏志鄧哀王沖傳〕沖字蒼舒時孫權曾致巨象太祖欲知其斤重訪之羣下咸莫能出其理沖曰置象大船之上而刻其水痕所至稱物以載之則校可知矣太祖大悅即施行焉〇〔元圻案〕〔藝文類聚二〕東觀漢記曰沛獻王輔善京氏易永平五年京師少雨上御雲臺自卦以周易林占之其繇曰蟻封穴居大雨將至上以問輔輔曰蹇艮下坎上艮爲山坎爲水山出雲爲雨蟻穴居知雨將至故又以蟻爲興居　唐書上官儀傳儀字游韶太宗每屬文遣儀視草工詩時人效之謂之上官體〔文苑英華四百四十四〕載上官儀冊周王爲并州都督文作識表魏舟之象詞掩蘭台之駕

洪景盧周茂振入館謝啓。雖不若董彥遠之博。如桃萊難悟。〔閣按馮衍傳〕注云萊字似棗文又連桃後學者輒改萊爲棗以桃棗易明桃萊難悟也啓用章懷太子注成句　柳丣本同。〔何云案虞翻傳注〕翻奏鄭康成解尚書違失云古大傳丣字當讀爲柳古柳丣同字而以爲昧臣松之謂翻言爲然故劉留聊柳同用此字以從聲故也與日辰卯字字同音異

幼婦外孫之義。女郎世子之名。〔閣按南史賈希鏡傳〕古冢有銘云青州世子東海女郎帝問

海女郎
馮衍遺田邑
書
郕守不以晉
喪邑
挈瓶之智守
不假器
曹娥碑蔡邕
題文
當墮不墮逢
王叵
淮陰行情調
殊麗
頭昂尾憹憹
青淮春浿軟
無奈脫萊時
或挑菜誤
鼎學士之大
稱
天平軍壁記
牙璋玉節賜
令狐
紂高天下以
聲

希鏡對曰此是晉司馬越女嫁荀晞兒亦儷語之工者。[何云閣校]作挑菜恐是用周益公校劉賓客詩挑菜語○[元圻案][後漢書馮衍傳]衍遺田邑書曰晏嬰臨盟擬以曲戟不易其辭謝息守郕脅以晉魯不喪其邑由是言之內無鉤頸之禍外無桃萊之利而被畔人之聲蒙降城之恥竊為左右羞之注左傳孟孫之家臣謝息孟孫從魯昭公如楚謝息為孟孫守郕邑晉人來理杞田季孫將以郕邑與之謝息不可曰夫子從君而守臣喪邑雖吾子亦有猜焉季孫曰君之在楚於晉罪也又不聽晉魯罪重矣晉師必至吾無以待之謝息曰古人有言挈瓶之智守不假器季孫曰吾與子桃辭以無山與之萊柞臣賢案謝息得桃邑萊山故言無桃萊之利也且為萊字似棗文又連桃後學者以桃棗易明桃萊難悟不究始終輒改萊為棗[古文苑載邯鄲淳曹娥碑後云]漢議郎蔡邕聞之來觀邕題文云黃絹幼婦外孫齏臼二百年後碑冢當墮江中當墮不墮逢王叵 周茂振名麟之海陵人紹興十五年進士中宏詞科官知樞密院事著有海陵集 [周益公二老堂詩話上]劉禹錫淮陰行何物令儂羨羨郎船尾燕銜泥趁檣竿宿食長相見隔浦望行船頭昂尾憹憹無奈脫萊時清淮春浿軟[黃魯直云]淮陰行情調殊麗語氣尤穩切元微之白樂天為之皆不入此律也唯無奈脫萊時不可解當待博物洽聞者說也予見古本作挑菜時東坡惠州新年詩云水生挑菜渚恐用此字

野處草梁叔子[全云]克家制云。鼎學士之大稱。蓋用劉禹錫天平軍壁記。以牙璋玉節鼎。右僕射官稱之語。又草葉顒左相制云。學聖人之道。高天下以能。以聲。或云。葉語聲高。故以戲之。然矜人臣以能高天下以聲。史記謂殷紂也。不當用之王言。[元圻案]

林木翳然濠濮間想清風颯至羲皇上人得知千載上賴古書作吏一行便廢此事會心處不必在遠鳥獸禽魚自來親人稽康絕交書餌术黃精令人久壽春秋十賦工對熊虎狀豺狼聲魯馬爲櫝衞鶴乘軒

一〔劉禹錫天平軍節度使廳壁記曰〕上方注意治本乃以牙璋玉節鼎右僕射官稱賜東都留守令狐公曰予擇文武惟汝兼前年鎮汴州有顯庸往年弼憲宗有素貴徒得君重剛我四支〔史記〕殷本紀帝紂資辨捷疾聞見甚敏智足以距諫言足以飾非矜人臣以能高天下以聲以爲皆出己下〔書錄解題別集類上〕劉賓客集三十卷外集十卷唐檢校禮部尚書兼太子賓客中山劉禹錫夢得撰　四庫全書著錄

徐淵子上梁文云。林木翳然。便有濠濮間想。清風颯至。自謂羲皇上人。〔何云〕自然故佳　初寮〔賀唐秘校及第〕啓云。得知千載上。賴古書。作吏一行。便廢此事。〔何云〕下句妙在倒用北宋人猶能翦裁皆全句。〔元圻案〕〔世說〕言語門簡文入華林園顧謂左右曰會心處不必在遠翳然林木便自有濠濮間想覺鳥獸禽魚自來親人〔晉書隱逸陶潛傳〕潛自言夏月虛閑高臥北窗之下清風颯至自謂羲皇上人〔淵明詩云〕得知千載事上賴古人書〔文選嵇康與山巨源絕交書曰〕又聞道士遺言餌术黃精令人久壽意甚信之遊山澤觀魚鳥心甚樂之一行作吏此事便廢　王安中字履道中山曲陽人登進士第歷官大名尹兼北京留守司公事著初寮集今存十卷　四庫全書著錄　徐淵子已見評詩

李宗衛春秋十賦。屬對之工。如越椒熊虎之狀。弗殺必滅若敖。〔宣四年〕伯石豺狼之聲。非是莫喪羊舌。〔昭二十八年〕王子爭因而州犁上下。〔襄二十六年〕伯輿合要而范宣左右。〔襄十年〕〔何云〕此未穩　魯昭之馬將爲櫝。〔昭二十九年〕衞懿

雞犧斷尾象齒焚身
虞不臘矣吳其沼乎
好魯以弓請謹守寶
賜鄭以金盟無鑄兵
泉台蛇亳社鳥
歐陽試左氏失之誣論

晏元獻牡丹歌詩表
神雀頌五人稱美
重陽和詩第三等

之鶴有乘軒。閔二年〔何云〕此聯去將有二字爲佳于奚辭邑而衛人假之器。成二年晉侯請隧而襄王與之田。僖二十五年星已一終。魯君之歲。襄九年亥有二首絳老之年。襄三十年作楚宮見襄公之欲楚。襄三十一年效夷言知衛侯之死夷。哀十二年雞憚犧而斷其尾。昭二十二年象有齒而焚其身。襄二十四年〔何云〕二句工矣而事不類虞不臘矣。僖五年吳其沼乎。哀二年好魯以弓請謹守寶。昭七年賜鄭以金盟無鑄兵。僖十八年蛇出泉臺聲姜薨。文十六年鳥鳴亳社伯姬卒。襄十三年〔閻按歐陽公年譜〕年十七舉隨州試左氏失之誣論中云石言于晉神降于莘外蛇鬭而內蛇傷新鬼大而故鬼小雖不中人猶傳誦之但誣原本定作巫出范甯穀梁傳序巫者謂多敘鬼神之事也○〔元圻案葉石林避暑錄〕話下謂歐陽公爲舉子時客隨州秋試左氏失之誣論云云主文以爲一塲警策遂擢爲冠與年譜異

晏元獻進兩制三館牡丹歌詩表云。永平後漢明帝年號神爵之頌。孝明稱美者五人。正元重九之篇。德宗考第於三等。〔全云〕見宋文鑑六十三按論衡佚文篇云。永平中神雀羣集詔

三宰相詩無優劣

寧皇服藥赦文陳正甫以詞學中等

盧思道賀甘露文神擬天酒凝照三階之下水澤腹堅土

上神雀頌。百官上頌文比瓦石。唯班固賈逵傅毅楊終侯諷〔何云〕侯諷當攷五頌金玉。孝明覽焉。正元事見劉太真傳。〔闍按〕見劉太真傳謂新唐書若舊唐書則見德宗紀貞元四年九月癸丑賜百寮宴於曲江亭仍作重陽賜宴詩六韻賜之羣臣畢和上品其優劣以劉太真李紓爲上等鮑防于召爲次等張濛殷亮等二十人又次之唯李晟馬燧李泌三宰相之詩不加優劣○〔元圻案〕〔新唐書劉太真傳〕文同于召作邵　〔晏元獻臨川集〕三十卷二府二十卷皆不傳今但存元獻遺文一卷　四庫全書著錄

寧〔闍按〕寧當作壽下同皇服藥赦文。陳〔闍按〕陳當作倪正父所草也。雖不明不敏。有辜四海望治之心。然無怠無荒。未始一毫從己之欲。天下誦之。謂寫出寧皇心事。〔全云〕闍改亦未可據俟考○〔元圻案〕羅大經鶴林玉露十三載此一聯亦謂陳正甫之辭〔葉紹翁四朝聞見錄〕〔乙集〕陳正甫諱貴誼以詞學中等〔戚如梓庶齋老學叢談下〕謂程學士垧寧宗遺詔云雖不明不敏有慙四海望治之心然無怠無荒未嘗一日縱己之欲人以爲畫就一寧宗云云故謝山云闍改未可據

盧思道在齊爲百官賀甘露云。神擬可挹。流味九戶之前。天酒自零。凝照三階之下。〔全文〕見〔初學記二〕常袞中書門下賀雪云。重陰益固。應水澤腹堅之時。積潤潛通。迎土膏

膏脈起　大厦耽耽九戶開闢　明堂九室九戶　華山仙掌承露鼎　立三階受要　俗語皆有所本　爾有利市寶賄　良賈不爲折閱不市　爲家數甚多　誰謂伏事淺　分付諸客　歲盡交代　且爲區處　爲我多謝問趙君　即賜布帛帷帳什物　一切事自由不恤錄　輒隨方曉示　事付主者各

脈起之候。〔全文〕五百六十一見文苑英華 皆儷語之工者。〔元圻案〕〔文選張衡西京賦〕大廈耽耽九戶開闢注大戴禮曰明堂古有之凡九室鄭注曰天子路寢制如明堂然則旣有九室室有一戶也〔虞荔鼎錄〕宣帝甘露元年於華山仙掌鑄一鼎擬承甘露刻其文曰萬國伏貽長久鑄神鼎承天酒〔東方朔神異經曰〕西北海外有人長二千里日飲天酒五斗張華注天酒甘露也〔管子〕立三階之上南面而受要注君之路寢前有三階〔張衡東京賦〕農祥晨正土膏脈起注國語虢文公曰太史順時視土農祥晨正土乃脈發太史告稷曰土膏其動韋昭曰脈理也膏土潤也　盧思道字子行范陽人隋書有傳

俗語皆有所本如利市。出易說卦。爲近利市三倍〔方樸山云〕〔玉篇〕載說卦作近市利三倍 左傳。〔昭十六年〕爾有利市寶賄 難爲人。出表記。君子以義度人則難爲人 擔負。出詩玄鳥箋。百祿是荷箋謂擔負天之多福 折閱。出荀子。〔修身篇〕良賈不爲折閱不市 生活。出孟子。家數。出墨子。〔尚同篇〕天下爲家數也甚多 服事。出周禮大司徒。十有二曰服事 伏事。出陸士衡詩。爲吳王郎中時從陳梁作誰謂伏事淺契闊踰三年 分付。出漢游俠原涉傳。分付諸客 交代。出蓋寬饒傳。及歲盡交代 又白虎通義封禪必於泰山何萬物之始交代之處 區處。出黃霸傳。鄉部書言霸具爲區處〔又張敞傳〕敞以耳目發起賊名區處師古注區謂居止之所也 多謝。出趙廣漢傳。至府爲我多謝問趙君 丁寧。出詩采薇箋。丁寧歸期定其心也〔方樸山云〕丁寧字義本借用左傳著於丁寧語〔案後漢楊賜傳〕賜上書有灾異屢見前後丁寧之語 什物。出後漢宣秉傳。即賜布帛

有主者
幹吏卑末習
讀程式
布施優裕
百行行頭皆
官師
臣敢煩當日
地主歸餽
不得舉杯相
與悒悒
比當相料理
差長進
長進勤於
當復更治徒
棄功夫
蹲夷之儀婁
羅之辯
見端不如見
本分
老措大毋妄
沮吾事
崔慎由拗木
枕措大
要假長安本
色
古老之人無
聞知

幄帷什物注軍法五人爲伍二五爲什則共其器物故通謂生生之具爲什物

自由。出五行志。一切事自由初不恤錄

曉示。出循吏童恢傳。吏人有違犯禁法輒隨方曉示〔前漢班超傳〕令曉示康居王

主者。出劉陶傳。事付主者又主者旦夕迫促已見陳丞相世家〔闇按〕亦見劉陶傳前欒巴傳〔方樸山云〕〔欒巴傳〕主者欲有所侵毀史記陳丞相世家各有主者

意智。出鮮卑傳。蔡邕諫伐鮮卑議意智益生才力勁健

卑末。出欒巴傳。雖幹吏卑末皆課令習讀程式

告示。出荀子。〔原注〕仁者好告示人〇榮辱篇〔闇按〕今仁作人

布施。出周語。〔原注〕布施優裕〔淮南子〕主術訓爲惠者尚布施也

比校。出齊語。〔合璽案〕比較民之有道者

行頭。出吳語。百行行頭皆官師

當日。出晉語。〔史黯曰〕主將適螻而麓不聞臣敢煩當日

地主。出左傳越語。〔闇按左傳〕止有東道主〔繼序案〕地主歸餽見哀十二年〔越語〕四鄉地主正之

相於。出晉后妃傳。〔左貴嬪離思賦〕況骨肉之相於兮永緬邈而兩絕〔又孔融書〕閑僻疾動不得與足下岸幘廣坐舉杯相於以爲悒悒

料理。出王徽之傳。卿在府日久比當相料理

長進。出和嶠傳。太子近入朝差長進卿可俱詣之〔三國志吳張昭傳〕長子承勤於長進

消息。出魏少帝紀。齊王芳嘉平六年毋邱儉上言昔諸葛恪圍合肥新城城中遣士劉整出圍傳消息爲賊所得〔方心醇云易豐卦彖傳曰〕天地盈虛與時消息

功夫。出王肅傳。〔闇按王肅傳〕無亦出少帝紀〔案魏志王肅傳〕治道功夫戰士悉作又泰極已前功夫尚少功夫字凡再見三少帝紀齊王芳正始七年詔曰吾乃當以十九日親祠而昨出已見治道得兩當復更治徒棄功夫

普請。出呂蒙傳。孤普請諸將咨問機宜

手

不能宣備
家公執席妻
執巾櫛
致意尊公尋
遂初賦
家羸弱不能
收拾
使歸更尋思
不識世情
阿誰爲失
揭來揭至爾
來
將軍罷休就
舍
計今見在者
牽帥老夫以
至此
先輩居士道
人
主人翁習知
之
使樂成小家
子得幸
其不中用趣
自避退
卿是我輩人
羣賊兩兩相

下。出太史慈傳。〔注江表傳〕策謂慈曰先君手下兵數千餘人盡在公路許又曰卿手下兵宜將多少自由意　牢固。出
陸抗傳。吾寧棄江陵而赴西陵況江陵牢固乎　焦氏易林金梁鐵柱千年牢固　鄭重。出王莽傳。非皇天所以鄭重降
符命之意　分外。出魏程曉上疏。〔程曉傳〕上不責非職之功下不務分外之賞　小却。出宋
紀。〔閻按〕出武帝紀　武紀下小却可以會稽江州處之　閒介。出馬融長笛賦。〔原注〕閒介無蹊○見文選　婁
羅。出南史顧歡傳。蹲夷之儀婁羅之辯〔閻按〕〔日知錄〕婁羅蓋聰明才敏之意　婁羅一作樓羅蘇鶚演義曰樓羅者幹辦集事
之人　本分。出荀子。〔原注〕見端不如見本分　非相篇　措大。出五代東漢世
家。老措大毋妄沮吾軍〔閻按〕已見〔通鑑〕唐文宗考異〔何云〕〔寒山詩〕已有措大字〔集證〕〔寒山子詩〕箇是何措大時來省南院〔通鑑〕唐紀文宗太和九年考異
曰皮光業見聞錄曰崔慎由寓直有中使引至一小殿見文宗坐於殿上二廣徑登階面疏文宗過惡上唯俯首又曰不爲此拗木枕措大不合更在此坐矣街談以好拗爲拗木枕仍戒慎
由曰事汝即是此措大也慎由歸遂金縢其事　假開。出王峻傳。侯假開當爲卿行　本色。出唐劉
仁恭傳。旄節吾自可爲要假長安本色耳〔晉書天文志〕凡五星不失其本色而應四時者吉又〔唐柳仲郢傳〕醫有本色官　古老。出
書無逸注。古老之人無所聞知〔崔融請封中岳表曰〕宜太平之風化聽古老之謳謠　商量。出易商兌
注。商量裁制之謂　不宣備。出楊德祖答臨淄侯。〔原注〕不能宣備　見文選　生
人婦。出魏杜畿傳。〔注〕臣前所錄皆亡者妻今儼送生人婦也　私名。出列子。〔黃帝篇〕

視
檢覈戶口年
紀
百家雜碎從
火
加手下已有
大衆
知軍中細碎
事
若干純若干
國
膠加牢愁
墨㞎謂无賴
穌之治水無
狀
擘畫人事之
絲始
敘致既快事
加有理
留連至今
數呼相工問
息耗
百年已分可
長保
本師祖師始
師
生熟不盡於

一晉范氏有子曰子華善養私名舉國服之 家公。出莊子。〔原注〕主人公也〔寓言篇〕家公執席妻執巾櫛〔李頤集解云〕主人公也〔

顏氏家訓風操篇〕昔侯霸之子孫稱其祖父曰家公陳思王稱其父曰家父母曰家母潘尼稱其祖曰家祖 致意。出晉簡文紀。

〔閣按〕亦出孫綽傳〔簡文紀帝謂郗超曰〕致意尊公〔孫綽傳桓溫曰〕致意興公何不尋君遂初賦知人家國事耶興公孫綽之字 傳語。出後

漢清河王慶傳。令慶傳語中常侍 收拾。出光武紀。吏人死亡或在壞垣毀屋之下而家羸弱

不能收拾者 尋思。出循吏劉矩傳。以爲忿恚可忍縣官不可入使歸更尋思訟者感之 不審。出韓

詩外傳。〔閣按〕不審爲晏子語〔外傳八〕晏子仰而問曰古者明王聖主其肢解人不審從何肢解始也〔晏子春秋〕作堯舜肢解人從何軀始無不審二字

世情。出纏子。〔原注〕不識世情〔文選陸機文賦〕注引纏子董無心曰罕得事君子不識世情 爾來。出孔明

出師表。爾來二十有一年矣 朅來。出思元賦。〔閣按〕李善注引劉向七言曰朅來歸耕永自疏〔文選張衡思元賦〕

迴志朅來從元謀〔呂氏春秋〕膠鬲見武王於洧水曰西伯朅來無我欺也武王曰不子欺將伐殷也膠鬲曰朅至武王曰將以甲子日至注朅何也司馬相如大人賦回車朅來兮絕道

不周 和買。出左傳正義。昭十六年正義買諸賈人則是和買 阿誰。出蜀龐統

傳。向者之論阿誰爲失 罷休。出史記孫武傳。將軍罷休就舍寡人不願下觀 慚愧。出齊

語。大國慚愧小國附協 安排。出莊子。大宗師安排而化去乃入於寥天一 比數。出周禮大

司馬注。簡稽鄉民注簡謂比數之 見在。出夏官稾人注。亡者闕之注闕猶除也弓弩矢箙棄亡者除之計今

前
與先後有瓜
葛者
輒訓導學解
發遣
鈍悶已終
詩張惶恍
近局本貫十
字街
少府見錢多

見在者　見在先見〔列子仲尼篇〕〔又後漢楊震傳〕護同產弟威今猶見在孩兒。出書康誥注。愛養人如安孩兒赤子

老境。出曲禮正義。七十曰老而傳者六十至老境而未全老七十其老已全故言老也牽帥。出左傳。〔襄十年〕牽帥老夫以至於此先輩。出詩采薇箋。今薇生矣先輩可以行也如今。出杕杜箋。征夫如今已閒暇可歸也居士。出玉藻。居士錦帶注居士道藝處士也可人。出雜記。子曰管仲遇盜取二人焉上以為公臣曰其所與遊辟也可人也注言此人可也　大戴禮立孝篇子曰可人也吾任其過不可人也吾辭其罪道人。出漢京房傳。道人始去寒涌水為災〔漢地理志〕代郡道人縣注本有仙人遊其地因以為名寄居。出息夫躬傳。歸國未有第宅寄居邱亭某甲。出周禮天官職內注。若言某月某日某甲詔書出某物若干給某官某事　〔嵇康家誡曰〕某甲者知我事道士。出新序。〔原注〕介子推云　新序節士篇介子推曰謁而得位道士不居也爭而得財廉士不受也　〔王莽傳〕王涉素養道士西門君惠兩道士義似異主人公。出史記范雎傳。〔闇按〕〔范雎傳〕作翁　主人翁習知之小家子。出漢霍光傳。使樂成小家子得幸將軍不中用。出史記外戚世家王尊傳。〔闇按〕〔秦始皇本紀〕吾前收天下書不中用者　外戚世家武帝擇宮人不中用者斥出歸之〔王尊傳〕其不中用趣自避退毋久妨賢我輩人。出晉石苞傳。苞見吏部郎中許允求為小吏允曰卿是我輩人當相引在朝廷對岸。出樂志。〔闇按〕出顧臻表曰今夷狄對岸對岸二字用於敵國奇　〔吳志周魴傳〕魴誘曹休曰今使君若從皖道進住江上魴當從南對岸歷口為應十

八九。出漢丙吉傳。〔原注〕至今十八九矣　浩大。出後漢馬寥傳。〔方樸山云〕〔前漢匡衡疏〕已有廣心浩大語　〔馬廖傳〕浩大之福莫尚於此　兩兩相視。出周嘉傳。〔閣按〕毛板脫一兩字　〔獨行周嘉傳〕羣賊入汝陽城嘉從太守何敞討賊白刃交集嘉乃擁敞以身扞之請以死贖羣賊於是兩兩相視曰此義士也　年紀。出光武紀。建武十五年詔下州郡檢覈墾田頃畝及戶口年紀　〔班固兩都賦序〕神爵五鳳甘露黃龍之瑞以爲年紀二義不同　雜碎。出仲長統傳。百家雜碎請用從火　細碎事手下。出吳呂範傳。〔閣按〕兩手下皆出注引江表傳孫策語　〔何云〕手下前已出太史慈一條　〔呂範傳注江表傳策曰〕子衡卿既上大夫加手下已有大衆豈宜復屈小職知軍中細碎事乎　合少成多。出中庸注。〔閣按〕中庸注無少成多積小致大今本注疏脫去五字耳　〔方心醇云〕今夫天斯昭昭之多節注言天地山川皆合　〔案衞湜禮記集說一百三十四〕今夫天節引鄭注正有皆合少成多五字　若干。出禮記曲禮投壺。〔方樸山云〕禮記出於漢儒　〔按漢賈誼傳〕陳政事疏已有若干二字　〔曲禮〕問天子之年對曰聞之始服衣若干尺矣〔投壺〕某賢於某若干純又儀禮數射算數曰若干純〔賈誼政事疏〕割地定制令齊趙楚各爲若干國　如干。出陳文學何之元傳。見之元所作梁典自序如干二字凡六見　膠加。出九辨。〔原注〕膠音豪加邸加反　〔宋玉九辨〕何況一國之事矣亦多端而膠加　牢愁。出揚雄傳。〔原注〕畔牢愁集韻愁音曹　〔漢書揚雄傳〕旁惜誦以下至懷沙一卷名曰畔牢愁注李奇曰畔離也牢聊也與君相離愁而無聊也　墨杘。出列子。〔原注〕音眉凝　〔力命篇〕墨杘單至嘽咺憋懯四人相與遊於世殷敬順釋文音眉癡方言墨杘江淮之間謂之无賴〔廣雅云〕墨音目杘作欺自此二十人智巧才行兩兩相背而能相與和同終年者各任其真性故也　冗

長出陸士衡文賦故無取乎冗長 無狀出史記夏本紀鯀之治水
無狀 擘畫出淮南子〔要略篇〕擘畫人事之終始 前定出中庸細作出
左傳釋文〔宣八年〕陸氏釋文諜反間也今謂之細作〔爾雅〕釋言閒俔也〔郭注左傳〕謂之諜今謂之細作 敘致出世
說〔識鑒篇〕王夷甫〕敘致既快事加有理 留連出後漢劉陶傳留連至今莫肯求問 問息耗
出竇后紀數呼相工問息耗見后者皆言當大尊貴 已分出魏文帝書〔魏志王粲傳〕注太子與質書
謂百年已分可長共相保 物色出淮南子〔閻按〕何不云出月令〔淮南〕時則訓仲秋之月察物色課比類月令仲秋之月察物色必
比類 本師出史記樂毅傳贊曰樂臣公學黃帝老子其本師號曰河上丈人 祖師出漢
外戚丁姬傳易祖師丁將軍之元孫〔注儒林傳〕丁寬易家之始師 生熟出莊子〔天道篇〕生熟不盡
於前而積斂無涯 有瓜葛出後漢禮儀志一注〔閻按〕〔出禮儀志注〕引蔡邕獨斷曰凡與先后有
瓜葛者 發遣出陳寔傳鄰縣人戶歸附者寔輒訓導譬解發遣〔明帝紀〕發遣邊人在內郡者 天然出賈
逵傳陛下通天然之明建大聖之本〔前書徐樂傳〕陛下天然之聖寬仁之資 新鮮出太元務次二新鮮自求珍 鈍
悶出淮南子〔覽冥訓〕純溫以淪鈍悶以終若未始出其宗是謂大通〔高誘注〕鈍悶無情也 誇張出列子
天瑞篇誇張於世 憚恅出王褒洞簫賦憚恅瀾漫亡耦失疇〔注埤蒼曰〕嘽嘐寂靜也嘽嘐與憚恅音義同 近局

梁簡文爲子
辭封表
黃童對日食
況月
熙祖聰慧封
廣陵
明帝數歲岐
嶷
童爲荷戟入
榛
楚王似晉封
文

出陶淵明詩。〔歸田園居詩〕漉我新熟酒隻雞招近局劉熙釋名二釋言語篇〕曲局也相近局也〔提撕。出詩

抑箋。親提撕其耳本貫。出晉江統論。〔閻按〕止有本種無本貫〔晉書江統傳〕徙戎論曰各附本種反其舊土又曰申諭發遣還其本域十字街。出北史李庶傳。〔閻按〕庶附李諧傳 劉家在七帝坊十字街 庶諧之子也

見錢。出漢書王嘉傳。賞賜節約外戚貲千萬者少故少府見錢多也

梁簡文爲子大心辭封當陽公表二云日蝕之餘。無黃童之對。荷戟入榛。異子烏之辨。〔何云〕二語未工又爲長子大器讓宣城王表二云熙祖流聰慧之稱。方建臨淮之國。元仲表岐嶷之質。乃啓平原之封。原注荷戟入榛揚雄童烏事熙祖晉太子遹字元仲魏明帝字元豐末皇弟似封晉寧郡王制。全用熙祖元仲一聯。然熙祖非美事也。〔何云〕在元帝用之則可元仲事在今日藩臣亦當避古人不拘〇〔元圻案〕〔後漢書黃琬傳〕祖父瓊初爲魏郡太守建和元年正月日食京師不見而瓊以狀聞太后問所食多少瓊思其對而未知所況琬年七歲在傍曰何不言日食之餘如月之初〔晉書愍懷太子傳〕遹字熙祖惠帝長子幼而聰慧武帝愛之時望氣者言廣陵有天子氣故封爲廣陵王惠帝卽位立爲皇太子九年廢賈后矯詔使黃門孫慮害之〔魏志明帝紀〕諱叡字元仲文帝太子也黃初三年爲平原王注魏書曰帝生數歲而有岐嶷之姿〔集證〕東都事略楚王似神宗之第十三子元豐間封和國公哲宗卽位封晉寧郡王

王元之（禹偁到黃州謝上）表。風摧霜敗。芝蘭之性終香。日遠天高。葵藿之心未死。劉元城（安世元符末自貶所起帥鄆當過闕謝）表云。志存許國。如萬折而必東。忠以事君。雖三已而無慍。（公坐是遂不得入見）斯言可以立懦志。〔閻按〕〔趙元鎮移吉陽軍表云〕白首何歸悵餘生之無幾丹心未泯誓九死以不移尤以此言致不食卒可悲也○〔元圻案〕〔說苑雜言〕孔子曰夫水不清以入鮮潔以出似善化至量必平似正盈不求概似度其萬折必東似意　〔曹植表〕葵藿之傾葉太陽雖不爲之回光然向之者誠也　〔宋費袞梁溪漫志〕謂元城此語與〔陳了翁表進尊堯集序〕云愚公老矣益堅平險之心精衞眇然未捨填波之願皆氣節凜然如嚴霜烈日　〔劉跂爲其父摯辯冤啓云〕晚歲離騷魂竟招於異域平生精爽夢猶託於故人語亦悲壯　〔書錄解題別集類〕小畜集三十卷外集二十卷知制誥濟陽王禹偁元之撰自序曰平生所爲文類而聚之得三十卷將名其集以易自筮遇乾之小畜象曰君子以懿文德未能行其施但可懿文而已

驢非驢。馬非馬。〔原注〕〔漢西域傳〕烏不烏。鵲不鵲。〔原注〕〔戰國策〕〔何云〕見史疾爲韓使楚言失其職也可以爲對。〔閻按〕後魏宣武孝明民間謠曰狐非狐貉非貉傅景仁（伯壽）云。烹羊炰羔。唯帶牛佩犢可對。〔何本載閻云〕上句實下句虛似非一類〔元圻案〕〔漢西域傳〕外國胡人皆曰驢非驢馬非馬若龜茲王所謂驘也　〔戰國策〕史疾爲韓使楚有鵲止於屋上者曰請問楚人謂之何王曰謂之鵲曰謂之烏可乎曰不可曰今王之國有柱國令尹司馬典令其令官置吏必曰廉潔勝任今盜賊公行而弗能禁也此烏不爲烏鵲不爲鵲也　〔漢書龔遂傳〕爲渤海太守民有帶持刀劍者使賣劍買牛賣刀買犢曰何爲帶牛佩犢　〔王汾原曰〕〔國語〕黍不黍稷不稷

絡
黍不黍稷不
稷
組似組綸似
綸
受寶璽賀表
西王母獻白
環玉玦
僬僥珍羽
諸山得銀甕
答韓魏公周
益公詔
處分十道敕
雷孝友乞祠
不允詔
華陽集詩稱
至寶丹
鄭安晚再相
制

〔爾雅〕組似組綸似綸亦可對 傅伯壽晉江人隆興元年進士紹熙中官浙西提刑

嘉定受寶璽南塘賀表云。函封遠致。不知何國之白環。琢刻孔章。咸曰寧王之大寶。〔原注〕宗室入翰苑者三人彥中汝談汝騰〇〔元圻案〕〔竹書紀年〕帝舜九年西王母來朝獻白環玉玦 〔後漢書馬融傳〕廣成頌納僬僥之珍羽受王母之白環〔注引帝王記曰〕堯時僬僥氏來貢沒羽西王母慕舜之德來獻白環〔杜詩洗兵馬〕云不知何國致白環復道諸山得銀甕

王岐公〔全云〕珪字禹玉 答韓魏公詔。豈朕鬱於大道。未昭治亂之原。將卿保其成功。自潔進退之分。崔大雅名敦詩 答周益公詔。豈朕不德。未達好賢之誠。將卿既明。自全引退之節。蓋倣其意。〔何云〕既明句六朝有之四六當行語也且文義無傷 〔集證〕〔按張九齡處分十道朝集使敕云〕豈朕之不德感致所然爲庶尹所能已極於此唐人筆逕已如是〇〔元圻案〕〔真文忠雷孝友乞祠不允詔云〕而卿何嫌何疑亟求於引去豈朕不明不敏弗足以有爲又倒用其法 〔四庫全書簡明目錄別集類〕華陽集六十卷附錄十卷宋王珪撰原本久佚今從永樂大典錄出其文多臺閣之體其詩善言富貴當時謂之至寶丹

鄭安晚再相。〔閻按〕安晚清之號再相於淳祐七年四月 應之道〔全云〕應參政繇號蕺芷 草制云。

溫公乞佐文彥博節使除拜爲納節王曾再登揆席太師平章軍國重事執政就咨謀常程文書委其下尊優正相諸儀首相次相領院黃伯庸賀雪表袁安臥雪不干人李愬雪夜破蔡州上天同雲平地尺雪李公甫表用嚙氈等黃疇若可爭衡文士

彥博重入中書。特令納節。王曾再登揆席。俛就集賢。〔元圻案〕〔李燾續通鑑長編三百七十六〕哲宗元祐元年四月司馬光曰臣蒙恩擢爲首相自知智力淺薄歷事未多故乞陛下用文彥博以太師兼侍中行左僕射而臣佐之今范純仁朱光庭以爲彥博元老師臣不可煩以吏事此在陛下裁度若以正太師平章軍國重事令五日或六日一入朝因至門下中書都堂與諸執政商量重事令執政就宅咨謀其餘常程文書只委僕射以下簽書發遣如此亦足以尊大臣優老臣矣平章軍國重事句下注云彥博今以節度使守太師猶是使相若解節去守則爲正太師位冠百僚在宰相上元祐元年五月詔太師平章軍國重事文彥博已降旨令獨班起居自今赴經筵都堂凡同三省樞密院奏事並序位在宰相之上〔宋敏求春明退朝錄〕中唐節使除僕射尚書侍郎謂之納節〔長編一百十六〕仁宗景祐二年二月樞密使吏部尚書同平章事王曾爲右僕射兼門下侍郎平章事集賢殿大學士〔春明退朝錄〕上本朝置二相昭文修文首相領焉集賢次相領焉

黃伯庸名疇若豐城人爲賀雪表云。招倈衆俊。無晝臥洛陽之人。獎勵三軍。有夜入蔡州之志。語工而健。〔原注〕上天同雲平地尺雪范蜀公表也周益公用之〇〔元圻案〕招來衆俊擬勵三軍或作列賢才於庶位激士氣於三軍〔後漢書袁安傳注〕汝南先賢傳曰時大雪積地丈餘洛陽令自出案行見人家皆除雪出至袁安門無有行路謂安已死令人除雪入戶見安僵臥問何以不出安曰大雪人皆餓不宜干人〔韓退之平淮西碑曰〕十月壬申愬用所得賊將自文城因天大雪疾馳百二十里用夜半到蔡破其門取元濟以獻〔鶴林玉露六〕謂黃伯庸代宰相賀雪表云云詞意壯切真宰相事〔李公甫表云〕漢使嚙氈未必得匈奴之要領楚軍挾纊惟當堅祈父之爪牙語雖巧頗牽强〔周益公送黃伯庸疇若序曰〕豐城黃君伯庸爲廬陵宰示予古律詩二百篇用意高遠屬辭清新摹寫物象莫能遁形繼出雜文一篇議論正大古賦恢

耿秉復陳少陽後 如可贖兮百身 猶將宥之十世 克正罔敢弗正 進艮以率不艮 人之有猷有守 予其懋賞懋官 億載萬年爲父爲母 四海九州悉主悉臣 李顯忠復節鉞 秦伯用孟明霸西戎 馮唐持節赦魏尚 英國衛國公善兵

閎碑誌詳雅四六温淳是可爭文士之衡矣

耿直之守京口。復陳少陽東之後曰。如可贖兮百身。猶將宥之十世。〔元圻案〕〔厚齋擬舉廉吏詔云〕朕灼知有俊誕保受民惟前代迪厥官不肩好貨凡正人羞其行庶幾成風又克正罔敢弗正既昭德以塞違進艮以率不艮與勵精以更始又人之有猷有守具以實言予其懋賞懋官亦克用勸亦用全句耿直之名秉

億載萬年爲父爲母。韓退之元和聖德詩四海九州悉主悉臣。退之平淮西碑 迂齋樓昉對。

李顯忠復節鉞。汪聖錫〔全云〕玉山先生汪應辰草制云。念秦伯用孟明之意。與馮唐面文帝之言。又云。與人之周。庶幾得頗牧而能用。共武之服。爾其繼英衛之善兵。〔元圻案〕〔左傳文二年〕秦伯伐晉濟河焚舟取王官及郊遂霸西戎用孟明也君子是以知秦穆公之爲君也舉人之周也與人之壹也〔史記馮唐傳〕陛下法太明賞太輕罰太重且雲中守魏尚坐上功虜差六級陛下下之吏削其爵罰作之由此言之陛下雖得廉頗李牧弗能用也文帝說是日令馮唐持節赦魏尚復以爲雲中守 唐太宗封李勣英國公李靖衛國公〔汪藻草張俊除兩鎮節度使制〕執干戈而衛社稷居存蹇蹇之忠安邊境而立功名躬履堂堂之陣〔又韓世忠除兩鎮節度使制〕豈惟蹇蹇而匪躬每見多多而益善又迎敵鼓行靡待前茅之偵擒囚歸報遂成獨柳之誅又見無禮於君爾既殫於忠藎歸飲至於廟我何愛於寵褒〔朱子稱玉山制誥〕温雅典實得王言體爲近世第一浮溪蓋道

舉人周與人
壹
文帝法太明
張韓除節度
使制
蹇蹇匪躬多
多益善
前茅之偵獨
柳之誅
汪一玉山制誥
第一
壽皇尊號詔
率百官若帝
之初
於萬年受天
之祐
周益公辭免
表
真文忠草貸
盜賊詔
赤子盜弄潢
池兵
天下豈有白
頭賊

夫先路也〔四庫全書總目〕文定集二十四卷宋汪應辰撰應辰字聖錫信州玉山人初名洋紹興五年登進士第一高宗爲改此名官至敷文閣學士四川制置使知成都府宋史藝文志載其集五十卷

倪正父思草壽皇尊號詔云。率百官若帝之初。〔何云此宋人筆句法〕丕講非常之禮。於萬年受天之祐。聿迎滋至之休。周益公辭免表云。遜于及斯伯與。敢忘稽首有若號叔閎夭。尚助迪威。正父答詔云。及斯伯與。固可遜。未聞虞帝之必從。號叔閎夭雖曰賢。蓋視周公而不及。〔何云〕不如但作雖遜固賢

真文忠爲原貸盜賊詔〔案葉紹翁四朝聞見錄謂是撫諭江西寇曲赦詔〕云。弄潢池之兵。諒非爾志。烈崑岡之火。亦豈予心。又云。自有宇宙至於今日。未聞盜賊得以全軀。〔陶侃說王貢曰〕天下寧有白頭賊乎其言足以感動人心。〔元圻案〕〔漢書循吏龔遂傳〕海濱遐遠不霑聖化其民困於饑寒而不恤故使陛下赤子盜弄陛下之兵於潢池中耳 岳珂桯史載此二聯云上稱其得體

王卿月爲澹菴制
仲連蹈東海不帝秦
藺相如名重泰山
胡銓不下拜穹廬
疏斬秦檜王倫孫近
竿其頭藁街
不處小朝廷求活
引璧睨柱叱左右
盧肇海潮賦
濡馬褐救焚
王章疾臥牛衣
編亂麻爲龍具
崔大雅草史直翁制
帳具几杖待杜任
手詔韓富文會詢禮

王卿月爲澹菴制云。吾寧身蹈東海。〔何云〕此句卽是封事末句所以尤工獨仲連不肯帝秦。至今名重泰山。微相如何以强趙。〔集證〕〔胡銓疏曰〕欲屈萬乘之尊下穹廬之拜三軍之士不戰而氣已索此魯仲連所以義不帝秦也〔又云〕願斬秦檜王倫孫近三人頭竿之藁街羈留金使責以無禮徐興問罪之師則三軍之士不戰而氣自倍不然臣有赴東海而死寧能處小朝廷求活耶〇〔元圻案〕〔史記魯仲連傳〕彼秦者棄禮義而上首功之國也彼卽肆然而爲帝過而爲政於天下則連有蹈東海而死耳〔又〕〔廉頗藺相如傳〕太史公曰方藺相如引璧睨柱及叱秦王左右勢不過誅然士或怯懦而不敢發相如一奮其氣威信敵國退而讓頗名重太山其處智勇可謂兼之矣〔樓攻媿太府卿王公墓誌曰〕公諱卿月字清叔台州人乾道五年進士擢用爲文字官嘗草胡公銓詞云云人多稱之

盧肇海潮賦後序。馬褐牛衣。〔原注〕古未有對者　〔何云〕馬褐出左傳〔全云〕〔原注〕是正文〇〔元圻案〕〔唐文粹五盧肇海潮賦〕後序曰爛額焦頭方思馬褐捉襟見肘久困牛衣〔左傳定八年〕公侵齊攻廩邱之郛主人焚衝或濡馬褐以救之注馬褐馬衣　〔漢書王章傳〕章爲諸生學長安獨與妻居章疾病無被臥牛衣中注牛衣編亂麻爲之卽今俗呼爲龍具者　〔程大昌演繁露二〕龍具之制不知何若〔案食貨志董仲舒曰〕貧民常衣牛馬之衣而食犬彘之食然則牛衣編草使暖以被牛體蓋蓑衣之類也

崔大雅草史直翁制云。皇祐之詔。一二老設几以須。熙寧之遇。四臣齎書而訪。尚有斯禮。勿遐爾心。〔原注〕二老杜衍任布四臣韓富文曾　〔閻按〕〔杜衍傳〕皇祐元年詔陪祀明堂都亭驛設帳具几杖待之稱疾固辭〔任布傳〕並同而〔仁宗本紀〕不載〇〔元圻案〕〔長編二百六十

待遇契丹使臣
呂成公代父謝官啓
杜牧一麾江海
黃州齊安郡本楚地
池州秋浦縣本鄣郡
昭明因魯矣封貴州
蔣良貴託代謝啓
漆室女憂園葵
效老人之結草
真文忠辭疾除拜詔

三〕神宗熙寧八年四月契丹使臣蕭禧之再來上賜韓琦富弼文彥博曾公亮手詔詢以待遇之禮禦備之方

呂成公代其父倉部。自黃州易守池州謝宰執啓云。爰考唐朝。有杜牧把麾之舊。其臨秋浦。亦齊安解組之餘。雖後先遷徙之偶同。顧今昔風流之非匹。〔元圻案〕此啓全篇在東萊遺集卷二〔唐書杜牧傳〕牧歷黃池睦湖四州刺史〔杜牧登樂遊原詩〕欲把一麾江海去樂遊原上望昭陵〔元和郡縣志二十七〕黃州本春秋楚地後又爲黃國之境蕭齊于此置齊安郡開皇三年罷郡置黃州因古黃國爲名也又二十八池州本漢鄣郡之域吳于此置石城縣梁昭明太子以其水魚美故封其水爲貴池開皇中於此置秋浦縣永泰二年江西觀察使李勉奏置池州取貴池以爲州號也

端平初。濟王夫人吳氏復舊。封其父與蔣右史良貴。有連良貴託先君代爲謝丞相啓。其末聯云。孤忠未泯。敢忘漆室之憂葵。厚德難酬。願效老人之結草。良貴稱賞。〔元圻案〕〔列女傳〕魯漆室女倚柱而嘯曰吾憂君老而太子少也鄰婦曰此魯大夫之憂女曰昔晉客舍吾家繫馬于園馬佚踐吾園葵使吾終歲不厭葵味魯國有難獨安所避乎 蔣良貴名重珍無錫人嘉定十六年進士第一理宗朝歷官集英殿修撰刑部侍郎諡忠文

真文忠除參政。辭以疾。趙南塘草詔曰。漢御史大

漢宣舊恩封丙吉未獲報疾必愈賢卿甚于德吉何夔以疾辭亭侯有陰德者必有陽報

鄭威愍除謝章不掛權恩不沾相潤潛公馮翊死義

夫吉當封病上憂之夏侯勝謂必瘉果然後遂至相朕之賢卿甚於宣帝之德吉也卿其親醫藥自厚且先即舍拜命少間可就車朕遣黃門召見卿矣此詔有西漢風〔元圻案〕〔漢書丙吉傳〕宣帝詔曰朕微眇時御史大夫吉與朕有舊恩厥德茂焉詩不云虖無德不報其封吉爲博陽侯臨當封吉疾病上憂吉疾不起太子太傅夏侯勝曰臣聞有陰德者必饗其樂以及子孫今吉未獲報非其死疾也後果病瘉後五年代魏相爲丞相〔說苑復恩篇〕邴吉有陰德於孝宣皇帝微時孝宣即位衆莫知吉亦不言帝聞將封之會吉病甚太子太傅夏侯勝曰此未死也臣聞之有陰德者必饗其樂以及其子孫今此未獲其樂而病甚非其死病也後病果瘉封爲博陽侯　〔三國志十二〕魏何夔文帝踐阼封成陽亭侯邑三百戶疾病屢乞遜位詔報曰蓋禮賢親舊帝王之常務也以親則君有輔弼之勳焉以賢則君有醇固之茂焉夫有陰德者必有陽報今君疾雖未瘳神明聽之矣君其即安以順朕意此詔則隱取夏侯勝之語　南塘名汝談著〔庸齋集〕原本久佚、〔四庫全書〕從永樂大典錄出僅存六卷

鄭威愍公驤 新除謝上章云關陝六七任不掛權臣之橫恩崇觀崇寧大觀徽宗年號二十秋靡沾故相之餘潤公之大節如此馮翊之死義其處之有素矣〔元圻案〕〔楊誠齋跋鄭威愍公事曰〕公玉山人擢進士第靖康間守同州城破死于難公名驤字潛公

傅至樂啓至章說
東門之柳自凋
元都之桃何在
楊國忠訴鄭侯柳詩
遊元都觀兩題詩
財色譬刀刃頭蜜
井眉瓶動常危
張說除拜不草詔者

張克明上朱子啓
行藏倚樓勛業看鏡
朱子跋免解啓自感
寄尋螢經邸之趣

傅至樂名自得已見卷三上周益公啓云。東門之柳自凋。元都之桃何在。彼刀頭之舐蜜。得未錙銖。況井眉之居瓶。倪如夢寐。蓋指張說也。〔元圻案〕〔全唐詩話鄭侯家傳云國忠訴於明皇上曰賦柳爲譏卿則賦李爲譏朕可乎〕〔宋王得臣麈史〕劉禹錫遊元都觀賦詩曰青青東門柳歲晏復憔悴楊舊無桃花貞元末至京師則有道士植桃滿觀如紅霞賦詩曰紫陌紅塵拂面來無人不道看花回元都觀裏桃千樹盡是劉郎去後栽太和初重遊元都觀已盪然無一枝再題詩曰百畝庭中半是苔桃花淨盡菜花開種桃道士歸何處前度劉郎今又來〔四十二章經〕佛言財色於人人之不捨譬如刀刃有蜜不足一湌之美小兒舐之則有割舌之害〔漢書游俠陳遵傳〕揚雄作酒箴其文爲酒客難法度士譬之於物曰子猶瓶矣觀瓶之居居井之眉處高臨深動常近危　張說開封人以父任爲右職娶壽聖皇后女弟乾道七年三月除簽書樞密院事張栻在經筵力爭之范成大不草詞遂罷說知袁州八年復簽書樞密院事李衡王希呂交章論之莫濟不書錄黃周必大不草詔皆被斥予祠自此聲勢赫然無敢攖之者九年仍拜同知樞密院事淳熙元年帝廉知說欺罔數事命范仲芑究之湯邦彥又劾其姦職責居撫州三年許自便卒於湖州

或上朱文公啓云。行藏勛業。銷倚樓看鏡之懷。窮兆崎嶇。寄尋螢經邸之趣。〔閻按何屺瞻曰〕此免解張克明啓中自敘語朱子謂此老子心事也此公方求試南宮而輒以自與何哉有跋載大全集中時爲庚子至前一夕方知南康軍屢請祠而未允明年閏三月遂去郡東歸今但云上朱子似小誤〔何云〕記是其人自述語朱文公謂其人方就省解未宜遽及此于吾今日所處却合厚齋似偶誤侯假大全集考之〔又云〕跋免解張克明啓○〔元圻案〕〔朱子跋免解張克明啓曰〕行藏勳業云云此老子心事也此公方欲求試

三甲一丁
背無三甲腹
無三壬
管輅言不壽
徵
挽兩石弓不
知一字
宋正甫詩新
奇工緻
大敵勇小敵
怯
今日是前日
非
步騎千餘破
尋邑
舉圍去者半
存者半
孔門益者三
損者三
毛憲守長沙
謝啓
昌黎荊潭倡
和詩序
湖之南壤地
二千里

南宮而輒以自與何哉然予亦濡滯於此而未得遂其所懷也三復其言爲之太息〔杜詩〕勛業頻看鏡行藏獨倚樓〔陶淵明歸去來辭〕既窈窕以尋壑亦崎嶇而經邱

宋正甫詩。三甲未全。一丁不識。〔方樸山云〕余嘗以未窺六甲對不識一丁〇〔元圻案〕〔眞西山跋謂正甫詩〕新奇工緻人所共喜〔魏志管輅傳〕吾額上無生骨眼中無守精鼻無梁柱脚無天根背無三甲腹無三壬皆不壽之徵〔唐書張宏靖傳〕其詬責士嘗曰天下無事而輩挽兩石弓不如識一丁字

或試縣學見黜。後預鄉薦。以啓謝縣令有不平之意。令答云大敵勇。小敵怯。昔固有之。今日是前日非。吾無愧矣。〔閻按〕宋處州士子終場者六人三人與選謝主司啓云同舉圍之觀人去者半存者半類孔門之取友益者三損者三〇〔元圻案〕〔袁宏後漢紀〕光武紀一王尋王邑將四十萬兵號百萬衆至潁川世主將步騎千餘人合戰斬首數十級諸將喜曰劉將軍平生見小敵怯今見大敵勇甚可怪〔東觀漢紀〕光武紀尋邑兵五六萬環昆陽城作營且圍之數十重帝將步騎千餘合戰斬首數十級諸部將喜曰劉將軍平生見小敵怯今見大敵勇甚奇怪也

毛憲守長沙。謝韓平原曰。湖南之地二千里。序詩幸託於昌黎。平原之客十九人。脫穎願同於毛遂。〔元圻案〕〔韓昌黎荊潭唱和詩序曰〕今僕射裴公開鎭蠻荊統郡維九常侍楊公領湖之南壤地二千里存志乎詩書寓辭乎詠歌往復循環有唱斯和苟在編者咸可觀也〔史記平原君傳曰〕平原君合從於楚約與門下有勇力文武備具者二十人偕得十九人毛遂願備員而行平原君曰夫賢士之處世也譬如錐之處囊中其末立見毛遂曰臣乃今日請

平原偕楚十九人
毛遂備員而行
毛憲子降第五甲末
經元而白馬驪而黃
朝取溫造暮拔石洪
近舍皇甫遠求居易
子雲草元解嘲
附丁傅董賢得起家
秦使九方皋相馬
羅致北涯南涯生
福先佛寺刻珉詞
皇甫湜怒謂裴晉公
近舍某而遠徵白

處囊中耳使遂早得處囊中乃脫穎而出非特其末見而已　韓侂冑封平原郡王〔通考選舉五〕開僖元年檢詳毛憲爲考官其子自知以迎合用兵冠多士韓侂冑既敗乃用言者奏奪憲次對而降自知爲第五甲末

毛澤民啓云。揚子雲貌寢官卑。經雖元而謂白。九方堙機深識妙。馬本驪而爲黃。李清卿啓云。斯風未泯。則朝取溫造而暮拔石洪。吾道不行。則近舍皇甫而遠求居易。〔何云〕不切〇〔元圻案〕〔漢書揚雄傳〕下哀帝時丁傅董賢用事諸附離之者或起家至二千石時雄方草太元有以自守泊如也或譏雄以元尚白而雄解之號曰解謿王邑嚴尤謂桓譚曰揚雄書豈能傳於後世乎譚曰必傳凡人賤近而貴遠親見揚子雲祿位容貌不能動人故輕其書〔列子說符篇〕伯樂曰臣有所與九方皋其相馬非臣之比也秦穆公見之使行求馬三月而反曰已得之在沙邱穆公曰何馬曰牝而黃使人往取之牡而驪公不悅伯樂曰若皋之所觀天機也得其精而忘其粗在其內而忘其外馬至果天下之良馬也〔韓文公送溫處士赴河陽軍序曰〕恃才能深藏而不市者洛之北涯曰石生其南涯曰溫生大夫以石生爲才羅而致之幕下未數月也以溫生爲才又羅而致之幕下朝取一人焉拔其尤暮取一人焉拔其尤〔參寥子唐闕史上〕皇甫郎中湜恃才傲物裴晉公再修福先佛寺將致書白樂天請爲刻珉之詞值正郎在坐發怒曰近舍某而遠徵白信獲戾於門下矣〔蔡條鐵圍山叢談曰〕魯公遭逢聖主立政建事以致康泰有毛滂澤民者有時名上一詞甚偉麗而驟得進用　毛澤民江山人存東堂集十卷　四庫全書從永樂大典錄出〔書錄解題別集類〕李忠愍集十二卷吏部侍郎臨洛李若水清卿撰今存三卷　四庫全書從永樂大典錄出

洪舜俞上鞏嶸啟
東坡咏門外鵲袍士
半山賞梁間燕語詩
劉季孫題詩廳事
風舞雩月離畢
山谷詩江梅桃李喻
冰雪空自香
少游下蔡琯妓詩
玉佩丁東別後
天知道和天也瘦
招教子辭郡守啟

洪舜俞薦于鄉。鞏嶸監試。後鞏爲江東憲。使舜俞分教番陽。啓云。東坡倅錢塘。曾在門外鵲袍之列。半山憲江左。亦賞梁間燕語之詩。（何云）劉季孫事見石林詩話。○（元圻案）東坡以熙寧辛亥通判杭州。壬子有監試呈諸試官作。又催試官考較戲作云。願君聞此添蠟燭。門外白袍如立鵠。（葉石林詩話曰）劉季孫初以左班殿直監饒州酒。王荆公爲江東提刑。巡歷至饒。廳事見屏間有題小詩曰。呢喃燕子語梁間。底事來驚夢裏閑。說與傍人應不解。杖藜攜酒看芝山。大稱賞之。

徐淵子爲越教。答項平甫安世。云。正恐異時風舞雩之流。不無或者月離畢之問。（何云）對似新。然不爲工。或答洪舜俞。云。魯直大名。有皎潔江梅之句。少游下蔡。無丁東玉佩之詞。（元圻案）黃山谷上蘇東坡古風二首。其一云。江梅有佳實。託根桃李場。桃李終不言。朝露借恩光。孤芳忌皎潔。冰雪空自香。古來和鼎實。此物升廟廊。歲月坐成晚。煙雨青已黃。得升桃李盤。以遠初見嘗。終然不可口。擲置官道傍。但使本根在。棄捐果何傷。（秦少游贈妓婁東玉水龍吟辭云）玉珮丁東別後。悵佳期參差。雖又名韁利鎖。天還知道。和天也瘦。花下重門。柳邊深巷。不堪回首。念多情但有。當時皓月。向人依舊。

有郡守招士人教子。辭曰。士而託於諸侯。非其義也。師不賢於弟子。將焉用之。

張宣公答教官啓
真文忠買鳩訴判
倪若水諫捕鵁鶄
孔戣疏歲貢蚶蛤
攻媿爲姜氏慶七十識承平王孫故態
騎竹馬日至會昌春
姜夔以聲妓老病風

張宣公答教官云識其大者豈誦說云乎哉何以告之亦仁義而已矣（元圻案）（楊誠齋詩話）四六有一聯而用四古人語者張欽夫答一教官啓云識其大者云云四人語乃如一人語

真文忠爲江東轉運有民困於買鳩之役來訴公判云詔捕鵁鶄若水尚還其使歲貢蚶蛤孔戣猶疏于朝況爲州縣之官可恣口腹之欲（元圻案）（唐書倪若水傳）爲汴州刺史會遣中人於南方捕鵁鶄鸂鶒上言農方田婦方蠶輒於此時捕奇禽怪羽下民爭以賤人貴鳥爲嘗帝手詔褒答悉放所玩譴讁內使（倪若水諫江南採捕諸鳥表云）方今九夏時忙三農作苦田夫擁耒蠶婦持桑而以此時採捕奇禽異鳥遠自江嶺達於京師水備舟船陸倦擔負道路觀者豈不以陛下賤人貴鳥也陛下方當以鳳凰爲凡鳥麒麟爲凡獸即鵁鶄鸂鶒曷足貴也　孔戣事見前攷史四

攻媿爲姜氏慶七十致語云今日王孫猶有承平之故態舊時竹馬得見會昌之新春承平王孫見柳文姜嵈誌（元圻案）（柳宗元姜君誌曰）祕書郎姜嵈字某開元皇帝外孫也好遊嗜音以生富貴畜妓能傳宮中聲賢豪大夫多與連歡後加老風病手足奇右可用不能就官士有載酒來則出妓摶髀笑戲觀者尚識承平王孫故態（白樂天喜入新年自詠云）大歷中年騎竹馬幾人得見會昌春自註時年七十一

稽古閣上梁文
王相親老辭辟書
温嶠奉檄絶裾
徐庶失母方寸亂
南軒論太真得失

大歷唐代宗年號會昌唐武宗年號〔樓大防攻媿集跋姜氏上梁文藁云〕宣奉公慶七十時丞相壽春魏公見委以樂語有云生長東都親見開元之盛際從遊諸老及聞正始之遺音〔又云〕今日王孫猶有承平之故態當年竹馬得見會昌者幾人此條引作得見會昌之新春當別有據

衢州稽古閣書臯陶謨于屏其上梁文云臯陶若稽古。事三朝稽古之君。孔子與斯文。爲萬國斯文之主。〔何云〕宋人句法

王相〔原注〕爚嘉熙〔閻按〕理宗在位十三年丁酉改元間以親老辭督府辟。其書曰昔温太真絶裾違母以奉廣武之檄。心雖忠而人議其失性。徐元直指心戀母。以辭豫州之命。情雖窘而人予其順天。〔何云〕稍節冗字卽佳〇〔元圻案〕晉書温嶠傳嶠字太真元帝初鎮江左劉琨以嶠爲左長史檄告華夷奉表勸進初嶠欲將命其母崔氏固止之嶠絶裾而去〔劉琨傳〕琨封廣武侯〔蜀志諸葛傳〕劉琮聞曹公來征遣使請降先主在樊聞之率其衆南行亮與徐庶並從爲曹公所追破獲庶母庶辭先主而指其心曰本欲與將軍共圖王霸之業者以此方寸之地也今已失老母方寸亂矣無益於事請從此別〔先主傳〕陶謙表先主爲豫州刺史〔張南軒史論曰〕温太真忠義慷慨足爲晉室名臣然吾獨有所恨者絶裾之事也昔之人不以窮達得失累其心聽天所命而行其性命之正故或仕或不仕皆非有所爲也自後世功名之俗興而遷就趨避之說起雖豪傑之士失其性者多矣獨不見徐元直之事乎元直所謂方寸亂矣蓋其天性不可已者也而太真獨忍於此乎王爚此聯全本於此

呂倚謝饋錢酒
王昺玉餉萬錢壺酒
莽貨泉爲白水真人
青州從事平原督郵
波詩青州六從事
爲有一先生
詩會餘蚳之文
簡疑含酏之墨
筆鋭千將墨含酏淳
貝甲大小文彩異
餘泉白質黃彩
餘蚳黃質白彩
獨孤綬放馴象賦
子雲晚悔甘泉作

呂倚謝王岐公饋錢酒。用白水真人。青州從事。岐公稱之。〔何云〕唐韋莊詩青州從事來偏熟泉布先生老漸慳〔集證復齋漫錄〕潘子真詩話記王禹玉元豐間以錢一萬酒二壺餉呂夢得夢得作啓謝之有白水真人青州從事禺玉歎賞爲其切題東坡得章質夫書遺酒六瓶書至而酒亡因作詩寄之云豈意青州六從事化爲烏有一先生二句渾然一意無斧鑿痕更覺警切〔後漢光武紀論曰〕王莽忌惡劉氏以錢文有金刀故改爲貨泉或以貨泉字爲白水真人〔世說術解門〕桓公有主簿善別酒輒令先嘗好者爲青州從事惡者爲平原督郵青州有齊郡平原有鬲縣從事言到臍督郵言在膈上住

夏文莊竦表云。詩會餘蚳之文。簡凝含酏之墨。餘蚳見詩貝錦。箋筆鋭干將。墨含酏淳。出文心雕龍。奏啓篇贊〔何云〕餘錢貝甲白爲質黃爲文彩餘蚳黃爲質白爲文彩〇〔元圻案〕陸璣詩疏曰貝龜鼈之屬其文彩之異大小之殊甚衆古者貨貝是也餘蚳黃爲質以白爲文餘泉白爲質黃爲文又有紫貝其白質如玉紫點爲文皆行列相當其大者常有徑一尺小者七八寸

獨孤馴象。世以爲工。子雲甘泉。晚而悔作。晏元獻謂賦也。獨孤綬放馴象賦云。返諸林邑之野。歸爾梁山之隅。時在偃兵。豈嬰乎燧尾。上惟賤賄。寧恤乎焚軀。〔集證〕唐獨孤綬獨孤良器皆有放馴象賦載文苑英華一百二十六並以珍異禽獸無育國家爲韻〇〔元圻案〕晉書成帝紀咸康六

林邑日南產
象
楚人燧象奔
吳
宋言斆鷄鳴
渡關賦
秦關百二齊
客三千
雞口牛後

考官淺陋黜
人
帷帳洪鐘船
趠
人主勢重萬
鈞
航琛越水輦
賮踰嶂
梅雨時有大
風

年冬十月林邑獻馴象〔南史林邑國傳〕林邑本漢日南郡象林縣古越裳界〔爾雅釋地〕南方之美者有梁山之犀象焉〔左傳定四年〕楚人執燧象以奔吳師注燒火燧繫象尾使赴吳師驚却之襄二十四年傳象有齒以焚其身賄也

唐律賦雞鳴度關云念秦關之百二難稱狼心笑齊客之三千不如雞口〔何云〕雞口亦借宋人學唐專法此種○〔元圻案〕〔史記孟嘗君傳〕秦昭王悔出孟嘗君使人馳傳逐之孟嘗君至關關法雞鳴而出客客有能為雞鳴而雞盡鳴遂發傳出出如食頃秦追果至關已後又高祖本紀秦形勝之國帶河山之險縣隔千里持戟百萬秦得百二焉又項羽本紀夫秦王有虎狼之心〔又孟嘗君傳〕封萬戶於薛其食客三千人〔又蘇秦傳〕寧為雞口毋為牛後　此宋言斆雞鳴度關賦見文苑英華一百二十八　宋言字表文初名㩳大中三年及第

紹興中省試高祖能用三傑賦第四韻用運籌帷帳考官謂漢書乃帷幄非帳字不敢取徹棘以語周益公益公曰史記云運籌帷帳之中非誤也〔何云〕安得遇如周益公者葉少蘊且議唐彥謙耳聞明主提三尺之句矣　淳熙中省試人主之勢重萬鈞賦第一聯有用洪鐘二字者考官哂之洪文敏邁典舉聞之曰張平子西京賦洪鐘萬

清議扶晉
壯士守秦不
足
亶聰明作無
作聰明
由仁義行非
行仁義
工執藝事以
諫賦
非刀七供膳
宰舉觶
釋椎鑿上輪
人議書
鄭千之推汪
周誥命
厚齋詞命傑

鈞。此必該洽之士。遂預選。紹熙（光宗年號）中。四明試航琛越水詩。有用東坡船趠二字而黜者。決得失於一夫之目。其幸不幸若此。〔元圻案〕〔史記高祖本紀〕夫運籌帷帳之中決勝於千里之外吾不如子房　〔漢書賈山傳〕雷霆之所擊無不摧折者萬鈞之所壓無不糜滅者今人主之威非特雷霆也勢重非特萬鈞也　〔文選顏延之應詔讌曲水詩〕航琛越水輦賮踰嶂　〔東坡詩〕三旬已過黃梅雨萬里初來船趠風　〔葉石林避暑錄話卷上〕常歲五六月之間梅雨時必有大風連晝夕踰旬乃止吳人謂之船趠風以為風自海外來禱於海神而得之

東都之季。清議扶之而有餘。强秦之末。壯士守之而不足。（〔原注〕前輩作風俗萬世之基末韻）亶聰明而有作。無作聰明。由仁義而行。非行仁義。（〔原注〕舜由仁義行）非刀七是供膳。宰舉席間之觶。（禮記檀弓）釋椎鑿而上輪人議堂上之書。（莊子）此工執藝事以諫賦聯也。〔全云〕鄭千之謂誥命之體南渡以來龍溪汪公平園周公號為冠冕若厚齋王公尤所謂傑然者也咸熙德祐間社稷傾危近在旦夕而公四入中書遍行諸房詞命除目塡委他舍人閣筆不下公獨從容授之若行雲流水泠然悠然而莫知紀極蓋會集羣言而以己意發之信所謂博極羣書者也按千之跋深寧兩制文字之言如此今讀困學紀聞第十九卷足以見深寧平日從事於此者果非一日矣　千之又云公辭命激厲奮發足以感泣三軍按清容輓詩亦有丹詔三軍泣之語然則深寧之忠悃其寄之代言之文思以挽既去之人心而扶不支之天命者良

出寄悲憫于代言之文

可傷矣〇〔元圻案〕鄭千之名真謝山所引千之語乃四明文獻集第五卷制詞跋語也又公詞命激厲奮發二語亦第四卷跋語

困學紀聞注卷十九

漢畫存隸續中
李翁五瑞碑
西狹頌
王稚子二闕
高貫方墓碑
顧陸宗畫有
漢法
吳道元巧思
減古意
劉寬碑載圖
畫
黃龍白鹿承
露人
嘉禾連理木
左右車騎挽
槖佗
文翁高朕石
室
三皇五帝三
王像
仲尼七十弟
子像

困學紀聞注卷二十　　餘姚翁元圻載青輯

雜識

南豐跋西狹頌。謂所畫龍鹿承露人嘉禾連理之木。漢畫始見於今。邵公濟（聞見後錄二十七）謂漢李翁王稚子高貫方墓碑刻山林人物。乃知顧愷之陸探微宗處士輩尚有其遺法。至吳道元絕藝入神。然始用巧思而古意少減矣。今於盤洲所集隸圖見之。〔何云〕隸續劉寬碑頌載圖畫知何以誤入隸續中予爲別出之〔全云〕隸續中有圖五卷卽當日隸圖也不〔集證〕洪适隸續載李翁五瑞碑黃龍白鹿連理嘉禾有一人承甘露於喬木之上王稚子二闕其右則騎而西者二人其左則乘車而東者二人挽之者槖佗也王君平生官簿互見于兩闕之上高頤碑兩螭蟠其首文在穿下凡十八行行二十一字　沈作喆寓簡南豐跋漢武都太守西狹頌謂得此圖然後始見漢畫然予見王逸少帖云成都學有文翁高朕石室及漢太守張收畫三皇五帝三代君臣與仲尼七十弟子畫皆精妙可觀予後因從蜀人求臨本晚乃得石刻信如逸少言然則石室之畫又先於武都矣子固蓋未之見〇〔元圻案〕〔曾子固金石錄跋尾漢武都太守李翁西狹頌云近世士大夫喜藏畫而漢畫未有能得之者此圖所畫龍鹿承露人嘉禾連理之木然後漢畫始見於今又皆出於石刻可知其非僞也〔歐陽公集古錄〕載後漢析里橋郙閣頌卽西狹頌也李翁作李會〔明楊升庵曰〕愼按王象之輿地紀勝碑目載夔州臨江市丁房雙闕高二丈餘上爲層觀飛簷車馬人物又刻雙扉微啓有美人出半面而立巧妙動人又雲陽縣漢處

析里橋李會郙閣頌 丁房雙闕人物 金延廣母子碑 李剛石室四壁雕刻 顧愷之帝相列像 陸探微丹青入妙 宗少文圖壁臥遊 曹夫人與楊夫人書 房子官綿百斤 房子城白土可濯綿 文絹香車衣龍 趙州臨城縣泜水 古文苑出佛龕中 孫威晉陽秋

士金延廣母子碑初無文字但有人物漢畫之在碑刻者不止如應麟所言也〔水經注八〕黃水南有漢荊州刺史李剛墓剛字叔毅山陽高平人熹平元年卒見於碑有石闕祠堂石室三間四壁隱起雕刻爲君臣官屬龜龍麟鳳之文飛禽走獸之象作制工麗亦漢畫之一〔唐張彥遠歷代名畫記〕晉顧愷之字長康小字虎頭晉陵無錫人多才藝尤工丹青常畫中興帝相列像妙極一時宋陸探微吳人也明帝之時常在侍從丹青之妙最推工者宋宗炳字少文南陽涅陽人善書畫好山水結宇衡山歎曰老病俱至名山恐難遍游唯當澄懷觀道臥以遊之凡所遊歷皆圖於壁坐臥向之其高情如此唐吳道元陽翟人工畫初名道子元宗召入禁中改名道元因授內教博士張懷瓘云吳生之畫下筆有神

曹操夫人。與楊彪夫人書。送房子官綿百斤。古文苑誤爲官錦。而注者妄解。按魏都賦。綿纊房子。〔何云〕注房子出御綿 晉陽秋。有司奏調房子睢陽綿。武帝不許。見太平御覽八百十九 水經注。房子城西出白土。可用濯綿。

〔案〕此條今本水經注所無〔集證〕太平御覽八百十九引水經注房子城西出白土細滑如膏可用濯綿霜鮮雪曜異於常綿也俗言房子之綿也亦類蜀江之錦得江津矣故歲貢其綿以充御府〔又引盧毓冀州論曰〕房子好綿地產不爲無珍也○〔元圻案〕〔古文苑五〕曹公卞夫人與楊太尉夫人袁氏書賢郎盛德熙妙有蓋世文才闔門欽敬方今騷擾戎馬屢動主簿股肱近臣征伐之計事須敬咨官立金鼓之節而聞命違制明公性急忿然在外輒行軍法謂之驚愕情不自勝夫人多容即見垂恕故送衣服一龍文絹百匹房子官錦百斤私所乘香車一乘牛一頭誠知細微以達往意〔元和郡縣志十七〕趙州臨城縣本戰國時趙房子邑也泜水在縣南二里出白土細滑如膏以之濯綿色若霜雪〔書錄解題總集類〕古文苑九卷不知何人集皆漢以來遺文史傳及文選所無者世傳孫洙巨源於佛寺經龕中得之唐人所藏也韓無咎類次爲九卷刻之婺州〔案〕今本二十一卷蓋紹興中章樵作注時所分

善惡可以熟言
佛言受苦受樂
鳩摩羅什譯大乘經
曇摩羅讖曇無讖
法華成實論
大藏經

摹藏大相國寺御書
寶奎殿頌贊撰記
章郇公受詔書額
晏殊撰御飛白書記
翔量結字液金塡畫
郴小殿禁中
過後麗

〔隋書經籍志〕晉陽秋三十二卷訖哀帝孫盛撰

善惡以熟言。若孟子仁在乎熟。漢五行志。董仲舒廟災對季氏之惡已熟是也。佛者曰。〔原注〕成實論行惡見樂。爲惡未熟。至其惡熟。自見受苦。行善見苦。爲善未熟。至其善熟。自見受樂。其言善惡之熟亦名言也。〔集證〕〔隋書經籍志〕鳩摩羅什譯維摩法華成實論諸經及曇無讖所譯金光明曇摩羅讖所譯泥洹等經並爲大乘之學○〔元圻案〕〔宋俞成元德螢雪叢說〕引大藏經云善若無報其善未熟其善熟時必受其福惡若無報其惡未熟其惡熟時必受其苦

仁宗摹太宗御書大相國寺額於石。即寺爲殿而藏之。御飛白名曰寶奎殿。紹興庚辰宏辭以寶奎殿太宗皇帝御書贊命題。唐說齋中選。但云慶歷二載。而不紀月日。以實錄攷之。乃二年正月辛未也。蘇子美作寶奎殿頌。此頌今子美集不載周益公題其後云。上宰宗工更爲辭章者。謂呂夷簡作記。

雙宣學士草麻　鄧潤甫鎖麻二十二　莫壽朋權麻六道　劉原父立馬草九制　四制分草爲雙鎖　南豐一日草數十制

章得象題額之類。實錄云。命夷簡撰記。而說齋謂煥乎堯章。親加記述。亦誤。(集證)(玉海二十四實錄)至道元年正月重修大相國寺廣殿庭門廊樓閣凡四百五十五區寺額太宗御書也慶歷元年八月甲申上謂輔臣曰近刱一小殿禁中而有司過爲侈麗不欲毀其成功今大相國寺方營殿藏太宗親書寺額可遷置之呂夷簡因言陛下孝以奉先儉以率下聖人之盛德也二年正月辛未詔以大相國寺新修太宗御書殿爲寶奎殿摹太宗御書寺額于石上飛白題之命宰相呂夷簡撰記章得象篆額樞密使晏殊撰御飛白書記云翔鸞結字液金填畫騰虬龍于螭首潤雲霧于翠珉○(元圻案)(周益公必大跋蘇子美寶奎殿頌曰)舜欽此頌是召試館職所作年方三十餘也其云上宰宗工更爲辭章者謂呂夷簡作記章得象題額之類　(王欽臣王氏談錄曰)章郇公受詔書相國寺寶奎殿太宗真宗詩額亦公代之　章得象字希言浦城人慶歷五年拜同平章事封郇國公謚文簡宋史有傳

舊制麻三道以上。雙宣學士分撰。元豐末。鄧潤甫爲學士。一夕鎖麻二十二通。靖康元年。麻六道。權直院莫儔獨宿。(集證)(宋周煇清波別志故事)鎖學士院有四制則並命學士分草謂之雙鎖劉原父立馬而草九制人固已服其敏鄧溫伯爲內相當元豐末建儲親王及內外將相進恩一夕獨草制二十二道益敏而工其有腹藁耶○(元圻案)莫儔字壽朋湖州人政和二年進士第一靖康初爲翰林學士使金留仕僞楚建炎初竄全州　劉原父立馬而草九制見歐陽公所作墓誌(王震曾南豐集序云)公一日草數十制午漏盡授草院吏而去

翰苑未嘗草追贈制。紹定六年(理宗四年改元紹定)十月。史彌遠

莫儔留金仕僞楚草追贈制非典故降制封史彌遠太一宮四立月祝文楚芝蘭奏祭祀諸侯甘露降祠庭謬忌奏祠太一太一佐五帝爲壇開八通鬼道親王布政榜首尾所領節鎭爲管內封王與除節鉞異唐朝隃領之制隃領本非遙領

贈中書令。追封衞王。令學士院降制。學士言非典故。詔特與降制。

太一宮四立月祝文舊用定本。紹定二年十二月。始命學士院撰述。〔集證〕〔玉海一百〕太平興國六年司天楚芝蘭奏立太一宮每歲四立月祭祀命近臣攝事用幣冊祝無牲祭命道士行醮禮又命廷臣內侍各一人掌之三歲一易以兵衞守雍熙元年三月丙子立夏致享祠臣咸集甘露降祠庭八月丙申先遣學士賈黃中致祭丁酉帝親祠按雍熙元年所撰祝文載玉海○〔元圻案〕〔史記封禪書〕亳人謬忌奏祠太一方曰天神貴者太一太一佐曰五帝古者天子以春秋祭太一東南郊用太牢七日爲壇開八通之鬼道　〔蔡邕封事〕明堂月令天子以四立及季夏之節迎五帝於郊

親王初除有布政牓首。云應某軍管內。尾云牓某軍。仍散下管內。謂所領節鎮也。前輩制集皆可考。淳熙十六年。皇子封嘉王布政牓。乃云嘉州管內。蓋草制者失之。開禧寧宗十一年改元開禧元年。皇子封榮王牓威武軍。合舊典矣。蓋節鉞初除。以敕書示諭本鎮。亦唐朝隃領之制也。〔集證〕隃卽遙字唐蕭嵩遙領河南節度若封

宏詞以襄尺
巫咸黜
徐子儀試三
家星圖
保氏注五射
此巫皆筮字
誤
王撝致束脩
不受
求尺牘借詞
學書

王或以國如周魯或以州如兗雍之類未嘗有所領之國咸淳二年余草福王制院吏欲以布政牓下福州余引故事牓所領兩鎮

陳自明晦紹熙光宗初宏辭已入等同試者摘周五射記用襄尺字以爲犯濮安懿王諱〔原注〕襄音讓慶元四年從臣薦之謂襄字雖同音嫌名不當避乃賜同進士出身〔集證〕〔王氏詞學指南云〕侍從言記問文采逈出流輩既舉用襄字初不從言自不應避詔與下等推恩徐子儀嘉定寧宗十四年改元嘉定中試宏辭甘石巫咸三家星圖序引周禮簭人巫咸本注巫當爲筮非殷巫咸主司黜之而薦于朝〔集證詞學指南云〕貢院言引周禮是旁證卽非本處有差未敢取放開院日知舉請與陞擢不數年入館掌制〔閣按〕王氏父撝字謙父嘉定進士第同年俞天錫參知政事屬教其子弟歲終致束脩以謝堅却不受曰吾二兒習詞學鄉里無完書願從公求尺牘丐借居益公傳內翰番陽二洪公暨其餘習詞學者凡二十餘家所藏書余欣然應之後二子皆中詞科由此〔集證周禮地官保氏注五射曰〕矢參連剡注襄尺井儀也疏襄尺者臣與君射不與君並立襄君一尺而退也〔釋文〕襄本作讓〔春官簭人注〕此九巫皆當爲筮字之誤也巫咸謂筮衆心歡否○〔元圻案〕〔宋葉紹翁四朝聞見錄中集〕

朝美務觀取字所本

務外遊不如務內觀

蘭生而芳石生而堅

蘭石持正魯直字義

夢秦少游生放翁

史克却莒僕

晏淵晉晏清後

西王母形狀天晴而見景

徐鳳子儀試三家星經序備記甘公巫咸石申夫歲星順逆與今紅黃黑所圈主司驚異己寅罷等而末篇贊用周禮巫咸爲證遂申都臺付國子監看詳徐真本徐後寓直玉堂　濮安懿王名允讓神宗本生父也

易觀初六注處於觀時而最遠朝美湯邦彥字朝美本此列子曰務外游不如列子作知務內觀仲尼篇陸游字務觀本此（原注）魏傅嘏字蘭石本淮南子說林訓蘭生而芳石生而堅唐皇甫湜字持正本詩湜湜其沚箋黃魯直之字〔本柳子先友記〕王紓有學術魯直〔方樸山云〕按朝廷之美濟濟翔翔禮記少儀文邦彥字或取此文與命名相配若謂取諸易則初六童觀小人道也豈當迂取王注以爲斷章之求乎〔又云〕〔鄭注〕讀少儀美字爲儀然字則仍美字也〔集證〕邶谷風箋湜湜持正貌○〔元圻案〕〔唐李鼎祚周易集解觀〕六二小象解侯果曰得位居中上應於五闚觀朝美不能大觀〔葉紹翁四朝聞見錄乙集〕謂放翁母夢秦少游而生公故以秦名爲字而字其名〔列子仲尼篇〕務外遊不知務內觀外遊者求備於物內觀者取足于身〔項氏家說八〕黃庭堅字魯直〔馬永卿嬾真錄〕以爲史克魯人也嘗引十六相以卻莒僕故曰魯直此說非也魯直二字出〔柳文先友記按爾雅〕庭直也直而且堅故曰魯直

朱文公門人晏淵晏音綏晉有晏清〔閻按〕晏淵卽大全集之晏亞夫〔全云〕晏氏之學傳於陽氏陽氏之學傳於吾鄉史氏卽靜清也〔集證通志氏族略五〕〔晉有西中郎將晏清〕〔又甯州刺史晏靜經義考〕晏淵孟子注佚曹學佺曰晏淵字亞夫號蓮蕩晉中郎將晏清之後世居襄陽後徙居蜀家培坪山受學於晦菴

西王母山海經云狀如人狗尾蓬頭戴勝善嘯居

星

暒晴即說文夝字

民衣霧主吸霜天可倚杵筮謀類即是類謀

用乞麋壽萬年

洵水之涯。穆天子傳注云。虎齒蓬髮〔集證〕西山經玉山是西王母所居也西王母其狀如人豹尾虎齒而善嘯蓬髮戴勝是司天之厲及五殘大荒西經炎火之山有人戴勝虎齒有豹尾穴處名曰西王母穆天子傳吉日甲子天子賓於西王母〔郭璞注曰〕西王母如人虎齒蓬髮戴勝善嘯

漢天文志。天暒而見景星。注暒精明也。集韻云晴字。〔集證〕〔史記天官書〕天晴而見景星〔按說文〕無暒晴二字夕部有夝字云雨而夜除星見也從夕生聲鉉曰今俗別作晴非是○〔元圻案〕唐人有天晴景星見賦〔彭叔夏文苑英華辨證一〕凡字有兩存於義亦通者如天晴景星見〔漢天文志〕晴當作暒暒精明也

易緯是類謀曰。民衣霧主吸霜。間可倚杵於何藏。

河圖挺佐一。〔叢書樓校元板〕無一字輔曰。百世之後地高天下。

千歲之後天可倚杵〔原注〕楊文公詩有倚杵碧天之句〔集證是類謀鄭注曰〕民衣霧主吸霜卑奪尊之服間可倚杵者言相近於何藏無所自逃藏〔徐堅初學記天部引河圖挺佐輔曰〕百世之後地高天下不風不雨不寒不暑民復食土皆知其母不知其父如此千歲之後而天可倚杵洶洶隆隆曾莫知其終始○〔元圻案〕通考易是類謀一卷鄭元注或作筮謀類

士冠禮眉壽萬年。鄭注古文眉作麋。博古圖。雖公緘鼎銘。用乞麋壽萬年無疆。

孲犽鷖彌繄倪
鮻爲魚字奇稱
蘭氏蘭氏草稱氏
洞簫稱謚
艮魚在淵
帛魚鱳鱳異文
有鰟有鯨卽白魚
手五指之名
將指手足不同
闔閭喪將指
失屨
嚔鹽指季指
足駢拇手枝指
接菑也四變且也六

集韻。吳人謂赤子曰。孲。犽。音鴉牙。雜記注。嬰猶鷖彌也。中路嬰兒句注 孟子音義。倪謂繄倪。倪小兒也。

周禮鞄人注。鮻魚字。以魚名爲字。亦奇語也。〔閻按〕「楊升菴廣之曰」大戴禮記蘭氏之根蘭氏之苞〔王褒洞簫賦〕幸得謚爲洞簫兮夫魚名而稱字草名而稱氏簫名而稱謚皆奇之又奇○〔元圻案〕〔小雅鶴鳴傳〕艮魚在淵小魚在渚〔正義曰〕不云大魚而云艮魚者以其喻善人故變文稱艮也艮魚字亦新

石鼓文。帛魚鱳鱳。又云有鰟鰟〔閻本〕作鮻 有鯨。卽白魚也。〔元圻案〕〔古文苑一〕載石鼓文第二云帛魚鱳鱳其盜氏鮮黃帛其鱮又鮊又鰟其文不同〔馬氏叢書樓校云〕有鰟元板作有鱄

春秋正義。手五指之名曰巨指。〔原注〕儀禮大射孟子云巨擘〔閻按〕國語云拇 食指。〔原注〕左傳 將指。〔原注〕儀禮鄉射大射注〔閻按〕既夕記亦名中指 何云疏足以大指爲將指手以中指爲將指 無名指。〔原注〕孟子 小指。〔原注〕〔儀禮〕特牲饋食少牢饋食云季指○〔元圻案〕〔宣四年正義曰〕大射禮云右巨指鉤弦鄭元云右巨指右手大擘也又曰設決朱極三鄭元云極猶放也所以韜指利放弦也以朱韋爲之三者食指將指無名指小指短不用然則手之五指之名曰巨指食指將指無名指小指也〔定十四年左傳〕闔閭傷將指取其一屨注云其足大指見斬遂失屨謂大指爲將指者將者言其將領諸指也足之用力大指爲多手之取物中指最長故足以大指爲將指手以中指爲將指其食指者食所偏用服虔云俗所謂嚏鹽指也 特牲饋食少牢饋食禮實于左袂挂于季指注季猶小也〔李氏周易集解咸〕初六咸其母虞翻曰母足大指也〔莊子〕駢拇枝指出乎性哉注駢拇足拇指連二指也三倉云枝指

秦處度蠶書秦少游子名湛兗州言既蠶事爲最九州有蠶不宜蠶

水母目蝦去住由人山雌之肥其意得簞瓢捽茹

參佐廨三間瓦屋住東頭住西頭

手有六指也〔余兄靜軒曰〕無名指又可謂之四指枝指又可謂之六指〔公羊文十四年傳云〕子以其指則接菑也四𤞞且也六疏云子以其指者言凡立子之法以其手指相似則接菑猶人之四指𤞞且猶人之六指

館閣書目蠶書一卷南唐秦處度撰以九州蠶事獨兗州爲最按蠶書見秦少游淮海後集少游子湛字處度以爲南唐人誤矣〔元圻案〕〔陳氏書錄農家類〕秦少游蠶書一卷見少游淮海集第六卷〔序略曰〕予閑居婦善蠶從婦論蠶作蠶書考之禹貢揚梁幽雍不貢繭物兗篚織文徐篚元纖縞荊篚元纁璣組豫篚纖纊青篚檿絲皆繭物也而桑土既蠶獨言於兗然則九州蠶事兗爲最乎今予所書有與吳中蠶家不同者皆得之兗人也陳氏不言是書出於處度考宋史藝文志蠶書一卷秦湛撰後人附刻于陳旉農書之後　四庫書目著錄同宋史

水母目蝦見郭景純江賦欒城次韻王鞏見寄詩云去住由人真水母簞瓢粗足似〔叢書樓校似〕元板作亦山雌何云用法言〇〔元圻案〕〔文選江賦注〕引南越志曰海岸間頗有水母東海謂之蛇正白濛濛如沫生物有智識無耳目故不知避人常有蝦依隨之蝦見人則驚此物則隨之而沒〔揚子法言脩身篇曰〕山雌之肥其意得乎或曰回之簞瓢臞如之何曰明明在上百官牛羊亦山雌也闇闇在下簞瓢捽茹亦山雌也何其臞

啓芸小說蔡司徒〔案〕〔晉書蔡謨傳〕字道明康帝時領司徒說在洛見陸機兄弟住參佐廨〔閣本〕脫廨字今從何本補中三間瓦屋士龍住東頭

士龍士衡形體
陳簡齋寄弟詩
末祿國有軍達等疏
尼婆羅國獻波稜
和緩皆秦良醫
秦醫竘治背腫
巫彭作醫
古醫僦貸季

士衡住西頭。東坡詩。自甘茆屋老三間。簡齋詠懷詩。士龍同此屋三間。又寓居劉倉廨中晚步詩云士衡去國三間屋。〔閻按〕簡齋陳與義號○〔元圻案〕世說賞譽門蔡司徒在洛見陸機兄弟住參佐廨中三間瓦屋士龍住東頭士衡住西頭士龍爲人文弱可愛士衡長七尺餘聲作鐘聲言多慷慨　陳與義字去非號簡齋洛陽人登政和三年上舍甲第紹興中官至參知政事事具續〔宋史本傳簡齋集〕又有寄弟詩云三間瓦屋亦易求著子東頭我西頭書事云瓦屋三間寬有餘可憐小屋不同居

唐西域傳。末祿有軍達。泥婆羅獻波稜。皆菜名也。〔原注〕張文潛謂波稜自坡陵國來　〔集證曰〕〔唐西域傳〕末祿在大食之東蔬有顆葱葛藍軍達茇薤又泥婆羅貞觀二十一年遣使入獻波稜酢菜渾提葱〔唐會要〕太宗時尼波羅國獻波稜菜類紅藍實如蒺藜火熟之能益食〔唐韋絢劉賓客嘉話錄〕菠稜種自西域有僧將其子來云本是頗陵國之種語誤爲波稜耳

呂成公曰。秦多良醫。醫緩醫和。皆秦人。見左傳尸子亦云醫竘〔案原注〕竘音叩者。秦之良醫。〔閻按〕刺殺扁鵲者亦秦太醫令李醯也　〔集證〕〔太韓非亦有秦醫善除之諺平御覽三百七十一〕尸子曰有醫竘者秦之良醫也爲宣王割痤爲惠王治痔皆愈張子背腫謂竘曰背非吾背也任子製焉治之遂愈竘誠善治疾也張子委製焉夫爲身與國亦猶此也必有所委製然後治矣

巫彭作醫。原注呂氏春秋岐伯祖世之師曰僦貸季。〔原注〕素問上

苗父
岐伯俞拊扁
鵲巫咸
作器物諸事
二十管

黃圯老延致
二李
呂西垣得林
少穎
方德順陸亦
顏
胡原仲劉致
中
和伯迂仲

古醫曰苗父〔原注〕〔說苑〕○〔閻按漢藝文志〕太古醫有岐伯俞拊應劭曰黃帝時醫〔集證曰呂覽勿躬篇曰〕大撓作甲子黔如作虜首容成作歷羲和作占日尚儀作占月后益作占歲胡曹作衣夷羿作弓祝融作市儀狄作酒高元作室虞姁作舟伯益作井赤冀作臼乘雅作駕寒哀作御王氷作服牛史皇作圖巫彭作醫巫咸作筮此二十官者聖人之所以治天下也〔素問〕上古使僦貸季理色貸季理色脈而通神明〔王氷注〕岐伯祖世之師〔說苑辨物篇中庶子難扁鵲曰〕吾聞上古之醫曰苗父中古之醫曰俞拊子之方能如此乎淮南人間訓扁鵲俞跗之巧注俞跗黃帝時醫〔郭璞巫咸山賦序〕巫咸以鴻術爲帝堯醫○〔元圻案〕〔韓詩外傳十扁鵲過虢侯篇〕上古醫曰弟父中古之爲醫者曰踰跗

黃石圯老。教授福州。聞李葵李柟林之奇。爲衆推服。即走其家。備禮延致。呂太史祭林宗丞少穎文。所謂二李伯仲。蓋葵之子柟樗也。〔原注〕葵字襲明子柟字和伯樗字迂仲里居之良。若方若陸。旁郡之士。若胡若劉。〔原注〕方德順陸亦顏胡原仲劉致中見呂居仁寄和伯少穎迂仲詩○〔元圻案〕〔呂伯恭集祭林少穎文曰〕昔我伯祖西垣公躬受中原文獻之傳載而之南裴回顧瞻未得所付踰嶺入閩而先生與二李伯仲實來一見意合遂定師生之分又曰里居之良若方若陸云云〔周益公集直顯謨閣黃公墓誌曰〕公諱石字圯老溫州平陽人中進士第改福州教授聞李葵李柟林之奇爲衆推服云云 今〔東萊詩集〕無寄和伯迂仲詩惟有送林之奇少穎秀才往行朝五古一首病中寄胡原仲劉致中五古一首又送謙上人回建州第二首云平生苦節胡原仲老大多才劉致中云云其方德順陸亦顏集中不見其名厚齋所據蓋另有善本 胡原仲名憲文定公兄子朱子所稱籍溪先生也〔林少穎祭劉致中文曰〕嗟嗟先生久居隱淪採芝食菊若將終身

倪齊齋戒三不妄
爭校不如持養
朱子與諸人論辨
林黃中論易西銘
二陸論無極太極
陳同甫論義利王霸
李猷黃子游義烈士
陳東歐陽澈忠直
德明似張澈

短檠萬卷精義入神氣溢六合力輕千鈞藉使逢辰素志獲伸成康其俗堯舜其君天胡不弔忍使邅迍百不一試老死荊榛〔又祭陸亦顏文曰〕嗟嗟先生仕則不達壽則不永亦有以是爲先生之恨者是皆淺之爲丈夫也先生之志尚友古人于千載之上蓋已得夫顏曾之遺風義理是非之分辭受進退之節皎然明白於世而處常得終以死在先生無一恨云云亦足以見其人之大概矣〔少穎文集〕附載李迂仲從弟櫄作少穎哀辭曰支離先生陸亦顏歸自湖南宣幕門戶簡峻士鮮知向櫄先君子于少穎爲舅而與支離友嘗謂少穎曰支離紫微一也盍往焉遂從之而少穎祭亦顏文亦有念疇昔摳衣函丈之間有琢磨切磋之益之語然則陸亦顏亦少穎之師也

齊齋倪公思三戒不妄出入不妄言語不妄憂慮〔元圻案〕同年王穀滕曰三戒見〔經鉏堂雜志第八卷〕

呂成公謂爭校是非不如斂藏持養〔全云〕此名言也深寧其有感於晦翁同甫黃中子靜之事乎○〔元圻案〕朱子與林黃中論易西銘不合黃中遂論朱子無學術朱子又與陸子壽子靜兄弟辨無極太極往復論難當時輯有專書陳同甫嘗有義利可以雙行王霸可以並用之說朱子與同甫辯論諸書俱載大全集中

李猷護陳東之喪黃子游賻歐陽澈之葬皆義烈士也李明人黃亦寓居焉志吾鄉人物者宜特書之以厲澆俗〔全云〕黃子游莆田人後移居吾鄉奉化○〔元圻案〕〔陸放翁跋臨汝志曰〕歐陽澈字德明撫州臨川人徙崇仁金人犯闕上書請身使北庭馭親王以歸不報建炎初伏闕上書論大臣誤國太學生陳東亦上書所言略同遂併誅紹興初贈朝奉郎祕閣修撰官其三子〔周益公跋歐陽澈遺事曰〕〔韓文

作玉雪講堂繪五人像

柴仲山丙丁龜鑑丙午丁未輙有變

天地間集四隱集

隱於櫟林九磜間

浮休子參寥子同號

張鷟青錢學士

僧道潛爲坡游詩友

其生也浮其死也休

陸質黨叔文誤贅

公銘〕死事之臣張澈云嗚呼澈也世慕顧以行子揭揭也噓唶以爲生子獨割也爲彼不清作玉雪也德明生而命名與之同爲國捐軀又同是真能希顏慕藺者先是郡庠繪晏元獻會子固汪信民謝無逸於講堂德明與焉〔又黄子游墓誌曰〕公諱子游字叔言系出浦城黄氏建炎初客南京歐陽澈以上書忤宰相棄市公適同邸收而葬之其子飛英年十四公傾囊輟所乘馬贈其歸晚卜居明州奉化縣

淳祐理宗十七年辛丑改元丙午。衢士柴望上丙丁龜鑑。其表云。今來古往。治日少而亂日多。主聖臣賢。前車覆而後車誡。〔全云〕丙丁顛末見〔容齋隨筆〕○〔元圻案〕容齋五筆十謂丙午丁未之歲中國遇此輙有變故溯自漢高十二年丙午至宋孝宗二十五年丁未凡一千三百二十二年著其事變又謂大抵丁未之災又慘於丙午昭昭天象見於運行非人力之所能爲也　柴望字仲山衢州江山人自宋亡遁跡深山至元十七年乃卒〔謝皋羽天地間集錄宋末故臣文天祥家鉉翁等〕十七人詩望其一也宋亡後與其弟隨亨元亨元彪隱於櫟林九磜之間有柴氏四隱集

張鷟自號浮休子。李白有贈參寥子詩。張芸叟。僧道潛。復以自號。〔元圻案〕〔唐書張薦傳〕薦深州陸澤人祖鷟字文成員半千稱鷟文辭猶青銅錢萬選萬中時號青錢學士　〔晁氏讀書志曰〕鷟自號浮休子又曰張舜民芸叟邠州人仕至吏部尚書自號浮休先生又曰僧道潛自號參寥子與蘇子瞻秦少游爲詩友　〔莊子外篇〕刻意其生也浮其死也休內篇大宗師元冥聞之參寥參寥聞之疑始　唐有高彥休亦號參寥子卽著唐闕史者彥休僖宗時人在張鷟之後

近世記錄多誤。無垢心傳錄。以王叔文之黨陸質

無垢心傳錄編甥張子韶謫居南安

王庭秀磨衲集語謬

鄭俠進餓民圖致雨

爲陸贄。〔原注〕質卿陸淳非贄也〇〔元圻案〕〔趙希弁讀書附志語錄類〕〔無垢先生心傳錄〕十二卷張文忠九成字子韶之說甥于恕編公以紹興二年狀元及第歷禮部侍郎兼侍講謫居南安十四年

磨衲集。王公庭秀〔閻按〕庭秀慈溪人爲王氏鄉先輩故稱公作於紹興壬子。孜其論議以鄭介夫爲妄言陳少陽爲鼓變是熙豐之法度非元祐之紛更謂黨人子孫爲謬賞謂蘇黃文章爲末藝。甚者擬程子之學於墨釋氏。而以易傳爲謝楊刪潤成書其反理詭道甚矣。詆趙張二相尤力。蓋自紹聖以來姦險茂惡家以荊舒爲師人以章蔡爲賢邪說詖行沈酣入骨髓更中天之禍。蕭艾不薅。士習熟見聞至紹興間邪說猶肆行。筆之簡牘不恥也。是故人心不正。其害烈於洪水猛獸。吁風俗移人可畏哉。〔全云〕宋有兩王庭秀皆吾鄉人又同時其一問學楊文靜公又學詩於山谷宋史有傳乃慈溪人其一著磨衲集者爲鄞人袁清容延祐四明志竟合爲一人非也〇〔元圻案〕

漢唐發陵賊陽璉真伽發趙氏陵唐珏諸人收陵骸植冬青樹於所函土

坐以待旦古人早起戒晏諸書管寧科頭晏

〔宋史鄭𣪍傳〕〔附王庭秀傳〕云王庭秀字彥頴慈溪人與黃庭堅楊時遊登政和二年上舍第李光薦為御史臺檢法官此蓋全氏所謂慈溪之王庭秀也〔宋詩紀事〕云王庭秀字彥頴明州鄞人登政和上舍第建炎中御史臺檢法官直秘閣主管崇道觀有〔磨衲集〕此蓋全氏所云鄞之王庭秀也然同字彥頴同登上舍第同為御史臺檢法官仍有可疑　〔趙希弁讀書附志曰〕鄭俠字介夫熙寧中監安上門時久不雨公以本門所見飢民及新法之不便者為圖狀發馬遞投進且曰如行臣之言十日不雨乞斬臣宣德門外神宗觀圖長噓命馮京等體量新法而寢罷之大開倉庾以賑飢民下詔責躬三日大雨荊公率百僚入賀上出奏疏并圖以示之附麗新法者爭言公詆毀良法直奏驚御遂得罪云中興初贈朝奉郎官其孫一人

發漢陵者。樊崇董卓也。〔案〕樊崇事見〔後漢書劉盆子傳〕董卓事見〔後漢書本傳〕發唐陵者。溫韜也。溫韜事見〔五代史本傳〕當時謂之發陵賊惡復誅臻。天道昭昭矣。〔閻按〕此其有感楊璉真伽之事乎王氏有靈應首肯我○〔完圻案〕〔明程敏政宋遺民錄〕〔載元羅靈卿唐義士傳〕曰唐君名珏字玉潛會稽山陰人家貧聚徒授經以養其母歲戊寅有總江南浮圖者楊璉真伽帥徒役頓蕭山發趙氏諸陵寢至斷殘支體攫珠襦玉押焚其齒棄骨草莽間唐時年三十三歲聞之痛憤乃邀里中少年若干輩收遺骸斸文木為匱複黃絹為囊各署其表曰某陵某陵分委而散遣之瘞蘭城以藏為文而告越七日總浮屠下令裒陵骨雜置牛馬枯骼中築一塔壓之名曰鎮南了不知陵骨之猶存也禍淫不爽流傳京師上達四聰天怒赫赫飛風雷號令捽首禍北焉唐葬骨後又於宋常朝殿掘冬青樹植於所函土堆上作冬青行二首易陵骨者尚有林德暘字景曦號霽山溫州平陽人王英孫號修竹會稽人即林霽山之友〔周公謹癸辛雜志〕有陵使羅銑黃梨洲以為尚有鄭朴翁謝皋羽全謝山謂是役也王修竹為謀主羅陵使則攢宮之地主唐林鄭則身主其事而皋羽則特聞其事而歌詠以發之者也

成湯周公。皆坐以待旦。康王晚朝。宣王晏起。則關雎作諷。姜后請愆。〔案〕康王事注見卷三〔列女傳曰〕周宣姜后賢而有德宣王常早臥晏起姜后脫簪珥待罪於永巷況

起自責

事親宜知醫古以親疾精醫諸人殷仲堪湯藥、

朝而受業。爲士之職。書曰夙夜浚明有家。孝經言卿大夫之孝。引詩云夙夜匪懈。言士之孝。引詩云夙興夜寐。讒鼎之銘曰昧旦丕顯。後世猶怠。叔向所以戒也。左傳昭三年三晨晏起。一朝科頭。管幼安所以懼也。〔事文類聚〕管寧避難遼東還泛海遭風船垂傾沒寧思愆曰吾嘗一朝科頭三晨晏起今天怒猥集過恐在此在家。常早起。杜子美所謂質朴古人風者也。雞鳴咸盥櫛。問訊謹暄涼。朱子之詔童蒙也。觀起之朝晏。知家之興廢。呂子成公雜說之訓門人也。起不待雞鳴。陸務觀示兒之詩也。雞鳴率家人同起。不可早晏無常。葉少蘊與子之書也。雞鳴而起。決擇於善利之間。爲舜而已矣。

晉殷仲堪父師病積年。衣不解帶。躬學醫術。究其精妙。〔案〕見〔晉書本傳〕〔世說七注中興書曰〕仲堪父疾衣不解帶數年自分劑湯藥誤以藥手拭淚遂眇一目北齊李元忠母多病。專心醫藥。研習積年。遂善方技。見〔北齊書本傳〕李密。母患積年。精習經方。洞閑針藥。母疾得除。密字希邕元忠族弟也。即附見〔元忠傳〕隋許智藏。祖道幼。以母疾。究極醫方。誠諸子曰。爲人子者。嘗膳視藥。不知方術。豈謂孝乎。見〔隋書藝術許智藏傳〕文中子母銅川夫人好藥。子始述方見〔中說天地篇〕唐王勃謂人子不可不知醫。時長安曹元有祕術。勃從之游。盡得其要。見〔唐書藝文傳上〕甄權以母病。與弟立言究習方書。見〔唐書方技傳〕王燾母有疾。視絮湯劑。數從高醫游。遂窮其術。見〔唐書王珪傳〕燾珪之孫也李逢吉父顏有錮疾。自料醫藥。遂通方書。〔唐書李逢吉傳〕逢吉字虛舟曾祖元道祖顏父歸期有錮疾云云父顏當作父歸期杜鵬舉母疾。與崔沔同授醫蕭亮。遂窮其術。見〔唐書杜鴻漸傳〕鵬舉鴻漸之父也同授今本鴻漸傳作因授可證其誤程子曰。事親者不可不知醫。

康節父間道奔宋舍世祿爲窶士

康節家世

邵溥使燕拜寺墓

蘇頌書帙銘

蒲宗孟日不失書

東坡規傳正奢酷

素王妙論稱富者

恩覆子孫澤及鄉里

黃帝五法管子九府

康節邵子之先世家于燕。父伊川丈人。間道奔本朝。〔何云〕堯夫墓誌乃明道所作但云系出召公故世爲燕人大王父諱令進以軍職逮事藝祖始家衡漳祖諱德新父諱古皆隱德不仕安得有其父間道來奔之事大抵出自其後人誣妄耳舍世祿爲窶士。乃絕口不言。〔原注〕伯溫子溥自禮部郎使燕道涿州良鄉拜墓洪業寺石刻蓋統和十年伯溫高大父所建統和十年歲在壬辰本朝淳化三年也至宣和六年壬辰適百二十年伯溫記其異今案宣和六年乃甲辰非壬辰也〔何云〕令進既逮事藝祖安得淳化三年尚建寺於遼之境內耶

蘇魏公頌書帙銘曰。非學何立。非書何習。終以不倦。聖賢可及。蒲傳正戒子弟曰。寒可無衣。饑可無食。至於書不可一日失。〔何云〕〔程子書銘云〕含其英茹其實精於思貫於一語簡而盡○〔元圻案〕〔呂成公入越記曰〕蘇仁仲子容丞相孫出舊書數種管子後子容手書紙尾云惟蘇氏世官學以儒何以遺後其在此書非學何立非書何習云云〔晁氏讀書志別集類下〕蒲左丞集十卷〔蒲宗孟傳〕正閬州新井人皇祐五年進士尚書左丞爲人酷暴奢侈蘇子瞻嘗規之云一曰慈二曰儉世以爲中其膏肓之疾云

太史公素王妙論曰。諸稱富者。非貴其身得志也。乃貴恩覆子孫。澤及鄉里也。黃帝設五法。布之天下。用之無窮。蓋世有能知者。莫不尊親。如范

范蠡十術三致富

計然南遊越

賜先聖冕服

子可謂曉之矣。管子設輕重九府。行伊尹之術。則桓公以霸。范蠡行十術之計。二十一年之間。三致千萬。再散與貧。〔原注史記正義七略云〕司馬遷撰見越世家注利者夫子所罕言。又曰。如不可求。從吾所好。太史公著論以素王名。而言求富之術。豈以家貧無財賂。有激而云。如貨殖傳之意。歟然何足以爲妙論。〔何云妙論意者猶云戲論也〔閻按〕〔隋書經籍志子部〕五行有太史公素王妙義二卷亡王氏所引則見太平御覽者素王妙論又有范蠡本南陽人一語見越世家注〔集證〕〔太平御覽四百四引素王妙論曰〕計然者葵邱濮上人其先晉國公子也姓辛氏字文子嘗南遊越范蠡師事之又四百七引諸稱富者云云

先聖冕服。祥符二年。賜曲阜文宣王廟冕九旒。服九章。熙甯八年。國子監言唐開元中尊孔子爲文宣王。內出王者袞冕之服以衣之。宜用天子之制。禮院議依官品衣服令用九旒。崇甯二〔閻按〕二當作四年。改用冕十二旒。服九章。

戴記左氏禮變著始
春秋諸史書始
物祖事始事物紀原
誄士之始
周以士爲爵猶無謚
臺駘本壺駘亦通狐
桓公作僞主始二主
庭燎差數
大夫饗君致殺
魯娶吳始不命天子
妃主葬給鼓吹
黃帝鼓吹曲諸名

禮記於禮之變皆曰始。孔氏之不喪出母自子思始也。士之有誄自此〔閻按〕此字當作縣賁父卜國始也。〔案〕〔檀弓〕魯莊公及宋人戰于乘丘縣賁父御卜國爲右馬驚敗績公隊佐車授綏公曰末之卜也縣賁父曰他日不敗績而今敗績是無勇也遂死之圉人浴馬有流矢在白肉公曰非其罪也遂誄之士之有誄自此始也注周雖以士爲爵猶無謚也閻氏因王氏未引禮記全文故云當作自縣賁父卜國始陸佃曰士之有誄自魯莊公始也與閻氏同意邾婁復之以矢。蓋自戰於升陘始也。魯婦人之髽而弔也自敗於臺駘始也。〔何云〕當作狐駘非臺也又云檀弓作臺音狐〔鄭注曰〕戰於升陘魯僖公二十二年秋也時師雖勝死傷亦甚無衣可以招魂正義曰無衣可以招魂故用矢招之也時邾人志在勝敵矢是心之所好故用所好招魂冀其復反又注曰敗於臺駘魯襄四年秋也臺當爲壺字之誤也時家家有喪髽而相弔去纚而紒曰髽禮婦人弔服大夫之妻錫衰士之妻則疑衰與皆吉笄無首素總正義曰士冠禮纚廣終幅長六尺所以韜髮今以凶事故去之但露紒而已周禮司服有錫衰緦衰疑衰皆吉笄無首素總大戴禮文帷殯非古也。自敬姜之哭穆伯始也。〔鄭注曰〕穆伯魯大夫季悼子之子公甫靖也敬姜穆伯妻文伯歜之母也禮朝夕哭不帷廟有二主。自桓公始也。〔曾子問〕昔者齊桓公亟舉兵作僞主以行及反葬諸祖廟廟有二主自桓公始也注舉兵以遷廟主行無則主命爲假主非也喪慈母自魯昭公始也。〔孔子曰〕古者男子外有傅內有慈母君命所使教子也何服之有下殤用棺衣〔閻按〕衣下脫棺字自史佚始也。〔正義曰〕下殤謂八歲至十一也庭燎之百由齊桓公始也。〔郊特牲注曰〕僭天子也庭燎之差公蓋五十侯伯子男皆三十大夫之奏肆夏由趙文子始也〔注曰〕僭諸侯趙文子晉大夫名武大夫彊而君殺之義也〔闇按〕彊而君殺之義也七字當作而饗君由三桓始也〔方樸山云〕大夫彊而君殺之義也由三桓始也此郊特牲正文其上文云大夫而饗君非禮也不指三桓潛邱駁之何故〔禮記集說〕黃氏曰大夫無饗君之禮而今可饗君者由三桓勢強始是舊說亦有以饗君指三桓者〔又引山陰陸氏曰〕古者殺大夫非義也後世大夫世執國政君由是弱矣有殺之者更以爲義則若三家者有以啓之也公廟之設於私家非禮也由三桓始也〔闇按〕此三句從初刊本增補〔何云〕初刊本自有此三句〔注曰〕言仲孫叔孫季孫氏皆立桓公廟魯以周公之故立文王廟三家見而僭焉元冠紫緌自魯桓公始也〔玉藻注曰〕蓋僭宋王者之侯服也朝服之縞也自季康子始也〔注曰〕亦僭宋王者之後正義曰王制云殷人縞衣以養老宋是殷後故朝衣以縞夫人之不命於天子自魯昭公始也〔雜記注曰〕周之制同姓百世昏姻不通吳太伯之後魯同姓昭公娶於吳謂之吳孟子不告於天子自此後娶者遂不告於天子天子亦不命之宦於大夫者之爲之服也自管仲始也〔注曰〕仕於大夫更升於公與違大夫之諸侯同爾禮不反服　自孔氏之不喪出母以下皆陸農師之說見〔衛湜禮記集說〕其帷殯及宦於大夫者之爲之服四句則王氏所補

左氏傳始用六佾左傳隱五年晉於是始墨僖三十三年〔闇按〕此下脫始用葛茀始厚葬成二年始用殉成二年魯於是乎始髽襄四年魏絳

於是乎始有金石之樂。(襄十一年)始用人于亳社。(昭十年)魯於是始尚羔。(定八年)亦記禮之始變也。孔子惡始作俑者。始之不謹。末流不勝其弊。劉懋撰器物造作之始爲物祖。劉孝孫房德懋集經史爲事始。〔原注〕馮鑑續事始朱繪撰事原高承增益爲事物紀原 然所載乃事物之始。不足以垂訓戒。司馬文正公。(論董淑妃諡議策禮)言唐始令妃主葬日皆給鼓吹。〔何云〕給鼓吹僅可一用之平陽昭公主耳 非令典不足法。蘇文忠公(熙寧三年上神宗書)言春秋書作邱甲。(襄十一年)用田賦。(哀十二年)皆重其始爲民患也。國史記之曰。青苗錢自陛下始。豈不惜哉。皆得謹始之義。〔閻按〕顧仲恭以通鑑不詳及垓下戰謂古人讀書亦未必精審勝吾輩初怪其言之太過今王氏於左傳禮記尚爾余不勝嘅歎仲恭言端有味哉 〔集證〕〔後魏書劉芳傳〕芳仲子懋字仲華撰諸器物造作之祖十五卷名曰物祖北史同唐志小說家事始三卷劉孝孫房德懋撰玉海唐吳王諮議劉存與長史房德懋等集經史諸書以類分門爲事始三卷〇〔元圻案〕〔晁氏讀書附志類書類事物紀〕原十卷高承編自天地生植與夫禮樂政刑經籍器用下至博奕嬉戲之微蟲魚飛走之類無不考其所自來承開封人雙溪項彬序 〔書錄解題雜家類事物紀〕原二十卷不著人名氏較高承書多十卷當是後人廣之耳 〔晁氏讀書志雜家類〕續

周易集林占風雨

江總著書遣日

劉元城正色答遣日

徵羹吹齏傷桃戒李

事始五卷僞蜀馮鑑廣劉孝孫所著又事原錄皇朝朱繪撰其書事始之類也〔司馬溫公論董妃謚議策禮劄子曰〕鹵簿本以賞軍功未嘗施於婦人惟唐平陽公主有舉兵佐高祖定天下之功方給鼓吹後至中宗時韋后建議始令妃主葬日皆給鼓吹非明主之令典不足法也〔唐唐紹論婦人葬禮用鼓吹疏曰〕竊聞鼓吹之作本爲軍容昔黃帝涿鹿有功以爲警備故掆鼓曲有靈夔吼鵰鶚爭石墜崖壯士怒之類自昔功臣備禮適得用之大夫有四方之功所以恩加寵錫假如郊祀天地誠是重儀惟有宮懸本無案架故知軍樂所備尙不接於神祇鉦鼓之音豈得接於閨閫准式公主王妃已下葬禮加鼓吹歷代未聞

周易集林雜占曰。占天雨否。外卦得陰爲雨。得陽不雨。其爻發變。得坎爲雨。得離不雨。巽化爲坎。先風後雨。坎化爲巽。先雨後風。見太平御覽十〔集證〕〔隋書經籍志〕子部五行類周易集林十二卷京房撰七錄云伏萬壽撰

江總詩。聊以著書情。暫遣他鄉日。元城劉公晚歲閑居。或問先生何以遣日。公正色曰。君子進德修業。惟日不足。而可遣乎。〔何云〕總詩是詩人常語元城則聖門事也程子曰人不學則老而衰○〔元圻案〕江總字總持濟陽考城人後主狎客之一也陳書本傳云有集三十卷元城先生語見徐度却掃編中袁絜齋作元城橫浦二先生祠堂記

陳正獻公疏曰。懲羹者必吹於齏。傷桃者或戒於

馮道問唐明宗疾

北夢瑣言記十國事

動靜一理喻鐘聲

朱子聞鐘聲心出入

成康時戶口籍數

李楚辭惜誦云懲熱羹而吹韲北夢瑣言唐明宗不豫馮道入問曰寢膳之間宜思調衞指果實曰如食桃不康他日見李思戒〔元圻案〕〔晁氏讀書志小說類〕北夢瑣言二十卷荊南孫光憲撰記唐至五代及十國雜事〔唐傅奕請革隋制疏云〕懲沸羹者吹冷齏傷弓之鳥驚曲木

尹和靜謂動靜一理伊川曰試喻之適聞寺鐘聲曰譬如此寺鐘方其未撞時聲固在也伊川喜曰且更涵養〔見語錄〕朱文公在同安夜聞鐘鼓聲〔今本大全集無鼓字〕聽其一聲未絕而此心已自走作因此警懼乃知為學須專心致志先儒於鐘聲之入耳體察如此〔元圻案〕朱子文集五十八張敬夫問曰頃蒙見教云往在同安因聞鐘聲遂悟收心之法顯父不揆驗之信然答曰當時所說聞鐘聲者本意不謂如此但言人心出入無時鐘之一聲未息而吾心已屢變矣

東坡策別均戶口曰當成康刑措之後其民極盛之時九州之籍不過千三〔何云千三下脫一百字〕萬四千有餘

鹽石新論
王符潛夫論
洗金攻玉濯
錦浣布

丁度土牛經
序
土牛色取幹
支納音
策牛人服色

夫地以十倍而民居其一。按晉書地理志民口千三百七十一萬四千九百二十三蓋〔閣按〕郡國志引三作二周之盛也。〔原注〕見帝王世紀〔集證〕〔續郡國志注〕引帝王世紀云周公相成王致治刑措民口千三百七十一萬四千九百二十三

吳仁傑鹽石新論。取潛夫論。洗金以鹽攻玉以石〔閣按〕潛夫論洗本作治〔何屺瞻曰〕治仍作洗妙盡物情○〔元圻案〕〔後漢書王符傳〕符字節信隱居著書不欲章顯其名號曰潛夫論其實貢篇曰攻玉以石洗金以鹽濯錦以魚浣布以灰夫物固有以賤理貴以醜化好者注詩小雅曰他山之石可以攻玉今之金工發金色者皆淬之以鹽水焉

土牛之法。以歲之幹色爲首支色爲身。納音色爲腹以立春日幹色爲角耳尾支色爲脛。納音色爲蹄。景祐元年。以土牛經四篇。頒示閣本無示字天下。丁度爲序。〔集證〕宋志丁度土牛經一卷〔六經天文編陳氏曰〕土勝水牛善耕勝水故可勝寒氣善耕故可示農耕之早晚土牛之法如甲子歲甲爲幹色青爲牛首子爲支色黑爲身納音金色白爲腹又如丙寅日立春丙爲幹色赤爲角耳尾寅爲支色青爲脛納音火色赤爲蹄餘放此○〔元圻案〕說郛載土牛經一弓釋春牛顏色第一釋策牛人衣服第二釋策牛人前後第三釋籠頭韁索第四當卽景祐所頒之書惟不載丁度序而題宋向孟撰不知何據〔宋史藝文志農家類〕有丁度土牛經一卷當是因作序而誤屬之也丁度仁宗時翰林學士卽撰集韻者

黃石星精色質

黃石公記圯上老人爲隱君子

蜀石經避諱字范魯公不忘唐

竊鈇投杼之疑掇蜂拾煤

黃石公記云。黃石鎮星之精也。黃者鎮星色也。石者星質也。見太平御覽六 東坡以圯上老人爲隱君子。〔何云〕秦水德子房自謂師黃石殆託意於土能剋水耳厚齋其亦寓報韓之志乎 〔集證〕通志黃石記三卷不著撰人名字○〔元圻案〕〔東坡留侯論曰〕子房受書於圯上之老人也其事甚怪然亦安知其非秦之世有隱君子出而試之觀其所以微見其意者皆聖賢相與警戒之義世人不察以爲鬼物亦已過矣

成都石經孟蜀所刻於唐高祖太宗之諱皆缺畫。范魯公相本朝其誡子姪詩曰。堯舜理曰。深泉薄冰。猶不忘唐也。〔何云〕乃相承以熟未可爲不忘唐之證也厚齋特望人不遽忘宋耳 〔集證〕容齋隨筆蜀本石九經皆孟昶時所刻其書淵世民皆缺畫蓋爲唐高祖太宗諱也昶父知祥嘗爲莊宗明宗臣然於存勖嗣源字乃不諱前蜀王氏已稱帝而其所立龍興寺碑言及唐諸帝亦皆半闕乃知唐之澤遠矣

劉夢得上杜司徒書曰。於竊鈇而知心目之可亂。於掇蜂而知父子之可間。於拾煤而知聖賢之可疑。東坡辯策問奏劄引之。而改掇蜂一句云。於投杼而知母子之可疑。於拾煤而知聖賢之可惑。〔元圻案〕〔列子說符篇曰〕人有亡鈇者意其鄰之子視其行步竊鈇也顏色竊鈇也言語竊鈇也動作態度無爲而不竊鈇也俄而相其谷而得其鈇 〔呂氏春秋任數篇〕孔子窮乎陳蔡之間

鼂迥不喜術數說
天命知委命之別
慈湖責希元訊日者
裴晉公魚蒜生老語
文潛詩誤盧杞爲元

七日不嘗粒顏回索米得而爨之孔子望見顏回攫其甑中而食之選間進食孔子起曰今者夢見先君食潔而後饋顏回對曰不可嚮者煤炱入甑中棄食不祥回攫而飯之孔子歎曰所信者目也而目猶不可信所恃者心也而心猶不足恃弟子記之知人固不易矣〔白香山詩云〕曾家機上聞投杼尹氏園中見掇蜂但以恩情生鏬隙何人不解作江充

鼂文元〔全云〕名迥 公平生不喜術數之說。術者嘗以三命語之。公曰。自然之分。天命也。樂天不憂。知命也。推理安常。委命也。何必逆計未然乎。〔案〕文元語見東都事略本傳

〔李仁甫長編一百十五〕 慈湖先生謂真文忠公曰。希元有志於學。顧未能忘富貴利達何也。公莫知所謂。先生曰。子嘗以命訊日者。故知之。夫必去是心而後可以語道。此真西山書慈湖先生行狀後語○〔元圻案〕〔晁文元昭德新篇〕〔上卷〕必然之期素定之分謂之命其理自然謂之天命知識此理謂之知命委順此理謂之委命命與情兩不相制而於命中起一切之情徒自苦耳能不爾者謂之達人〔晁公武曰〕五世祖文元公諱迥字明遠澶州人自父始徙家彭門太平興國五年進士以太子少保致仕文元謚也李獻臣言公服膺墳典耆年不倦少遇異人指導心要不喜術數之說〔唐趙璘因話錄〕裴晉公不信術數不喜服食每語人曰雞猪魚蒜遇著即食生老病死時至則行皆達人之言也 慈湖語見西山慈湖先生行述

張文潛寓陳雜詩。言顏平原事。誤以盧杞爲元相

顏平原使希烈死節
元載籍家椒八百石
文潛昌谷訪長吉居
長吉弱馬錦囊
延年術熊經鳥伸
華佗六禽戲
魏文五鎚之鍛
鳧浴蝯躩虎顧
葑菰蔓菁相似

國。〔元圻案〕〔張文潛寓陳雜詩十首之四〕云唐有元相國竊殺顏平原平原骸有丹尸解神已仙顏公死已矣人見如生前致令遺其像委曲與人言相國死倉卒纖襪塞其咽家門隨手破但怪椒斛千顏公黃壓外風節猶凜然元子墮九幽遺臭萬世傳〔唐書百五十三顏真卿傳〕李希烈陷汝州杞乃建遣真卿四方所信若往諭之可不勞師而定詔可希烈僭稱帝使問儀式對曰老夫耄矣曾掌國禮所記諸侯朝覲耳希烈怒縊殺之〔元載傳〕見唐書一百四十五傳云大歷十二年三月賜載自盡籍其家胡椒至八百石他物稱是　盧杞見奸臣傳下傳云李希烈反杞素惡真卿即令宣慰其軍卒爲賊害

李長吉有春歸昌谷詩。張文潛春游昌谷訪長吉。故居云。惆悵錦囊生。遺居無復處。〔原注〕在河南福昌縣三鄉東〔集證〕河南府宜陽縣唐宋之福昌縣也縣西有昌谷水與甘水俱流注於洛水〇〔元圻案〕〔唐書文苑李賀傳〕賀字長吉每出騎弱馬從小奚奴背古錦囊遇所得書投囊中先未立題及暮歸足成之日率如此其母探囊中見所書多即怒曰是兒要嘔出心血乃已耳

唐六典十四按摩博士一人從九品下注。崔寔正論云。熊經鳥伸。延年之術。故華佗有六禽之戲。魏文有五搥之鍛。後漢華佗傳云五禽。〔元圻案〕〔華佗語吳普曰〕吾有一術名五禽之戲一曰虎二曰鹿三曰熊四曰猨五曰鳥〔淮南子精神訓曰〕是故真人之游若吹嘘呼吸吐故納新熊經鳥伸鳧浴蝯躩鴟視虎顧却是六禽又繆稱訓熊之好經高誘注經動導引

詩釋文草木疏云。葑蕪菁也。郭璞云。今菘菜也。案

蕪菁至南變菘芥瑤簪玉筍不可見

司空圖論救時自處陳太邱仁愛容衆郭有道勤誨誘人表聖佯墮笏歸隱

化書言奢儉貧富季元衡儉說八言

江南有葑。〔案〕葑釋文作菘作葑似誤 江北有蔓菁。相似而異。以上邶谷風釋文

張文潛郭園送蕪菁感成長句 詩。蕪菁至南皆變菘。菘葑美在上根不食。瑤簪玉筍不可見。使我每食思故國。〔集證〕嵇含草木狀蕪菁嶺嶠以南俱無之偶有士人因宦攜種就彼種之出地則變爲芥亦橘種江北爲枳之義也至曲江方有菘彼人謂之蓁菘

司空表聖題東漢傳。後有取於陳太邱之容衆。郭有道之誘人。此表聖所以自處也。〔闇按〕元求江南人才至矣而王氏以博學雄文名弓旌獨不及焉當時必有所以自處者○〔元圻案〕〔唐文粹九十九〕載司空圖題東漢傳後曰君子之救時也亦必相時度力以致其用不可則靜而鎮之以道訓服苟屬鋒氣果於擊搏道不能化力不能制是將濟時重困故元禮之徒終致鉤黨之禍陳太邱之容衆郭有道之誘人其意未嘗沮物而彼亦不厚其毒利害可見矣 〔唐書司空圖傳〕圖字表聖景福中擢諫議大夫見朝政日壞自惟出不如處稱疾不赴昭宗遷洛陽轉兵部侍郎懼柳璨誣陷不得已赴之入見墮笏失儀遂得罪罷去卜居中條山王官谷名亭曰休休又號忍辱居士思以警省保全終始聞哀帝弒不食而卒 〔文選蔡邕陳太邱碑序曰〕先生諱寔字仲弓潁川許人也仁而愛人使夫少長咸安懷之宰太邱一年德務中庸教敦不肅〔又郭有道碑文序曰〕先生諱泰字林宗太原介休人也潛德衡門收朋勤誨童蒙賴焉用祛其蔽辭曰棲遲泌邱善誘能教赫赫三事幾行其招

化書曰。奢者富不足。儉者貧有餘。奢者心常貧。儉者心常富。見儉化篇 季元衡〔集證〕曰名壽南紹興十八年宏詞科 儉說曰。貪饕以

晏子儉嗇吝愛之別
齊邱子竊譚峭書
觀驅雞得御民術
温公獨樂園讀書堂
草木以妨步礙冠去
周子不除窗前草

招辱。不若儉而守廉。干請以犯義。不若儉而全節。侵牟以聚仇。不若儉而養福。放肆以逐欲。不若儉而安性。皆要言也。〔閻按〕〔炳燭齋筆記〕嗇於己不嗇於人謂之儉嗇於人不嗇於己謂之吝嗇於己並嗇於人謂之愛儉者君子之德也吝與愛小人之事也斯言出晏子如晏子者真能儉者也〇〔元圻案〕〔四庫全書簡明目錄〕子部雜家化書六卷南唐譚峭撰宋齊邱攘爲己作故亦謂之齊邱子凡六篇曰道化術化德化仁化食化儉化峭本道士故大旨多出於黃老而附合於儒言〔文中子曰〕廉者常樂無求貪者常憂不足〔姚合新昌里詩曰〕近貧日益廉近富日益貪〔顏氏家訓曰〕儉者省約爲禮之謂也吝者窮急不卹之謂也今有奢則施儉則吝如能施而不奢儉而不吝可矣

荀悅申鑒政體篇曰。觀孺子之驅雞。而見御民之術。術今本作方孺子之驅雞。急則驚。緩則滯。馴則安。今本脫此三字許渾詩遯跡驅雞吏。

司馬公時至獨樂園危坐讀書堂。〔案〕温公集有獨樂園七詠讀書堂其一也嘗云。草妨步則薙之。木礙冠則芟之。其他任其自然。相與同生天地間。亦各欲遂其生耳。張文潛庭草詩云。人生羣動中。一氣本不殊。奈何欲自

王渙之達言舟車仕宦以危自處

商鞅董卓輕民不可與慮始樂成百姓麋沸蟻聚

上梁文始閶闔門兒郎偉兒郎懣舉大木呼與謣

私害彼安其軀亦此意也覩此則知周子窗前草不除之意〔元圻案〕〔温公作邵興宗南園草賦不翦詩云〕謂言彼草木於我何疏親於間置取舍豈得見天真不若任其然同受雨露恩

王渙之曰乘車常以顛墜處之乘舟常以覆溺處之仕宦常以不遇處之無事矣語見宋徐度却掃編下此言近於達者〔元圻案〕王渙之字彥舟衢州常山人徽宗時知中山府加寶文閣直學士宋史附見其兄王渙之傳　渙之滕元發壻見東坡代張方平作滕公墓誌

民不可與慮始商鞅之變法也百姓何足與議董卓之遷都也咈百姓以從己欲其效可覩矣〔元圻案〕〔商子更法篇〕愚者昧於成事智者見於未萌民不可與慮始可與樂成功　〔三國志董卓傳注〕續漢書曰卓言宜復還都長安楊彪曰恐百姓驚懼麋沸蟻聚以致擾亂卓正色曰公欲沮國家耶百姓小民何足與議

後魏温子昇閶闔門上梁祝文云惟王建國配彼太微大君有命高門啓扉良辰是簡枚卜無違雕梁乃架綺翼斯飛八龍杳杳九重巍巍居辰納祜就日垂衣一人有慶四海爰歸此上梁文

仁義足包寬嚴
傅元席端左右銘
冠銘戒居高在上
被銘言寒溫厚薄
鶉觚子傅子

之始也。〔原注〕兒郎偉猶言兒郎懣攻媿嘗辨之○〔元圻案〕此條本吳曾能改齋漫錄〔樓攻媿跋姜氏上梁文云〕上梁文必言兒郎偉舊不曉其義或以爲唯諾之唯或以爲奇偉之偉皆所未安在勅局時見元豐中獲盜推賞刑部例皆節元案不改俗語有陳棘云我部領你懣厮逐去深州邊吉云我隨你懣去懣音悶俗音門猶言輩也獨秦州李德一案云自家偉不如今夜去余啞然笑曰得之矣所謂兒郎偉者猶言兒郎懣蓋呼而告之此關中方言也上梁有文尚矣唐都長安循襲之嘗以語尤尚書延之沈侍郎虞卿汪司業季路諸公皆博洽之士皆以爲前所未聞或有云用相兒郎之偉者殆誤矣　〔宋葉大慶愛日齋〕叢抄亦載能改齋漫錄及樓攻媿之說又曰予記呂氏春秋月令舉大木者前呼與謣後亦應之〔高誘注〕爲舉重勸力之歌聲也與謣注或作邪謣〔淮南子曰〕邪許豈偉亦古者舉木隱和之音

眞文忠公〔送陳端父宰武義序〕曰。仁義足以包寬嚴。而寬嚴不足以盡仁義。〔元圻案〕〔司馬溫公曰〕寬而疾惡嚴而原情則寬嚴卽仁義矣

傅元席銘。左端曰。閑居勿極其歡。右端曰。寢處毋忘其患。左後曰。居其安。無忘其危。右後曰。惑生於邪色。禍成於多言。冠銘曰。居高無忘危。在上無忘敬。懼則安。敬則正。被銘曰。被雖溫。無忘人之寒。無厚於己。無薄於人。〔元圻案〕〔四庫全書總目〕子部儒家傅子一卷晉司隸校尉鶉觚子北地傅元撰晉書本傳稱有內外中篇凡四部六錄合百四十首數十萬言隋唐志皆載傅子一百二十卷宋志僅載五卷傳本久佚今檢永樂大典中得文義完具者十有二篇其大典失載篇目及

梁元帝孝德傳
涓塵之孝河海之慈
孟郊詩寸草春暉語
坡詩微生慈顏沈摯
草木無謝天力處
春風不見桃李寶
杉梅猶人與不待文
不扶而直傲冰雪
漢晉隋唐戶口

他書所徵引者復蒐輯得四十餘條 此條所引諸銘今不載於本書見藝文類聚服飾部中蓋本書外別傳也

梁元帝孝德傳天性讚曰欲報之德不可方思涓塵之孝河海之慈見藝文類聚孝部郎孟東野寸草報春之意〔元圻案〕〔周密公謹浩然齋雅談曰〕東坡詩云微生眞草木無處謝天尤慈顏如春風不見桃李寶古今抱此恨有志俯仰失其言尤悲東萊子蓼莪云莪蕭不能報天地之生育猶人子不能報父母之劬勞皆祖郊之意也 孟東野名郊武康人年五十始成進士爲溧陽尉嘗作遊子吟云慈母手中線遊子身上衣臨行密密縫意恐遲遲歸誰言寸草心報得三春暉 〔隋書經籍志〕雜傳類孝德傳三十卷梁元帝撰

蘇子由記杉謂求之於人蓋所謂不待文王而興者陳同甫之言梅也亦然〔元圻案〕〔蘇子由南康直節堂記曰〕杉不扶而直其生能傲冰雪而死能利棟宇者與竹柏同而以直過之求之於人蓋所謂不待文王而興者耶 今陳龍川集無言梅之文當考

漢桓永壽二年戶一千六百十閻按本作七萬七千九百六十〔案後漢書郡國志注引帝王世紀曰〕漢桓永壽二年戶二千六百七萬九百六口五千六萬六千八百五十六人案每戶以五口爲率則五千餘萬人止一千餘萬戶今云二千當是世紀之誤故王氏不據後漢志而據晉書地志至晉武太康元年平吳戶止二百四十五萬九千八百四〔閻按〕漏十字〔何本〕有十字○以上皆晉書地理志文隋文

劉夢得何卜賦沿吉泝凶穜利穜厄坡詩耕雨刈晴順風

隋煬自比長城公陳后主沈后從鴛

開皇中戶八百七十萬至唐高祖武德初戶止二百餘萬高宗永徽初戶僅及三百八十萬元宗天寶末戶八百九十一萬四千七百九至肅宗乾元三年戶止一百九十三萬三千一百三十四以上皆會要載永徽三年民部尚書高履行奏疏中文見玉海二十兵禍之慘如此〔閻按〕孝平元始二年戶千三百二十三萬三千六百一十二至光武中元二年戶止四百二十七萬千六百三十四○〔元圻案〕孝平戶數晉書地志三百作二百隋志同光武戶數見後漢書郡國志

劉夢得河卜賦云同涉于川芥隱筆記引作同舟于江其時在風沿者之吉泝者之凶同藝于野野筆記作陸其時在澤伊穜之利利筆記作喜乃穜之厄東坡泗州僧伽塔詩耕田欲雨刈欲晴去得順風來者怨本此意〔元圻案〕此條本龔頤正芥隱筆記〔宋史繩祖學齋呫嗶曰〕東坡以一聯此十四字而包盡劉禹錫四對三十二字之義蓋奪胎換骨之妙也

隋煬帝謂蕭后曰儂不失爲長城公卿不失爲沈后長城公謂陳後主沈后者後主之沈后也通

通鑑釋文之誤　外間大有人圖儂

曾旼書解誤　曾肸

機雲李德林非利國　張華稱利獲二俊　周高祖平齊之諭　河橋鹿苑之敗

鑑釋文。以沈音沉。謂沉湎之后誤矣。〔全云〕胡身之已辨之〇〔元圻案〕〔通鑑唐紀〕高祖武德元年隋煬帝至江都荒淫益甚見天下危亂意亦不自安常夜置酒仰視天文謂蕭后曰外間大有人圖儂然儂不失為長城公卿不失為沈后且共樂飲耳〔胡三省注曰〕長城公陳叔寶叔寶后沈氏〔陳書後主紀〕隋仁壽四年十一月薨於洛陽追贈大將軍封長城縣公諡曰煬〔沈后傳〕后與後主俱入長安隋煬帝每所巡幸每令從駕〔隋書蕭后傳〕后沒於竇建德突厥處羅可汗遣使迎之遂入於虜庭煬帝之言驗矣〔四庫全書總目史部編年類〕〔通鑑釋文〕辨誤十二卷元胡三省撰釋文本南宋時蜀人史炤所作淺陋特甚三省因作此書以刊正之

曾旼。字彥和。為書解。朱文公呂成公皆取之。館閣書目書講義。博士曾肸等解。蓋誤以旼為肸。〔集證〕朱子云曾彥和熙豐後人解禹貢林少頴吳才老甚取之〇〔元圻案〕旼音民

伐吳之役。利獲二俊。張華之稱陸機雲也。平齊之利。唯在於爾。周高祖之諭李德林也。機雲於河橋之役。與王師為敵。其不忠大矣。德林願以死奉楊堅。復以所以事齊者事周矣。二國何利焉。是以持國必崇名節。持身必守行誼。〔全云〕感慨係之〇〔元圻案〕〔水經注〕

尹氏五葉不別饑荒羅鼎作粥尹吉甫清風堂錄異傳佚作者

太宗陸機羲之傳論

十六〕晉後略曰成都王穎使吳人陸機爲前鋒都督伐京師輕進爲洛軍所乘大敗于鹿苑〔晉書陸機傳〕太康末機與弟雲俱入洛張華素重其名如舊相識曰伐吳之役利獲二俊成都王穎與河間王顒起兵討長沙王乂假機大都督自朝歌至於河橋鼓聲聞數百里長沙王乂奉天子與機戰於鹿苑機軍大敗〔又雲傳〕張昌爲亂穎上雲爲使持節大都督前鋒將軍以討昌會伐長沙王乃止機之敗也穎幷收雲 〔隋書李德林傳〕德林字公輔博陵安平人也齊承光中授儀同三司及周武帝克齊入鄴之日敕唐道和宣旨慰諭云平齊之利唯在於爾大象初賜爵成安縣男宣帝大漸屬高祖初受顧命邗國公楊惠謂德林曰朝廷賜令總文武事非羣才輔佐無以克成大業今欲與公共事必不得辭德林聞之甚喜乃答云德林雖庸愞微誠亦有所在若曲相提獎必望以死奉公高祖大悅即召與語

錄異傳曰。周時尹氏貴盛。五葉不別。會食數千人。遭饑荒羅鼎作粥。〔案〕見初學記食物部粥類 春秋書尹氏譏世卿。然能與周同盛衰者。亦有家法維持之也。近世紀輿地者。謂尹吉甫蜀人。爲作清風堂。其謬妄甚矣。物則秉彝之詩。吉甫庶幾知道者。而不能察掇蜂之讒。能知而不能行也。〔集證錄異傳〕隋唐志不著錄藝文類聚初學記御覽屢引之 通志氏族略尹氏少昊之子封於尹城因以爲氏子孫世爲周卿士食采于尹今汾州有尹吉甫墓

王羲之傳論。〔案〕晉書陸機王羲之二傳論乃唐太宗御製 師宜懸帳之奇。以衞恆

梁鵠書懸著帳中
衞恆四體書序
醉師宜官竊札
王次仲善隸楷
魏武釘壁玩孟黃書
朋鵬皆鳳字
逍遙遊言鵬鯤
崔譔莊子注
王簡棲頭陀寺碑
巾屮字宜闕疑

四體書序攷之。懸帳乃梁鵠書。非師宜官書也。〔元圻案〕〔三國志魏武紀注〕衞恆四體書勢序曰上谷王次仲善隸書始爲楷法至靈帝好書世多能者而師宜官爲最甚矜其能每書輒焚削其札梁鵠乃益爲板而飲之酒俟其醉而竊其札鵠卒以攻書至選部尚書於是公欲爲洛陽令鵠以爲北部尉鵠後依劉表及荆州平公募求鵠鵠懼自縛詣門署軍假司馬使在祕書以勤書自效公嘗懸著帳中及以釘壁玩之謂勝宜官鵠字孟黃安定人魏宮殿題署皆鵠書也 〔水經注十六〕魏太祖平荆州漢吏部尚書安定梁孟黃善師宜官八分體求以贖死太祖善其法常仰繫帳中愛玩之以爲勝宜官

衞恆字巨山晉書有傳其四體書序全載本傳及唐張彥遠法書要錄中

說文朋及鵬。皆古文鳳字。宋玉曰。鳥有鳳而魚有鯤。莊子音義。崔譔云。鵬音鳳。〔全云〕詳見爾雅翼〇〔元圻案〕〔陸氏釋文序錄曰〕崔譔莊子注十卷二十七篇清河人晉議郎又莊子逍遙遊釋文曰鵬步登反徐音朋郭甫登反崔音鳳云鵬即古鳳字非來儀之鳳也說文云朋及鵬皆古文鳳字也朋鳥象形鳳飛羣鳥從以萬數故以鵬爲朋黨字字林云鵬朋黨字古以爲鳳字 〔宋玉曰〕鳥有鳳而魚有鯤即莊子逍遙遊所說之鵬鯤也莊子作鵬而宋玉作鳳引之以證鵬之即鳳字

王巾字簡棲。作頭陀寺碑。說文通釋以爲王屮。〔何云〕屮古左字 〔程易田云焦氏筆乘續集〕王簡棲楊用修辨其名爲屮音徹不爲巾亦非也說文竹从兩个个亦作箇據字簡棲知其爲个耳余謂簡棲於巾字屮字並難通於个字亦費解姑從其說然此等處斷宜闕疑〇〔元圻案李善文選注引姓氏英賢錄曰〕王屮字簡棲瑯邪臨沂人也有學業爲頭陀寺碑文詞巧麗爲世所重碑在鄂州題云齊國錄事參軍瑯邪王屮製石刻作屮當以爲據 余兄靜軒曰說文無个字𥫗即个也且艸从倒艸以爲竹从兩个亦非

夷吾記封禪十二
獻子五友志三
城隍神見祀典之始
赤蛇繞牛口
採藤曲效王建體
魯人酒薄邯鄲圍
西河渡橋南越悲
調紅藤指黃犢
袁良碑即轅生

封禪七十二家。管夷吾所記者十有二。〔案〕見史記封禪書孟獻子友五人。孟子所志者三。記誦之學勿強其所不知。

集古錄。李陽冰記云。城隍神祀典無之。吳越有爾。按北齊慕容儼鎮郢城。城中先有神祀。俗號城隍神。見北齊書本傳則唐以前已有之。〔閻按〕〔隋五行志〕梁武陵王紀祭城隍神將烹牛有赤蛇繞牛口紀與儼同時經籍志鮑至撰南雍州記記云南陽城有蕭相國廟相傳謂爲城隍神記文則見通典引者〔何云〕宋以後城隍之祀遍天下且各立名字趙與旹賓退錄有二條言之頗詳○〔元圻案〕李陽冰縉雲縣城隍神記見唐文粹七十一

唐子西採藤曲。魯人酒薄邯鄲圍。西河渡橋南越悲。〔原注〕下一句未見所出〔何云〕若此錦鎬爲對尚未工〔又云〕予作一句云魯壺爲王室之鎮而酒薄終以被圍思下句對未得○〔元圻案〕唐子西採藤曲效王建體魯人酒薄邯鄲圍西河渡橋南越悲歲調紅藤百萬計此貢一作無窮時去年採藤藤已乏今年採藤藤轉竭入山十日脫身歸新藤出土拳如蕨淇園取竹況有年越山採藤輸不前今年輸藤楮黃犢明年輸藤波及屋吾皇養民如養兒鑿空爲此謀者誰

集古錄。漢袁良碑云。當秦之亂。隱居河洛。高祖破

漢楚相拒滎陽
楊升菴僞厚齋語
袁氏先世濤塗
共車千秋分一字

項實從其冊天下既定還宅扶樂歐陽公云蓋不知爲何人也愚按高祖紀三年漢王自成皋入關收兵欲復東轅生說漢王曰漢與楚相距滎陽數歲漢常困願君王出武關項王必引兵南走王深壁令滎陽成皋間且得休息使韓信等得輯河北趙地連燕齊君王乃復走滎陽如此則楚所備者多力分漢得休息復與之戰破之必矣漢王從其計出軍宛葉間卽此〔閣本〕作此卽轅生也〔原注〕轅與袁同　〔閣按〕〔引高祖紀〕證卽轅生已見洪氏隸釋楊升庵載此碑繫以王應麟曰轅生說行而身隱鴻飛魚潛脫屣圭組遠希魯連近慕蘧公亦古之逸民不可與辨士說客並論也今刊本抄本俱無知屬楊氏假託所謂英雄欺人亦時有之者或訝曰王子充引辨水經語子信其爲王氏而升菴明引王氏語子反削正之何居余笑曰觀人於其素○〔元圻案〕洪氏隸釋攷證語與王氏此條及急就篇注略同　〔集古錄載袁良碑云〕厥先舜苗世爲封君周興虞閼父自此而滅〔又云〕滿爲陳侯至元孫濤塗以氏立姓曰袁　〔王氏急就篇注曰〕爰氏之先本與陳同姓陳申公生靜伯甫伯甫八世孫爰諸生濤塗因而命氏其後或爲轅字又作袁字本一族也漢有袁盎　〔北史〕李繪與梁人汎言氏族袁狎曰未若我本出自黃帝在十四姓之限繪曰兄所出雖遠當是共車千秋分一字耳可爲轅袁一族之證

武帝起集靈宮
歐陽跋集古錄疏漏

石尤風亦作石郵
石氏女亡以尤行旅

漢華山廟碑。武帝立宮曰集靈。殿曰存僊。門曰望僊。歐陽公集古錄跋尾云。集靈宮。他書皆不見。惟見此碑。按漢地理志。京兆華陰縣太華山。在南有祠。集靈宮武帝起。公偶未之攷耳。〔閻案〕余嘗謂蓋世文人無過歐公而學殖之陋亦無過公傅山先生聞之曰子得毋以劉原父有好箇歐九之云從而和之乎余曰非敢然實親驗之集古錄跋尾〇〔元圻案〕〔歐陽集古錄附載黄伯思云〕東觀餘論漢書地理志太華山在華陽南有祠集靈宮武帝起〔又桓譚僊賦敘〕華山有集靈宮不獨見於此碑也〔三輔黄圖曰〕集靈宮集仙宮存仙殿望仙臺望仙觀俱在華陰縣界皆武帝宮觀名也　〔宋董逌廣川書跋曰〕漢武集靈宮見於漢志桓譚嘗賦之〔酈道元曰〕敷水北逕集靈宮其事甚備永叔惜不得見也〔張旭序曰〕岱山石立中宗繼統太華授璧秦胡絶緒白魚入舟姬武建業寶珪出水子胡喪位帀五方則處其西列三條則居其中世宗又經集靈之宮於其下悊松喬之儔然則集靈亦其盛哉三輔黄圖書其制度類聚亦書其名劉勰蓋嘗言之矣予因得考之信

容齋五筆。石尤風。引陳子昂戴叔倫司空文明詩。意其爲打頭逆風也。李義山詩作石郵。〔原注〕來風貯石郵楊文公詩亦作郵。〔原注〕石郵風惡客心愁〇〔元圻案〕容齋五筆三石尤風不知其義意其爲打頭逆風也唐人詩好用之〔陳子昂入峽苦風云〕故鄉今日友歡會坐應同寧知巴峽路辛苦石尤風〔戴叔倫送裴明州云〕瀟水連湘水千波萬派中知君未得去慚愧石尤風〔司空文明留盧秦卿云〕知有前期在難分此夜中無將古人意不及石尤風計南朝篇詠必多用之不暇憶也　〔元陰時夫韻府羣玉引江湖紀聞云〕石尤風者傳聞石氏女嫁爲尤郎婦情好甚篤尤出不歸妻臨亡歎曰吾恨不能阻

士儒志行之異名可竊鄉不可欺

李翺戒王載名韋陽劉元城不稱王輩字

其行以至於此今凡有商賈遠行吾當作大風爲天下婦人阻之自後商旅發船值打頭逆風則曰此石尤風也婦人以夫姓爲名故曰石尤又〔丁都護歌〕願作石尤風四面斷行旅丁都護歌宋武帝製見通典樂五

古者有常心曰士。無常心曰民。爲己曰君子儒。爲人曰小人儒。善利之間。而舜跖分焉。服言行而堯桀異焉。仁義之心存與不存。而人禽別焉。懍乎其可懼焉。夫尚志謂之士。行己有恥謂之士。否則何以異乎工商。特立獨行謂之儒。通天地人謂之儒。否則何以異乎老釋。困而不學。則下民爾。待文王而興。則凡民爾。無其實而竊其名可以欺其心。不可以欺其鄉。〔元圻案〕〔真西山曰〕士有爵位顯於朝而名不見齒於鄉事業彰於世而行不足以服其家暫立者易能素積者難揜

古者重長幼之序。齒幼位卑而名韋楊二君。李翺所以戒朱載言也。後生不稱前輩字。劉元城所

門人則名朋友字後生不稱前輩表德著韓騎驢字劉延世

韓霜露李日月逆儔

柳芳氏族論巫乙陶匠卜譌乙乙氏商湯後

明州唐末五亂吳令老裴劉三亂明州由鄮縣分置

以稱馬永卿也。〔元圻案〕〔唐文粹李翺答進士王載言書曰〕師之於門人則名之於朋友則字而不名足下之書曰韋君詞楊君潛足下之德與二君未知前後也而足下齒幼而位卑而皆名之傳曰吾見其與先生並行也竊恐足下不思乃陷於此王氏引作朱載言未知孰是　〔馬永卿記劉元城語錄曰〕僕初見先生問曰王鞏安否僕對曰王學士安樂來赴任時嘗往別之後兩日詹承議輔語僕曰適見劉侍制云新主簿可教因問何以得之公曰後生不稱前輩表德此爲得體　〔晉書劉兆傳〕嘗有人著韓騎驢至門外曰吾欲見劉延世兆儒德道業青州無稱其字者門人大怒

李希烈之黨。有韓霜露。朱泚之黨有李日月。逆儔之無天甚矣。〔何云〕小人不學故耳不得以此爲罪也〇〔元圻案〕〔唐書李希烈傳〕希烈建僞號遣董待名韓霜露等分掠州縣江西節度使曹王皐擊拔蘄黄敗李夏韓霜露走之〔朱泚傳〕泚僭卽僞位國號大秦賊將李日月銳甚燒陵廟鹵簿御物自謂無前渾瑊射殺之

柳芳論氏族曰。氏於事則巫乙匠陶。按風俗通乙當作卜。〔閻按〕今風俗通義無則王氏所見猶全本　〔集證〕柳芳論載文苑英華風俗通語見太平御覽三百六十四廣韻巫字下引風俗通云氏於事則巫卜陶匠是也通志氏族略兩引風俗通皆作巫卜匠陶夾漈又云乙氏子姓商湯字天乙支孫因以王父字爲氏

明州。開元二十六年置。訖於唐末凡五亂。寶應肅宗七年改元元年。袁鼂陷明州。一也。貞元德宗六年改元十四年。明州將栗鍠殺其刺史盧雲以反。二也。乾符僖宗即位初元

裴璩敗王郢年月

舜跖堯桀之分

劉柳呂温坐叔文黨譏罷中人兵權

四年王郢陷明州三也中和僖宗八年改元元年鄞賊鍾季文陷明州四也景福昭宗四年改元元年明州將黃晟自稱刺史五也〔全云〕明州八亂天寶中吳令老是首禍栗鍠之後有裴甫王郢之後有劉文深寧之言猶未備○〔元圻案〕〔元和郡縣志〕二十六明州本會稽之鄮縣漢句章縣地也武德四年于縣立鄞州八年廢開元二十六年採訪使齊澣奏分越州之鄮縣置明州以境內四明山爲名　吳令老唐書元宗紀通鑑並作吳令光

通鑑浙西節度使裴璩敗王郢在乾符四年閏二月紀乃謂三年七月當從通鑑璩字挺秀見世系表〔元圻案〕通鑑裴璩諝之從曾孫也

孟子曰舜蹠之分利與善之間也蕭望之曰堯桀之分在於義利而已〔元圻案〕〔漢書蕭望之傳〕張敞上書言令諸有辠非盜受財殺人及犯法不得赦者皆得以差入穀望之與少府李彊議以爲堯在上不能去民欲利之心而能令其欲利不勝其好義也雖桀在上不能去民好義之心而能令其好義不勝其欲利也故堯桀之分在於義利而已矣

范文正公李衛公浙西述夢詩序謂劉禹錫柳宗元呂溫數人坐王叔文黨貶廢不用〔案〕下云覽數君子之述而禮義精密涉道非淺如叔文狂甚義必不交叔文以藝進東宮人望素輕然

韋皐以私銜構獄王叔文進由東宮叔文革除夙弊子厚欲借叔文伸志年少氣銳昧幾微諸人意未可厚非温公受欺蔡元良未讀永貞行鄭注李訓有心人

老子師商容、常樅

傳稱叔文。（知書好論理道為太子所信順宗即位遂見用）引禹錫等決事禁中。〔全云〕（禹錫等安能在禁中）及議罷中人兵權。牾俱文珍輩。又絕韋皐私請。欲斬劉闢。其意非忠乎。皐銜之。（會順宗病篤皐）揣太子意。請監國而誅叔文。（憲宗納皐之謀而行內禪故當朝左右謂之黨人者豈復見雪）唐書蕪駁。因其成敗而書之。無所裁正。（孟子曰盡信書不如無書吾聞夫子褒貶不以一疵而廢其人之業也因刻三君子之詩而傷焉至於柳呂文章皆非常之士亦不幸之甚也）韓退之欲作唐一經。誅姦諛於既死。發潛德之幽光。（此昌黎答崔立之書）豈有意於諸君子乎。（以上皆范文正公語〔閻按〕比之匪人何潛德之有不讀永貞行耶〔何云〕伾文訓注其為小人一也南朝以贊叛雖得黃裳元吉之占終歸於敗豈有枉己而能正人者乎又云柳子厚亦佳士失在未能立而遽用權以為可以借叔文以伸其意志不知比之匪人所傷已多安能有為也又云范公豈未讀永貞行耶前之伾文後之訓注皆憸邪小人詎正義以行其私者也〔方樸山云〕至論余幷謂鄭注李訓亦有心人又云柳劉輩坐不知人耳其意則何可厚非司馬公亦受欺蔡元長〔全云〕王叔文亦志在收宦官兵柄其輔順宗實能革除夙弊特進身不以正故一貶而下流歸之○〔元圻案〕〔柳子厚與許孟容書〕云年少氣銳不識幾微不知當否但欲一心直遂果陷刑法皆自所求取得之又何怪也〔韓文公作柳子厚墓誌曰〕子厚前時少年勇於為人不自貴重顧藉謂功業可立就故坐廢退使子厚在臺省時自持其身已能如司馬刺史時亦自不斥斥時有人力能舉之皆實錄也〕

淮南子。（繆稱訓）老子學商容見舌而知守柔。文子（上德篇）云。

見舌守柔常樅日月星氣書

席壽旣壽禱壽犀甲壽百年

八米盧郎或爲采盧思道挽文宣八首八米關中言精鑿

四三王六五帝三王不足四五霸不足六四三墳六五典

學常樅。(原注)淮南誤(說苑)亦云常樅(集證)(漢藝文志天文家)常從日月星氣二十一卷師古曰常從人姓名老子師之又作常樅(呂氏春秋審應覽離謂篇)箕子商容以此窮(高誘注)商容紂時賢人老子所從學者

唐百官志。守宮令。席壽二年。氈壽五年。禱壽七年。(原注)語本考工記○(元圻案)(宋龔頤正芥隱筆記曰)唐書百官志席壽謂器用經久謂之壽考工記犀甲壽百年起於此

北齊擇盧思道之詩。得八首。(閻按)各作挽歌十首人稱八米盧郎。事見北齊書本傳或謂米當爲采。徐鍇云。八米以稻喻之。若言十稻之中。得八粒米也。(何云)米當爲采見猗覺寮記○(元圻案)(朱翌猗覺寮雜記曰)魯直與高子勉云聲前八米句窗下十年書(徐師川與潘邠老云)字直千金師智永句稱八米繼盧郎文士各作齊文宣挽詩十首擇其善者用之每不過一二首唯盧師道獨得八首時人稱爲八米盧郎米字蓋采字之誤也十首中采擇八首耳若作米字無義理詩人不之考相襲以爲八米蓋言精鑿失之甚矣元微之酬樂天云八采詩成未伏盧可證采字爲是(姚令威西溪叢語曰)八米關中語歲以六米七米八米分上中下言在穀取八米取數之多也

燕丹子。荊軻曰。高欲令四三王。下欲令六五霸。(原注)四三王六五帝四三墳六五典三二曜六五緯皆本於此○(元圻案)(文選何晏景福殿賦方)四三皇而六五帝曾何周夏之足言(李善注)燕丹子夏扶謂荊軻曰何以教太子軻曰高欲令四三王下欲令六五霸於君何如也(戰國策)楚黃歇說秦王曰王若能持功守威使無復後患三王不足四五伯不足六也(張說封禪頌曰)四皇墳而六帝典(蘇頲封

三二嚁大五緯
燕丹子小說家
君苗欲焚筆硯
崔君苗登樓賦
士衡才多綴辭煩
士龍雅好清省

東嶽頌曰（墳作四而籍言七也）隋書藝文志）小說家燕丹子一卷

陸機傳云弟雲嘗與書曰君苗見兄文輒欲焚其筆硯君苗未知姓氏攷之雲集有與平原書云前登城門意有懷作登樓賦極未能成而崔君苗作之聊復成前意始知其爲崔君苗也（元圻案）文選有應璩與從弟君苗君胄書此又一君苗也

文心雕龍鎔裁篇云士衡才優而綴辭尤煩士龍思劣而雅好清省今觀士龍與兄書曰往日論文先辭而後情尚絜而不取色澤（案）色何本作悅宋板陸士龍集本作悅兄文章高遠絕異然猶皆欲微多但清新相接不以此爲病耳若復令小省恐其妙欲不見雲今意視文乃好清省欲無以尚意之至此乃出自然（元圻案一張茂先謂陸士衡有才多之患

石季甫爲鄮
令
車永以甥致
書陸雲
母姊憂短狐
沙蝨
士龍書陳明
州風土
北青齊東交
廣
陂田尉羅
光赫之觀盤
戲至樂
采蜯捕魚鱠
鮪比目
炙鱟鯸䱱鮺
鰧
䱥魚石首鮻
魚
蚌蛤蚶蚢石
蛙
始皇在鄮三
十餘日
楊孚異物志
萬震南州異
物志

車永茂安。外甥石季甫。見使爲鄮令。〔案〕〔晉書地理志〕會稽郡縣十有句章鄞鄮便道之職。茂安與陸士龍書曰。老人及姊自聞此問。不能復食。姊晝夜號泣。舉家慘慼。昨全伯始有一將來。是句章人。具說此縣。既有短狐之疾。〔博雅釋魚〕射工短狐蜮也又有沙蝨。〔原注玉篇〕蝨穴也房中切蟲害人。聞此消息。倍益憂慮。足下可具示土地之宜。企望來報。士龍答書曰。縣去郡治。不出三日。直東而出。水陸並通。西有大湖。廣縱千頃。北有名山。南有林澤。東臨巨海。往往無涯。汎船長驅。一舉千里。北接青齊。東洞交廣。〔木華海賦〕南澰朱崖北灑天墟東演析木西薄青齊海在青徐之東南故曰西薄或曰北接也海物惟錯。不可稱名。遏長川以爲陂。燔茂草以爲田。火耕水種。不煩人力。決泄任意。高下在心。舉鍤〔何云〕鍤一作鈒成雲。下鍤成雨。〔士龍集〕下鍤成雨鍤作鈒〔何注〕當移在此句之下〔史記〕河渠書田於何所池陽谷口鄭國在前白渠起後舉鍤爲雲決渠爲雨〔班固西都賦〕決渠降雨荷鍤成雲既浸既潤。隨時代序。官無逋滯之穀。民無饑乏之虞。衣食常充。倉庫恆實。榮辱既明。禮節甚備。爲君甚簡。爲民亦易。季冬之月。牧〔何云〕疑是田收〔士龍集〕牧字下原脫一字既畢。嚴霜隕而蒹葭萎。林鳥祭而尉羅設。〔禮記月令〕孟秋之月鷹乃祭鳥王制鳩化爲鷹乃設罻羅因民所欲。順時遊獵。結罝繞岡。〔何本〕旁注作堽密罔彌山。〔班固西都賦〕罘網連紘籠山絡野注方言曰絡繞也〔張衡西京賦〕結罝百里迒杜塞蹊〔司馬相如子虛賦〕罝罔彌山放鷹走犬。弓弩亂發。鳥不得飛。獸不得逸。〔何云〕獸一作狩〔張衡西京賦〕鳥不暇舉獸不得發注舉飛也眞光赫之觀。〔左思魏都賦〕應期運而光赫盤戲之至樂也。〔後漢張衡歸田賦曰〕極盤遊之至樂雖日夕而忘劬若乃斷遏海浦。隔絕曲隈。隨潮進退。采蜯捕魚。鱣鮪赤尾。鮔齒比目。〔爾雅釋魚〕鱣郭注鱣大魚似鱏而短鼻口在頷下體有邪行甲無鱗肉黃大者長二三丈今江東呼爲黃魚又鮥鮇鮪注鮪鱣屬大者名王鮪小者名鮇鮪今宜都郡自京門以上江中通出鱏鱣之魚有一魚狀似鱣而小建平人呼鮥子卽此魚也〔詩魴魚赬尾傳〕赬赤也魚勞則尾赤〔七命〕赤尾丹鰓紫翼青鬐〔論衡〕魚之喙脣鋸齒者鱗族畏之人之利口讒諂者人共畏之〔廣韻〕鮔音據魚名〔物性志〕鮔形似石首魚三牙似鐵鋸〔爾雅釋地〕東方有比目魚不比不行其名謂之鰈不可紀名。

鱠鰡鰒。炙鯯鮆。烝石首。何云古人石首本用烝食臛鯊鰲。〔干祿字〕書膾通鱠〔廣韻〕
鰡力求切魚名〔說文〕鰒海魚名〔漢書王莽傳〕啗鰒魚　鯯音制異魚圖贊鯯魚之味其美在頷　文選吳都賦注異物志鯸鮐魚狀如科斗大者尺餘腹下白背上青黑有黃文性
有毒雖小獺及大魚不敢餤之烝煮餤之肥美案卽河鈍也　郭璞江賦注字林曰鯼魚出南海頭上有石一名石首〔廣雅釋魚〕石首鯼也〔山海經〕濫水西流注于漢水多鰲鯊之魚其
狀如覆銚鳥首而魚翼音如磬石之聲臛一作膗〔陸璣詩疏云〕鱸可烝爲臛　眞東海之俊味。肴膳之至
妙也。及其蚌蛤之屬。〔江賦曰〕紫蚢如渠洪蚶專車瓊蚌晞曜以瑩珠石蛣應節而揚葩注臨海水土物志曰蚶則徑四尺背
似瓦壟有文異物志曰蚌似車螯潔白如玉　目所希見。耳所不聞。品類數百。難
可盡言也。昔秦始皇至尊至貴。前臨終南。退燕
阿房。離宮別館。隨意所居。沈淪淫滑。〔何云〕淪疑作飲淪○集本作淪
馬昆明。四方奇麗。天下珍玩。無所不有。猶以不
始吳會也。鄉東觀滄海。遂御六軍。南巡狩。登稽
嶽。刻文石。身在鄮縣三十餘日。〔史記秦始皇本紀〕三十七年至錢塘臨浙江水波惡乃西百
二十里從狹中渡上會稽祭大禹望於南海而立石頌秦德又〔封禪書〕始皇南至湘山遂登會稽並海上冀遇三神山之奇藥　夫以帝王之
尊。不憚爾行。季甫年少。受命牧民。武城之歌。足

荀卿譏子夏拘謹六朝文放蕩開於荀

以興化。桑弧蓬矢。丈夫之志。經營四方。古人所歎。何足憂乎。且彼吏民恭謹篤慎。敬愛官長。鞭扑不施。聲教風靡。漢吳以來。臨此縣者無不遷變。尊大人賢姊上下。當爲喜慶。歌舞相送。勿爲慮也。茂安又答曰。於母前伏讀三周。舉家大小豁然忘愁。足下此書。足爲典誥。雖山海經異物志二京南都。殆不復過也〔隋書經籍志地理類〕山海經二十三卷郭璞注異物志一卷後漢議郎楊孚撰南州異物志吳丹陽太守萬震撰恐有其言能〔全云〕能字疑衍〔錢氏大昕曰〕能即而字無其事耳。愚謂士龍之書。筆勢縱放。真奇作也。可以補四明郡乘之闕遺。故詳著之。〔元圻案〕陸士龍書見宋慶元六年朱奎孫垓范袤校刊二俊文集中二俊謂機雲兄弟也軍茂安二書亦附見士龍集

荀子非十二子篇曰。正其衣冠。齊其顏色。嗛然而終日不言。是子夏氏之賤儒也。荀卿之譏毀過矣。然因

秦楚始師皆蘄地王翦大破荊軍陳勝起大澤中

東坡用檀弓文法

迅雷風烈錯綜語春與猿吟秋鶴與飛吉日辰良蕙殽蒸奠桂酒隕石五六鷁退飛

其言可以見子夏門人之氣象。〔全云〕六朝之文放蕩開於晉子不特斯非之爲害也

秦之破楚也。王翦至蘄南。殺其將軍項燕。楚之滅秦也。陳涉起於蘄大澤中。同此地也。出爾反爾。天道昭昭矣。〔何云〕此憤宋之滅而有爲言之〇〔元圻案〕〔史記王翦傳〕荊聞王翦益軍而來乃悉國中兵以拒秦王翦至堅壁而守之不肯戰荊乃引而東翦因舉兵追之令壯士擊大破荊軍至蘄南殺其將軍項燕〔漢書地理志〕沛郡有蘄縣〔史記陳涉世家〕陳勝自立爲將軍吳廣爲都尉攻大澤鄉收而攻蘄蘄下

東坡觀某詩。誰與某者。墨君堂記。雖微與可。天下其孰不賢之。皆用檀弓文法。

論語迅雷風烈必變。錯綜成文。春與猿吟兮。秋鶴與飛。本於此。非始於吉日辰良。〔何云〕東坡先生書羅池詩作秋與鶴飛〔全云〕此追過沈存中一層〇〔元圻案〕〔宋陳善捫蝨新話曰〕楚辭以日吉對良辰以蕙殽蒸對奠桂酒存中云此是古人欲錯綜其語以爲矯健故耳予謂此法本自春秋春秋書隕石于宋五是日六鷁退飛過宋都說者皆以石鷁五六先後爲義殊不知聖人文字之法正當如此既曰隕石于宋五又曰退飛鷁于宋六豈成文理故不得不錯綜其語因以爲健也楚詞正用此法其後韓退之作羅池碑云春與猿吟兮秋鶴與飛以與字上下言之蓋亦欲語反而辭健耳今羅池碑石刻古本如此而歐陽公以所得李生昌黎集較之只作秋與鶴飛遂疑古本爲誤惟存中爲始得古文意然不知其自春秋出

徐仲車謂鄭綮知量
朱三鄭五
歇後鄭五作宰相
伊尹自知能相
蘊武自知不能相
寶祐間詩禍
東風繆掌花權柄

寶章閣前後同

徐仲車。積書鄭綮傳謂尊官重祿。人之所好也。安肯曰吾不才吾辱其位。甚者亡人之國。危人之天下。不顧也。鄭綮可謂知其量矣。後村劉克莊號詩謂未必朱三能跋扈。祗因鄭五欠經綸。朱温之篡。崔柳諸人之罪也。於鄭綮何譏焉。〔方樸山云〕只取朱三鄭五好對耳〔集證〕〔黃震東發歇後鄭五贊云〕歇後鄭五作宰相搔頭不敢當自知蓋審也使人人如鄭五則居其官者皆其人豈有欺君誤國貪權固寵之患愚故三歎三詠於五而贊之曰自知其必能相而相之者古今一伊尹也自知其必不能相而不相之者古今一鄭五也人皆曰必不能相己獨曰必能相而汲汲於相者滔滔皆鄭五罪人也嗚呼伊尹吾不得而見之矣得見鄭五者斯可矣〇〔元圻案〕〔唐書鄭綮傳〕綮字蘊武本善詩其語俳諧故使落調世共號鄭五歇後體聞詔同中書門下平章事搔首曰歇後鄭五作宰相事可知矣固讓不聽三月以疾乞骸〔徐仲車節孝集二十八〕書鄭綮傳曰尊官重祿人之所好也不如是不足充其好快其欲彼安肯曰吾不才也吾辱其位者耶有禍敗隨之耶取天下之笑耶爲萬世之羞耶甚者亡人之國危人之天下不顧也豈予所謂不知量者耶安得知量者見之乎予讀陳平傳嘉平知其任讀鄭君傳愛君知其量嗚呼如君者豈易得哉豈易得哉〔吳泳鶴林玉露〕渡江以來詩禍殆絕唯寶祐間中興江湖集出劉潛夫詩不是朱三能跋扈祇緣鄭五欠經綸〔又云〕東風謬掌花權柄卻忌孤高不主張〔敖器之云〕梧桐秋雨何王府楊柳春風彼相橋〔曾建云〕九十日春晴景少一千年事亂時多當國者見而惡之並行貶斥　朱三鄭五句齊東野語又以爲曾極詠黃巢戰場詩

寧宗閣名曰寶章。至和仁宗三十二年甲午改元二年。五臺山真容

五臺山真容
院

沮溺耦耕黃
城路
子山問津處
接公耕方城
葉方討白公
入輿城

讀書有善有
不善
石勒使人讀
漢書
立六國此法
當失
蘇威讀孝經
一卷
蕭繹聚書萬
卷燒之
崔儦以五千
卷署戶

院。太宗御書閣。已曰寶章矣。〔集證玉海〕百六十三至和二年六月丙申以五台山真容院新修太宗真宗御書閣爲寶章閣又云寶慶二年建寶章閣藏寧宗聖製

水經注。三十一南陽葉邑方城西有黃城山。是長沮桀溺耦耕之所。有東流水。則子路問津處。尸子曰楚狂接輿。耕於方城。以上皆水經注文〔原注〕方城在葉縣〔郡國志〕曰葉縣有長城曰方城楚邑也楚狂接輿並耕沮溺荷條丈人一時在野之賢萃於楚國聖人晚年眷眷於楚有以也〔胡明仲曰〕沮溺耦耕之地史謂蔡也〔閻按〕史謂孔子去葉反乎蔡途次經有長沮桀溺事非謂其地卽蔡〔何云〕葉公之將討白公勝也方城之外皆曰可以入矣〔又云〕史云孔子遷於蔡三歲

善讀書者。或曰此法當失。或曰一卷足矣。奚以多爲。或不求甚解。或務知大義。不善讀者。蕭繹以萬卷自累。崔儦以五千卷自矜。房法乘之不治事。盧殷之資爲詩。〔元圻案〕〔晉書載記〕石勒雅好文學嘗令儒生讀書史而聽之每以其意論古帝王善惡嘗使人讀漢書聞酈食其勸立六國後大驚曰此法當失何得遂成天下至留侯諫乃曰賴有此耳〔北史何妥傳〕納言蘇威嘗言於上曰臣先人每戒臣云唯讀孝經一卷足可立身經國何用多爲〔宋書隱逸陶潛傳〕潛嘗著五柳先生傳以自況曰閑靜少言不慕榮利好讀書不求甚解每有會意欣然忘食〔南史梁元帝紀〕帝諱繹魏軍入乃聚圖書十餘萬卷盡燒之論曰口誦六經心

房法乘好書不治事盧殷止以書爲詩資

廟堂二字所見

雜卦外文家用也字

鍾子翼哀辭本荀子

通百氏有仲尼之學有公旦之才適足以益其驕矜增其禍患何補金陵之覆沒救江陵之滅亡哉〔北史崔儦傳〕儦字岐叔少與范陽盧思道隴西辛德源同志友善負恃才地大署其戶曰不讀五千卷書者無得入此門〔通鑑齊武帝紀〕永平八年交州刺史房法乘專好讀書常屬疾不治事由是長史伏登之得擅權改易將吏不令法乘知〔韓昌黎誌盧殷墓曰〕君能爲詩自少至老詩可錄傳者在紙凡千餘篇殷於書無不讀止用爲詩資

廟堂二字。見漢徐樂傳。云脩之廟堂之上。而銷未形之患。梅福傳。云廟堂之議。非草茅所當言也。劉向九嘆曰。始結言於廟堂。王逸注。言人君爲政舉事。必告宗廟。議於明堂。原注皆謂人君今以爲宰相誤矣〔全云〕此注是正文〔閻按淮南主術訓〕在卿相人君揄策於廟堂之上亦兼君相言之

歐陽公記醉翁亭。用也字。荊公誌葛源。亦終篇用也字。蓋本於易之雜卦。韓文公銘張徹亦然。〔元圻案〕〔王楙野客叢書二十七〕歐公醉翁亭記多用也字人謂此體前此未聞又觀錢公輔作越州井儀堂記亦是此體如其末云問其辦之歲月則嘉祐五年二月十七日也問其作之主人則太守刁公景純也問其常所往來而共樂者通判沈君興宗也誰其文之晉陵錢公輔也其機杼與歐記同此體蓋出於周易雜卦一篇

東坡鍾子翼哀辭。以四言間七言。學荀子成相。〔元圻案〕

四言間七言爲句
靈光殿四七句增兮
披猲柳展如評論
漣漪風水成文
老泉文甫字說
波濤淪瀾涇潮漪
辨才詩如風吹水成文
參寥如巧婦織錦
昌黎文驅經獨立
周恭叔跋秦璽文
秦璽後稱傳國璽
李斯魚蟲篆晉後魏石晉璽文
元后投璽折

猶覺寮雜記曰〕東坡作鍾子翼哀辭用四字七字爲句崆峒摩天章貢漱石致兩確荀子成相篇格也句皆協韻如人主無賢如瞽無相何倀倀〔王文考靈光殿賦〕彤彤靈宮巋嶵穹崇紛厖鴻兮其下皆協韻但加兮字〔宋費衮梁谿漫志曰〕東坡歸自海南遇其甥柳展如出文一卷示之曰此吾在嶺南所作也甥試次第之展如曰天慶觀乳泉賦詞意高妙當在第一鍾子翼哀辭別出新格次之他文稱是坡歎息以爲知言

詩伐檀毛氏傳云風行水成文曰漣老泉謂風行水上渙此天下之至文也本於此〔元圻案〕〔初學記水總載〕風吹水涌曰波大波曰濤小波曰淪平波曰瀾直波曰涇水朝夕而至曰潮風行水成文曰漣水波如錦文曰漪〔劉熙釋名曰〕風吹水波成文曰瀾　蘇老泉仲兄字文甫說曰今夫風水之相遭乎大澤之陂也紆餘委蛇蜿蜒淪漣安而相推怒而相凌紆而如雲感而如鱗疾而如馳徐而如徊故曰風行水上渙此天下之至文也　宋黃徹䂬溪詩話載東坡曰辨才詩如風吹水自成文理吾輩與參寥如巧婦織錦耳

南豐詩稱昌黎之文云並驅六經中獨立千載後

周恭叔〔全云〕周博士行己程子弟子跋薛唐卿秦璽文曰嗚呼斯乎是嘗去詩書以愚百姓者乎是嘗聽趙高以立胡亥者乎是嘗殺公子扶蘇與蒙恬者乎是嘗教其君嚴督責而安恣睢者乎使其璽不得傳者斯人

螭角 李斯請去詩書百家 矯詔殺扶蘇蒙恬 不恣睢督責爲桎梏 甄官井五色氣 宋以得璽改元符 太祖不受契丹秦璽 浮沚集

也。而其刻畫。吾忍觀之哉。〔案陳后山叢談〕前世鄙儒謂秦璽所在爲正統故契丹自謂得傳國璽欲以歸太祖太祖不受曰吾無秦璽不害爲國且亡國之餘又何足貴乎契丹畏服 李微之朝野雜記乙集五曰。秦璽者。李斯之魚蟲篆也。其圍四寸。至漢謂之傳國璽。迄於獻帝所寶用者。秦璽也。歷代皆用其名。永嘉晉懷帝元年丁卯改元之亂。沒于劉石。永和晉穆帝元年乙巳改元之世。復歸江左者。晉璽也。太元晉孝武帝四年丙子改元之末。得自西燕。更涉六朝。至于隋代者。慕容燕璽也。〔原注〕隋謂之神璽〔北史魏文帝紀〕大統三年春二月槐里獲神璽大赦 劉裕北伐。得之關中。歷晉暨陳。復爲隋有者。姚秦璽也。開運五代晉高祖八年甲辰改元之亂。沒于耶律。女真獲之以爲大寶者。石晉璽也。蓋在當時。皆誤以爲秦璽。而秦璽之亡。則已久矣。〔元圻案〕以上皆雜記文〔後漢光武紀注玉璽譜曰〕傳國璽是秦始皇初定天下所刻其玉出藍田山丞相李斯所書其文曰受命於天既壽永昌高祖至霸上秦王子嬰獻之至王莽篡位就元后求璽不與以威逼之乃出璽投地璽上螭一角缺及莽敗李松持璽詣宛上更始更始敗入赤眉劉盆子既敗以奉光武〔史記李斯列傳〕斯請諸有文學詩書百家語者蠲除之令到滿三十日弗去黥爲城旦始皇可其議收去詩書

嗣位置寶
受寶禮再行
買涉得寶蒙
古進繳
詔求寔玉製
八寶
益八寶爲九
寶

百家之語以愚百姓又趙高乃謂斯曰上崩賜長子書與喪會咸陽而立爲嗣書未行今上崩未有知者也所賜長子書及符璽皆在胡亥所定太子在君侯與高之口耳於是斯乃聽高相與謀詐爲受始皇詔丞相立子胡亥爲太子更爲書賜長子扶蘇曰扶蘇以不得罷歸爲太子日夜怨望爲人子不孝其賜劍以自裁將軍恬與扶蘇居外不匡正宜知其謀爲人臣不忠其賜死又二世責問李斯對曰夫賢主者必且能全道而行督責之術者也故申子曰有天下而不恣睢命之曰以天下爲桎梏者無他焉不能督責而顧以身勞於天下之民若堯禹然故謂之桎梏也 〔三國志吳孫堅傳注〕吳書曰堅入洛軍城南甄官井上有五色氣堅令人入井探得漢傳國璽文曰受命於天既壽永昌方圜四寸上紐交五龍上一角缺初黃門張讓等作亂劫天子出奔掌璽者以投井中又引山陽公載記曰袁術將僭號聞堅得傳國璽乃拘堅夫人而奪之 〔晉書輿服志〕懷帝沒胡傳國璽沒於劉聰後又沒於石勒及石季龍死胡亂穆帝世乃還江南 〔晉陽秋〕孝武帝太元十九年西燕慕容永遣子宏求救于雍州刺史郄恢獻玉璽一紐送建業自晉至梁相傳謂之鎮國璽 〔周益公題五代應順年堂檢臨本〕云本朝紹聖三年十二月長安村民段義掘地得玉璽玉綠色以獻于朝蹇序辰安惇皆言此秦璽漢以爲傳國璽自五代亡之今爲時出尋詔禮部御史台學士院秘書省太常寺講求定驗於是蔡京等奏考之璽文皇帝壽昌晉璽也受命於天後魏璽也有德者昌唐璽也惟德允昌石晉璽也今云受命於天既壽永昌其爲秦璽無疑哲宗遂以五月朔御大慶殿行朝會禮改紹聖五年爲元符元年云 周恭叔名行己元祐六年進士著浮沚集跋秦璽文見第六卷陳直齋曰永嘉學問所從出也

受寶之禮。始於元符。再行於嘉定。皇帝恭膺天命之寶。至道太宗二十年乙未改元三年。真宗即位製之。其後凡嗣位則更製。乾興真宗二十五年壬戌改元元年。仁宗即位。嘉祐仁宗三十四年丙申改元八年。英宗即位。至神。哲。徽。皆製。是寶。嘉

璽匭更名寶檢

定（寧宗十四年戊辰改元）十四年。京東河北節度使賈涉繳進皇帝恭膺天命之寶。及元符三年。御命之寶及元符三年（玉海無御命以下九字）御府寶圖一冊。鎮江都統翟朝宗以玉檢來上。其文若合符契。又得受命於天既壽永昌玉璽。於是禮官奏受寶之禮獻之宗廟。明年正月朔日。御大慶殿。受寶奉安天章閣。〔原注〕元符三年玉璽蓋徽宗即位所製○〔元圻案〕建炎以來朝野雜記乙集五皇帝恭膺天命之寶者至道三年眞宗嗣位時所制也後從葬定陵乾興元年仁宗即位更制之天聖元年爲火所燔又制焉後從葬昭陵嘉祐八年六月英宗又制焉神宗哲宗皆循此制靖康之難金人取玉寶十四蓋八寶之外餘寶凡六而皇帝恭膺天命之寶居其一焉徽宗元符三年欽宗靖康元年所制也高宗渡江庶事草創不復制矣〔周密齊東野語〕賈涉遣都統司計議官趙珙往河北蒙古軍前議事歸得其大將撲鹿花所獻皇帝恭膺天命之寶〔宋王栐燕翼貽謀錄〕徽宗大觀元年詔求美玉製八寶以易六璽十一月壬戌詔曰永惟受命之符宜有一代之製而尚循秦舊六璽之用自天申命地不愛寶獲金玉於異域得妙工於編氓八寶既成貿無前比可以來年正月朔日御大慶殿恭受八寶是舉恩數特厚據此受寶之禮再行於大觀也　宋袁褧楓小牘道君皇帝以于闐玉盆八寶爲九寶其文云範圍天地幽贊神明保合太和萬壽無疆王初寮草詔曰太極函三運神功於八索乾元用九增寶歷於萬年

璽也。而更爲寶。匭也。而更爲檢。古者太史奉諱惡。

周時印巳稱璽
魚保宗請置匭受書
銅匭四各塗方色

經略總制武臣
文武臣賣降
明季重武臣亦降賊

歷朝鹵簿儀圖書
政和改修飾丹采

豈有是哉。〔元圻案〕〔左傳襄二十九年正義曰〕衛宏云秦以前民皆以金玉爲印唯其所好自秦以來惟天子之印獨稱璽又以玉羣臣莫敢用也案周禮掌節貨賄用璽節鄭康成云今之印章也則周時印已名璽俱上下通用〔唐書元宗紀〕開元六年改傳國璽曰寶〔唐梁肅受命寶賦序〕受命寶在昔曰傳國璽自秦始皇有焉蓋取夫一世二世傳於無窮故有傳國之號歷兩漢至陳隋武德中太宗一戎衣而天下大定是器也與璽同歸國家用之以受命所承更名大寶注唐車服志天寶十載改傳國寶曰承天大寶〔唐書百官志二〕武后垂拱二年有魚保宗者上書請置匭以受四方之書乃鑄銅匭四塗以方色列於朝堂青匭曰延恩在東告養人勸農之事者投之丹匭曰招諫在南論時政得失者投之白匭曰申冤在西陳抑屈者投之黑匭曰通元在北告天文祕謀者投之以御史中丞侍御史一人爲理匭使天寶九載元宗以匭聲近鬼改理匭使爲獻納使至德元年復舊〔續通鑑長編二十五〕太宗雍熙元年改匭院爲登聞檢院東延恩匭爲崇仁檢南招諫匭爲思諫檢西申冤匭爲申明檢北通恩匭爲招賢檢

祖宗之制。不以武人爲大帥。專制一道。必以文臣爲經略。以總制之。咸淳末。度宗德祐初。〔閻按〕瀛國公初即位乙亥改元賣降恐後者。多武人也。其後文臣亦賣降矣。〔全云〕明季重武臣然唐通姜瓖之流終降流賊若寧武靖南則宋末張順姜才一輩人

後漢應劭有漢官鹵簿圖。〔原注〕漢官儀鹵簿管晉有鹵簿圖。鹵簿儀。齊有鹵簿儀。陳有鹵簿圖。〔案〕〔隋書經籍志〕俱著錄唐有大駕鹵簿一卷。王象畫鹵簿圖。〔唐書藝文志〕俱著錄景德貞宗七年甲辰改元

珍倣宋版印

趙安仁戴斗懷柔錄王晦叔戴斗奉使錄和好後接伴覲見儀

擊壤形製側中法

二年。王欽若上鹵簿記三卷。天聖仁宗元年癸亥改元六年。宋綬上鹵簿記十卷。景祐仁宗十二年甲戌改元五年。〔案〕景祐無五年似誤長編仁宗寶元元年十一月乙巳南郊禮儀使宋綬上鹵簿圖十卷自注鹵簿圖記以天聖六年上至是又增飾之耳綬取舊編益新制。上鹵簿記十卷。政和徽宗十一年辛卯改元七年。詔改修。宣和元年己亥書成三十三卷。飾以丹采。益詳備矣。〔何云〕禮樂刑政即

天子之鹵簿也是之不圖而屑屑焉三十三卷爲哉〇〔元圻案〕〔唐封演聞見錄曰〕輿駕行幸羽儀導從謂之鹵簿自秦漢以來始有其名蔡邕獨斷載鹵簿有小駕大駕法駕之異而不詳其義按字書鹵大楯也字亦作櫓又作樐音義皆同鹵以甲爲之所以扞敵甲楯有先後部伍之次皆著之簿籍天子出入則案次導從故謂之鹵簿南朝御史中丞建康令俱有鹵簿人臣儀衞亦皆同於君上則鹵簿之名不容別有他義

〔葉石林燕語四〕今有鹵簿記宋宣獻公所修

趙安仁字樂道作戴斗懷柔錄。王晦叔作戴斗奉使錄。戴斗。謂北方。〔原注〕〔爾雅〕北戴斗極爲空桐〔集證玉海五十八〕景德元年盟好之議翰林學士趙安仁多所參預撰答書又記太祖朝書問規

式及接伴乃裁定覲見儀制安仁又錄和好以來事宜及采古事可附於今爲豫備者作戴斗懷柔錄以獻〇〔元圻案〕〔晁氏讀書志地理類〕戴斗奉使錄二卷皇朝王曙撰景德二年爲契丹主生辰使祥符二年爲弔慰使所錄也

擊壤。周處風土記云。以木爲之。前廣後銳。長尺三

流品賢不肖之辨陸子靜講學象山

相如諭巴蜀檄父兄子弟教率廉恥關俗長厚唐蒙通夜郎擾蜀

終日不言義無用心民勞則思善心生

寸。其形如履。〔原注〕古兒童所戲之器非土壤也 先側一壤於地。遙於三十四步。以手中壤擊之。中者爲上。〔集證曰〕引見文選謝靈運初去郡詩注御覽五百八十四引風土記作壤尺三四寸張淏雲谷雜記云選注云長四尺三寸恐是傳寫之誤蓋其形如履使長四尺三寸不復有履形矣御覽所載爲是

象山先生曰。古者無流品之分。而賢不肖之辨嚴。後世有流品之分。而賢不肖之辨略。〔元圻案〕〔袁絜齋象山先生文集序曰〕先生諱九淵字子靜撫州金谿人嘗講學於象山學者尊之爲象山先生〔晁景迂儒言〕或謂先王用人無流品之別不知皋陶陳九德而後乂在官則流品已著矣

司馬相如諭巴蜀檄曰。父兄之教不先。子弟之率不謹。寡廉鮮恥。而俗不長厚也。漢時有此議論。三代之流風遺俗猶存也。〔何云〕以得己之役病民而又責以寡廉鮮恥此相如所以爲佞夫也〔又云〕斷章取之〇〔元圻案〕〔漢書司馬相如傳〕相如爲郎數歲會唐蒙使略通夜郎僰中發巴蜀吏卒千人郡又多爲發轉萬餘人用軍興法誅其渠率巴蜀民大驚恐上聞之乃遣相如責唐蒙等因諭巴蜀民以非上意

羣居終日。言不及義。而險薄之習成焉。飽食終日。無所用心。而非僻之心生焉。故曰民勞則思。思

澤陂詩刺窳窳無為
張釋之為王生結韈
裴度鞠場當李愬謁
劉之道東歸集
歐陽始黜煇後取狀
堯舜聖仁賦為人誦
讀經史博約法
朝經暮史晝子夜集

則善心生。窳窳無為。澤陂之詩。所以刺也。〔方樸山云〕〔顧寧人先生云〕飽食終日無所用心難矣哉北方之強也羣居終日言不及義好行小慧南方之強也本此

劉之道煇上李肅之納拜書曰。古之君子。一語默閣本作言語而禮義明。一施設而風俗厚。如釋之進王生之韈。而漢世重名。如裴度當李愬之謁而蔡人知禮。〔元跪案〕〔史記張釋之傳〕王生者善為黃老言處士也嘗召居廷中三公九卿盡會立王生老人曰吾韈解顧謂張廷尉為我結韈釋之跪而結之既已人或謂王生曰獨柰何廷辱張廷尉使跪結韈王生曰吾老且賤自度終無益於張廷尉張廷尉方今天下名臣吾故聊折辱廷尉使結韈欲以重之諸公聞之賢王生而重張廷尉〔唐書李愬傳〕愬屯兵鞠場以俟裴度至愬以櫜鞬見度將避之愬曰此方廢上下分久矣請因示之度以宰相禮受愬謁蔡人聳觀〔書錄解題別集類中〕劉狀元東歸集十卷大理評事鉛山劉煇之道撰煇嘉祐四年進士第一人堯舜性仁賦至今人所傳誦始在場屋有聲文體奇澀歐公惡之下第及是在殿廬得其賦大喜既唱名乃煇也公為之愕然

晁景迂曰。博之以五經。而約之以孝經論語。博之以太史公歐陽公史記。而約之以資治通鑑康節先生勸學曰。二十歲之後。三十歲之前。朝經暮史。晝子夜集。學者。當以此為法。〔元圻案〕景迂語見答李大同書

雅言不聞性
道
程子不言無
極太極

後魏北齊俗
字
巧言爲辯文
子爲學
柳訾傳又訾
之訛
佛書多以訾
爲辯
追來爲歸
小兎爲䨲神蟲
蚤
赤章蔓枝斷
轂去國
大鐘方車遺
夙繇
仇由厹由厹
猶異文

夫子雅言。詩書執禮。而性與天道。高弟不得聞。程子教人大學中庸。而無極太極一語。未嘗及。〔馬氏校云〕高弟元板作高第

巧言爲辯。文子爲學。〔閻按〕見顏氏家訓宋景文云。此後魏北齊里俗譌字也。〔集證〕〔宋景文筆記考古篇〕後魏北齊時里俗作僞字最多如巧言爲辯文子爲學之比隋有柳訾傳又訾之訛以巧易巧矣予見佛書所言辯字多作訾世人不復辯詰〔北史江式傳〕式表曰世易風移文字改變篆形謬錯隸體失真俗學鄙習復加虛造巧辯談士以意爲疑乃曰追來爲歸巧言爲辯小兎爲䨲神蟲爲蠶如斯甚衆皆不合孔氏古書史籀大篆許氏說文石經三字也〇〔元圻案〕巧言爲辯八字閻何並云見顏氏家訓今本家訓無此二語

庾信哀江南賦。章蔓支以轂走。宮之奇以族行。呂氏春秋。中山之國有夙〔何云〕夙當作厹繇者。智伯欲攻之。鑄大鐘。方車二軌。以遺之。夙繇之君將迎鐘。赤章蔓枝諫不用。斷轂而行。至衞七日而夙繇亡。〔原注〕〔文苑英華〕作慢支〔藝文類聚〕作曼友皆誤〇〔元圻案〕〔呂氏春秋愼大覽權勳篇〕中山之國有厹繇者智伯欲攻之而無道也爲鑄大鐘方車二軌以遺之厹繇之君將斬岸堙溪以迎鐘赤章蔓枝諫曰詩云唯則定國我胡以得是於智伯夫智伯之爲人也貪而無信必欲攻我而無道也故爲大鐘方車二軌以遺君君因斬岸堙谿以迎鐘師必隨之弗聽有

宋次道春明退朝錄晁子止昭德讀書志春明坊昭德坊養素園密巖室宋晁二家多藏書東京記載坊巷官廨昭德新論校書如掃塵春明宅子以書倣高

桀惑末嬉好琬琰

頊諫之君曰大國爲懽而子逆之不祥子釋之赤章蔓枝曰爲人臣不忠貞罪也忠貞不用遠身可也斷轂而行至衛七日而厹繇亡畢氏校本曰厹舊本作夙梁仲子云韓非子說林下作仇由戰國西周策作厹由〔史記樗里子傳〕作仇猶〔高誘注〕國策以仇猶爲厹由〔說文繫傳〕口部叴云〔呂氏春秋〕有叴猶國智伯欲伐者也

宋次道春明退朝錄。晁子止昭德讀書志注見卷六第三十八頁

孜之東京記。朱雀門外天街東。第六春明坊。宋宣獻公宅。本王延德宅。宣德門前天街東第四昭德坊。晁文元公宅。致政後闢小園。號養素園。多閱佛書。起密巖堂。〔閻按〕當時春明宅子倣直比他處常高一倍以便借次道家書也○〔元圻案〕〔書錄解題典故類〕春明退朝錄三卷龍圖閣直學士常山宋敏求次道撰所記多故實其父宣獻公綬居第在春明坊如晁氏稱昭德也〔晁公武讀書志自序曰〕宋宣獻公得畢文簡楊文莊家書故藏書之富與祕閣等而常山公以贍博聞于時余家自文元公來以翰墨顯者七世故家多書至於是正之功世無與讓云云〔昭德讀書志地理類〕東京記三卷宋敏求編開封坊巷寺觀官廨私地所在及諸故實極其精博　晁迥謚文元著昭德新編二卷其後序曰東魯之書文而雅西域之書質而備放此五說酌中而作陳直齋曰昭德者京師居第坊名也晁氏子孫皆以爲稱〔宋朱弁曲洧舊聞四〕宋次道龍圖云校書如掃塵隨掃隨有其家藏書皆校三五遍者世之蓄書以宋爲善本居春明坊昭陵時士大夫喜讀書者多居其側以便于借讀故也當時春明坊宅子比他處倣直常高一倍

呂氏春秋慎大覽伊尹奔夏三年。反報于亳曰。桀迷惑

伐珉山得二女斵名苕華之玉

道士道人所來樓觀置幽逸人太霄經尹軌真人神明臺九室

於末嬉好彼琬琰注二云琬當作婉婉順阿意之人或二云美玉按紀年二云桀伐珉山得二女曰琬曰琰斵其名於苕華之玉苕是琬華是琰〔原註〕註非〔何云〕注誠誤然紀年要是僞書或因呂覽之語而誤撰也

新序節士篇介子推曰謁而得位道士不居也蓋謂有道之士漢京房傳道人亦謂有道之人元和郡縣志樓觀本周康王大夫尹喜宅也穆王爲召幽逸之人置爲道士太霄經以尹喜爲尹軌又謂平王東遷洛邑置道士七人按漢郊祀志注漢宮閣疏二云神明臺高五十丈上有九室嘗置九天道士百人蓋自武帝始也穆王平王事不可攷〔何云〕後漢書有史道人〔全云〕又何足考〔集證〕〔太平御覽六百六十六〕道部引太霄經曰人行大道謂之道士又云道士從道爲事故稱也周穆王因尹軌真人制樓觀遂召幽逸之人置爲道士平王東遷洛邑置道士七人漢明帝永平五年置二十人魏武帝爲九州置三十五人魏文帝幸雍謁陳熾法師置道士五十人晉惠帝度四十九人

無極永壽年
號
赤明上皇劫
數
延康龍漢開
皇
度人經元洞
玉律
九氣三氣分
天境
元始天尊開
劫度人
道家出黃老
清淨無爲虛
無應物
太上天眞黃
庭大洞
丹藥符籙流
變
林靈素神霄
籙
公卿造廬拜
受

給戶三百○〔元圻案〕〔元和郡縣志〕京兆盩厔縣樓觀在縣東三十七里本周康王大夫尹喜宅也穆王爲召幽逸之人置爲道士相承至秦漢皆有道士居之晉惠帝時重置其地舊有尹先生樓因名樓觀武德初改名宗聖觀又京兆長安縣神明臺在縣西北二十里長安故城西上有承露盤

道書有赤明上皇無極永壽之號。後周甄鸞著笑道論曰。古先帝王立年無號。至漢武帝始建元。後王因之。上皇之號。可笑之深。〔原注〕〔隋志〕又有延康龍漢開皇〔閻按〕〔後魏書釋老志〕以延康龍漢赤明開皇爲劫數〔集證〕元始天尊度人經元洞玉律龍漢延康眇眇億劫混沌之中溟涬大梵寥廓無光赤明開圖運度自然上陽子注云東方得九氣以分天境劫號龍漢南方得三氣以分天境劫號赤明中央得十二氣以分天境劫號上皇西方得七氣以分天境劫號延康北方得五氣以分天境劫號開皇○〔元圻案〕〔隋書經籍志四〕道經者云有元始天尊生於太元之先所說天地淪壞劫數終盡略與佛經同天尊之體常存不滅每至天地初開授以秘道謂之開劫度人然其開劫非一度矣故有延康赤明龍漢開皇是其年號其間相去經四十一億萬載〔魏書釋老志曰〕道家稱劫數頗類佛經其延康龍漢赤明開皇之屬皆其名也〔東坡上清儲祥宮碑曰〕臣謹按道家者流本出於黃帝老子其道以清靜無爲爲宗以虛無應物爲用以慈儉不爭爲行如是而已自秦漢以來始用方士言乃有飛昇變化之術黃庭大洞之法太上天眞木公金母之號延康赤明龍漢開皇之紀天皇太一紫微北極之祀下至於丹藥奇技符籙小數皆歸於道家學者不能必其有無然臣竊論之黃帝老子道之本也方士之言末也

林靈素作神霄籙。自公卿以下。羣造其廬拜受。獨李綱。傅崧卿。曾幾。移疾不行。〔原注〕宣政間道教興行至有號爲女眞者當時以爲先兆

李綱傳曾不
行
女真已逃道
號
傅奕排釋氏
纖兒幻夫模
象莊老
佛家竊老子
好處
道家竊佛家
不好處
杜光庭依倣
佛氏
葉法善元奘
等削書
李蔚諫飯僧
贊唄
六根四大本
列子
真誥地獄道
竊佛
魏禁事胡神
銅泥像

傅奕排釋氏。謂中國幻夫。模象莊老。以文飾之。宋景文作李蔚傳贊。亦云華人之譎誕者。又攘莊周列禦寇之說。佐其高。然則釋氏用老莊之說也。非老莊與釋氏合也。朱文公謂佛家竊老子好處。道家竊佛家不好處。愚嘗觀姚崇誡子孫曰。道士本以元牝爲宗。而無識者慕僧家之有利。約佛家而無〔閻按〕舊唐書姚崇傳作爲初刊本果然業。斯言當矣。致堂謂經論科儀。依倣佛氏而不及者。自杜光庭爲之。考諸姚崇之言。則非始於光庭也。〔閻按〕〔舊唐書方伎傳〕道士葉法善僧元奘神秀並列而新書則削去元奘等意殆見於李蔚傳贊中耶〔何云〕此論魏書中已有之〔范蔚宗西域傳論〕亦設爲疑詞以示其意○〔元圻案〕〔唐書傅奕傳〕奕相州鄴人太宗嘗問卿拒佛法奈何奕曰佛西胡黠人爾欺訹夷狄以自神至入中國而孅兒幻夫模象莊老以文飾之有害國家而無補百姓也帝異之又李蔚傳蔚字茂林系本隴西懿宗惑浮屠常飯萬僧禁中自爲贊唄蔚上疏切諫引狄仁傑姚元崇辛替否所言譏病時弊帝不聽但以虛禮褒答贊曰佛者之言大抵與黃老相出入以耳目不際爲奇以不可知爲神以物理之外爲畏以變化無方爲聖以生而死死復生回復償報歆豔其間爲或然以賤近貴遠爲喜覶譯差殊不可研詰華人之譎誕者又攘莊周列禦寇之說佐其高層累架騰直出其表以無上不可加爲勝妄

北斗經依託引北辰

旁行敷落之教

安息國畫革書旁行

相夸勝而倡其風於是自天子逮庶人皆震動而祠奉之〔朱子曰〕宋景文說甚好如歐陽公只說個禮法程子又只說自家義理皆不見他正贓却是景文捉得他正贓佛家先偷列子列子說耳目口鼻心體處有六件佛家便有六根又三之爲十八戒又曰楞嚴所謂自聞即莊子之意而圓覺所謂四大各離今者妄身當在何處即列子所謂精神入其門骨骸反其根我尙何存者也又曰道書有真誥末後有道授篇却是竊四十二章經之意爲之非特此也至如地獄之說皆是竊他佛教至鄙至陋者爲之〔陶岳五代史〕補杜光庭長安人僖宗時應九經舉不第嘗從道士潘尊師遊會僖宗求可領蜀中道教者潘薦光庭遂奉詔披戴賜號廣成先生〔東坡跋柳子厚大鑒禪師碑後曰〕釋迦以文教其譯於中國必託於儒之能言者然後傳遠故大乘諸經至楞嚴則委曲精盡勝妙獨出者以房融筆授故也〔魏書釋老志〕魏世祖詔曰自今以後敢有事胡神及造形像泥人銅人者門誅雖言胡神問今胡人共云無有皆是前世漢人無賴子弟劉元真呂伯彊之徒乞胡之誕言用老莊之虛假附而益之皆非真實至使王道廢而不行蓋大姦之魁也〔後漢西域傳論曰〕漢自楚英始盛齋戒之祀桓帝又修華蓋之飾將微意未譯而但神明之耶詳其清心釋累之訓空有兼遣之宗道書之流也胡致堂之說蓋因武宗道門先生之命而言之文獻通考經籍五十二鄧自和道藏書目下載其全篇

北斗經。引居其所而衆星拱之。誤以北辰爲北斗。蓋近世依託爲之。〔何云〕異端之書孰非依託何獨此經耶○〔元圻案〕一李壁四十九章經序曰〕道家之書真者絕少而俗師附益假託者多如世所傳北斗經乃以北辰爲北斗豈有天人至尊不辨星文誤引論語者乎

鶴山云。旁行敷落之教。旁行。見漢西域傳。敷落見度人經。〔元圻案〕〔魏鶴山跋楊文公真蹟云〕公博極羣書自經史百氏以及於凡將急就之文稗官虞初之說旁行敷落之義靡不該覽〔漢書西域傳〕安息國

散眞文布置
諸天
塞種分散卽
釋種
四姓出家同
佛姓
晉宋間僧道
稱道人
從所受學爲
姓
支遁帛道猷
有本姓
道安言從釋
迦爲姓
帛戶梨密多
羅
桑門比邱優
婆等義
道人左道士
右

臨嬀水商賈車船行旁國書革旁行爲書記注書皆橫行不直下也革爲皮之不柔者〔水經注二〕安息國畫革旁行爲書記也〔度人經曰〕敷落神眞普度天人注敷散也落布也

乃散眞文布置諸天令其執持普度天人皆成妙道

漢罽賓傳。塞種分散。顏師古注。卽所謂釋種。按增一阿含經。四河入海。無復河名。四姓爲沙門。皆稱釋種。〔案〕見太平御覽六百五十五〔姜夔堯章跋王獻之保母帖〕引阿含經云四海入河與海同鹹四姓出家與佛同姓與此文異 石林葉氏避暑錄話下云。晉宋間。佛學初行。其徒猶未有僧稱。通曰道人。其姓皆從所受學。如支遁本姓關。學於支謙爲支。帛道猷本姓馮。學於帛戶梨密爲帛是也。至道安始言佛氏釋迦。今爲佛子宜從佛氏。乃請皆姓釋。〔集證〕〔太平御覽六百五十五〕引支遁傳云本姓關氏陳留人或云河東林慮人幼有神理聰明秀徹初至京師太原王濛甚重之曰造微之功不減輔嗣〔又引高僧傳云〕帛戶梨密多羅此云吉支西域人呼爲高座傳云國王之子當承繼世而以國讓弟遂爲沙門晉永嘉初始到中國值亂仍過江丞相王導見而奇之〔又引高僧傳云〕釋道安姓衛氏常山扶柳人也七歲讀書再覽能誦年十二出家〔又引道安傳云〕初魏晉沙門依師爲姓姓各不同安以爲太師之本莫尊釋迦乃以釋命氏後見增一阿含經果稱四河入海無復河名既與經符遂爲永式〇〔元圻案〕〔廣宏明集載梁荀濟論佛教表曰〕〔漢書西域傳〕塞種本允姓之戎世居燉煌爲月氏

齋尼茹葷屏湩酪

老莊學盛召胡及釋
漢明帝夢金人白光
盟詛仙怪巫蠱符讖
姚興立波若臺崇佛
寇謙之好仙道

追逐遂住葱嶺南奔又謂懸度賢豆身毒天毒仍訛轉以塞種爲釋種其實一也〔水經注一〕外國事曰迦維羅越國今無復王也城池荒穢惟有空處有優婆塞姓釋可二十餘家是昔淨王之苗裔故爲四姓住在故城中爲優婆塞故尚精進猶有古風〔四十二章經佛言〕辭親出家識心達本解無爲法名曰沙門〔魏書釋老志曰〕服其道者治心修淨行乞以自給謂之沙門或曰桑門亦聲相近總謂之僧皆胡言也僧譯爲和命衆桑門爲息心比邱爲行乞俗人之信憑道法者男曰優婆塞女曰優婆夷又曰所謂佛者本號釋迦文者譯言能仁謂德充道備堪濟萬物也釋迦卽天竺迦維衛國王之子天竺其總稱迦維別名也〔晉書佛圖澄傳〕石勒稱澄爲道人〔高僧傳〕釋道猷吳人生公弟子宋孝武敕往新安爲鎮寺法王〔錢氏養心錄十九〕六朝以道人爲沙門之稱不通於羽士〔南齊書顧歡傳〕道士與道人戰儒墨道人與道士辨是非〔南史陶貞白傳〕道人道士並在門中道人左道士右又宋宗室傳前稱慧琳道人後稱沙門慧琳是道人卽沙門

唐回鶻傳。元和初。始以摩尼至。其法日晏食。飲水茹葷。屏湩酪。可汗常與共國。〔何云〕蓋至於今不絕也

說齋謂老莊之學。盛於魏晉。以召五胡之亂。而道釋之徒。皆自胡人崇尚。遂盛於中國。〔原注〕釋氏至姚興而盛道家至寇謙之而盛

誠齋謂伊川之民。被髮以祭。君子已憂其戎。漢之君志荒。而妖夢是踐。吾民始夷乎。言祝乎首。〔何云〕祝謂祝髮以爲好。此五胡耶律之先驅也。朱黼云〔全

榆欃威經白
馬負圖
臨衍義門子

止齋弟子曰。三代以上。不過曰天而止。春秋以來。一變而爲諸侯之盟詛。再變而爲燕秦之仙怪。三變而爲文景之黃老。四變而爲巫蠱。五變而爲災祥。六變而爲符讖。人心泛然無所底止。而後西方異說。乘其虛而誘惑之。〔何云〕詛盟始於三苗舜竄之于三危正在西域三代之盛聖王繼作故不行於中國而獨存西域至後漢而復至又云前乎吾有爲此言者荀濟也刑餘之民恨入骨髓○〔元圻案〕〔晉書載記姚興傳〕興託意於佛道公卿以下莫不欽附沙門自遠而至者五千餘人起浮圖於永貴里立波若臺於中宮事佛者十室而九矣〔魏書釋老志〕世祖時道士寇謙之字輔真南雄州刺史讚之弟早好仙道有絕俗之心崔浩師事之受其法術於是上疏讚明其事世祖欣然於是崇奉天師顯揚新法宣布天下道業大行〔水經注十六〕昔漢明帝夢見大人金色項佩白光以問羣臣或對曰西方有神名曰佛形如陛下所夢得無是乎於是發使天竺寫致經像始以榆欃威經白馬負圖表之中夏故以白馬爲寺名〔書呂刑〕民興胥漸泯泯棼棼罔中于信以覆詛盟〔穀梁傳〕誥誓不及五帝盟詛不及三王交質子不及五霸〔史記封禪書〕自齊威宣之時騶子之徒論著終始五德之運及秦帝而齊人奏之故始皇采用之而宋毋忌正伯僑充尚羨門子高最後皆燕人爲方僊道形解銷化依於鬼神之事騶衍以陰陽主運顯於諸侯而燕齊海上之方士傳其說不能通然則怪迂阿諛苟合之徒自此興不可勝數也〔漢書外戚傳〕孝文竇皇后景帝母也好黃帝老子言景帝及諸竇不得不讀老子尊其術〔又公孫賀傳〕巫蠱之禍起自朱安世成於江充遂及公主皇后太子皆敗語在江充戾園傳〔又眭兩夏侯京翼李傳贊〕漢興推陰陽災異者孝武時有董仲舒夏侯始昌昭宣則眭孟夏侯勝元成則京房翼奉劉向谷永哀平則李尋田終術此其納說時君著明者也〔又王莽傳〕前光煇謝囂奏武功長孟通浚井得白石有丹書著石文曰告安漢公莽爲皇

西方之人謂周

西方之書周志類

桀戎厭世窮幻駕空

佛生年前後說異

懷與安實疚大事

周魯二莊夜景

四月八日之謬

帝符命之起自此始矣〔後漢光武紀〕中元二年初起明堂靈臺辟雍及北郊兆域宣布圖讖於天下

晉語西方之書有之曰懷與安實疚大事注詩云西方之人謂周也愚謂西方之書蓋周志之類列子仲尼篇西方之人有聖者李知幾謂意其說佛也皇王大紀論曰當周昭王時西方有桀戎窮幻駕空說通歷云孝王元年佛入涅槃唐六典祠部郎中員外郎掌祠祀享祭注謂釋迦生當周莊王九年魯莊公七年二說不同〔何云〕即此見其多妄○〔元圻案〕周孝王乃懿王之弟孝王元年歲在壬子歷夷厲宣幽平桓六王而後莊王立莊王九年歲在癸巳相距二百二十二年〔宋邢凱坦齋通編列子述孔子曰西方有聖人佞佛者以為指釋氏而言皆妄也〔國語〕姜氏曰西方之書有之曰懷與安實疚大事注云周詩誰將西歸西方之人皆謂周也予謂孔子果有是言謂昔文王也於佛何與至王通直指佛為西方聖人其學可知矣〔胡五峯皇王大紀一〕論曰當周昭王時西方有傑戎厭苦世累欲求超脫之道遂捐君叛親棄婦入山刻私意窮幻見駕空說曰我能得心法變現萬端出生入死願欲必從而非一世事理之所能嬰也

王簡棲頭陀寺碑周魯二莊親昭夜景之鑒注云魯莊七年夜明佛生之日也瑞應經四月八日

佛出脅行七步
迦羅衛城二龍浴佛
修多羅讖
扁鵲言秦讖之出
梁觀國議蘇文
眞文忠論地獄
傅奕蕭瑀論佛

夜明星出時佛從右脅墜地即行七步〔文選〕李善注按春秋莊公七年夏四月辛卯夜恆星不見正義曰於是時周之四月則夏之仲春杜氏以長歷較之知辛卯是四月五日也以是攷之夜明星不見乃二月五日非四月八日也蓋陋儒之佞佛者傅會爲此說〔元圻案〕〔水經注〕法顯傳曰恆水又東南逕迦羅衛城北故淨王宮也城東王園園有池水夫人入水洗浴出北岸二十步東向舉手扳樹生太子太子墮地行七步二龍吐水浴太子遂成井池俗傳四月八日爲浴佛日

潏水云梵書有修多羅讖言釋氏之教興廢則讖書其來遠矣〔何云〕東漢尚讖緯此妖書所由乘之以興〔方樸山云〕〔史記趙世家〕載扁鵲語云秦讖于是出矣當秦穆公時公孫支受而藏之則讖所從來久矣〔全云〕此讖字不可即指漢人讖緯之書何氏亦因潏水而附會之○〔元圻案〕〔張平子曰〕圖讖成於哀平之際

梁觀國有議蘇文五卷駁其羽翼異端者或問地獄之事於眞文忠公公曰天道至仁必無慘酷之刑神理至公必無賄賂之獄〔全云〕或問以下當另爲一條〔集證〕〔陳善捫蝨新話〕傅

天堂賢人登

李壽翁言易盡鬼神

唐符祆正視流內隋唐九品官階勳品流外唐京城胡祆祠

始自朝拜非古道國忌緇黃薦靈

奕與蕭瑀論佛瑀曰地獄正爲是人設耳張唐英著唐史發潛遂曰蒼天之上何人見其有堂黃泉之下何人見其有獄然予觀李肇國史補云天堂無則已有則賢者登地獄無則已有則小人入如此則又何必較其有無哉〔元圻案〕梁觀國字賓卿番禺人胡致堂爲作墓誌稱海濱奇士著議蘇文五卷駁其羽翼異端者

李壽翁曰性命之理死生之故鬼神之情狀易盡之矣曷爲求之他〔何云〕李壽翁語似當接上爲一條〇〔元圻案〕李壽翁名椿洺州永年人官敷文閣直學士朱子爲作墓銘稱其行身無一事之不合於理論事無一言之不適於用

通典唐有符祆正謂之視流內〔原注〕祆呼烟切胡神也〇〔元圻案〕〔通典職官二二〕隋置九品品各有從自四品以下每品分爲上下凡三十階謂之流內又置視正二品至九品品各有從謂之視流內唐因隋制又置視正五品視從七品以署薩寶及正祓謂之視流內又置勳品九品謂之流外又職官二十二唐視流內視正五品薩寶視從七品薩寶符祆正自注祆呼朝反祆者西域國天神佛經所謂摩醯首羅也武德四年置祆祠及官常有羣胡奉事取火呪詛〔宋敏求長安志九〕唐京城朱雀街東第五街次南靖恭坊街南之祆祠又十朱雀街之第三街次南布政坊西南隅胡祆祠自注武德四年立西域胡祆神也祠內有薩寶府官主祠祆神亦以胡祝充其職〔說文〕示部祆胡神也从示天聲火千切通典作呼朝反則字當從夭深寧引通典而不從其音

永嘉張淳忠甫曰今之仕皆非古之道是以雖貧而不願祿問其說曰始至則朝拜遇國忌則引緇黃而薦在天之靈皆古所無也〔元圻案〕張忠甫語見樓攻媿書陳止齋所作忠甫

真人心若珠在淵衆人心若瓢在水明鏡止水槁木死灰

東魏檄梁武切中侯景遣軍入直殿一億萬贖錢捨身同泰寺無遮大會索蜜呼荷荷

代宗真宗諱世元

墓誌後

道家二云。真人之心。若珠在淵。衆人之心。若瓢在水。

真文忠講筵卷子二云。此心當如明鏡止水。不可如槁木死灰。〔元圻案〕文忠又云鑑明水止其體雖靜而可以鑑物是靜中涵動體中藏用若槁木之不可生死灰之不可然是乃無用之物見文集十八 〔東坡志〕林作如泡在水

東魏檄梁曰。毒螫滿懷。妄敦戒業。躁競盈胸。謬治清淨。〔見通鑑梁紀〕武帝太清元年杜弼之辭也 可謂切中其膏肓矣。誠齋詩二云。梵王豈是無甘露。不爲君王致蜜來。曾景建二云。此身已屬侯丞相。誰辦金錢贖帝歸。〔元圻案〕〔梁書侯景傳〕臺城既陷高祖雖外迹已屈而意猶忿憤景遣軍人直殿省內高祖問制局監周石珍曰是何物人對曰丞相高祖乃謬曰何物丞相對曰侯丞相高祖怒曰是名景何謂丞相又武帝紀中大通元年幸同泰寺設四部無遮大會因捨身公卿以下以錢一億萬奉贖〔南史梁武帝紀〕帝雖在蒙塵齋戒不廢及疾久苦索蜜不得再曰荷荷遂崩〔狄梁公曰〕列刹盈衢無救危亡之禍緇黃敝路豈有勤王之師足爲深省

唐有代宗。卽世宗也。本朝有真宗。卽元宗也。皆因

祠宮諱元爲真
真武真梠太
真經
女冠爲女真
兆亂華

夢趙元朗授
天書
剽襲西極化
人爲佛

避諱而爲此號。祥符中。以聖祖名。改元武爲真武。元梠爲真梠。崇文總目。謂太元經曰太真經。若迎真奉真崇真之類。在祠宮者非一。其末也目女冠爲女真。遂爲亂華之兆。〔集證〕〔宋史祥符五年真宗夢神人傳〕玉皇之命云令汝祖趙元朗授汝天書遂尊號曰聖祖以爲趙之始祖改元聖曰至聖

張文潛云。嘗讀宣律師傳。有一天人說周穆王時佛至中國。與列子所載西極化人之事略同。不知寓言耶。抑實事也。愚謂此釋氏剽襲列子之言。非實事也。〔集證〕宣律和尙唐初僧〇〔元圻案〕〔列子周穆王篇〕周穆王時西極之國有化人來入水火貫金石反山川移城邑乘虛不墜觸石不硋千變萬化不可窮極既已變物之形又且易人之慮穆王敬之若神事之若君推路寢以居之居無幾何謁王同遊王執化人之袪騰而上者中天乃止暨及化人之宮化人之宮構以金銀絡以珠玉出雲雨之上而不知下之據望之若雲屯焉王自以居數十年不思其國也化人復謁王同遊所及之處仰不見日月俯不見河海意迷精喪請化人求還化人移之王若殞虛焉既寤所坐猶嚮者之處視其前則酒未清肴未昲穆王復更問化人化人曰吾與王神遊也形奚動哉　文潛語見所書香山傳後文又曰佛自東漢明帝以來其書與教始大行於震旦亦安知其不已嘗見神於中國乎書之不見錄于史冊者有何限其偶遺此或以爲怪而不錄不足怪也不然明帝夢金人飛行于庭中當時何從知其爲佛哉文潛蓋謂列子非寓言也

東野詩垂老抱佛脚投老欲依僧諧謔東坡宸奎閣碑銘自然神耀非有師仁宗書賜廬山僧懷璉阿育王山建閣惟佛與佛乃識真

長蘆宗賾頌魏周唐三武毁釋沙門法不住取足斷薪續禪牀

故厚齋因其疑而决之

垂老抱佛脚。孟東野讀經詩也。〔何云〕今里語抱佛脚本此〔集證中山詩話〕王丞相嗜諧謔一日論沙門道因曰投老欲依僧客遽對曰急則抱佛脚王曰投老欲依僧是古詩一句客曰急則抱佛脚是俗諺全語上去投下去脚豈不的對也王大笑

東坡宸奎閣碑銘。神耀得道。非有師傳。出入師子經佛在舍衞國祇樹給孤獨園時有梵志來詰佛所質疑曰佛所事者何師佛曰吾前世師其名難數吾今自然神耀得道。非有師也。〔原注〕惟佛與佛出法華經○〔元圻案〕〔東坡宸奎閣銘序曰〕廬山僧懷璉住京師十方淨因院仁宗與璉問答親書頌詩以賜之凡十有七篇璉歸老於四明之阿育王山廣利寺建大閣藏所賜頌詩榜之曰宸奎銘曰巍巍仁皇體合自然神耀得道非有師傳惟道人璉逍遙自在禪律並行不相留礙於穆頌詩我既其文惟佛與佛乃識其真咨爾東南山君海王時節來朝以謹其藏 此條本龔頤正芥隱筆記姚令威西溪叢語

放翁載長蘆宗賾師頌云。天生三武禍吾宗。釋子還家塔寺空。應是昔年崇奉日。不能清儉守真風。三武謂魏太武周武帝唐武宗也。愚嘗觀山

珍倣宋版印

晏坐馬祖藥山問答三條篾束肚皮　玉食金碧之奢　窮土木妖龍蛇區建造　墨名儒行　脫皮膚盡有眞實

谷開先院修造記曰。夫沙門法者。不住今山谷集作不任當從之資生。行乞取足。日中受供。林下託宿。故趙州以斷薪續禪牀。宴坐三十年。藥山以三篾繞腹一日不作。則不食。今也。毀中民十今山谷集作百家之產。而成一屋。奪農夫十口之飯。而飯一僧。不已泰乎夫不耕者。燕居而玉食。所在常千今山谷集無千字數百。是以有會昌之籍沒。窮土木之妖。龍蛇虎蛇之區化爲金碧。是以有廣明之除蕩。山谷之言至矣。宗賾以浮屠氏而能爲此言。其墨名而儒行者歟。〔元圻案〕魏書太武紀。太平眞君七年三月。詔諸州坑沙門。毀諸佛像。四月。鄴城毀五層浮圖。〔周書武帝紀〕建德三年五月。初斷佛道二教。經像悉毀。罷沙門道士。並令還民〔唐書武宗紀〕會昌五年七月。併省天下佛寺。上州留寺一所。僧十人。下州寺並廢。合遇行香日。期於道觀行禮。討拆天下寺四千六百餘所。招提蘭若四萬餘區。僧尼二十六萬五百人充兩稅。　唐僖宗七年庚子。改元廣明。除蕩。蓋指黃巢之亂。〔藥山惟儼禪師語錄〕師侍奉馬祖三年。一日祖問子近日見處作麼生。師曰。皮膚脫落盡。惟有一眞實。祖曰。子之所得。可謂協於心體。布於四支。既然如此。將三條篾束取肚皮。隨處住山去。〔昌黎送浮屠文暢序〕人固有儒名而墨行者。問其名則是。校其行則非。可以與之遊乎。如有墨名而儒行者。問其名則

儒事實佛法空

沙門德士互與滅

王導彈指蘭闍蘭若音兩讀

父子廢復佛道相反

非校其行則是可以與之遊乎

儒之教以萬事爲實釋之教以萬法爲空〔元圻案〕此真西山送高上人序

北齊文宣勅道士剃髮爲沙門徽宗令沙門冠簪爲德士其相反如此〔元圻案〕〔邵公濟聞見後錄二十九〕北齊勅道士剃髮爲沙門宣和中勅沙門着冠爲道士古今事不同如此〔梁溪漫志曰〕宣和庚子改僧爲德士一時浮屠有以違命被罪者獨一長老上表乞入道其辭有習蠻夷之風教忘父母之髮膚倘得回心而向道便是合掌而擎拳等語彼方外之人乃隨時迎合如此亦可怪也

世說王丞相導拜揚州因過胡人前彈指云蘭闍蘭闍〔原注〕此即蘭若也〔集證釋氏要覽〕梵言阿蘭若唐言無諍四分律云空淨處〔宋吳曾能改齋漫錄〕蘭台白樂天詩作蕙字押爾雅於操切〔上官儀酬薛舍人萬年宮晚景寓直懷友詩云〕東望安仁署西臨子雲閣長嘯求烟霞高步尋蘭若此又作日灼切也

後周武帝廢佛道教〔注見前〕其子天元復之唐高祖廢浮屠老子法其子太宗復之天元不足論也太宗亦爲之何哉〔何云〕〔馮定遠云〕唐以老子爲祖那得廢其法當時只是沙汰僧尼道士耳○〔元圻案〕〔周書宣帝紀〕帝諱贇高祖長子

遺教經普門品跋　持戒爲定慧本　李習之藥山問答　黑風吹船落鬼國　引諸沈冥出苦海　械自脫獸自韓　補陀大士眞實爲　制心如牧牛馭馬　攝心三無漏學　變火坑作蓮花池　盧景裕誦經脫枷鎖　于頔紫王問

也自稱天元皇帝所居稱天臺大象二年初復佛及天尊像至是帝與二像俱南面而坐大陳雜戲令京城士民縱觀〔唐書高祖紀〕武德三年詔晉州立老子廟以爲唐始祖八年四月沙汰僧道廢浮屠老子法〔又太宗紀贊曰〕太宗功德兼隆由漢以來未之有也至其牽於多愛復立浮圖好大喜功勤兵於遠春秋責備賢者莫不歎息於斯焉

西山先生題楊文公所書遺教經曰。學佛者不繇持戒而欲至定慧。亦猶吾儒舍離經辨志而急於大成。去灑掃應對而語性與天道之妙。見文集三十五

跋楊和父印施普門品曰。此佛氏之寓言也。昔唐李文公問藥山禪師曰。如何是黑風吹船飄落鬼國。師曰。李翺小子問此何爲。文公怫然怒形於色。師笑曰。發此瞋恚心。便是黑風吹船飄落鬼國也。藥山可謂善啓發人矣。〔何云〕操竿影草早爲所奪由中無以所得也〔全云〕李習之不應有此此推之。則知利欲熾然。卽是火坑。貪愛沈溺。便爲苦海。一念清淨。烈燄成池。一念警覺。船到彼岸。災患纏縛。隨處而安。我無怖畏。如械自脫。惡

維摩詰病衆生病
錢文季維摩菴記
妙善國毗耶城
白衣居士

人侵淩。待以横逆。我無忿疾。如獸自犇。讀是經者作如是觀。則知補陀大士。真實爲人。非浪語者。見文集三十四〔全云〕以大顛評韓以藥山評李皆釋氏之徒借二公以重其師也○〔元圻案〕〔真西山跋遺教經曰〕此經以端心正念爲首而深言持戒爲禪定智慧之本至謂制心之道如牧牛如馭馬不使縱逸去瞋止妄息欲寡求然後由遠離以至精進由禪定以造智慧具有漸次梯級非如今之談者以爲一超可到如來地位也學佛者不由持戒而欲至定慧云云〔楞嚴經〕攝心爲戒因戒生定因定發慧名三無漏學〔傳燈錄〕唐宣宗問宏辨禪師何名戒定慧師曰防非止惡謂之戒六根涉境心不隨緣謂之定心境俱空照覽無礙謂之慧〔白香山云〕定爲慧因戒爲定根〔法苑珠林〕佛變火坑作蓮花池滿中淨水皆甘而冷種種蓮花遍覆水上〔楞嚴經〕引諸沈冥出於苦海又云既行布施然後越生死此岸到菩提彼岸〔徐陵雙林寺碑〕濟是沈舟能升彼岸〔北史盧景裕傳〕景裕之敗也繫晉陽獄至心誦經枷鎖自脫〔樓攻媿跋可壽上人所藏史文惠公帖云〕于襄陽問紫玉如何是黑風吹其船舫漂墮羅刹鬼國玉云于頔你者漢問恁麼事作麼于當時失色玉云祇者箇便是漂墮羅刹鬼國于於是有省問答之人俱不同卽此可證釋氏之誣〔文獻通考經籍五十三〕普門品下載西山此文補陀大士作彌陀大士

錢文季維摩菴記云。維摩詰非有位者也。而能視人之病。爲己之病。今吾徒奉君命。食君祿。乃不能以民病爲己責。是詰之罪人也。〔元圻案〕真西山取其語以榜維摩室〔晁氏讀書志釋書類〕維摩詰所說經三卷右姚秦鳩摩羅什譯〔華嚴經注〕維摩詰華言淨名也〔文苑英華〕四百五十七元黄之潤州江寧縣瓦棺寺維摩詰畫像碑維摩詰者華言淨名居

丹霞禦寒燒木佛
學校土木之非

招提蘭若皆私造
寺由官賜額
山台野色
薛苹奏中條山泉浦

士也沒於妙善之國生於毗耶之城大仙那提之子常修梵行世號白衣居士焉又曰智總大雄心行菩薩雖人我無相以拯救爲懷憂本無憂憂凡俗之憂病本無病病衆生之病〔魏鶴山作錢文子白石詩傳〕序曰錢公名文子字文季永嘉人蚤以明經勵志有聲庠序仕至宗正少卿學術行誼爲士宗仰云

鄧宏志〔南劍天寧塑像記〕曰。丹霞禦寒。則燒木佛。德山說法。則撤塑像。禪教之判。其來已久。余謂浮屠氏之有識者。猶不以是爲事。而學校乃以土木爲先。吾儒之道其然乎。〔元圻案〕〔傳燈錄〕丹霞禪師過慧林寺遇天大寒師取木佛燒火院主訶之師以杖子撥灰曰吾燒取舍利主曰木佛何有舍利師曰既無舍利更取兩尊來燒

通鑑。〔唐武宗紀〕考異云。會要。元和二年。薛平奏請賜中條山蘭若額。爲太和寺。蓋官賜額者爲寺。私造者爲招提蘭若。杜牧所謂山臺野邑者也。〔原注〕〔杭州南亭記〕武帝去山臺野邑四萬所○〔元圻案〕此條全錄考異之文原注明杜牧之文見南亭記也〔通鑑〕會昌五年五月祠部奏括天下寺四千六百蘭若四萬注若人者翻釋氏要覽曰蘭若者梵言阿蘭若唐言無諍也〔注又云釋書曰〕招提菩薩皆佛名故號寺或謂之招提增輝記曰招提者梵言拓鬬提奢唐言四方僧物後人傳寫之誤以拓爲招又省去鬬奢二字只作招提即今十方寺院是也〔舊唐書一百二十四薛嵩傳〕嵩絳州萬泉人子平元和七年淮西用兵自左龍武大將軍授兼御史大夫滑州刺史鄭滑節度觀察等使又良吏傳下薛苹河東寶

鼎人新唐書一百六十四薛苹傳苹父順爲奉天尉非一人也今本會要四十八議釋教下太和二年河中觀察使薛苹奏中條山蘭若營建之初有兩泉涌出請賜額爲太和寺從之溫公通鑑考異引之似誤太和爲元和薛苹爲薛平

〔何云〕丙戌春日重閱一過其中徵引之書仍有未能盡悉者甚滋學荒記疏之懼七月二十六日以病在告漫記卷尾

〔方粹然心醰云〕何先生於前輩一話一言奉爲格人元龜之訓故丹黃點勘至於再四與閻先生校本合之爲兩美承學之士不可以一日不讀也

潛邱錢門謝山三先生皆篤嗜此書考訂釋箋不遺餘力而潛邱又三屬人入鄞訪求深寧之行狀神道碑墓誌欲附之卷尾求其畫像欲摹之卷首而皆不可得即以其自題三十八字勅諸目次之前其風味更不可及已前輩讀書眞實如此後學胡可忽諸〔又桉謝山同谷書院記云〕深寧生平大節自擬於司空圖韓偓之間㡳無所媿而其學術獨得呂學之大成或曰深寧之學得之王氏埜徐氏幾王徐本之西山眞氏實自詹公元善之門爲朱子再傳派系而深寧又頗疑呂學未免和光同塵之失則子之推爲呂氏世嫡也何與曰深寧論學蓋亦兼取建安江右永嘉諸家然其綜羅文獻實師法東萊況深寧少師迂齋則固明招之傳也因讐校三箋而節錄此記溯其學統所由來云嘉慶七年二月古菫後學屠繼序識於粵東海陽縣署中

困學紀聞注卷二十

西元二〇二一年六月一日重製一版

困學紀聞 冊四

（宋王應麟撰 清翁元圻注）

平裝四冊基本定價參仟元正
（郵運匯費另加）

發行人：張敏君
發行處：中華書局
臺北市內湖區舊宗路二段一八一巷八號五樓（5FL., No. 8, Lane 181, JIOU-TZUNG Rd., Sec 2, NEI HU, TAIPEI, 11494, TAIWAN）
客服電話：886-8797-8396
公司傳真：886-8797-8909
匯款帳戶：華南商業銀行西湖分行
179100026931
印刷：維中科技有限公司
海瑞印刷品有限公司

No. N2041-4

國家圖書館出版品預行編目(CIP)資料

困學紀聞/(宋)王應麟撰 ；(清)翁元圻注. -- 重製一版. -- 臺北市 : 中華書局, 2021.06
冊 ；　公分
ISBN 978-986-5512-58-3(全套 : 平裝)

1.筆記 2.南宋

071.5　　110008827